日本とブラジルからみた比較法

謹んで古稀をお祝いし
二宮正人先生に捧げます

執筆者一同

―――――― 執筆者・訳者一覧（掲載順）――――――

池田真朗（いけだ・まさお）　　　　　　武蔵野大学法学部教授

大村敦志（おおむら・あつし）　　　　　学習院大学大学院法務研究科教授

マシャド・ダニエル（Daniel Machado）　東京大学大学院法学政治学研究科博士課程

道垣内正人（どうがうち・まさと）　　　早稲田大学大学院法務研究科教授

松本英実（まつもと・えみ）　　　　　　青山学院大学法学部教授

マサミ・ウエダ（Massami Uyeda）　　　弁護士（ブラジル），元ブラジル連邦高等裁判所判事

〔翻訳〕阿部博友（あべ・ひろとも）　　一橋大学大学院法学研究科教授

早川眞一郎（はやかわ・しんいちろう）　専修大学大学院法務研究科教授

佐藤やよひ（さとう・やよひ）　　　　　関西大学法学部教授

樋口範雄（ひぐち・のりお）　　　　　　武蔵野大学法学部特任教授

太田勝造（おおた・しょうぞう）　　　　明治大学法学部教授

柏木　昇（かしわぎ・のぼる）　　　　　東京大学名誉教授

カズオ・ワタナベ（Kazuo Watanabe）　サンパウロ大学博士教授，元サンパウロ州高等裁判所判事

前田美千代（まえだ・みちよ）　　　　　慶應義塾大学法学部教授

アウレア・クリスティーネ・タナカ　　　弁護士（ブラジル）
　（Aurea Christine Tanaka）

〔翻訳〕田中詩穂（たなか・しほ）　　　翻訳者

大嶽達哉（おおたけ・たつや）　　　　　弁護士

島村暁代（しまむら・あきよ）　　　　　信州大学学術研究院社会科学系准教授

葛西康徳（かさい・やすのり）　　　　　東京大学大学院人文社会系研究科教授

最上敏樹（もがみ・としき）　　　　　　早稲田大学政治経済学術院教授

西谷祐子（にしたに・ゆうこ）　　　　　京都大学大学院法学研究科教授

吾郷眞一（あごう・しんいち）　　　　　立命館大学衣笠総合研究機構教授

吉田邦彦（よしだ・くにひこ）　　　　　北海道大学大学院法学研究科教授

竹中　浩（たけなか・ゆたか）　　　　　奈良大学社会学部教授

長谷部由起子（はせべ・ゆきこ）　　　　学習院大学大学院法務研究科教授

アルベルト松本（Alberto Matsumoto）　獨協大学法学部「ラ米経済と法」非常勤
　　　　　　　　　　　　　　　　　　　講師，法廷通訳，コラムニスト

小田　博（おだ・ひろし）　　　　　　　早稲田大学法学部教授

長谷部恭男（はせべ・やすお）　　　　　早稲田大学大学院法務研究科教授

二宮正人先生　近影
（サンパウロ大学法学部前にて）

日本とブラジルからみた比較法

二宮正人先生古稀記念

編　集

柏木　昇・池田真朗・北村一郎
道垣内正人・阿部博友・大嶽達哉

信 山 社

は し が き

　本書は，二宮正人先生と縁がある人々（A）のうち，法律学の分野での関係を有しており（B），かつ，現時点で本書の作成に関わることができるもの（C）が集まって，二宮先生が古稀を迎えられたのを記念して捧げるものである。このAのうちのBのうちのCが，本書に直接関わった29人であるところ，BとAがどれくらいの数に上るのか想像がつかない。1948年に長野県上田市でお生まれになり，幼い頃にブラジルにわたられ，サンパウロ大学で法学士・文学士の学位を取得された後，弁護士登録をされ，日本に留学されて，1976年に東京大学大学院法学政治学研究科で修士号，1981年に博士号を取得され，ブラジルにお戻りになってご自身の弁護士事務所を開設され，1983年に博士論文『国籍法における男女平等』を日本で出版され，サンパウロ大学助教授になられ，1989年には同大学で博士教授となられ，その後，東京大学や慶應義塾大学等の客員教授をおつとめになり，さらにその間，日本・ブラジル両国の元首，両国の企業トップの方々をはじめとする両国の重要な場面で通訳等の仲介をされ，翻っては在日ブラジル人の問題をボランティアとして支える等々のここに書き切れないご経歴に鑑みると，このはしがき執筆者の想像では，Bは1,000人以上，Aは1,000,000人以上ということかもしれない。そうすると，その100万人以上の人々のうち，本書をご本人に直接謹呈する機会を持つ我々29人は大変幸福な立場にある。

　その中でも，はしがき執筆者の栄誉を与えられた私は，1978年に東京大学法学部研究室で二宮先生と最初に出会った。ともに国際私法を専攻し，共通の指導教授として故・池原季雄先生の指導を受け，その年に私が研究室生活をするようになったからである。当時の研究室は本来の3階建ての建物の屋上に増築した4階が存在しており，その端の銀杏並木に近いところにある共同研究室を二宮先生は使っていらっしゃった。池原先生が複数の学会の理事長を同時にされていたこともあり，その事務の関係等で処理の仕方を質問する等の理由をかこつけて，よく4階の共同研究室を訪ねた。近づいていくと，ほのかにコー

ヒーの香りがしてきて，二宮先生が在室されていることが分かったものである。また，二宮先生は社交的で，大学外でも様々な場で時間を共有した。本郷のおでん屋やちゃんこ屋を知ったのは二宮先生に連れて行って頂いたのが最初である。池原先生もよく我々をご自宅その他に招いてごちそうして下さったので，そういう機会に二宮先生のバックグラウンド等を知ることができた。二宮先生の奥様・お子さんのみならず，二宮家のご家族とは日本・ブラジル等でお会いした。リオのカーニバルを見物に行き，ご自宅に泊めて頂いたこともあるばかりか，妹さんとその配偶者のシンガポールのお宅にまで泊めて頂いたこともある。以上は，なぜこの私が最初のページで文章を書いているかの説明であり，そういった縁があるのであれば，はしがき執筆者と認めてやろうと二宮先生と縁のある 100 万人以上の方々が思って下さればその目的は達成されたことになる。

　本書の目次を見ると，まさに二宮先生が法律の分野だけでも多方面でご活躍になったことが分かる。二宮先生が日本法とブラジル法との架け橋となっていらしてきた証である。本書は単に古稀という区切りを記念するものに過ぎず，今後とも二宮先生のご活躍は多くの人々の期待するところである。架け橋を何本にも増やし，それぞれの橋も強化して頂く上で二宮先生が不可欠であることは明らかである。お元気で，なお一層のご発展を祈念します。

　　2019 年 7 月吉日

編者を代表して

道垣内正人

目　次

◆　Ⅱ　◆　ブラジル法

◆　Ⅲ　◆　比　較　法

目　次

日本とブラジルからみた比較法

◆ I ◆
日 本 法

1 日本民法典の発展過程
—— ボワソナード旧民法典から 2020 年施行の債権関係大改正まで

池 田 真 朗

I　は じ め に

　本稿は，わが国初の近代民法典であるボワソナード旧民法典に始まる，日本民法典の今日までの発展過程を，主に外国法や外国文化の受容という観点から分析するものである。ただしその狙いは，あくまでも，現代の日本における「民法典」の意義，役割を探求するところにある。

　周知のように，日本では，債権法を中心とした大規模な民法典の改正が，2017 年 6 月に公布され，2020 年 4 月 1 日に施行されることが決定している。この改正は，2009 年に法制審議会に諮問されて以来，かなりの紆余曲折を経て制定に至ったものである。というのも，これは 1898（明治 31）年に施行された現行民法典の，約 120 年ぶりの全面的な見直しを試みた改正作業であったのだが，審議会諮問の前に，学者グループによる検討会から始まった経緯もあって，法制審議会の民法（債権関係）部会が 2013 年春に発表した中間試案では，いささか現実の紛争解決の必要性から離れた，いわば学理に偏した，行き過ぎの提案も多いように感じられたのである。実際，パブリックコメントでは，実務家や市民団体からも（さらには裁判所サイドからも）かなりの批判的な意見が出された。その後 2015 年 3 月に，最終段階での法務省側からの削減もあって，規模をだいぶ縮小した民法改正法案が国会に提出されたのだが，この改正法案もなかなか審議に入らず，ようやく 2016 年 11 月に審議が開始され，2017 年 5 月 26 日に成立，同年 6 月 2 日に公布され，その後，施行日も 2020 年 4 月 1 日と定まったわけである。

　先述のように本稿では，日本民法典の今日までの発展過程を，主に外国法や

外国文化の受容という観点から分析するのであるが，さらにそこに日本における市民社会の形成というもう一つの観点を加えて考察することによって，今回の 2017 年改正の位置づけを検討し，現代の民法典の意義や役割の変容を明らかにし，ひいてはこの 2017 年改正の持つ問題点の本質をも浮かび上がらせようとするものである。

　なお本稿は，2018 年 9 月 10 日にブラジル・サンパウロ州立総合大学で開催された，日本学術振興会主催のシンポジウムでの報告に若干の加筆をし，注記を加えたものである（末尾献辞参照）。この報告自体の主たる狙いは，ブラジル人研究者に対して日本民法典の発展過程を紹介しようとするところにあった（実は日本民法典とブラジル民法典は，その編纂過程ないし発展過程の初期において，基本的な共通点を持つ部分がある）[1]。したがって，本稿は，論文としては簡略に過ぎるところもあり，また，日本人研究者にとっては周知の事実に関する記述も含まれているが，それらの点については，どうかご容赦を賜りたい。

II　日本における近代民法典の成立と，1947 年・2017 年の大改正

　最初に，日本における近代民法典の成立とその後の大改正について，時系列的に紹介をしておきたい。

　周知のように，日本では，1603 年から 260 年以上続いた徳川時代には，まだ近代法の導入が全くなされていなかった。天皇が親政を行うようになる 1868 年の明治維新があって，新政府が急がなければならなかったのが，諸外国との平等な条約の締結であり，そのために必要とされたのが，民法をはじめとする近代法典の制定だったのである。

　わが国初の近代民法典は，1890（明治 23）年に公布された，「旧民法典」と呼ばれるものである。その旧民法典の起草に力を尽くしたのが，明治政府が法律顧問として招いた，フランス人法学者ギュスターヴ・エミール・ボワソナー

---

(1)　周知のように，1916 年公布のブラジル民法典と，1898 年施行の日本民法典（本文に後述する「明治民法典」）とは，ドイツ民法やフランス民法に大きな影響を受けているという，（少なくとも比較法の出発点としてはわかりやすい）共通点を持っている。中川和彦＝矢谷通朗『ラテンアメリカ諸国の法制度』（アジア経済研究所，1988 年）333-334 頁，二宮正人＝矢谷通朗編『ブラジル法要説』（アジア経済研究所，1993 年）17-19 頁参照）。

ド（Gustave Emile Boissonade）であった。彼は当時，パリ大学のアグレジェ（agrégé）として，正教授の指名を待つ准教授のような地位にいた学者であった。

　しかしこの旧民法典は，後述するように，公布後に反対論が起こり，施行が延期となり，三名の日本人起草委員（穂積陳重，富井政章，梅謙次郎）が，明治政府から「既成法典の修正」を命じられ，いわゆる「明治民法典」が制定される。これは，五編からなるもので，そのうち財産法の部分に当たる総則・物権・債権の前三篇は1896（明治29）年に公布され，家族法の部分にあたる親族・相続の後二編は，1898（明治31）年に公布されて，この全五編が1898（明治31）年7月16日から施行されたものである。

　この明治民法典が，前三編のいわゆる財産法の部分については，いくつかの条文の改廃はあったが，大部分はそのまま現在の日本の民法典となっている。約120年にわたって命脈を保ってきたわけである（この間2004（平成16）年に現代語化の改正（条文を古い日本語から今日の日本語に書き換える）があり，その際に保証の部分では実質改正が加えられた）[2]。しかし後二編の家族法の部分は，その後，第二次世界大戦後の1947（昭和22）年12月に，新しい日本国憲法の施行に伴い，個人の尊厳と両性の本質的な平等に立脚して，封建的な内容を改める大改正がされ，1948（昭和23）年1月1日に施行されている。

　そしてその後全五編の大半はそのままの形で2017年の債権関係の大改正に至るのである。もともと民法は私法全体の基本法であり，そう頻繁に改正されるような性質のものではない。また，そう容易に改正されないほうが，市民社会の法的安定性が確保されるともいえよう。しかし，社会の，国際化，電子化（情報化），高齢化などの大きな変化は，基本法たる民法典にも変容を促すに至る。これは世界的動向ともいえる[3]。この日本民法典の債権法を中心とする改正作業は，前述のように，2009（平成21）年から始まり，2017年に改正民法が成立し公布されて，2020年4月から施行されることになったのである。

---

[2]　池田真朗編『新しい民法 ── 現代語化の経緯と解説』（有斐閣ジュリストブックス，2005年）48頁以下等参照。

[3]　この国際化以下の3要素については，私は2004年民法現代語化当時にすでに指摘した。池田・前掲注[2]8頁。

Ⅲ　ボワソナードとローマ法

　まず，ボワソナードの起草した日本最初の近代民法典である旧民法典について，それがどういう内容の，どういう系譜のものであったのかを論じたい。その際に一つ注意したいのは，ボワソナードは，旧民法典の財産法の部分の起草しかしていないという事実である。家族法の部分は（実はボワソナードの民法研究者としての専門分野ではあったのだが）各国にそれぞれの慣習等があるということから，ボワソナード自らが家族法部分の起草を断り，日本人委員が起草している[4]。この事実は，これまであまり重視されてこなかったが，異文化地域での法典編纂を委嘱された法学者の，一つの見識を示すものとして重要であるばかりでなく，結果的に，わが国のボワソナード旧民法研究が，日本の最初の民法典の「財産法部分」の研究に限定されることになり，日本民法典の外国法からの影響を論じる際の，固有法（慣習法）の組み入れの有無に関する部分の研究が手薄になったことにつながっているということを指摘しておこう。

　ボワソナードは，当然のことながら，フランス民法典にもっとも多く依拠して起草をしているが，彼自身も書いている通り，フランス法系のイタリア民法やベルギー民法を適宜参照し，さらにローマ法に遡って，ローマ法を，彼の表現では「書かれた条理」（フランス語で raison écrie）と表現して，頻繁に参照している。実際，日本の法務省の図書館に現在も残る彼の蔵書の中には，細かい書き込みやアンダーラインなどが無数にある，ラテン語の『ローマ法大全』の大著が含まれている[5]。

　一方，法制史，比較法，法哲学，という観点からの分析としては，パリ大学

----

(4)　この経緯の検証については，池田真朗「旧民法典とボワソナード」松山大学法学部松代ＧＰ推進委員会編『『民法典論争資料集』の現代的意義』（松山大学，2014 年）27 頁以下。また，モンテネグロ民法典（「モンテネグロ公国一般財産法典」1888 年）の起草者として知られるヴァルダザール・ボギシッチが，ボワソナードが家族法（親族法）と相続法について自ら起草を断ったと書いている資料を紹介する論考として，松本英美「ボギシッチによる日本民法典編纂への助言（松方正義・ボギシッチ会見）── ボギシッチ博物館所蔵資料の紹介」青山法学論集 57 巻 4 号（2016 年）444-445 頁〔翻訳，450-451 頁〕がある。

(5)　Academicum patisiense, Corpus juris civilis, 5e éd., Paris, 1853. 池田真朗『ボワソナードとその民法』（慶應義塾大学出版会，2011 年）290 頁注(145)参照。

のジャマン教授が，ボワソナードの立場を，「歴史主義」「精神主義」「理性主義」という三つのキーワードで説明している[6]。また，日本の故田中耕太郎博士は，キリスト教的な倫理観をボワソナードの特徴として指摘している[7]。

　ジャマン教授は，ボワソナードが，人間は，本性的に善い存在であるとし，人間の精神的要素を強調することが必要であるとしている小稿を紹介する。そしてジャマン教授は，こう書いている。「民法典を，ローマ法と結び付けつつ，歴史の中に組み入れるということ，それは，ボワソナード自らの表現によれば，「この書かれた理性の燈火によって明かりを得る」ことである。したがって，それは，ローマ法の権威の下において，すなわち理性の権威の下において，法典（Code）が法（droit）の表現となるようにしていくことである。このようにして，ボワソナードの歴史主義は，法典に奉仕するものであった」[8]と。

　つまり，歴史主義といってもそれは，ドイツの歴史法学とは程遠いものであり，法典化の正当化を目的とするものであった。そしてそこにおいてローマ法は，「書かれた条理」として，極東の日本にも持ち込める普遍性を持っているというのが，ボワソナードの論理だったのである。

　いずれにしても，近代法未開の極東の地に民法典（その他刑法典，刑事訴訟法典も）を導入したボワソナードの影響は，当時の日本では圧倒的なものがあった。そして，法継受という観点からすれば，少なくともこの段階の民法典に関しては，わが国は明らかにフランス法系（ローマ法系）の国であったと言って間違いではない。しかも，（先述のように家族法分野における慣習法組み入れ部分の有無に関する考察を留保して）財産法の部分に限っていえば，それは，日本固有の（江戸時代の）取引ルール等からほぼ断絶した，西欧近代法の徹底した移入であったと言えるのである[9]。

---

[6]　クリストフ・ジャマン（大久保泰甫訳）「ボワソナードとその時代」西村重雄＝児玉寛編『日本民法典と西洋法伝統』（九州大学出版会，2000年）11頁以下。池田・前掲注(5)245頁以下参照。

[7]　田中耕太郎「ボアッソナードの法律哲学」福井勇二郎編『杉山教授還暦祝賀論文集』（岩波書店，1942年）3頁以下（同『世界法の理論（下）』（有斐閣，1972年）561頁所収）。

[8]　ジャマン（大久保訳）・前掲注(6)11頁。池田・前掲注(5)245頁参照。

Ⅳ　ボワソナード旧民法典の拒絶と日本人委員による明治民法典の完成 —— 日本における西欧文明の受容のパターン

　次に，ボワソナード旧民法典を，その受容と反発という観点から分析する。

　1890年（明治23年）に公布されたボワソナードによる民法典（旧民法典）は，しかしながら公布後の反対論争の結果施行延期となり，3名の日本人起草委員によって，いわゆる明治民法典の起草に向かうのである。この「法典論争」と呼ばれる論争は，日本では高校の歴史の教科書でも学ぶものであるが，学派の争いに政治的な争いが加わり，さらに日本における西欧文明の導入の特徴的な形態を示すものでもあったのである。

　明治維新後の新しい日本政府は，当初フランス型の民法を全面的に受容しようとしていたのであるが，憲法をプロイセンから移入することにしたあたりから，明治政府の中には，国家体制を強固にしたい意図から，フランス法の個人主義の色彩の強さを嫌い，ドイツ法を導入すべきという声が上がるようになる。

　そして，いわゆる国粋主義的な立場（伝統的な日本の文化を重視する立場）の論者から，「民法出デテ忠孝亡ブ」（民法ができて，日本古来の，組織に対する忠誠や親に対する尊敬や奉仕の精神が滅びる）という，旧民法典施行反対のスローガンが打ち出され[10]，これが実際に強い力を持ったといわれている。けれども，これは，もっぱら旧民法典の家族法の部分を攻撃したスローガンであったのだが，実は，旧民法典の家族法の部分の内容は十分に封建的であったと分析されており，しかも先述のように，その部分は日本人委員が担当したのであって，ボワソナードは起草に関与していなかったのである。

　その家族法の部分を理由に，しかも大方はいわれのない理由で，ボワソナー

---

(9)　ここでは詳細に言及する余裕がないが，明治初年の民法典編纂史は，司法卿江藤新平が，フランス民法典を拙速をいとわずただ敷き写せと命じたところから始まっている（江藤の箕作麟祥に対する「誤訳も亦妨げず，唯，速訳せよ」との有名な言葉は，江藤の伝記の中に見える表現である。的野半介『江藤南白（下）』（南白顕彰会，1914年）107頁）。そしてそれでは埒があかずにボワソナードの招聘につながるのである。池田真朗「民法典の歴史」池田編・前掲注(2) 114頁以下参照。

(10)　穂積八束「民法出デテ忠孝亡ブ」法学新報5号（1891年）8頁以下。八束の兄の穂積陳重博士は，これを評して，「群集心理を支配するに偉大なる効力」があったとしている（穂積陳重「法典実施延期戦」『法窓夜話』（有斐閣，1916年）333頁以下所収。なお，この点についての私見の評価は，池田・前掲注(4) 40頁参照。

ドの畢生の力作であった旧民法典は葬り去られるのである。これは，人生の後半の22年間を日本の近代法の整備にささげたボワソナードにとっては，大変な悲劇であったといえよう。

　そして，このボワソナード旧民法典を日本人3起草委員が「修正」[11]した明治民法典では，編別（民法典の構成）がインスティチューティオネン・システムからパンデクテン・システムに変わったこともあり，ドイツ民法典（当時参照されたのはドイツ民法第一草案）の影響が支配的になったと言われていた。それは，日本の民法学界におけるその後の1960年代くらいまでの，ドイツ民法学の隆盛と相まって，正確な吟味なしに信じられてきたところがあった。

　しかし実は，現行の明治民法典の中には，ボワソナード民法典の規定は相当程度に残っていた。これは，前述のように，穂積らが明治政府から命じられた作業は，「民法典の起草」ではなく，「既成法典の修正」だったことからすれば，ある意味で当然のことだったのである。

　そのことを，より正確には，フランス民法系の規定が現行日本民法典の中に多数残っていることを，一か条一か条丹念に論証したのが，亡くなった東京大学の星野英一博士であった[12]。彼の1965年に発表された実証研究[13]によれば，民法典の財産法部分では，フランス法とドイツ法の影響がほぼ半分ずつあると認められる。その中で，たとえば民法総則の部分は，法律行為論や法人の関係でややドイツ法の色彩が強く感じられるが，反対に債権総論の部分は，債権譲渡や債権者代位権などで，ドイツ法よりもフランス法の影響の方が明らかに大きいと言える。とくにその中には，フランス民法よりもボワソナードが旧民法典で創出した規定が明治民法典に残ったものが，いくつも見出せるのである。

　ちなみに，このような，一度は拒絶するが二度目は（最初に拒絶したものと相当程度に同じものであっても）抵抗なく受け入れるという現象は，日本の西欧

---

(11)　前述のように，3起草委員は，明治政府から「既成法典（ボワソナード旧民法典のことである）の修正」を命じられている。決して「新たな起草」を命じられたわけではない。

(12)　本稿は，筆者のサンパウロ大学でのシンポジウム講演をもとにしているものであるが，星野博士は，かつてこのブラジルの地を私と一緒に訪れて，ここサンパウロ大学で講演をしている。

(13)　星野英一「日本民法典に与えたフランス民法の影響（一）」日仏法学3号（1965年）1頁以下（同『民法論集　第1巻』（有斐閣，1970年）所収）。

文明の受容に際して，さまざまな分野で，かなりよくみられるところなのである。これは日本人の独特の国民性なのか。諸外国でも同様なのか，興味のあるところである。

V　日本の民法学の傾向

その後，日本の元号（天皇の在位期間で変わる年号）で言うと，明治時代の後半から，大正時代を経て，昭和時代の半ばすぎまで，つまり1970年代くらいまでは，日本の民法学は，もっぱらドイツやフランスの学説を学び，それを導入しながら発展してきた。その内容は，民法典の条文の解釈学が中心であった。そして，学説的には，法律意思説の論者と立法者意思説の論者が対立した時期もあったが，それは，現時点から評価すれば，ドイツ法の最新学説を（立法沿革から離れても）採り入れたい学者と，起草段階で参照されたフランス法による説明を再評価すべきという学者の対立ということでもあったといえる。

実際，日本においては，1960年代くらいまで，ドイツ流の解釈論が影響したとみられる最高裁の判決もある（たとえば，昭和39年（1964年）の，差押えと相殺の優劣関係を規定する民法511条に関する制限説の判決[14]などがその例に挙げられよう。自働債権と受働債権の弁済期の前後を問題にした判決であるが，511条の条文は弁済期の前後は問題にしていない。それを規定するのはまさにドイツ民法典なのである）。星野博士の業績は，そのような過度のドイツ民法への接近を批判して，日本民法における外国法の影響のバランスを正しく修正するものであったと言える。そして，この段階まで，日本民法学における英米法ことにアメリカ法の影響は非常に希薄であったことも指摘しておきたい。

VI　日本民法典の家族法分野（親族編・相続編）の第二次大戦後の大改正

本日の報告は，民法典の中でも財産法を中心とするので，ここでは簡略に紹介するにとどめるが，第二次大戦後における日本民法典の家族法の部分（親族

---

[14]　最大判昭39・12・23民集18巻10号2217頁。しかし，周知のように，その後この判例は再度の大法廷判決（最大判昭45・6・24民集24巻6号587頁）で覆され，いわゆる無制限説が採用される。結果的には民法511条の文言通りになった形である。

編と相続編）の全面改正は，あまりにも封建的で時代遅れとなっていた内容を修正するもので，これは，どの国の法律の影響というレベルではなく，世界から取り残された日本の家族法が世界水準に復帰するための必然の作業であった。もちろん，民主化，男女平等などの思想については，当時日本を占領したアメリカの指導があったことも事実である。またこの時代に，イタリアなど，民法典を全面的に作り直している近代国家がいくつかあることも指摘しておきたい。

　具体的には，それまで，家督相続という，相続において長男（最年長の男子）がすべて相続して「家」を維持するという発想の規定から，個人単位の，平等の法定相続分を規定するものに改めたり，極端に低かった妻の地位を高めたりという改正がなされたのである。

　ただ，家制度の維持という発想は，まだ日本人の家族感の中に多少残っていて，今日の世界各国ではもうほとんど例を見ない，夫婦が同じ姓を名乗らなければいけない（実際にはほとんどの妻が結婚で夫の姓に変えざるを得なくなる）夫婦同氏の規定があり（民法750条），ここ20年ほどの間に何度も改正提案がされても国会で否決されている。これは，研究者など職業を持って活躍している女性にとっては，大きなハンディキャップになるのだが，地方都市から選出されている議員などにはまだ夫婦別氏制度に対する反対論が強いのである。

Ⅶ　2017年成立(2020年施行)の民法債権法関係の大改正

　さて，先にも述べたように，日本の民法典の債権法を中心とした部分は，2017年に大改正され，2020年4月1日から施行されることになった。この改正では，消滅時効期間の短縮，債務不履行責任の要件としての帰責事由の原則的撤廃，法定利率の変動利率化，要物契約を減らして諾成契約にする，債権譲渡禁止特約付き債権の譲渡を一部有効にする，等の広範な改正がされている。

　今回は，最初に学者を中心とした改正準備作業の委員会が組織され，最終的に法務省の中に作られた改正委員会も，実務家も入ったものの，学者主導で進められた。ただ今回の債権関係大改正の場合は，先行する外国法をいわば単純に導入してきたこれまでの改正における状況とは，明らかに大きな違いが生じている。それは，今回改正に携わった学者は，新たにアメリカ法やウィーン売買条約やヨーロッパの統一草案などを参照したのだが，今回の改正の問題の焦

点は，その外国法の影響という点にあるのではなく，学理（学者）と実務（弁護士，企業法務・金融法務担当者）との相克という問題にあるというところである。

　言うまでもないことであるが，日本が最初に近代法を導入した 1890 年の時とはまったく異なり，128 年後の現在は，現行民法典とその判例を基礎にして，ビジネスの中の法律実務が確立しているのである。そして，そもそも民法典全体の機能も，市民生活の基本法という元来の機能から，取引社会の基本法という色彩を強めているのである。そうすると，どういうことになるか。

　つまり民法改正というものは，一義的には，現在うまく解決できていない紛争があってそれを解決するための改正であるべきである。しかしながら，今回の債権法改正を主導した学者グループは，かなりの箇所で，紛争解決の改善ということをいわば二の次にして，自らのよって立つ学説で理論的に整理・統合しようとしたり，欧米の最近の立法動向に合わせようとしたり，日本法と継受関係のない英米法を多く取り込もうとした。それらの態度については，当然のことながら，実務界から批判や反発の声も上がったのである。

　実際，学者グループの初期の草案では，財界から「学者の野望」と評されるほどの大々的な改新が提示された。しかし，法務省は，最初の数年間は，問題の掘り起しという意味も込めて，学者グループにかなり自由な中間試案の作成作業をさせていたものの，その後，パブリックコメントにおける実務界（あるいは消費者団体，さらに最高裁判所など）からのかなり強い反対なども受けて，その中間試案を相当に縮小させた形で最終的な改正案をまとめるに至ったのである。その結果，最も多い改正点は，今日までに確立した判例法理を条文に取り込む，いわゆる判例リステイトとなっている。

　しかし，それでも，細かく見ていくと，学者が学説上の理論的整合性を図ったとみられる改正点（つまり，結論的にはこれまでの民法によった場合とほとんど変わらず，理論構成だけが異なる）もかなり多くあることがわかるのである。

　例えば，売買の瑕疵担保責任である。目的物に隠れた瑕疵（フランス語でいう vice caché）があったときに，売買の等価性の確保のために，売主に，無過失でも課される，この解除や損害賠償という結果を導く責任について，これまで日本では，法定的な責任であるという考え方と，これも契約上の責任であるという考え方が並立していた。今回，改正作業にあたった学者たち（ほぼ全員

が契約責任説の立場を取っている)は，瑕疵担保責任という用語自体を民法典からなくし，「契約不適合責任」という名称で，契約責任として位置付けることを明らかにした。しかし，売買の目的物に傷や欠陥があったりした場合の処理について，(賠償や修補などの選択肢の新たな明示こそあれ)結果はほとんど変わることがないだろうと考えられている。それでも，(契約不適合とするためには，契約の目的を契約書の中でより明瞭にすべきであろうから)今後の実務の契約書の書き方にある程度影響し，また勿論裁判所の判決の書き方も変わってくることになろう。私は，こういうことを「立法のコスト」と批判的に評価している。

　その他，売買に関しては，わが国が2008年にようやく加入したウィーン売買条約(1980年に採択され，1988年1月1日に発効)の規定に類似するものが多いことが指摘されている。たとえば，日本の現行民法典では，売主と買主の善意・悪意で区別をする規定があるが(例として他人物売買の関係規定など)，今回の改正では，当事者の善意・悪意という主観的な要件で区別をする規定が減っている。これは，一般論として，国際取引では，当事者の主観的な要件を調査することが困難で，客観的に判断できる要件だけで処理する傾向があるようであり，そういう目で現行日本民法典とウィーン売買条約とを比較すると，改正法は，国際条約的な考え方に近づいていると分析することが可能のように思われる。

　さらに言えば，人の倫理観などに重きを置くボワソナード的な考え方が，今回さらに排斥されたようにも思われる。たとえば，ボワソナードが旧民法で創設した規定に，債権譲渡を債務者が受諾すると，債務者は旧債権者たる譲渡人に対して持っていた抗弁(一部弁済済みとか取り消し可能とか)をすべて失う，という規定がある(旧民法財産編347条2項。それが現行法に取り込まれたのが，債権譲渡に債務者が異議をとどめずに承諾すると，債務者は旧債権者たる譲渡人に対して持っていた抗弁をすべて失うという，2018年段階での現行民法468条1項である)。これは，フランス民法では，同様の規定が相殺の抗弁に限定して存在した(フランス民法典1295条)のを，ボワソナードがすべての抗弁に拡げ(ボワソナード旧民法草案367条，旧民法典財産法347条)，それが明治民法典にそのまま引き継がれた規定なのであるが，ボワソナードは，異議を述べずに無留保で承諾(フランス語でacceptation sans réserve)した債務者に，そのようないわば禁反言的なサンクションを与え，結果的に譲受人が保護される規定となった

のである⑮。

　この規定は，そういうボワソナードの倫理的な考え方から創られた規定であったと思われるのだが，実は現代の日本では，債権譲渡を使った資金調達実務の上では，債権を買取りあるいは担保に取って融資をする側の当事者（譲受人）にとっては非常に便利な規定であるので，ここ 20 年ほどの間に実務ではかなり活用されてきていた。しかし今回の改正法では，単純な債権譲渡の事実の承諾だけで抗弁が全部切れるのは理論的に説明が付けにくいという，これまで学説によって批判されてきた理由で，全面的に削除されたのである。削除とした補助的な理由としては，もとより抗弁を放棄する意思表示をすることは有効なのであるからという説明がされているが，学理的には，「すべての抗弁を放棄する」という包括的抗弁放棄は有効かどうか疑問という議論があり，また実務では，個別の抗弁を列挙するやり方では現実には機能しにくいし，かつ一方で「異議をとどめず承諾します」という文言に代えて「すべての抗弁を放棄します」との文言にした場合，それを従前のように債務者に了解して書いてもらえるか，などとの懸念が挙げられている。

---

⑮　ちなみにボワソナードはここでいう acceptation 承諾（旧民法典では「受諾」）を，債務承認あるいは抗弁放棄の意思表示に当たるものと考えていたようである（池田真朗『債権譲渡の研究』（弘文堂，1993 年，同増補二版 2004 年）374 頁参照）。この規定が引き継がれた民法 468 条 1 項については，古くから学説上議論が多く，我妻栄博士は公信力で説明していたが，譲渡後に異議をとどめない承諾がされるケースも多いので，公信説のような外観信頼保護法理が妥当するはずはなく，私は 468 条本文とただし書（現在の条文では前段と後段）で法定的に保護のバランスを取ったものと説明してきたものである（二重法定効果説）（池田・前掲書 415 頁以下参照）。つまり，ボワソナードの草案367 条 2 項（旧民法財産編 347 条 2 項）の発想からすれば，この規定は取引の安全を積極的に企図したものではなく，抗弁が存在するのに異議を述べずに承諾するという行動を取った債務者にサンクションを与えることによって結果的に譲受人が保護され（これが 468 条 1 項前段），その結果不利な立場になる債務者は，（抗弁付きの債権を抗弁なしのもののようにして譲渡して紛争の原因を作った）原債権者たる譲受人に対して，払い渡したものを返却させる等の行動がとれる（これが 468 条 1 項後段）という二重の法定的な効果が定められたものだとしたのである（したがってこの「二重法定効果説」は，別段私が「考案」した「学説」ではなく，そもそものボワソナードの発想を素直に汲んだ「条文理解」に過ぎないものであった）。

Ⅷ　まとめに代えて —— 近代市民社会の成立・発展と民法典

　私は，民法典の発展段階は，その受け手であり，使い手である市民らの成長段階として考察すべきであると考えている。この130年ほどの日本民法典の歴史の中に，そのことは如実に見て取れる。

　近代市民法典の嚆矢を，フランス革命後の1804年に制定されたフランス民法典（Code Napoléon）に求める場合，民法は，王政の支配を脱して自立しようとする近代市民を，背中から後押しする，市民相互の意思自治の原則を具現するものとして作られたものといえよう。しかしながら，1868年の明治維新後の日本では，いまだ近代市民社会の存在しないところに，民法が与えられたのである。その事実からすれば，日本における民法典の発達史は，とりもなおさず，その主体であるはずの近代市民社会の形成史と重ねて考察されなければならないのである。

　では，第二次大戦後の1947年の家族法大改正はどういう性格のものであったのか。実はこの改正も，市民からの自発的な要請によって成ったものではない。現代の学者の分析によっても，当時の学者や立法担当官たちが，あるべき戦後市民社会の方向性を描いて，それをこの家族法改正で実現しようとしたものと位置づけられている[16]。やはり，市民が自主的に獲得した民法典とは程遠かったのである。

　したがって，日本では今，2020年の改正民法施行に向けて，ようやく，民法典の受け手であり使い手である市民らが，主体的に自らの民法典について使

---

[16]　現代の有力な家族法学者である大村敦志教授は，「1898年の明治民法にせよ，1947年の新民法にせよ，家族法に関する立法は，法律の制定が習俗を導くという考え方（法律先導型立法観）に立つものであったといえる。そして，いずれの立法に関しても，何が望ましい家族のあり方であるかにつき，法律家・民法学者に一定の権威が認められていた」と述べる。大村「もうひとつの基本民法（第13回）総論 —— 家族法の展開」法学教室277号（2003年）70頁。そしてさらに，同『家族法（第3版）』（有斐閣，2010年）378-379頁は，「戦後の家族法学は，民法典を掲げて，常に習俗をリードする立場をとってきた。それによって獲得されたものの意義を軽視することはできない。だが，法律が習俗をリードするべきであるのか，法律は習俗に従うべきであるのかは，容易に解決できるような問題ではない。」と述べている。なお，これらの点に関する私見として，池田真朗『民法はおもしろい』（講談社現代新書，2012年）126頁以下。

い勝手の良し悪しを論じるレベルに至ったのではないかと思われるのである。

　もちろん，そこでは，「受け手であり使い手である市民」という概念が変容していることも指摘しなければならない。先に述べたように，今回の民法改正の実質は，すぐれて取引法，ビジネス法としての民法の改正にあったのであり，そこで言う「市民」としては，取引をする市民，とくにビジネスとして取引をする市民を念頭に置かなければならないのである。たとえば，債権譲渡という取引は，わが国では，民法に規定されているが商法や会社法には規定がない。したがって，商人がする債権譲渡も，民法の規定の対象になるのであって，今回の債権法を中心とした改正では，まさにそういう側面がクローズアップされていたのである。

　ただ，そうは言いながらももう一方では，理想の民法典というものは，成熟した市民らが，なるべくその（民法典の）存在や制約を感じずに自由に生活ができるものといえるかもしれない。そうすると，この現代においても，市民社会が真の意味で成熟して民法典を受容しているのか，単に他人任せの市民らが寄り集まっているレベルで，民法典に無関心なだけなのか，という点の検証が，実は非常に重要なのではなかろうか[17]。

　さて，以上のことは，言葉を変えていえば，民法典というものを，法文化受容等の観点から「客体」として分析することから，その法典の使い手としての市民という「主体」の立場から分析することへの転換を意味する。

　ここで，本稿冒頭の，ボワソナードに関する考察に再度立ち戻ろう。ボワソナードは，民法のもっとも基本的な格率として，「何人をも害することなかれ」Ne lesez personne.という言葉を挙げていた[18]。それは，他人を害しないように何もするなということではもちろんなく，各人がいかにして他人を害することなく自らの自由な行動を享受できるかという問題設定であり，それを実現すべく努力するのが民法典であるということであったのである。

----

[17]　私はこの点の問題提起を，池田真朗「民法（債権関係）改正作業の問題点 ——「民意を反映した民法典作り」との乖離」世界865号（2015年2月号）258頁以下，特に264-266頁で行っている。

[18]　Ecole de droit de Jédo, Leçon d'ouverture d'un cours de droit naturel, par M.G. Boissonade（「江戸の法学校 —— ボアソナード氏による自然法講義開講の辞」），Revue de législation ancienne et modern française et étrangère, 1874, p.523. 詳細の紹介は，池田・前掲注(4) 46頁。

　ここにおいて，21 世紀の市民は，いかに一人ひとりが自覚的に民法典と向き合うのか，という課題を突き付けられることを意識しなければならない。民法改正を他人事ではなく，自らの課題としなければならないはずなのである。

　その意味で，まさに，過去は現代を課題づける。近代法典の移入の段階での「外国法」あるいは「比較法」の意味とその比重は，21 世紀の今日では，明らかに変容している。そして，21 世紀の民法典の評価は，とりもなおさず，その国の市民社会に対する，総合的，多角的な意味での「成熟度」の評価と重なるのではないかと考えるものである。

〔追記〕本稿は，2018 年 9 月 10 日にサンパウロ大学で行われた，日本学術振興会主催の国際シンポジウム「第 2 回 JSPS 国際学術交流ワークショップ ── ブラジルと日本における民法の発展過程」における筆者の講演を基礎に若干の加筆をし，注を施したものである。このシンポジウムは，まさに二宮正人教授のご尽力で実現したもので，当日も筆者は日本語で講演し，二宮教授にポルトガル語でご懇切な通訳をしていただいた（シンポジウムとしては，他に，松本英実青山学院大学法学部教授と，葛西康徳東京大学大学院人文社会系研究科教授が講演し，それぞれにサンパウロ大学側のカウンターパートの先生方のコメントがついた）。

　二宮先生とは，私が慶應義塾大学法学部の若手教員であった 1980 年代からのご縁である。今回の訪伯は，私にとって実に 6 回目となるものであった。シンポジウムのつど，講演の通訳はもちろん，送迎などのアテンドまでしていただき，筆舌に尽くせないほどお世話になってきた。慶應義塾大学とサンパウロ大学の交流は，伊藤乾，十時厳周という往年の大物教授の下で始められ（交流協定締結には，ブラジル育ちの須藤次郎助教授（当時）の存在も大きかった），その後は，法学部長や慶應義塾常務理事を歴任した森征一教授を代表として続き，森教授の定年退職の後は筆者が一時責任者として交流を継続させてきたものである。

　二宮先生の本古稀記念論集には，筆者は現在の武蔵野大学副学長の校務に追われて，編者としての務めのみに終わる見通しであったところ，はからずも日本学術振興会主催のシンポジウムに招聘をいただいて講演をするに至り，それをもとに寄稿をすることになったわけである。

　もとより時間の制限のある講演に加筆したものであり，どれだけ評価に値するものか疑問ではあるが，二宮先生の長年のご厚誼に少しでも報いることが出来ればと念じて，補注等を施した。先生の益々のご健康とご活躍を祈念しつつ，本稿を献呈する次第である。

2 日本法とブラジル法が出会うとき
── 民法とグローバリゼーション

大村敦志，マシャド・ダニエル

Ⅰ　は じ め に

　グローバリゼーションという言葉が人口に膾炙するようになって久しいが，法学の世界もその例外ではない。最も自国中心的であり自国の例外性を強調することが多いフランスにおいてすら，「グローバル法」なるシリーズ名を ── しかも仏英二カ国語表示で ── 有する一群の書物が現れている[1]。では，法のグローバリゼーションあるいはグローバル法とは何を意味するのか。国際化や比較法とはどこが違うのか。この問いに答えを与えるのは簡単なことではないが，とりあえずは国境をはじめとする様々な壁が消滅し，世界が均質化・近接化していくというイメージを確認しておけばよいだろう[2]。

　日本法とブラジル法 ── 。すくなくともしばらく前まで，この二つの法は必ずしも密接なかかわりを持つものではなかった。しかし，グローバリゼーションの大波は，この状況を変えつつある。もっとも，その波動には短期のもののみならず長期のものも含まれる。「短期」とは，いわゆるグローバリゼーション，すなわち狭義のグローバリゼーションに焦点を合わせた見方を意味するのに対して，「長期」とは，近代に入ってから継続して進行中の広義のグローバリゼーションを視野に入れた見方を指している。

　一方で，20 世紀の末年に至り，ブラジルから日本へと向かう大きな人の流れが生じた[3]。ブラジルでは dekassegui と呼ばれるこの現象は，よく知られ

---

(1)　VOGEL（L）(dir.), collection, Droit global law, Editions Pantheon-Assas, 2001-. もっとも，シリーズ第 1 冊は *Unifier le droit : le rêve impossible ?* と題されていた。

(2)　「全球化」という中国語訳はこの感じをよく伝えている。

ているように，1990 年に日本の出入国管理法制が日系ブラジル人を優遇する
方向に転換された結果として生じたものである。現在，日本に在留する外国人
の出身国として，ブラジルは，中国，韓国，フィリピン，ベトナムに続き第 5
位を占めており，総数は約 19 万人ほどである。その数はリーマン・ショック
の 2008 年をピーク（約 32 万人）として減少傾向にある（最近では微減）とはい
え，依然として在日外国人のうち大きな割合を占めている。しかも上位 4 国が
東アジア諸国であることを考えると，ブラジルは独特の位置を占めていると言
える。「東アジア法」という表現もまた近年しばしば用いられるようになった
が，これを日本の隣国の法として捉え，かつ，近隣性を物理的距離の大小でな
く人的接触の多寡で測るならば，ブラジル法は「東アジア法」であるという逆
説的な命題も成り立たないわけではない⑷。東アジア法と言えば，まず思い浮
かぶのは中国法・韓国法，そして台湾法であろう。しかし，在日台湾人の数は
約 5 万人である。19 万人の人々に適用されるブラジル法は，ある意味では私
たちにとって台湾法以上に親しい法なのである⑸。実際のところ，日本の裁判

⑶ これに先立つ形で，1908 年から 1970 年代に至るまでのブラジルへの移民の歴史があ
ることは言うまでもない。本稿が献呈される二宮正人教授もまた日系ブラジル人であ
る。これに対して，本稿の著者の一人（マシャド）はブラジル人ではあるものの日系で
はない。日本とブラジルとの関係をより大きな文脈の中に置いてみたいという発想は，
このことと関連するのかもしれない。なお，本稿は，二人の著者の連名論文であるが（大
村：Ⅰ，Ⅱ 1，Ⅳ，マシャド：Ⅱ 2，Ⅲ），一方（大村）の問題設定を踏まえて，他方（マ
シャド）が応答し，再び一方がこれにコメントするという形で分担執筆したものである。
著者たちにとってもこの作業は日本法とブラジル法とが出会うという経験であったが，
当然のことながら二人の著者の視点や考え方には一致する点もあれば，一致しない点も
ある。しかし，二宮教授に対する検定論文を共同執筆する機会を得たことによって，こ
のような出会いが可能になったことを喜びたい。なお，本稿のⅡの部分は担当者が本書
と前後して公刊する修士論文に依拠し，それを発展させたものである。ブラジルの同性
婚について詳しくは，この修士論文を改訂版であるマシャド・ダニエル『ブラジルの同
性婚法』（信山社，2018 年）を参照していただきたい。なお，以下においては，本書は
マシャド（2018）として引用する。また，末尾の参考文献表に掲げたブラジル法に関す
る一般的文献についても，同様のスタイルで引用するが，その他の文献については通常
の引用方法による。

⑷ 「特集・アジアの民法」ジュリスト 1406 号（2010 年）11 頁［大村発言］はこのこと
を示唆する。

⑸ 人の流れではなく物の流れに着目すれば，（貿易相手国としての）台湾の存在感は非
常に大きくなる。そのほかに，歴史的に見た場合の台湾法の重要性は言うまでもない。

所においても在日ブラジル人の身分関係にはブラジル法が適用されることを想起すれば，このことは直ちに理解されるであろう。

　他方，19世紀の初めに遡ってみると，グローバリゼーションとはヨーロッパ（西欧）の「文明（civilisation）」が他の大陸へと広がるプロセスであったとも言える。法の世界ではこの現象は「民法典（Code civil）」の普及という形で現れた。そのルートはいくつかに分かれるが，一つはいわば西周りと呼ぶべきものである。すなわち，まず，スペイン，ポルトガルに伝わった民法典は，さらに南米へと広がった。ほかに，ケベックや南アフリカへの伝播も西周りに含めることができる。もう一つはいわば東周りのルートである。こちらは短距離の普及と長距離の普及とに分かれる。前者としては，トルコやレバノン，エジプトへの普及，後者としては，日本や中国，韓国への普及を挙げることができる(6)。このように見ると，南米のブラジル，東アジアの日本は，（太平洋を越えて他の地域に及ばないという意味で）それぞれのルートの終着点であると位置づけることができるが，今日まで私たちは，この二つの終着点を結び付けて考えることは少なかった。その理由は，少なくとも日本については，母法（上流）から継受法（下流）へ，という一方向の階層的な系譜的研究が支配的であったことに求められるだろう。もちろん，継受論に関心を示さない機能的研究もありうるし現にあるわけだが，その場合にも少なくとも最近までは，日本とブラジルを対比しようという動機は形成されにくかった。もっとも，このような比較研究は最近では徐々に行われるようになりつつある(7)。それは結構なことであるが，本稿が試みたいのは，系譜的研究の革新を図ることである。すなわち，単系・垂直かつ一方向の継受論を脱却し，一方で，①複系・水平の比較継受論の展開，他方で，②双方向性を持った法変容論の展開を試みるための視点を獲得することである(8)(9)。そのためにはまず，西周りでブラジルに至り，東周りで日本に至る系譜を概観しておく必要があるが（Ⅱ），順序としては，私たちにとってなじみ深い後者を先，なじみの浅い前者を後に置くことにしたい。そ

---

(6)　トルコの例と日本の例を対比するものとして AGOSTINI (E.), Droit comparé, 1989 が興味深い。なお，トルコにつき，古くは大木雅夫「トルコにおける外国法の継受」立教法学11号（1969年）がある。

(7)　もっとも最近では，佐藤美由紀『ブラジルにおける違憲審査制の展開』（東京大学出版会，2006年），島村暁代『高齢期の所得保障 —— ブラジルとチリの法制度と日本』（東京大学出版会，2015年）など若手研究者の著書論文が現れている。

の上で具体的な問題をとりあげて，主として①の観点からの検討を行う（Ⅲ）。
残念ながら紙幅の関係もあって，②の観点からの検討については他日を期すほ
かないが，最後に，若干のコメントを付すこととしたい（Ⅳ おわりに）。

Ⅱ 東周りと西周り

1 西欧法の東進

ヨーロッパの民法は東周りで（中近東ではなく）まず極東の日本に及んだこ
とは，特筆に値する。日本は諸条件に恵まれたことによって植民地化を免れ，
曲がりなりにも自主的な近代化を図ることができた。民法典に関しても単なる
「継受」ではなく，独自のスタンスで臨んだと見ることができるのではないか。
言い換えるならば，従来，日本の法典継受史は，フランス式の旧民法典からド
イツ式の現行民法典へ，という図式（「準拠国転換」の図式と呼んでおく）で語
られてきたが，これとは異なる語り口がありうるのではないか。この項目にお
いては，19 世紀末における民法典の継受を準拠国転換とは多少異なる観点か
ら描くことを試みてみたい。この観点は，21 世紀における日本の法整備支援
における日本型の民法典提供とも呼応することになる。

(1) 最新法典としての日本民法典

旧民法典から現行民法典への転換は，お雇い外国人への委託による一括継受
から日本人の学者たちによる選択継受への転換として捉えることができる。確

---

(8) これは東アジア法研究の課題でもある（大村＝小粥『民法学を語る』〔有斐閣，2015〕
213-214 頁）。その意味でも，ブラジル法研究は東アジア法研究と密接な関連を有する
のである。

(9) いくつかの事情により，著者の一人（大村）は，2017 年 1 年間に七つの記念論文集
に寄稿をすることとなった。そこで「七つのつぶて」（小さなものを多数ばらばらと投
げるという原始的な方法による趣旨である）とも言うべき小エッセイ群を草して責めを
塞ぎ，この機会に，（私自身もその担い手の一人にほかならない）現在の民法学に対す
る疑問を提示するとともに，今日における哲学・思想の展開に対する所感を述べること
とした。本稿は「その 7」にあたるものであるが，日本民法学における比較法研究の幅
を多少とも広げることを企図する点において，本書の編者・北村一郎教授の古稀を記念
する論文集に寄稿した一文（つぶて「その 5」）とかかわるものでもある。また，家族
法を素材とする点において，同じ出版社から刊行される広瀬久和教授の古稀を記念する
論文集に寄稿した一文（つぶて「その 4」）と関連する。

かに，現行民法典の編成はドイツ式になったが，この点は先決事項として法典の内容とは独立に決められており[10]，内容そのものは，既成法典（旧民法典）を出発点としつつ，ドイツ民法草案をはじめ様々な法典を参酌して起草された。そしてその際に，穂積陳重は『法典論』に示された立法思想を提示し，富井政章・梅謙次郎は様々な解釈上の問題を提起し，委員たちもレベルの高い議論を展開したことはよく知られている通りである。完成した日本民法典は，条文ごとに多数決で決められたためモザイク模様を呈しているが[11]，よく知られるように「比較法学の産物」とも称されていた[12]。

　もちろん，民法典の制定が条約改正という政治的・外交的条件に強く規定されていたことは否定しがたいが，そのことは直ちにフランスなりドイツなりの法典ないし諸制度をそのまま輸入したことを意味するわけではない。実際のところ起草者たちは，欧米列強に伍していくことできる内容を備えた民法典を主体的に制定しようと考えており，個別具体的な内容については不満を残しつつも，全体としてはよい法典ができたと自己評価しており，このことを世界に向けて示すべきだと考えていた[13]。具体的には，フランス語圏に向けては富井が民法典のフランス語訳を公刊し，パリを訪れて講演をした[14]。英語圏に向けては穂積が著書を発表した[15]。こうした活動は一定の成果を収めたと言える[16]。

(2)　民法改正と東アジアへの影響

　民法典が成立してしばらくすると，ロシア革命などの影響により，民法の改正による社会の赤化防止が企てられることとなった。しかし，臨時教育会議の提言を受けて成立した臨時法制審議会では，新進学徒・穂積重遠の活躍に見られるように，国内事情と外国法制を視野に入れ伝統と革新の双方に配慮した改正案の提案がなされた（大正改正要綱）[17]。このような自主的な改正の試みが

[10]　議論の内容（時に梅謙次郎の少数説）につき，広中俊雄編著『日本民法典資料集成第1巻』（信山社，2005年）854-859頁。

[11]　江木衷の批判，大村「歴史は繰り返す？」ジュリ1511号（2017年）を参照。

[12]　HOZUMI(N.), *Lectures on the New Japanese Civil Code*, 2 ed., 1912, p. 21 et s..

[13]　富井政幸「西遊所感」国家13巻2号（1899）。

[14]　TOMII(M.), *Etat de la codification an Japon*, 1898.

[15]　HOZUMI, *supra* note 12.

[16]　たとえば，GENY(F.), *Méthode d'interprétation et sources en droit privé positif* 2e éd., 1919, tome 2, p. 228 における富井への言及を見よ。

あったればこそ，敗戦後の民法改正もスムーズに行うことができた。換言すれ
ば，戦後の家族法改正は，占領下において民法改正は必至という状況があった
のは確かだとしても，この機会に懸案の民法改正を実現しようという意図がこ
れに掉さす形で実現したものであるとも言える(18)。でき上がった「新民法」の
家族法は，ある意味では（たとえば男女平等の貫徹の度合いにおいて）当時最先
端の家族法であったと評しうる。

　他方で，19 世紀末年に成立した日本民法典，そしてそれを可能にした日本
民法学は，20 世紀を通じて東アジアのいくつかの国々に一定の影響を及ぼし
た。中華民国（1929 年），韓国（1958 年）のほか，タイへの影響が語られるこ
ともある。東アジアにおける民法編纂について研究を進めるにあたっては，こ
れらの国の立法はもちろん，実現はしなかった清末の民法典編纂(19)や日本の実
質的な支配下にあった旧満州国の民法典編纂(20)，さらには立法のための旧慣調
査(21)なども視野に入れることが必要になる。ここでは研究課題の存在を指摘す
るにとどめる。

　(3) 日本民法典の現代化と東アジアとの関係

　冷戦の終了した 1990 年代後半以降，ヨーロッパでは民法（契約法）改正の
動きが加速した。その背後には，制定 100 周年（ドイツ）・200 周年（フランス）
といった偶然の事情のほか，英米法との競争，EU 域内での主導権争いなど
様々な事情がある。同じ時期に日本においても民法（契約法）改正の動きが生
じたが，そこにはやはり，制定 100 周年に加えて，英米・EU への対抗，アジ

(17)　その内容紹介及び解説として，穂積重遠『相続法第三分冊』（岩波書店，1947 年）の
　　付録第 1「民法改正要綱解説」を参照。
(18)　「新民法」（1947 年改正民法）の成立過程につき，我妻栄編『戦後における民法改正
　　の経過』（日本評論社，1956 年）がある。
(19)　最近では，高見沢磨・鈴木賢『中国にとって法とは何か』（岩波書店，2010 年）第 2 章，
　　西英昭『近代中華民国法制の構築』（九州大学出版会，2018 年）第 1 部を参照。
(20)　穂積重遠・我妻栄が「審核」として迎えられて立法がなされた。その内容を概観する
　　ものとして，末弘厳太郎「満洲国民法（総則）を読む」法時 9 巻 9 号（1937）ほか，
　　教科書として柚木馨『満洲国民法総論』（有斐閣，1940 年）。なお，同民法典の韓国民
　　法典への影響につき，鄭鍾休『韓国民法典の比較法的研究』（創文社，1989 年）がある。
(21)　ジュリスト座談会・前掲注(4)（大村発言）29 頁。近時の研究として，李英美『韓国
　　司法制度と梅謙次郎』（法政大学出版局，2005 年），西英昭『「台湾私法」の成立過程』（九
　　州大学出版会，2009 年）などが興味深い。

アにおける主導権の確立などヨーロッパと類似の事情があった。これらの事情が司法制度改革というプラットフォームに乗せられて⑵，2006 年から 2017 年までの 12 年を要する民法（契約法）改正が実現した。いわゆる債権法改正である⑵。

　1990 年代以降に民法典の編纂（全面改正を含む）に乗り出したのは，ドイツ・フランスや日本だけではなかった。オランダやケベックの例はよく知られているが，東アジアにおいても韓国・台湾において大改正が試みられた。注目されるのは，旧社会主義国において，体制移行を図るための手段として（取引基盤の整備のために）民法編纂がなされたことである。東アジアでは，ベトナム・カンボジア・ラオスのインドシナ諸国やモンゴル・ウズベキスタンなどの中央アジア諸国にその例がみられる。さらには中国をこれに加えることもできる⑵。

　日本は程度の差はあれ，これらの国々に対して ODA の一環として法整備支援を行ってきた。その中でも注目されるのが日本の支援によって民法典が制定されたカンボジア（2007 年）の例である⑵。日本の法整備支援の全体像やカンボジア民法典の制定過程などについては，今後，立ち入った検討がなされることが期待されるが⑵，ここでは，次の 2 点を指摘しておきたい。一つは，法整

⑵　司法制度改革についての文献は数多いが，井上達夫＝河合幹雄編『体制改革としての司法制度改革』（信山社，2001 年），佐藤幸治＝竹下守夫＝井上正仁『司法制度改革』（有斐閣，2002 年）のみを掲げておく。なお，法務省には経済関係民刑事法推進本部が設けられ，内田貴教授が参与として迎えられた。

⑵　2006 年年頭に法務省が債権法改正を検討していることが報じられ，2009 年秋に法制審議会民法（債権関係）部会が設置されるに至った。2015 年春には同審議会の答申を受けて改正法が国会に提出されたが，同年の安全保障関連法案騒動のために審議がなされず，2017 年 6 月に至り改正法が成立するに至った（施行は 2020 年 4 月）。債権法改正に関する文献は枚挙にいとまがないが，大村敦志＝道垣内弘人編『解説 民法（債権法）改正のポイント』（有斐閣，2018 年）のみを挙げておく。

⑵　中国でも，鄧小平の南巡講話（1992 年）を契機に事実上の体制移行（社会主義市場経済）が図られたと見ることができる。中国は 1990 年の合同法に続き，2007 年に物権法，2009 年に侵権責任法を制定したが，2017 年には民法総則を制定して，それまでに成立した各則部分の再統合による民法典の完成を急いでいる。従来の各立法については中国人研究者による多数の紹介文献が存在するが，民法典編纂過程を全体として検討する本格的な研究が，中国国内のみならず（日本を筆頭とする）外国の研究者によって行われることが強く期待される。

備支援の際の日本のアプローチは，欧米諸国のそれとは異なっているということである。やや図式的に，欧米のそれを（デスクワークに基づいて完成させられた）法案交付型[27]と呼ぶとすれば，日本のそれは（現地の実情を勘案しつつ行われた）協議作成型と呼べるだろう[28]。もう一つは，日本からの法整備支援は一方向的なものではなく，還流が生じているということである。より具体的に言うと，日本が参与した制定されたカンボジア民法典・ベトナム民法典は，日本における債権法改正の際の参照対象とされたのである[29]。

2 西欧法の西進

　ヨーロッパの民法は西周りでラテンアメリカのほとんどすべての国に痕跡を残している。ナポレオン民法典についてみれば，その影響は，程度の差があれ，アルゼンチン，パラグアイ，メキシコ，ペルー，ベネズエラ，ボリビア，チリ等に及んでいる[30]。そして，ラテンアメリカ諸国がポルトガル（ブラジル）とスペインによって植民地化されていたため，ラテンアメリカ諸国への普及はポルトガルとスペインの民法を経由したとも考えられる。仮にそうであるとすれば，ブラジルへの普及を考察するためには，フランス民法典からポルトガル民法典への段階とポルトガル民法典からブラジル民法典への段階に分けて検討し

[25] 先行するベトナムの例と連続する面がある。なお，初期のベトナムへの法整備支援の実情につき，武藤司郎『ベトナム司法省駐在体験記』（信山社，2002年），榊原信次『ベトナム法経済支援体験記』（信山社，2006年）など。なお，日本の法整備支援一般につき，鮎京正訓『法整備支援とは何か』（名古屋大学出版会，2011年），独立行政法人国際協力機構『世界を変える日本式「法づくり」』（文芸春秋，2018年）を参照。

[26] ここでは法務省HPで閲覧可能なICD NEWSによる。なお，カンボジア以外の国を含めて，JICAのHPに現状を示す各種資料が掲げられている。

[27] 被支援国の側が時間のかからないこの方法を望むという事情もあるようである。

[28] 法整備支援に関与する人々が異口同音に述べる点である。特に，森嶋昭夫の一連の発言を参照。

[29] 具体的な規定がカンボジア民法典の影響を受けたという例はないが，学者グループによる提案においては，法典の編纂方式を検討する際にカンボジア式が参照された。

[30] ナポレオン法典がスペイン語訳されてそのまま公布された国（ボリビア）もあれば，日本と同じように独自の民法典の起草のために参酌された国（アルゼンチン，チリやブラジル）もある。なお，ナポレオン法典の西回りの普及はラテンアメリカのほかにケベック（カナダ）とルイジアナ州（米国）にも及んでいる。中川和彦（1974）29-30頁のほか，Lira, Ricardo Pereira. O bicentenário Código Napoleão e o direito civil brasileiro. *Revista Forense*. Rio de Janeiro: Forense, v. 377 (2005) p. 174 をあわせて参照。

なければならない。だが，以下の二つの理由でこの方法を採用することはできない。

　ひとつめの理由は，ポルトガルとスペインをヨーロッパから切り離して考えることの是非にかかわっている。19世紀にはポルトガルとスペインは列強としての力を失っていたが，大航海時代がポルトガルから始まり，かつて西欧世界における中心的な地位を占めていたことを忘れてはならない。法律についてみれば，近代的な意味における法典[31]はナポレオン法典を出発点としているが，ポルトガルでは1446年からこの近代的な法典のはしりとしてすでにアフォンソ王令[32]ができていた[33]。「フランス民法からポルトガル民法へ」という歴史的な段階に先立ってポルトガルには，ポルトガル独自の法典が存在しその中に民法（アフォンソ王令第四編）も含まれていたのである。そして，次に述べるふたつめの理由とも関連しているが，ブラジルがポルトガルから直接に法を継受した植民地時代にはポルトガルの民法が「フランス民法典からポルトガル民法典へ」という段階に至っていなかったため，ブラジルがポルトガルから継受した民法（Droit civil）はポルトガルがフランスから継受した民法以前のものであった。

　ふたつめの理由はより決定的なものであって，このような歴史的な背景や法典編纂の順序と関連している。ポルトガルとスペインのはじめての民法典はそれぞれ1867年と1889年，即ち19世紀末に制定されているが，植民地支配下

---

(31)　デウガドによれば，近代的な意味における法典とは，体系的かつ統一的な法規範から構成され，ひとつの法分野の基礎事項を規律するものを指しており，その場合においては近代的な意味における最初の法典はナポレオン法典であった。この定義によって体系性と統一性に欠け，またすべての法分野のすべての事項を規律したアフォンソ王令が近代的な意味における法典であったとはいえない。Delgado, Mário Luiz. *Codificação, descodificação e recodificação do direito civil brasileiro*. São Paulo: Saraiva, p. 41, 2011.

(32)　Ordenações の訳語について，先行研究において「法典」が用いられることが多いが（矢谷（1988）326頁以下，二宮・矢谷（1993）6頁以下，二宮（2012）32頁以下），ここでは近代的な意味における法典（前掲注(1)を参照）との混同を避けるために森征一・二宮正人『ポ日法律用語集』（有斐閣，2000年）236頁の訳語を採用する。

(33)　アフォンソ王令が前近代的な法典として批判の的とされてきたが，近年は文献が不足し先行するモデルが存在しない状況下でヨーロッパ中世後はじめての「法典」にしてはむしろ高く評価されるべきであると指摘されるようになった。Miranda, Pontes de. *Fontes e evolução do direito civil brasileiro*. 2ª edição. Rio de Janeiro: Ed. Forense, p. 38, 1981.

におかれていたラテンアメリカのほとんどの国は 19 世紀初頭に独立を遂げている。独立は宗主国と断絶したいという思いに基づいて実行されることを考えると，ラテンアメリカ諸国が民法のモデルを旧宗主国の新法典に求めたと断ずるには慎重でなければならない。むしろ独立思想の根源にあったフランスの民法にインスピレーションを求めるだろう[34]。確かに，断絶といってもその程度によっては民法典の継受がまったく不可能となるとは限らない。しかしながら，たとえばアルゼンチン[35]のように，宗主国に先立って民法典が制定されたという場合には，そもそも旧宗主国の民法典を参酌することはありえなかった。

　以上の理由から，ヨーロッパの民法が西回りでラテンアメリカへと普及する過程を考察するためには，ポルトガルとスペインを「ヨーロッパの民法」に含めて考える限りにおいて，確かにこれらを対象とする必要がある。他方で，「ヨーロッパの民法典」の継受についてみると，ポルトガルとスペインとは旧植民地国と対等な比較対象になる。そのため，以下ではブラジルがヨーロッパの民法としてのポルトガル民法を継受した過程（1）と，ブラジルとポルトガルとがヨーロッパの民法典を継受した過程（2）とに分けて，ブラジルにおける「ヨーロッパの民法」の継受を考察する。

⑴ ヨーロッパの民法としてのポルトガル民法の継受

　ブラジルが 1500 年にポルトガルによって「発見」[36]され植民地化されてから 1822 年にブラジルの独立が宣言されるまでおよそ三世紀が経過している。植民地時代はもちろん，独立以降も 1823 年 10 月 20 日法律によって，民法典が制定されるまでの間は依然としてポルトガル法が適用されることとされていた。ブラジル帝国憲法（1824 年）第 179 条 18 号において「正義と衡平を基礎として，早急に刑法典と民法典を編纂すべきこと」[37]が規定されていたことから，この法令は応急的な措置であったと思われるが，ブラジル初の民法典が制定されたのは 1916 年であった[38]。そのため，ブラジルでは，民法に関する限り，1603 年にできたフェリッペ王令が独立後も 94 年間にもわたって適用され

---

[34]　ラテンアメリカのすべての国における独立直後のすべての憲法において民法典の制定を予定する規定が設けられたことが特筆に値する。Delgado（2011）p. 117.

[35]　アルゼンチン初の民法典はヴェレス・サルスフィエルド（Dalmacio Vélez Sarsfield）が 1864 年から草案起草に取り組み，1869 年に可決・1871 年に施行した。アルゼンチンの民法典の制定過程については中川（1974）33-35 頁を参照。

た。1867 年に旧宗主国のポルトガルで民法典ができてフィレッペ王令が廃止
されたにもかかわらずである。

　では，1867 年ポルトガル民法典の前のポルトガルにはどのような「民法」
が存在し，ブラジルはどのような民法を継受したのだろうか。ブラジルが発見
されたときに，ポルトガルでは 1446 年に制定されたヨーロッパ最初の「法
典」[39]であるアフォンソ王令（Ordenações Afonsinas）がすでに存在していた。
しかし，ブラジル発見の直後 1514 年（最終版は 1521 年）に，アフォンソ王令
はマヌエル王令に改められた。また，そのあとポルトガルがスペインに併合さ
れると，1603 年にポルトガル人による抵抗を緩和するためにマヌエル王令に
倣ったフィリッペ王令が制定された[40]。このフィリッペ王令こそ二十世紀に
なってもブラジルで適用されていたものであり，近代においてもっとも長寿
（300 年以上）な「法典」であった。だが，マヌエル王令もフィリッペ王令もア
フォンソ王令を大きく変更するものではなく，時代の経過に伴う修正の必要性
と政治的な要請に基づいて限定的な変化にすぎなかった[41]。

---

(36)　ブラジルの「発見」という表現には二つのレベルで問題がある。ひとつは歴史学上の
　　問題である。近年の歴史学では，トルデジリャス条約締結におけるポルトガルの態度を
　　根拠に，ポルトガルが現在のブラジルに相当する領土の存在を前から知っていた，すな
　　わち偶然ブラジルにたどり着いた（従って「発見」した）のではないとする見解が有力
　　である（Delgado (2011) p. 152）。もうひとつは歴史認識上のレベルの問題である。「発
　　見」という言葉は原住民の存在，または「植民地化」の事実を隠蔽する言説として批判
　　されることが多い。ポルトガル人の到来前に，ブラジルには複数のインディオ（原住民）
　　部族社会が存在していたのであるが，これらの社会は言語をはじめとしてブラジルの社
　　会と文化の形成に大きな影響を及ぼしている。なお，法律の視座から，インディオの各
　　部族社会の法は不文の慣習法によって形成されブラジル法の制度に直接影響していると
　　は考えられていない。ただ，インディオの社会と法は客体としてブラジル法と結びつい
　　ていることを忘れてはならない。すなわち，原住民の保護や原住民に適用される法（民
　　法については原住民と民法）に関する諸問題が過去ではなく現代的な課題として今もな
　　おブラジル法において重要である。矢谷（1988）322-323 頁を参照。
(37)　日本語の先行研究において「早急に」が訳されていないが，ここでは原文の「quan-
　　to antes」に相当する。矢谷通朗（1988）326-328 頁，二宮正人・矢谷通朗（1993）12 頁。
(38)　デ・アルカンタラ（2007）1673 頁。
(39)　前掲注(31)を参照。
(40)　併合が解消された後，1643 年に新たなポルトガル王によってその有効性が再び確認
　　された。二宮正人（2012）32 頁のほか Miranda (1981) p. 42; Delgado (2011) p. 148 も
　　あわせて参照。

アフォンソ王令は法分野を区別していなかったが，近代法分野に照らしてみれば，第1編は行政法，第2編は国家と教会の関係に関する法，第3編は民事訴訟法，第4編は民事法（契約法と相続法），第5編は刑事法と刑事訴訟法に関する規定がおかれていた。編纂方法はグレゴワール九世の教令（Décrétales de Grégoire IX）に倣っており，内容はローマ法大全（Corpus Iuris Civilis）をモデルとしていた[42]。体系的統一性が欠如し，規範の抽象度が低かったため法の欠缺が多かったが，その場合の補充的な法源として物質的な問題についてはローマ法，精神的な問題について教会法が適用されるとされていた[43]。そして，マヌエル王令でもフィリッペ王令でもこれらの問題は解決されなかった結果，アックルシウスの『標準註釈』やバルトールス・デ・サクソフェラートの註釈などの旧いローマ法が時代錯誤的に適用され，また裁判官の自由裁量に対する歯止めがかからなくなってしまった[44]。そうした状況の下で，この問題を解決してフィリッペ法典の命をつなぎとめたのはポルトガル民事法における啓蒙思想の萌芽となったポンバル侯爵による1769年9月18日法律，いわゆる「正当理由法［Lei da Boa Razão］」であった[45]。

正当理由法の主要な目的は法の適用のために正当な理由（あるいは「良き理性」）を要請することによって旧いローマ法の時代錯誤的な適用に歯止めをかけることであった[46]。ここで，注目されるべき点は，法の適用を正当化する理由には学説，条理や慣習などだけでなく，その他の近代国家の法も含まれていたことである。これによってポルトガル・ブラジルとポルトガルを含まない

---

(41) 前者の要請については Delgado（2011）p. 147，後者の要請については Miranda（1981）pp. 41-44 を参照。なお，各法典の概要については矢谷（1988）326-328 頁，二宮・矢谷（1993）6-9 頁を参照。

(42) Delgado（2011）pp. 139-140.

(43) Delgado（2011）p. 141.

(44) 矢谷（1988）327-328 頁のほか Miranda（1981）p. 45; Braga, Guilherme da Cruz. A formação histórica do moderno direito privado português e brasileiro（1），*Revista da Faculdade de Direito da Universidade de São Paulo*, v. 50（1955）pp. 42-43 もあわせて参照。

(45) 視点を変えれば，フィリッペ王令の長寿の秘訣はその欠点とされていた法の欠缺の多さと豊富な補足的法源にあると評価することもできる。Gomes, Orlando. *Raízes históricas e sociológicas do código civil brasileiro*・2ª edição, São Paulo: Martins Fontes（2006）p. 6.

ヨーロッパの民法との対話の扉が開かれたといえる[47]。なお，ナポレオン民法典と同時期に，1778年にマリア一世が新たな法典を作成するために法曹委員会を組織したが，マリア女王の精神病とナポレオン軍によるポルトガルの侵略（1807）とが相俟って完成にいたらなかった[48]。

　ところで，ナポレオンはフランス民法典だけでなくポルトガルの侵略によってもブラジル民法を含むブラジル法全体に大きな影響を及ぼした。ポルトガルが侵略されると，1808年にポルトガル王族がブラジルに逃亡してリオデジャネイロ市がポルトガル王国の首都となった[49]。この出来事はブラジルの独立に少なからず影響を及ぼしたと同時に，独立時における断絶意識を緩和させたと思われるが，この点については項を改めて述べる。

　(2) ブラジルとポルトガルにおけるヨーロッパ民法の継受

　ブラジルとポルトガルにおけるヨーロッパの民法典の普及について，ブラジルはパンデクテン方式を採用してドイツ民法典を，ポルトガルはナポレオン民法典の方式を採用してフランス民法典を継受したと考えることもできなくはない[50]。あるいは，ブラジル1916年民法典については，ドイツ式の編成方式が採用されたことによってドイツ民法を継受したと思われていたものが実は継受されたのはフランスの民法であったというように，日本におけるのと類似の議論をすることも可能である。だが，この議論は母法を参照しつつ法解釈学を展開するためには有益であっても，法継受と同様に重要である各国の法典の独自性を軽視しがちである。法典の独自性がとくに表立っていたブラジルに目を向けると，この問題が一層明らかになる。以下では，ポルトガルとブラジルとに分けてヨーロッパの民法の継受を簡潔に考察する。

　a）ポルトガルにおける民法典の制定とフランス民法典の継受　　ポルトガ

---

[46]　ここで「旧いローマ法」はアックルシウスの注釈に基づくもののみを指し，ローマ法が用いられなくなったわけではない。すなわち，ローマ法を適用するなら，法典の解釈・適用上の欠缺に際しては自然法に基づく正当な理由（学説，条理，慣習や文明国の法など）に従って裁判所がローマ法を適用しなければならないとされたのである。矢谷（1988）327-328頁を参照。

[47]　Cruz（1955）p. 43; Miranda（1981）pp. 44-45; Delgado（2011）p. 151.

[48]　Delgado（2011）pp. 108,151.

[49]　二宮・矢谷（1993）10-11頁。

[50]　中川（1973）36頁。

ルとブラジルが独立によって分断されたあと，両国の民法は異なる方向を歩むことになった。ポルトガルは地理的に近いこともあってヨーロッパの新たな民法典や学説に魅了されてポルトガル法の伝統を改めようとしたのに対し，ブラジルはヨーロッパの民法典や学説の影響を受けつつもポルトガル・ブラジル法の伝統を近代的に再生しようとしたのである[51]。そのため，ポルトガルと比してブラジルの民法は外国法の影響が限定的であって，今もポルトガルよりもポルトガル法の伝統により忠実であると評価されている[52]。

1850年にマリア2世がアントニオ・ルイス・デ・セアブラ子爵に民法典草案を委託し，1867年にポルトガル初の民法典が施行された[53]。この民法典はブラジルにおいて「フランス民法典の模倣品にすぎない」と批判されたほど，ナポレオン民法典から多大な影響を受けている[54]。ポルトガルではナポレオン法典が高く評価されていたのである。だが，ポルトガル民法典はナポレオン法典の模倣品であって独自性がなかったわけではない。

1778年にマリア1世による法典編纂の試みが挫折したあと，1822年にも1835年にもポルトガルは「念願の民法典」を作るために民法典草案コンテスト（一種の公的な懸賞広告）を開催するほど，ポルトガルの独自性を保った法典の作成に対する関心が高かった[55]。ポルトガル民法典制定前に，コレア・テレスが『ポルトガル法彙纂（Digesto Português）』（1835年）においてポルトガ

---

[51] Gomes (2006) p. 9-10; Braga (1955) p. 52.

[52] このことは，ブラジルとポルトガルの民法史に関する文献において多くの著者によって一貫して必ず指摘されている。Braga (1955) p. 56, Alves, José Carlos Moreira. Panorama do Direito Civil Brasileiro: Das origens aos dias atuais, *Revista da Faculdade de Direito da Universidade de São Paulo*, v. 88 (1993) p. 191; Gomes (2006) p. 9, Marcos, Rui de Figueiredo; Mathias, Carlos Fernando; Noronha, Ibsen. *História do direito brasileiro*・1ª edição. Rio de Janeiro: Forense (2004) p. 414 など。

[53] 中心的な起草者にちなんでこの民法典のことを「セアブラ［民］法典（Código de Seabra）」ということもあるが，ブラジル1916年についても同様の現象がみられる。「ナポレオン［民］法典」がこのような民法典の呼称のはしりであるとすれば，このような法文化がポルトガルとブラジルによって継受されたといえるかもしれない。

[54] Aguiar, Ruy Rosado de, Prefácio, In, Freitas, Teixeira de, *Consolidação das Leis Civis Vol.I*. Ed. fac-sim. Brasília: Senado Federal, Conselho Editorial (2003), p. XV. このことをわかりやすく示す事実として，セアブラ子爵はドイツ民法の文献との接触がなくもっぱらフランス民法の文献に通じていたことや，多くの規定についてナポレオン法典の規定の逐語訳が用いられたことがあげられる。

ル法の伝統から民法典のための素材を整理し，コエリョ・デ・ホシャが『民法の諸制度（Instituições de Direito Civil）』（1844 年）においてはじめてポルトガルの民法学に「総論（Parte Geral）」を導入してポルトガル法を体系的に抽出・整理しようとした。確かに，ブラジルと比してナポレオン民法典の影響が大きかったが，これらの作品もセアブラ民法典の拠り所となっていることに注意が必要である[56]。

　以上から，ポルトガルはポンバル侯爵をはじめとして伝統を刷新する考え方に基づいてナポレオン民法典を積極的に継受したと評価することができる一方，これをもって 1867 年のセアブラ法典の独自性を全否定することは妥当ではなかろう[57]。セアブラ法典の編成を例にとってみれば，ナポレオン法典と違って「行為能力（Capacidade civil）」，「権利の取得（Aquisição dos direitos）」，「所有権（direito de propriedade）」と「権利の侵害とその賠償（Da ofensa dos direitos e da sua reparação）」の四つの基礎部分からなっている[58]。その編成にナポレオン民法典の影響が感じられると同時に，その独自性もまた明らかであろう。なお，紙幅の都合上，詳細には立ち入らないが，セアブラ民法典を全面改正した 1966 年ポルトガル民法典はフランス民法ではなくパンデクテン方式を採用してドイツ民法典を継受している[59]。

　ｂ）ブラジルにおける民法典の制定とヨーロッパの民法の継受　他のラテンアメリカ諸国と同じように，独立後に旧宗主国と断絶したいという意識はブラジルにもあった。にもかかわらず，ブラジルはポルトガルよりもポルトガルの伝統的な法に忠実な姿勢を貫いた。なぜか。ひとつの理由として，ブラジルの独立が世界史的にみても平穏に行われたことが挙げられる。独立を宣言したのはポルトガル王族の王子，ペドロ 1 世であったことがその平和的な性格を端的

---

[55]　Delgado（2011）pp. 108-109; Formiga, Armando Soares de Castro. *Aspectos da Codificação Civil no Século XIX: História do Direito e do Pensamento Jurídico*. Curitiba: Juruá（2012）p. 18.

[56]　Gomes（2006）p. 9; Delgado（2011）p. 109.

[57]　ブラジル民法学者フレイタス（後述）の批判に対してセアブラ子爵が 254 頁にもわたる反論を展開して当時のブラジル法務大臣に送りつけている（Seabra, Antônio Luiz de. *Novissima Apostilla em Resposta à Diatribe do Sr. Augusto Teixeira de Freitas contra o Projecto de Código Civil Portuguez*. Coimbra: Imprensa da Universidade（1859））。

[58]　Delgado（2011）p. 110.

[59]　ポルトガル 1966 年民法典については Delgado（2011）p. 111 を参照。

に示している。一方ではペドロ1世を独立宣言に追い詰めた断絶の思いがあり，他方ではポルトガル王族の王子を許容する連続性の思いがあったといえるのである(60)。この断絶と連続性に対する思いがブラジル民法にも強く反映されている(61)。

　まず，1823年10月20日法律によって，原則として，特別の法令等がなければ，従来のポルトガル法が適用されることとされた。これによってフィリッペ王令第4編が20世紀初頭までブラジル民法の法源として有効性を維持することとなった。これに対して，1824年帝国憲法(62)第179条18号において民法典と刑法典を制定しなければならないとしたことから，1823年法律による連続性は期限付きのものであったことになる。だが，1830年にブラジル刑法典は制定されたものの，民法典の制定は帝国から共和国への体制転換（1889年）後もさらに20年以上待たなければならなかった。以上からすると，1916年の民法典制定まではフィリッペ王令第四編が，1916年からは1916年民法典がブラジル民法の中心であったと考えることができそうである。しかし，「フィリッペ王令第4編→1916年民法典」という見方は，当時のラテンアメリカ諸国にも大きな影響を及ぼしたブラジル民法典の制定前史を不当に略してしまう

(60)　ゴメスはポルトガルよりもブラジルにおいてポルトガル法の伝統が根強かったことの原因として，19世紀のブラジル帝国の社会が奴隷制を基礎とする植民地社会であったことに求めている。すなわち，このブラジルの社会構造が外国法の受容を困難にしたというのである。Gomes（2006）p. 11.

(61)　たとえば，1851年にブラジルの裁判官・政治家エウゼビオ・デ・ケイロス（1812-1868）がコレア・テレスの『ポルトガル彙纂』をそのままブラジル民法典として採用することを勧めたが，当時のブラジル弁護士会がこれに強い反対を示してこの提案が受け入れられなかった。Valladão, Haroldo. *História do Direito Especialmente do Direito Brasileiro*. 3ª edição, Rio de Janeiro: Freitas Bastos（1977）p. 139; Miranda（1981）p. 79. また，1971年にブラジル帝王ペドロ2世がポルトガルに渡航してセアブラに民法典草案作成を依頼し，1972年にセアブラが392ヶ条からなる草案を帝国政府に贈呈したとされている。しかし，この草案がブラジルで激しい抵抗に遭って歴史の上でも葬られることになった。Miranda（1981）p. 81; Chaves, Antônio. Formação Histórica do Direito Civil Brasileiro, *Revista da Faculdade de Direito da Universidade de São Paulo*, v. 95（2000）p. 86-87; Delgado（2011）pp. 171-172. これらの出来事は「連続性」を示していると同時に，連続性が従属性と混合されるときにおける強い抵抗から「断絶」を感じさせる出来事である。

(62)　1824年ブラジル帝国憲法はフランスの1814年憲法とポルトガルの1822年憲法から影響を受けたとされている。二宮・矢谷（1993）11頁。

ものである。

　ブラジル民法典の制定過程を理解するためには，アウグスト・テイシェイラ・デ・フレイタスが民事法整理作業を委託された 1855 年にさかのぼる必要がある。民法典草案の起草ではなく，その準備段階としてブラジル民法を整理しなければならないことを訴えたのはフレイタス自身であった。フレイタスはサヴィニーの考え方に共感してナポレオン法典に基づく法典編纂ではなく従来のブラジル・ポルトガル法を整理した上で，ブラジルに独自の法典を編纂すべきであると主張したのである[63]。この考え方に基づいて，1858 年にフレイタスが長文の序説と解説付きの 1333 ヶ条からなる『民法集成（Consolidação das Leis Civis)』[64]を帝国政府に引き渡し，この作品が帝国政府から高い評価を受けてそのために設置された審議会において可決された[65]。そしてその後，1859 年に帝国政府が民法典草案作成をフレイタスに委託した。だが，『フレイタス草案（Esboço)』は完成することはなかった。1867 年にすでに 4908 ヶ条の作成作業は完了していたが，フレイタスがそれまでの作業を白紙に戻して商法と民法を統合した新たな法典が必要であると主張した。この主張を受け入れなかった帝国政府とフレイタスの関係が悪化の一途をたどり，1872 年に帝国政府がフレイタスとの契約を解約してしまったのである[66]。

---

[63]　Gomes（2006）p. 11-12, Delgado（2011）p. 155.

[64]　矢谷（1988）333 頁。Consolidação の訳語について，森征一・二宮正人『ポ日法律用語集』（有斐閣，2000 年）84 頁において「統一○○法」とされ，デ・アルカンタラ（2007）1673 頁においてこの用語法に従って「統一民事法」と訳されているが，訳語が「○○○○法集成」に改められると聞いている。Consolidar（Consolidação を行うこと）とは一定の法分野に関して廃止されたものを切り捨てて有効な法律等のみを収集し，分散されていたこれらの法を体系的にまとめることであるとされている。法典を作ること（Codificar）との最大の相違点は新たな法が作られず既存の法に限られる点にある。ただし，フランスの「codification à droit constant」に相当するとされており，法典化とは紙一重である。Delgado（2011）p. 52. なお，フレイタスの『民法集成』は 2003 年にブラジル連邦議会上院のブラジル法史シリーズで再版されており，連邦議会上院ウェブサイトから入手可能になっている。Freitas, Augusto Teixeira de. *Consolidação das leis civis* — Ed. fac-sim. Brasília: Senado Federal, Conselho Editorial, 2003.（http://www2.senado.leg.br/bdsf/item/id/496206　最終閲覧日：2018 年 3 月 1 日）。

[65]　フレイタスがその民法集成を提出したあと，帝国政府が組織した法制審議会において 10 ヶ月にわたって検討され可決されるに至った。その後，この法制審議会による承認が法務省の通達（Aviso）によって追認された。帝国議会において可決されたものではないため，法律として位置づけることができない。Delgado（2011）p. 156.

　これらフレイタスの作品は，1916年民法典草案を起草したクロビス・ベ
ヴィラクアは『フレイタス草案』が採用されなかったことがブラジル民法学史
の「最大の悲劇」であったと述べているほどブラジルの国内外で高く評価され
ている[67]。実は，帝国政府によって葬られたこれらの作品は決して死文となっ
たわけではなかった。『民法集成』は補足的な法源として1858年から1916年
民法典ができるまで事実上の民法典として機能していたとされており[68]，また，
『フレイタス草案』はブラジル1916年民法典に大きな影響を与えただけでなく，
ラテンアメリカ諸国，とくにアルゼンチンの民法典の制定にあたっても参酌さ
れている[69]。ブラジルの著名な民法学者ポンテス・デ・ミランダは『フレイタ
ス草案』が採用されていれば，19世紀においてもっとも優れた民法典となっ

---

[66]　フレイタスは，『草案』の作成作業が進むにつれ——ブラジル商法典は1850年にすでに
　　制定されていたが——，民法典と商法典とを統一することが不可欠であると考えるように
　　なったことが白紙主張の最大の原因であると考えられている。フレイタスが世界的にみ
　　ても民商二法統一論の先駆者であったこと，またこのようなフレイタスの構想が一世紀
　　以上の時間を超えて商法・会社法と民法の法典を統一した2002年ブラジル民法典で具
　　現化されたことは特筆すべきであろう。Valladão (1977) p. 144; Delgado (2011) pp.
　　163-167.

[67]　Bevilaqua, Clóvis. *Em defesa do projecto de Código Civil Brazileiro*. Livraria Francisco
　　Alves (1906) p. 23; Bevilaqua, Clóvis. *Código Civil dos Estados Unidos do Brasil,
　　comentado por Clovis Bevilaqua*. Edição histórica. Rio de Janeiro, Ed. Rio (1975) p. 16;
　　Aguiar (2003) p. XV. そのほか，ブラジルにおける民商二法統一論について二宮・矢谷
　　(1993) 17頁，中川 (2003) 194頁，デ・アルカンタラ (2007) 1673頁をあわせて参照。

[68]　デ・アルカンタラ (1993) 1673頁のほか，Cruz (1981) p. 67; Delgado (2011) p. 156
　　もあわせて参照。

[69]　アルゼンチンのほかに，ウルグアイ民法典の起草者 (Tristán Narvais) やチリ民法
　　典の起草者 (Andrés Bello) などもフレイタスの『草案』を参酌している。また，アル
　　ゼンチン民法典をモデルとしたパラグアイ民法においてもフレイタスの作品が高く評価
　　されているほか，1904年ニカラグア民法典が採用したアルゼンチン民法典の規定の多
　　くがフレイタスの『草案』に由来しているとされている。中川 (1973) 35頁，矢谷 (1988)
　　333頁，二宮 (2012) 32頁のほか，Valladão (1977) p. 144-146; Miranda (1981) p. 80;
　　Delgado (2011) p. 119, 168-169もあわせて参照。また，フレイタスの『民法大全』は
　　1897年に要約版でフランス語で出版 (La Grasserie, Raoul de. *Code Civil du Vénézuéla:
　　lois civiles du Brésil*. Paris: V. Giard & E.Brière, 1897) されていることも特筆すべきであ
　　ろう。Alves (1993) p. 192. さらに，フレイタス草案はドイツ民法典より40年も前に総
　　則と各則に基づく民法典の編纂を提示している。デ・アルカンタラ (2007) 1673-1674
　　頁，二宮 (2012) 32頁のほか，Valladão (1977) p. 148; Delgado (2011) p. 157もあわせ
　　て参照。

ていたであろうと，また，フレイタスの労作によってポルトガル法の伝統がナ
ポレオン民法典を模倣したポルトガルよりもブラジルのものとなったと述べて
いる[70]。すなわち，フレイタス自身とその労作こそがブラジルに対する「ヨー
ロッパの民法」のむやみな影響を遮断したといっても過言ではない[71]。だが，
ラテンアメリカ諸国の中でブラジル民法が比較的に強い独自性をもっていたこ
とはブラジルが「ヨーロッパの民法」を継受していないことを意味しない[72]。

　まず，1916年民法典[73]がドイツ法典から大きな影響を受けてパンデクテン方
式を採用しているのは前述したとおりである[74]。もっとも，これはフランスの
民法が継受されていないことを意味しない。1916年民法典の規定の歴史を詳
細に分析して継受法を統計的に整理したポンテス・デ・ミランダは量的にもっ
とも多く継受されたのはナポレオン民法典であった（172ヶ条，10%）と指摘し
ている[75]。ドイツ民法草案（66ヶ条）よりも多かったのである。だが，これに
対して，質的にはフランス法でもドイツ法でもなく従来のブラジル・ポルトガ

---

[70]　Aguiar（2003）p. XV.

[71]　ゴメスはフレイタスの『民法大全』があったからこそ，フィリッペ王令が1916年ま
で生き延びることができたとも指摘している。Gomes（2006）p. 12. その他に，Cruz
（1981）p. 193 を参照。また，二宮・矢谷（1993）17頁においてフレイタスの労作が「当
初からブラジルの民法典編纂で大きな基礎をなした」としてその重要性が強調されてい
るが，1916年民法典の起草者ベヴィラクア自身もフレイタスの力作を拠り所としたと
述べている。Bevilaqua（1903）p. 26 を参照。

[72]　Marcos; Mathias; Noronha（2014）p. 416.

[73]　1916年民法典の起草過程について，1899年に比較法の教授であって民法の教科書を
複数出版していたクローヴィス・ベヴィラクアに民法典の起草が委託され，同年に草案が
共和国政府に提出された。しかし，制定にいたるまでさらに16年の時間を要した主要
な理由は，草案が法典編纂委員会及び下院でいくつかの修正を受けて通過したあと，
1902年に上院に提出されると，ルイ・バルボサ（Rui Barbosa）という有名なブラジル
の法学者の抵抗にあったからであるとされている。バルボサは草案が提出されてからわ
ずか三日間で長文にわたる批判的な意見書を出しているが，草案の内容よりももっぱら
文法―文章のスタイル―に関する批判が展開されていた。中川（1973）35-36頁，二宮・
矢谷（1993）17頁，デ・アウカンタラ（2007）1674頁のほかに Delgado（2011）pp.
197-201 もあわせて参照。

[74]　さらに，フレイタスがフランス民法学を前提としながらサヴィニーを天才と評価しド
イツの民法学から学んでいたこと，また1916年民法典の起草者ベヴィラクアは比較法
学の教授であって，またドイツ民法学が盛んであったレシフェ学派の先頭になっていた
ことから，ブラジル民法がドイツ法を継受したことは想像に難くない。Valladão（1977）
p. 180.

ル法が主要な地位を占めているとされている。しかし，法典から民法学に目を
転じれば，当時のブラジル民法学者は，フレイタスをはじめとして，ドイツ民
法学をフランス経由で継受していた。ベヴィラクアが読んだドイツ民法典草案
はフランスの元老院によってフランス語に翻訳され，サレイユなどのフランス
民法学者が註釈を付したものであって，フランス民法学説がブラジル民法の教
育，解釈及び適用を完全に支配していたとされている[76]。そのため，「ヨー
ロッパの民法」の法継受に関していえば，フランスの民法学のためにドイツの
民法典が作成された，と理解することができる[77]。

---

[75] Miranda (1981) p. 93. この課題に関するブラジルの文献ではこのミランダの統計的分
析が必ず引用されている。ミランダによれば，1916年民法典の規定について，189ヶ条
がフレイタス草案に，172ヶ条がナポレオン法典に，83ヶ条が1867年ポルトガル民法典
に，72ヶ条がイタリア民法典に，66ヶ条がドイツ民法草案に，67ヶ条がスイス民法典に，
32ヶ条がスペイン民法典に，17ヶ条がアルゼンチンに，19ヶ条がローマ法に，7ヶ条が
チリ民法典に，4ヶ条がメキシコ民法典に，2ヶ条がウルグアイ民法典に，2ヶ条がペ
ルー民法典に由来しているというのである。矢谷 (1988) 333頁，二宮・矢谷 (1993)
17頁，二宮 (2012) 33頁もあわせて参照。

[76] Delgado (2011) p. 208. ベルヴィラクア自身が1928年に出版された1916年ブラジル
民法典のフランス語翻訳版 (*Code civil des États-Unis du Brésil : loi no 3071 du 1er
janvier 1916 avec les modificatios résultant de la loi nº 3725, du 15 janvier 1919/
Traduit et annoté par P. Goulé, C. Daguin, G. d'Ardenne de Tizac, Paris: Impr. nationale,
1928, n.29*) の序説において同法典に対するフランス民法の影響について次のように述
べている。「ブラジル民法典はその作成に貢献した様々な法学派を調和的に総合的に統
合しようとしたものである。第一にはローマ法とポルトガル法の伝統を基礎とするブラ
ジル法の伝統が重視された。ただし，正義と自由を理想としまた近代文明の要請に応え
るという方向性を常に意識しながら。第二に，南米の法曹界で一貫して高く評価されて
きた，フランス民法典とフランス民法学説 [の影響があった]。最後に，ポルトガル，
スペイン，イタリア，アルゼンチン，カントン・チューリッヒの民法典のほか，最新の
ドイツ民法典やスイス民法典 [も参酌された]」 Alves (1993) p. 211. 紙幅の制限で本稿
ではフランスからの継受法の具体的な内容に立ち入ることができないが，たとえば不法
行為法の継受については Wald, Arnold. A Evolução da Responsabilidade Civil e dos
Contratos no Direito Francês e no Brasileiro. *Revista da EMERJ*, v. 7, n.26 (2004) pp.
94-114 や Stoco, Rui. Responsabilidade civil no Código Civil Francês e no Código Civil
Brasileiro (Estudos em homenagem ao bicentenário do Código Civil Francês). Revista
da EMERJ, v.7, n.26, (2006) pp. 36-51 などを，より総合的なブラジル民法典によるナポ
レオン法典の継受の分析については Souza, Sylvio Capanema de. O Código Napoleão e a
sua influência no Direito Brasileiro. *Revista da EMERJ*, v. 7, n.26, (2004) pp. 36-51 や
Borja, Célio. O Código Napoleão e o Direito Privado Brasileiro. *Revista do IHGB*, Rio de
Janeiro, a.170(444) (2009) p. 221-229 などを参照。

　以上から日本とブラジルにおける民法典の歴史を簡単に比べると，次のように
なる。1916 年ブラジル民法典は日本民法典と同じように体裁上ドイツ式に
倣っていたが，その根底を流れていた民法学はフランスのものであったといえ
る。ただ，日本においては戦前の学説がドイツ民法学へと移行したのに対し，
ブラジルにおいては 20 世紀後半まで主流な学説はフランス民法学を基礎とし
ていた。また，日本民法典が既成法典（旧民法典）の内容を出発点としていた
と同じように，ブラジル 1916 年民法典に対して先立つフレイタスの『民法集
成』と『フレイタス草案』が既成法典の役割を果たした[78]。ただ，日本の既成
法典の存在はフランス法の継受を根拠づける方向で働いたのに対し，ブラジル
の「既成法典」はポルトガル・ブラジル法の伝統を近代化した独自の内容を
もったものとして評価されている。すなわち，日本の民法起草過程の研究は継
受法の転換に結びついたのに対し，ブラジルの民法起草過程の研究はブラジル
法の独自性と結びつこうとするものである。最後に，これもまた日本と同様に，
1916 年民法典はこの「既成法典」の内容を基礎としながら，フランス民法典・
ドイツ民法草案をはじめとしてポルトガル 1867 年民法典を含む様々な法典を
参酌して起草されている[79]。参酌された外国法はフランス民法典とドイツ民法
典だけではなかったことも，日本とブラジルがただフランス・ドイツの民法を

---

(77)　デウガドは「ドイツの民法典のためのフランスの学説というパラドックス」という項
　　目を立ててこの問題を比較的に詳細に論じている。Delgado (2011) pp. 207-210.

(78)　本稿ではその重要性からフレイタスの労作のみを取り上げたが，レアレ草案の前にナ
　　ブコ・デ・アラウジョによる草案，フェリシオ・ドス・サントスによる草案とコエリョ・
　　ホドリゲスによる草案もある。アラウジョは草案の作成前に病死し，暗号化されたメモ
　　書きしか残っておらず，サントスはフレイタスのような準備作業を完成させたが，アラ
　　ウジョと同様にこれに基づいた草案の作成前に逝去してしまった。これに対して，ホド
　　リゲス草案は完成したが，諸事情によりブラジル下院によって葬られてしまった。その
　　中でも，デウガドによれば，ホドリゲスはブラジル民法学史によって不当に忘れ去られ
　　た存在であって，その草案がきわめて大事であっただけでなく，共和国への転換後，政
　　府が米国に倣って民事法に関する立法権を各州に委ねようとしていたのを阻止したので
　　ある。また，ブラジルにおいて宗教婚に対する法律婚主義を導入した 1890 年デクレト
　　第 181 号の起草者もホドリゲスであったにもかかわらず，その氏名が言及されることが
　　ほとんどないという。Bevilaqua (1906) pp. 24-26; Valladão (1977) p. 179; .Delgado
　　(2011) pp. 172-173, 174-175, 181.

(79)　Miranda (1981) p. 93, Delgado (2011) p. 208, Marcos;Mathias;Noronha (2014) p. 416.
　　そのほか二宮・矢谷 (1993) 16-19 頁を参照されたい。

継受したのではなく，ヨーロッパの様々な民法典を前にしてそれぞれの独自の民法典を作成しようとしたことを物語っている。

(3) ブラジル民法典の現代化

2002年に，1916年に民法典ができてからはじめてブラジル民法典は全面改正された。1916年ブラジル民法典は四つの憲法と数回の体制の転換に耐えたのである[80]。そのため，複数の特別法によって民法典の内容が次第に空洞化（この過程を「脱法典化（descodificação）」という）していった[81]。また，軍事独裁政権後の1988年憲法が民法の重心を民法典から憲法へと移転させたことで，1990年代には民憲学派の手によって脱法典化が急速に推し進められた。

この動きに歯止めをかけようとしたのは2002年民法典であった。だが，ミゲウ・レアレ率いる民法草案起草委員会が草案を国会に提出したのは1988年憲法から10年以上前，軍事独裁政権真ただ中の1975年であった[82]。そのため，2002年民法典は「生まれながらにして老いた民法典（já nasceu velho）」として熾烈な批判で迎えられた[83]。家族法についてみれば，2002年民法典が1990年代に民法の憲法化と脱法典化によって大きく発展した新たなブラジル家族法学を汲み取ることができなかったと考えられたため，家族法を民法典から切り離す諸家族法典（Estatuto das Famílias）の草案が作成されて国会に提出されるなど，特別法と判例法によって民法は再び脱法典化しはじめた[84]。

この混沌とした状況のもとで，「現代化」されたブラジル民法典における法の継受を論ずることは困難である。2002年民法典と対立関係にある新たなブラジル民法学を度外視して法典のみを取り上げても同じである。実は，起草時

---

[80] ブラジル歴代憲法と体制について二宮・矢谷（1993）13-16頁を参照。

[81] 脱法典化についてはマシャド（2018）33頁を参照。1916年ブラジル民法の脱法典化について法典化・脱法典化・再法典化を循環的な現象として捉えるデウガドの分析を参照されたい。Delgado（2011）p. 229-231.

[82] 2002年民法典の起草・制定・過程と内容については中川和彦（2003）194-196頁，デ・アウカンタラ（2011）1674-1675頁，二宮（2012）34-38を参照。

[83] この点についてはマシャド（2018）204頁を参照。

[84] 諸家族法典の草案についてはマシャド（2018）205-210頁を参照。なお，諸家族法典の草案は実現に至らなかったが，部分的な脱法典化として養子縁組制度を民法典から児童青少年法典に移転させた2009年法律第12010号をあげることができる。家族法分野に限らず，2002年民法典が制定された後の修正についてはDelgado（2011）pp. 431-436を参照。

に着目して「旧い」といわれるこの民法典はフレイタスの『草案』に負けないほど独創性に富んでいると評価することもできるのである[85]。ただ，起草当時においては古典的なブラジル民法学が依然としてフランスの文献とフランス民法学を基礎としていたことから，フランスの影響がなお強かったと思われる[86]。これに対して，1990 年代以降の民法学はイタリアなどからも影響を受けるようになったが，現代ブラジル民法学は近代ブラジル民法学にも増して，法継受において（受信国よりも）発信国になろうとする姿勢を強めており，ブラジル民法の独自性を強調している。2002 年民法典と 1988 年憲法の間に発展した新たなブラジル家族法学の独創性がその象徴であるといえるが，この点についてはブラジル同性婚法に関して項を改めて述べる。

Ⅲ　邂　逅　点

1　一つの例としての同性婚

　これまでの日本・ブラジルの民法典の歴史に関する考察から，日本民法とブラジル民法の邂逅点として二つの方向性を指摘することができる。

　ひとつは，母法から継受法への段階的な系譜的研究によってブラジル法に到達しようとする試みである。この場合には，日本民法からフランス民法又はドイツ民法に遡ったうえで，もう一度ブラジル民法に降りていくという方法が最もわかりやすい。そのほかに，ブラジル・ポルトガル法を「ヨーロッパの民法」に含めてナポレオン法典からさらにアフォンソ王令に遡るという方法もありえよう。その際に，アフォンソ王令第四編の再評価とナポレオン法典の間の継受を論じることができるか，ヨーロッパ民法史の内在的な継受論の再検討が必要となろう。

　もうひとつの方向性は，複系・水平の比較継受論の試みである。この方法では，従来の継受論を克服して比較対象国の民法典の独自性を見据えた検討が必要であろう。言葉を換えていえば，共通の母法と両国の独自性の対話に基づく

---

[85]　確かにレアレ草案の基本的な方針はできるだけ 1916 年民法典の規定を維持することであったが，それでも多くの点で独創的であったと評価されている。その具体的な特徴については Delgado（2011）pp. 229-306 を参照。

[86]　（2011）41 頁。

柔軟な比較がもとめられる。以下では，このような研究の一例としてブラジル
と日本における同性婚の問題に関する比較検討を行う[87]。

(1) ブラジルの同性婚　ブラジルにおけるヨーロッパの文化の継受とブラジ
ルの独自性は同性愛に関する言語的・社会的な現象からも読み取ることができ
る。ブラジルは同性愛に関する文化だけでなく用語（ソドミーや同性愛）とそ
れに付随する理解もヨーロッパから継受している[88]。この同性愛に関する西欧
文化への従属的な理解に対し，現代ブラジル家族法では「同性愛（homosexua-
lidade）」に対して「同情愛（homoafetividade）」というブラジル独自の新語が
提唱された[89]。この用語は同性カップルが憲法上の家族であって異性の事実婚
に関する 2002 年ブラジル民法典の規定が類推適用されるとした 2011 年ブラジ
ル連邦最高裁判所判決に採用されたあと，法律用語としても日常用語としても
定着している。この用語の転換はブラジル家族法がヨーロッパの家族法の継受
法という枠を超克してブラジル独自の家族法となる過程と一致している。以下
ではフランス法の継受によって同性カップルの法的保護が否定される段階から，
フランス法の継受からの「逸脱」によって同性カップルの法的保護が肯定され
る段階に分けて考察する。

　まずフランス民法学説の継受に基づく否定についてであるが，1980 年代ま
でブラジル家族法学における同性カップルの理解はフランス民法学説を追認す
るものであった。すなわち，婚姻については同性であることが障害事由でなく
て不存在事由であるとされていたとともに，フランスのコンキュビナージュ保
護法理に倣ったブラジルのコンクビナト保護法理についてもフランスにおける
のと同じ理由で同性カップルへの拡張が否定されていた[90]。

　この状況を大きく変えたのは 1988 年憲法とこれに伴ったブラジル家族法学
の憲法化である[91]。1988 年憲法において 1916 年民法典と相容れない数多くの

[87]　前掲注(3)で述べたように，以下は，マシャド（2018）に基づく考察である。ブラジ
　　ル法の展開の詳細については，同書を参照。
[88]　ブラジルにおける同性愛の略史についてはマシャド（2018）116-120 頁。
[89]　「同情愛（homoafetividade）」はブラジルにおける同性愛と法の第一人者であるマリ
　　ア・ベレニセ・ジアス（Maria Berenice Dias）によって提唱された。この用語及びジア
　　スについてはマシャド（2018）11-12 頁，157 頁以下を参照。
[90]　マシャド（2018）120-122，130-141，211-212 頁
[91]　ブラジルにおける民法・家族法の憲法化についてはマシャド（2018）191-197 頁

　規定が設けられ，民法典の多くの規定が違憲状態に陥ったにもかかわらず，日本の応急措置法のようなものが制定されず新たな民法典が制定されるまで14年がかかってしまった。その間に足場を失ったブラジル家族法学が次第にその重心を憲法へと移転させて独自の家族法論を展開しはじめた。中でもフランスからの継受法の断絶と同性カップルの法的保護に直結したのは，1988年憲法が異性の事実婚カップルを「憲法上の家族」に引き上げたことである。この憲法規定とこれをブラジルの独自の事実婚主義として再構成した民法学説によってフランスのコンキュビナージュに倣ったブラジルのコンクビナトの理解が変容した。その結果，従来のコンクビナト保護法理の「家族法」的な性格が薄められ，1990年代末に同性カップルへ転用されるに至ったのである[92]。しかし，判例・学説（または特別法の立法）の展開はフランス法の継受の終わりを意味しなかった。

　2002年民法典の草案は1975年に完成していたが，制定前に1988年憲法との適合性を図る必要性から多くの修正が施された。その修正のひとつは，憲法上の異性の事実婚カップルとこれを具現した特別法を民法典に取り込むものであった。「安定的結合（união estável）」の制度である[93]。1994年および1996年にブラジルの法文化の特殊性に照らして憲法上の「安定的結合」を具現化する二つの特別法が制定され[94]，1990年代の判例・学説・立法がフランス民法学から離れていったのに対し，2002年民法典上のこの制度には異性・同性カップルのために定められたフランスのパクス法の影響を感じずにはいられない。形式的な問題だけをとってみれば，規定の配置とコンクビナトに関する定義規定は，当時のブラジル民法学の状況と全く相いれないため，パクス法が参酌されたと考えるほかない。ただし，影響はもっぱら形式的なものであって，安定的結合制度が①異性カップルだけのための②事実婚制度であるという特別法の本

---

[92]　ブラジルにおける非婚の異性カップルのと非婚の同性カップルに関する判例法理の変容の関係についてはマシャド（2018）211頁以下。

[93]　ブラジルにおける非婚カップル制度の概略とフランスのパクス法との対比についてはマシャド（2018）35-44頁。

[94]　強制的民事婚を導入した1890デクレト第181号は従来のブラジル社会で認められていた事実上の関係を排除してしまったものであって，形式主義を嫌うブラジル社会の家族文化に適さないヨーロッパ法の乱暴な導入であったと再評価されたのである。前掲注マシャド（2018）153-155頁を参照。

質的な内容が維持されたため，フランスのパクス法とは大きく異なっている[95]。

ところが，2002 年民法典は，少なくとも安定的結合制度について，ブラジル民法学の重心を再び民法典に引き戻すことができなかった。その理由のひとつはおそらく 2002 年民法典ができた当時，1990 年代の特別法の基礎となった当初のブラジル家族法学がすでにさらなる変容を遂げて，同性カップルに対して異性カップルの事実婚の制度に関する法の類推適用を主張しはじめていたからであろう[96]。この新たなブラジル家族法学の重要な特徴は①社会的事実の先行性，②家族関係の特殊性（情愛性）と③婚姻中心主義の廃止・家族の多様性であった[97]。①は社会的事実としての同性カップルの法律上の存在の肯定を，②は同性カップルにかつての異性カップルのためのコンクビナト保護法理と同じように財産法の規定（組合契約に関する規定）ではなく「家族法」の規定（安定的結合に関する規定）を適用すべきであるとの主張を，③は同性カップルが婚姻家族ではなくても①と②に基づいて家族として保護されるべきであるとの理解を裏付けた，とまとめることができる。そして，このブラジル家族法の独自の理論においては，とくに②との関係において，同性愛が「同情愛（homoafetividade）」と，同性カップルが「同情愛カップル（casal homoafetivo）」と呼ばれるようになったわけであるが，この新たなブラジル家族法との対話を通じてブラジルの司法権が同性カップルの婚姻を認めるに至ったのである[98]。

---

(95) なお，本稿のⅡ2において展開したブラジル民法の考察から新たな非婚カップルの制度はポルトガル法より継受されたものであるとは思われないが，実はポルトガルにも類似の異性の非婚カップルのための事実婚制度（união de facto）が存在し，一見してブラジルはポルトガルからこの制度を継受したと思われても無理がない。しかし，ブラジルの制度はポルトガル法のものよりも前のものであることから，この制度はむしろポルトガルによって「逆継受」されたのではないかと思われる。仮にそうであれば，面白い論点であるが，別稿に譲らなければならない。LANÇA, Hugo Cunha. A questão patrimonial nas relações de união de facto (ou breve reflexão sobre a lei da união de facto: dormir com alguém, acordar com o estado). *Revista IBDFAM — Família e Sucessões*, v. 2, p. 116-162, 2014.

(96) マシャド（2018）203-204 頁。

(97) これらの特徴に沿ってブラジルにおける家族法の理解の変容を「婚姻の法」から「家族の法」への転換として捉えて分析したマシャド（2018）210-220 頁を参照。

(98) なお，ブラジル家族法における同性カップルの理解は新たなブラジル家族法学そのものではなく，学説と判例法の相互作用的な関係に基づいて—対話を通じて—生成されたことに注意しなければならない。マシャド（2018）208-210 頁。

（2）日本の同性婚　　日本もまた「ヨーロッパの民法」だけでなくヨーロッパの「同性愛」に対する理解も継受している[99]。そして，「同性婚（same-sex marriage）」をはじめとして日本における近年の用語は依然として欧米に従属的なものとなっており，ブラジルのような独自性はあまりみられない[100]。この欧米の用語への従属性は日本において同性カップルに関するほとんどの研究が非継受論的な比較法研究（純粋な外国法研究）であるという状況と一致している[101]。

　これらの研究は日本の同性カップルに関する法律文献の著しい増加に貢献した。確かに外国法を知ることは立法論のために重要なことであるが，非継受論的な研究には方法論的な限界があって，特に各国の独自性が強いとされる家族法分野について，日本民法の法解釈学と結びつきにくい。これに対して，少数ではあるが，日本の比較民法研究には日本民法の母法研究の重心がドイツ民法からフランス民法へと移転しているという動向に沿った継受論的な研究もみられる[102]。フランスやドイツにおいて同性カップルの問題が立法的に解決された

---

[99]　この点については古川誠「セクシュアリティの変容：近代日本の同性愛をめぐる３つのコード」日米女性ジャーナル17号（1994年）29-55頁，風間孝・河口和也『同性愛と異性愛』（岩波書店，2010年）97頁以下などを参照。

[100]　「ゲイ（gay）」，「ホモセクシュアル（homosexual）」，「同性婚（same-sex marriage）」などがその例である。これらの用語にあえて独自性を見出すなら，欧米では学問用語である「ホモセクシュアル」が「ホモ」に転じて差別用語として用いられるようになったことがあげられる。なお，興味深いことに，性的指向にかかわる問題よりも性自認にかかわる問題に関しては日本独自の用語が多いが，前者については判例法・立法の発展がほとんど見られないのに対し，後者については豊富な判例法と日本独自の立法である性同一性障害者の性別の取扱いの特例に関する法律（平成15年7月16日法律第111号）がある。

[101]　日本における法学研究の現状についてはマシャド（2018）2-4頁を参照。

[102]　例えば，大島梨沙の研究があげられる（大島梨沙「フランスにおける非婚カップルの法的保護（１）（２・完）」北大法学論集57巻6号370-314頁，58巻1号（2007年）210-167頁，同著『法律上の婚姻』とは何か（１/２/３/４）—日仏法の比較研究」北大法学論集，62巻1号（2011年）216-184頁，62巻3号（2011年）644-606頁，62巻6号（2012年）410-366頁，64巻2号（2013年）510-460頁）。これらの研究は直接同性カップルを対象としているものではないが，そもそも段階的な系譜的研究によって同性カップルを研究対象にしようと思えば，これが唯一ありうる方法なのではないかと思われる。そうであるなら，複系・水平の研究によってこのような制約を克服することができる可能性があることになる。

ことから，これらの研究は立法的な措置をとっていない現行日本家族法における同性カップルの包摂可能性に対して否定的な結論に直結することは想像に難くないが，ここで特筆すべき点は，このような比較家族法研究によって批判される日本の独自の家族法には同性カップルの包摂可能性が潜在していたということである。フランス法などとの比較民法研究による日本家族法の独自性に対する評価の転換の典型例は内縁保護法理に求められるのである。

　内縁保護法理は日本固有のものとして20世紀前半から発展しはじめ，戦後にはすでに異性の非婚カップルに対して厚い保護を与える判例法理になっていた。そして，この延長線上で1990年に内縁保護法理の同性カップルへの応用可能性を主張する先駆的な見解も現れたのである[103]。しかし，これに対して，戦後から日本家族法学は次第に内縁保護法理を否定的に捉えるようになり，比較家族法研究によって「事実婚」という言葉をはじめとしてこのような判例法理は比較法的にみて「異常」なものであるとまで主張されるようになった[104]。日本家族法における内縁保護法理が拡張から縮小へと方向を転換したことで内縁保護法理の同性カップルへの転用に関する見解は詳細に議論されることなく少数説として扱われ，その可能性が追求されることはなかった[105]。

　以上から，日本家族法の変遷をブラジル家族法の変遷と比べると，次のようになる。日本独自の家族法学が近年の比較家族法研究を受けてフランスの民法学と同調する方向へと転換したのに対し，ブラジル家族法学がフランスの民法学との断絶に基づいてこれに対する独自性を主張する方向へと転換した。すなわち，逆の方向へと歩んでいることがわかる。さらに，1990年におけるブラジルの独自の家族法学に目を向けると，これは批判の対象となった日本の家族法学と複数の点で類似している。1988年憲法以降に異性の非婚カップルを「事実婚（casamento de fato）」として再構成されたことはいうまでもないが，そのほかに①社会的事実の先行性と②家族関係の特殊性（情愛性）からは，中川家族法学における①事実の先行性と②家族関係の非打算性が容易に想起され

---

[103]　二宮周平『事実婚の現代的課題』（日本評論社，1990年）339頁以下。

[104]　太田武男・溜池良夫『事実婚の比較法的研究』（有斐閣，1986年）67-68頁，水野紀子「内縁準婚理論と事実婚の保護」林信夫・佐藤岩夫『法の生成と民法の体系』（創文社，2006年）632頁。

[105]　星野茂「わが国における同性愛者をめぐる家族法上の諸問題」法律論叢69巻3・4・5合併号（1997年）247-248頁。

る。

　この点に関する日本・ブラジル家族法の比較の詳細な検討は別の著書に譲ることとし，ここでは次の点を指摘するにとどめる。すなわち，ブラジルと日本の家族法の複系・水平の比較継受論は母法に基づく継受法の評価を相対化させることができるのである。上記事例についていえば，ヨーロッパの家族法学への接近によって日本独自の家族法学が「異常」とされるようになったが，日本で戦前に展開されたこの「異常」な家族法学と類似の家族法学がブラジルで1990年代から画期的なものとして展開されるようになった。これによって，日本家族法の独自性の評価につき，ヨーロッパの民法への従属性を超克してより客観的にこれを捉えることができるとともに，新たなブラジル家族法の展開からこの日本家族法の独自性の秘められた諸可能性を展望することができるのである。

Ⅳ　おわりに —— 終着点からの発信？

　最後に，本論で展開された複系・水平の比較継受論の試みをまとめるとともに，双方向性を持った法変容論の可能性にも触れておきたい。
　本稿が試みた複系法継受論からは，いくつかの考察を導くことができる。さしあたり次の4点を挙げておく。第一に，日本法に見られる重層的な継受は孤立した現象ではなく，やや異なる形ではあるがブラジル法にも検出される現象であった。すなわち，近代日本の民法にはフランス法とドイツ法が作用していたが，ブラジル民法にはポルトガル法（フランス法の用語を借用するならばポルトガル古法）とフランス法（さらにドイツ法）の影響が見られた。こうした現象を目の当たりにすると，母法を一つ定めて「○○法系」という形で行われる分類が単純に過ぎることが理解される。第二に，同じく継受法国であると言ってみても，母法国とは異質な法文化に属する現地人が法典編纂を行う場合（日本）と，母法国からの植民者が法典編纂を行う場合（ブラジル）とを同列に論じることはできない。ブラジルは同時代のポルトガルとの切断をはかるために，古いポルトガルに繋がるという戦略をとったが，同様の戦略は日本では考えにくい。もっとも「日本法理」[106]の強調は，在来法を利用しつつ伝統を創りだす試みであったと見れば，比較の可能性はないわけではない。それにしても，現

地人の見た近代法と植民者の見た近代法がねじれの位置にあることには, 十分に留意する必要がある[106]。以上の2点がいわば総論にかかわるのに対して, 第3点は各論にかかわる。本稿では, 水平比較によって母法国の呪縛からの脱却を図るという観点を提出している。コンクビナトや内縁はコンキュビナージュからの逸脱態ではなく可能態であるというのである。一般論としてこれは十分にありうる主張だと考えてのことであるが, 具体的な主張にあたっては, フランスのコンキュビナージュに対してより立ち入った内在的な理解を示す必要があるだろう。この点は今後の課題とされなければならない。最後に, 細かい点ではあるが, 次のような共通点も見出された。一つは, 法典編纂前における外国民法や民法草案の役割についてである。日本ではフランス法あるいはボワソナード草案が事実上「適用」されていたと言われているが[108], ブラジルでもフレイタスの『民法集成』が補足的な法源として機能していたという指摘は興味深い。もう一つは, フランス民法学の影響とドイツ法の影響の関係である。ブラジルで指摘されているパラドクスは必ずしも特殊なものではない。19世紀末から20世紀初頭のフランス民法学はドイツ法を高く評価していた。そのフランス法学を参照すればドイツ法の地位が高まるのは自然なことであろう。日本におけるドイツ法の隆盛も同じ機序によって説明可能である[109]。

本稿において, 双方向性を持った法変容論の観点から言えることは限られている。しかし, 2点に触れておきたい。第一は, フランス法もまた当時のヨー

---

(106) 小野清一郎『日本法理の自覚的展開』(有斐閣, 1942年) など。

(107) 本稿の付記に掲げるレヴィ=ストロースの一文において行われているサンパウロの「橋」と東京の「橋」との対比は実はパラレルになっていない (いずれの「橋」も現代の抑圧の下にある点では共通しているが, サンパウロの「橋」を掛けたのは近代の植民者であるのに対して, 東京の「橋」は前近代の現地人の手になる) のは, ある意味で象徴的であるとも言える。なお, ラテン・アメリカにおける西欧法継受について論ずる際には, その内部における地域差に留意する必要がある。ある論者によれば, ラテン・アメリカは少なくとも三つの地域に分けて考える必要があるという (清水透『ラテンアメリカ五〇〇年—歴史のトルソ』〔岩波書店, 2017年〕)。すなわち, ①現地に存在した文明を打倒して植民がなされた北部地域, ②現地には住民が少なかった南部地域, ③アフリカから奴隷が連れて来られたカリブ海地域であるが (ブラジルは①と②の中間に位置づけられようか), この分類は法継受論にとっても重要な意味を持ちうるだろう。

(108) 野田良之「日本における外国法の摂取 —— フランス法」碧海純一編『岩波講座現代法15 現代法学の方法』(岩波書店, 1966年) 193頁。

(109) 大村「富井政章」同『法典・教育・民法学』(有斐閣, 1999年) を参照。

ロッパの文脈の中で，従来言われているよりも広い範囲で諸法の影響を受けているのではないかという仮説についてである。具体的には，ポルトガル古法における法典編纂の意義に光を当ててみてはどうかという主張である。ある意味ではこれは，フランス法学が作り出している自国中心のヨーロッパ法史を脱構築しようという試みであるともいえる。もっともこの観点が，自国法の淵源を過大に評価するというバイアスから自由であるかどうかも慎重に問われなければならない。アフォンソ王令はプロイセン一般ラント法典などに連なる法典であり，近代法典の原点とは言えないのではないかという反論は当然予想されるだろう。第二は，日本もブラジルも近隣諸国に影響を与えており，その意味では継受の終点に位置するわけではないという認識についてである。この点は日本とブラジルの双方につき，共通に再認識されるべきことがらであろう。もっとも相違点もある。日本が歴史的な経緯ゆえに，戦前における影響を高唱しにくいことは別にして，日本には色濃く存在する外国法継受の持つ抑圧性に対する感受性が，ブラジル法にはあまり見られないように思われる。それは，ラテン・アメリカ諸国間の関係が東アジア諸国に比べて水平的であり，かつ，スペイン・ポルトガルとラテン・アメリカ諸国の関係も，ドイツ・フランスと日本の関係に比べて水平的であることによるのだろう。ただし，そこではブラジルにおける現地人の存在は全く捨象されている（ように見える）ことには，ここでも再び注意が必要であろう。

　「友」となりうる「反対」の者たちは，似ているようでもあり，似ていないようでもある。このこと自体は平凡な結論であるが，この当然のことをふまえて，日本法とブラジル法の何が似ており，何が似ていないかが具体的に問われなければならない。この問いが潜在的に持っている面白さが多少とも伝われば，本稿の目的は達せられたことになる。

〔付記〕
　手元に2冊の翻訳書がある。1冊は『ブラジルへの郷愁』と題された大判の写真集，もう1冊は『月の裏側―日本文化への視覚』と題された小さな文集である。いずれもクロード・レヴィ＝ストロースの手になるものだ。表題が示すように，一方はブラジルを，他方は日本を主題とするが，興味深いことにそれぞれに，ブラジルと日本とを対比した叙述が含まれている。
　『ブラジルへの郷愁』（原著，1994年，川田順造訳，みすず書房，1995年）の「プ

ロローグ」で, レヴィ＝ストロースはサンパウロについて次のように述べている。

「1935 年には, 町の中心は橋で結ばれた二つの台地が占めていた。橋は『ウィアドゥート・ド・シャ』（茶の陸橋）と呼ばれていたが, 19 世紀の終りに橋を築いたとき, この土地が茶畑だったからだ。橋の下にイギリス式の公園を造り, 椰子の木を植えた。橋と公園は, 私が 1985 年に再び見たときには, 日蔭で, 井戸の底に閉じ込められてでもいるように思われた。同じ圧しこめられた感じは, 東京で日本橋を渡ったときにも私をとらえた。日本橋を, 私は広重の東海道五十三次の最初の絵（あるいはさらによいのは英泉の木曽街道の連作のなかの絵だが）によって, 木造で両岸の低い家並みの上に聳えている, 150 年前の状態で心に描いていたのだ。」(19 頁)

『月の裏側』（原著, 2011 年, 川田順造訳, 中央公論新社, 2014 年）には, この一文が書かれたのと同じころ川田順造によってなされたインタビュー（1993 年実施）の一部が収められている。そこには, 次のような遣り取りが記録されている。

「川田　ブラジルのナンビクワラやカデュヴェオと, 私たち日本人とは, 同じ遠い祖先からの共通の子孫です。異なる地理圏, 文化圏に属している, この二つの集団の間に, 先生はどのような連続性あるいは非連続性をお感じになられますか？
　レヴィ＝ストロース　勿論, 私たちは皆, 同じ先祖をもっています！　そして確かに言えることは, 日本を見ると, とくに民衆文芸や神話では, アメリカ研究者の注意を喚起するような呼応に気づかされます。ただ, 注意しなければならないのは, それは日本とアメリカのあいだの場合だけではないということです。それは三つが組になったものの一部です。日本で見出すものをアメリカで, アメリカで見出すものを日本で再発見しますが, それは東南アジア島嶼部, とりわけセレベス諸島にも見出されるものなのです。ですから, こう言ってよければ, あなたが研究で好んで用いている『文化の三角測量』におけるような, 三角形の三点の組み合わせがあるのです。そして, 忘れてはならないのは, 一万五千年から二万年前には, 日本は大陸アジアの一部をなしていて, 同様に東南アジア島嶼部も, 大陸アジアに付着していたということです。ですから, 何千年ものあいだ, 人間の移動や考えの交換がありえたでしょうし, そのようにして形成された共通の文化遺産の断片を, 私たちは, アメリカ, 日本, 東南アジア島嶼部に再発見するのです。」(135-136 頁)

　最後に, レヴィ＝ストロースが『月の裏側』所収の一文の冒頭に（日仏との関係を念頭に置いてではあるが）エピグラフとして掲げたプラトンの一節を引いておく（104 頁）。

　　　　　　　　── いちばん反対のものどうしがいちばん友となる。

〔付録〕ブラジル法に関する主要文献

【図　書】

Seabra, Antônio Luiz de. *Novíssima Apostilla em Resposta à Diatribe do Sr. Augusto Teixeira de Freitas contra o Projecto de Código Civil Portuguez*. Coimbra: Imprensa da Universidade, 1859.

Bevilaqua, Clóvis. *Código Civil dos Estados Unidos do Brasil, comentado por Clovis Bevilaqua*. Edição histórica. Rio de Janeiro, Ed. Rio, 1975.

Valladão, Haroldo. *História do Direito Especialmente do Direito Brasileiro*. 3ª edição. Rio de Janeiro: Freitas Bastos, 1977.

Miranda, Pontes de. *Fontes e evolução do direito civil brasileiro*. 2ª edição. Rio de Janeiro: Ed. Forense, 1981.

Aguiar, Ruy Rosado de, Prefácio, In, Freitas, Teixeira de, *Consolidação das Leis Civis Vol.I*, Ed. fac-sim, Brasília: Senado Federal, Conselho Editorial, 2003.

Freitas, Augusto Teixeira de. *Consolidação das leis civis* – Ed. fac-sim. Brasília: Senado Federal, Conselho Editorial, 2003.

Marcos, Rui de Figueiredo; Mathias, Carlos Fernando; Noronha, Ibsen. *História do direito brasileiro*・1ª edição. Rio de Janeiro: Forense, 2004.

Gomes, Orlando. *Raízes históricas e sociológicas do código civil brasileiro*・2ª edição, São Paulo: Martins Fontes, 2006.

Delgado, Mário Luiz. *Codificação, descodificação recodificação do direito civil brasileiro*. São Paulo: Saraiva, 2011.

Formiga, Armando Soares de Castro. *Aspectos da Codificação Civil no Século XIX: História do Direito e do Pensamento Jurídico*. Curitiba: Juruá, 2012.

【雑　誌】

Braga, Guilherme da Cruz. A formação histórica do moderno direito privado português e brasileiro (1), *Revista da Faculdade de Direito da Universidade de São Paulo*, v. 50 , 1955.

Alves, José Carlos Moreira. Panorama do Direito Civil Brasileiro: Das origens aos dias atuais, *Revista da Faculdade de Direito da Universidade de São Paulo*, v. 88, 1993.

Chaves, Antônio. Formação Histórica do Direito Civil Brasileiro, *Revista da Faculdade de Direito da Universidade de São Paulo*, v. 95, 2000.

Lira, Ricardo Pereira. O bicentenário Código Napoleão e o direito civil brasileiro. *Revista Forense*. Rio de Janeiro: Forense, v. 377, 2005.

【関連研究】

Wald, Arnold. A Evolução da Responsabilidade Civil e dos Contratos no Direito Francês e no Brasileiro. *Revista da EMERJ*, v. 7, n.26 , 2004.

Souza, Sylvio Capanema de. O Código Napoleão e a sua influência no Direito Brasileiro. R*evista da EMERJ*, v. 7, n.26, 2004.

Stoco, Rui. Responsabilidade Civil no Código Civil Francês e no Código Civil Brasileiro

(Estudos em homenagem ao bicentenário do Código Civil Francês). *Revista da EMERJ*, v.7, n.26, 2006.

Borja, Célio. O Código Napoleão e o Direito Privado Brasileiro. *Revista do IHGB*, Rio de Janeiro, a.170(444), 2009.

【日本語】

中川和彦「アルゼンチン，ブラジル，チリ三国における民法編纂の素描」海外事情 22 巻 7 号（1974 年）29-36 頁

中川和彦「ブラジルの新『市民法典』の成立」国際商事法務 31 巻 2 号（2003 年）

二宮正人「ブラジル投資関連法制(5)ブラジル民法典について（上）」JCA ジャーナル 59 巻 5 号（2012 年）

二宮正人=矢谷通朗編『ブラジル法要説』（アジア経済研究所，1993 年）

二宮正人「ブラジル法（2）」法学教室 374 号（2011 年）

マルセロ・デ・アルカンタラ「ブラジル民法典の歴史」国際商事法務 35 巻 12 号（2007 年）1673-1675 頁

矢谷通朗「ブラジルの法制度」中川和彦=矢谷通朗編『ラテンアメリカ諸国の法制度』（アジア経済研究所，1988 年）

3 離婚事件の国際裁判管轄に関する新ルール
—— ブラジル人妻の願いは叶えられるのか？

道垣内正人

I はじめに

　離婚については，宗教の違い等を背景に離婚禁止の法制，離婚前に一定期間の法定別居を求める訴えが要求される法制，裁判離婚のみが認められる法制，日本のように協議離婚を認める法制等があり，また，離婚の際の財産の分け方，子の監護権の扱い等も国により様々である。そのため，国際私法及び国際民事手続法学においては，離婚については，準拠法[1]，国際裁判管轄及び外国判決の承認[2]を中心に多くの議論がされてきた。

　そのうち，国際裁判管轄については，明治以来明文の規定を欠き，判例等はあったものの不明確であったところ，2018 年 4 月 25 日，人事訴訟法及び家事事件手続法にそれぞれが適用対象とする人事・家事事件について国際裁判管轄を定める規定を導入することを主たる目的とする「人事訴訟法等の一部を改正する法律」（平成 30 年法律第 2 号）が公布され，2019 年 4 月 1 日に施行された。本稿は，この改正法により導入された人事訴訟法 3 条の 2 以下の規定により，

---

[1] 明治 31 年（1898 年）に公布・施行された法例の 16 条では，「離婚ハ其ノ原因タル事実ノ発生シタル時ニ於ケル夫ノ本国法ニ依ル…」とされていた。それから約 90 年後の平成元年（1989 年）の改正により，「夫婦の本国法が同一であるときはその法により，その法がない場合において夫婦の常居所地法が同一であるときはその法により，そのいずれの法もないときは夫婦に最も密接な関係がある地の法による。」という段階的連結を原則としつつ，戸籍窓口で協議離婚届を受理する際に準拠法が日本法であることの確認を容易にするため，「ただし，夫婦の一方が日本に常居所を有する日本人であるときは，離婚は，日本法による。」との規定がセットとされたルールに移行した。そして，このルールが，法例を全面改正した平成 18 年法律第 78 号（2006 年公布・2007 年施行）の法の適用に関する通則法においてもそのまま 27 条として現在に至っている。

離婚等請求事件の日本の裁判所の国際裁判管轄はどのようになったのか，その
ルールはそれまでの判例（特に昭和39年及び平成8年の最高裁判決）と比較して，
どの点を引き継ぎ，どの点を改めたのか，そして，今後の課題は何か，以上を
検討しようとするものである。

　以下では，まずⅡにおいて，日本人夫がブラジル人妻に対して提起した離婚
請求事件について国際裁判管轄を認めた昭和60年（1985年）の浦和地裁判決
を取り上げる。その上で，Ⅲにおいて，歴史を遡り，離婚事件の国際裁判管轄
のあり方についてどのような議論がされ，どのような判例・裁判例が積み重ね
られたのか，その経緯を辿る。そして，Ⅳにおいて，2018年改正法の明文の
規定にもとで，離婚事件の国際裁判管轄がどのように判断されるようになるの
かを検討する。最後に，Ⅴにおいて，新ルールのもとで昭和60年の浦和地裁
判決が対象としたような事件が起きた場合にはどのように処理されることにな
るのかを検討し，将来に向けた新ルールの運用について検討する。

Ⅱ　ブラジル人妻から上申書が提出された離婚事件：浦和地裁昭和60年11月29日判決

　日本人男Ｘとブラジル人女Ｙとは，Ｘが日本の電機メーカーのブラジル子
会社への出向により同国に滞在中の昭和50年12月6日，同国において同国法
の方式により婚姻し，Ｘ・Ｙは2人の子を儲けた。その後，Ｘの異動に伴い昭
和52年5月に家族全員で日本に移ったが，同年12月ころ，日本での生活に適
応できなかったＹはＸの同意を得て，2人の子を連れてブラジル国に帰国し
た。その後，Ｘはボリビア駐在所への異動の内示を受けたので，昭和53年3

---

(2)　民事訴訟法（明治23年法律29号）は，514条・515条において，外国判決の執行に
　　関する規定を置いていたが，大正15年（1925年）の改正により，外国判決の承認と執
　　行とに関する規定が分離され，外国判決の承認は200条となり，さらに，平成8年（1996
　　年）に118条となって現在に至っている。学説上は，外国離婚判決には，この民事訴訟
　　法の外国判決の承認の規定はそのまま適用すべきでないとの見解（たとえば，相互の保
　　証の要件（118条4号）は適用しないとの説）もあった。しかし，平成30年法律20号
　　による人事訴訟法，家事事件手続法等の改正により，家事事件手続法には，「外国裁判
　　所の家事事件については確定した裁判（これに準ずる公的機関の判断を含む。）につい
　　ては，その性質に反しない限り，民事訴訟法第118条の規定を準用する。」と定める79
　　条の2が置かれる一方，人事訴訟法にはこれに相当する規定は置かれず，外国離婚判決
　　については民事訴訟法118条がそのまま適用されることが明確化されるに至っている。

月ころ，ブラジルのＹらのもとを訪れて同居を求め，実際にＸがボリビア勤
務となった同年 10 月に再び妻子のもとを訪れて同居を求めた。その結果，同
年 11 月にＹと 2 人の子はボリビアに移り，Ｘとともに一家 4 人での生活が復
活した。しかし，Ｙはボリビアでの生活にもなじめず，ヒステリー状態とな
り，昭和 54 年 1 月ころ，Ｙは，Ｘと 2 の子をＸのもとに置いたまま単身でブ
ラジルに帰国してしまった。そこで，Ｘは 2 人の子を連れて一時日本に戻り，
Ｘの両親にその養育を託し，Ｘ自身は昭和 56 年 2 月までボリビア滞在を続け
た。日本の本社勤務となったＸは，2 人の子及びＸの両親と生活をしており，
Ｙとの間は全くの音信不通となっている。

　以上の事情のもとで，Ｘは，浦和地裁においてＹとの離婚及び 2 人の子の
親権者をＸと定めることを求める訴えを提起した。Ｙは，日本からの訴状及
び呼出状をブラジルにおいて適式に受領した。しかし，Ｙは浦和地裁におけ
る本件口頭弁論期日に出頭せず，その代わり，次のように記載した上申書を提
出した。それは，判決が引用しているところによれば，「Ｙは，1975 年 12 月
6 日，ブラジル国の習慣にしたがい，ブラジルのサルバドール市内において結
婚したものであるから，離婚訴訟の裁判は，ブラジル国パイア州司法区の裁判
所において行われるべきである。また，離婚事由も存在しない。すなわち，Ｘ
とＹは結婚後，居住地が転々と変わったため，Ｙは親しい人達と遠く離れて
生活せざるを得なかつたが，ＸはＹの心情を理解できず，肉体的にＹを虐待
するまでになったので，Ｙは親しい者達のもとに帰り休養をとることになっ
たものであり，Ｘからの仕送りを得られず苦しい生活を続けている。」，以上
の通りであった。これがポルトガル語で書かれたものか，日本語で書かれたも
のかは認定されていないので不明であるが[3]，浦和地裁は，この内容を法廷で

---

(3)　裁判所法 74 条は，「裁判所では，日本語を用いる。」と定めているので，外国語の書
　　面である場合は翻訳文の提出が必要となる。現在の民訴法 175 条は，「裁判所は，当事
　　者が遠隔の地に居住しているときその他相当と認めるときは，当事者の意見を聴いて，
　　事件を書面による準備手続（当事者の出頭なしに準備書面の提出等により争点及び証拠
　　の整理をする手続をいう。以下同じ。）に付することができる。」とされているが，その
　　書面が外国語の場合については，民訴規則 138 条第 1 文は，「外国語で作成された文書
　　を提出して書証の申出をするときは，取調べを求める部分についてその文書の訳文を添
　　付しなければならない。」と定めている。以上のことに鑑みると，本件の上申書がポル
　　トガル語で書かれていたとすれば，訳文の添付が求められることになろう。

陳述したものとみなした。

　そして，浦和地裁は，「わが国に離婚の国際的裁判管轄権が認められるためには，被告の住所がわが国にあることを原則とすべきであるが，原告が遺棄された場合，被告が行方不明である場合その他これに準ずる場合においてはわが国に離婚の国際的裁判管轄権があると解するのが相当である」と判示した後述の昭和39年の最高裁判決を引用した上で，本件「のような事実関係のもとでは被告の住所がわが国にはなくとも本件離婚請求事件はわが国の国際裁判籍に属すると解するのが相当である。」と判示して国際裁判管轄を認めた。そして，その上で，浦和地裁は，日本法を準拠法とし，X・Y間の婚姻関係の破綻を認定し，かつ，その認定が主としてXにあると認める証拠もないとして，離婚を認め，また，2人の子はXの両親の手助けを借りながらXの手元で養育していることを認定して，Xをそれらの子の親権者に指定した[4]。

　上記の事件について，浦和地裁が国際裁判管轄を認めたことは妥当であったであろうか。それが当時の判例法のもとでどう評価されるかは今や昔のことであり[5]，肝心なのは，新しい人事訴訟法3条の2のもとではどう判断されることになるのかである。ただ，現在のルールをしかるべく解釈適用するには，過去に遡って，現在に至るまでの学説・判例・裁判例を振り返ることも無駄ではないであろう。

III　ルールの変遷

1　昭和36年(1961年)の法制審議会国際私法小委員会案

　1961年，法制審議会国際私法小委員会は，『法例改正要綱試案（婚姻の部）』を公表した。その中で，第15として，以下の離婚事件の国際裁判管轄に関するルール案を提示した[6]。

---

(4)　判例タイムズ596号73頁。
(5)　判例評釈として，道垣内正人・ジュリスト877号126頁，多喜寛・昭和61年重判解説（ジュリスト増刊887号）275頁がある。前者によれば，国際私法研究者で構成される渉外判例研究会の席上，判旨に賛成する見解はなかったとされている。
(6)　山田鐐一・村岡二郎「法例改正要綱試案（婚姻の部）解説」法律時報資料版14号（山田鐐一『国際私法の研究』［有斐閣，1969年］222頁）参照。

「甲案

1　被告が日本に住所を有するときは，日本の裁判所に管轄権がある。

2　次の場合には，被告の住所が日本になくても，原告が日本に住所を有するときは，日本の裁判所に管轄権がある。

　イ　原告が遺棄された場合，被告が国外に追放された場合，被告が行方不明である場合，その他これに準ずる場合

　ロ　被告が応訴した場合」

乙案

当事者のいずれか一方が日本人であるとき又は日本に住所を有するときは，日本の裁判所に管轄権があるものとする。」

　甲案のもととなったのは，池原説である[7]。この説は，比較法的検討の結果，英国法に倣って，手続法的正義の観点から，「原告は被告の法廷に従う（actor sequitur forum rei）」という被告住所地管轄を原則としつつ，原告を保護すべき事情がある場合及び被告が自己の住所地での訴訟でなくてもよい旨の意思表示をしている場合には例外的に，原告の住所地の管轄を認めるというものである。甲案は，（イ）・（ロ）の例外も含めて，池原説に従っている。

　これに対して，乙案は，日本が関係する事件については日本の管轄を肯定すべきであるという政策的判断に基づき，原告・被告のいずれかが日本人であるか，日本に住所を有していれば管轄を認めるというものである。もっとも，これによれば，被告が外国在住の日本人であっても，日本の裁判所の国際裁判管轄を認めることになることから，必ずしも日本人保護とばかりは言えないものである。

2　昭和39年(1964年)の最高裁判決

　X女は日本で日本人として出生し，昭和15年，上海において朝鮮籍のY男と婚姻し，朝鮮籍に入り，上海において生活していた。Xは，終戦により朝鮮人となり，Yとともに朝鮮に移ってYの家族と同居していたが，慣習・環境の相違から同居に堪えず，事実上離婚の承諾を得て，昭和21年12月に単身

---

[7]　池原季雄「国際私法に於ける裁判管轄権と当事者の国籍（1）・（2・完）」国際法外交雑誌48巻4号57頁，6号72頁（1949年），同「離婚に関する国際私法上の二，三の問題」家庭裁判所月報4巻12号（1952年）1頁。

日本に引き揚げた。その後，Y は X に対して一回の音信もなくその生死も全く不明である。なお，Y は一度も来日したことはない。X は日本において Y に対する離婚訴訟を提起した。

　一審の高松地裁丸亀支部は，昭和 36 年 8 月 28 日判決により，以下の通り判示して国際裁判管轄を否定して，訴えを却下した。

　　「外国人間の離婚訴訟については，原告が我が国に住所を有する場合でも，少くとも被告が我が国に最後の住所を有したことをもつて我が国の裁判所に裁判権を認める要件となすべきであって，我が国に渡来したことのない被告に対してまで我が国の裁判所に裁判権を認めることは被告に対して事実上応訴の道を封ずる結果となり不当であるというべきである。」

　高松高裁昭和 37 年 1 月 29 日判決は，上記の一審判決をそのまま認め，控訴を棄却した。X 上告。

　最高裁昭和 39 年 3 月 25 日判決[8]（以下，「昭和 39 年判決」という。）は次の通り判示し，原判決を破棄し，第一審判決を取り消した。

　　「思うに，離婚の国際的裁判管轄権の有無を決定するにあたっても，被告の住所がわが国にあることを原則とすべきことは，訴訟手続上の正義の要求にも合致し，また，いわゆる跛行婚の発生を避けることにもなり，相当に理由のあることではある。しかし，他面，原告が遺棄された場合，被告が行方不明である場合その他これに準ずる場合においても，いたずらにこの原則に膠着し，被告の住所がわが国になければ，原告の住所がわが国に存していても，なお，わが国に離婚の国際的裁判管轄権が認められないとすることは，わが国に住所を有する外国人で，わが国の法律によっても離婚の請求権を有すべき者の身分関係に十分な保護を与えないこととなり（法例 16 条但書参照），国際私法生活における正義公平の理念にもとる結果を招来することとなる。」

　一・二審判決は，被告住所地主義に基づき国際裁判管轄を否定したのに対して，最高裁は被告住所地主義を原則とすべきであるとしつつも，「原告が遺棄された場合，被告が行方不明である場合その他これに準ずる場合」には例外的

---

(8)　民集 18 巻 3 号 486 頁。

に原告が日本に住所を有していれば管轄を認めるべきであるとしたのである。これと, この判決の3年前に公表された『法例改正要綱試案 (婚姻の部)』第15の甲案とを比較すると, 甲案にはある「被告が国外に追放された場合」は省略されているものの, 言葉使いを見ても明らかなように, 甲案を採用したように見える。

　確かに, 乙案では, 原告の住所が日本にありさえすれば管轄を認めることになるところ, 最高裁が被告住所地主義を原則とすると判示しているので, 乙案のこの部分が採用されていないことが採用されていないことは明らかである。しかし, この事案の当事者双方は外国人であって, 国籍を管轄原因として管轄を肯定することはできない事案であり, また, 最高裁は, わざわざ「わが国に住所を有する外国人」が原告であることに言及しており, この「外国人」という点は甲案においては無関係な要素であることから, 逆に読めば, 原告が日本人であれば, それだけで管轄を肯定する余地があるという見方を否定はしていないという読み方が可能なものであった⑼。

3　裁判例の揺れ

　その後, 冒頭で紹介した浦和地裁昭和60年11月29日判決までの33件の裁判例が離婚事件の国際裁判管轄について何を基準として判断したのかについての調査によると⑽, 上記の昭和39年判決は必ずしも踏襲されていったわけではない⑾。昭和39年判決のルールを踏襲したものが20件であるのに対し⑿, これを踏襲していないものは13件である。

　踏襲していない13件をみると, 原告の国籍又は・及び住所が日本であるこ

⑼　溜池良夫「渉外人事訴訟および家事審判の諸問題」実務民事訴訟講座 (6) 123頁 (1971年) (同『国際家族法研究』393頁 (有斐閣, 1985年)), 山田鐐一「人事訴訟事件の裁判管轄権」国際私法の争点147頁 (1980年) 参照。

⑽　道垣内正人「離婚事件の国際的裁判管轄権---その新たなルール化をめざして」法律のひろば39巻11号13頁 (1986年)。33件の裁判例の諸要素については, 同20頁以下の一覧表参照。

⑾　最高裁は, 直後の最判昭和39・4・9裁判集民事73号51頁おいて, 昭和39年判決ルールを適用し, アメリカで婚姻したアメリカ人夫婦であって, 夫のみが米軍軍属として来日し, 妻は一度も来日していないという事情のもとで夫が提起した離婚請求訴訟について, 国際裁判管轄を否定している。このような判例として定着するかに見えたものの, そうはならなかったのである。

とが管轄原因とされているものが 4 件あり[12]，昭和 36 年の法制審議会国際私法小委員会の乙案が支持を失っているわけでなかった。さらに，被告の住所が日本にある事案であっても，単にそのことのみを理由として管轄を肯定しているわけではなく，被告が日本人であること[14]，原告が日本人であること[15]，原告の住所も日本にあること[16]等に言及していたことが注目される。

　つまり，日本の裁判所がどのようなルールで離婚事件の国際裁判管轄を判断するのかは不明確なまま推移していったのである。このような方向の定まらない裁判例の揺れは，次のⅢ.4 の事件における一審判決と二審判決との判断の分裂に如実に示されている。

　学説上は，昭和 39 年判決が遺棄といった被告の主観的な事情を問題とした

---

(12)　浦和地判昭和 60・11・29 後のものであるが，広島地判昭和 61・1・30（LEX/DB27770557）は，ラオスからタイのキャンプに逃れ，後に来日したラオス人妻が，タイのキャンプで別れたラオス人夫に対して提起した離婚の訴えについて，被告が行方不明であるので昭和 39 年判決の要件を満たしているとして管轄を肯定した。また，名古屋高判平成 7・5・30（LEX/DB27828491）は，A がした離婚届は B の意思に反してされたことを理由として B が提起した離婚無効確認の訴えに対する反訴として，A がした離婚請求について，昭和 39 年判決の示した基準を提示しつつ，反訴提起ごろから B は行方不明とまではいえないまでも，常住居所が明らかでないことに加え，B は現に本訴を提起していることを理由に管轄を肯定し，東京地判平成 7・12・26（LEX/DB28020054）は，日本在住の日本人がイタリア在住のイタリア人に対して提起した離婚訴訟であるところ，被告が応訴している点において，昭和 39 年判決のいう例外に該当するとし管轄を肯定した。

(13)　横浜地判昭和 39・8・14 判例タイムズ 166 号 213 頁，東京家審昭和 42・2・18 家庭裁判月報 19 巻 9 号 88 頁（相手方が日本に住所を有することはどの家裁の管轄になるかとの関連で判示しているようにも読める。），名古屋地判昭和 47・12・25 判例時報 700 号 111 頁（日本で婚姻したことにも触れいている。），那覇家コザ支審昭和 51・2・6 家庭裁判月報 29 巻 1 号 106 頁。

(14)　東京家審昭和 39・8・11 家庭裁判月報 17 巻 2 号 67 頁。

(15)　前掲東京家審昭和 42・2・18，前掲那覇家コザ支審昭和 51・2・6，東京家審昭和 51・5・31 判例タイムズ 345 号 297 頁。

(16)　大阪家岸和田支審昭和 51・5・24 家庭裁判月報 29 巻 5 号 79 頁（両当事者とも日本で出生したことにも触れている。），名古屋家審昭和 57・9・29 家庭裁判月報 35 巻 5 号 114 頁，東京家審昭和 59・3・23 家庭裁判月報 37 巻 1 号 120 頁（両当事者とも日本で出生したことにも触れている。），浦和地判昭和 59・12・3 家庭裁判月報 37 巻 12 号 53 頁（原告が日本人であることや，被告が 8 年前まで日本に居住していたことにも触れている。）。浦和地裁昭和 60・11・29 判決後のものであるが，大阪地裁昭和 63・4・14（LEX/DB27818300）もそうである。

ことの適否をめぐる議論のほか，昭和 51 年の人事訴訟手続法の改正により，夫婦の最後の共通住所地に一方がなお住所を有するときは管轄を認めるとのルールが採用されたこと，最判昭和 56 年 10 月 16 日（マレーシア航空事件）[17]とその後の下級審裁判例の集積により，財産関係事件の国際裁判管轄については，当事者の公平，裁判の適正・迅速を期するという条理によるとの一般論と，原則として，民訴法の土地管轄規定により日本の裁判所の管轄が認められるときは，特段の事情がない限り，管轄を肯定するとの判断枠組みが確立してきたこと，以上のようなことを背景に，昭和 39 年判決の示したルールは見直すべきであるとの主張がいくつか登場してきていた[18]。

　なお，離婚に伴う子の監護者・親権者の指定についての管轄については，2つの対立する立場がある。ひとつは，子の福祉の観点からの判断が適切にできるのは子の住所地であるとし，離婚についての管轄が認められる場合であって，法廷地国に子の住所がなければ（子が外国の寄宿舎付きの学校に通っているような場合），子の監護者・親権者の指定については管轄を否定して却下するという立場である。東京家審昭和 44 年 6 月 13 日[19]は，カナダ在住のカナダ人妻が日本在住のカナダ人夫に対して離婚請求とともに，5 人の子の監護者の指定請求もした事件であるところ，裁判所は，離婚請求についての国際裁判管轄は認めつつ，日本に住所がある子についてだけ監護者の指定の裁判をし，他の 4 人の子に関しては訴えを却下している。他方，今ひとつの立場として，離婚事件の国際裁判管轄が認められれば，子の監護者・親権者の指定については，子の住所地を問わず，当然に管轄を肯定するものである。このような立場を採用した裁判例は多く，裁判実務としてはこちらの立場が大勢を占めるといってよかろう[20]。

(17)　民事判例集 35 巻 7 号 1224 頁。

(18)　矢澤昇治「渉外離婚訴訟における国際裁判管轄について」熊本法学 43 号 1 頁，44 号 1 頁（1985 年），道垣内正人「離婚事件の国際的裁判管轄権」法律のひろば 39 巻 11 号 13 頁（1986 年），多喜寛「国際私法三題」法学 51 巻 3 号 1 頁（1987 年），渡辺惺之「渉外離婚をめぐる若干の問題について」判時 1315 号 164 頁（1990 年），石黒一憲『国際民事紛争処理の深層』32 頁（日本評論社，1992 年），貝瀬幸雄『国際化社会の民事訴訟』365 頁（信山社，1993 年）等参照。

(19)　家庭裁判所月報 22 巻 3 号 104 頁。

(20)　千葉地裁昭和 47・3・31 判例時報 682 号 50 頁，札幌家審昭和 60・9・13 家庭裁判所月報 39 巻 6 号 39 頁，東京家審昭和 63・2・23 家庭裁判所月報 40 巻 6 号 65 頁等。

4 平成8年(1996年)の最高裁判決

日本人X男性とドイツ人Y女とは，1982年，当時の東ドイツにおいて婚姻し，1984年には長女が生まれた。この一家は1988年に西ドイツ・ベルリン市に居住していたが，1989年1月以降，YはXとの同居を拒否した。Xは，同年4月，旅行の名目で長女を連れて来日し，Yに対してドイツに戻る意思のないことを告げ，以後，長女とともに日本に居住している。他方，Yは，同年7月8日，自己の居住するベルリン市の家庭裁判所に離婚請求訴訟を提起したが，訴状・呼出状等のXへの送達は公示送達によって行われた。そして，Xの応訴がないまま訴訟手続が進められ，Yの離婚請求を認め，長女の親権者をYと定める旨の判決が1990年5月8日に確定した。

他方，Xは，1989年7月26日，日本で，離婚，Xを長女の親権者とすること及び慰謝料の支払いを求める訴えを提起した（Yへの送達は翌年9月20日に完了）。これに対し，Yは，上記のドイツ判決の確定及び日本の国際裁判管轄の欠如を理由に訴え却下を求めた。

一審の浦和地裁越谷支部平成3年11月28日判決は，次の通り判示して国際裁判管轄を否定した。

> 離婚訴訟は，「婚姻共同生活が営まれた地を管轄する国の裁判所で行われることが望ましく，その国に，原被告双方ともに住所を有しないような場合ならともかく，原被告のどちらかが住所を有するような場合には，その国の裁判所が国際裁判管轄権を持ち，その他の国の裁判所はこれを持たないものと解するのが相当である」。

これに対し，二審の東京高裁平成5年1月27日判決は，次の通り判示して国際裁判管轄を肯定した。

> 「夫婦の一方が国籍を有する国の裁判所は，少なくとも，国籍を有する夫婦の一方が現に国籍国に居住し，裁判を求めているときは，離婚訴訟について国際的裁判管轄権を有すると解するのが相当である」。

Y上告。

最高裁平成8年6月24日判決[21]は次の通り判示して，国際裁判管轄を肯定し

---

(21) 民事判例集50巻7号1451頁。

た。

　「離婚請求訴訟においても，被告の住所は国際裁判管轄の有無を決定するに当
たって考慮すべき重要な要素であり，被告が我が国に住所を有する場合に我が国
の管轄が認められることは，当然というべきである。」

　「しかし，被告が我が国に住所を有しない場合であっても，原告の住所その他の
要素から離婚請求と我が国との関連性が認められ，我が国の管轄を肯定すべき場
合のあることは，否定し得ないところであり，どのような場合に我が国の管轄を
肯定すべきかについては，国際裁判管轄に関する法律の定めがなく，国際的慣習
法の成熟も十分とは言い難いため，当事者間の公平や裁判の適正・迅速の理念に
より条理に従って決定するのが相当である。」

　「そして，管轄の有無の判断に当たっては，応訴を余儀なくされることによる被
告の不利益に配慮すべきことはもちろんであるが，他方，原告が被告の住所地国
に離婚請求訴訟を提起することにつき法律上又は事実上の障害があるかどうか及
びその程度をも考慮し，離婚を求める原告の権利の保護に欠けることがないよう
留意しなければならない。」

　「これを本件についてみると，前記事実関係によれば，ドイツ連邦共和国におい
ては，・・・判決の確定により離婚の効力が生じ，ＸとＹとの婚姻は既に終了した
とされている（記録によれば，Ｙは，離婚により旧姓に復している事実が認められ
る。）が，我が国においては，右判決は民訴法200条2号［現行法118条2号］の
要件を欠くためその効力を認めることができず，婚姻はいまだ終了していないと
いわざるを得ない。このような状況の下では，仮にＸがドイツ連邦共和国に離婚
請求訴訟を提起しても，既に婚姻が終了していることを理由として訴えが不適法
とされる可能性が高く，Ｘにとっては，我が国に離婚請求訴訟を提起する以外に
方法はないと考えられるのであり，右の事情を考慮すると，本件離婚請求訴訟に
つき我が国の国際裁判管轄を肯定することは条理にかなうというべきである。」

　「原審の判断は，結論において是認することができる。」Ｙが引用する最判昭和
39年3月25日（民集18巻3号486頁）及び同昭和39年4月9日（裁判集民事
73号51頁）は，「事案を異にし本件に適切ではない。」

　本判決は，被告住所地主義を原則として採用しつつ，被告の住所が日本にな
い場合には国際裁判管轄を否定すべきところ，それでは原告の権利保護に欠け

るという例外的な事情がある場合には管轄を肯定するという「緊急管轄」を認めたものである。

では、昭和 39 年判決との関係はどうであろうか。この点、手がかりとなるのは、原審の東京高裁が昭和 39 年判決は「外国人間の離婚訴訟に関するものであって、夫婦の一方が日本人である場合について判断したものではなく、本件に適切な判例でない」とし、夫が日本人であることを理由に管轄を肯定している点と、本判決が上記引用の判旨の末尾において、昭和 39 年判決は「事案を異にし本件に適切ではない」としている点である。二つの見方が可能であろう。

ひとつは、本判決も控訴審判決と同じく、昭和 39 年判決の射程を外国人間の離婚事件に限定し、少なくとも一方が日本人であるときにはそれと異なる枠組みで判断するとの立場をとったとみる見方である。これに対し、いまひとつは、本判決が原告の国籍に言及することなく、また、日本人を含む離婚か否かと関係なく適用できる判断枠組みを示していることから、昭和 39 年判決の射程は及ばないとの前提ではなく、そのことと係わりなく、本件のような事情のもとでは、一般的な国際裁判管轄ルールによれば管轄を否定すべき場合であっても、緊急的に管轄を肯定するとの判断を示したとの見方である。とはいえ、いずれにしても、論理的には整合しない判示であるというほかなく、決め手に欠けるものであった[22]。

5 その後の裁判例

この判決の後、いくつかの裁判例が積み重ねられ、次に述べる立法に繋がっていった[23]。裁判例の中で注目されるいくつかのもの取り上げると、次の通りである。

名古屋地判平成 11 年 11 月 4 日判決（LEX/DB28050908）は、日本在住の日

---

[22]　筆者としては後者の見方が適当であると考える（道垣内正人・ジュリスト 1120 号 132 頁）。しかし、そうであるとすれば、判旨末尾は適切でない（同旨、渡辺惺之・法学教室 195 号 106 頁）。なお、調査官の解説によると、昭和 39 年判決は外国人間の場合のものであり、国籍による管轄を肯定するか否かは未解決であるとの前提に立ち、最高裁としては一般的な基準を示すのではなく、「事例判断」に止め、今後の判例の積み重ねによる基準の形成を図るのが相当と考えたものと思われるとされている（山下郁夫・ジュリスト 1103 号 129 頁）。

本人がアメリカ在住の日本人に対して提起した離婚訴訟であるところ，最後の共通住所もアメリカであるが，当事者間の公平の観点から，被告の実母は日本に居住し，別居後も2回来日して，それぞれ半月，2か月滞在しているのに対し，原告がアメリカに居住していたのは2年半であることを指摘し，また，適正・迅速な裁判の観点からも，両者は日本で婚姻し，離婚の準拠法も日本法であることを指摘して，管轄を肯定している。東京地裁平成16年1月30日（LEX/DB28091543）は，日本在住の日本人がフランス在住のフランス人に対して提起した離婚訴訟について，フランスに最後の共通住所があるが，原告は被告による家庭内暴力から逃れるために日本に戻ったこと等を指摘し，管轄を肯定している。新潟家裁新発田支部平成20年7月18日（消費者ニュース78号254頁）は，日本在住の日本人が韓国在住の韓国人に対して提起した離婚訴訟であるところ，平成8年判決を引用しつつ，最後の共通住所は韓国内にあるものの，原告は別居後被告から養育費等を何ら受領していないこと，別居の原因は夫にあること等を指摘し，管轄を肯定している。

Ⅳ　2018年の人事訴訟法改正により新設されたルールのもとでの離婚事件の国際裁判管轄

1　2018年法

2018年，人事訴訟法等の一部を改正する法律（平成30年法律第20号）が可決成立した。これは，人事訴訟法及び家事事件手続法に国際裁判管轄に関する規定を追加することを主な内容とするものである[24]。国際裁判管轄規定の基本構造は，人事訴訟法3条の2以下も，家事事件手続法3条の2以下も，民訴法3条の2以下のそれと類似している。すなわち，民訴法3条の2のような事件類型を問わず適用可能な被告住所地を管轄原因とする普通裁判籍のような規定は家事事件手続法には置かれていないが，人事訴訟法3条の2は人事事件の類型を問わず適用されるという意味で（ただし，当事者が特定されているので，すべての事件がこの規定により管轄が認められるわけではない。）共通の規定である。

---

[23]　被告が日本に住所を有する場合に管轄を認めたもののほか，原被告とも日本人であることを理由として管轄を認めたものや（東京家判平成26・3・27（LEX/DB25543481），原告が遺棄され，被告が行方不明であることを理由として管轄を認めたもの（横浜地判平成10・5・29（LEX/DB28041374）などがある。

そして，人事訴訟法では3条の3以下に，家事事件手続法では3条の2以下に，事件類型ごとの管轄規定が置かれ，それらを受けて，人事訴訟法では3条の5に，家事事件手続法では3条の14に，民訴法3条の9に相当する「特別の事情」によって管轄を否定する規定が置かれている[24]。

以下では，人事訴訟法2条の2以下の規定により，今後，離婚事件の国際裁判管轄がどのように判断されるようになるのかを検討する。

2　離婚請求だけの場合の国際裁判管轄ルール

人事訴訟法3条の2によれば，離婚請求事件について日本の裁判所に国際裁判管轄が認められるのは，以下の場合である。すなわち ——，

①　被告の住所（住所がない場合又は住所が知れない場合には居所）が日本国内にある場合（1号）
②　原被告とも日本国籍を有している場合（5号）
③　夫婦の最後の共通の住所が日本国内にあった住所があった場合であって，原告が日本国内になお住所を有しているとき（6号）
④　原告が日本国内に住所を有する場合であって，被告が行方不明であるとき，被告の住所がある国においてされた原被告間の婚姻についての訴えに係る確定判決が日本で効力を有しないとき，その他の日本の裁判所が審理及び裁判をすることが当事者間の衡平を図り，又は適正かつ迅速な審理の実現を確保することとなる特別の事情があると認められるとき（7号）

---

(24)　その他の関連規定の中で注目すべきものは，家事事件手続法79条の2の規定の挿入であろう。これは，外国裁判所の家事事件についての確定裁判の承認について，その性質に反しない限り，民訴法118条の規定を準用することを定めるものである。かつては，外国離婚判決を含む人事事件に関する外国判決の承認については，民訴法118条の前身に当たる規定の適用はなく，条理により要件を定めるべきであるとの見解（特に相互の保証の要件は適用すべきではないとの見解）があったところ，家事事件手続法79条の2に相当する規定が人事訴訟法には新設されなかったことから，外国人事事件判決については民訴法118条がそのまま適用されるとの立場が立法者意思であることが明確になったと言うことができよう。

(25)　本稿執筆時点では，この新ルールについての解説や検討をした文献はほとんどない。ただし，奥田安弘『国際家族法』171頁以下（明石書店，2015年）には，このルール制定に至る過程での中間新案に対して，被告に対する手続保障に欠ける旨の批判がある。

Ⅳ　2018年の人事訴訟法改正により新設されたルールのもとでの離婚事件の国際裁判管轄
―― 以上の場合である。

　①は財産事件に関する民訴法3条の2第1項と同じである。明文の規定がな
かった旧法下でも，既述のように，昭和39年判決も平成8年判決も，離婚事
件の管轄についてこれが原則であると判示していた。

　②は，たとえ被告である日本人（外国国籍をも有する重国籍者でもよい）が外
国に居住していても，さらには原告である日本人（同前）も外国に居住してい
ても，両者が日本人であることを根拠に日本の裁判所の管轄を認めるものであ
る。これは，両者の身分関係を日本国として戸籍制度により管理し，重大な関
心を有しているという関係に基づき，実体法的正義を与えようとするものであ
る。もっとも，一方当事者のみが日本人である場合にも日本国はその者の身分
関係に関心を有しているということができるが，日本人ではない他方当事者へ
の手続法上の配慮により，一方が日本人であるだけでは管轄を認めていない。

　昭和36年（1961年）の法制審議会国際私法小委員会案のうちの甲案は手続
法的正義を重視し，被告の住所地管轄を原則とし，例外としても，日本に住所
を有する者が遺棄された場合や，被告が行方不明である場合を挙げ，また，昭
和39年判決も平成8年判決も，同様に国籍に基づく管轄を認めるものではな
かった。しかし，昭和36年の乙案は，いずれか一方の当事者が日本人であれ
ば管轄を認めてよいというものであり，また，昭和39年判決後の下級審裁判
例の中にも同様の判断を示すものがあった[26]。②は，この両者の間をとって，
双方が日本人であることを管轄原因としたと見ることができる。

　③は，双方の当事者にとって，日本が最後の共通住所地である場合，配偶者
の一方Aが外国に転居してしまうと，他方の配偶者Bがなお日本に居住して
いても当該外国での提訴を強いられるとすれば，日本で訴えられないようにす
るために外国に転居する策略をAに認めてしまうことになるので不当であり，
他方，外国に転居したAにとって，かつて住所があった日本で提訴されるこ
とは，Bが場合によっては見ず知らずの外国で提訴する負担に比べれば相対的
に酷とは言えないという考えに基づくものである。同様のルールは，国内管轄
として，昭和51年（1976年）の人訴法改正により導入されていたものであ

[26]　Ⅲ.3参照。ただし，道垣内・前掲註[10]において調査した33件の中には，当事者双方
　　が日本人であった事件はなかった。

り(27)，管轄に関する手続法的正義にかなうものであると評価することができる(28)。

④は，原告が日本に住所を有することを条件として，いわゆる緊急管轄を認めるものである。被告が行方不明であるときという例示は，昭和39年判決に由来するものである。④には，「原告が遺棄された場合」は例示に挙げられていないが，事案によっては，④の後半部分の「その他の特別の事情」に該当することはあり得る。

他方，被告の住所がある国においてされた原被告間の婚姻についての訴えに係る確定判決が日本で効力を有しないときという④の2つめの例示は，平成8年判決をそのまま条文化したものである。

ところで，④によれば，以上の2つの例示に該当しなくても，「日本の裁判所が審理及び裁判をすることが当事者間の衡平を図り，又は適正かつ迅速な審理の実現を確保することとなる特別の事情がある」場合には管轄が認められる。これは，後述の人訴法3条の5により，「日本の裁判所が審理及び裁判をすることが当事者間の衡平を害し，又は適正かつ迅速な審理の実現を妨げることとなる特別の事情がある」場合に訴えを却下するとの定めと表裏の関係にある。すなわち，離婚事件についての管轄原因を個別に定める①から③のルール及び④の例示された2つの場合に当てはまらないときでも，「特別の事情」があれば管轄が認められ，逆に，それらのルールや例示の場合に当てはまるときでも，「特別の事情」があれば3条の5により訴えは却下されることになる。3条の5の特別の事情による訴えの却下は財産事件についての民訴法3条の9と同様であるが，緊急管轄についての明文の規定である④（人訴法3条の2第7号）

---

(27) 当時の人事訴訟手続法1条1項は，「……離婚……ノ訴ハ夫婦ガ共通ノ住所ヲ有スルトキハ其住所地，夫婦ガ最後ノ共通ノ住所ヲ有シタル地ノ地方裁判所ノ管轄区域内ニ夫又ハ妻ガ住所ヲ有スルトキハ其住所地，其管轄区域内ニ夫婦ガ住所ヲ有セザルトキ及ビ夫婦ガ共通ノ住所ヲ有シタルコトナキトキハ夫又ハ妻ガ普通裁判籍ヲ有スル地又ハ其死亡ノ時ニ之ヲ有シタル地ノ地方裁判所ノ管轄ニ専属ス……」と定めていた。なお，現在の人事訴訟法4条1項は，「人事に関する訴えは，当該訴えに係る身分関係の当事者が普通裁判籍を有する地又はその死亡の時にこれを有した地を管轄する家庭裁判所の管轄に専属する。」と極めて広く管轄を定めている。

(28) 道垣内・前掲註(10)はこの管轄原因の導入を主張するものであった。この人事訴訟法3条の2第6号の制定前にその通りの判断をしたものとして，名古屋地判平成11・11・24（LEX/DB28060135）がある。

は民訴法にはない。この違いは，財産事件では当事者の予見可能性の確保に手続法上も一定の配慮を払うべきであるのに対して，離婚という問題（他の人事訴訟事件についても同じ）は人の幸福追求権に直結する事柄であって，その権利を侵害することがないように，実体法的正義を実現することが大切であり，その価値は手続法上の明確性の要請を凌駕するからであると理解することができる[29]。

3　離婚に伴う慰謝料・財産分与請求の管轄

　人訴法3条の3は，離婚請求とともに離婚を原因とする「損害の賠償」に関する請求であって，離婚請求訴訟の当事者間のものについては，離婚請求事件について管轄を有する裁判所が国際裁判管轄を有する旨定めている。離婚による慰謝料請求の訴えは地方裁判所に提起されることがあり，その限りでは民訴法3条の2及び3条の3第8号などにより管轄が判断されるが，人訴法8条により，当該地方裁判所は，相当と認めるときは申立てにより，当該訴訟を離婚事件が係属する家庭裁判所に移送することができ，その場合には，当該家庭裁判所は人訴法3条の3により当然に管轄が認められることになる。

　慰謝料とは別に，離婚に伴う「財産の分与」が請求されることがある。これについて，人訴法3条の4第2項は，家事事件手続法3条の12各号のいずれかに該当するときは，離婚事件について管轄を有する裁判所に管轄を認める旨定めている。離婚後の財産の分与に関する処分の審判事件の管轄を定めている家事事件手続法3条の12は，既述の人訴法3条の2第1・5・6・7号に定められているルール（①から④）と内容上同じルールを定めている。

　ここでいう「財産の分与」は人訴法32条1項に定めるものとされ，民法

---

[29]　Ⅲ.4で紹介した3つの裁判例は，人事訴訟法3条の2第7号の該当事例を想定する際に参考となろう。また，もっと特殊な例を想定すれば，たとえば，ある国の独裁者と無理矢理婚姻させられた妻が日本に亡命してきて，その独裁者に対する離婚請求訴訟を提起した場合，その独裁国家では適正な裁判が期待できないのであれば，その国の判決が日本で効力を有するか否か等の事情にかかわらず，④により日本の裁判所の管轄を認めて本案の審理をして，その妻に実体法的な正義を与えるべきである。もっとも④は原告の住所が日本にあることを要件としており，住所を取得するに至らない短期の滞在の場合には④により管轄を認めることはできない。このような場合の原告の住所の認定は緩やかにし，上記のような状況にある妻に実体法的正義を与えることは日本の国際的責務であるというべきである。

768条の「財産の分与」が想定されているものと思われるが，国際的な離婚の場合には日本法が準拠法となるとは限らず，また，ここでいう「財産の分与」には，夫婦財産関係の清算請求と離婚後の扶養料請求も含まれる。

4 離婚に伴う子の監護者・親権者の指定請求の管轄

夫婦間に未成年の子がある場合，離婚に際してその子の監護者・親権者の指定が争われることがある。人訴法3条の4第1項は，離婚請求事件について管轄を有する裁判所は，子の監護権者・親権者の指定についての裁判に係る事件について国際裁判管轄を有する旨定めている[30]。もちろん，この場合にも，子が不在であって，その子のための適正な裁判ができないといった特別の事情があれば，人訴法3条の5によりその請求についての訴えのみ却下するということもあり得よう。

5 変更後の請求・反訴の管轄

配偶者の一方が離婚請求の訴えを提起した後，婚姻無効確認請求に変更をしたり，これを追加して請求したりすることがある。人訴法18条1項は財産事件に比べて請求の変更を緩やかに認めているが，この変更までに時間が経過した場合，被告が外国に転居してしまうことがある。同条2項は，そのような場合，変更後の人事訴訟に係る請求が変更前の人事訴訟に係る請求と同一の身分関係についての形成又は存否の確認を目的とするという条件を満たす限り，管轄を認めている。

また，反訴についても同様の問題が生ずるところ，18条3項は，①反訴が本訴に係る請求と同一の身分関係についての形成又は確認である場合，②当該本訴に係る請求の原因である事実によって生じた損害の賠償に関する請求である場合，以上のいずれかの場合に反訴についての管轄を認めている。

6 特別の事情による訴え却下

人訴法3条の5は，財産事件についての民訴法3条の9とほぼ同様の定めであるが，①後者にある日本の裁判所を指定する専属管轄合意がある場合の例外

---

[30] 本稿Ⅲ.3の末尾で触れた従来の2つの異なる立場のうち，後者（すなわち従来の裁判実務の大勢）を採用したものである。

が前者にはない点，②後者にはない「当該訴えに係る身分関係の当事者間の成年に達しない子の利益」を前者では考慮すべき事情として例示している点，この２点において異なる。人事訴訟事件でも家事調停が行われる場合については管轄合意が認められているが（家事事件手続法３条の13第１項３号），財産事件の場合には取引の安全が重視され，当事者の予測可能性の保護という価値が重要であるのに比べ，人事事件においてはその価値は低いと考えられる。このことから，３条の５のもとでは，管轄合意があったからといって，当然には３条の５の適用を除外してはいない。他方，②の点は，未成年の子の利益が離婚を含む婚姻関係事件においては特に重視されるべきことを示すものである。

　人事訴訟事件においては実体法上の正義の実現が重要である。離婚等請求事件の管轄の判断においては，手続上「当事者間の衡平」を多少害するとしても，目の前の当事者に実体的正義を与えるべく，「適正かつ迅速な審理の実現」を確保するため，日本の裁判所において審理及び裁判を行う姿勢が求められる。財産事件においては，マレーシア航空判決の直後から「特別の事情」によって訴えの却下をする裁判例が多くなり，その後，これを認めた最高裁判例を経て，民訴法３条の９が導入され，これに基づく訴え却下も実際にされている。これに対して，離婚請求事件をはじめとする人事・家事事件では，これまでの裁判例においてそのような扱いが裁判例において見られないことは，実体的正義を重視する傾向が裁判実務上もあることを示しているということができよう。

　もっとも，上記の３条の２第５号や７号のように，これまでよりも広く管轄を肯定していることから，３条の５を適用すべき事例があり得ることは否定できない。たとえば，両当事者とも日本国籍は有しているものの，日本に居住したことがなく又は長期間外国に居住しているにもかかわらず，一方の当事者が単身で短期滞在の予定で来日して離婚訴訟を提起したような場合には，３条の２第５号により管轄が認められるとしても，当事者間の衡平を著しく害することを理由に訴えを却下すべきであろう。

V　おわりに

　離婚事件の国際裁判管轄に関する新しいルールのもとで，仮に本稿Ⅱで紹介した浦和地判昭和60年11月29日と同様の事案が生じた場合には，どのよう

に判断されるであろうか。

　この事案は，日本に住所を有する日本人がブラジルに住所を有するブラジル人に対して離婚の訴えを提起したというものであるから，日本には，①人事訴訟法3条の2第1号の被告の住所が日本にある場合の管轄は認められず，また，②同条5号の原被告とも日本人である場合の管轄も認められない。さらに，この夫婦の最後の共通の住所はボリビアであるため，③同条6号の夫婦の最後の共通の住所が日本国内にあった住所があった場合であって，原告が日本国内になお住所を有しているときの管轄も認められない。

　残るのは，④同条7号の管轄である。同号の要件のひとつである原告が日本国内に住所を有するという条件は具備されているが，「被告が行方不明であるとき，被告の住所がある国においてされた原被告間の婚姻についての訴えに係る確定判決が日本で効力を有しないとき」という例示には該当しない。そこで，問題は，同号の「その他の日本の裁判所が審理及び裁判をすることが当事者間の衡平を図り，又は適正かつ迅速な審理の実現を確保することとなる特別の事情があると認められる」か否かである。

　この点，この事案におけるブラジル人妻と日本との関係は，上記の原告が日本に住所を有する日本人であることを除くと，ブラジルで婚姻後，ブラジルに約1年半居住した後日本に移り，日本で約7か月間家族で住んだことだけである。妻の上申書からも窺われるように，妻は離婚原因はないと主張しており，離婚の裁判をするのであればブラジルですべきであると主張している。このような事情に鑑みると，「当事者間の衡平」の点でも，また，「適正かつ迅速な審理の実現」の点でも，日本の裁判所の管轄を肯定すべき「特別の事情」があるとは言えないことは明らかであろう。したがって，この妻が上申書に記した思いは新ルールのもとでは叶えられることになる。

　3条の2第1号，5号，6号は比較的明確であるところ，7号の特別の事情による管轄が，例示された場合以外にどのような場合に認められるのか，また，3条の5の特別の事情による管轄否定の規定がどのような場合（7号によって管轄が認められる場合には同じ事情が再検討されるだけであるので管轄が否定されることはないであろう）に発動されるのかについては，今後，学説による比較法等に基づく事前の考察が求められる。

　最後に，離婚事件を含む人事・家事事件における国際裁判管轄ルールの運用

にあたってとるべき基本的な姿勢について記しておきたい。それは，いたずらに手続法的正義の観点から管轄を否定するようなことはせず，管轄を積極的に肯定する方向での判断をした上で，本案の審理を通じて，目の前にある人事・家事事件の当事者に実体法的正義を与えるという姿勢をとるべきであるということである。確かに，財産事件の国際裁判管轄ルールについては，当事者間の衡平，裁判の適正・迅速という手続法上の正義が重要とされ，人事・家事事件の中でも，離婚請求事件のように被告や相手方がある限り，条文上は，同様のことが判断要素とされている（人訴法3条の2第7号・3条の5，家事事件手続法3条の14）。しかし，人事・家事事件においては当事者の人生・幸福が問題となっているのであって，裁判所に判断を求めてきた当事者に実体法上の正義を与えることの価値がより重要である。これまでの裁判例を振り返ってみても，財産事件よりも人事・家事事件において通則法42条の公序則が発動されることが多いことも，国家法秩序として後者の事件類型においては強く明確な公の関心があり，実体法上の正義に敏感であることの証左であるということができよう。したがって，人事・家事事件の国際裁判管轄ルールの立法においても，またその適用においても，手続法的正義の実現は後退してしかるべきであり，またその具体的事案への当てはめにおいても，裁判所は，実体法上の正義を与えるべく，管轄を肯定して本案審理を行う方向に傾斜した判断をしてしかるべきである。

4 混合法としての日本法の考察

松 本 英 実

　日本近代法が複数の西洋法を母法として誕生し，成長したことは誰しも承認するところであろう。民法典起草者の一人，穂積陳重は同法典を，英語，フランス語，ドイツ語，イタリア語で存在するあらゆる文明国の法典，法律，判例集，国際条約を草案も含め参考にして作成した「比較法学の果実である」と性格づけた[1]。穂積重遠もまた，民法について，諸国の法律を参照し「本当に比較法学を使って」作った法として，海外に向けて紹介した[2]。ここでの「比較法学」的営為とは，複数のソースないしはモデルを参照し，それを選別し組み合わせて一つの法とすることであると思われる。そして，この比較法的操作は穂積によって世界に誇るべき点とされ，このような評価は，現在まで維持されているように見える。

　各国法の比較を行うにとどまらず複数の法を組み合わせるという営為については，日本法は欧米各国法のよいところを選んで組み合わせるように作られた

---

(1) "The Japanese Civil Code may be said to be a fruit of comparative jurisprudence." Paper read at the Universal Congress of Lawyers and Jurists, St. Louis, U.S.A., 1904; Nobushige Hozumi, *Lectures on the New Japanese Civil Code as Material for the Study of Comparative Jurisprudence*, second and revised edition, Maruzen, 1912, p. 21-23.

(2) 穂積重遠は，民法施行40周年を記念する座談会で，国際比較法学会創設20周年記念ベルリン大会での経験を以下のように回顧している。「諸君の国々は比較法学を学問として研究なさるけれども，本当に比較法学を使って法律を作ったのは日本である。現に民法を作る際にはこれこれの諸国の法律を参照したといふ話をして，参考諸国法のリストを読み上げましたところ，すべての国名が万遍無く出て来るので各国からの出席者非常に喜んだ。殊に可笑しかったのは，モンテネグロの民法と云った所が大喝采で，モンテネグロの代表者が私の所へやって来て握手をしました。」「仁井田博士に民法典編纂事情を聴く座談会」法律時報10巻7号（1938年）14-30頁，引用箇所は20頁（旧字体は新字体に改めた）。座談会は，起草委員補助であった仁井田益太郎に民法成立の沿革を尋ねるかたちで，穂積重遠，平野義太郎を聞き手として1938年6月12日に行われた。

のだ（eclecticism，折衷主義，また「いいとこどり」），としばしば言われる。しかし，この「eclecticism」とは具体的にどのような内容であるのか，異なる法がどのように組み合わせられたのか，という点についての探求が必要である。

本稿は，日本法を法の混合という観点からみたとき，いかなる特徴を引き出すことができるかについて探求することを目的とする。それは，筆者が数年来関心を寄せてきた mixed legal system 論に触発された問いであり，この観点からは日本法の比較対象が独，仏，英米法では不十分であることが痛感される。

二宮正人先生には，2012 年 2 月，法典化と mixed legal system をテーマとする国際シンポジウムを開催した折に，パネリストとしてお越しいただき，ブラジルにおける約一世紀をかけた民法法典化の過程についてお話を頂いた[3]。日伯比較研究を切り拓いてこられた二宮先生のお祝いにあたり，深甚なお教えに感謝し，この小編を献呈させていただきたい。

「いかなる混合か」を問う比較法的探究は，世界的に見れば，実は，近代比較法学の発展とほぼ同時に進行してきた[4]。Mixed legal system 論とよばれる探求は，まず，コモン・ローとシヴィル・ローの混合法を研究対象とすることから出発した。

植民宗主国が交代したことを原因として，コモン・ローとシヴィル・ローの両法を基盤とする法制度が構築された地域は世界の中に複数存在する。オランダがローマン・ダッチ・ローをもたらした後に，イギリスがコモン・ローを導入した南アフリカ，同様の経緯をたどったセイロン，ガイアナ。フランスの支配にイギリスが取ってかわった為にフランス法とコモン・ローの両者が用いられるところとなったケベック。これらの地域に対しては，まずイギリスが，その支配の為に，シヴィル・ローを研究し，コモン・ローとの関係について探求した。こうした地域で活躍した法曹には，イギリスの中の混合法地域，すなわちシヴィル・ローの伝統に立ちながらイングランドとの合同を通して 18 世紀

---

(3) 二宮正人「19 世紀ブラジルにおける法典化の蹉跌」19 世紀学研究 8 号（2014 年）25-31 頁。シンポジウム「法典化の 19 世紀——（ポスト）コロニアル・パースペクティヴ」については，同 1-85 頁を参照されたい。

(4) 松本英実「グローバル化と比較法」山元一=横山美夏=髙山佳奈子編『グローバル化と法の変容』（日本評論社，2018 年）24-37 頁。

以来コモン・ローの影響を受けてきたスコットランドの出身者が少なからずいる。如上の地域を mixed legal system あるいは mixed jurisdiction という概念で把握し比較する視座は，19 世紀末ないし 20 世紀初頭にはすでに生まれていた[5]。フランスの植民後，スペインの支配も経て，最終的にアメリカ合衆国に帰したルイジアナも，こうした地域と共通の問題を抱えていることが自覚された。これらの地域では，立法や法解釈にあたって，シヴィル・ローとコモン・ローのそれぞれの擁護派の対立が見られ，時として熾烈な論争が展開した。また，植民地支配からの独立に関連して，(旧)宗主国とは異なる法が，そして法の混合が新国家のアイデンティティを構成する要素として認識された。近時は，ヨーロッパ内での法の調和 harmonization が課題とされる中で，コモン・ロー，シヴィル・ローの混合・調和の経験を既にもつスコットランド，そして多くの mixed legal system の土台たるローマン・ダッチ・ローを生み，旧支配地との学問的関係を保つオランダが議論を牽引してきた。以上のように，コモン・ローとシヴィル・ローの混合を対象とする mixed legal system 論は，異なる意義を見出しながら百年を超えて展開してきたのである（狭義 mixed legal system）。

　コモン・ローとシヴィル・ローという法族に対して，両法の混合型をグループ化して「第三の法族」と名づけること[6]は，それまで法系論の周縁におかれていた法の混合に対する認識を一転させることを意味した。しかし，この狭義 mixed legal system 論は，その後根本的な批判に曝される[7]。混合の要素を西洋法の二つの法に限ることは，西洋中心主義あるいは西洋法至上主義である，

---

(5) ただし，百年にわたる探求が，常に「mixed legal system」という名称の下に行われてきたわけではない。Mixed legal system の典型例であるといわれるスコットランドの法制史家 John Cairns 教授は，1980 年代に，ルイジアナとケベックの法典化を歴史的に比較する博士論文を執筆した際に，mixed legal system という用語も概念も用いなかった，と回顧する。2015 年に同論文が公刊された際には，これは mixed legal systems の比較研究であると一般に受けとめられている。John W. Cairns, *Codification, Transplants and History: Law Reform in Louisiana (1808) and Quebec (1866)*, Lawbook Exchange, 2015.

(6) Vernon Palmer, *Mixed Jurisdictions Worldwide. The Third Family*, Cambridge, 2001; 2nd ed., 2012.

(7) Esin Örücü (ed.), *Mixed Legal Systems at New Frontiers*, Wildy, Simmonds & Hill, 2010.

とされた。まず，コモン・ロー，シヴィル・ロー以外の法を混合の要素として考慮すべきことが主張される（広義 mixed legal system）。批判はさらに，法の混合に対する見方を徹底する方向に向かった。はたして，純粋なコモン・ロー，あるいは純粋なシヴィル・ローというものは存在するのか。あらゆる法は混合の産物ではないか。しかし，このように mixed legal system 概念を拡張すると，何を混合の要素と認めるか，が問題となる。例えば，法の混合を正面から取り込んで法系の再編を試みた一例にオタワ大学のジュリグローブ[8]がある。そこでは，世界の法の要素は，シヴィル・ロー，コモン・ロー，イスラム法，慣習法（およびユダヤ法[9]）に整理され，法制度の主たる基盤としてこれらのうちの一つに単独に依拠しているか，あるいは二つ乃至それ以上に依拠する混合法か，そして混合はいかなる要素の組合せであるかに従って，世界の法は分類される（日本法はこの分類法の中で，シヴィル・ローと慣習法の混合法とされる）。

　筆者は，mixed legal system 論が，機能主義比較に対して，法系論の復権に貢献したことを評価するものであるが，同時に，mixed legal system 論は世界の法の分類論のみに終始すべきではないと考えている。狭義 mixed legal system に関して，もし，分類論的に，日本の法制度の主要構成要素は何か，という点のみからアプローチすれば，日本法は狭義 mixed legal system とは関係のない存在とされるのみである。しかし，日本法の中にもシヴィル・ローとコモン・ローの混合は見出しうるのであり，この点を分析して狭義 mixed legal system の法と，さらにその他の法と比較する，という意義はある[10]。広義 mixed legal system 論の見地からは，日本法の構成要素は何か，という探求が重要であろう。ジュリグローブで混合法たる日本法の構成要素として「慣習法」と判定された部分は一体何か，これは決して無視できる問題ではない[11]。

---

(8)　http://www.juriglobe.ca/

(9)　ユダヤ法は分類のための基本要素には挙げられていないが，イスラエル法を「シヴィル・ローとコモン・ローとユダヤ法とイスラム法の混合法」と分類する，というかたちで例外的に構成要素として扱われている。

(10)　Matsumoto, Emi, "L'idée de système juridique mixte pour comprendre le droit japonais", Brunet, Pierre, Hasegawa, Ken et Yamamoto, Hajime (dir.), *Rencontre franco-japonaise autour des transferts de concepts juridiques* (Les Editions Mare & Martin), 2014, 69-77, 松本英実「比較憲法の視点」法律時報 85 巻 5 号（2013 年）49-53 頁，松本英実「ミクスト・リーガル・システムと日本法」比較法研究 74 号（2012 年）206-216 頁。

このように考えれば，狭義 mixed legal system と広義 mixed legal system の
いずれを採用すべきか，という二者択一の思考に縛られる必要はない。日本法
にとっての意義を考えるだけでも，狭義論も広義論もそれぞれ有用である。

　もう一つ，mixed legal system 論の意義として強調しておきたいことは，英
語による日本法の提示という今日的課題に関するものである。課題の核心は，
日本法概念のコモン・ロー概念を介した翻訳であり，これが容易ではないこと
はシヴィル・ロー各国が共通して経験するところである。狭義 mixed legal
system の諸地域で，シヴィル・ローとコモン・ローの間に試行錯誤され蓄積
されてきた知見は，まさに参照するに値する。これら地域の法と日本法の比較
が要請される所以である。日本が行う法整備支援にとっても，この点の探求は，
決定的に重要なはずである。

　以上をふまえ，筆者は，日本法は mixed legal system であるか，という問
いを，日本法の特質を探求するために有効な問いとして立ててみる。いかなる
法の混合をとらえて，日本法は mixed legal system であると言いうるであろ
うか。

　本稿は，この問いに答える準備として，日本法における法の混合のケース・
スタディを行うものである。

Ⅰ　日本法における法の混合の態様
—— ケース・スタディ 1　民法 478 条と 480 条

　日本法の中に諸法がどのように混合されているか。日本におけるあらゆる解
釈学は混合の分析を行っているといいうるかもしれないが，少なくともこの問
題を正面から論じている業績は意外に少ないように思われる。

　フランス法とドイツ法の日本民法における受容について，池田真朗教授が分
析するところ[12]をまず参照しよう。日本法について，「『フランス法的なものと
ドイツ法的なものが混ざり合っているようだ』という感覚を持つのであれば，
混ざり合っているのは具体的にどの規定とどの規定か，と具体的に例証しなけ

---

(11)　松本英実「広義ミクスト・リーガル・システムと日本法 ——『ミクスト・リーガル・
　　システム論から見た慣習法の総合的比較研究』のアプローチとその成果」青山ローフォー
　　ラム 4 巻 2 号（2016 年）1-10 頁。

(12)　池田真朗『ボワソナードとその民法』（慶應義塾大学出版会，2011 年）。

ればいけない。そしてそれらを日本的に変容させて根づかせたというのなら，その根づかせ方を実際に論証しなければならない」。このような問題意識に基づいて，教授は民法（債権法改正前）478 条と 480 条を「最も典型的な例と思われる」[13]として，考察の対象に据える。

民法 478 条は債権の準占有者に対する弁済を有効とする規定であり，民法480 条は受取証書持参人に対する弁済を有効とする規定である。両条文は，真の債権者ではない者に対して行った弁済が，本来であれば無効とされるところ，例外的に有効になることを規定した点にその共通点がある。しかし条文の由来とその趣旨・発想は大きく異なる。

478 条は，フランス民法（旧）1240 条《Le payement fait de bonne foie à celui qui est en possession de la créance, est valable, encore que le possesseur en soit par la suite évincé.》[14]に発し，これを受け継いだボワソナード草案[15]に基づく旧民法財産編 457 条「真ノ債権者ニ非サルモ債権ヲ占有セル者ニ為シタル弁済ハ債務者ノ善意ニ出テタルトキハ有効ナリ／表見ナル相続人其他ノ包括承継人，記名債権ノ表見ナル譲受人及ヒ無記名証券ノ占有者ハ之ヲ債権ノ占有者ト看做ス」[16]を介し，明治民法の条文 478 条「債権ノ準占有者ニ為シタル弁済ハ弁済者ノ善意ナリシトキニ限リ其効力ヲ有ス」となった[17]。この条文の趣

---

(13) 池田・前掲書注(12) 103 頁。

(14) 現 1342-3 条：《Le paiement fait de bonne foi à un créancier apparent est valable.》

(15) プロジェ初版財産編 478 条《Le payement fait à celui qui, sans être le véritable créancier, était en possession de la créance, est valable, si le débiteur l'a fait de bonne foi et non avant l'échéance. Sont considérés comme possesseurs de la créance, l'héritier ou autre successeur universel apparent, le cessionnaire apparent d'une créance nominative, le possesseur d'un titre payable au porteur. 》プロジェ新版財産編 478 条《Le payement fait à celui qui, sans être le véritable créancier, était en possession de la créance, est valable, si le débiteur l'a fait de bonne foi. Sont considérés comme possesseurs de la créance, l'héritier ou autre successeur universel, le cessionnaire apparent d'une créance nominative, le possesseur d'un titre payable au porteur.》

(16) 旧民法仏語公定訳 財産編 457 条《Le payement fait à celui qui, sans être le véritable créancier, était en possession de la créance, est valable, si le débiteur l'a fait de bonne foi. Sont considérés comme possesseurs de la créance, l'héritier ou autre ayant-cause universel apparent, le cessionnaire apparent d'une créance nominative, le possesseur d'un titre payable au porteur.》

(17) 債権法改正前民法 478 条「債権の準占有者に対してした弁済は，その弁済をした者が善意であり，かつ，過失がなかったときに限り，その効力を有する。」（平成 16 年改正）

旨は「真の債権者ではないのだが誰が見ても債権者らしい外観を持っている人に，事情を知らずにその人を債権者と信じて弁済した場合は弁済を有効とする」というものである。

　一方，480条[18]は，ドイツ民法第一草案266条[19]に倣った規定で，その趣旨は「真正の受取証書を持参した人に対して支払った弁済は，その持参人がだれであろうと有効とする」というものである。

　この二つの条文の成立においてまず注目すべきことは，それぞれの淵源は，フランスにあってドイツにない規定と，ドイツにあってフランスにない規定であるが，そのような条文を「ふたつとも併存させて取り込んだ」ことである。

　しかも両条文は，「債権というものに対する理解と，過誤弁済を救済する発想とが，ともに見事に対照的に異なる」[20]。478条の基礎となったフランス民法の規定は，「その人自身が債権者本人らしく周囲の誰からも見える，という，その人の身に付着した外観を問題にしている」。このような外観を備えた者に対して弁済するという「誰でも犯してしまう仕方のない誤り，万人の錯誤というべきもの」を救済する「最低限の要求に応える倫理的な規定」であると評される。これに対して480条の基礎となったドイツ民法の規定は，「債権者以外の者にも弁済受領権を与えることによって，債権者は自分が取立てに行かなくても債権を回収できるし，弁済者は債権者本人が相手でなくても安心して弁済できる」という「最初から弁済の簡略化・円滑化を狙った人工的な規定」である。

　さらに注目すべきは，その後の解釈・適用を通じて両条文が「本来の沿革的な意味とはかなり異なった方向に発展」したことである[21]。例外的な場合を想定し —— それゆえフランスにおいても判例は決して多くない ——「限定的な適用領域を持つはずの規定」であった478条が極めて積極的に広範に使われる規定となり，これに対して，「発想的には拡がりを持ちえたと思われる」480条のほうは大変限定された領域のみで使われるものとなった[22]。478条の適用範

----

[18]　債権法改正前民法480条「受取証書の持参人は，弁済を受領する権限があるものとみなす。ただし，弁済をした者がその権限がないことを知っていたとき，又は過失によって知らなかったときは，この限りではない。」

[19]　BGB370条。

[20]　池田・前掲書注[12]104-105頁。

[21]　同 105-106頁。

囲が拡大された結果，今日では 480 条は 478 条に吸収されるという解釈まで現れている。

　発想の違う仏独双方の規定を両方取り込んだ日本民法のこのあり方をどのように評価すべきか。

　池田教授は，フランス法とドイツ法の間にある大きな違いを考慮すると，両者を同時にとりこむことは本来不可能なのではないか，という疑問を呈する。「フランス法とドイツ法という 2 つの発想は，本来 2 つながらに取り込めるものか，両立しうるものか，もし両立しえないものだったとしたならば，それを 2 つながらに取り込んだというのは，どこか理解が不十分だったから取り込めたのではないか，さらには，それらを受容時に結局この国なりに変容させて根づかせているのではないか，という疑問である。これらの疑問が正しく，本当にそういう不十分な理解やこの国なりの変容を経た受容ということがあったのだとすれば，その，本来は両立し得ないような考え方の異なるものを同時に取り込んでこの国なりに変えてしまう，というのも，もう一つ日本的なのではないかと思われるのである」[23]。この疑問のうち「どこか理解が不十分だったから取り込めたのではないか」という点については，「権利者でないものに弁済してそれが有効になるという例外的規定を，二つとも置いたということは，もしこれを自覚的にしたのであれば，日本はフランスよりもドイツよりも過誤弁済保護（取引安全保護）に厚い民法ということになるのだが，起草過程中にはそのような積極的な意図は見いだせない[24]」[25]とし，「発想の異なる規定を自覚的でなく取り込んだ」と認定する。さらに，「この国なりに変容させて根づか

---

(22)　このような発展の仕方の背景として，池田教授は「わが国の銀行預金払戻関係について，通帳と印鑑の盗用による債権者以外の者に対する弁済が多発すること，それに対する適用法規が銀行預金プロパーとしては存在しないこと，債権準占有者という概念があまり明瞭でなかったために解釈を拡大しやすかったのに対し，受領証書という概念が具体的で明確なために拡大解釈になじまなかったこと，等の理由」を挙げる。

(23)　池田・前掲書注(12) 102-103 頁。

(24)　両条の起草者は穂積陳重と推定されるが，「穂積陳重博士の担当部分は［フランス法，ドイツ法の］どちらに偏るということが比較的少なく感じられ，これは穂積博士の比較法学者としての資質や見識を具現しているものと言えるのかもしれないが，別の見方をすれば，それだけ総花的になっている場合もあるともいえよう」と池田教授は評する。池田・前掲注(12) 105 頁。

(25)　同 106 頁。

せているのではないか」という点については，478条が480条を吸収するという解釈の出現に照らして，「日本的な受容というより，発想の異なる規定を自覚的でなく取り込んだために起こった，解釈論のねじれともいうべきものであったと思われる」[26]と評価を下し，「もちろん，このようなねじれも含めて日本的な受容形態として肯定するのであれば，それはそれでいいのかもしれない。現に債権準占有者への弁済を広く認めることは，当初の立法趣旨はともかく，とにかく弁済者側には，一通り相手の債権者らしさについての注意をしておきさえすれば過誤弁済をしても救われる，という点で（法理論上の正当性はさておき）大変現代的で便利な解釈であることは間違いない」[27]と，現状をアイロニカルに特徴づける。また，より一般的に，「『比較法学の結実』といえば聞こえがいいが，諸外国の制度・規定を総花的に取り込んで立法されたために，その後，日本民法典は，日本民法「学」によってどちらの方向にでも誘導できる性格を持ったとはいえないであろうか」と，民法典の性格と民法学の担った役割とを総括する[28]。

　以上の池田教授の考察を，筆者なりに，法の混合という観点からみれば，以下のようなことが言いうるのではないかと思う。まず立法段階において，フランス法的478条とドイツ法的480条を併設した民法典は，それぞれの長所を足し合わせた（「いいとこどり」）と解される余地があるところ，池田教授はむしろこれを消極的に，「総花的」であると評価する。消極的評価の所以は，双方の基本的発想が全く異なり，両立可能であるか疑われる点に求められる。そして，次の段階として，この法典の「総花的」な法の混合は，法学（学説）によって「どちらの方向にでも誘導できる性格」を法典に与え，この性格に沿って，両条の解釈は展開した。その結果生じたものは「解釈論のねじれ」というネガティヴな事態であり，480条を478条に吸収するという解釈は，このような法典の性格，法の混合の仕方に起因する，批判すべき帰結である。

　このケース・スタディからは，法の混合についてのいくつかの考察が得られ

---

[26]　池田・前掲書注(12)106頁。

[27]　同106頁。

[28]　同75頁。続けて「少なくともひとつの事実として，大正から昭和にかけての我が国におけるドイツ民法学の圧倒的な隆昌は，わが民法典における「フランス的法典の伝統」を大変見えにくくした，ということはいえるであろう」。

る。まず，日本における法の継受は，植民地における受動的な継受とは異なり，「主体的・意識的な」継受であったと言われるが，それは「主体的・意識的な」法の混合であったと言い換えることもできよう。しかし，この混合は必ずしも各論的なレヴェルでの，法制度の趣旨まで勘案した自覚的な混合を意味したものではない，という認識が得られる。また，法典における法の混合のあり方が，その後の解釈的展開，学説の機能を規定し，この学説の展開方向が現在の法文をめぐる法の状況を規定している，という過程が見られる。ここでは，法典における法の混合と，学説における法の混合とを区別してとらえることがよいかもしれない。478 条による 480 条の吸収という解釈に表されるような「解釈論のねじれ」は，学説・解釈を通じての法の混合と見ることが可能である。さらに，ここで生じた混合の性質，あるいは混合の帰結として，継受母法に存在した制度趣旨が変形され，継受母法にとっての継受子法の理解可能性が小さくなる，換言すれば母法と子法との間の共通語彙が失われること[29]が挙げられる。

このような混合は，他の条文についても認められるであろうか。その探求を通じて，日本法の，西洋法の「日本的受容形態」における法の混合の特徴を描き出すことが可能かもしれない。これについては，より多くのケース・スタディを集積しなければならない。

池田教授が上記の考察を公表されたのは，債権法改正以前である[30]。この両条が改正債権法においてどのように変化したかを追うことは，法の混合のありようを考えるうえでも興味深い[31]。

改正 478 条は，「受領権者」を「債権者及び法令の規定又は当事者の意思表示によって弁済を受領する権限を付与された第三者」と定義したうえで，「受領権者…以外の者であって取引上の社会通念に照らして受領権者としての外観を有するものに対してした弁済は，その弁済をした者が善意であり，かつ，過

---

(29) 葛西康徳教授の定式によれば，継受母法の「監査」が届かなくなる。「法の透明化プロジェクトへの比較法・法制史からのお返し」ジュリスト 1394 号（2010 年）29-36 頁。
(30) 『ボワソナードとその民法』は 2011 年に公刊されている。第五章として収録された「日本民法典とは何か――ボワソナード民法典から現行民法典へ」の初出は 1997 年（比較法史学会編『救済の秩序と法 *Historia Iuris* 比較法史研究――思想・制度・社会 六』，未来社），第三章として収録された「フランス的法典の伝統と日本民法典」の初出は 1999 年（法律時報 71 巻 4 号）である。

失がなかったときに限り，その効力を有する」と規定した。この改正 478 条を
ふまえ，480 条は削除された[32]。

　480 条を 478 条に吸収するという学説による解釈（フランス法的なものとドイ
ツ法的なものの混合）は，このようなかたちで条文化されたのである。まず形
式に着目すれば，異なる由来の制度が各別の条文に規定され，識別可能であっ
た状態から，規定が一つの条文内に統合された。これによって，法典（条文）
と学説の関係はかわるのであろうか。また，条文に内蔵された法の混合の質は
変わらないとみるべきであろうか。内容に関しては，「債権の準占有者」文言
を排し，より広く「受領権者としての外観」を判断基準とするかたちでのルー
ルの統合は，フランス法（的要素）とドイツ法（的要素）の混合の仕方という
観点からはどのように評価しうるのであろうか。

Ⅱ　日本法における法の混合の態様
—— ケース・スタディ 2　民法 709 条

　民法の別の領域についても法の混合を探ってみよう。個別の解釈論に見られ
る混合の分析を掬い出して総合する準備は筆者にはないので，本稿では，この
分野について優れた概観を与えてくれる論文が，混合の視点からどのように読
むことができるか，というかたちで考察を進めてゆきたい。民法施行百年を記
念して 709 条について書かれた瀬川信久教授の論文「民法 709 条（不法行為の
一般的成立要件）」[33]を，ここでは取り上げたい[34]。

---

(31)　松尾弘「シビル・ローとコモン・ローの混交から融合へ —— 法改革のためのグローバ
　　ル・モデルは成立可能か」(1) 慶應法学 19 号（2011 年）179-213 頁。(2) 慶應法学 20
　　号（2011 年）145-185 頁。同論文ではシビル・ローとコモン・ローの「競合」と「融合」
　　の問題として法整備支援を取り上げる。同 (1) 185-199 頁。民法改正については 415 条を
　　取り上げ，改正案には「コモン・ロー原則（あるいはそれと実質的に法的思考を共通に
　　する制度）の混入が顕著に見い出されるように思われる」とし ((1) 208 頁)，英国のロー
　　マ法学者バリー・ニコラスによる「もしも諸ルールが概念的基盤から分離されるならば，
　　その帰結は曲解，あるいは混乱になりがちである」という見解を参照しながら，「法発
　　展の歴史，既存の制度の状況，法システムの将来の発展方向に照らし，いずれのアプロー
　　チがより適合的か，あるいは両要素を融合し，さらに一層適合的な形態に調和させて取
　　り込むことが可能かどうかこそが，真剣に検討されるべきであろう」と結論する。同 (1)
　　207-208 頁，211-212 頁。
(32)　大村敦志=道垣内弘人編『解説 民法(債権法)改正のポイント』（有斐閣，2017 年）
　　309-310 頁（加毛明）。

　同論文は，民法施行後百年の間に不法行為事件は大きく変化し，それに応じて判例理論は多面的・多元的なものになった，という認識の下，その過程を概観することを目的として設定する。考察の対象を709条の，「損害賠償という効果の成立要件」に絞った上で，同条をめぐる学説と判例の状況を次のようにとらえる。「本条の要件については，過失と違法性の関係，および過失概念を中心に，学説の混迷が続いている。混迷の原因の１つは，これらに関する判例が不明瞭だからである」[35]。判例が，「過失一元論からの批判にもかかわらず何故に『違法性』を使い続けるのか，『法律上保護される利益』『過失』との関係はどうなっているのかは，一向に明らかでない」。かかる状況にある不法行為法を解明すべく，「709条の裁判例を類型に分けて，判例が本条の要件をどのように考えてきたかを考察する」ことが課題として設定される[36]。裁判例を，保護法益が有形的な利益（身体・物など）か無形的な利益（債権・名誉など）か，また侵害が直接的・物理的か間接的（被害者の意思，法廷手続等を介する）かという区別を通して類型的に分析した結果，「判例の判断枠組みには規則性と不規則性が混在している」[37]と結論づける。「一〇〇年間の判例理論を大雑把に整理すると，過失概念の変化は，身体・財物といった有形的な利益の直接的な侵害の場合にみられ，違法性概念の形成と保護法益概念の拡大は，被害者の意思・法定の手続を介した侵害と無形的な利益の侵害にみられる」[38]。

　論文冒頭に提出された問い，すなわち判例が「過失一元論からの批判にもかかわらず何故に『違法性』を使い続けるのか」という点については，一定の類型の事例においては違法性は要件として機能しているのだ，ということが論証される。まず，判例上，違法性は用語法自体が一定していない，としたうえで，一方には，違法性が不法行為成否の判断全体をさす場合（「包括的な違法性」）がある，とする。類型としては，取引介在型侵害（勧誘の違法性），日照権侵害や債権・取引関係の侵害の中でその判断が見られる。ここでは被侵害利益の要

(33)　広中俊雄＝星野英一編『民法典の百年Ⅲ』（有斐閣，1998年）559-629頁。

(34)　Matsumoto, Emi, "Tort Law in Japan," Bussani, Mauro & Sebok, Anthony J. (eds.), *Comparative Tort Law. Global Perspectives*, Edward Elgar Publishing 2015, p. 359-384.

(35)　瀬川・前掲論文注(33) 559頁。

(36)　同559-560頁。

(37)　同624頁。

(38)　同569頁。

保護性，加害者の主観的事情，被侵害利益以外の諸利益に対する総合的な考慮が，「違法性」の語を用いて行われている。他方で，違法性が不法行為成否の判断の一部として機能し，過失判断と区別される場合（「限定された違法性」）があり，類型的には例えば，不当訴訟における訴訟遂行の態様，名誉毀損における真実性を理由とする違法性阻却がこれにあたる。「違法性」が厳密な意味での要件ではない[39]，あるいは「違法性」は「各種事情を顧慮した結果，不法行為責任を認めるべきだという判断に到達した場合において，その判断を表現するための語に過ぎず，法技術的意味を欠いている」[40]という見解は，前者の，「包括的な違法性」について該当することであり，「限定された違法性」は不法行為の成否を決する要件として機能している，それゆえ判例は「違法性」概念を使い続ける[41]。さらに，「包括的な違法性」も判例の中で他の要件が適用されない一定の類型をカバーして，特有の役割を果たしている。

　つまり，違法性判断のあり方は，単に「違法性」の問題にとどまるのではなく，不法行為の判断全体の構造にかかわる。このことを説明するために，瀬川教授は，権利（保護法益），過失，違法性の三概念の関係について，以下のような考察を加えてその相対性（一定の相互互換性）を示し，かつ判例上の「違法性」の特性を明らかにする。

　　不法行為成否の判断は様々な考慮の複合体である。そこでの考慮には，（α）被侵害利益の要保護性，（β）侵害の回避可能性，（γ）加害行為を正当化する事由（これには，正当防衛・加害行為の社会的有用性のような加害者側の利益と，被害者の承諾のような被害者側の事情とがある），（δ）この正当化事由の認識可能性などである。権利（保護法益）・過失・違法性はこれらの諸考慮を行う枠であるが，どの概念も周縁が不明確で固定していない。そして極端を言えば，これらの一つによって，（α）〜（δ）の不法行為成否の判断全体を包摂できないわけではない。（ア）権利（保護法益）を，過失ある違法な行為によって侵害されない地位と考えれば，権利侵害の判断に包摂できる。

---

(39)　星野英一「権利侵害」不法行為法研究会『日本不法行為法リステイトメント』（有斐閣，1988年）36頁。

(40)　平井宜雄『債権各論II 不法行為』（弘文堂，1992年）〔第9刷（2006年）（1994年部分補正）〕41頁。

(41)　瀬川・前掲論文注(33) 628頁，注82。

（イ）過失を，他人の権利の違法な侵害と定義すれば，過失判断に包摂できる。（ウ）違法を，過失によって他人の権利を侵害することだとすれば，違法性判断に包摂できる。それぞれの場合に，包摂概念（（ア）では権利・保護法益）は，包摂される概念（（ア）では過失・違法性）よりも包括的・抽象的なレベルで考えている。

しかし判例は，「権利」「過失」の概念を（ア）（イ）のように拡張していない。「権利」「法律上保護される利益」はあくまで被害者に帰属する利益（（a））と捉え，例えば，「権利」の中で加害者にとっての予見可能性（（β））を判断することはない。また，「法律上保護される利益」は，救済される利益を限定する機能を果たしている（…）。他方，「過失」では，加害者が当該侵害を回避できたか，回避すべきであったか（β）を判断し，被侵害法益の要保護性（a）を判断しない。…以上に対し，「違法性」は，行為とその結果に対する否定的な評価を広く意味し，侵害の回避可能性（（β））を含めて，加害行為に対する否定的評価全般を包摂できる。さらに，被害者の受けた不利益に対する否定的評価（（a））を「違法」と呼ぶことも可能である。

上記のように「不法行為の判断が諸考慮の複合体であり」，違法性概念は「権利」・「過失」概念には認められない「伸縮性」をもつゆえに，「判例の態度が出てくる」[42]。

瀬川教授は，本論の中で，不法行為裁判例の類型として三つを取り上げ，すなわち身体・財物に対する物理的侵害，取引・手続が介在する侵害，身体・財物以外の利益に対する侵害という項目を設定し，それぞれの類型をさらに細分化しつつ，そこに分類される裁判例を分析して，その中で違法性，権利・法益侵害，過失がどのように論じられているかを検討する。

「違法性」と「過失」と「権利侵害」の関係は，特定の類型で，例えば次のように現れる。「取引・手続介在型の侵害では，取引・手続行使のルールに反していないかという『違法性』の判断が重きを占めている。さらに手続介在型侵害では，その違法性を認識できたかを，『過失』の有無として判断している。手続の介在が，本来の意味での過失と異なる意味の過失概念を作り出している。

---

[42]　瀬川・前掲論文注(33) 625-626 頁。なお，（イ）が過失一元説，（ウ）が違法性一元説と解されるが，興味深いことに（ア）は梅謙次郎の採用した考えとされる。同 628 頁，注 78。

ただ，この過失概念は取引介在型侵害ではみられない。取引介在型侵害では，認識可能性の対象となる程には違法性が定型化していないからであろうか。違法性判断と反対に，この取引・手続介在型の侵害では，被侵害利益が法的に保護すべきであるかという「権利侵害」の判断は明確ではない。また，被害者の不利益を予見・回避できたかという本来の過失の判断も希薄である」[43]。

　このような判例論理の解明は，まず，過失一元説への根本的な批判を意味している。「過失一元説は，判例の一面しか見ていないように思われる。過失一元説は，主に身体・財物の物理的な侵害を念頭に置き，それ以外の裁判例を例外的なものとみる。しかし，違法性一元説が指摘するように，裁判例はしばしば違法性を論じ，それは身体・財物の物理的な侵害以外の事例で多い」[44]。違法性によって判断されている領域を過失判断に一元化すれば，「今度は，過失が法技術概念として機能しなくなる」[45]。過失一元説が捨象している裁判例をみれば，「『「権利」が拡大された結果，不法行為成立の限定的機能を失った「権利侵害」の要件は，理論的には独立の要件たる地位を失い…』ということはできないように思われる」[46]。「『過失』が含みうる判断には限界があるから，『不法行為の成立を限定する機能の大部分は，「権利侵害」ではなく，「過失」に挙げて求められることとなった』（平井宜雄『債権各論Ⅱ不法行為』23頁）とはいえないであろう」[47]。「違法性」は一定の不法行為類型においては要件として実質的に機能し，その存在意義がある[48]。ある類型においては「違法性」が不法行為成立の決め手となり，別の類型では「権利・保護利益侵害」が決定的な判断基準として働く。このような判例の判断構造を総括して，瀬川教授は「判例の判断枠組みには規則性と不規則性が混在している。身体・財物の侵害ではもっぱら過失の有無によって不法行為の成否を判断し，それ以外の侵害類

---

(43)　瀬川・前掲論文注(33) 595頁。

(44)　同 626-627頁。

(45)　同所。

(46)　瀬川・前掲論文注(33) 628頁，注 79。

(47)　同 628頁注80。平井・前掲書注(40) 25頁，40頁；23頁。

(48)　社会の変化に伴って，「有形的な利益の有形的な侵害から，有形的な利益の無形的な侵害，無形的な利益の無形的な侵害へと保護が拡大した。」これに対応する法的作業が求められ，『『違法性』がこれらの作業内容を相対的によく表現する言葉だとすると，過失一元説からの批判にもかかわらず，しかし，違法性一元説とは違った意味で，判例は，違法性の語を使い続けるように思われる」。瀬川・前掲論文注(33) 628頁。

型では，主に被侵害利益の要保護性と行為の違法性によって判断している。こ
のうち，過失は判断基準がある程度定型的である（予見可能性，防止可能性な
ど）。しかし，要保護性の判断基準は被侵害利益ごとに異なり，違法性は，用
語法自体が一定していない」[49]とするのである[50]。

　以上の判例論理の分析を，法の混合という視点から眺めてみるとどうであろ
うか。その際興味深いのは，「企業損害に関する…最判 1968 年 11 月 15 日
（…）は，過失の事実を認定するが，被侵害法益を明示せず，相当因果関係の
有無で判断している」という例に見られるように，709 条の成立について，判
例では必ずしも「権利（保護法益）侵害」，「過失」，「違法性」の三要件を揃っ
て認定しているのではない，という指摘である。瀬川教授はこの例を挙げつつ，
「事実を法律要件に逐一包摂しないというわが国の裁判実務の伝統」に言及す
る[51]。「判例の融通無碍な用語法」の原因としてこのことは述べられているの
だが，論文における各類型の分析とあわせて考えるならば，瀬川教授自身はそ
のように定式化されているわけではないが，次のように整理してみることが可
能ではないだろうか。

　裁判例の分析を通じて明らかにされているのは，判例が要件充足を記してい
ないとき，例えば，「変額保険のような取引的不法行為では，被侵害利益・故
意過失の事実を認定せず，違法性の有無で判断している」といった場合，それ
は，認定するまでもなく要件充足が明白であるためにわざわざ記述していない，
というのではなく，むしろ，当該類型の事件においては一定の要件充足を認定
する必要がない，あるいは認定が難しいという事情によるように思われる。

---

[49]　瀬川・前掲論文注(33) 627 頁。

[50]　大村敦志教授は，瀬川論文は，「現代の不法行為法が形成してきた人身損害中心の判
　　断基準により」被侵害利益の存在が明白でない事例に対して，当該利益を保護すべきか
　　どうかといった問題を「解決することは可能なのか，また妥当なのか」という問題に対
　　し，「判断基準の多元化が必要ではないか」と「強く示唆する」ものと受け止めている（『新
　　基本民法　不法行為編』（有斐閣，2015 年）28 頁）。

[51]　瀬川・前掲論文注(33) 628 頁，注 83。「判例の態度」に見られる構造を説明した箇所に
　　注を付して「以上のほかに，判例の融通無碍な用語法は，709 条に限らず，事実を法律
　　要件に逐一包摂しないというわが国の裁判実務の伝統にも起因している」とし，村上淳
　　一教授（「包摂技術とコミュニケーション」『現代法の透視図』（東京大学出版会，1996
　　年）75 頁以下，「転換期の法思考」桐蔭法学 3 巻 2 号（1997 年）2 頁以下）を参照する。

　他にも，特定の動産・不動産を詐取した事案以外の詐欺，原野商法等の相手方の判断を誤らせるかたちの取引介在型侵害では，権利侵害にあたる事実を認定しないことが多い[52]。また，裁判手続などの手続を介して侵害が行われる手続介在型侵害の中で，権利がないのに手続を行って相手を侵害した場合（判決の詐取，不当訴訟，不当応訴，不当保全処分）で，特定の財物を対象としていない場合は，裁判所は被侵害利益を特定せず，権利侵害を認定せずに不法行為の成否を決している[53]，と分析されている。さらに，債権・取引関係の侵害において，競争的行為による侵害では，不動産二重譲渡・賃貸借の場合を除き，判例は「加害行為の態様に着目し，侵害の意図や不公正な手段等を総合的に判断して不法行為の成否を決めている。被告の主観的態様は，この総合的判断の中で斟酌し，故意・過失のような独立の要件としていない」。この総合的判断を違法性の問題として判断する裁判例もあれば，そうでない裁判例もある。これに対し，不動産の買主・借主の侵害では，被告の侵害態様ではなく原告の被侵害利益に着目し，保護すべき権利であったか（公示を備えていたか），あるいは被告の行為と原告の被害の間に因果関係があるか，によって判断している[54]。

　このようにみてくると，細分化された類型ごとに判断方法は異なっており，「権利・法益侵害」，「過失」，「違法性」の判断枠組みのいずれが（ときに組み合わせられて）作動するかが類型ごとに異なる，という様相を呈している。そうであるとすれば，709条のもとで画一的な成立要件が存在する，と考えるよりも，より細分化された類型ごとに成立要件は異なり，裁判所は事件の類型に応じて異なる要件について判断を下している，と捉えることができるのではないか。瀬川教授は，大学湯事件（大判1925年11月28日）を裁判所が「不法行為法という二次規範（救済規範）では，裁判所による法形成が重要であることを

---

[52]　この要件を認定しないことの理由は，「直接の侵害対象が被害者の意思・判断であるために，被侵害財産を特定できないからであろう」とされる。民法典起草者は，この侵害類型においては権利侵害の有無を問題にすることなく不法行為を認めており，判例もこれと同様である。なお，数は少ないが下級審判決では被害者の意思の自由の侵害を権利侵害と捉えるものがある。瀬川・前掲論文注[33] 586-587頁。第三者の判断を誤らせる取引介在型侵害の事例でも，不法行為を認めるときに「権利侵害」を認定していない。同 588-589頁。

[53]　同 592-593頁。

[54]　同 612-613頁。

宣明した」⑤画期として評価しているが，まさにその裁判所によって生み出されてきた不法行為法は，709条の諸要件を類型ごとに異なって作動させる仕方で一定の規則性を維持している。これに対して，709条の下では諸要件があらゆる類型について統一的に，同一の仕方で作動するという前提においてこれをみるならば，判例は「不明瞭」であると映る。

筆者は，この状況を次のような比喩で述べたことがある⑤。判例の判断方法は，三要件を直列に並べた単一回路によるのではなく，要件を一つずつ並列にならべた回路⑤を設けるものである。このような比喩を用いるのは，日本の不法行為法における法の混合のありかたを分かり易くイメージするためである。フランス法的とされる709条に対して，学説を介してドイツ法から導入された「違法性」概念を取り込んだが，それは「権利侵害」要件と入れ替えるのではなく，双方を使いつつ，しかし，すべての場合に両者が同時に満たされなければならない（直列回路）という条件の下で用いるのではない。違法性を単独で判断基準とすることもあれば，違法性と権利侵害をあわせて，あるいは違法性と過失を合わせて判断することもある，その判断は事案の種類による，という判断枠組みの設計である。このようにすることによって，由来が異なり発想の異なる概念を使い分け，同じ体系内に置いておく。このような法の混合のありかたを作り上げたのはまさしく判例である。

権利侵害の要件が，全面的に違法性判断に取って代わられたのではなく，違法性が保護法益拡大の役割を果たし終え過失判断に全面的にその役割を譲るのでもない。権利・保護法益侵害，違法性，過失，それぞれの概念に働くべき場合が想定され割り当てられている（並列回路）。これに対し，一方の概念が他方の概念に「取って代わる」という考え方は，基本的に単一回路を想定し，そこに直列に何を並べるべきか，を問題としている。

この発想の違いは，さらに，判例と学説の関係にもかかわる。異なる法概念に関して，判例が行ってきた法の混合（並列回路）と，学説が想定していた法

---

⑤　同 601 頁。

⑤　前掲注⑶ Matsumoto, "Tort Law in Japan," p. 369-371.

⑤　あるいは，一つないし複数の要件を異なる組み合わせで直列にならべた回路を複数，類型の数だけ並列にならべる，と考えてもよい。どちらが比喩としてより適当であろうか。

の混合（直列回路）とは異なっていた，といい得るのではないか[58]。

　709 条についての判例の判断構造は，英米の不法行為法（異なる tort のそれぞれに固有の要件がある）の判断構造にむしろ近いと言い得るかもしれない[59]。次のようにいうことも可能であろう。統一的要件主義[60]をとる 709 条の下で，判例はむしろ個別的要件主義を採用している，と[61]。これ自体特有の法の混合といいうるかもしれない。

---

[58]　ひと口に「混合法」といっても，判例について法の混合を考察するのと，学説についてこれを考察するのとでは異なる可能性がある。日本における法の混合を問題とするとき，また，より一般的に，ある法における法の混合のあり方を論ずるときに，いかなる側面からみるかで答えはひとつではない，ということの例証とされよう。「混合法」としての日本法を語るときには，この点に十分留意しなければならないと思われる。

[59]　日仏法を比較しつつ考察する金山直樹・アルペラン共著の中での次の記述は興味深い。Jean-Louis Halpérin et Naoki Kanayama, *Droit japonais et droit français au miroir de la modernité*, Dalloz, 2006, p. 245.《Le droit japonais de la responsabilité, même s'il est souvent présenté dans les ouvrages en anglais comme une forme de tort law, est à la fois un droit législatif et jurisprudentiel qui s'incrit dans les cadres civilistes de la responsabilité délictuelle et de la responsabilité contractuelle.》日本の民事責任法は，立法と判例によって作り上げられた，市民法（大陸法）的不法行為責任・契約責任の枠組みに属する法である，と述べることが主眼であるが，「英語で書かれた文献では，日本の民事責任法は，往々にして tort law の一形態のように提示されている」との付記が伴っている。英語によるために tort law の枠組みに沿って説明される，ということもあろうが，実態がこれに近いからこそそのような枠組みで語り得る，という面もあるかと思われる。

[60]　平井・前掲書注(40) 10 頁，124 頁，前田陽一「損害賠償の範囲」山田卓生編集代表，淡路剛久編『新・現代損害賠償法講座』（日本評論社，1998 年）90-95 頁。

[61]　これを可能にしている方法の一つは，条文上の文言に対して事実の包摂を逐一は行わないことである（前掲注(49)）。これに関し，2004 年の 709 条改正条文の包摂をめぐる小川浩三教授と藤岡康宏教授の間の議論は興味深い。「権利」であるか「法律上保護される利益」であるかの峻別はドイツでは法律への包摂の観点から重要な問題となるはずだ，という小川教授に対し，藤岡教授は，「絶対という観念，あるいは峻別という論理を徹底すると，これはゆゆしき問題であることはたしかであるが，不法行為法の制度目的という理論的・実際的な見地に立つと別の考え方も生じよう。包括的救済規範として多様な不法行為現象に対応しなければならない不法行為法としては，基本的な基準を複数設定しておくことが必要となるのではないか。これを立法的に実現したものが 709 条現行規定と理解することもできよう。既定の仕方としては二つの法概念が使用されているが，大枠としての標準型が提示されているにすぎず，峻別の論理が貫かれるわけではない，ということである。違法性の概念の使われ方自体がドイツ民法とは違っているのである。絶対という観念には包摂することのできない相対的思考の不法行為法上の枠組み

が違法性であると考えると，現行 709 条における被侵害利益の併記は，その相対的枠組みの法技術的表現形態と解することもできよう。」とする。小川浩三「R. ツィマーマンの比較法学とローマ法学」戒能通厚=石田眞=上村達男編『法創造の比較法学 —— 先端的課題への挑戦』（日本評論社，2010 年）151 頁，藤岡康宏『法の国際化と民法』（信山社，2012 年）211-212 頁。

5 日本の司法制度の比較法学の視点からの考察*

マサミ・ウエダ（阿部博友 訳）

I　はじめに

　1962 年のローマ法の授業を通じて，我々は，日本の法システムはローマ法の流れを汲むものであると教えられた。

　そうした情報によって，私達はある意味で興味をそそられた。それは法律の初学者であった私達にとって，日本が古代ローマとつながりを有しているかも知れないということが，思いがけないことであったからだ。

　1984 年に，比較法学の修士課程の授業に参加した機会に，ルネ・ダヴィッド著『世界の主要法体系』（Major Legal Systems in the World Today）（Free Press, 1978）に記述された教えに接して，上述した私の当惑についての回答を見出した。

　ローマ法の主系統であるヨーロッパ大陸法を日本が採用したのは，1870 年代のことで，明治天皇の統治下のいわゆる「文明開化の時代」と呼ばれる時期であった。

　日本は，それまでその唯一の統治モデルの下で，日本の伝統，慣習，価値観，そして唯一の統治モデルの下での固有で特徴的な法秩序をもって，その歴史の中で常に島国固有の文明を発展させてきたが，このようにヨーロッパ大陸法モデルを採用することによって，日本の歴史や文化と対照的な法システムを「突如として」採用することになったのである。

　そして，驚くべきことに，伝統的モデルのこの急激な変容は，長期の順応期

＊原題：BREVES REFLEXÕES SOBRE O SISTEMA JURÍDICO JAPONES À LUZ DO DIREITO COMPARADO

間を要することなく，瞬く間に，そしてすべての人々によって，あたかも社会生活における自然な帰結としてのごとく，受け入れられていった。

我々は，日本の社会の総てが，この新たな法秩序 —— それはそれまで日本には存在しなかった法典化された規範に基づくものである —— を受け入れた事実をどのように受けとめるべきか再び困惑した。

こうした重大で急激な変容という文化現象を，どのように説明できるのか，そしてどのように理解すべきであるのか困惑したのだった。

それらは，すべて社会があるところに法がある，またはその逆の意味において，法があるところに社会があるという法諺の通りなのだ。*"ubi societas, ibi jus"*（社会のあるところに法あり）そして*"ubi jus, ibi societas"*（法のあるところに社会あり）という法諺は，人類は生存して行くためには，隣人と関わって行く必要があるということ，またはそれが人間の理であることから派生している。

ロビンソン・クルーソーのモデル，それは遠く離れた孤島において一人で生き延びるモデルであるが，そこにおいては「聖なる金曜日」（Sexta-feira）と向き合う必要は無い。なぜならそれは社会の基礎となる社交性に関わるものであるからだ。

人類のありのままの初期的な集団にあってさえ，書かれた行動準則は存在せず，そこには集団を構成する者達のすべてが守るべき黙示の規範が存在するだけであり，それらが社会集団の存在を可能としたのだ。

これら集団の構成員に課された，もしくはそれらによって遵守された行動準則は，それに違反した場合には，社会から疎外され，そして社会との繋がりを失い，結果として社会との関係が絶たれるという条件を伴うものであった。

社会の発展と共に，おのおのの民や国家は，他と区別される固有の文化を有するに至ったが，それらの行動準則の遵守は維持されてきた。

1971年に日本の外務省が主催する研修プログラムに参加する栄誉を得た。そのプログラムの目的は，日本の社会を理解し，60日間にわたり高名な大学教授の講義に参加し，歴史的形成，政治，司法システム，教育制度，文化・芸術，日本の経済発展を含むテーマについて学習することであった。

こうした講義は，早朝または夕刻に行われた。そして講義のテーマに関連する研修旅行が認められ，プログラムの目的（それは日本の文化について広範囲な展望を派遣生に修得させることであった）のために，北は北海道から南は長崎ま

で，日本全国にわたる旅行の機会が派遣生に与えられた。私たちは，国会議事堂，最高裁判所，東京家庭裁判所，法務省，証券取引所，外務省，写真機やレンズを製造するキヤノン，自動車を製造するマツダ，東京大学，東京都美術館，歌舞伎座，裏千家，お茶会，生け花の小原流，サッポロビール工場，ノリタケ陶器，伊勢神宮，本願寺，NHK，毎日新聞，日本国有鉄道本社と新幹線のコントロールセンター，原爆資料館，大浦天主堂，キリスト教殉教者記念碑，蝶々夫人の家，宮島神社，ミキモト真珠養殖場，そしてその他にも大きな文化的関心をそそる多くの場所を訪れた。

　私たちに提供されたこれらの貴重で豊かな経験は，著名な講演者による日本の文化の特徴についての講演 —— それは日本列島の住民が環境や社会の変化を受け入れ，そして順応してきたことについて言及したものであった —— を深く理解させるという意図のもとで行われた。つまり，日本はとてつもなく美しい国であるが，たびたびの地震や予期できない津波に加えて，厳冬，暴風雨，夏の台風といった極度の気候の逆境にさらされていて，それらは大昔から，農耕の出来ない山々に挟まれた，限られた住居や農耕に適した土地に住む民の行動のパターンを形成してきた。それは大昔に形成された社会集団であるが，居住可能な空間が限られていたために，居所の移動を予定しない集団であった。つまり，そこには隣人との共存が，可能な限りの調和をもって維持される必要があったのだ。

　このように偶発的な出来事に適応する能力や，存続に必要な条件を確保する能力によって，今日まで日本の社会は一定の型にはめ込まれてきたが，それはこれからも日本社会の枠組みを形成してゆくであろう。

Ⅱ　日本文化の価値

　この文化的側面は，物事の新しい秩序 —— それは，司法システムの急激な変化であった —— に順応できるという日本民族の能力によって説明できる。この日本の司法システムとは，すべての社会レベルと階級 —— それは家族，近隣，学校，職業，行政そして最後にはカリスマ的存在である天皇に至る —— に存在する名誉と責任の厳格な規範によって凝結された，社会的役割のヒエラルキーを遵守するという堅固なフレームワークに基礎付けられたものであった。

ルース・ベネディクトは，北アメリカの人類学者であるが，1944年に，アメリカの政府の要請に応じて，日本文化と日本人のふるまいに関する研究について論文を書いた。第二次世界大戦における日本兵の行動とふるまいは，当時のアメリカ人にとっては，理解できないものであったが，その研究は，日本兵についての理解を可能にするためのものであった。

その研究書のタイトルは『菊と刀』であるが，それは西欧人の視点からはずっと理解できなかった日本文化，そして日本人のふるまいについての展望を切り開いた。

日本文化には多くの特殊性や特徴があるが，その中でもすべてのレベルそして社会階級に存在するヒエラルキーの厳格な遵守が著者の関心を集めた。そして，日本文化の特徴として，日本人は他人から敬意を払ってもらえるかどうかを心配するという事実を書き留めている。

ルース・ベネディクトは，研究の締めくくりとして，日本が降伏する場合には，日本の天皇は，その戦争が導かれた責任から免除されるようにアメリカ政府に提言した。なぜなら，神聖な存在が人の形に置き換えられ，そして日本の国民の偉大な象徴となったために，天皇のイメージ，その姿そしてその人となりが，あらゆる判断を超越した存在であるからである。そして日本国民の偉大なシンボルに対して断罪することは予見できないような結果を生じる可能性があったからだ。

ベネディクトの提言は，よく知られているとおり，アメリカ政府に受け入れられたようで，それは戦後の事実が証明している。

ベネディクトの著書は，日本を含め，学者の間で激しい議論を呼び起こした。そして，実際にこの著作は人類学の参考文献といえるものであって，それは日本人の精神を理解する上で不可欠な古典的著作となった。

階級の遵守というきわだった特徴の他に，この優れた人類学者は日本文化の特徴的な点として，日本人の社会におけるふるまいと行動に関するほかの二つの特徴に着目した。それは，人間同士で交流する際の「たてまえ」（外部に現れる社会的行動）と「ほんね」（内向的な社会的行動）の二つである。

「たてまえ」は，礼儀正しく控えられた行動であるが，それは他人との関係における節度であり，思慮深さである。「ほんね」は，より見えにくいふるまいであり，より純粋なもので，そして自分自身のために取り置かれたものであ

る。

　ベネディクトの視点からは，これらの２つの文化的な側面は日本文化の表象であり，それらは，他の文化においても存在するものではあるが，日本におけるほど強調されることはなく，そして唯一で，固有で，特徴的な日本の典型的な特質であった。

　これらの２つの特徴は，この欧米の人類学者達によると，日本の精神の際だった特徴となっている。そして，それらは偽善，偽り，そして欺瞞的なふるまいなどと誤って解釈されることが少なくない。

　しかし，孔子の教えが日本の文化に強い影響をあたえたことを考慮するとき，そして「和」（それらは人の行いにおける衡平の感覚や調和にあたる）の遵守が社会の発展に不可欠であることを考慮するとき（ここで社会とは，高い人口密度で，居住するためにそして農業を営むために必要な限られた土地において，そしてしばしば自然の大変動や脅威によって破壊されるような社会である），節度，用心深さ，そして思慮分別が社会における人間関係の発展にとって，必要で不可欠な標識であることを理解することができる。

　儒教は天と自然の調和を強調する。そして人間社会は，各構成員が，それぞれ社会的に適切で相応しいふるまいをなすこと（それは換言すると社会的階級の受け入れともいえる），そして社会秩序のために，その社会的役割や責任を受け入れることによって完全なものとなる。

　「大学」［訳者注：儒教の経書である四書の一つ］に収められた格言には，「心が正しくなってから，身が修まる。身が修まってから，家が整う。家が整ってから，国が治まる。国が治まってから，天下が安らかとなる」というものがある。

　このように，演じること，外見的にふるまうこと（たてまえ），それは見せかけではなく，また隣人に対する迷惑にならないものであるが，それは社会における共同生活のための遵守すべき前提条件であった。そして，思いのまま内心の衝動にしたがってふるまうこと（ほんね）は自分の中にしまい込んでおくべきであり，せいぜい身近な誰かとそれを分かち合うべきものである。

　これらの社会共生の準則，または儀礼の準則は，「和」，調和そして均衡に到達することを可能にする。

　日本およびその文化の歴史的形成は，数千年以上も前に生じたが，それは朝

鮮半島を経由しての中国への文化的接近と共に，目立って半島的な文化に発展した。

　そして，文化についていえば，人類学者クラックホーンによって与えられた概念について理解しなければならない。つまり，「文化とは，人の集団の考え方，感じ方，そして運動のパターンであり，シンボルと化して受け止められ，伝えられる。そしてそれは，特定のアイデンティティ（それは，集団によって創り出された目標を含む）を表象するものである。文化の中核にあるものは，伝統的な観念と，それらに関連する価値観である。」

　「モーレス（習律）」とは集団の基本的価値観を具体化したしきたりや風習であるが，古代ローマ人は，それは固有で唯一のものであると考えた。日本は孤立を維持したので，異国人にとっては神秘的なヴェールと伝説で覆われていた。伝説の一つは総てが金で覆われている宮殿があるというもので，それは征服者の夢を呼び起こすものであった。例えば，京都の金閣寺は「金のパビリオン」として知られているが，おそらくそうした伝説は現実とあまりかけ離れていなかった。

　しかし，モンゴル帝国の拡大の時代に，怖れられていたジンギスカンであっても日本を征服できなかった。台風による強風で海軍の船隊は沈没し，敵の攻撃を妨げる神聖な風（「神風」）によって神の庇護を受ける無敵な民の国という信奉が強まっていった。

　西洋との接触は，ポルトガルとスペインによる大航海の時代にいたって，はじめて生じた。

　1500 年のポルトガル船の日本への到来は，カトリック教を信仰しない異教徒の民と称される人々に対する伝道を目的とするイエズス会の目覚ましい活躍によって，日本におけるカトリック教の伝播の達成につながった。それは，ペドロ・アルヴァレス・カブラルの探検隊に発見されたブラジルにおいても同様であり，サンヴィセンテの行政区やピラチニンガにおけるアンシエタやノブレガの活躍が物語るように，インディオの人々にキリスト教が広がっていった。

　隣人への愛というキリスト教のモラル，それは連帯の基礎として，人々の間における平等と友愛を賛美するものである。しかし，この概念は，日本社会を支えていた，厳正な階級基準と対立するものであった。そしてこのカルチャーショックは，確実に政治と行政の中心であった幕府の利益を侵害するものであ

り，それは幕府の転覆を企てるものであるとさえ推測されたのだった。

　それがウィキペディアによる調査に選ばれているように，「日本における文化的特徴としての階級概念は，生まれつきのものであって，家族の「階級」は，社会的行動を決定付けるものであった。年齢または人生，性別，教育水準，組織との関係，そして，個性は，社会的関係における共通の区分となる。「階級」という用語は，役割分担と，厳格な一連のしきたりを意味し，日本においては，官僚制とは独立して，すべての人々において共有されている。階級的従属の意識は，社会のすべてにおいて，そして様々な方法によって浸透している（Japanese Values［日本人の価値観］—ウィキペディア）。」［訳者注：同項目の旧版の記述による］

　日本が鎖国に至った理由は様々であるが，決定的な理由の一つは，1600 年代初頭に徳川幕府により決定されたポルトガル人の追放である。それは，キリスト教の根柢をなす思想であるところの，平等と友愛の原則（それはキリスト教のいわば「ライトモチーフ」であった）が，社会階級の分離が，明白で重要視される厳格で千年の歴史を有する日本的階級制度と衝突して生じたものである。

　ポルトガル人の，そしてイエズス会宣教師等の追放によって，日本においてカトリック教は禁止されることになった。そして，この禁止の証として，日本における 26 人の殉教者（ローマカトリック教会によって，そのように考えられている）は，長崎で磔にされた。その追悼として，大浦天主堂 —— 日本におけるノートルダム聖堂 —— に殉教者達は祭られている。

　殉教者の中には，聖ゴンザロ・ガルシアを見出すことができる。

　17 世紀におけるポルトガル人の追放は，政治的にも経済的にも日本が鎖国に至る原因となった。

　ペリーの最初の要求は，日本の幕府の権力者の手にそのままとどめられて，客観的にみて，それが迅速に対応されることはなかった。かれらは，要求された条件について，明確な回答を回避し，受け入れるとも，また受け入れないとも回答しなかった。

　この日本人の行動の態様は，無関心なふるまいとはかけ離れたものであり，またその対話者に対して必要で十分な注意を欠くものでもなく，「たてまえ」と「ほんね」を完全な形に同期して適合するものであった。この日本人の行動様式は，際だった日本文化の一側面であり，毎日の社会行動に関わっていて，

それは同胞との関係における偽りとか偽装ではなく，調和を維持するための方法であり，争いや意見の対立を回避する方法であった。

　幕府への提案に対する直接的な回答を得ることができずに，アメリカはその客観的なレンズを通じて，日本の寡黙な姿勢を，アメリカへの侮辱と判断して，ペリー総督は戦意を表明するために，一斉射撃を行ったところ，砲弾は浦賀にある漁村 —— 漁民はそこから既に避難していた —— に届き，村は破壊された。

　この行動は，日本を西洋に対する開港に追い込む結果となり，そして通商関係が樹立された。

　その時まで，日本は，成文化された法的規範を有していなかったので，外国人と契約するときには，契約の相手方である外国の当事者の国法に従わなければならなかった。

　『世界の主要な法体系』（Free Press, 第 2 版，前掲書 492 頁）に示されたルネ・ダヴィッドの教えによると，日本における初めての法令は大化の時代に見出すことができる。中国の規則のモデルを模範としたきまりは，西暦 646 年初頭に「律令」と名付けられたが，それは社会のそれぞれの構成員が，その社会階級において，果たすべき役割を振り当てたものであった。

　律令のシステムは基本的には，一連の禁止（「律」）と行政（「令」）に関する規則を定めるものであった。

　この規則の構造の本質は，ヒエラルキーの遵守に基づくもので，ルネ・ダヴィッドが示したように（前掲書 495 頁），それは書面化された法システムとは言えるものではなく，それは単に上位の者が下位の者に対して与える書面の指示でしかなかった。彼は，さらに，どのような法的権利または何らかの権利の要求の概念であっても，それは一般的に，社会における異なる階級の人々の間には存在せず，それは同じ階級の人々の間でのみ生じるものであったと指摘している。

　現実には，ふるまいに関する一連の規則は「義理」の概念によって代表された。それは，責任と義務の集合体で，儒教の教えから派生して，日本の社会階級のすべてに浸透した概念であった。父と息子間の「義理」があり，夫と妻の「義理」があり，そして叔父と甥，兄弟間，家族間，農夫と農場主間，大家と賃借人間，店主と消費者間，使用者と被使用者間，そしてこのように続々と，人的な関係があるところに「義理」が存在する。

　フレデリック・ジュオン・デ・ロングレは,「儒教を信仰するアジア人は,平等な関係よりも,注意深い保護と尊敬に満ちた従属に基づく,親子関係の理念をこのむ傾向がある。」(ルネ・ダヴィッド,前掲書495頁)と記述している。

　「義理」はこのようにして法律,そして道徳に代替する概念になっていった。

　「義理」は,一連の道徳的価値や書面化された義務に基づくものではなく,それを遵守しないことによって社会的に非難されるという結果を踏まえて,自主的に遵守された。

　「義理」に反することは,恥の源泉となる可能性があり,それは義理を遵守しない者にとってのアイデンティティの喪失を意味した。その理由は,西洋的な視点からは,不十分で,役に立たなくて,そして侮辱的と感じられるかも知れないが,「義理」は本当の行動規範を代表する概念であったのだ。

　日本人の社会行動を織りなす特殊で唯一の糸 —— それは社会生活における調和的な発展に至るための糸である —— について本章は明らかにしたが,それはまさにペリー提督の驚いた目に映ったものであったといえよう。

Ⅲ　明治時代 —— 日本の法制の西洋化

　日本における封建制度は,明治時代の到来と共に1868年に終結した。当時睦仁親王は16歳で皇位につき,そして明治時代(1868年〜1912年)が始まることになった。

　この時代は,「文明開化の時代」として知られていて,日本は大きな変化を迎えることになった。古い構造は目に見える形で変化し,それは社会の完全な変革の始まりでもあった。

　西洋をモデルとした民主国家が,古い封建国家にとって代わっていった。

　そして驚異的な発展は,日本を世界の潮流の最先端へと押しやっていった。

　日本の進歩と発展は,西洋の大学に日本人を送り,できる限り西洋に学ぶという明治天皇の勅旨によって生じたものであるが,それは実際に,産業,経済,教育制度(大学の誕生),軍隊,化学,技術というすべての領域で感じられた。

　しかし,法律の領域では,規範のよりどころに大きな変化を見出すことができる。つまり,名誉と忠誠の価値に立脚した繊細で巧妙なおきては,書面化された規則として明確になった。

ルネ・ダヴィッドが指摘したように「明治時代の初頭に法制の西洋化が決定されていて，それは1858年に欧米の諸国家（アメリカ，英国，ロシア，フランスおよびオランダ）に押しつけられた不平等条約 —— それを日本は国家に対する侮辱であると考えていた —— を改正するためのものであった（前掲書，496頁）。

西洋に共通の法制度に基づいて一連の法律を採択することによって，日本の法制は急速に近代化を遂げていった。

フランスの法律学に明るい法律家がいなかったために，多くの困難が伴ったが，それにも関わらず1869年の初めから，5年の間にフランス民法典の翻訳が開始され完成を遂げた。

「権利」（主体的権利）という新しい基本概念を表現するために，新たな用語が生まれてきた。それは，「権利」として知られるようになり，そして「法的な義務」（法的債務）は「義務」として知られるようになったが，これらはそれまで日本人にとって未知の概念であった。

このようにして，ギュスターヴ・ボアソナードを筆頭とする西欧の法律家達の支援と貢献によって，1872年から一連の法典が公布された。

1882年に刑法典および刑事訴訟法典 —— その何れもフランス法をモデルにしたものである —— が，公布された。そして1890年には，ドイツ法の影響を受けた裁判所構成法および民事訴訟法典が公布された。

ルネ・ダヴィッドによると，1873年のボアソナード法典は，一連の困難（それは特に家族および相続に関する規定について顕著であった）に直面し，1898年に日本の民法はドイツ民法典の影響を敏感にうけながら採択されたのであった。

1890年に，日本の商法典はドイツ法の影響を受けて公布された。

これと並行して，日本の公法は，国家的な制度の全面的な変革を経験することになった。

1873年の土地の売却を可能とする法律（地租改正法）の公布によって，日本の農業は自由化を遂げた。

国家機構および組織は，1890年に「県」の制定による分権化の採用および1888年の市町村の創出をはかる一連の法律によって近代化を遂げた。

しかし，このような法制のパノラマは，1945年以降大きな変革を被ること

になる。

Ⅳ　戦後(1945)における日本の西洋化

「義理」は，日本人の魂に根付いた遵守という文化的要素で，ヒエラルキーの等級が優越し，名誉と家名を保持するためのもので，社会階級のすべてのレベルに浸透していたものであったが，その義理は，明文化された実定法の誕生によって，大変遠い存在となってしまった。明文化された実定法とは，明治時代に公布された幾つかの法典に定められたものであり，西洋の大陸法の影響を強く受けたものである。しかし，実際には，義理の影響を受けた伝統的な慣例や習慣は，第二次世界大戦が終結するまで日本人によって遵守されたのであった。

軍事的な敗北，そして日本の無条件降伏，さらに1945年の合衆国をはじめとする連合国軍による占領は，日本の社会に大きな変化をもたらした。そして民主主義の精神 ── それは日本固有のものというよりもアメリカ的なインスピレーションから派生するものであると性格付けることができる ── を日本にもたらしたのであった。

これらの改革は，アングロ・アメリカ法（コモンロー）── それはしばしばローマ法の影響と競合するものであった ── の影響を受けた結果であり，変革は正式にもたらされたが，依然として，伝統的に受け入れられてきた日本人の「習律（モーレス）」である慣行や習慣は根絶されたわけではなかった。

洞察力の鋭いルネ・ダヴィッドは，「日本の西洋化の概観の下で，未解決の問題は，この移り変わりは本当の意味における変化と言えたのだろうかという疑問と，そして西洋における正義と権利の概念は，本当に受け入れられたのだろうかという問題である」と述べている（前掲書498頁）。

なぜならば，この比較法学者によれば，「日本人の習律（モーレス。慣行や習慣）は，実際に変化した。そして特に都市部においては，若い世代－彼らはおそらく新たな法秩序を期待したであろう－を中心に，だんだんと受け入れられるようになった」。しかし，そこで強調されているように，「すべての日本社会という視点からは，それは依然として西洋社会と異なるものであった。古い習慣や考え方，それは，儒教の階級的な教えであり，自然律に基づくものであっ

たが，それは，依然として大多数の日本人に残され，そして息づいていた…このように，社会構造と西洋の法律に内在する自由の空気は，日本に最低限度においてのみ存在した。西洋の法律は合理的な社会に向けてつくられたものであり，その抽象的な概念は，合理主義的世界観によるものであった。」

ルネ・ダヴィッドは次のように述べている。「日本において，現代法を適用するということは，日本人の精神にあるミステリーで詩的な感情 —— それは西洋の規範の論理的精神とは異なるものであった —— と相容れないものであった。それらは西洋人にとっては大変崇高な自由と尊厳に対して，日本人は歴史的に無関心であったことから説明される。」（前掲書 489 頁）

さらに，ルネ・ダヴィッド教授によれば，公法の領域ばかりでなく，私法の領域においても，1946 年以降に生じた立法の水準の近代化は，形式的には奥深い変化をもたらしたが，日本国民はそれぞれがそれぞれの運命を担った個人であることに気が付かなかった。彼がその著書で引用した岡教授は，日本の政治秩序は，「表面的な立憲主義」であったということを躊躇わない。

ルネ・ダヴィッドによれば，法律は，日本人にとって，懲罰と拘禁の観念と結びついていて，一般的な印象としては，善良な市民は法律には関わらないものである。

そして，法廷に出るということは，それが民事問題についてであれ，その他の特別な問題であれ，それは，恥につながるものである。そして，恥を晒すということは，尊厳 —— それは人々が有する守られるべき権利を超えた倫理的または道義的な基礎であった —— の喪失であり，それは法的に可能な保護を求める際の，決定的要因であった。

これらの考察は，伝統的な「習律」（モーレス）の強力な影響を証明するものであろう。それは，調和（「和」）の追及であり，騒音や雑音にわずらわされることなく，社会的体裁を維持し，「たてまえ」と「ほんね」のおきてを守り，ふるまいに関する重要な行動規範（「義理」）を遵守することであった。

ルネ・ダヴィッドのこれらの考察は，ジョゼ・クレテラ・ジュニア（サンパウロ大学教授で行政法を担当。1984 年に大学院における行政比較法コースを創設した）の考察に影響を与えた。彼は，「日本は記述された法を必要としなかった。なぜならば千年以上の権利と義務のシステムである「義理」が存在し，それがコミュニティーに存在する責任の束として社会全体に存在していたからであ

る。」と述べている。

V　日本における和解(conciliação)の重要性*

　こうした文化のシナリオにおいて，利益の対立を解決する手段としての和解は，日本社会において重要な役割を担っている。

　前述の通り，利益の対立について司法の介入を通じて解決を図ろうとすることは，それ自体が社会的にも迷惑なことであり，回避されるべきものであった。

　利害の相違について，まず話し合いによる解決が模索されなければならない。

　このように，日本においては，「示談」("JIDAN")という制度が用いられてきたが，それは，西洋の伝統における，裁判所へのアクセスに先立つ，予備手続きに対応するものであろう。

　この段階においては，当事者は話し合いを管理するエージェントを探し，そして調停意見を得るように努力する。

　しかし，和解に至らない場合には，当事者は司法手段による解決を求めることができる。

　裁判手続きにおいても，担当判事は，常に話し合いによる解決を模索することに関心がある。この司法的手続きの段階において，判事は調停を通じて，「和解」("WAKAI")と称される手続きをとり進める。

　訴訟において当事者は，依然として，裁判所による事案の処理を求めているものの，当事者は，裁判所に対して調停人で構成されるパネル —— それは衡平に基づく決定をなす —— を設置することを請求するという選択肢を有している。

　この手続きは「調停」("CHOTEI")と称されていて，一般的にはパネルは二人の調停人と担当判事で構成される。しかし，判事の対応は控えめで，あまり突出しないようにふるまうべきであろう。それは，裁判所が介入し問題解決を要求していると思わせないためである。

　ルネ・ダヴィッドが述べたように，「裁判所における訴訟当事者は，しばしば名声という観点から，判決を取得するよりも，「調停」("CHOTEI")の手続きに服することを望む。

　＊　訳者注：conciliação は「調停」または「和解」と訳されるが，ここでは，話し合いによる合意を通じての和解に至るという意味において「和解」と訳した。

家族法に関わる紛争や労働法に関わる紛争は，裁判所に持ち込まれた場合には，それらは「調停」（"CHOTEI"）の手続に服さなければならない。

「仲裁」（"CHUSAI"）に関する日本文化のスタンスは，その用語の固有の意味合いにおいて，その活用は推奨されていない。

これは何故かというと，当事者間の利害の対立について仲裁で解決するという仲裁条項が，仮に契約書に規定されていたとしても，それに先だって紛争を解決するインセンティブが当事者の間にあるからである。

契約の履行において生じる利益の対立については，当事者の善意に準拠し，双方で話し合って合意に至るといった方法を通じて解決すべきである。

このように，対外通商契約においては，仲裁がますます活用されるようになった。一方で国内のビジネスについては，一般的には，話し合いを通じて紛争の解決を模索する旨の規定がおかれている。

VI　日本法とブラジル法

比較法は，その用語が示すように法学の一領域であると考えられる傾向がある。しかし，残念なことであるが，クレテラ・ジュニアが述べたように，比較法学は，法学の分野に属さない（『比較行政法学』（第4版）Ed. Forense, IX 頁，序論）。

実際に，比較法学の方法は，異なった国の法律を調査し，他の法システムについて考察し，様々な法システムに関する疑問点を明らかにすることを通じて，自分の国の法律の改善につとめるということである。

クレテラ・ジュニアが，ルネ・ダヴィットの教えを引用しつつ記述したとおり，私たちの時代において比較法学はとても重要である。

「現代の世界において，エリートになろうとする人々にとって，外国について理解する努力が必要である。海外の制度，政治，またはモラルについて，自信の見解や先入観に照らして判断するのではなく，それを理解する方法を習得することが重要である。現在，我々がおかれている状況の下で，我々はあらゆること―特に我々が生活している国の世論を支配する考え方―を理解するように努めることが，必然的に求められている。外国法研究は，法律家にとってこの使命を果たすためのものであり，新たな世界にとって必要な国際的精神を得

るためのものだ。」(『民事比較法序説』― Traité élémentaire de droit civil comparé ―, 1950, Ⅱ頁, まえがき)。

　調停の予備的手続きであり, 利害の対立を少なくするための「示談」("JI-DAN")の制度は, ブラジルにおける少額訴訟法(法律第7244号/84年)の公布のきっかけとなった。そして, それは民事・刑事特別裁判所法(法律第9099号/95年)のきっかけとなった。

　この「示談」の制度のブラジル法における採用は, 疑いなく, 比較法学の成果であるということができる。

　1971年の外務省研修員制度に派遣され, そして示談が日本においてどのように機能しているのか知る機会を得た経緯から, 当初から, サンパウロ州高等裁判所により立ち上げられた少額非公式裁判所試行プロジェクトに賛同し参加することができた。そして, 略式手続裁判所, 後のサンパウロ簡易裁判所の, Juiz Adjunto(判事補佐役), Juiz Auxiliar(判事補), Juiz Efetivo(専任判事), Juiz Membro da Junta Recursal(控訴委員会メンバー判事), そして Juiz Presidente da Junta Recursal de Pequenas Causas de São Paulo(サンパウロ簡易裁判所控訴委員会議長判事)とすべての階級のキャリアを経験する機会を得た。

　これらの活動は, 通常の司法サービスが終了した後, つまり夜間に展開され, 自主的に役務を提供したすべての人々の間の社会的連帯感が充足されたばかりでなく, それは疑いなく, 十分満足のゆく結果を生み出すことができた。

　調停(conciliação)は, 利害対立の友好的解決方法であり, 社会が平和であるために重要な手段である。また民事手続きにおいて, 民事訴訟法(2015年3月16日付法律第13105号)の第3条第2項および第3項に規定されている通り, 調停手続の遵守は強制的である。

　「第3条　脅迫および権利侵害については司法審査を除外するものではない。

　第2項　国は, 利害対立の話し合いによる解決を, 可能な限り振興しなければならない。

　第3項　あっせん, 調停その他利害対立の話し合いによるに解決について, 判事, 弁護士, 公選弁護士, そして検察官は, 裁判手続きにおける場合を含め, それらを振興しなければならない。」

　民事訴訟法第139条第5号は, 判事は, その指揮する訴訟手続きにおいて, いかなる時も, 和解を推奨しなければならない(できれば斡旋人や調停人の協力

を得ることが望ましい）と規定している。

そして，利害対立の解決手段としての調停の重要性に鑑みて，民事訴訟法第359条は，判事は予審・審理手続が開始された場合，それ以前に，調停や仲裁などの話し合いによる紛争解決手段が用いられているとしても，それらとは独立して，当事者による和解に努めなければならないと規定している。

全国司法審議会のイニシアティブによって，「全国和解週間」（Semana Nacional da Conciliação）という取組みが既に恒常的に実施されている。

この機会に，既に進行している訴訟手続きについても，また裁判所に持ち込まれる可能性のある潜在的な利害対立も含めて，和解に向けた総合的な努力がなされている。

この活動の実行は，有益で高い結果を示している。そして，社会的平和に到達するための手段としての和解（conciliação）の採用の推奨に役立っている。

大学の授業には，カリキュラムの一部として，またその単位の一つとして，調停をはじめとする代替的紛争解決手段についての教育課程が採用されつつある。

裁判に特有な訴訟の文化に代わり，当事者の対話と互譲を基礎とする紛争解決の文化への変容は，幸いにも生じつつある。

実際に，調和そして和解は，聖書においても推奨されている。「神の御前に立つより先に，あなたの兄弟と和解しなさい。」

VII 結 論

以上の考察から「人間は，その所在の経度や緯度が異なっていても，幸せを切望するものだ」と結論付けることができるであろう。

そして，切望された幸福を手に入れるということは，人間の本性を前提に考えるならば，それは必然的に社会における共生を通じて行われる。

しかし，社会における共生が，均衡と調和をもって発展して行くためには，それが暗黙のものであれ，慣習的なものであれ，または書面化されたものであれ，行動規範によって支配されなければならない。

古代文明，そして確固たる伝統に根付いた数千年の文化は，一時的な変化を乗りこえて来たのであり，またこれからも乗りこえて行くであろう。そして，

その慣習が外見上は近代化されたとしても，日本におけるのと同じように，古くからの伝統の灯火を保ってゆくであろう。

　「和」とは，「たてまえ」と「ほんね」によって補強された，調和と均衡の枠組みである。「和」の追及は，日本人の精神と文化にとって，とても大切なものであり，それは西洋の文化にとっては理解することが困難なものであった。現実に，それは社会での生活に必要な基本条件であって，できる限りの調和が必要とされていた。それは他の者を欺くような行為ではなく，知恵による思慮深く均衡のとれた所為であって，中庸を旨として生活すること，行き過ぎたふるまいを避けること，華美を避け騒音を立てないことである。それは，小川の流れのごとく，またそよ風を吸い込むように自然なものである。

　理想郷を求め，それについて真剣に考えるとき，我々は，実際に，真実の友愛で結びついた完成された世界にたどり着くことができるかどうか知りたいと考える。そのとき，我々は，誠実に生活し，他の誰かを傷つけることなく，各人に各人のものを分配する［訳者注：ローマ帝国の法学者ドミティウス・ウルピアーヌスの格言］といった社会における調和と均衡に出会うことになるであろう。それは，息をするように自然なことだ。

6　ハーグ子奪取条約に基づく返還命令の事情変更による変更
──最高裁平成 29 年 12 月 21 日決定をめぐって

早川眞一郎

I　はじめに

　本稿は，日本について 2014 年 4 月から発効した「国際的な子の奪取の民事上の側面に関する条約」（いわゆるハーグ子奪取条約，以下「ハーグ条約」又は「条約」ということがある。）及び条約実施のために制定された「国際的な子の奪取の民事上の側面に関する条約の実施に関する法律」（平成 25 年法律第 48 号。以下「実施法」という。）をめぐる 1 つの問題について，最高裁の近時の決定を主たる素材として検討するものである。

　その問題とは，実施法 117 条をどのように解釈・適用すべきかである。実施法 117 条は，子の返還を命ずる終局決定をした裁判所は，その後の事情の変更によりその決定を維持することを不当と認めるに至ったときは，当事者の申立てにより，その決定を変更することができる旨を規定する。そして，最高裁は，平成 29 年 12 月 21 日決定[1]（以下，「最高裁平成 29 年決定」という。）において，この規定に基づいて返還命令を変更した原審決定（一旦認容されてその裁判が確定した子の返還申立ては，この変更によって，結局却下されることになった）を維持して，抗告を棄却した。

　ハーグ条約は，破綻した夫婦（カップル）間の国境を越えた子の奪い合いに対処するために，ハーグ国際私法会議において作成された条約であり，16 歳未満の子が国境を越えて不法に連れ去りまたは留置（以下，叙述の便宜のために

---

[1]　最高裁第一小法廷平成 29 年 12 月 21 日決定（平成 29 年（許）第 9 号）。掲載誌は，最高裁判所裁判集民事 257 号 63 頁，家庭の法と裁判 15 号 84 頁，判例タイムズ 1449 号 94 頁，判例時報 2372 号 16 頁。

「留置」を省略して「連れ去り」のみに言及することがある。）された場合に，子を迅速に元の国（常居所地国）に返還することにより，国際的な子の連れ去りを防止することを目的としている。そこで，条約に基づいて返還が命ぜられてその裁判が確定した場合には実際に子を直ちに常居所地国に返還すべきことは，条約の趣旨に照らして当然のことである。ところが，実施法 117 条は，返還を命ずる裁判が確定した後に，事情の変更があれば，その返還命令を変更して子を返還しなくてよいことにする可能性を認めている。したがって，この実施法 117 条の規定は，その解釈・適用の仕方によっては，条約の趣旨を大きく損なうおそれがある。そして，上記の最高裁平成 29 年決定は，まさにそのおそれを現実のものとする可能性をもつ判断を示しており，日本における今後の条約運用に重大な影響を及ぼすことが危惧される。

　そこで，本稿では，この最高裁平成 29 年決定を主たる素材として，実施法 117 条をめぐる問題点を考察することにしたい[2]。

II　実施法 117 条

1　実施法 117 条の内容とその立法過程

(1) 規定の内容

実施法 117 条は，

　「1　子の返還を命ずる終局決定をした裁判所（その決定に対して即時抗告があった場合において，抗告裁判所が当該即時抗告を棄却する終局決定（第 107 条第 2 項の規定による決定を除く。以下この項において同じ。）をしたときは，当該抗告裁判所）は，返還を命ずる終局決定が確定した後に，事情の変更によりその決定を維持することを不当と認めるに至ったときは，当事者の申立てにより，その決定（当該抗告裁判所が当該即抗告を棄却する終局決定をした場合にあっては，当該終局決定）を変更することができる。ただし，子が常居所地

---

(2)　筆者は，この最高裁決定の事案について，基本事件の第一審裁判の審理の時点から変更申立事件の許可抗告申立てに至るまでの間，Y の代理人弁護士からの依頼により，法的な問題について同弁護士に対して意見を述べ，また，許可抗告の申立てに際して，大阪高等裁判所宛に法律意見書を提出している。もとより，本稿においては，そのような一方当事者への助言者としての立場を離れ，一研究者としての良心に基づき客観的な見解を述べるよう努めるが，念のため，このような事実があることをおことわりしておく。

116

国に返還された後は，この限りでない。

　　［2項以下省略］

と，規定している。

　実施法は，ハーグ条約を国内実施するために制定された法律であり，この法律の中には，条約の規定をそのまま（または若干の補足を加えて）とりいれた条文も少なくない（たとえば，子の返還手続きの中核をなす実施法27条及び28条は，若干の補足をしつつ，条約の規定をとりいれた条文である）。しかし，この117条は，これに対応する条約上の規定が存在しない条文であり，日本が独自に導入した規定である。

(2) 立法の経緯

　この規定がどのような経緯で実施法に導入されたのかを見ておこう。実施法の法案作成の中心になったのは，法制審議会に設置された「ハーグ条約（子の返還手続関係）部会」（以下，「部会」という。）であるので，ここでは，公表されている議事録[3]をもとに，部会での議論を簡単に振り返りつつ，導入の経緯を確認しておきたい。

　最終的に実施法117条に結実する，確定した返還命令の取消ないし変更の制度については，まず，部会において，日本弁護士連合会選出の部会委員からそのような制度の必要性について検討すべき旨が提案され，法務省の担当者（部会幹事）もその点の検討をする旨の回答をしている[4]。その後，法務省の担当

---

[3] 法務省のウェブサイトに，この部会の議事録が公表されている。URLは，http://www.moj.go.jp/shingi1/shingi03500013.html　なお，本稿で表示したURLは，すべて2018年12月3日に最終確認したものである。

[4] 第1回会議（平成23年7月13日）における，大谷委員と金子幹事の次のような発言を参照。

・大谷委員（弁護士）「申し訳ありません，何度も。一点だけ，検討課題で申し上げるのを失念していた項目がございましたので大変恐縮ですが，他の締約国の担保法の中には，子の返還命令が出された後に何らかの事情変更，例えば子の異議の抗弁が認められなかったような事例かと思いますが，返還命令が出た後に子が強い返還に対して抵抗をしたとか，あるいは子ども自身のいろいろな福祉の関係の事情の変更かと思われますが，そうした場合に，一度，出された返還命令を取り消すという制度を設けているところがございます。そうした制度を設ける必要はないのかということも検討課題に入れていただければと思います。」

・金子幹事（法務省民事局）
「今の取消しの点は検討させていただきます。」

者によるたたき台をもとに，この点の審議が進められた。詳細な審議内容の紹介は省略するが，そのような取消ないし変更の制度の必要性自体を否定する意見は少なくとも明示的には表明されず，むしろ，子の最善利益を図るためにはそのような制度が是非とも必要であるという趣旨の意見が日本弁護士連合会選出の部会委員などから主張されている。このような制度が，その設計のしかたによっては条約の趣旨を骨抜きにする危険を伴うことは，部会委員の共通認識としてあったことがうかがわれるが，議論の中心は，この制度の導入自体の是非ではなく，取消・変更の範囲や要件をどのようにするかにあったようである。

　部会の「中間とりまとめ（案）」[5]においては，この点に関して甲案と乙案の2案が併記されていた。両案の主要な違いは，2点あった。ひとつは，取消・変更の対象の範囲であり，甲案が返還を命じた裁判のみを取消・変更の対象にしているのに対して，乙案はそれ以外の裁判，たとえば返還をしないこととした裁判をも対象にしている。もうひとつの違いは，取消・変更をするための要件として，対象たる裁判の確定後に事情が変更したことを必要とするか，それとも，そういう限定をせずに，裁判を維持することが不当と認めるに至ったことや当該裁判を維持する必要性が消滅したことが認められれば取消・変更ができることにするかという点である。甲案は，裁判確定後の事情変更を要件としているが，それに対して，乙案はそのような限定をしていない。

　部会では，甲案と乙案のいずれをとるかについて，若干の議論がなされたが，結局，乙案では裁判の蒸返しが可能となる範囲が広すぎて，条約が骨抜きになるおそれが大きいと考えられたことなどから，最終的には，甲案の線に沿って，117条が作られることになった[6]。

　立法の経緯に関しては，このように，乙案を退けて甲案を採用したことによって裁判確定後の事情の変更のみを考慮の対象としたこと，及びそのようにした主たる理由が裁判の蒸返しを防ぐところにあったことを，確認しておきたい。

---

(5) 『国際的な子の奪取の民事上の側面に関する条約（仮称）』を実施するための子の返還手続等の整備に関する中間取りまとめ（案）」は，法務省ウェブサイトに掲載されている。URL は，http://www.moj.go.jp/content/000079661.pdf

2　実施法117条の解釈についての従来の議論

　実施法117条の解釈について，これまで詳しい議論はなされていない。今回調べた限りでは，研究者による論文は見当たらず，法務省の立法担当者による法律解説（いわゆる「一問一答」）[7]において，若干の解説がなされているにとどまる。

　そこで，以下では，立法担当者による解説を紹介しておこう。立法担当者は，部会における上記のような審議の経緯を踏まえて，実施法117条の制度について次のように解説する。

　まず，このような制度が必要である理由について，

　　「子の返還を命ずる終局決定が確定した場合であっても，その後に事情の変更が生じ，その決定を維持することが子の利益の観点から不当な結果となることもあり得るものと考えられます。子の返還を命ずる終局決定が子に対して重大な影響を与えることに鑑みると，そのような場合には，確定した子の返還を命ずる終局決定を変更することができるようにする必要があると考えられます。」[8]

---

[6]　次のように，法務省の立法担当者から甲案が適切であるという説明がなされ，また最高裁家庭局所属の幹事からも甲案支持が言明され，結局，甲案が採択された。この点については，部会の第5回会議（平成23年10月17日）における次のような発言を参照されたい。

　　・松田関係官（法務省民事局）

　　　「甲案と乙案を比較しますと，乙案を採った場合に2週間の即時抗告期間が実質的に意味を失ってしまい，裁判の蒸し返し的な取消し等の申立てがされることによって，法律関係の早期確定や子の監護環境の早期安定といったことが阻害されるおそれが生ずることとなる弊害は，実際の運用の場面では問題が大きいのではないかと考えられますけれども，このような弊害に対して有効な対策を講ずることが容易ではないように思われますので，…〔中略〕…本手続における裁判の取消し等の規律としては，甲案を採用することを提案しております。」

　　・古谷幹事（最高裁判所家庭局）

　　　「運用する側からしますと，甲案に賛成です。その一番の理由というのはやはり紛争の蒸し返しに対する危惧が非常に大きいというところでございます。即時抗告まで一応手続としては整備された上での話になりますので，その点はやはり考慮していただく必要があるのかと思います。」

[7]　金子修編集代表『一問一答　国際的な子の連れ去りへの制度的対応──ハーグ条約及び関連法規の解説』（商事法務，2015年）。

[8]　金子編集代表・前掲注[7]246頁。

としたうえで，終局決定の確定後の事情のみを，変更の理由とすべきであることについて，次のように述べる。

　「もっとも，子の返還を命ずる終局決定が確定したにもかかわらず，確定前の事情を理由にその決定を変更することができることとすると，裁判の蒸返しを安易に認めることになり，通常の不服申立ての方法を即時抗告に限定することにより裁判の早期確定及び子の監護環境の早期安定を図ろうとした趣旨を没却することになりますので，実施法では，子の返還を命ずる終局決定の確定前の事情を理由にその決定を変更することはできないこととしています。」⁽⁹⁾

そして，実施法117条1項の「事情の変更によりその決定を維持することを不当と認めるに至ったとき」について，

　「これに該当する場合としては，例えば，子の返還を命ずる終局決定が確定した後に，①子が重大な疾病を発症したため，日本において治療を受ける必要性が生じた場合，②申立人が長期にわたって収監されることとなり，他に常居所地国で子を適切に監護することができる者がいない場合，③常居所地国で内紛が勃発し治安が非常に悪化した場合などが想定されます。

　これに対し，子の返還を命ずる終局決定が確定した後に子が常居所地国への帰国を拒絶する意思を示すようになった場合については，基本的には終局決定の変更の理由にはならないものと考えられます。なぜなら，そもそも子の意思は，子の返還を命ずる終局決定が確定する前に，子の返還申立事件の手続において十分に考慮されるべきものですし（第88条参照），仮に第一審裁判所における子の返還申立事件の手続において子の意思が十分に考慮されなかった場合には，子が即時抗告（第101条第2項）をすること等により，抗告審においてこれを是正することが可能であると考えられるからです。」⁽¹⁰⁾

と解説している。

⑼　金子編集代表・前掲注⑺246頁。
⑽　金子編集代表・前掲注⑺248頁。

Ⅲ　最高裁平成 29 年決定について

　さて，その実施法 117 条の解釈・適用を示した最高裁平成 29 年決定について，その内容を紹介したうえで，筆者の視点から若干の検討を行う。

1　本決定の内容

(1) 事 実 関 係

　事案および裁判の経緯等は以下の通りである。

　米国に居住していた 4 人の子（A$_1$〜A$_4$）を平成 27 年 3 月以来日本に不法に留置している母親 X（本件抗告の相手方：変更申立の申立人）に対して，父親 Y（本件抗告の抗告人:変更申立の相手方）が同年 8 月に大阪家裁に，ハーグ条約及び実施法に基づき，A$_1$〜A$_4$の米国への返還を申立てた（以下，「本件返還申立」といい，この事件を「基本事件」という。）。大阪家裁は，同年 10 月 30 日に，A$_1$及び A$_2$（いずれも当時 12 歳）の返還申立を却下し，A$_3$及び A$_4$（いずれも当時 7 歳）の米国への返還を命じた（以下「基本事件家裁決定」という。）。X Y 双方からの即時抗告を受けて，抗告審である大阪高裁は，平成 28 年 1 月 28 日に，A$_1$〜A$_4$全員の米国への返還を命ずる決定（以下，「基本事件高裁決定」という）を下した。X から許可抗告の申立てがあったが，同年 2 月 23 日に大阪高裁がこの申立てを却下する決定を下した。

　X がこの確定した基本事件高裁決定に任意には従わなかったため，Y はその強制的な実現を図るための手続きをとり，最終的には代替執行を申し立てた。これを受けて，執行官が，解放実施のため，平成 28 年 9 月 13 日及び 15 日に X 宅に赴いて X 及び A$_1$らに説得をしたが，拒絶されたため，執行官は，同年 9 月 15 日，代替執行手続を執行不能として終了させた。

　以上のような経緯を経て，X は，平成 29 年 1 月 5 日，《基本事件高裁決定は，その確定後の事情の変更によって，維持することが不当になった》と主張して，実施法 117 条 1 項に基づき，この基本事件高裁決定を変更して本件返還申立を却下するよう大阪高裁に申し立てた（以下，「本件変更申立」といい，この事件を「変更申立事件」という。）。大阪高裁は，同年 2 月 17 日，X のこの申立を認め，基本事件高裁決定を変更し，基本事件家裁決定のうち A$_3$及び A$_4$の米国への返

還を命じた部分を取消して，A₃及びA₄についても返還申立を却下する決定─
─すなわち，結論として，A₁〜A₄全員について返還申立を却下する決定──
（以下，「変更申立事件高裁決定」という。）を下した。Yは，この決定につき，大
阪高裁の抗告許可決定を得て，最高裁に抗告した。

(2) 判　旨

最高裁は，変更申立事件についての大阪高裁決定を維持し，Yの抗告を棄
却した。判旨の理由の主要な部分は以下の通りである（当事者・関係者の表記
は本稿での表記に合わせて，X，Y，A₁〜A₄等に変更して引用する。）。なお，引
用中の下線およびその直前の①②······は引用者による。

判旨は，まず，本件の経緯に関して，次のように指摘する

「記録によれば，本件の経緯は次のとおりである。

…〔中略〕…

(3)　本件申立て［基本事件の申立てを指す］に係る手続において，家庭裁判
所調査官に対し，A₁及びA₂は，米国に返還されることを強く拒絶する旨
を述べ，A₃及びA₄も，米国に返還されることに拒否的な意見を述べたほ
か，A₁らは，いずれも他の兄弟姉妹と離れたくない旨を述べた。また，
Yは，この頃には，A₁らを適切に監護養育するための経済的基盤を有し
ておらず，その監護養育について親族等から継続的な支援を受けることも
見込まれない状況にあった。

(4)　大阪高等裁判所は，平成28年1月，A₁及びA₂については，実施法
28条1項5号の返還拒否事由があると認めながら，米国に返還すること
が子の利益に資すると認めて同項ただし書の規定を適用すべきものとし，
A₃及びA₄については，その意見を考慮することが適当な程度の成熟度に
達していないこと等を理由に同項5号の返還拒否事由は認められず，返還
により子を耐え難い状況に置くこととなる重大な危険があるとはいえない
から同項4号の返還拒否事由も認められないなどとして，A₁らをいずれ
も米国に返還するよう命ずる決定（以下「変更前決定」という。）［本稿にい
う「基本事件高裁決定」にあたる］をした。変更前決定は，同月，確定した。

(5)　Yは，平成28年2月にX及びA₁らと居住していた米国の自宅が競売
されたため，同年8月頃，自宅を明け渡し，知人宅の一室を借りて住むよ
うになった。

(6)　Yは，変更前決定に基づき，A₁らの返還の代替執行を申し立てた。執行官は，平成28年9月13日，X及びA₁らに対し説得を行って，A₁らをYと面会させようとしたが，A₁らは，米国に返還されることを拒絶して，Yと面会しようとしなかった。執行官は，同月15日，A₁及びA₂とYとの間で会話をさせたが，A₁及びA₂の意向に変化はなく，上記代替執行については，執行を続けるとA₁及びA₂の心身に有害な影響を及ぼすおそれがあることなどから，その目的を達することができないものとして，執行不能により終了させた。」

そして，実施法117条に基づく変更について，次のように判示する。

「上記の経緯によれば，①Yは，A₁らを適切に監護するための経済的基盤を欠いており，その監護養育について親族等から継続的な支援を受けることも見込まれない状況にあったところ，②変更前決定の確定後，居住していた自宅を明け渡し，それ以降，A₁らのために安定した住居を確保することができなくなった結果，A₁らが米国に返還された場合のYによる監護養育態勢が看過し得ない程度に悪化したという事情の変更が生じたというべきである。そうすると，米国に返還されることを一貫して拒絶しているA₁及びA₂について，実施法28条1項5号の返還拒否事由が認められるにもかかわらず米国に返還することは，もはや子の利益に資するものとは認められないから，同項ただし書の規定により返還を命ずることはできない。また，A₃及びA₄については，両名のみを米国に返還すると密接な関係にある兄弟姉妹であるA₁らを日本と米国とに分離する結果を生ずることなど本件に現れた一切の事情を考慮すれば，米国に返還することによって子を耐え難い状況に置くこととなる重大な危険があるというべきであるから，同項4号の返還拒否事由があると認めるのが相当である。」

「したがって，変更前決定は，その確定後の事情の変更によってこれを維持することが不当となるに至ったと認めるべきであるから，実施法117条1項の規定によりこれを変更し，本件申立てを却下するのが相当である。これと同旨の原審の判断は，結論において是認することができる。論旨は，採用することができない。」

なお，小池裕裁判官は次のような補足意見を述べる。

「私は法廷意見に賛同するものであるが，若干の意見を補足しておきたい。

…〔中略〕…

2　A₁及びA₂については，一貫して米国への返還を拒絶する意思を示しており，実施法28条1項5号に該当する事由が存する。兄弟姉妹（きょうだい）との分離を避けることは子の利益の観点から重要であるが，③Yの監護養育態勢の不備等に照らすと，A₁及びA₂について，その意思に反してもA₃及びA₄と共に米国へ返還することが「子の利益」に資するとして，同項ただし書の規定により返還を命じた変更前決定は，一審と結論を異にしていることに照らしても，判断の分かれ得る限界的な事案についての裁量的な判断であったといえる。④変更前決定の確定後にYが自宅を明け渡し，安定した住居の確保ができなくなったことは，従前からの経済状態に起因する面もあるが，監護養育態勢に大きな影響を与える事象が生じたものであって，A₁及びA₂の米国への返還が「子の利益」に資するか否かの判断において考慮すべき事情に変更が生じたというべきである。そして，このような事情の変更があったことからすれば，一貫して返還を拒絶する意思を明らかにしていたA₁及びA₂について，同号の事由が存するにも関わらず米国に返還することは，もはや「子の利益」に資するものとは認められないといわざるを得ない。もとより確定した終局決定を変更する実施法117条の適用には慎重でなければならないが，本件における上記事情の変更に照らすと，同条を適用すべき場合に当たると考える。上記のとおりA₁及びA₂は米国に返還されるべきものではないところ，同人らと密接な関係にあるA₃及びA₄について，両名をA₁及びA₂から分離して米国に返還することは，両名に耐え難い生活環境を強いる結果を招き，その他本件に現れた一切の事情を考慮すれば子の利益に反することが明らかであって，実施法28条1項4号の事由があると認められる。

3　⑤本件は，子の返還拒絶の意思，監護養育態勢の評価と変化，兄弟姉妹の分離の当否の事情を考慮しつつ，本件条約の趣旨に沿って判断することを要する困難な事案であったこともあり，各裁判所の判断が異なったものと思われる。本件条約に関わる事例が次第に蓄積されつつあるが，裁判所としては，合目的的な裁量により後見的な作用を行うという非訟事件の性質を踏まえ，本件条約の趣旨，実施法の規定の趣旨と構造を十分に考慮

して事案に即した法の適用や，事実の調査の在り方等について工夫を図る
などして，適切な判断を迅速に示すよう努めていく必要があると考える。」

2　本決定についての検討

　この最高裁平成 29 年決定（以下，この節においては「本決定」ということがあ
る。）について検討するために，まず，この決定の論理を確認したうえで，そ
こにどのような問題点を見いだすことができるかを考えてみよう。

(1) 本決定の論理

　本決定は，子 4 名全員の返還を命じた基本事件高裁決定を実施法 117 条 1 項
に基づき変更した変更申立事件高裁決定の結論（子 4 名全員の不返還）を支持
して，Y からの抗告（許可抗告）を棄却した。本決定がそのような結論に至る
論理は，最も抽象的なレベルでいえば，

　《基本事件高裁決定は，その決定確定後の事情の変更によって，これを維持
　　することが不当となるに至った。》

というものである。これを分解すると，次のようになる。

　(a)基本事件高裁決定が確定した後に事情の変更があった。

　(b)その事情の変更によって基本事件高裁決定を維持することが不当になった。

　判旨が，(a)の「事情の変更」として挙げるのは，「Y が居住していた自宅を
明け渡し，それ以降，A₁ らのために安定した住居を確保することができなく
なった結果，A₁ らが米国に返還された場合の Y による監護養育態勢が看過し
得ない程度に悪化した」（上記判旨の下線部②）ことである。

　それでは，(b)については，判旨はより具体的にはどのような論理をとってい
るのか。つまり，(a)のような「事情の変更」の結果として，なぜ，基本事件高
裁決定に従って子全員を返還することが不当になったというのだろうか。判旨
の論理は必ずしも明快ではないが，小池裁判官の補足意見をも参照しつつ法廷
意見を読むと，次のように理解することができる。

　(i)　年長の子 2 人（A₁・A₂）は，基本事件の審理のときから一貫して返還
　　　を拒否しており，基本事件高裁決定は，実施法 28 条 1 項 5 号の返還拒否
　　　事由があるとしつつ，同項ただし書により，「返還することが子の利益に
　　　資する」と認めて，A₁・A₂についても返還を命じた。なお，年少の子で
　　　ある A₃・A₄については，基本事件高裁決定は返還拒否事由を認めていな

い。

(ⅱ) 上記のような事情の変更によって，A₁・A₂について，「返還すること
が子の利益に資する」（実施法28条1項ただし書）とは認められなくなった。
そこで，現時点では，A₁・A₂は実施法28条1項5号の返還拒否事由に
より，返還しないと判断すべきである。

(ⅲ) A₁・A₂を返還しないとすると，A₃・A₄については，返還すればA₁・
A₂との兄弟分離の結果を生じることになるなど一切の事情を考慮すると，
「子を耐えがたい状況に置くことなる重大な危険」（実施法28条1項4号）
があり，返還拒否事由がある。

(ⅳ) 以上より，本件事案について，現時点では，A₁〜A₄全員について，返
還拒否事由があり，返還しないと判断するのが相当である。

(ⅴ) したがって，本件では，「子の返還を命ずる終局決定が確定した後に，
事情の変更によりその決定を維持することを不当を認めるに至った」もの
といえる。

(2) 本決定の問題点

本決定の実施法117条の解釈・運用については，次のような問題点を検討す
る必要があると思われる[11]。

まず，実施法117条1項にいう「事情の変更」をめぐって，以下のような点
が問題となりうる。事情の変更については，それが返還決定の確定より後に生
じたことが必要であることは明らかであるが，そのほかに，どのような性質や
条件を満たせば，ここでいう「事情の変更」といいうるのかが問題となる。た
とえば，終局決定の審理時にはまだ生じていなかったがすでに予見されていた
又は予見され得た事情変更も，決定変更の根拠となり得るかということ等であ
る。

次に，実施法117条1項の「その決定を維持することを不当と認めるに至っ
たとき」については，「不当」であるか否かをどのような観点からどのように
評価すべきかが問題となる。たとえば，現時点で審理をやり直したとすれば元
の決定とは異なる結論になるというだけで元の決定の維持を不当と認めること

---

(11) 本決定については，実施法117条の解釈・運用のほかにも，検討すべき法的問題点が
あるが（たとえば，重大な危険の抗弁，子の異議，返還拒否事由がある場合の返還命令
など），それらについては，実施法117条に関連する限りで触れるにとどめる。

になるのか，それとも，それだけでは足りず，元の決定を維持することが許容
しがたいという特別の事情が必要になるのかという点等である。

　以下，これらの問題点をそれぞれ検討する。

　(3)「事情の変更」について

　(ⅰ) 実施法117条1項にいう「事情の変更」といえるためには，それがどの
ような性質を備えている必要があるか。

　この点を考えるための参考になるのが，契約法上の「事情変更の原則」であ
る。事情変更の原則は，契約締結後に事情の変更が生じたことを理由にして契
約の解除ないし改訂を認める法理であり，日本法上，民法に明文の規定はない
が，少なくとも一般論としては判例・学説において認められている[12]。契約法
上の事情変更の原則と，実施法117条の定める事情の変更に基づく終局決定の
変更とは，問題となるのが契約の変更なのか裁判（決定）の変更なのかという
点では，もちろん異なる制度であるが，一旦成立して当事者を法的に拘束する
（広い意味での）規律が，その後の事情の変更を理由として，拘束力を失い変更
されることになるという点では，共通する制度である。そこで，実施法117条
の解釈・運用に際しても，契約法上の事情変更の原則の説くところを，（両者
の違いに留意しつつも）参考にするのが適切であろう。

　事情変更の原則によって，契約の解除ないし改訂を認めるための要件として
は，判例・学説によれば，次の4要件が必要とされる[13]。すなわち，①契約の
基礎となった客観的事情が契約締結後に変化したこと，②①について当事者に
予見可能性がなかったこと，③①が当事者の責めに帰することのできない事由
によって生じたものであること，④①の結果として当初の契約内容に当事者を
拘束することが信義則上著しく不当と認められること，である。

　(ⅱ) 実施法117条の「事情の変更」について，事情変更の原則におけるこれ
らの要件に対応する要件は，その要否や内容についてどのように評価されるで
あろうか。

　まず，事情の変更が生じた時期については，終局決定の確定後である必要が
あること（上記①に対応）には，異論はなかろう。この点は，実施法117条1
項の文言からも，また，実施法の立法過程および立法担当者の解説に照らして

---

(12)　中田裕康『契約法』（有斐閣，2017年）41-45頁。

(13)　中田・前掲注(12)44頁。

も，明らかである。

　次に，終局決定の確定後に生じた事情変更のうち，審理時に予見されていたか予見可能であったものは，実施法 117 条 1 項の事情の変更とはいえない（上記②に対応）かどうかが問題となる。契約法上の事情変更の原則においてこの②の要件が必要とされるのは，契約締結時にすでにその後の事情変更が予見されていたり予見可能であったりした場合には，当事者はそれを前提として契約内容を定めることができたはずでありまたそうすべきであったから，という理由による。要するに，契約締結の前提となっていなかった事情の変更のみが，契約は当事者を拘束するという大原則に対する例外を認める可能性を生じさせるのである。この考え方に示された原則は，実施法 117 条についても妥当すると評価すべきであろう。なぜなら，終局決定の審理の時点において当事者及び裁判所にとって予見されまたは予見可能であった事情変更は，その時点より後に現実化した事実であっても，裁判の判断の基礎になっていると評価されるべきであり，そのような事情変更を理由に，本来遵守されるべき確定裁判をくつがえしうるとするのは，裁判の安定と信頼を損なうおそれが大きいからである。また，事情変更による決定の変更を申し立てる者にとっても，審理の段階で予見され得た事情についてはそれを主張して裁判の判断の前提・要素に組み入れることはできたはずであるから，実施法 117 条による決定の変更を認めなくても酷とは言えない点にも注意すべきである。

　以上の①②の要件に比べれば，③④の要件は，一見したところ，契約法プロパーの色彩がより強いかのように思われるかもしれない。たしかに，③も④も契約当事者間の信義則によって直接に基礎づけられる要件であるため，実施法 117 条の事情変更には当てはまりにくいという考え方にも一理ある。しかし，信義則は，契約法の専売特許ではない。民法 1 条 2 項が宣言しているように，信義則は私法全体（さらには司法全体）を貫く大原則であり，実施法 117 条の解釈にあたっても関係者間の信義則に配慮すべきことは当然である。したがって，事情変更の原則における③④の要件に対応する要件を，実施法 117 条 1 項の事情変更においても考慮することが可能であるし，またそれが適切でもある。すなわち，③に対応する要件として，事情変更が申立人（決定の変更を申し立てる者）の帰責事由によって生じたとはいえないことが，また，④に対応する要件として，事情変更の結果として返還命令を維持することが信義則に照らし

て著しく不当と認められることが，それぞれ，実施法117条の申立が認められるためには必要だと考えるべきであろう。もっとも，実施法117条の場合には，一方で，申立人が相手方や裁判所（ひいては社会）に対して負う信義則上の義務が問題となるとともに，他方で，契約上の事情変更の原則の場合とは異なり，返還対象である子の利益をも考える必要があることに留意が必要である。子の利益の考慮を，117条の解釈・運用にあたってどのように具体的に組み込むべきかについては，後に検討する。

　(ⅲ) 以上を要するに，117条に基づいて終局決定を変更するためには，単に事情変更が終局決定確定後に生じたというだけでは足りず，その事情変更が終局決定の審理時に予見されえなかったものであること，その事情変更が申立人の責めに帰すべき事由によって生じたのではないこと，終局決定を維持することが信義則に照らして著しく不当であるような事情変更であることをも，要件とするのが原則であると解すべきである。子の利益という観点から，この原則に対する例外を認める（つまり，これらの要件を満たさなくても終局決定を変更する）ことも考えられるが，返還を命ずる終局決定の重みに鑑みれば，そのような例外は，そこで問題となる子の利益の具体的内容を慎重に吟味し，また生じた事情変更の質や重大性をも十分に評価した上で，まさに例外的にのみ認められるべきであろう。

　⑷「その決定を維持することを不当と認めるに至ったとき」について

　実施法117条の「その決定を維持することを不当と認めるに至ったとき」の解釈として，⒜現時点で審理をやり直したとすれば元の決定とは異なる結論になるというだけで元の決定の維持を不当と認めることになるのか，それとも，⒝それだけでは足りず，元の決定を維持することが許容しがたいという事情が必要なのか，が問題となりうる。これは，要するに，「不当」をどのようにとらえるかという問題である。たしかに，⒜のような解釈もありうる。子を返還するか否かという重大な結論が異なるということだけで，元の決定は十分に「不当」になるという考え方もありうるからである。しかし，実施法117条の制度とそのハーグ条約全体における位置づけを考えれば，⒜のように解して実質的に審理のやり直しを認めるのは適切ではなく，そこに十分な歯止めを設ける必要があるのではないか。この点を以下で敷衍しておきたい。

　裁判所が審理を尽くした上で子の返還を命ずる決定が出されてそれが確定し

たのであれば，それが尊重されて直ちに子の返還が実施されるのが，ハーグ条約の趣旨から見て，大原則である。確定した返還命令を同じ裁判所が後から覆すにはそれ相応の理由が必要であるはずである。時の経過と共に，事案をめぐって常に何らかの事情の変更は生じるのであって，たとえば元の返還命令が判断の難しい微妙な事案であったとすれば，ごくわずかの事情の変更によっても，あらためて判断をやり直せば結論が異なることは十分にありうる[14]。そのような場合にまで，元の返還命令が「不当」であるとしてこれを覆すことを認めたのでは，このハーグ条約による子の返還のシステムは根底から破壊されるおそれがある。返還を命ぜられたがそれに従いたくない当事者は，返還の実施に抵抗して時間を稼ぎ，その間に生じるであろう何らかの事情変更を取りあげて，今なら判断が逆（返還拒否）になるはずだと主張するであろうからである。(a)のような解釈によれば，そのような主張を認めて，確定した裁判を覆すことになる。そうなれば，ハーグ条約の仕組みが完全に骨抜きになることは，明らかであろう。

　したがって，「不当」についての(a)のような解釈，すなわち，判断を新たにやり直せば不返還の結論になるというだけで元の決定が不当であったと認める解釈には賛成できない。「不当」というためには，それに加えて，たとえば，重大な事情変更の結果として，返還という結論が日本の法秩序から見て到底許容できなくなったという状況など，国際私法上の公序則の発動の場合にも比すべき，特別の事情が必要であると解するべきであろう。

　(5) 若干の考察

　以上のような視点をもとに，本決定について考察を試みてみよう。本決定には，次のような疑問があるものと思われる。「事情の変更」と「不当」という上記の2点のそれぞれについて，検討する。

(ⅰ) まず，本決定が本件事案における「事情の変更」と認定している事実は，実施法117条にいう「事情の変更」の要件を満たすとは評価できないのではないか。すなわち，本決定は，「Yが居住していた自宅を明け渡し，それ以降，A₁らのために安定した住居を確保することができなくなった結果，A₁らが米国に返還された場合のYによる監護養育態勢が看過し得ない程度に悪化した」

---

[14]　たとえば，時の経過とともに，必ず子が年齢（月齢）が上がるという事情の変化は生じ，また多かれ少なかれ子が奪取先の環境に慣れ親しむという事情の変化は生じる。

ということをとらえて，「事情の変更」とするが，この事実は，事情変更を理由として返還命令を変更するための前述の①〜④の要件に照らすと，自宅を明け渡したのが終局決定（基本事件高裁決定）の確定後であることによって，①（事情変更の時期）の要件はかろうじて満たすものの，以下に述べるように，②③④の要件を満たすとはいえないはずである。

　②（予見可能性）については，Yが経済的な困難を抱えており自宅を早晩手放すことになるであろうことは，終局決定の確定前にX側から主張されていて，十分予見されていた事情であった[15]

　③（帰責事由）については，返還を命ずる終局決定の確定後，約1年間にわたって，その返還命令が実現できなかったのが，Xが，終局決定の任意の履行に応じずまたその強制的な実現にも抵抗したからであるという事情が重視されるべきである。つまり，Xの意思と行動によって約1年の期間が徒過したその間に，Yの自宅の明渡等の「事情の変更」が生じたのであって，その事情変更は，実施法117条との関係では，Xの帰責事由による（あるいは，Xの帰責事由によらないとはいえない）と解すべきである。債務不履行に関して，判例・通説は，債務者が履行遅滞に陥った後に，それ自体は債務者の責めに帰すべからざる事由によって履行不能となった場合にも，債務者に帰責事由のある債務不履行となるとしているが[16]，ここでもそれと同様の考え方をとるのが適切だからである。

　④（信義則）については，Xの帰責事由についての上記の記述からもわかるように，Xが確定した裁判によって命ぜられた返還義務の履行を「信義に従い誠実に行」（民法1条2項）っていないことに鑑みれば，元の決定を維持することが信義則に照らして著しく不当であるとはいえない。

---

[15]　この点については，「家庭の法と裁判」15号89頁以下に公表されているY代理人の「許可抗告申立理由書」（平成29年3月22日付）に詳細な説明がある。具体的には，「家庭の法と裁判」15号94-95頁を参照されたい。なお，この説明は，もちろん一方当事者による主張のなかの説明に過ぎないが，その叙述中に引用された，大阪高裁の裁判およびXの主張書面の内容に照らせば（その引用がY代理人による虚偽のものでない限り──そして諸般の事情に照らして，これが虚偽であるとは考えられない），本文に述べたように，Yが早晩自宅を手放すことになることが基本事件の裁判の審理の時点で予見されていたことは明らかである。

[16]　中田裕康『債権総論（第3版）』（岩波書店，2013年）132-133頁。

　なお，子の利益の観点から，本件では②③④の要件を満たしていなくても返還命令を変更すべきであるという議論がありうるが，それについては，次項（(ii)）で触れる。

(ii) 次に，本件では，子の返還を命じた終局決定を維持することが「不当」とまでは言えないのではないか。

(ア) 本決定の理由（小池裁判官の補足意見も含む）を読むと，最高裁が，本件事案について，変更前決定（基本事件高裁決定）の段階でも，年長の子A1・A2の異議に基づきこの二人の返還を拒否し，また，兄弟分離をすることによるA3・A4への重大な危険を理由にして，子4名全員の返還を拒否するのが本来は相当だったと考えていることが推測される。これは推測であって厳密な意味での論証はできないが，次のような点を考えればあながち筆者の単なる憶測ではないことが明らかであろう。

　まず，小池補足意見が，この事案がもともと返還すべきか否かの判断が微妙な限界的な事案であったことを強調している点に注目すべきである。同補足意見は，「Yの監護養育態勢の不備等に照らすと，A1及びA2について，その意思に反してもA3及びA4と共に米国へ返還することが『子の利益』に資するとして，同項ただし書の規定により返還を命じた変更前決定は，一審と結論を異にしていることに照らしても，判断の分かれ得る限界的な事案についての裁量的な判断であった」（上記判旨の下線部③），「本件は，子の返還拒絶の意思，監護養育態勢の評価と変化，兄弟姉妹の分離の当否の事情を考慮しつつ，本件条約の趣旨に沿って判断することを要する困難な事案であったこともあり，各裁判所の判断が異なったものと思われる。」（上記判旨の下線部⑤）と述べる。この説明は，小池裁判官の主観的な意図としては，微妙なバランスが事情変更によって崩れたので結論が変わるのだという点を指摘することによって決定の変更を正当化しようとしたものであると思われるが，客観的に見ると，本件事案については変更前決定の段階でも返還拒否という結論を出すことが十分可能であった（つまり，変更前決定の結論がそもそも不適切であったと評価する余地が十分ある）と考えていることを図らずも示している。

　次に，何よりも決定的なのは，本件における事情の変更が実施法117条が想定しているような事情の変更とは到底言えないということである。すなわち，本決定は，Yが自宅を手放したため監護環境が悪化したことが事情の変更であ

るとするが，第1に，Yが自宅を早晩手放すことは変更前決定の審理段階で十分に予見されていた事項であってその決定の前提をなしていた事柄であること，第2に，返還申立人が常居所地の自宅を手放して監護環境が整っていないというような事情はハーグ条約で子を返還すべきか否かを判断する際に決して重視される事柄ではなく[17]，したがってたとえ後からそのようになったとしてもそもそも考慮に値するような重大な事情変更ではないこと，に注意が必要である。これらの事情に鑑みれば，最高裁は，本件は，A1及びA2が当初から一貫して返還に異議を述べていることなどを考慮すれば，変更前決定の段階で本来は4名全員について返還拒否すべき事案であったと考え，そのような結論に変えるためには，実施法117条にいう事情変更があったのだと言い切るしかないという判断をしたものと推測されるのである[18]。

　さらに，本決定についての研究者・実務家等によるこれまでの評価を見ても，上記のような推測が裏付けられる。たとえば，西谷祐子教授は，本決定に対する評釈のなかで，「返還申立てを却下した本決定の結論自体は首肯できるが，返還決定確定後の事情の変更（実施法117条）を理由とするのは難しい事案であったように思われる。」[19]と述べる。同教授は，本件事案においては，そも

---

(17)　この点に関して，本決定に対する評釈である西谷祐子「米国から日本への子の連れ去りと返還を命じた終局決定の変更」戸籍時報770号（2018年）46頁，50頁の指摘を参照。

(18)　法廷意見が，「Yは，A1らを適切に監護するための経済的基盤を欠いており，その監護養育について親族等から継続的な支援を受けることも見込まれない状況にあったところ」（上記判旨の下線部①）という変更前決定時の状況を指摘しつつ，「変更前決定の確定後，居住していた自宅を明け渡し，それ以降，A1らのために安定した住居を確保することができなくなった結果，A1らが米国に返還された場合のYによる監護養育態勢が看過し得ない程度に悪化したという事情の変更が生じたというべきである」（上記判旨の下線部②）と述べて「看過し得ない程度に悪化した」と説明していることも，また，小池補足意見が，「変更前決定の確定後にYが自宅を明け渡し，安定した住居の確保ができなくなったことは，従前からの経済状態に起因する面もあるが，監護養育態勢に大きな影響を与える事象が生じたものであって，A1及びA2の米国への返還が『子の利益』に資するか否かの判断において考慮すべき事情に変更が生じたというべきである。」（上記判旨の下線部④）と述べて，「従前からの経済状態に起因する面もあるが」とことわりつつ「監護養育態勢に大きな影響を与える事象が生じた」と自宅を手放したことの影響をことさらに強調していることも，客観的に見て大きな事情変更ではないこと自体はさすがに内心認めざるを得なかったことの現れであると見ることができよう。

(19)　西谷・前掲注(17)53頁。

そも変更前決定の段階で，年長の2人の子の異議を重視し，兄弟分離を避ける
ため，全員について返還申立てを却下すべきであったと評価している[20]。同教
授は，しかし，上記のように，その結論を実施法117条の「事情の変更」に
よって根拠付けるのは難しいと述べる。もしそうであれば，同教授の評釈の
「結論に賛成，ただし理由付けに疑問がある。」[21]という結論は，むしろ「結論
に反対。」でなければ論理的に一貫しないのではないかと筆者には思われる。
返還命令の決定が確定している以上，（再審による以外には）この実施法117条
を適用するしか，変更前決定を覆す論理はないからである。最高裁は，本件事
案の結論についてまさに西谷教授と同様の判断（本件事案では，そもそも当初か
ら全員返還拒否がすわりのいい適切な結論であるとの判断）をとり，そしてその結
論を導くためにはそうするしかないので，《理由にするのは難しい》と西谷教
授が評価する（その点は筆者の評価も同様である）実施法117条の事情の変更を
理由とせざるを得なかったのであろう。また，文書には残っていないので引用
はできないが，この決定をめぐるいくつかの研究会における議論においては[22]，
そもそも，変更前決定がA1・A2の異議を軽視して全員の返還を命じたのが間
違いだったのではないかという，西谷教授と同様の意見がかなり多く聞かれた
ことも付け加えておきたい。

(イ)　さて，以上のように考えてくると，本件において，変更前決定を維持する
ことが実施法117条にいう「不当」と認められるべきか否かが問題となる。

　返還を命じた変更前決定がそもそも最初から適切でなかった（と考える）場
合には，その決定の確定後の「事情の変更によりその決定を維持することを不
当と認めるに至った」という要件を満たすのは，難しい。上述したように，判

---

(20)　西谷・前掲注(17)52頁。

(21)　西谷・前掲注(17)48頁。

(22)　2018年3月31日に大阪大学で開かれた渉外家事判例研究会，及び2018年7月21日
に学習院大学で開かれた渉外判例研究会において，それぞれ，本決定についての報告（報
告者は，前者は西谷祐子教授，後者は筆者であった）につづき参加者による詳細な議論
が行われた（なお，西谷・前掲注(17)はその渉外家事判例研究会での報告をもとにした判
例評釈である）。筆者は，双方の研究会に参加した。また，本決定そのものについての
研究会ではないが，2018年10月29日に外務省で開かれたハーグ条約に関する研究会
（2件の報告のうち1件は筆者による「ハーグ条約に基づく子の返還命令の変更」につ
いての報告であった）でも，本文に記したような本決定について，参加者（そのほとん
どがハーグ条約についての専門家であった）から意見が述べられた。

断を新たにやり直せば不返還の結論になるというだけで変更前決定が不当で
あったと認める解釈はとることはできず，「不当」というためには，それに加
えて，重大な事情変更の結果として返還という結論が到底許容できなくなった
という特別の事情が必要であると解するべきだからである。本件では，小池補
足意見の強調するように各裁判所の判断が分かれうる微妙な事案であったこと，
及び，本決定が事情の変更として指摘するのがYが住宅を手放して監護養育態
勢が悪化したという事実にとどまることに鑑みれば，「事情の変更によりその
決定を維持することを不当と認めるに至った」とは評価しがたいものと思われ
る。

　ただし，この関係で，本決定は，その実質を見れば，「子の利益」（または
「子の福祉」）といういわば切り札を使って，変更前決定の維持が「不当」であ
るとしたものであって，結果の妥当性に鑑みれば肯認できる解釈であるという
理解もありうるかもしれない。すなわち，子の返還を認めた変更前決定がそも
そも不適切であって返還すべきではなかった事案において，その後とくに重大
な事情変更があったともいえないときには，筆者の上述のような解釈によれば，
「事情の変更によりその決定を維持することを不当と認めるに至った」とはい
えないはずであるが，しかし，そのような場合にも，現時点において子の返還
を命ずることが「子の利益」に反するのであれば，やはり，「事情の変更によ
りその決定を維持することを不当と認めるに至った」ものとして変更前決定を
変更することを認めるべきであるという考え方である。たしかに，ハーグ条約
における子の利益の重要性に鑑みれば，そのように実施法117条の制度を手が
かりとするいわば超法規的な措置によって，変更前決定を変更することを完全
に排除することは難しいかもしれない。ただし，もし仮にこのような考え方を
一定範囲で認めるとしても，それは，変更前決定の維持によって子の利益が大
きく侵害されてハーグ条約の趣旨に照らして到底許容できない場合に限るべき
であろう。予見されていなかった重大な事情の変更が生じていないにもかかわ
らず，子の利益を実質的な根拠にして，確定した返還命令を覆すことは，あく
までも例外にとどめるべきだからである。ここでは詳説する余裕がないが，本
件においては，そのような超法規的な例外を認めるほどの状況があるようには
思われない[23]。

⑺　また，常居所地国への返還が「不当」であるかという点を考える際に，留

意すべきことは，その返還は，あくまでも常居所地国において監護の本案についての審理判断をするためのものであって，子がその常居所地国において長期間にわたって監護養育されることを意味するものではなく，また子が（将来にわたる長期間はもちろんのこと，本案の審理判断をするための期間についても）返還申立てをした親のもとで監護養育されることを意味するわけではない，とい

⑵₃ この点については別の機会に検討することにしたいが，問題になりそうなポイントを簡単に挙げておく。

　まず，Yが自宅を手放したため監護養育体制が整っていないということやYの経済的な状況がよくないことは，それだけでは，通常の返還の審理においても条約13条1項b号の返還拒否事由（重大な危険）にあたるような事柄ではなく（西谷・前掲注⑰50頁及び51頁参照），ましてや，例外的に子の利益を理由に確定返還命令を覆す根拠にはならないと考えられる。

　また，子の異議は，たしかに状況によっては，ここでいう子の利益のために例外的に確定返還命令を覆す根拠になり得る事由であるが，本件においてそのような例外に当たるほどの子の異議が認められるという状況ではないように思われる。なお，この点との関係では，子の異議をどのように扱うかという一般的な方針も問題となるところ，最高裁平成30年3月15日判決・民集72巻1号17頁が，ハーグ条約における子の異議（子の意思表示）を考慮する場合の注意点として，次のように述べていることが注目される。すなわち，

　　「子を監護する父母の一方により国境を越えて日本への連れ去りをされた子が，当該連れ去りをした親の下にとどまるか否かについての意思決定をする場合，当該意思決定は，自身が将来いずれの国を本拠として生活していくのかという問題と関わるほか，重国籍の子にあっては将来いずれの国籍を選択することになるのかという問題とも関わり得るものであることに照らすと，当該子にとって重大かつ困難なものというべきである。また，上記のような連れ去りがされる場合には，一般的に，父母の間に深刻な感情的対立があると考えられる上，当該子と居住国を異にする他方の親との接触が著しく困難になり，当該子が連れ去り前とは異なる言語，文化環境等での生活を余儀なくされることからすると，当該子は，上記の意思決定をするために必要とされる情報を偏りなく得るのが困難な状況に置かれることが少なくないといえる。これらの点を考慮すると，当該子による意思決定がその自由意思に基づくものといえるか否かを判断するに当たっては，基本的に，当該子が上記の意思決定の重大性や困難性に鑑みて必要とされる多面的，客観的な情報を十分に取得している状況にあるか否か，連れ去りをした親が当該子に対して不当な心理的影響を及ぼしていないかなどといった点を慎重に検討すべきである。」

　子の異議については，この最判平成30年3月15日が正当に指摘するように，《当該子が上記の意思決定の重大性や困難性に鑑みて必要とされる多面的，客観的な情報を十分に取得している状況にあるか否か，連れ去りをした親が当該子に対して不当な心理的影響を及ぼしていないかなど》について，慎重に検討すべきである。

うことである。これは，ハーグ条約の基本的な仕組みであるが，ともすれば，その点が軽視され，あるいは忘れられるきらいがある。たとえば，事情の変更の判断にあたって，Yの監護養育の環境が悪化したことをどう評価するか，子の異議をどの程度考慮に入れるべきかなどを含めて，ここでいう「不当」か否かの判断は，この点を十分に理解した上でなされるべきであろう[24]。

(6) 小　括

以上に示したように，本決定の示した実施法117条の解釈・適用には，疑問がある。すなわち，本決定においては，「事情の変更によりその決定を維持することを不当と認めるに至った」という同条の要件が満たされることが示されていないのではないかと思われるのである。最高裁は，基本事件高裁決定が子の異議という返還拒否事由を認めながら裁量で返還を命じたことが不適切であったという実質的な判断のもと，同決定の確定後にYが自宅を明け渡すという事実がたまたま生じたこと（とそれに伴いYによる監護養育環境が悪化したと評しうること）をとらえてそれを「事情の変更」であると構成し，実施法117条を適用して，同決定を変更して子の返還を認めないという結論を出したものと考えられる。本決定の示した実施法117条の解釈・適用は，たしかに論理的な形式は一応整っているものの，上述したように，同条のあるべき解釈・適用に照らせば，妥当なものではなかったのではないかという疑いが残る。

Ⅳ　おわりに

1　最高裁決定の影響

本稿において検討した最高裁平成29年決定は，日本におけるハーグ条約と実施法の今後の運用にどのような影響を持つであろうか。

この決定においては，子の返還を命ぜられた当事者が，その命令を任意に履行せず命令の強制的な実現にも抵抗して，子の返還が実現できない状態で期間が経過したところ，その間に事情の変更が生じたことを理由に実施法117条に基づいて返還命令の変更が認められ，結局，返還申立てが却下された。この決

---

[24]　この点に関して，西谷・前掲注[17] 50-51頁が，「監護養育体制の悪化は，本来，監護権の本案において考慮すべき事情であったとも解される」等と指摘していること等が参考になる。

定を前提とすれば，返還を命ぜられた当事者がその命令に従いたくない場合に
とるべき合理的な戦略は，この決定におけるXのように，命令に任意に従うこ
とはせず，強制執行にも抵抗して，子を返還しないまま時間の経過を待って，
その間に生じた事情の変更を理由として返還命令の変更を申立てる，という行
動だということになる。もし，このような戦略が広く行われて成功を収めれば，
日本におけるハーグ条約の運用は壊滅的な打撃を受け，ハーグ条約の中核をな
す，不法に連れ去られた子の迅速な返還の実現は，日本においては画餅に帰す
ることが懸念される。

最高裁平成 29 年決定の小池裁判官補足意見は，「もとより確定した終局決定
を変更する実施法 117 条の適用には慎重でなければならないが」と述べて，上
記のような懸念に一定の理解を示している。また，西谷祐子教授はこの決定に
対する評釈において「本決定は，事案の特殊性から例外的に返還決定を変更し
たもので，先例としての価値は限定的であろう。」と評しており，これと同様
の見解は，前述した各種の研究会においてかなり多くの専門家から聞かれたと
ころである。しかし，慎重な適用を唱えたり，最高裁平成 29 年決定の事案の
特殊性を指摘したりしただけでは，実施法 117 条の濫用によるハーグ条約の空
洞化は避けられないであろう。

実施法 117 条が実定法として存在する以上は，一定の場合に返還命令が変更
されることは認めなければならないが，上記のような懸念を払拭するためには，
この 117 条によって返還命令を変更しなければならないのはいかなる場合であ
るか —— そしてそのために同条の要件についていかなる解釈をすべきか —— を
具体的かつ慎重に検討する必要がある。本稿は，そのための解釈論の 1 つの試
みであった。その試みのさしあたりの結論をまとめておくと，次のようにな
る[25]。

まず，実施法 117 条 1 項の「事情の変更」については，①事情変更が終局決
定の確定後に生じたものであること，②事情変更が終局決定の審理時に予見さ
れまたは予見され得たものでないこと，③事情変更が返還を命ぜられた者（変

[25]　本稿では触れられなかったが，他のハーグ条約加盟国における，日本の実施法 117 条
に類する制度に関する調査研究も重要な課題である。この点については，別稿での検討
を期すことにしたい。なお，立法論として，実施法 117 条を廃止（削除）することも検
討に値するものと思われるが，その点の研究も他日を期したい。

更の申立人）の責めに帰することのできないものであること，④事情変更にも
かかわらず終局決定を維持することが信義則に照らして不当であること，が必
要である。また，「その決定を維持することを不当と認めるに至ったとき」に
ついては，現時点で新たに判断をやり直せば不返還の結論になるだけでは足り
ず，それに加えて事情変更の結果として返還という結論を維持することが日本
の法秩序から見て到底許容できなくなったことが必要である。

2　返還命令の強制的実現の実効性

　実施法 117 条をめぐる問題と密接な関連を有するのが，返還命令の強制的な
実現の実効性である。

　ハーグ条約（及び実施法）に基づいて子の返還が命ぜられてその裁判が確定
した場合に直ちに子を実際に返還すべきことは，条約の趣旨に照らして当然の
ことである。条約がそのように運用されて，迅速に子が返還されていれば，返
還命令が確定してから子が現実に返還されるまでの間に事情の変更が生じるこ
とは，たとえば，返還先の国において突如大地震が発生して混乱状態になった
場合などのように，きわめて稀にしかあり得ないはずである。そうなれば，そ
もそも実施法 117 条が問題となる場面はきわめて限定的になり，同条の濫用に
よる条約の空洞化のおそれもほとんどないことになる。

　いいかえれば，実施法 117 条が問題を引き起こす元凶は，返還命令が確定し
てもその内容が実現できない状態が長く続くことにあるのである。返還命令の
強制的な実現が実効的に行われていないことは，実施法 117 条との関係のみな
らず，さまざまな場面において，日本におけるハーグ条約運用上の最大の懸案
事項であると考えられている[26]。本稿ではこの点については検討できないが，
今後の立法と実務の運用によって，返還命令の強制的な実現の実効性が大きく
改善されることを期待したい。

---

[26]　この点については，早川眞一郎「ハーグ条約の運用状況と今後の課題」ジュリスト
　　1051 号 84 頁（2017 年），「ハーグ条約の実施に関する外務省領事局長主催研究会　参加
　　有識者による議論のとりまとめ」（2017 年）（https://www.mofa.go.jp/mofaj/files/
　　000244351.pdf）など参照。

7 「国籍」の連結点としての意義

佐藤やよひ

I 序 —— 問題提起

　本論文のテーマは，国際私法上最も重要な連結点として未だ欧州各国で利用されている「国籍」の有する国際私法上の意義とその将来の可能性を探ろうとするものである。というのも，連結点としての「国籍」は，それが主張された当初にも問題点のあることが指摘されていたが，1930 年代にもなるとその国際私法上の有用性への疑問が大きくなり，それは今後ますます大きくなるのではないかという危惧があるからである。その危惧の根拠が妥当であれば，我々は国籍に代わる他の連結点を探求し，それを確実なものにする努力が必要となる。また，もし，その根拠が妥当でないとすれば，本国法主義の維持とともにその問題点の解決にエネルギーを注げばよいだけで，それ以上は無用の議論というべきであろう。

　ところで，住所地（domicile）法主義の強力な主張者 de Winter[1]によると，すでに 1928 年にはそれまで本国法主義の強力な擁護者であったフランスの Jean-Paulin Niboyet（1886.10.29～1952.3.2）が domicile を連結点とすることを主張するようになり，引き続いて欧州の様々な機関や学界でも本国法主義への疑念が表明され，住所地（domicile）法主義への移行が主張されるように

---

[1]　Louis Izaak de Winter "Nationality or Domicile?" Recueil des Course 128（1969 Ⅲ）pp. 405ff.（以下，「de Winter」として引用する。）
　　de Winter については 1911 年ロッテルダム生まれということ，この論文を書いた当時はアムステルダム大学法学部長，国際法協会(ILA)のオランダ支部の評議員であることなどは，上記の Recueil de Cours の紹介からわかるが，死亡年月日などは不明である。

なったとのことである。その原因は第一次世界大戦後の急速なグローバル化と移民の増加ということである。もし，それがあたっているのなら，現在の世界は第一次世界大戦後とは比べ物にならないくらいの規模とスピードで人と物が移動しているわけで，本国法主義はさらに窮地に立つことになる。

特に単なる移民ではなく，難民ともいえる人々の近年の欧州への流入の激しさは，欧州全体で 120 万を超える外国人を受け入れざるを得ない状況を作り出していることは記憶に新しい。2016 年のトルコと EU との間での難民受け入れに関する協定により，少し事態は落ち着きを見せているが，今後も紛争国からの難民あるいは発展途上国から先進国への移民の流入傾向は続くものと思われる[2]。このような世界の情勢は国際私法における本国法主義を本当に無力化するのであろうか。つまり，本国法主義採用の意義を見直すことで，現在におけるその可能性を改めて探求することがここで扱うテーマである。

II 本国法主義採用に至るまで

1 本国法主義の意義とその根拠

本国法主義とは，当事者の国籍を連結点としてその国籍国の法を，問題となっている当事者が関与する法律関係を規律する準拠法とすることである。主に親族・相続法分野の連結点として活用されていることは国際私法関係者にとっては周知の事実である。そして，なぜ国籍を連結点とするのか，という理由付けとして一般に述べられているのは，1.一国の法律はその国の気候，習俗，伝統，風土等を考慮してその国民に最も適した形で作られたものであるから属人法としては本国法が妥当する，2.属人法の機能としての固定性，明白性に優れている，というものである[3]。

---

(2) 国際連合難民高等弁務官事務所によると，2014 年末までに全世界で住む場所を追われた人々（国内避難民を含む）は 5950 万人に達しているそうである。

(3) 池原季雄『国際私法(総論)〔法律学全集〕』（有斐閣，1973 年）132 頁注(6)，山田鐐一『国際私法（第 3 版）』（有斐閣，2004 年）123 頁注(1)，溜池良夫『国際私法講義（第 3 版）』（有斐閣，2005 年）91 頁。

2　本国法主義採用に至る歴史概観

　親族・相続の分野，すなわち属人法分野で国籍を連結点とする考え方は，それほど古いものではない。国籍を連結点とする考え方が出現するためには，まずは「国民（nation）」という概念が生まれる必要があったし，「国民国家（nation-state）」という概念が普及することも必要であった。そして，これらの概念は歴史上徐々に発展し出現したものであるが，それが明確になったのは1789年のフランス革命であった。その後，「国民」概念が明確化するに伴い，現代の「国籍」概念も明確化してきたといえる⁽⁴⁾。

　特に本国法主義か住所地（domicile）法主義かといった議論の元は，1804年のフランス民法典第3条3項⁽⁵⁾を嚆矢とする。つまり，「国籍」という観念の出現とほぼ時を同じくしているといってよい。そして，本国法主義を強く主張したのが，イタリアの Pasquale Stanislao Mancini であった。Mancini が1851年トリノ大学国際私法担当教授としての就任講義のタイトルが「国際法の基礎としての国民性⁽⁶⁾（Della nazionalità come fondamento del diritto delle genti）」⁽⁷⁾で

⑷　このことは，各国の国籍法の制定が19世紀末から20世紀初頭であることからも明らかである。

⑸　"Les lois concerment l' état et la capacité des personnes régissent les Français, même résidant en pays étranger."

⑹　ここの "nazionalità" を「国民性」と翻訳すべきなのか，「国籍」と翻訳すべきなのか，筆者には迷いがある。Mancini の念頭にあったのは，現代の日本人の我々が「国籍」というと頭に浮かぶようなものではなく，むしろ民族的に一体化した「国民」およびそれを結束させる要素の方であったろうと推察する。なにしろ「国籍法」というものがなかった時代の話である。しかし，ここでは一応「国民」とさせていただく。連結点としての "nationality" の話をしようとしているにもかかわらず，である。この言葉の翻訳には，皆困っているらしく，例えば，Benedict Anderson の "Imagined Communities" の翻訳者，白石隆氏と白石さや氏は，nationality に「ナショナリティ（国民的帰属）」とされたりしている。「国民的帰属」は「国籍」で表彰されるので「国籍」でもよいのかもしれないが，しっくりこない。また，溜池良夫先生は，注⑶にあげた『国際私法講義（第3版）』51頁で「国民性」と訳されているのでそれに従う。

　　この "nazionalita" あるいは "nationality" という語の持つ多義性が，むしろ一般の人々にナショナリズムといったものを生じさせる一因となったのではないかと考えている。その点日本語は，「国民」「民族」「国籍」という語が新たに造語された言葉であるため，言葉の内包が明確でよいのであるが，反対にヨーロッパ言語から翻訳するときにどれを使ってもそこから零れ落ちるものがあるので困る。

⑺　この論文は1853年にトリノで出版されており，さらに1873年発刊の Mancini の論文集 "Diritto Internazionale Prelezioni" 1頁以下所収。

あったことは著名である[8]。

　この後 Mancini は，nazionalità を基礎とした国際私法および国際法の形成のために，講演，書物あるいは外交を通じ精力的に活動を展開する。この 1851 年という年は，現代国際私法の基礎を創ったと言われる Friedrich Karl von Savigny（1779.2.21～1861.10.25）が，その著作「現代ローマ法体系第 8 巻（System des heutigen römischen Rechts）[9]」を刊行した 1849 年の 2 年後である。そして，たった 2 年前に出版されたこの国際私法上最も重要とされる書物において，Savigny は本国法主義ではなく，それまでの国際私法の世界では当たり前と考えられてきた住所地（domicile）法主義，すなわち，家族法分野における連結点として住所（domicile）を連結点とすることを主張している[10]。このことが示唆するのは，19 世紀半ばに nazionalità，すなわち国際私法的に言い換えると「国籍」を基礎とする国際法・国際私法を構築しようとするのは，当時としては極めて画期的なアイデアであったということである。それは，Savigny が国際私法の方法論として「法律関係」から見た国際私法理論を構築した以上に大きな影響を，国際私法の理論だけでなく我々の世界観にも影響を及ぼすものであったといえよう[11]。従って，その後 Mancini は，法に依るイタリア国家統一およびイタリア国民の統一のために本国法主義を掲げつつ全身全霊を捧げて奮闘したと言っても過言ではない。

　Mancini の生きた時代（1817.3.17～1888.12.26）は「リソルジメント」と呼ばれるイタリア国家統一運動が盛んになり，イタリアがサルディニア国王 Vittorio Emanuele II の下にイタリア統一を果たした時代である（1861 年に統一国家となる。）。統一後の 1865 年にはイタリア民法典を制定し，特にその序章の草案，つまり国際私法規定に当たる部分をぎりぎり 6 週間で完成させている[12]。

---

(8)　この就任講義をするに際して，トリノ在オーストリア大使からその中止を求める干渉があったとのことである。しかし，当時のピエモンテの宰相がそれを拒絶したためにこの講義は無事になされたのであるが，その代わりナポリ政府はナポリにある Mancini の財産を差し押さえたということである。A. P. Sereni "Italian Conception of International Law" p. 175. つまり，国民および国籍を論ずることは，当時としては危険思想を公表するということであったということがわかる。

(9)　以下，"System vol. VIII" として引用する。

(10)　System vol. VIII, ss. 95, 125.

(11)　筆者著「外国出訴期限規定あるいは消滅時効規定の適用事例から見える国際私法の考え方の相違」国際私法年報 18 号（2016 年）105 頁注(127)参照。

ここで Mancini はフランス民法典 3 条 3 項のように一方主義的な規定[13]ではなく，双方主義に基づき人の能力・身分関係，相続については本国法に基づいて規律されることを明示したのである[14]。これがヨーロッパ大陸および大陸法の影響の強いラテン・アメリカのいくつかの国で本国法主義が採用される契機となっている[15]。特に相続分野での本国法主義への変更が顕著なものとして指摘

---

[12]　Erik Jayme "Pasquale Stanislao Mancini — Internationales Privatrecht zwischen Risorgimento und praktischer Jurisprudenz" (Abhandlungen zur Rechtswissens-chftlichen Grundlagenforschung Bd. 45) s. 7, 以下，Jayme "Mancini" として引用する。

[13]　ここでフランス民法 3 条 3 項を一方主義的な規定と表現したが，これは双方化可能なものとして当時規定されたかどうかは不明である。つまり，フランス国民と訳すべきなのかフランス人と訳すべきなのかはわからないが，要するに Français にはフランス法を適用することを述べているだけで，Français 以外の者にその本国法を適用するのか，それとも従来の住所地（domicile）法主義に従うのか，あるいはさらにフランスの外人法で直接的に取り扱うのかは不明である。

　　R・ブルーベイカー（佐藤成省　佐々木てる監訳）『フランスとドイツの国籍とネーション ── 国籍形成の比較歴史社会学』（明石書店，2005 年）67-68 頁によると「外国人（aubain）はフランス人と同じ条件で財産を遺したり相続したりすることができなかった。外国人が直接のフランス人相続人を残さずに亡くなった場合，その財産は，原則として伝統的な外国人の遺産没収権（droit d'aubaine）により王に返還された。」とある。

　　次いで，この外国人の遺産没収権は君主制末期の 30 年間には徐々に重要性を失ったとあるが（正式に廃止されたのは 1819 年である。Peter Sahlins "Unnaturally French Foreign Citizens in the Old Regime and After" p. 268 参照），それでも相続につき 3 条 3 項が双方化されないまま，外人法規定で処理されるのではないかという危機感はフランスに居住する外国人に存在したであろうと推測できる。そして，このことも Mancini が後述のガイドラインで相続について独立して項を設けた理由ではないかと推測する。

　　また，de Winter の論文の 367 頁にある注 18 によると，この規定が本国法主義を採用したものと Von Zeiller が 1802 年の 2 月 1 日に，AGBGB 草案（1811 年公布）を検討していた時に委員会議長としてその見解を述べたときに主張した模様である。また，Savigny 自身は System Ⅷ の 146 頁でフランス民法の 3 条 3 項の規定は domicile によることを言明したものと解している。彼はフランス民法 3 条 3 項が例外的に外国に在るフランス人にもフランス法を適用することを明確にしたものと解したようである（De Winter " pp. 370-371 参照）。Niboyet もフランス民法 3 条 3 項が住所地（domicile）法主義から本国法主義による法典化を図ったものとは考えていないようであるから，やはり本国法主義というのは Mancini が最初に明確に原理として打ち出したとみるべきなのであろう。

[14]　例えばその 17 条においては「人の身分および能力ならびに家族関係はその者のぞくする（原文ママ）国の法律によって規律される。」として定める（翻訳は風間鶴寿訳『全訳イタリア民法典（追補版）』（法律文化社，1983 年）による。）。

されている。

1873 年 8 月にゲントにおいて Rolin-Jaequemyns 招聘の下に 11 人の学者が集まり[16], 国際法協会 (Institute de Droit International) が設立された。Mancini はその初代理事長になり, 翌年の 1874 年にジュネーブで開催された第 2 回総会で国際私法についての報告をしている。その際, 抵触法の統一が条約でなされてきた歴史を紹介し, ①外国法の適用は単なる comity によるものではないこと, および, ②人の身分関係および相続の規律については本国法主義を採用すべきことを推奨した。この会議では Mancini の一般報告に基づき, 上記①

(15) Kurt H. Nadelmann "Mancini's Nationality Rule and Non-Unified Legal Systems: Nationality VersusDomicile" 17 Am. J. Comp. L (1969) pp. 420-421, 以下 Nadelmann として引用する。また, この本国法主義への流れの概観はこの Nadelmann の論文による。

(16) この 11 人の中にアメリカ合衆国の David Dudley Field が入る。同じく 1873 年の 10 月にブリュッセルにおいてアメリカで設立された国際法法典委員会 (International Code Committee) の招聘の下により大きなグループが集まり, 今日の国際法協会 (International Law Association) の前身である "The Association for the Reform and Codification of the Law of Nations" が結成され (1895 年までこの名称を使用), Field はその名誉理事長に選ばれている。このことについては, Nadelmann, p. 423. さらにこの後, Institute と Association の関係が議論となっているが, その詳細については Field が 1875 年に回答した "Association for the Reform and codification of the Law of Nations — Its History and Aims" に詳しく述べられている。

また, Association 事務局が設立目的に賛同する手紙をヨーロッパ各国の著名な国際法学者から送られていることが, その事務局長であった James B. Miles の "A Brief Sketch of the Foermation of the "Association"" に述べられているが, イタリアからは Mancini とその女婿である Pierantoni の名前が挙げられているのに対し, ドイツからは Heffter と Holtzendorff の両教授の名前しかあがっておらず, Savigny の名前はない。これは当然のことで, この Miles の報告書は 1875 年 9 月のハーグ会議のために用意されたものであるが, Savigny は当時すでに死亡していたのである。

Savigny は 1779 年 2 月 21 日に誕生し, 1861 年 10 月 25 日に死亡している。つまり, Mancini (1817 年生) などとは 1 世代前の人である。Savigny がもう少し後の世代であれば, 本国法主義について何か述べたであろうと思われるが, 少なくとも Savigny が「現代ローマ法体系」という名称で遺している業績から見ると, あまり国民国家や国家統一には熱心になるタイプではないのではないかと想像する。これは全く筆者の推測であり, 実証性に欠ける感想に過ぎないのであるが, 彼はおそらくフランス革命にも冷淡であったろうし, 自身が十字軍に参加した騎士の家系出身であったことからすると, ユダヤ人に対しては同情的ではないが, 「民族」というような括りで国民国家を作るのには積極的であったとは思われない。むしろ, 神聖ローマ帝国のような緩い合同がいずれ国際法共同体として復活し, そこにローマ法のような共通法が生まれ出てくることを期待していたのではないだろうか。

につき，一般決議がなされ，その後，特別部会で Mancini の提唱する②の部分，すなわち本国法主義に基づくガイドラインについて議論がなされたが，意見の一致を見ないまま休会となっている。そのガイドラインは以下のとおりである。

「民法特別部会の結論：Ⅰ．人の身分および能力，家族関係そしてそれに基づく権利及び義務に関しては，その者の祖国（Patria）すなわちその者が属する国（Nazione）の法に依る。但し，一国（un Stato）のうちに異なる民事法が施行されている場合，または人が重国籍もしくは無国籍の場合には，補充的にその者の現実の住所（Domicilico）地の法に依る。外国人の属人法は，それが他の主権国家の公法あるいは属地的な公序（l'ordine pubblico territorial）に反するときには承認されず，効力も発生しない。Ⅱ．死者の財産すべての相続については前項で示した規定，すなわち死者の本国法，そして補充的に死者の住所地法が，財産の種類及びその所在地のいかんを問わず，相続人，（遺留分以外で遺言者が）自由に処分できる遺産分，遺留分および最後の遺言の実質的有効要件につき決定する。[17]」

このガイドラインについては，イタリア語とフランス語のテキストが注釈を付してあちこちの法学雑誌に掲載され，さらにそれに対し同時代の国際私法学者が注釈をつけて引用したところから欧米に広まった模様である[18]。要するに本国法主義の議論は 1873 年にはヨーロッパでその頂点に達し，Mancini 自身の体調あるいは政府での法務大臣や外務大臣といった重職就任という事情でその後の Institute の会議には出席できなかったようであるが，1880 年のオックスフォードにおける会議で本国法主義の勝利が決定的になったということである[19]。本国法主義の主張が Mancini の 1851 年のトリノ大学の国際法口座担当

---

(17)　このガイドラインについては Nadelmann の pp. 424-425 に英訳が掲載されている。また，同じく p. 424, note29 にイタリア語のものが掲載されている。

(18)　この点の経緯については，Nadelmann, pp. 425-428 参照のこと。それによると，1868 年に，つまり，1874 年のジュネーブの会議で Mancini が報告する以前に，Esperson が国際私法において本国法主義を採用することについて初めての包括的な研究をし，その中で De Foresta と Mancini の主張に言及しているとのことである。そして 1869 年発行の P. Fiore の国際私法においては Mancini がジュネーブの会議で報告したガイドラインとほぼ同じものが掲載されており，Mancini は報告においてこれら 2 つの書物と 1874 年発行の Lomanaco の国際民事法概論を本国法主義の主張の助けとしているとのことである。

教授としての就任講義から始まったとみると，30年でそれまでのdomicileを連結点とする考え方を覆したことになる。これが一国内の生じた学説の変更ではなく，国際的に生じた[20]，しかも極めて新しい考え方の勝利であることに鑑みると，異常ともいえるほどの速さで本国法主義が国際私法の世界に浸透したと評価しても過言ではあるまい。この理由としては，冒頭に掲げた国籍の連結点としての恒常性や民族を統一する地理的・文化的諸要素を通じての国家法との密接関係性といった根拠の説得性よりも，当時の国民国家としてイタリアあるいはドイツといった国々を統一したいという多くの人々の情熱の表れであろう。

　しかし，本国法主義には当初より問題があることが認識されていた。Mancini自身がガイドラインでも例外的に地域的不統一法国と重国籍者および無国籍者については住所（domicile）を連結点として補充的に利用することを認めているように，本国法主義を完全に貫くことには無理があった。そして，その後の交通手段の進歩に依る人の移動の増大，第一次大戦後の難民の増加により，

---

(19)　Nadelmann, p. 437, de Winter, p. 373. 法典化の歴史については川上太郎著「国際私法の法典化に関する史的研究」参照のこと。早いものでは1863年のザクセン民法典，1865年のイタリア民法典が本国法主義を採用している。ヨーロッパでは，その他ルーマニア，ポルトガル，ドイツ，スペイン，ポーランド，フィンランドおよび東欧諸国が本国法主義を採用し，ベルギーとオランダはフランス民法典3条3項に倣った規定を属人法に関して採用している。ヨーロッパ外の国では日本，トルコ，エジプト，イラン，エチオピア，さらに中南米のチリ，ブラジル，ボリビア，ガテマラ等が本国法主義を採用することとなり，ヨーロッパで住所地法主義を維持したのは大英帝国，デンマーク，ノルウェイそしてスイスがある程度住所地法主義を維持するという結果となった。de Winter pp. 373-374参照。

(20)　「国際的に」というのは，その後，ハーグ国際私法会議で1893年，1894年，1900年，そして1901年に会議が開かれ，6つの重要な条約が採択されているが，そのうちの5つは家族関係に関する条約であり，いずれも本国法主義を採用していることを指す。de Winter, p. 376, ハーグ国際私法会議で採択された初期の条約については，溜池・前掲注(3)68-71頁参照。

　　確かにハーグ国際私法会議はマンチーニの信奉者であるオランダのアッセルによって第1回会議が招集されたものであるが，1893年の第1回会議の時点でマンチーニは死亡しており（1888年没），それにもかかわらずヨーロッパ各国から当時の第一線で活躍する主だった国際私法学者がほとんど集合し，これらの本国法主義を採用する条約を次々と作成したことに鑑みると，本国法主義の勢いのすさまじさが理解できるであろう。本国法主義の推進力はハーグ国際私法会議であったというde Winterの指摘は正しい。de Winter, p. 377

de Winter の言うように，1928 年にはそれまで本国法主義の強力な擁護者で
あったフランスの Niboyet が domicile を連結点とすることを主張するに至っ
たわけであるが，では国籍はそれほど，連結点としての適格性を喪失したので
あろうか。

　そこで，以下ではまず de Winter の主張を見ていくことにする。

Ⅲ　de Winter の主張

1　本国法主義の凋落 —— 本国法主義を採用することから生じる問題

　de Winter は上述した本国法採用に関する歴史をその論文 " Nationality or
Domicile"[21] の第 1 章で概観した後，第 2 章では「本国法主義から生じる難問
（Difficulties arising from the nationality principle）」という小見出しを付けて本国
法主義の問題点を種々挙げている。しかるに，興味深いのはそのトップに挙げ
ている問題が，本国法主義導入に当たって，Mancini も苦慮した不統一法国や
重国籍・無国籍者について本国法主義をとった場合の問題ではなく，本国法の
適用を通じて外国主権の干渉が生じることへの危惧であるということである[22]。

　de Winter はその例として，1913 年に当時ドイツ領であったアルザス出身の
兵士が軍を脱走してベルギーに逃亡し，そこで婚姻しようとして，その際に本
国法によることが婚姻の妨げとなった例を挙げている。つまり，この場合，本
国法主義によると婚姻能力証明書の発行を求めることができず婚姻不可能とな
る。これをきっかけにフランスは 1913 年に，1902 年採択の「婚姻に関する法
律の抵触を規律するための条約」および「離婚及び別居に関する法律並びに裁
判管轄の抵触を規律するための条約」，「未成年者の後見を規律する条約」のい
ずれも廃棄することを通告した。理由は，本国たる外国の家族法の解釈を通じ
て，外国人に対しその本国法に由来する軍務に関するあるいは政治的な性格を
有する規定の適用にフランスが拘束されることは，自国主権に対する侵害であ
り，フランスはそれを容認することはできないというものである。当時，120
万もの外国人がすでにフランス国内に居住していたフランスにとっては，外国
当局がその権力を自国国内で行使・執行することを認めるのは大変な脅威で

---

(21)　前掲注(1)参照。

(22)　de Winter, p. 378.

あったということである。

1916 年にはフランスはさらに 1905 年採択の「禁治産及び類似の保護手段に関する条約」,「夫婦間の身分上の権利義務および夫婦の財産に及ぼす婚姻の効力に関する法律の抵触に関する条約」の廃棄を通告し,1918 年にはベルギーが「離婚及び別居に関する法律並びに裁判管轄の抵触を規律するための条約」をフランスに倣い廃棄を通告し,1928 年にはスイスが,そして 1933 年にはドイツとスウェーデンがこれに続いた。いずれもフランスのように外国主権の侵入を嫌うというよりも,本国法主義をとると,特にイタリア人と婚姻をした自国民たる女性が,そのまま自国に継続して居住していようと離婚不可能となる結論に導かれることを嫌った模様である。

ここに,ハーグ国際私法会議における家族法関係につき本国法主義を採用する条約の凋落が次第に明らかになってきたわけであるが,これは 1925 年及び 1928 年に開催された第 5,第 6 会議で始まっていたと de Winter は言う。1925 年には「破産及び外国判決の承認・執行に関する条約案」が,1928 年には「相続及び遺言に関する法律並びに裁判管轄の提唱に関する条約案」が採択されたが,いずれも未発効である。特に相続に関する条約案の審議経過内容から明らかになっていることは,本国法主義に限定するというのではなく,より柔軟に住所（domicile）地法との組み合わせが,オランダとスイスから提案されてたということである。さらに,相続に関する紛争についての本国の裁判所に管轄を認めるという案が,「最後の住所地」という案よりも 1 票多いだけであったため方向性が決まらず,全ての問題がペンディングにされたこと,また,1902 年の婚姻・離婚に関する条約に関し,この問題が再度取り上げられたが,会議全体として受容しうる解決が見いだせなかったなどの経緯を挙げて[23],四半世紀前とは会議の雰囲気が変わっていることを示している。

これらの叙述に引き続いて,無国籍者,難民,重国籍者,不統一法国法の指定,さらに複数の関係当事者が異国籍である場合,国籍が形骸化している場合の処理について問題のあることを論じる[24]。これらの問題は,すでに Mancini 自身も本国法主義を採用するにあたり認識していた問題であって,それゆえ例外的に domicile を連結点にする場合のあることを,すでに前述の 1874 年開催

(23) 同上,p. 379。
(24) 同上,pp. 381-399。

の Institute de Droit Internationale のジュネーブでの大会で示したガイドラインでも認めているのである。

　無国籍者，難民等の問題の原因は，19世紀末以降の科学の目覚ましい発展と人々の意識の変化によるものであることは周知のとおりである。人々の移動は，交通手段の発達に伴い，Mancini の時代には考えられないほどの規模で発生するようになった。さらに，国民国家維持のために考え出された，従来の職業的軍人に依る戦争ではなく，国民一人一人が祖国の防衛に立ち上がるべきという考えの下で採用された徴兵制と武器の進化は，第一次大戦の塹壕の中で貴族が多い士官と兵士の間の垣根を取り払い，人々の個人の権利，平等意識を発達させ，総力戦体制は男女平等の観念の後押しをし，その結果，夫婦同国籍主義から異国籍主義への移行が進み，従来は外国人と婚姻した女性は夫の国籍を婚姻によって自動的に取得するということであまり問題とならなかった異国籍当事者間の法律関係をどうするかという問題も看過できないものとなってきたのである。

　つまり，時代の変遷により，無国籍者や難民に関する本国法主義の欠陥が，従来よりも大規模に表れてきたことは確かである。繰り返すが，それらの問題は Mancini 及びその同時代の国際私法学者も意識していたのであり，それを看過していたわけではない。むしろ，それらの問題に対し，真摯に解決方法を見出そうとしていたといえる。

　ただ，問題はおよそ半世紀前とは異なり，世界は未曽有の第一次世界大戦およびロシア革命というものを経験した世代となっており，その政治的・軍事的緊張は19世紀とは比べ物にならないものとなっていたことである。国民国家形成途上における無国籍者や難民の問題も，国際私法学者にとって頭の痛い問題であったろうが，おそらく Mancini 及びその同時代人は，それは国民国家が成熟するにつれ解決可能な問題と思っていたのだろう。しかし，国民国家概念が人々の意識に根付くにつれ，それは従来考えられていたような将来，希望の光の満ちた理想の社会を実現させるどころか，途方もない怪物としての側面を露呈したのである。ここに外国主権の侵入という，初めに述べた本国法主義に反対する理由付けが実感として迫ってくることになる。

　しかし，de Winter が最初に挙げた凋落の原因，各国が自国領域内で外国国家主権の行使を容認するということに対する反発という理由付けについては，

どれほど意識されていたかは疑わしい。後で詳述するが，この問題は無国籍者
や難民といった問題とは次元の異なる，むしろ時代の変遷にかかわらず，本国
法主義に内在する，本質的意義にかかわる問題である。この点につき，de
Winter は当事者に密接関係性のある法を準拠法とする，いわば Savigny の主
張する立場から批判しているが，以下ではまず，このような外国主権の侵入と
いった以外に，どのようなことが本国法主義の根拠として挙げられ，それに対
し de Winter がいかに批判しているかを見ていくことにする。

2　本国法主義を支える根拠と de Winter の反論

(1)　第3章で[25]，de Winter は「潮流の変化」という見出しを上げ，A で
「いかなる口実（pleas）によって本国法主義をなおも維持することをあえて主
張できるのか。」とかなり挑発的な小見出しを掲げている。そして，B で住所
地（domicile）への回帰の主張が強くなってきており，この方向が正しいとす
るのである。この A において本国法主義に立つ国際私法学者の主張とそれに
対する de Winter の反論がなされているのである。

(2)　**本国法主義支持者の見解と de Winter の反論**

(i)　まず，de Winter は本国法主義の主張者であるフランスの Antoine Pillet
（1857.7.29-1926.12.6）の言葉に耳を傾ける。Pillet は，単なる愛国心から本国
法主義を主張しているのではない。彼は「イタリア学派の教義は公平と便宜
（fairness and convenience）の考慮によってのみ支持しうるのであって，科学的
で明白な唯一疑問の余地のない考えによるものではない[26]。」として，人の身
分を本国法に準拠せしめる根拠を，その人の保護を目的とする規定（loi de pro-
tection individuelle）に関係するものだからであるという理由を挙げるのであ

---

[25]　同上，pp. 400-418。

[26]　この点は Mancini が私淑した Vico の考え方に近いように思われる。Vico の思想の中
核の一つはデカルトの思想の批判である。明晰に判明できる知覚ないし観念こそ至高の
基準とし，幾何学的演繹方法を真理と知識の土台とするデカルトに対し，そのような方
法では価値と重要性を失う「証言に基づく歴史，数学化されていない自然誌的観察，人
間の心についての経験的な認識を利用する実践的知恵と雄弁，架空のイメージを提供す
る詩」の復権を図ったのが Vico と言えるからである。この点についてはベネデット・
クローチェ（Benedetto Croce）（上村忠男編訳）『ヴィーコの哲学』（未来社，2011年）
55-56頁参照。

る[27]。

　de Winter は Pillet の主張を要約しつつ，以下のように述べる。

　「Pillet によると，（個人保護のための）規律は不動の法（a hard and fast law）に準拠しなければならず，人が，世界中のどの場所であれ，自分が移住するのにふさわしいと見なす場所に移動してもついてまわるものである。というのも間断なく作用しない保護というものは効果がないからである。一瞬でも保護されないときがあれば，それまで長く続いてきた保護がすべて拭い去られてしまうからである。Pillet はさらに，各人が有する国籍所属国が最も個人の保護を委ねるにふさわしく，その国は国際的関係において明らかに個人に対する外交保護をしなければならない国である[28]。これは少なくとも本国法主義採用のより合理的な説明にはなっているが，決して説得的なものではない。属人法（personal law）の分野に関係する法規はただ人を保護するためにだけ機能するという議論の余地のある主張はさておき，Pillet によって提起された，これらの法規は本国法に依るとするための理由付けは，私の考えからすると，賛同できるものではない。彼は自分の見解を援護するために，国際法（law of nations）と主権に関する教義（doctrine of sovereignty）を持ち出すが，それらはどの国家にもその臣民（subjects）に外交的保護を与える権利を付与し義務を課すばかりでなく，自国の民事法令を，少なくともそれが人の身分に関する規定に関係する限り，その臣民がたまたま何処にいようと，彼らに適用する権利と義務を有する，と言われているところのものである。しかしながら，こうした考えは抵触法においては決め手となりうるものではない。

　我々が（扱っている）問題は抵触に関しどの解決（方法）が特定の個人の利益，第三者の利益，抵触に関係する国家の利益，そして我々の（住む）現代社会の要求に叶うかということである。」[29]

　この記述からは，後述する Pillet と de Winter の国際私法に関する根本的な

[27]　de Winter, p. 402.

[28]　de Winter はここでの注8で Ernst Zitelmann（1852.8.7〜1923.11.28）及び Ernst Frankenstein（1881.5.31〜1959.10.28），さらにその他幾人かの学者も公法的保護とのつながりを指摘すると述べる。また時には歴史にも依っているようである。

[29]　ここで Pillet の主張として要約されているものは，Pillet の Clunet1894, p. 723, note. 1 によるものである。Pillet "Le droit international privé: Essai d'un system general de solution des conflits de lois"

立ち位置の相違が如実に表れていると思われる。

　(ii) その他の本国法主義の支持者，特に Pillet の熱心な信奉者である Henri Batiffol（1905.2.16～1989.11.20）は，Pillet の理由付けには欠陥があるとして，本国法主義採用の根拠として，本国法の「恒常性と継続性（*stability and continuity*）」を重視しているし，de Winter の師匠に当たる Meyer は domicile を連結点としても，西洋社会になじみのない一夫多妻制や幼児婚ということになると結局はそれを受容できず，公序によって排斥することになり，そのような公序は本国法主義の仮面にすぎないと述べる。

　これについては，de Winter は住所地（domicile）法主義を採用した場合，本国の基本的法原則に反することはあるが，その反対，すなわち本国法を適用することによって住所地国の方の基本原則に反することもあるのでお互い様という批判をする(30)。

　(iii) さらに，多くの人が主張するのは，国籍の方が domicile よりもはるかに確定が容易であるという理由付けである。これはラテン公証人国際連合(31)が夫婦財産制と相続に関し，1960年代に本国法主義が望ましいとした主張によるもので，その理由は，過去数十年の間にヨーロッパとアジアで生じた大量の国外追放，大量の海外移住そしてしばしば生じる領土の変更に鑑みると，国籍の方がはるかに確認しやすいから，ということである。

　これについては，de Winter は，これが言えるのは domicile の定義いかんによるのだという。domicile の定義が各国で相違し，しかも主観的要件を重視すると統一的予測可能な解決は見出し難くなるというのである。

　de Winter はこの自身の論文で domicile の統一的な定義づけをしようとしているのであり，それによって連結点としての domicile の国籍に対する優越性を立証しようとしている。その点で domicile の定義の世界的な統一可能性に依存しているわけであり，現実に照らすと de Winter の主張の有用性はかなり低くなると筆者は考える。

---

(30)　de Winter, p. 403.

(31)　現在は「国際公証人連合」であり，「ラテン」は取れている。しかし，Union International du Notariat Latin であった時代から "UINL" で親しまれているので略称はそのままである。ローマに本部があり，2010年現在87か国の公証人の団体が加盟しており，日本公証人連合会もメンバーである。

(ⅳ) また，国籍法と家族法のつながりから本国法主義のほうが良いとする見解もある[32]。ベネルクス統一法草案の説明覚書（Explanatory Memorandum to the Draft Uniform Law Benelux）によると家族法として本国法を適用するほうが実務的に好都合であるとする。つまり，国籍法では人が婚姻しているか否か，あるいは成年か否かそして嫡出か否かといったことが常に考慮されるのであり，これらの人の身分や地位は，ある時にはある国の法で，また別のときにはそれ以外の国の法で判断されるのは望ましくなく，国籍の確認とこれらの法律関係は密接な関連性を有するからとするのである。

これについては，de Winter は住所地（domicile）法主義を採用している国も類似の家族法概念を利用しているのであり，この理由付けは正しくないとする。彼が言うには，国籍法は本国法主義を根底にしているということはどの議論にも見られない，むしろ例えば，国籍取得を子の嫡出性如何に依らしめる時の「嫡出性」の有無は，準拠法でその子が「嫡出」か否かが決定されるだけであって，その準拠法の決定につき国籍取得が問題となる国が国籍を連結点とするか，住所（domicile）を連結点とするかは問うていない，というのである。

しかし，これは国籍法における概念をどのように解するかという先決問題[33]であって，国籍法における先決問題は，必ずしも de Winter の言うように国籍取得が問題となる国の国際私法によって指定される準拠法によって解決されるとは限らない。その意味でこの反論は成り立たないと言える。しかも本国法主義の論者はここでは，家族法と国籍法の関連性の強度を問題としているのであり，そのことは特にヨーロッパのように国籍の生来的取得に血統主義を採用する国々では否定しえない。

(3) **Kollewijn の本国法主義への批判への同調 —— Romantic notion と Patriotism**

1 で述べた「外国主権の法廷地法国への侵入」以外にここで de Winter が本国法主義について指摘する最も重油と思われる欠陥は，それが「非現実的な根拠（romantic grounds）」に基づくものだということである。Mancini は政治的な意図から本国法主義を主張したのであって，そこに問題となる個人と本国法

[32]　de Winter, pp. 404-405.
[33]　江川英文・山田鐐一・早田芳郎『国籍法（第3版）法律学全集 59 - Ⅱ』（有斐閣，1997 年）27 頁以下。

との間の（おそらく de Winter は「現実的な（real）」という言葉を「密接関係性」の前に入れたかったのではないかと思うが。）密接関係性を考慮したものではない，ということである[34]。

　De Winter は，オランダの彼の先人となる国際私法研究者 Roeland Anthonie Kollewijn（1857.3.30〜1942.2.7）の考えに賛同している。Kollewijn は 1917 年にすでに Mancini の本国法主義の欠陥をその著作において指摘し，さらに 1929 年に「国際私法における本国法主義の退行」という講演をしているということである[35]。Kollewijn は私法が全国民の法的確信から演繹されるもの，つまり国家法は国民の意思の表れという考えは "romantic notion" あるいは「世間知らずの戯言（naïve figment）」である，というのである。そしてそのような虚構に基づく本国法主義を批判するわけである[36]。もっとも，de Winter はギリシャの Maridakis[37]がいくら国籍よりも住所地（domicile）の方が優れていると言われても，ギリシャ人はどこにいてもギリシャ法の適用を望むと言っていることも示す。これについては，本国法主義を主張する人々の背後には愛国主義（Patriotism）があるように思われる，と述べる。もっとも，住所地（domicile）法主義を採用する英米がその愛国心において劣ることはない。必要なのは「合理的な考慮（rational considerations）」だけであるというのである。

3　住所地（domicile）法主義への移行とその主張の根拠

　住所地（domicile）法主義への移行の主張が強くなった社会的背景は，何といっても第一次世界大戦後の移民の増加である。de Winter は，フランスでは

---

(34)　de Winter, p. 400.

(35)　de Winter, p. 380.

(36)　Kollewijn の主張については，de Winter の 380 頁の注 6 及び 381 頁にそのオランダ語テキストからの英語への翻訳が掲載してある。要するにそれは，宗教や職業・社会の階層といったものは国民（Kollewijn は "subject"（臣民）を使用しているらしい。）の法的確信を分断するのが現実であるというものである。

(37)　de Winter はここで Maridakis（Georgii S.）のことを形容して "a man who is quite free from taints of "Blut und Boden"（blood and soil)" と言う。「血と土」はナチスのスローガンにもなった民族主義的イデオロギーである。Maridakis がナチスと無関係であることを断っておく必要があったにしても，もし，ここで本国法主義とはナチスの民族純血主義が背景にあると仄めかしているのなら，論法としては卑怯であろう。

当時 400 万人もの外国人がフランスに居住していたことを示す。そして，その
ために多くのフランスの権威ある法学者がこうした外国人を domicile のある
国の法，すなわちフランス法に従わせることを主張したというのである。そし
て，この中に前述した Niboyet も含まれる。1928 年が，Niboyet がそれまで
の本国法主義から住所地（domicile）法主義に転換した記念すべき年となるが，
Pillet の賛同者であった Niboyet は，本国法主義につき根拠のない熱狂から発
生したものとしてそれを捨て去り，domicile を連結点とすることを主張し始め
る。そして，以降フランス民法 3 条 3 項の種々改正提案をしている。また，同
様の主張をした学者として，1926 年当時のドイツ帝国裁判所裁判長 Simonds，
ラトビアの法学者 Von Schilling，オランダの法学者 Hijmans，イタリアの法
学者　Fedozzi[38]の名前を挙げる。そして，このような主張に押されて 1942 年
にはブラジルと南米の国の一つが本国法主義から住所地（domicile）法主義へ
変更したと述べる[39]。

　そして，このように人の身分に関し住所地（domicile）法主義を採用する根
拠として，第 1 に，住所（dimicile）を移すということは，当事者自らその法
的環境を選択するということであり，それは当事者の意思と利益に叶うという
ものである。住所を自分の祖国以外に移すということは，その人がその居住地
の自分の隣人，仕事仲間と同じように暮らしたいと願うのが普通であり，自分
が今暮らしている共同体の他の構成員と同じ法規に従うときにのみ共同体の一
員となれるのだという。そして，de Winter はさらにこの議論を推し進め，住
所地（domicile）法に準拠させるのが，正義と公平（*just and fair*）に叶うのかと
いう観点から見る必要があるという。そして，Mancini とその支持者は人の身
分を本国法主義に準拠して規律しないことはアンフェアであると心情的に主張
しているにすぎないと批判する。Mancini 達は本国法を適用しないということ
は，不適切で耐えることのできない人的自由への侵襲であり，その人格の否定
であると言うが，de Winter に言わせるとこの点について考え方は大いに変
わってきているというのである。住所地（domicile）法主義を採用することは
その人に経済的・社会的条件についても居住する国の法に従うことであり，経

---

(38)　ここに挙げた名前のうち Fedozzi 以外は生年月日及びその名前は調べてもわからな
　　　かった。Fedozzi は国際法学者の ProsperoFedozzi（1872.6.12-1934.1.19）である。

(39)　de Winter, pp. 405-407.

済的・社会的要因が家族法及び属人法の分野において重要な決定的要因と看做されるのなら，この要因に最も適した法が住所地（domicile）法であるという[40]。

第二に住所地（domicile）法を適用することは。法社会学的に見て，現実的な法（the law of reality）を適用することになるという根拠を挙げる。移住してきた人たちは，人の身分関係，すなわち，婚姻，離婚，親子関係等について自分の居住している国で生じているので，母国の法にほとんど関心を示さず，居住している国の法で解決するというのである。法曹もそうであるという。そして，南アフリカ，オーストラリア，ニュージーランドあるいはカナダに移住したオランダ人の例を見よというのである[41]。

第三に居住地国の法曹にとっての負担が少ないということである。とりわけ非訟事件のような場合で手続きと実体が一体化しているときに支障が生じないというメリットがある[42]。

第四に他の関係当事者の利益保護となるということである。契約締結能力について本国法主義によると契約の相手方等の利益を損ねる場合があるが，住所地（domicile）法主義によるとそういった事例が少なくなるということである[43]。

第五に移民受け入れ国の利益に叶うということが挙げられる。外国人の急速な同化・統合は移民受け入れ国にとって現実的な利益にかかわる問題であり，そのためには本国法主義よりも住所地（domicile）法主義が適切であるとする。そして，例として前述した 1942 年のブラジルの本国法主義の放棄，そして移民受け入れ国であるにも関わらず本国法主義に忠実な南米の国々（チリ，コスタリカ，エル・サルヴァドル，ホンデュラス，コロンビア，エクアドル，ペルー，ヴェネズエラそしてメキシコ）の本国法主義の理解は，自国民についてはその人が世界の何処にいようとも本国法が適用されるのに対し，自国領域内に居住する外国人について住所地（domicile）の法が適用されるという片面的なものであることを挙げる[44]。

そして，最後に掲げるのが，これが社会の趨勢あるいは時代の要請であると

---

(40)　同上，pp. 407-408。
(41)　同上，pp. 408-409。
(42)　同上，pp. 409-411。
(43)　同上，pp. 411-412。
(44)　同上，pp. 412-413。

いうことである。つまり，世界はあらゆる分野で国際化が進み，統合が進んでいる。このような時代にもはや本国法主義は適さないということである。ここで de Winter は 1930 年にハーグアカデミーで講義をした Cassin[45]が世界の言葉を引く。Cassin は以下のように述べる。

「製造業や貿易商社の指導者とその被傭者，融資者，（製品の）供給者と消費者の関係につき適用すべき法を決定することが問題となるとき，今日のビジネス・ライフで働く国際的な要素の浸透が甚しく，驚くほど本国法主義は無用のものである。」

　これは，経済活動について述べているにもかかわらず，de Winter は同じことが人の身分についての本国法主義にも当てはまると続いて述べるのである。つまり，経済領域が国際化するにつれ，労働・サービスの領域での人の移動が盛んになり，母国を離れて外国で生活し，そこで婚姻，出産，離婚，死亡，相続といった身分関係の変動が生じるからである。このように身分変動が外国で生じる機会の増加は，まさに第 3 で挙げた居住地国の私法・行政の負担となる。しかも私法分野への行政的介入の増加により，本国法主義では十分にそこに住む住民の保護がなされないことがある[46]として，国際司法裁判所の Boll 事件[47]を例として挙げる。この判決は，スウェーデンに居住するオランダ国籍の未成

---

(45)　René Cassin（1887.10.5-1976.2.27），フランスの法学者にして裁判官であるが，1948 年に国連総会で採択された世界人権宣言の起草により 1968 年にノーベル平和賞と国連人権賞を受賞している。また，1959 年から 1968 年までヨーロッパ人権裁判所の判事であり，1965 年からは裁判長でもある。つまり，de Winter がこの論文を公刊した時には，ある意味，世界的に最も影響力のある学者であったということになる。ユダヤ系であるので，de Gaulle の助言により多くのユダヤ人のための組織の設立に貢献している。

(46)　de Winter, p. 414.

(47)　1958 年 11 月 28 日の国際司法裁判所の判決である。大変有名な事件で，ICJ で国際私法に関する条約が争点になった唯一の事案でもある。オランダ人父とスウェーデン人母との間に生まれた Marie Elisabeth Boll は，母の死亡前にスウェーデンで母とともに居住していたが，当時の国籍法に従い父からオランダ国籍のみ承継していた。そこで母の死後，事件本人がスウェーデンに居住しているにもかかわらず，オランダ当局が後見人をオランダ法に準拠して定めたのである。これに対し，スウェーデン当局がオランダの決定を覆して子供を公の保護措置（protective public care）の下に置いたところから，1902 年ハーグ年の「未成年者の後見を規律するための条約」の解釈をめぐって，オランダ政府とスウェーデン政府との間に紛争が生じたのである（ICJ Reports 1958, 55 et seq.）。

年者の後見人を誰にするかをめぐってオランダ法に従うべきか，スウェーデン法に従うべきかが問題となった事案であるが，国際司法裁判所は以下のように述べてスウェーデン政府の主張を支持したのである。

「未成年者（children and young persons）に保護を与えようとするスウェーデン法が目指す社会保障の目的を達成するためには，スウェーデンに居住する全ての未成年者（young people）にそれを適用することを要する。」

de Winter はこの判決を本国法主義の弔鐘と形容する。もっとも，判決自体は本国法主義を批判するものではなく，条約にいう「後見人（guardianship）」の概念は狭く解すべきで，これには公法上の措置は含まれないとするものであった。しかし，ここについても de Winter は個人に依る保護と共同体に依る保護とが一体化してきており，公私の区別が曖昧になってきている現在，国籍は無関係とするのである。

そして，政治的にも統合化が進む現在，住所地（domicile）法主義の方向に世界は進みつつあるとする[48]。

4 de Winter の結論

de Winter は以上のように述べて住所地（domicile）地法主義への転換を求めるのだが，残る第4章以下では住所地，すなわち domicile の概念が各国で異なること[49]，それどころか一つの国の法律でも domicile の概念が異なって使用される場合のあることから，それが大きな障害になっていることを認め，常居所概念の成立過程を追う。周知のように，現在，常居所概念も「事実上の概念（factual concept）」という点では一致しているものの，それ以上にはハーグ国際私法会議においても EU においても確たる定義はなく，各国あるいは，各論者によってとらえ方が異なる[50]ことを指摘する。一応，domicile は法律上の概念，常居所は事実上の概念という点で相違はあるものの，彼に言わせると常居所を連結点として利用しようとする根拠の大部分は，まさに domicile を優先的に連結点として利用しようとする立場を強化するものである。しかし，両者ともその概念に揺らぎがあるのなら，それを是正するために定義しようという

---

(48)　de Winter, pp. 415-418.

(49)　de Winter によると，世界には 50 以上の相異なる domicile についての概念があるそうである。de Winter, p. 423, note 10.

のが，de Winter のこの論文の主張である。

　結局，彼は連結点としての明確性・確実性を担保するために，常居所とは，当事者の "home" あるいは「生活の中心（centre of life）」のある場所を指しているのであり，これは彼の考える domicile の認定でも同様であるとして常居所概念に類似する「社会的住所（social domicile）」という概念を創出する[51]。この「生活の中心（centre of life）」の有無は，要するに，その地で，その共同体に当事者が統合されている場合に認められるということになるとする。言い換えると同化しているか否かであろう。

　de Winter は，結論部分で，このような domicile に基づいて住所地（domicile）法によることが実際的であるとし，結局，法廷地法主義に還元できる考えを示す[52]。したがって，そこでは外国判決の「承認」の有無の場に議論の主戦場は移り，法選択の段階での様々な問題は解決できるとするのである[53]。

　以上，本国法主義とそれに対する deWinter の批判の全貌を概観したので，以下では，本国法主義の主張者と住所地（domicile）法主義の主張者の相違はどこにあるのかを見ていくことにする。

Ⅳ　本国法主義と住所地（domicile）法主義の相違

1　本国法主義と住所地（domicile）法主義の本質的相違にかかわる問題点

　以上の議論は，どちらの方が準拠法を決定し，適用する場合の機能的な有用性からなされているものがほとんどである。しかし，本国法主義と住所地

---

(50)　この点については，de Winter, pp. 428ff. Dietmar Baetge, "Habitual Residence" in "The Max Plank Encyclopedia of European Private Law" vol. 1, pp. 813-815, edited by Jurgen Basedow, Klaus J. Hopt, Reinhard Zimmermann with Andreas Stier. Beatge はここでハーグ会議は国際私法研究者や実務家からの批判をいくら浴びても，この概念について拘束力のある定義をすることについては頑として拒絶しているということである。ただ，各国が条約の実施にあたり，"habitual residence" の解釈に苦労していることは事実であり，2015 年にはハーグ会議の常設事務局は，1993 年国際養子縁組条約のために "habitual residence" の解釈のためのガイドラインを公表している。

(51)　de Winter, pp. 481-482.

(52)　de Winter, pp. 484.

(53)　de Winter, p. 491 並びに国際私法上の法性決定，反致，公序等の問題が生じなくなることについては，最後の "prospects" pp. 487 以下を参照のこと。

(domicile) 法主義，いずれを採用するかは，国際私法についてのもっと根本的な見方の相違から来るものであると筆者は考える。

　上述の議論から見えるそれらについて重要なものは，①本国法主義は外国主権の侵入を認める，という批判，②国家主権の観点から本国法主義を見るか，個人の観点から見るかの相違，そして，③本国法主義の依って立つところの「国民」概念をどのようにとらえるかであろう。そこでこれらにつき以下で取り上げていくことにする。

2　外国主権の法廷地国への侵入

　(1)　de Winter がそのことを意識していたのかどうかはわからないが，Ⅲの1で本国法主義の凋落の始まりについて，一番に挙げたフランスの主張，つまり，フランスが本国法主義を採用するハーグ条約を次々に廃棄を通告したのは，「本国法の適用を通じて外国主権の干渉が生じることへの危惧である。」という指摘は，極めて重要なものである。

　先に，1874 年，国際法協会（Institute de Droit Internationale）のジュネーブで開催された第 2 回総会での Mancini の報告について述べたが，そこで Mancini の提案の①外国法の適用が単なる comity によるものではないこと，については一般決議がなされたが，②人の身分関係および相続の規律については本国法主義を採用すべきこと，とする提案については，意見の一致を見ないまま休会となったことを述べた。

　この総会でどのような議論がなされたかは不明であるが，少なくとも①の提案，言い換えると外国法の適用は国際法上の義務であるとする提案であるが，これは当時承認されたのである。そして，その後のハーグ会議においても国際私法立法においても，②の提案も少なくとも主なヨーロッパの国々では受け入れられたといえよう。しかし，「外国の主権の侵入の危惧」から本国法主義を捨てるというのは，①の提案そのものをも否定しようとする考えが背後に潜んでいると言える。

　(2)　"nationality" を国際法の基礎，そして国際私法における能力及び身分を支配する法として本国法主義を採用する根底には，それによっていずれは国際的法共同体が形成されるという理念があったといえる。

　"the doctrine of nationalities[54]" は，前述したように，19 世紀前半において

は極めて新しい思想であった[55]。周知のように 1815 年のウィーン会議以降
1848 年に至るまでロシアのアレキサンドルⅠ世の主唱の下に神聖同盟（the
Holly Alliance）が結成され，王制を復古・維持することが図られたが，これに
対抗するものが自由主義的な教義，つまり国民主義あるいは the doctrine of
nationalities である。そして，ウィーン体制下ではこの思想は危険思想として
弾圧の対象[56]であった。ことに，フランス革命後，かつての絶対王政を支持す
る王党派の弾圧は，現在のイタリア半島を構成していた複数の国々では厳し
かったと言われている。それというのも，ナポレオン時代には 3 つに分割統治
されていたイタリア半島は，ウィーン会議後は 9 つの国に分けられ，フラン
ス・オーストリアを主とする外国からの干渉がひときわ強かったためである。

　王党派（Legitimist）からすると王権神授説に従い，主権は神（Providence）
から王に付与されたものであり，王は神にのみその行為の責任を負うことにな
る。つまり，被支配者たる国民あるいは人民が主権を有し，それに対して支配
者が自分の行為につき責任を有するなどという考えはとんでもない，それこそ
「神をも冒涜する」思想ということになる。神聖同盟はこうした考えに基づき，
これに反するいかなる企てあるいは行動に対しても，それが他国の国内紛争で
あっても干渉し，叩き潰すことができるものとして，まずはロシア，オースト
リア，プロイセンの君主の間で締結され，その後，英国以外の欧州の主だった
国々が参加した同盟である[57]。

　しかし，当時のイタリアは，ルネッサンス時代の栄光も空しく，ナポレオン
の出現以前からフランス・オーストリアを始めとする当時の欧州列強の支配の
下にあった。それがイタリア人をしていかに嘆かせたかは，スペインにイタリ
ア半島から 3 万人，ナポレオンのロシア遠征には 2 万 7 千人もの若者が徴兵さ
れ，スペインから帰国できたものは 9 千人，ロシア戦線からはわずかに千人と

---

(54)　これを「本国法主義」と翻訳するのは間違いになろう。「国民主義」が一番適切かと
　　考えたが，"nationality" という言葉は多義的で，そのために民族主義的な考え方とも
　　結びつく。この考えが表れた当初は，まだ「国籍」という概念はなかったと言えるので，
　　翻訳せずに，「国民主義」と並行して使用する。

(55)　以下は Angelo Piero Sereni "Italian Conception of International Law" Chapter Ⅸ：
　　The doctrine of Nationalities, pp. 155-181 に依る。この本は以下，Sereni として引用す
　　る。

(56)　前掲注(8)参照のこと。

いう有様[58]であったことを知ると，容易に想像できるであろう。

したがって，イタリアを国家として統一し，自由な独立国家にまとめ上げたいという思いはイタリア人の強い願いであったし，'the doctrine of nationalities' は王党派の理論に対抗する教義となっていたのである。

この考えは，すべての国において共感，支持そしてその実現のための協力があるなら普遍的なものとしてイタリアのみならず，ヨーロッパすべての国々に適用可能なものとして提示されたのである。

この思想は，19世紀半ばにはイタリア半島全土に広まったと言われている[59]。それに貢献したのが，イタリア統一の三傑[60]の一人 Giuseppe Mazzini（1805,6.22~1872.3.10）である。Mazzini と Mancini はお互いのことを全く書いたものの中に言及はしていない[61]ということであるが，Giambattista Vico（1668.6.23~1744.1.23）の影響のもとに[62]「国民（nation）」を基礎とする国家[63]およびその最終形態としての国家の集合からなる機関を構成するに至るという思想とそれを目標にする国際法の考えを発達させたのである。

---

[57]　神聖同盟というものは，その内容がもう一つよくわからない同盟と言われるのであるが，この点においては加盟各国一致していたといえる。神聖同盟の詳細については，Wilhelm G. Grewe, " The Epochs of International Law" p. 432 ff. また，Sereni, p. 155ff.が簡潔にまとめている。
　　1849年に Mazzini は「人民の神聖同盟（Popolo Santa-Alleanza）」という論文を発表して，諸国の人民が君主たちの神聖同盟に対抗して結束すべきことを訴えていることからみると，その本質は国民国家を作る運動の弾圧のための同盟と考えてよいのであろう。森田鉄郎『イタリア民族革命の使徒　マッツィーニ』（清水新書，1984年）148頁。

[58]　北原敦編『イタリア史』世界各国史15（山川出版社，2008年）346頁以下。この本によると，ナポレオン体制の下では，特に軍隊が強化され，1802年に徴兵制が定められ，1804年に2万人だった兵士は1812年には7万人に増大したとのことである。また，イタリア王国の毎年の国家予算の半分が，2万5千人の駐留フランス軍の維持費を含めた軍事費に支出されたとのことである。

[59]　イタリア全土への拡大は相当なスピードでなされたようである。これはナポレオン軍がイタリア半島全体に呼び起こした「統一と独立」への熱望があったことにもよるが，当時イタリアには本の行商人が広く禁書を半島の隅々まで売るに歩いていたということも，このような思想の広まりに大いに役立ったと考えられる。この行商人たちについて近年，内田洋子氏が「モンテレッジョ　小さな村の旅する本屋の物語」を著している。特にウィーン会議後の1816年は，それまでインドネシアやフィリッピンの火山の爆発に依る異常気象で「夏のない年」と呼ばれ，多くのモンテレッジョの村人が農作物の全滅のために，本の行商人となったという。王権が神（Providence）から与えられているとしても，この「夏のない年」もまさに "the Dispensation of Providence" であろう。

　もっとも祖国と調和の理念は，初期ロマン主義者に顕著なものであったようである[64]。Mazzini の革命家としての第一目標はもちろんイタリア国家の統一であったが，かれの目的はそれだけに終わらない。ヨーロッパの「共和主義連邦」である。つまり 1834 年の「青年ヨーロッパ」規約で明示された理念は，「『新しい時代の魂，思想，箴言』である人類は，自由と平等において諸民族を開放し，社会正義を保証する権利と義務が調和した理念を広め，民族国家の平和的な共存を開始する」ということであり，ヨーロッパの「共和主義連邦」に

[60]　残る 2 人は Cavour（Cumillo Benso, Conte di Cavour, 180.8.10-1861.6.6）と Garibaldi（Giuseppe Garibaldi, 1807.7.4-1882.6.2）である。Cavour は「外交」で，Garibaldi は「軍」で，Mazzini はその「思想」でイタリア統一に貢献したとよく言われるが，それならば Mancini は『法』でイタリア統一を果たしたといえよう。

　　もう四半世紀前になるが，ナポリ大学の EU 研究所に在外研究で半年滞在した。私が所属した研究所はナポリ大学の本部とは少し離れたところだったので，本部を覗きに行ったら，階段を上がったところの広いホールに Cavour と Mancini の胸像が向かい合って置かれていたので，少しうれしくなったのを覚えている。なぜかと言うと，Garibaldi と Mazzini の名前は広場につけられており，大きな全身像が建てられ街中でみられるが，Mancini の姿はなかったからである。

[61]　Sereni, p. 161, 前掲注(57)・森田鉄郎著によると Mazzini と Cavour は反目していたということである。pp. 137, 185, 211.

[62]　Mancini が Vico から大きな影響を受けていることについては Jayme "Mancini" p. 10, note no. 43, p. 24, note no. 104, p. 28.

[63]　筆者には到底 Vico の思想に立ち入って論じる力も資格もない Vico のもっとも有名な著作 "Principi di Scienza Nuova" の後に "d'intorno alla commune natura delle nazioni" という言葉が続いている。つまり，翻訳すると「諸国民の共通の自然本性についての新しい学の諸原理」ということになる（翻訳は上村忠男訳『新しい学』上・下（中公文庫，2018 年）による。以下，「上村・前掲，上，あるいは下」として引用する。）。つまり，いろいろ現象的には異なって見える nation も共通自然本性を有し，その共同体の形成においても共通性が見られる。それを展開したのが，「神の摂理についての悟性的に推理された国家神学」（上村・前掲。上，19 頁）であるこの「新しい学」ということである。彼は統治の形態を 1．神的な統治，2．英雄的な統治，3．人間的な統治（上村・前掲，下 ppp. 323-324）の 3 種類があるとし，それらが生まれ，最高潮に達し，やがては堕落するという過程を人類はらせん状に経験することになる。この「3．人間的な統治について」は「全員が法律によって平等化され」，「全員があるいは大多数が，その年の正当な力をなしており，その正当な力によって彼らが人民的自由の主人であるような人民的自由政体の都市」と述べられているが，ナポレオンの時代を経験したイタリア人を父母に持つ Mancini はこのくだりのあたりで大いに共感を覚えたのではないかと想像する。

[64]　マッツィーニ（斎藤ゆかり訳）『人間の義務について』（岩波文庫，2010 年）における藤澤房俊の 206 頁の解説に依る。

向かう，とするのである。Mazzini の「祖国と個人が民族の民主主義的進歩の中で調和して発展するように，祖国と人類はヨーロッパの兄弟愛的一致の中で進展しなければならない」という理念を，Mancini が「人類の権利の合理的な基礎」として理論化したものだというわけである。

Mancini にとっては "the principle of nationalities" とは，国民（nazion）を構成する個人の集合にまで拡張された個人の自由そのものであったし，nazionalità とは人間の自由の集合的顕現であり，それゆえ自由そのものと同じくらい神聖なものであったのである。したがって，各国民（nazion）の自由は，その他すべての国民において尊重されなければならないものであり，このすべての国民に同じく認められている自由を守るために制限されている場合を除き，制限することはできないものであった[65]。

現在の我々にとっては，Mazzini や Mancini の熱い思いは実感としては捉えられない。しかし，1795 年に Immanuel Kant（1724.4.22~1804.2.12）が「永遠の平和のために（Zum ewigen Frieden）」[66]を発表しているが，戦争が君主の恣意に依って生じ，それが長々と続く欧州の状態[67]を何とかしなければならない，そのためには何とか平和連合のようなものをつくらなければならない[68]という思いを当時の知識人たちは共有していたのであろうと推測できる。

(3) 以上の国際的法共同体（international community of law）の理念の下に，Mancini は国際私法における本国法主義を，1874 年の Institute の総会で報告

---

[65] Sereni, p. 163, Mancini, "Diritto Internazionale: Prelezioni con un Saggio sul Machiavelli" pp. 35-38. 以下「Diritto Internazionale」として引用。
Mancini の考え方は，個人の自由は，他人あるいは公共の利益を害さない限り尊重されるべきという，現在で言う人権思想を団体としての Nation に反映させるものに近いものではないのだろうか。つまり，法人としての国民集団の自由およびその意思（法は国家意思の表現である。）も個人と同じように尊重されるべきだというものである。

[66] カント（宇都宮芳明訳）『永遠の平和のために』（岩波文庫，1985 年）。以下，「永遠の平和」として引用する。

[67] 瓜生洋一「フランス革命と戦争：国民主権と国際関係をめぐって」（松本彰・立石博高編『国民国家と帝国：ヨーロッパ諸国民の創造』（山川出版社，2005 年）第 5 章）128 頁では，「18 世紀を通観すると，モンテスキューが『ルイ一四世以降，大戦争しか見当たらない。ヨーロッパの半分隊ヨーロッパの半分の大戦争』と嘆じたように，この世紀はまさに大戦争が連続する世紀であった。」と述べている。絶対王政に伴う戦争状態を終わらせる体制を作り出すことは，当時の知的指導者にとっては最重要課題であったと言えよう。

したわけであるが，この教義はSavignyの国際的法共同体の影響をうけたものである[68]。この国際法的共同体の思想の下に，Manciniは，いかなる国家主権もこの共同体を侵害するような正義に反する法を立法する力は有しないとして，主権の絶対的な力を緩和しようとする。そして，Arthur K. Kuhnによると，Manciniは，Saviginyのいう本拠を見出すことが難しいところから，個人の自由と国家の社会的権力の行使の間の妥協として本国法主義を主張したのである[70]。つまり，本国法主義とは，近代国家が私人たる市民（private citizen）の自由と利益を，それが主権の要求するところを侵害しない限りにおいて，尊重し保護するのと同様，何物も，外国法が国家の利益を保護する国内法規定と抵触しない限り，その外国法を承認することを妨げ得ないということになる[71]。

　(4)　以上から，わかるように，「外国主権の侵入」ということで本国法主義を否定するということは，国際的法共同体を建設するという目論見を放棄することにつながる。そして，その前提には，この世の中は「戦争が常態」であって，「平和な状態は異常事態」であるという考え方が存在することになる。

　確かに，18世紀から19世紀の欧州の状況，そして20世紀の世界の状況を見ると，そういう見方は極めて現実的ではある。しかし，だからといって法の理念を説く者が，それをそのままにしておいてよいものであろうか。戦争が引き起こされる懸念材料は常にどこにでもあるが，第二次大戦後，少なくとも欧州はEUをつくり，戦争回避の努力を続けている。戦時の場合は，常に特別法

---

[68]　前掲注(66)「永遠の平和」においては，永遠の平和を実現するための具体的な条件として，まず第一に国内体制として自由と平等の権利を確保した国民が共同の立法に従う共和制，第二番目に国際体制として自由な諸国家の連合制度の確立，そして第3に世界市民法に関しての普遍的な友好権の確立が挙げられている。そして，共和制でない場合には「戦争は全く慎重さを必要としない世間事であるが，それは元首が国家の成員ではなくて，国家の所有者であるからである。かれは戦争によって，かれの食卓や狩りや離宮や宮中宴会などを失うことはまったくないし，そこで取るに足らない原因から戦争を遊戯のように決定し，ただ体裁を整えるためにいつも待機している外交使臣団に戦争の正当化を適当にゆだねることができるのである。」（34頁）と述べる。おそらく，王制ではなく共和制になれば，国民は自分で自分の首を絞めるような結果をもたらす戦争はなくなると，19世紀の人々は本気で考えていたのだろうと推察する。

[69]　Sereni, p. 165, また，ArthurK. Kuhn (1876-1954), "Comparative Commentaries on Private nternational Law or Conflict of Laws" (1937) pp. 15-16.

[70]　Ibid.

[71]　Sereni, p. 165.

が発令されるのであることからすると，やはり平時を前提に理論構築をした先人の知恵と努力は引き継ぐべきではないかと考える。

3　観点の相違

さて，②国家主権の観点から本国法主義を見るか，個人の観点から見るかの相違については，Pillet と de Winter の考え方の相違によく表れているように思われる。

おそらく，本国法主義の基礎には，Kollewijn やそれに同調する de Winter に "romantic notion" と言われながらも集合体としての「国民」という概念が存在する。それに対し，De Winter の考え方には「国民」という概念はない。あるのは，具体的な「個人」そのものである。

これはおそらく，Mancini の時代および 20 世紀前半の Pillet とそのすぐ後の世代の国際私法学者が，国際法学者であったこととも大きくかかわるように思われる。そして，de Winter がこれに対し賛同しないというのは，彼の国際私法に関する根本的な考え方には，Pillet に代表される本国法主義者たちとは異なり，国際法の枠組みの中で国際私法をとらえるという視点が欠けているためであろう。

de Winter の国際私法の捉え方は極めて現代的であるともいえる。国際私法を国際法の枠組みの中でとらえる考え方は，いわゆる国際法説と呼ばれるものであって，それは「内外私法の適用関係の決定は各国の立法権の限界の決定の問題であり」，したがって「国家間の関係を規律する」ものであるということになる[72]。それに対するのが，国際私法は国内法[73]であるとする立場である。

de Winter のように，ほとんど常居所と同じような内容の社会学的 domicile を連結点とする考え方は，ひいては Ehrenzweig の法廷地法主義に連なり，国際的な身分の安定・調和は外国判決の承認の段階での要件の調整によればよいことになる。つまり，外国法を法廷地国で適用する機会を全く，あるいはほとんど認める必要がなくなる。そうすると，国内での外国法適用を通じて，各法規の立法趣旨，保護法益の考慮から，その相互互換性を通じて国際的法共同体を創造するという理念は失われる。せいぜい，渉外事例を取り扱うときの目的

---

[72]　澤木敬郎・道垣内正人『国際私法入門（第 8 版）』（有斐閣，2018 年）7 頁。
[73]　溜池・前掲注(3)21-22 頁，澤木ほか・前掲注(72)7-8 頁。

に国際的判決の調和を設定はしていても，それは必ずしも準拠法をいずれの国の法に依るかということを決定する段階で考慮する必要はなく，「承認」理論が前面に押し出されることになろう。

4　「国民」概念の捉え方

さて，de Winter による主な批判の三番目が，本国法主義の依って立つところの概念「国民」というものが，実体の明確ではない "romantic notion" であるというものである。De Winter はこれを同国人たる先輩 Kollewijn の主張に基づくのであるが，この指摘はすでに Mancini がこの the doctrine of nationalities を唱えた当初から外国の学者を中心になされていた。つまり，それが政治的な含みを有する概念で法学的な基盤の絶対的な欠如およびその不明確性を指摘されることが少なからずあったということである。

確かに国民というものを，外的な，人間が生物学的あるいは文化的に有する属性から定義しようとすると，それは不可能であることは多くの識者の指摘するところである[74]。

Mancini は「国民」を基礎づける要素として，居住地，民族，言語，慣習，共通の過去，法および宗教を挙げるが，いずれもその有無が「国民」を決定づけるものではない。結局は，それぞれの「帰属意思」にかかわるものであるということになる[75]。

しかし，Kollewijn の主張は現在ではもはや通用するところのものではない。Kollewijn は前述したとおり，1857 年に出生し，1942 年に死亡している。つまり，彼は「国民」あるいは「国籍」，または「国民国家」といったものが，世界的に定着しようとする時代に生まれ育った人である。そのような人からする

[74]　代表的なものに Friedrich Meinecke がいる。フリードリッヒ・マイネッケ著・矢田俊隆訳『世界市民主義と国民国家Ⅰ』（岩波書店，1968 年）の著作では最初の所でそれが不可能であることを指摘している。その 3 頁で「人類の歴史の全体的な範囲のなかで，個々の国民を互いに分かつものは何であろうか。その答えとしてはただ，それにたいする目印を普遍妥当的にあたえるような公式はなんら存しないというほかはない。」と述べたうえで，6 頁には次のように述べる。「国民とは一つの国民であろうとするところのものである。」と。

[75]　前述注[65] P. S. Mancini, "Diritto Internazionale" p. 35 にも Mancini 自身，こういった要素が生活共同体と国民たる意識（consciousness of nationality, la Coscienza della Nazionalitá）を形作るとしている。Sereni, p. 163, pp. 166-167.

と「国民国家」概念はいかにも頼りのないものに感じられても仕方がないであろう。しかし，たとえ確固たる公式化が無理としても，現在の世界で「国民」あるいは「国民国家」概念を否定することは不可能である。「国民」概念の困ったところは，それを積極的に定義することは不可能ではあるが，対非「国民」という形での消極的な形で強く意識されるものである点である。そして，現代の我々は2度の世界大戦を通じて，否応なくその意識を植え付けられたいずれかの国の『立派な国民』となっている。したがって，今更「国民」概念を"romantic notion"と批判してもしようがないといえる。

ただ，de Winter は，個々の具体的な個人たる当事者，そしてその利益を考慮せずに，"nation"という抽象的な団体としての属性から，その身分や親族・相続関係の規律をすることに反発を覚えたのだろう。また，"nation"あるいは「国民性」といった意味での"nationality"概念が政治的・社会学的なもので（しかも，極めて論議のある），法的な概念として規定することの困難さのゆえであろう。なるほど，これがまさに"nationalism"の問題点ではあるが，繰り返しになるが，少なくとも現時点では「国籍」という意味での"nationality"あるいは「国民」としての"nation"は既知のものとして扱いうるものになっていることは否定できない。

V 本国法主義の現代的意義

1 国際的法共同体設立目標の側面から

では，de Winter の主張したように，本国法主義は現代においてはすでに役に立たないものなのだろうか。de Winter のいうような常居所地とほとんど違わない住所（domicile）地の法に依るということは，確かに外国国家主権の侵入の度合いは本国法主義の場合よりも少なくなることは事実である。しかし，前述したように，この考え方は究極的には法廷地法主義に依ることになる。つまり，各国は自国に国際裁判管轄が認められる限り自国法を適用するということになる。確かに，現在考えられるべき国際私法の進む方向としては，本国法主義の維持か，それとも法廷地法主義により，最終的には承認理論で処理をするという二つの方向であろう。

後者の法廷地法主義は確かに，de Winter の言うように，各国の実務家，特

に裁判官の負担は少なくなる。しかし，これでは，これも前述したように，法
廷地法主義で行くということは，国際私法の究極の目的，国際的法共同体とい
うものの形成をすることが困難になる。むしろ，その目的を放棄するに等しい
と言えるであろう。もちろん，判決結果さえ各国で共有できるとよいではない
かという考え方もあろう。それによって具体的な個人の利益が侵害されなけれ
ば困らないという考え方である。

　しかし，各国法は各国民の意思の表れであり，各国国民の価値判断の顕現で
ある。価値基準が異なっていても結論は同じになるということは，往々にして
あることである。しかし，これでは現在のグローバリゼイションの進化した世
界の運営が困難になるのである。グローバリゼイションということは，各国そ
れぞれの依存度が高くなっていることを意味する。しかし，そこでの価値基準
の相違は対立をもたらし，それを激化させる。なるほど，EU のように相当程
度に価値基準が歴史的にも文化や宗教的にも同じくし，さらにその緊密度が強
くなっている社会ではそれも可能であろう。しかし，そのような EU において
さえ，実質法段階での法の統一，すなわち実体法的価値基準の統一に大変なエ
ネルギーを注いでいることは周知の事実である。このような実質法の統一とい
うことは，価値基準の統一であり，その方法は各国法の擦り合わせである。
行ってみれば，EU は司法の段階ではなく，立法の段階でそれを行っているこ
とになる。

　しかるに，EU 外の国々で，そのように立法の段階で外国法との擦り合わせ
をする機会はない。かろうじてあるのが，司法段階での外国法の適用における
場面である。これが，法廷地法主義ということになると，そのような機会すら
奪われるということになる。そして，それは現代の社会生活にとってはマイナ
スである。各国の経済的依存は従来にないほど緊密になっており，人は国境を
越えて簡単に移動している。つまり，経済・社会生活が国家を超えるものと
なっているときに，国家法だけがタコつぼに入るように小さくまとまるという
のはいかがなものであろうか。それは，各個人に法の潜脱の機会を与えると同
時に，国家法の相違から来るリスクをすべて個人に追わせる結果をも招来する。

　今，問題になっているのは能力及び身分に関する準拠法の問題で，財産関係
の分野の問題ではなく，財産法分野においては，国際的な価値基準の統一はお
おむね，法以外の分野から推し進められて法に至るから，それほど問題ではな

いという批判もあるかもしれない。しかし，科学の進展，そしてその技術の価値中立性に伴う普及の容易さが家族法の分野における価値の転換を我々に突き付けていることも事実である。つまり，臓器移植や生殖補助医療の進展に伴い，むしろ家族法の分野での各国法の擦り合わせが必要となっている。離婚に伴う子の奪い合い，あるいは国際養子縁組といった場面でも，親と子の利益をどうとらえるのか，男女の平等をどのように考えるのか，といった価値判断が問われることになる。そこでの価値判断の相違は，現在のところ，「公序」で処理されることになろう。しかし，かつては離婚を認めない，あるいは母に親権を認めないとしていた国が，渉外的な紛争の場面で，自国の価値判断を見直すきっかけになっているのも事実である。

2　国際私法規定生成の構造的側面から

　もう一つの重要な根拠は，本国法主義を採用するための国際私法の構造的な問題がある。

　Mancini の主張した3原則，能力及び身分に関しては本国法主義に依ること，そして契約の分野における当事者自治の原則，さらに一国家の領域内における積極的公序の優先といった原則が有名であるが[76]，家族法分野における本国法主義とは，強行法規の中には渉外的な適用を求めるものがあることを主張しているのである。

　Mancini は決して法律関係の方から国際私法を考えているのではない。彼はやはり法規分類学徒といえる[77]。彼は，私法を「必要的（necessaire）」私法と「任意的（volontaire」私法に分けて区別し，前者は人の能力・身分・相続を規律するものとする。これは，国民の性格を決定づける自然的要因がその国の必要的私法法規の具体的特徴的な内容をも形成するからであるとする。つまり，必要的私法とはその国を構成する国民の具体的な特色を，立法の形で表現したものであり，それゆえに principle of nationalities は国際公法・私法双方を拘束する原則であるとする[78]。これに対して，任意的私法は，国民の具体的な特

---

[76]　詳細については，折茂茂『当事者自治の原則』（創文社，1970年）23-26頁参照。

[77]　13世紀のルネッサンス時代の学者とは違うが，法規の適用範囲に目を付けていたことは明らかである。Mancini の立場については，西谷裕子著 "Mancini und Parteiautonomie im InternationalenPrivatrecht" pp. 330-333 参照のこと。

徴に関係のない事柄を規律する者であり，そこには principle of nationalities は関係しない。つまり，任意的私法は個人的利益にのみ関与し，公の利益には関係がない，そうすると当事者の意思に委ねるのが一番その当事者の利益に叶うであろうというのである[79]。

　必要的私法とか任意的私法とかいう言葉は聞きなれない言葉であるが，本国法主義から切り離してみると，これは法規をその強行性によって分類する考え方である。つまり，法規には渉外的にまで適用を欲する強行法規と国内において絶対的に適用を求める強行法規であるが，渉外的にまでその適用を求めない強行法規，そして強行性のない法規，つまり任意法規の３種類があるということである。そして，渉外的にまでその強行性を貫こうとする法規につき，その渉外的な適用の根拠として principle of nationalities を持ち出したと見ることができる。Mancini 自身はこの principle of nationalities を，国民を構成する個人の集合体にまで拡張された各個人のまさに自由そのものである，と捉え，nationality は人間の自由の集合的表明であるから，自由そのものと同じように神聖なものと捉えていたようである[80]。つまり，そこに各国が国民個人を保護する利益の相互互換性を見たのである。

　これは，本国法主義といった具体的な連結点と連結対象となる事象から離れて，抽象的に国際私法の構造の問題として還元すると，外国法を法廷地国内で適用する双方主義理論の構築方法そのものである。つまり，法廷地国法と外国法の保護利益の相互互換性，法規自体の渉外的適用の要求を基礎に準拠法の連結を構築し，例外的に法廷地自国法の公序にかかわる場合にのみその適用を拒絶するという形になる。

　以上の叙述から分かるように，これは Wilhelm Wengler が主張した「強行法規の特別連結論」の構図である[81]。元来，財産法の分野は，まさに実質法段階での契約自由の原則により，任意法規が多く，規制の必要な部分は公序ある

---

[78]　Sereni, p. 165.

[79]　Ibid.

[80]　Sereni, p. 163.

[81]　Wilhelm Wengler のこの理論については拙著「ヴェングラーの『強行法規の特別連結論』について」甲南法学 37 巻 4 号（1997 年）139-172 頁および「ヴェングラーの『強行法規の特別連結論』の理論構造」国際法外交雑誌 97 巻 3 号（1998 年）43-75 頁参照のこと。

いは公序法による処理で充分であったところ，経済発展につれその国際化が顕
著となり，自国の領域内のみでなく渉外的に適用しなければ立法目的が達成さ
れえない強行法規が出てきたのは周知のとおりである。その際，自国国益保護
を渉外的に図るためには，各国の保護法益の相互互換性を根拠に各国の協力体
制が必要となる。Wengler は双方的な抵触規定が成立するまでのプロセスを
そのまま理論化して提示したと言える。つまり，lege lata としての抵触規定で
はなく，その生成過程，つまり lege ferenda をそのまま実行基準として提示し
たものである。そして，この理論の適用が積み重なることにより，まさに双方
的抵触規定として何らかの形でルールが出来上がると考えていたといえよう。
この理論は，したがって渉外契約とか，あるいは渉外家族法といった各論的分
野のものではなく，一般総論，すなわち双方的抵触規定生成構造そのものを明
らかにしたものである。にもかかわらず，契約の分野の理論として捉えられが
ちなのは，能力・身分・相続といった分野ではまさにすでに強行規定の渉外的
適用に関し双方的抵触規定が出来上がっているのに対し，それが成立していな
い分野が財産法分野，とりわけ契約法の分野であり，その分野における強行法
規の増大が 20 世紀になり光が当てられるようになったからである。

　これが現在の準拠法を決定して渉外的法律関係を規律する形の双方主義的国
際私法生成の構造ということになると，法廷地法主義に進むというのは，これ
とは全く異なる考え方，方法での渉外的法律関係の規律を考えているというこ
とになる。本国法主義のモデルを否定するということは，ある意味，根本的に
現在の双方主義的国際私法の方法論を否定することにつながる危険がある。こ
れを破壊してよいというなら，すべての分野にわたる渉外的法律関係を規律す
る代替案を提出すべきであろう。

3　移住地への定住性と統合あるいは同化[82]の側面から

　さて，事実上の根拠として，人の移動の激化が本国法主義を不適切なものと

---

[82]　「統合（integration）」と「同化（assimilation）」という言葉をこの論文では同じ意味
　をもつものとして扱う。但し，Emmanuel Todd はその著『移民の運命（Les Destin
　des Immigrés）』の日本語版（石崎晴己・東松秀雄訳〔藤原書店，1999 年〕）の 526 頁
　において「同化（assimilation）」の方を推奨している。これは「統合（integration）」
　がコンテクスト如何で意味が異なってくるためであるという。

していると言うが，これは果たしてどうであろうか。確かに 19 世紀には多く
の人々がヨーロッパから新大陸に渡り，彼らの多くは新大陸に定住したのであ
る[83]。しかし，現在の移住者は果たして移住地に馴染むのであろうか。

　今，手元に中村哲編『アフガン・緑の大地計画 —— 伝統に学ぶ灌漑工法とよ
みがえる農業』という本がある。戦争と干ばつで荒廃しきったアフガニスタン
に緑の大地を復活させるという途方もない灌漑事業計画を着実に実行している
日本人医師仲村哲氏のひきいるペシャワール会の報告書である。そこに収めら
れている論文に，永田謙二著「アフガニスタンにおける水資源・灌漑政策 ——
地域社会のオーナーシップが復興への鍵となる」があるが，その 192 頁では，
「避難民であった人の避難年数は，20 年以上が 42%，11 年から 15 年が 36% で
あり，長期にわたる避難民が帰村していることが分かる。」とある。これは何
を意味するか。難民は，自らの祖国が安全で，そこで食べていけるなら祖国に
戻りたい，そして条件が整えば戻るのである。移住地に同化するのではない。
そのことは，ドイツにおけるトルコ人街でのトルコ人の生活を見ると誰しも実
感するのではないか。長いスカート，頭をすっぽり覆うスカーフといった姿で
買い物をする女性たちを目の当たりにすると，彼らはアンカラのトルコ人より
も旧来の伝統を守って生活しているように思われる[84]。

　Emanuel Todd はその著「移民の運命（Le Destin des Immigrés)」において，
アメリカ合衆国，イングランド，ドイツ・フランスといった四大移民受け入れ
国の実態を分析しているが，そこでは家族システムおよび人類学的システムの
解明と分析に立脚して，具体的に移民受け入れ社会の心性の無意識の層を決定
する下部構造から，各国における移民の処遇を明らかにしている。同化か隔離
かということになると民族混交婚の率が一つの目安となるが，フランスではア

---

[83]　福井憲彦『近代ヨーロッパの覇権』（講談社学術文庫，2008 年）199 頁には「19 世紀
　　の後半から 20 世紀はじめにかけては，……ヨーロッパは大量の移民を，海外へと送り
　　出していたのである。その数はトータルでほぼ 4000 万人と言われ，目指された『新天地』
　　はおもに南北アメリカ，とくにアメリカ合衆国であった。」とある。

[84]　1986 年にドイツが EGBGB を改正して，本国法主義だけでなく常居所地を連結点と
　　して採用したときに，ドイツから某博士（名前は失念した）が来日して，常居所地を連
　　結点として使うことについて，「ドイツにおけるトルコ人街に行くと，そこはまさにト
　　ルコであってドイツではない，このような生活を維持しているトルコ人に常居所地法と
　　してドイツ法を適用することが果たして妥当なのか，いまだ疑念がある。」といった趣
　　旨のことを述べていたのが印象的で記憶に残っている。

ルジェリア移民の娘の25%がフランス人男子[85]と婚姻するが，これに対し，受け入れ社会出身の男子と暮らす女子の率は，ドイツではトルコ移民の2%以下，イングランドではパキスタン移民の娘の1%以下ということである[86]。

おそらく，de Winter が念頭に置いている移民と現代の難民あるいは移民は相当程度にその質は異なっているのではないだろうか。彼が念頭に置いているのは旧大陸から新大陸に移住した白人移民でその文化的背景の同一性から同化しやすい人たちだったのではないだろうか。現代の移民はそう簡単には「同化」を望むとはいえないように思われる。

また，大変人間の移動が激しくなっているが，それはいわば飛行機・船あるいは自動車といった移動をその機能的本旨とする動産に類似した側面がある。つまり，「現在地」というより，特段の事情のない限り「登録地」を所在地とするのが，すべての法律関係の当事者にとって好都合になる。人間も激しく移動をするようになれば，むしろ，その登録地をきめておいたほうがよいであろう。その意味で「国籍」はまさに適切だといえる。

4 国民の保護・管理の側面から

国籍の定義は，「一国の国民たる資格」といえよう。つまり，主権者としての「国民」の資格を誰が有しているか，ということを定めているのが国籍法といえる。そうすると，とりわけ血統主義に基づく国籍法を有している国においてはまさに婚姻・離婚・親子関係・養子縁組といった場面では，その成否如何によって国民の範囲が決定されるわけであるから，その意味において人の身分的法律関係の規律は，関係当事者の私的な利益の保護ばかりでなく，国籍の特捜と密接に関連してくることになる。さらに，国民保護・管理という観点からも見る必要が出てくる。

Rogers Brubaker は「それ（シティズンシップ）は一時的あるいは長期的な滞在で発生したり，一時的あるいは長期的な不在で消滅したりするのではない，永続性を持った人間の地位なのである。この点において，近代国家は単なる領域的な組織なのではなく，国民の集団という成員資格の組織なのである。——国家はそうした国民の民意さらには利益を代表しているということで，正統性

---

[85] 但し，その男子が以前からフランス人となっている家庭出身という意味である。

[86] エマニュエル・トッド・前掲注(82) 2 頁。

を主張しているのである。」と述べるが[87]。まさに法はこうした国民の意思の顕現であり，それによって国民の利益をも保護しているわけである。

　本国法主義にはこのような側面があるが，このように主権を意識する国際私法の構築をどうも現代の国際私法学者は嫌う傾向にあるので，国際私法が国際法から切り離されて，単に国内法として扱われるようになったことも一つはその凋落の要因だったのではないかと推測する。しかし，法を取り扱う限り，主権を無視するという態度が一体果たして理論上有益なものか，筆者にははなはだ疑問に思われる。むしろ，国家の立法管轄権と司法管轄権のずれを国際協力によって是正していくという観点からすると，当然そこには主権という考えが考慮されてしかるべきであろう。

Ⅵ　結　語

　最後に，この論文執筆にあたり，感想として少し述べたいことがある。

　その最たるものは，「国籍」という日本語は大変ありがたい言葉だということである。これが "nationality" や "nation" となると，多くの意味を有する。そのため，国際私法の連結点としてはともかく，政治学的にはナショナリズム，それも排斥的なナショナリズムを生じさせている。しかし，Mancini は結局 "coscienza della nazionalità" のみが "nazionalità" を構成する必須の要件とも述べているのである[88]。つまり，本質的には「帰属する意思」しか，そこには中核的なものはない。主権者としていずれの国に帰属意思を有するのかという個人的な観点からすると，主権者として自分の意見を述べることができるくらいにはその共同体の言葉に習熟していることぐらいしか，nationality を構成する補充的要素としてあげられるものではないのではなかろうか。

　また，「国籍」に充てられるヨーロッパ言語の多義性は，言葉から連想される諸々の事象により，主権の侵入というような観点も出てくるのであろう。しかし，どれほど時間がかかろうと，こういった政治的な，そしてそれに伴う感情的なものを排して，中立的に国際的にいかに人々を「国民」として配分するかのメカニズム[89]が国籍，つまり "nationality" なのだという考えを人々に浸透

---

(87)　R・ブルーベイカー・前掲注(13)43-44頁。

(88)　前掲注(65) Mancini, P. S., "Diritto Internazionale", p. 35.

させることが，国際的法共同体を創設するには重要であろう[90]。

　さらに，de Winter が住所地（domicile）法主義への移行の例として挙げた事例の多くは，子の保護といった物理的な身体的保護が必要な事例が多く，むしろ能力・身分といった従来本国法主義に委ねていたすべての問題につき，国籍を連結点とすることは，問題の性質上ふさわしくないという指摘はもっともである。行政的な処分との連携の必要や，また，必ずしも国籍の確定とは結び付かない問題も多い。つまり，単に能力・身分・相続が問題となっているから本国法主義によるというのではなく，もう少し問題を精査していずれの連結点によるのが相応しいかを決める必要があるのではないかと考える。

　最後に，本国法主義を採用する場面でも，異国籍当事者の婚姻等の問題については別個に連結を考慮するということは確かに必要であり，それこそ国際条約で一致した態度を採用するという形で解決するのが妥当であろうと考える。

---

[89]　同上 59 頁。

[90]　ドイツで「国籍」に "Nationalität" ではなく "Staatangehönigkeit" を使用するのは，そういった考えが背後にあるように思われる。

8 日本の終末期医療と法
── 2018 年における報告

樋 口 範 雄

I　はじめに ── 2016 年東京地裁判決と延命治療のあり方

1　延命治療をめぐる法の課題

　超高齢社会の日本では，近年，高齢者に関するさまざまな課題が表面化している[1]。テレビや新聞その他あらゆる媒体（メディア）から，お墓の宣伝や，関節痛・腰痛を治してくれるという医薬品，健康寿命を延ばしてくれる食品やサプリメントの広告など，明らかに高齢者をターゲットとするコマーシャルが流れる。医療の面での課題の中では，特に延命治療を望むかどうか，望まない場合にどうすればそれが実現できるかが論点となっている。その背景には，延命治療などの終末期医療に関する法律が日本に存在しないことがある。本稿は，日本の終末期医療と法の現状に関する報告である。

　あらかじめ要約すると，本稿では，次の3点を確認し，あるいは検討する。第1に，かつての日本では，延命治療中止や差し控えについて，それが刑法上の殺人罪（または嘱託殺人罪）に当たるか否かが大きな問題とされた。だが，すでに現在では，適切な延命治療の中止が犯罪になるおそれはない。

　第2に，その変化は，日本の場合，尊厳死法と呼ばれるような法律を制定し，延命治療中止の法的免責を明示する方法によるものではなかった。むしろ厚労省や各種の医学会が策定したガイドラインによってこのような事態がもたらされた。

---

[1]　超高齢社会の日本が直面するさまざまな課題を取り上げ，法のあり方について再検討が必要だと主張するものとして，樋口範雄『超高齢社会の法律，何が問題なのか』（朝日新聞出版，2015年）。

第3に，その結果，現在および今後のわが国における終末期医療と法の課題は，超高齢社会とそれに伴う多死社会が予想される中で，いかにして多くの人々が，その意思や希望に沿った平穏な死と，その前の充実した生を享受できるかを考えることである。そのために提案されている工夫の1つは，advance care planning（医療や介護に関する事前の計画づくり）だといわれる。それは何か，それが何を実現するためのものであるか，その実現のために考えられる新たな法の役割とは何か，が今後の課題となる。

2 延命治療をめぐる民事裁判

後に詳述するように，かつての日本では，延命治療の中止をめぐって刑事手続（具体的には捜査の開始と送検手続に至る事件）が複数起こり，そのたびに全国的なニュースとなった。だが，延命治療をめぐる民事訴訟は稀であり，今後も多発するとは思われない。ところがその稀な例が生じた。2016年に延命治療の差し控えをめぐる訴訟で東京地裁が判決を出し，2017年に東京高裁で控訴棄却の判決が出された（さらに現在は最高裁に上告中という）。まず，その事件の概要を説明し，そこからわが国の終末期医療の現状と課題を瞥見する。第1審の東京地裁判決によればそれは次のような事件である[2]。

① 患者Aは1918年生まれの女性。2007年9月8日の死亡時は89歳だった。糖尿病および高血圧の持病があり，2007年5月時点では認知症の兆候もあったが，診断や治療は受けていなかった。

② Aは2007年6月18日，自宅で発作を起こして倒れ，Y病院へ救急搬送された。脳梗塞と診断され治療が開始された。MRI検査の結果，右大脳の約3分の2，右小脳の約半分を傷害する重症例とわかった。

③ 6月18日の入院から末梢点滴により栄養補給されていたが，22日から経鼻経管栄養に変わった。

---

[2] 東京地方裁判所判決，平成28年11月17日，判例タイムズ1441号233頁，判例時報2351号14頁。なお平成29年7月31日に東京高裁で控訴棄却の判決が出されたが，この判決は現在まで公表されていないため，ここでは地裁判決を基にした紹介をする。また，本件では別の論点も争われたが，本稿の関心から，延命治療の中止に関わる部分だけをとりあげる。

④　6月29日に，Y病院の医師から，Aの家族に病状の説明がなされた。説明した相手としてAの長女であるX，Aの長男であるY2とその妻であるY3，次女であるBがいた。なお，Aは当時長男夫婦であるY2，Y3と同居しており，長女Xおよび次女Bは結婚して家を出ていた。Y病院側は，これら家族の中で，長男をキー・パーソンだと認識した。

⑤　7月2日からAのリハビリが開始された。ベッドからの起き上がりや車いすへの移乗には介助が必要だったが，7月5日時点では，紙に名前と住所を書くことができた。8月5日時点では，端座位保持（ベッドサイドに腰掛けて上体を保持すること）が2，3分程度できるなど指示された動作をある程度こなすことが可能になった。一時はリハビリの効果が出ていたわけである。

⑥　しかし，7月17日には徐々に活気がなくなっている様子が見られ，27日からはリハビリの意欲が低下している様子も見られるようになった。

⑦　Aの意識状態については，入院当初の6月18日から同月27日までは，鎮静剤の影響もあり，JCS30ないし200で推移していた。その後，7月2日から9月1日まではJCS3ないし20で推移した（この数値は，3桁の場合，基本的に刺激をしても覚醒しない状態を指し，2桁の場合，刺激をすると覚醒するが，刺激をやめると眠り込む状態を指す。20は，大きな声または体を揺さぶることにより開眼する状態を指す。なお，1桁は刺激しないでも覚醒している状態を指すが，本件でのJCS3とは，それでも自分の名前や住所はいえない状態である）[3]。この間の意識状態にはむらがあり，基本的にはほとんど寝たきりで，呼び掛けに対しては頷いたり手を握り返したりして反応することができ，「分かります。」「はい，大丈夫。」「うん。」などと応答することもあったが，呼び掛けにより開眼しても合視しないことや発語がないことも少なくなかった。

⑧　経鼻胃管を嫌がる様子については，6月21日に経鼻胃管を自ら抜去してしまったため，長男Y2の同意に基づいて抑制帯を装着した。6月27日に再び経鼻胃管を抜去しており，そのほかにも抑制帯を解除したときに経鼻胃管に触れたり抜こうとしたりすることがあった。また7月5日，21日および8月7日には便失禁があり，8月9日に尿培養検査の結果を受けて尿道バルーンカテーテルが抜去されてからは，連日にわたり尿失禁及び便失禁を繰り返すよう

---

(3)　日本における意識障害の評価表（JCS, Japan Coma Scale）については，下記参照。http://www.jsts.gr.jp/guideline/341.pdf

になった。

⑨ この間，医師は，7月11日，Y₂に対し，Aは高齢の中大脳動脈塞栓としては驚くほど経過がよく，大した合併症も起こさなかったものの，意識状態にはあまり変化がなく，その点でよいとはいい難いと説明した。

⑩ 医師は，8月6日，Y₂に対し，Aは残念ながら現状では経口摂取は不可能であり，しばらくは経鼻経管栄養を続けるが，今後転院することを考えると，胃瘻に切り替えた方がよいと説明して，検討を促した。その後，Y₂から胃瘻の希望はなく，Aに胃瘻が造設されることはなかった。

⑪ その後，Aに対しては，8月16日に呼吸不全が疑われる症状を示したために経鼻酸素吸入を開始したが，21日には経鼻酸素吸入を中止するとともに，末梢点滴から経鼻経管栄養に変更した。だが，同じ21日および翌22日栄養剤のようなものを嘔吐したため，中心静脈栄養に変更した。しかし，その後も同月26日に黄色のものを嘔吐し，同月29日に経鼻胃管を閉鎖されたときにも嘔吐した。

⑫ 医師は，9月3日，Aについて，経鼻酸素吸入は当直時間帯を除いて行わず，心停止に陥っても心肺蘇生は行わないこと（DNR）を決定した。

⑬ 医師は，9月7日，Aの収縮期血圧が80台まで低下し，心不全の兆候を認めたことから，長男Y₂との間で，自然に経過を見る方針を確認し，Aの余命は1日以内だろうと説明した。9月8日，午前7時27分に心停止に陥り，同34分に死亡が確認された。誤嚥性肺炎，敗血症，多臓器不全という経過をへて死亡したとされる。

3 本件民事訴訟の争点と経緯

以上のように，本件は，89歳女性が2007年6月に脳梗塞で救急搬送され，リハビリにより一時は一定程度回復の様相を見せたものの，その後病状が悪化して9月初めに亡くなったという事案である。その7年後に[4]，長女Xが原告

---

(4) なぜ7年後の2014年かといえば，被告Y₂およびY₃（長男夫妻）の主張によれば，その間，XはAの遺言無効訴訟を提起しており，最高裁まで争って2014年に敗訴している（別件訴訟）。その後，本件訴訟を提起しており，実際は別件訴訟の蒸し返しではないかと被告は主張したものの，裁判所はその主張を受け入れず，本件について独自に判断した。結論はXの敗訴。2017年の控訴審も同様。ただし，最高裁へ上告中というのが現在の状況である（その後，上告棄却）。

となり，長男夫妻（Y2およびY3）と病院を経営する法人（以下，病院Yとする）を訴えたのが本件である。本稿の関心からは，Xの主張の中で，Y2が延命措置を差し控えたこと，および病院Yがそれに従って延命措置を実施しなかったことが違法な行為であると論じた部分にだけ注目する[5]。

　原告である長女Xの主張によれば，亡きAは，一時，意識状態も一定程度回復していた時期があり，本人Aの意思も確認せずY2が延命措置を拒否したことは，本人の自己決定権を侵害して違法である。病院Yについては，同様に，Aの意思確認が可能な時期もあったのだから，延命措置の希望（または拒否）について十分に説明した上で意思確認をすべきであるにもかかわらず，これを怠り，また，仮にAの意思確認が困難であったとしても，原告Xを含むAの家族との間で十分に話し合いをしてAにとって最善の治療方針を決定すべき注意義務があるのにそれを怠ったと論じた。

　第1審裁判所（東京地裁）は，2016年に原告敗訴の判決を出し，翌2017年控訴審である東京高裁でもその結論が維持された（その後，Xの上告は棄却された）。東京地裁判決では，2007年に厚労省が公表した「終末期医療の決定プロセスに関するガイドライン」が引用されている点が特に注目される。

　超高齢社会になっても，人は皆『死すべき定め』[6]を免れないから，この事案に似たような体験は多くの人がすることになる。

　そのポイントは，次のようにまとめることができる。病状悪化に伴う経緯に即して説明すれば次のようになる。

　イ）相当高齢になった人が，ある日突然，脳梗塞や心臓など何らかの発作を起こし，救急車で病院へ運ばれる。運良く救命がなされても，それ以前の状態に回復することはできず，徐々に病状が悪化する。その際，患者本人はすでに認知症を患っており，しかもその程度が重く自分の病状の理解も十分にはできない程度とされる場合がある。また，そうでなくとも発作が重篤で意識レベ

---

　(5)　本件では，Aが病室で経鼻経管栄養の注入を受けていた際に，Y2がその注入速度を上げるという違法行為を行ったために死亡したとの主張もなされた。裁判所は，注入速度を上げる行為自体は医行為であって，医師の指示なく家族が行うことは違法だと認めたが，その行為と死亡との間に因果関係は認められないとして，この主張を退けた。

　(6)　アトゥール・ガワンデ（原井宏明訳）『死すべき定め』（みすず書房，2016年）。

ルが十分回復しなければ，延命治療のあり方について，本人の意思や希望を聞
き出すことは難しい場合が少なくない。

ロ）　その際，わが国においても，本人の意思決定を原則とすることが基本原
則としては認められている[7]。自らの病状を十分理解したうえで本人が自己決
定できるならそれを尊重することになる。あるいは，それがあらかじめリビン
グ・ウィルのような形で明示されていれば，原則としてそれを尊重することも
考えられる（ただし，わが国では，そのような事前の意思表示に法的効果を認める
法律，言い換えれば，諸外国で自然死法とか尊厳死法と呼ばれるものは制定されて
いない）。しかし，リビング・ウィルを作成している人はごく少数であり，実
際の重篤な病状の時点での自己決定とその前提となる本人への十分な説明がで
きるかといえば，この事件でもそうだったように，現実には難しい場合がある。

ハ）　そうだとすると，本人に代わって，本人の代わりとみなされるような
立場の人（本件では家族）が，病状の進捗具合によって，いくつかの決定をす
るよう迫られる。本件でいえば，経口で栄養をとることがもはや見込めないと
なった場合に「胃ろう」に切り替えるか否か。次に発作が起きた場合に，心肺
蘇生措置をするか否か（DNR order と呼ばれる，医師による心肺蘇生措置を禁止
する指示を認めるか否か）。経鼻酸素吸入についても，一定の範囲に限定するか
否か。

ニ）　本件判決では，キー・パーソンという言葉が登場する。曰く，「医師は，
Aの家族構成を把握した上で，Aの長男であり長年にわたって同居して介護
もしている被告 Y2を，Aの家族の中のキーパーソンであると認識した」とい
うように。キー・パーソン（key person）とは，文字通り，ある場面で鍵とな
る人物のことである。病院や施設でのサービス提供にあたり，本人の意思決定
が不可能な場面では，それに代わって医療側・施設側と相談・話し合いをする
中心人物を指す[8]。

この「キー・パーソン」を誰がどのようにして定めるかは，重要な課題であ
る。ここでは「長男であると認識した」とあるが，医療側で勝手に判断してよ

---

[7]　たとえば，本件判決でも「厚生労働省が平成 19 年 5 月に策定した「終末期医療の決
　　定プロセスに関するガイドライン」では，終末期医療及びケアの方針決定について，〔1〕
　　患者の意思の確認ができる場合には，専門的な医学的検討を踏まえた上でインフォーム
　　ド・コンセントに基づく患者の意思決定を基本と」することが引用されている。

いかという問題がある。

　また，キー・パーソンとされれば，単独で判断してよいかといえばそうではない。判決も，「患者の家族のうち医師等からキーパーソンとして対応されている者が，延命措置に関して患者本人や他の家族が自らと異なる意見を持っていることを知りながら，医師等に対してその内容をあえて告げなかったり，容易に連絡の取れる他の家族がいるにもかかわらず，その者の意見をあえて聞かずに，医師等に対して自らの意見を家族の総意として告げたりした場合には，患者本人や他の家族の人格権を侵害するものとして，これを違法であると認める余地があり得る」と述べる。言い換えれば，ここではキー・パーソンを中心にして家族その他の関係者の総意をまとめることが期待されている。「キー・パーソン」という言葉と，「家族の総意」が共に重要なキー・ワードになっている。

　そのうえで，本件では，2007 年 6 月 18 日および 28 日に，「医師からされた説明を踏まえて，X，Y_2 を含む家族 4 名の間で，A に延命措置を行うかどうかの問題が話題となり，被告 Y_2 から，延命措置に対する否定的な考え（A に対し延命措置は行わないとの考え）が示されたのに対し，原告を含む他の 3 名からは，これに反対する意見が述べられたことはなく，原告が延命措置について被告 Ｙ 2 に対し何らかの具体的な意見を述べたこともなかったことが認められる」との事実認定がなされた。

4　本件民事訴訟が示唆するわが国の終末期医療の課題

　繰り返し述べているように，日本においては，終末期医療に関する事前指示やそれに基づく延命治療の差し控え（不開始）・中止について、一定の手続と条件を満たした場合にそれを行った医師の法的免責を明記する法律が存在しない[9]。その代わり，本件の事案が発生するのとほぼ同じ時期（2007 年 5 月）に厚労省が公表した「終末期医療の決定プロセスに関するガイドライン」（その

---

(8)　たとえば，日本看護協会のホームページにおける看護実践情報では，「家族がいない，あるいは家族に判断能力がない患者又は利用者等の代理意思決定」という項目に，「家族がいない，あるいは親族が多くいる場合においても，患者又は利用者等にとってのキーパーソンが誰なのか，わからない場合もある」という記述があるのは，そのような意味である。https://www.nurse.or.jp/nursing/practice/rinri/text/basic/problem/ishi-kettei_01.html

後，2015 年 3 月に「人生の最終段階における医療の決定プロセスに関するガイドライン」と改称。さらに，2018 年 3 月に，内容の改訂がなされ「人生の最終段階における医療・ケアの決定プロセスに関するガイドライン」となった）が実際的に重要な役割を担っている[10]。

本件の東京地裁判決では，このガイドラインが引用され，延命治療中止の適否を判断する際の参考基準とされた。

次節以降では，次に掲げる論点について，終末期医療と法に関するこれまでの歴史と，現在における課題につき，説明する。

第 1 に，わが国において，終末期医療と法の関係は？　なぜ法律が制定されず，ガイドラインが重用されているのか？

第 2 に，延命治療について患者本人の自己決定が尊重されるべきだという原則は，どのように実現されているのか？　それが不可能な状況で，それに代わる決定手続はどのようにされているか？

第 3 に，超高齢社会が進行する日本において，延命治療だけでなく，高齢者の医療やケアのあり方をどのように考えるべきか？

II　終末期医療と法の第 1 期 —— 刑事法介入の時代

日本における終末期医療と法は，大きく 2 期に分けることができる。分岐点は，2007 年に「終末期医療の決定プロセスに関するガイドライン」ができた時点であり，それ以前を第 1 期とする。

この時期，間歇的にではあるが，延命治療を中止した医師に対し刑事捜査が入り，全国的に大きく取り上げられた。そのため，この時期を刑事法介入の時代と呼ぶことができる。それに対し，2007 年以降の第 2 期は，尊厳死法などの法律が制定されたわけでもないのに刑事法の介入はなくなり，むしろ本当に

---

(9)　韓国や台湾でも法律が制定されていることの紹介を含め，終末期医療について日本で法律が制定されない状況を分析するものとして，樋口範雄「高齢者のエンドオブライフと法制度」内科 121 巻 4 号（高齢者医療ハンドブック）1059-1063 頁（2018 年 4 月，南江堂）。

(10)　現在のガイドラインについては，厚労省のホームページを参照のこと。http://www.mhlw.go.jp/stf/houdou/0000197665.html　2007 年の当初のガイドラインについては，http://www.mhlw.go.jp/shingi/2007/05/dl/s0521-11a.pdf

重要な終末期医療の課題に焦点が当たるようになった。まず，第 1 期の様相を説明する。

1　非医療従事者による安楽死から医師による延命医療の中止へ

　延命医療をめぐる課題が登場するためには，まさに延命治療が可能になる必要がある。20 世紀の半ばまで，人工呼吸器をはじめとする延命治療は一般的ではなかった。アメリカでも，延命治療を中止するための裁判（代表例が 1976 年のカレン・クインラン事件である）があり，自然死法というカリフォルニア州法が制定されたのも同じ 1976 年であることを考えると，延命治療が広く行われるようになったのは 1960 年代から 70 年代にかけてだと考えられる。

　わが国では，人工呼吸器や胃ろうなどの延命治療を断る「リビング・ウイル=終末期医療における事前指示書」を広める日本尊厳死協会が活動を始めたのが 1976 年であり[11]，やはり 1960 年代から 70 年代という同様の時期に延命治療が広がったと考えられる。

　この当時，1962 年，名古屋高裁が，家族による安楽死について嘱託殺人罪を適用して有罪とするとともに，それが適法とされる例外的要件として次の 6 つの条件を明らかにしていた[12]。

　① 不治の病に冒され死期が目前に迫っていること

　② 苦痛が見るに忍びない程度に甚だしいこと

　③ もっぱら死苦の緩和の目的でなされたこと

　④ 病者の意識がなお明瞭であって意思を表明できる場合には，本人の真摯な嘱託または承諾のあること

　⑤ 原則として医師の手によるべきだが医師により得ないと首肯するに足る特別の事情の認められること

　⑥ 方法が倫理的にも妥当なものであること

---

[11]　日本尊厳死協会のホームページ参照。http://www.songenshi-kyokai.com/about/greeting.html

[12]　名古屋高等裁判所・昭和 37 年 12 月 12 日・高等裁判所刑事判例集 15 巻 9 号 674 頁。本件では，第 5，第 6 の要件が満たされていないとして有罪とし，懲役 1 年執行猶予 3 年とされた。

　この名古屋高裁の事件は延命治療の差し控えや中止の事案ではなく，積極的に患者を死に至らしめる事案である（家族による毒殺事件である）。その判決の際に，積極的安楽死が例外的に認められるとしたら，そのための違法性阻却要件はこれらすべてを満たす必要がある，と傍論的に述べたものにすぎない（現実には積極的安楽死が認められた例は日本では存在しない）⑴。しかし，それが類推されて，延命治療の差し控え・中止についても，⑤の要件である，医師の手によるべきことを本則とすることが当然視され，その結果，延命治療についても医師の関与がどうあるべきかがその後の課題となった⑷。

2　第1期──延命治療中止と刑罰適用のおそれ

　わが国では，その後，延命治療の中止に医師が関与した場合，積極的安楽死と同様に，殺人罪または嘱託殺人罪となるおそれがあるという状態が生まれた。死亡という結果が同じであるとして，延命治療の限界や正当化の問題に踏み込むことなく，刑事法介入が当然とされたからである。実際，2007年までの間，延命治療を中止した医師が，捜査対象になる事例が，頻発とまではいえなくとも一定数重大問題となり，そのたびに全国的ニュースとなった。医師にとって，延命治療の問題は，まず自らが犯罪者（少なくとも容疑者）になるリスクのある問題だと考えざるを得ない状況が生まれた。それらを年表風に整理すると次のようになる。

　・1991年──東海大学病院事件。医師が家族の要請に基づきカテーテル等を外して延命治療を中止したが患者は死亡せず，致死薬を投与して死亡させた。致死薬投与が積極的安楽死であるとして殺人罪に問われ有罪となった。懲役2年，執行猶予2年⑴⑸。

　・1996年──京都の国保京北病院長が末期癌患者に筋弛緩剤を点滴投与し

⑴　日本の安楽死事例については，厚労省が2006年に設置した社会保障審議会「後期高齢者医療の在り方に関する特別部会」の第5回（2006年12月12日）での町野朔教授による報告参照。http://www.mhlw.go.jp/shingi/2006/12/dl/s1212-6i.pdf

⑷　積極的安楽死は，医師が行う場合であっても，致死薬投与のように，もはや医療とはいえない積極的行為をする場合を指す。それに対し，延命治療の中止は，いったん医療として行われた行為（たとえば人工呼吸器の装着など）を，患者の意思に基づき取り外す行為であり，積極的安楽死とは明確に異なる。

⑴⑸　横浜地方裁判所・平成7年3月28日・判例時報1530号28頁（東海大学病院事件）。

た事件。翌年，投与量が致死量未満であったとして不起訴処分。

・1998 年 —— 川崎協同病院事件。気管支喘息で植物状態になった患者に対
し，主治医が家族の目の前で気管内チューブを抜き，さらに筋弛緩剤を点滴投
与して死亡させる。2002 年になって医師が殺人罪で逮捕され，2005 年横浜地
裁は懲役 3 年（執行猶予 5 年）で有罪判決。東京高裁は 2007 年有罪判決を維持
したものの，家族の要請もありえたとして懲役 1 年半（執行猶予 3 年）に減刑。
筋弛緩剤の投与ばかりでなく，チューブを外した抜管行為も犯罪とした。2009
年最高裁で上告棄却により確定[16]。

・2004 年 —— 北海道立羽幌病院で，男性患者（当時 90 歳）が人工呼吸器を
外されて死亡した事件。2006 年送検。因果関係の立証困難で不起訴。

・2006 年 —— 富山県射水市民病院で，外科部長が複数の患者の人工呼吸器
を外したとして警察の捜査対象となった。筋弛緩剤の投与を伴わない，いわば
純粋の延命治療中止だけで起訴した事例はこれまでない。その後，2008 年 7
月 24 日，県警は「厳重な処罰は求めるものではない」という意見つきで事件
を地検に送ったことが報じられた。朝日新聞 2008 年 7 月 24 日。不起訴処分で
終了。なおこの事件を契機に，厚労省に終末期医療に関するガイドラインを定
めるための検討会が設置され，翌 2007 年にガイドラインが公表された。

・2007 年 —— 岐阜県多治見市の県立多治見病院。患者本人の書面による意
思表明と倫理委員会での決定がありながら，病院長が反対し，延命治療中止の
行動に出ないまま患者が死亡した事件。

・2007 年，和歌山県立医大病院で呼吸器を外した医師が殺人容疑で書類送
検。家族の希望によるものであり，警察も刑事処分を求めないという意見書つ
きで送検。不起訴処分。

以上のような経緯を見れば，1990 年代から 21 世紀の初頭までの間，延命治
療に関与する医師は，次のようなジレンマに陥っていたことがわかる。

○ 一方では，単に生存期間を延ばすという意味での延命（人工呼吸器等で心
臓が動いているだけの状態を続けること）が，真に患者のためのものなのか，ま

---

[16]　最高裁決定平成 21 年 12 月 7 日（第 3 小法廷）、刑集 63 巻 11 号 1899 頁・判例時報
2066 号 159 頁。なお東海大学病院事件および川崎協同病院事件については，甲斐克則・
手嶋豊編『医事法判例百選（第 2 版）』（有斐閣，2014 年）参照。

た真に患者が望んでいることなのか，という疑いがわが国でも強くなってきた。患者のための医療，あるいは患者の自己決定を尊重する医療と，単に延命治療を続けることが対立し矛盾する場面もあるという認識が生まれた。

○ 他方では，延命治療を中止すれば，医師は殺人罪または嘱託殺人罪という重罪に問われかねない。しかし，そのような考慮からいわば自らを守るために延命措置を続けること（患者の利益でもなく，患者の自己決定尊重でもない行動）は，現代の医療倫理に反する可能性がある。他の国の終末期医療では見られない「倫理か法か」という課題が日本では問題となる(17)。

○ さらに，実際に法的に問題となるのは，先の表の一連の事例でも延命治療の中止事例であり，延命治療の差し控えではなかった。刑法での殺人罪は，作為（中止）による場合だけでなく，不作為（差し控え）の場合も適用になりうるが，実際に問題とされやすいのは作為事例である。他方で，生命倫理上の議論では，終末期医療の差し控えと中止には区別がないとされるようになった。

○ しかも，仮に，刑罰をおそれて延命治療の中止ができないとすると，医師は，いったん延命治療を始めてしまうと先のようなジレンマに陥るわけであるから，そもそも延命治療を差し控えるような方向でのプレッシャーを受ける。その点でも，倫理的な考え方と法的な考え方の離齬が生まれる。実際的に考えても，延命治療を過剰に差し控えるような結果となれば，本来，救命し回復する可能性もある患者について積極的な医療を差し控えて死なせる可能性が強まる。まさに，刑罰のおそれが，反倫理的な行動を生む。

そこで医師の中から，わが国においても延命治療の差し控えと中止が合法的にできるよう，尊厳死法を制定してもらいたいという声があがった。実際，国会の中に超党派の「尊厳死法制化を考える議員連盟」が生まれ，2012 年および 2014 年に法案を作成し公表した(18)。特に 2014 年の法案第 2 案では，「第 9

(17) たとえば，フランスでは，「胃ろうを設置しますか？　ただし，胃ろうをいったん設置した場合に取り外すことはできませんが」と医師が家族に尋ねるような場面はないという。胃ろうの設置は，一時的に経口で栄養が取れない場合の医療であり，ずっと継続的に胃ろうによって延命するために利用されていないという報道がある。読売新聞（YomiDr.）2013 年 4 月 9 日「フランス終末期医療（1）胃ろうは治療の一環」https://yomidr.yomiuri.co.jp/article/20130409-OYTEW54010/

(18) 議員連盟のホームページとそこに掲げられているメンバーおよび法律案については下記を参照されたい。http://www.arsvi.com/o/giren.htm

条 第7条の規定による延命措置の中止等については，民事上，刑事上及び行政上の責任（過料に係るものを含む。）を問われないものとする」として，一定の要件を満たせば延命治療の中止について法的責任を問わないと明記した。しかしながら，その後この法案は国会提出にすら至っていない。また，終末期医療をめぐる世論調査でも，このような法律を制定することに回答者の多くが賛成していない。

　その結果，韓国でも台湾でも，さらにいわゆる欧米諸国の多くで尊厳死法（自然死法）が制定されているのに，わが国では，法律が制定されない事態が続いている。

Ⅲ 「終末期医療の決定プロセスに関するガイドライン」(2007年)

1 厚労省ガイドラインの策定

　2006年に起こった射水市民病院事件は，大きなニュースとなり，時の厚生労働大臣は終末期医療について検討するよう指示を出した[19]。その際に，「医師が延命治療について1人で判断し1人で行うから後で問題となる。つまり，何らかの疑いが生ずる。人の生死に関わることなので，少なくとも医師が1人で判断しないというルールだけは明らかにしたい。さらに本当に重要なことは患者の意思を明確にすることだ」という趣旨のことを述べたとされる。

　2007年1月に厚労省内に検討会が立ち上げられ，5月には「終末期医療の決定プロセスに関するガイドライン」が作成され公表された[20]。

　このガイドラインの意義は，次の3点にある。

　第1に，検討会を立ち上げる契機が人工呼吸器を外した措置について警察の

---

[19] この経緯とガイドラインの分析については，樋口範雄『続・医療と法を考える』（有斐閣，2008年）参照。

[20] 2007年1月に開催された検討会が5月にガイドラインを策定公表できたのは，発足前の2006年9月に「終末期医療に関するガイドライン（たたき台）」を公表しパブリック・コメントを求めていたからである。コメントを求める期間は半年に及んだ。それらを踏まえて検討会での審議が行われた。たたき台案が「終末期医療に関するガイドライン」だったのに対し，実際に作成されたのは「終末期医療の決定プロセスに関するガイドライン」であることからも明瞭なように，たたき台案そのままではなく，終末期医療のプロセス（過程）のあり方を考えるものになった。当初のたたき台案については，http://www.mhlw.go.jp/shingi/2007/01/s0111-2.html。

介入がなされた射水市民病院事件にあった。明らかに，終末期医療への過剰な刑事法介入をどうすればよいかが意識されていた。

第2に，しかしながら，作成されたガイドラインは，一定の条件があれば，延命治療を中止しても法的に免責されると明記するものではなかった。むしろそこで考えられているのは，終末期医療全体のあり方であり，

① 医師サイドでは，単独の医師の判断によるものではなく，「医療ケアチーム」による判断を行う。

② 患者サイドでは，患者の意思決定尊重が基本である。しかし，それが困難な場合にどうすればよいかの指針を定める。具体的には，インフォームド・コンセントに基づく患者本人の意思決定が基本だが，その確認の困難な場合がある。そのようなケースでは，家族等が患者の意思を推定できるのであればそれを尊重する。それもできない場合には，医療ケアチームと家族等が話し合い，患者にとって何が最善かを判断する。家族がいないか，または判断を医療ケアチームに委ねるときは，医療ケアチームが患者にとって最善の治療方針を定める，というものである。

③ 国サイドでは，痛みを抱えたまま終末期を過ごすことのないよう，緩和治療の充実・支援に努める。

という3点が定められた。

第3に，考えてみると，そもそも警察が介入することのないようにするルールを厚労省のガイドラインで作れるはずがない（刑法の解釈は法務省の管轄であり，もちろん最終的には最高裁で判断すべきことである。延命治療の中止に殺人罪の適用がないことを明記するには法律によることが適切であり，ガイドラインではできないことである）。したがって，射水市民病院に対する捜査を契機として検討会が立ち上げられたものの、結果的に，本来，終末期医療のあり方の基本原則は何か（言い換えれば医療として最も重要なことは何か）が議論された。

このようなガイドラインが公表された後で，一部の医師からは，これでは何の役にも立たないとの批判がなされた。法的免責の明記こそが重要だというわけである。

しかしながら，結果的には，このガイドラインが出された後，延命治療中止について警察が介入する事件はなくなった。

さらに，本稿冒頭で紹介した 2016 年の東京地裁判決で，このガイドラインが明示的に引用されている。引用されたのは次のような部分である[21]。

「厚生労働省が平成 19 年 5 月に策定した「終末期医療の決定プロセスに関するガイドライン」（以下「本件ガイドライン」という。）では，終末期医療及びケアの方針決定について，〔1〕患者の意思の確認ができる場合には，専門的な医学的検討を踏まえた上でインフォームド・コンセントに基づく患者の意思決定を基本とし，〔2〕患者の意思の確認ができない場合には，〔ア〕家族が患者の意思を推定できるときはその推定意思を尊重し，患者にとっての最善の治療方針を採ることを基本とし，〔イ〕家族が患者の意思を推定できないときは患者にとって何が最善であるかについて家族と十分に話合い，患者にとっての最善の治療方針を採ることを基本とし，〔ウ〕家族がいないか又は家族が判断を医療・ケアチームに委ねるときは患者にとっての最善の治療方針を採ることを基本とすることとされている。また，医療・ケアチームの中で病態等により医療内容の決定が困難な場合，患者や家族と医療従事者との話合いの中で妥当で適切な医療内容についての合意が得られない場合及び家族の中で意見がまとまらない場合には，複数の専門家からなる委員会を別途設置し，治療方針等についての検討及び助言を行うことが必要であるとされている。

本件ガイドラインの解説編によれば，終末期には，がんの末期のように予後が数日から長くとも二，三か月と予測ができる場合，慢性疾患の急性増悪を繰り返し予後不良に陥る場合，脳血管疾患の後遺症や老衰など数か月から数年にかけ死を迎える場合があり，どのような状態が終末期かは患者の状態を踏まえて医療・ケアチームの適切かつ妥当な判断によるべき事柄であるとされている。また，家族とは，患者が信頼を寄せ，終末期の患者を支える存在であるという趣旨であり，法的な意味での親族関係のみを意味せず，より広い範囲の人を含むとされている。

なお，本件ガイドラインの解説編には，「医療・ケアチームについて…責任の所在が曖昧になるという懸念…に対しては，このガイドラインは，あくまでも終末期の患者に対し医的見地から配慮するためのチーム形成を支援するためのものであり，それぞれが専門家としての責任を持って協力して支援する体

---

(21) 東京地方裁判所判決平成 28 年 11 月 17 日，判例時報 2351 号 18 頁。

制を作るためのものであることを理解してもらいたいと考えています。特に刑事責任や医療従事者間の法的責任のあり方などの法的側面については引き続き検討していく必要があります。」との記載がある」。

　要するに，延命治療の中止を含む終末期医療のあり方について，どのような決定プロセスを踏むべきか，を定めた厚労省ガイドラインは参考に値すると，裁判所は考えた。

　その後さらに，このガイドラインを基本として，次のように，より専門的なガイドラインや報告書が専門家団体から出された。

　・2008 年 ── 日本学術会議「臨床医学委員会終末期医療分科会」から「終末期医療のあり方について ── 亜急性型の終末期について」が公表される[22]。

　・2012 年 ── 日本老年医学会「高齢者ケアの意思決定プロセスに関するガイドライン～人工的水分・栄養補給の導入を中心として」[23]。なおこの文書の最後に，「本ガイドライン案に則って，関係者が意思決定プロセスを進めた結果としての選択とその実行について，司法が介入することは，実際上はあり得ず，あるとすれば極めて不適切である」という点について，「ガイドラインの主張に賛同いたします」とする法律家の名前が，もと最高裁判事3名を含めて相当数あげられた。延命治療のあり方について，医学界と法曹界の協力が行われた先例となる。https://www.jpn-geriat-soc.or.jp/proposal/pdf/jgs_ahn_gl_2012.pdf

　・2014 年 ── 日本救急医学会・日本集中治療医学会・日本循環器学会「救急・集中治療における終末期医療に関するガイドライン ── 3学会からの提言）」[24]

---

(22)　日本学術会議「臨床医学委員会終末期医療分科会」対外報告。http://www.scj.go.jp/ja/info/kohyo/pdf/kohyo-20-t51-2.pdf

(23)　日本老年医学会「高齢者ケアの意思決定プロセスに関するガイドライン」https://www.jpn-geriat-soc.or.jp/proposal/pdf/jgs_ahn_gl_2012.pdf。関連文献として，会田薫子『延命治療と臨床現場─人工呼吸器と胃ろうの医療倫理学』（東京大学出版会，2011 年）。

(24)　日本救急医学会・日本集中治療医学会・日本循環器学会，3学会ガイドライン「救急・集中治療における終末期医療に関するガイドライン～3学会からの提言～」。http://www.jaam.jp/html/info/2014/pdf/info-20141104_02_01_02.pdf

　特に，これらのガイドラインの中で，老年医学会のものは，栄養や水分補給も医療の一部であり，過剰な延命治療は患者のためでも何でもないことを明らかにしたうえで，そのガイドラインを遵守すれば，実際には，刑事捜査が入るようなことはないはずだと明記した。その末尾に「本ガイドライン案に則って，関係者が意思決定プロセスを進めた結果としての選択とその実行について，司法が介入することは，実際上はあり得ず，あるとすれば極めて不適切である」と明言する法律家相当数の名前があげられているのは画期的だった。

2　第2期 ── 刑事法への対処ではなく，患者のための終末期医療へ

　ところが，いまだに一部の医師や法律家は，延命治療の中止（さらに差し控え）にも刑罰の適用の「おそれ」があると信じている。しかし，医療の専門家なら，たとえばある手術をする場合にインフォームド・コンセントの説明をする場合，「この手術では死ぬおそれがあります」などという不明確なことはいわない。Evidence based medicine（証拠に基づく医療）を標榜する現在の医学では，とにもかくにも，何％くらいの確率でリスクがあるという表現をする。

　しかし，法律家は，同じように evidence（証拠）による判断を基礎としているはずにもかかわらず，「延命治療中止に殺人罪や嘱託殺人罪の適用のおそれがある」と述べるとき，数字による証拠をあげることはない。法律家に確率的な考え方が薄いというのが根本的な問題としてあるが[25]，ここでは実際に，数字で表せるような証拠がないからでもある。

　先にも述べたように，延命治療に関する日本の実証例で，延命治療中止だけで実際に裁判で有罪とされた例はない。医師が有罪とされたのは，東海大学病院事件横浜地裁判決と川崎協同病院事件の2件だけである。しかも，いずれも延命治療を中止しただけにとどまらず，致死薬の投与を行って有罪とされた。延命治療中止だけで有罪とした例は1件もないのである。つまり，一部法律家が延命治療中止に「刑罰適用のおそれあり」とする言明に証拠はない。

　もしも根拠があるとすれば，それは刑法の抽象的な規定が適用されるように見えるということである。刑法199条曰く，「人を殺した者は，死刑又は無期若しくは5年以上の懲役に処する」。また刑法202条曰く，「…人をその嘱託を

---

[25]　この点は，東大法科大学院で，児玉安司弁護士（医師でもある）と一緒に「生命倫理と法」という授業を担当していた際に，彼に教えられた数多くの点の1つでもある。

受け若しくはその承諾を得て殺した者は，6月以上7年以下の懲役又は禁錮に処する」。延命治療を中止すればいずれ患者は死ぬから，中止によって「殺した」ことになるというわけである。だが，このような刑法の解釈は，まさに概念的・抽象的な考え方であり，100年以上も前の，延命治療が存在しなかった時代の法規を，現代の医療にそのまま適用しようとするものである。少なくとも，刑法199条や202条が想定していた事態とは，延命治療中止について，医師や患者本人，さらに家族が迷ったあげく，医療の限りを尽くしたうえで決定しそれに基づく行為をするような場面を想定していたものでないことは誰もが理解するだろう。

さらに，現代の医療では，インフォームド・コンセント法理が当然とされて，本人が十分に理解したうえで同意しない医療行為はできないことになっている[26]。また，いったん同意しても撤回自由が原則である。何よりも自分の身体について何らかの外的な力を加えられることを許すか否かは，それが医療行為であっても，本人の身体の自由に基づく基本的な人権だと考えられているからである。そうだとすると，本人の意思に反する延命治療は，インフォームド・コンセント法理に反するものであり，したがって，身体の自由に関する基本的人権の侵害となる。延命治療中止に刑罰適用を考える法律家は，これら法の基本原則を無視するものだと考えられる。

もう1点，「延命治療中止に刑罰適用のおそれあり」とする言明に証拠・根拠があるとすれば，川崎協同病院事件の最高裁判決をあげることができる。そこでは，延命治療中止（抜管行為）を後の致死薬投与と区別して論じて，それ自体で有罪となる行為だと判断しているからである。しかしながら，それは「刑罰適用のおそれあり」とする陣営に有利な証拠ではなく，実際には不利な証拠となる。この点はすぐ後で述べる。

3 もはや適切な延命治療中止に刑罰適用の可能性なしとする証拠

延命治療中止について，いまだに一部の法律家は「殺人罪が適用されるおそれがある」と医師に助言する場合がある（助言といえるかは疑問であるが）。し

---

[26] 他方で自己決定権の尊重（それに基づくインフォームド・コンセント法理）を支持しながら，延命治療中止に刑罰適用のおそれありとする思考の矛盾については，樋口・前掲注(8))の論文で指摘したことがある。

かし，ここまで述べたように，この言明には根拠・証拠がない。

逆に，現在において「もはや延命治療中止が通常の医療の範囲で行われる限り，刑罰適用の可能性はない」と論ずることには少なくとも3つの証拠がある。

第1に，2007年に厚労省が「終末期医療の決定プロセスに関するガイドライン」を公表して以来，この10年以上の間，延命治療中止が大きな社会問題となることがなかった。今や医師は1人だけで判断することはせず，終末期の診断やそれに対する治療について，何らかの医療ケアチームで判断することが常識化した。しかも，この医療ケアチームは，多職種の専門家（看護師・臨床心理士・薬剤師など）が加わるようになり[27]，施設や在宅での死亡の際には，介護関係者も関与するようになった。

さまざまな医療現場では，この間も何らかの延命治療中止が行われてきたと考えられるが，それらが刑事事件化することがなかったというのが，もはや刑罰適用の可能性なしとする何よりの証拠である。

第2に，2016年と2017年，NHKは人工呼吸器を外す場面を含む延命治療中止の現場を映す番組を放送した。ところが，この報道チームはもちろん，これに関与した医師は起訴されていない。それどころか，捜査が入ったという話もない。

具体的には，2016年6月10日，NHKでは「特報首都圏『最期の医療をどうするか～命をめぐる選択～』」という題名の番組を放送した。昭和大学病院における延命治療中止の場面が映し出された[28]。さらに，2017年6月5日，NHKは「クローズアップ現代＋」という番組で『人工呼吸器を外すとき─医療現場　新たな選択』を放映した。今度は帝京大学病院で，題名通り人工呼吸器を外す場面が放映された[29]。

これらが放映された後，殺人罪に関与したとしてNHKの番組関係者や，延命治療中止を実践した病院に捜査が入ったということはない。これが，延命治療中止によって刑罰のおそれなしとする第2の証拠である。

---

[27]　たとえば，島田千穂・高橋龍太郎「高齢者終末期における多職種間の連携」日本老年医学会雑誌48巻3号（2011年5月）221頁。

[28]　NHK特報首都圏「最期の医療をどうするか──命をめぐる選択」2016年6月10日19時半放映。https://tvtopic.goo.ne.jp/program/nhk/4090/968385/

[29]　NHK「クローズアップ現代＋」『人工呼吸器を外すとき──医療現場　新たな選択』2017年6月5日22時。https://www.nhk.or.jp/gendai/articles/3985/index.html

　第 3 番目の証拠としては，2009 年に出された川崎協同病院事件の最高裁決定をあげることができる[30]。この決定で，最高裁は延命治療中止の部分も犯罪に当たるとしたが，それは単に延命治療中止を有罪とするものではなかった。やや長文になるが，最高裁は次のように述べたのである。

　「被害者が気管支ぜん息の重積発作を起こして入院した後，本件抜管時までに，同人の余命等を判断するために必要とされる脳波等の検査は実施されておらず，発症からいまだ 2 週間の時点でもあり，その回復可能性や余命について的確な判断を下せる状況にはなかった(1)ものと認められる。そして，被害者は，本件時，こん睡状態にあったものであるところ，本件気管内チューブの抜管は，被害者の回復をあきらめた家族からの要請に基づき行われたものであるが，その要請は上記の状況から認められるとおり被害者の病状等について適切な情報が伝えられた上でされたものではなく，上記抜管行為が被害者の推定的意思に基づくということもできない(2)。以上によれば，上記抜管行為は，法律上許容される治療中止には当たらないというべきである(3)」。（傍線と数字は筆者による）

　この文章を見れば，まず(3)にあるように，最高裁も，「法律上許容される治療中止」があることを当然としていることがわかる。延命治療中止は，基本的には，法律上許容される医療行為である。

　なぜ本件がそれに当たらないかといえば，(1)と(2)の要件が満たされていないからである。(1)では，本件については，入院後 2 週間しか経過していないこと，その間脳波等の検査もされておらず，本当に回復不可能な終末期であるかの診断が不十分であったこと，が問題とされている。(2)では，そのような不十分な情報に基づいて，（本人が意思決定できない状況であったため）家族に延命治療中止の同意が求められているので，この同意は適切なインフォームド・コンセントといえない（本人の推定的意思とはいえない）から有罪とされた。

　要するに，最高裁は，終末期の判断が医療ケアチームによって慎重に行われていれば，そして，その正確な情報に基づいて，本人またはそれに代わる家族

---

(30)　最高裁決定平成 21 年 12 月 7 日（第 3 小法廷）、刑集 63 巻 11 号 1899 頁・判例時報 2066 号 159 頁。

が延命治療中止の同意をしていれば，法律上許容されると述べたことになる。

　言い換えれば，厚労省ガイドラインやその他の医学会ガイドラインに則って，医師が延命治療を中止することは，現在では明らかに適法なのである。

　このような現状において，2017年，日本医師会の生命懇談会は，「超高齢社会と終末期医療」と題する答申を出し，その中で次のような認識を表明した。

　「このように法律ではなくガイドラインで終末期医療について一定のルールを定めるのがわが国の大きな特色となっている。現状としては，日本医師会生命倫理懇談会の2014年報告書で述べられたように，『法制化に慎重な立場をとり，むしろ日本医師会を含む関係機関が作成した終末期医療をめぐるガイドラインを遵守することで法的な免責も受けられることが望ましい』という状況が実現しているともいえる」[31]。

Ⅳ　第2期・現代における日本の課題の再検討

1　終末期医療について法律による対応がなされない理由

　以上のように，本稿で設定した日本が直面する終末期医療に関する3つの課題について，その一部には回答（あるいは解答）が出された。繰り返しになるが，3つの課題の第1番目は次の点だった。

　第1に，わが国において，終末期医療と法の関係は？　なぜ法律が制定されず，ガイドラインが重用されているのか？

　これについては，すでに述べたように，実際には，法律がなくともガイドラインで十分に用が足りているからだと答えることができる。

　もちろん，人の生死に関わるような最も重要な課題については，法律という形で対応すべきだという考えもある。また，単に「法律を作るまでもないから」ではなく，法律が制定できない理由は，他にあるとも考えられる。

　たとえば，世論調査でも，法律を制定すべきだという声は少数である。一例は，2014年にまとめられた厚労省の意識調査報告書である[32]。それによれば，

---

[31]　日本医師会生命倫理懇談会第ⅩⅤ次生命倫理懇談会答申「超高齢社会と終末期医療」（平成29年11月）9頁。http://dl.med.or.jp/dl-med/teireikaiken/20171206_1.pdf

終末期医療のあり方について，「法律ではなく専門家によって作成されたガイドライン等で示すべきであるとした者が，医師80.2%，看護師77.9%，施設介護職員74.0%に達した」とある。注目すべきは，まさに法的免責を求めているはずの医師や看護師の多数が，法律よりもガイドラインでと考えているところである。

その背景には，わが国において，法律が次のような性格のものだと考えられており，法律制定によって終末期医療の現場や実務がかえってうまくいかないと思われているからである[33]。

・法律といえば，刑法が中心であり，当事者に制裁をもたらすものである。
・法律の適用は形式的・画一的であり，具体的な場面での妥当な解決を必ずしも導くものではない。
・法律家は抽象的な論理を振り回し，しかも原告対被告というように2項対立的な状況を観念的に作り出す。終末期医療の現場は，対立よりも，合意による協調が求められる場面であるのに，逆に争いを引き起こしかねない。
・法律が登場する場面は，何らかの事態が生じてからのことが多い。法律家はどうしても事後的に判断するから，こうすべきだったというようなことを何とでもいえる。

要するに，日本では，多くの医療者にとって，法や法律家は信ずることができない存在なのである。したがって，仮に「尊厳死法案」（第2案）が制定されて，医療者の法的免責が明示されても，逆にその要件を満たさない場合には，かえって殺人罪に問われる可能性が現状より一挙に高まる「おそれ」がある[34]。それならそのような内容の尊厳死法など制定されない方がよい。医療の実態に

(32) 厚労省「終末期医療に関する意識調査等検討会」「人生の最終段階における医療に関する意識調査・報告書」（平成26年3月）73頁。
(33) わが国において一般の人の法に対するイメージが刑事法を中心とすることや，法が明確であるとの盲信，さらに形式的で画一的だとする見方については，たとえば，樋口範雄編著『ケーススタディ生命倫理と法（第2版）』第1章とその Notes and Questions（有斐閣，2012年）参照。
(34) 尊厳死法案の条文に則して疑問を提起したことがある。樋口範雄「終末期医療と法」『医療と社会』25巻1号（公益財団法人医療科学研究所，2015年）21-34頁。その後，医療科学研究所監修『人生の最終章を考える』（法研・2015年10月）36-59頁に収録。

即し，かつ変化にも対応しやすいガイドラインの方がずっと優れている（ガイドラインに反しても直ちに刑罰などの制裁が来るということもない）。

　たとえば，本稿冒頭に掲げた東京地裁判決が，なぜ厚労省の「終末期医療の決定プロセスに関するガイドライン」を参考基準としてあげているかを考えてみよう。

　まず，仮に，これがガイドラインでなく法律の形で定めてあれば，裁判所は，参考ではなく，まさに判断基準として用いなければならない。だが，もしもそのような法律を定めるのであれば，もっと精緻な条文になると考えられる。「医療ケアチーム」とは何か。その定義は。何名で構成しなければならないか。また，終末期とはいつか。さらに，「家族等」とは誰を指すのか。

　だが，医療の現場もさまざまであり，患者の家族関係もさまざまである。このような精緻な法律を制定すればするほど，要件を厳守することが難しい場合が出てくる。そして，要件を遵守できないまま何らかの決定や行為を行えば，法律違反には制裁が伴う（あるいは，伴うべきだと考える人がいる）。

　ところが，ガイドラインは，きわめて緩やかな要件で一番大事な考え方を述べているにすぎない。医療側については，複数の専門家の判断が大事。患者本人の意思が大切だが，それが直接表れるのが難しい場合には，患者の意思を理解する家族等（親族関係の濃淡ではない，患者に近い人と）の判断を尊重する。それが十分明確にならない場合には，医療側と家族等が十分に話し合って，患者にとって最善の治療を決定する…。その結果，裁判所は，それを参考にしつつ，実際に行われた医療の現場での判断を尊重することができるのである。

　ただし，終末期医療の場面でまったく法が役に立たないとされることは法律家にとって残念な状況である。日本の法律が，実はよりよい終末期医療を支援するものであって，決して現場を混乱させたり怯えさせたりするものでないことを今後実証しなければならない。

2　終末期医療について今後の真の課題

　ともかく第1の課題について一定の回答がなされたからには，残る課題こそが現在最も重要となる。繰り返してそれを確認すると，それらは次の課題である。

　第2に，延命治療について患者本人の自己決定が尊重されるべきだという原則は，どのように実現されているのか？　それが不可能な状況で，それに代わる決定手続はどのようにされているか？

　第3に，超高齢社会が進行する日本において，延命治療だけでなく，高齢者の医療やケアのあり方をどのように考えるべきか？

　これについては，2017年から2018年にかけて行われた厚労省の検討会において，2007年の「終末期医療の決定プロセスに関するガイドライン」が改訂されたことに注目する必要がある[35]。

　このガイドラインは，名称については2015年に「人生の最終段階における医療の決定プロセスに関するガイドライン」と変更されていたが，2017年，さらに名称を「人生の最終段階における医療・ケアの決定プロセスに関するガイドライン」と改称し，内容についても10年ぶりの改訂が行われた[36]。

　この改訂の要点は次のような3点に整理することができる。

　第1に，advance care planning という概念を軸として，終末期医療のあり方をより改善することを目指した[37]。2007年ガイドラインは，射水市民病院事件を背景に策定されており，病院という場で，延命治療を含む終末期医療について最低限守るべき基本原則を明らかにすることが目的だった。

　今回の改訂では，すでに述べたように刑事司法の介入という要素は薄れ，超

---

(35)　厚労省「人生の最終段階における医療の普及・啓発の在り方に関する検討会」（2017年8月から2018年3月まで6回の会議が開かれた）。これについては，http://www.mhlw.go.jp/stf/shingi2/0000173574.html。

(36)　厚労省「人生の最終段階における医療の決定プロセスに関するガイドライン」の改訂について。http://www.mhlw.go.jp/stf/houdou/0000197665.html。なお，改訂されたガイドライン本文と解説編については，それぞれ，http://www.mhlw.go.jp/file/04-Houdouhappyou-10802000-Iseikyoku-Shidouka/0000197701.pdf および，http://www.mhlw.go.jp/file/04-Houdouhappyou-10802000-Iseikyoku-Shidouka/0000197702.pdf を参照されたい。

(37)　ただし，それは advance care planning という考えがわが国においてまったく新しいという意味ではない。そのような言葉は使わなくとも，相当数の医療現場では，その実践が行われてきたという調査結果が出ている。厚労省「平成29年度 人生の最終段階における医療に関する意識調査 結果」50頁によれば，医療機関や老人施設の3割程度で，実践がなされてきたとされる。http://www.mhlw.go.jp/file/05-Shingikai-10801000-Iseikyoku-Soumuka/0000200749.pdf

高齢社会を迎えて深刻化し，すべての人により身近な課題となった終末期における医療や介護のあり方を検討することが主眼となった。

そこで強調されたのが，advance care planning の重要性である。「医療や介護についての事前の計画作り」を意味するこの言葉は，改訂ガイドラインによれば，「本人の意思は変化しうるものであり，医療・ケアの方針についての話し合いは繰り返すことが重要であること」とされる[38]。言い換えれば，終末期に至る前に，あるいは高齢期になったらいつ何があるかはわからないので，そのような事態に備えて，あらかじめ自分がどのような医療や介護を受けたいかを，1人ではなく，医療や介護の専門家も含めて，家族等と一緒に話し合う機会を繰り返しもつことが必要であり重要だということである[39]。

第2に，すでに advance care planning の説明にも表れているように，また名称自体の変更にも表れているように，病院という場だけでなく，施設や在宅での看取りのあり方も対象にするべく，介護（ケア）の重要性と，医療ケアチームに介護職も入ることが望ましいと明記された。改訂ガイドラインの解説編によれば，「病院だけでなく介護施設・在宅の現場も想定したガイドラインとなるよう，配慮する」というわけである。

第3の特色としては，本人の意思を伝えることの難しさをあらためて認識したことがある。そのために，少なくとも自分が決定する能力を失った段階で，自分の代わりになる人が誰かを上記の話し合いの中で指名しておくことの重要性が明記された。諸外国では「医療代理人」と呼ばれる。

たとえば，リビング・ウィルなどの事前指示が法制化されたアメリカでも（それもすでに1970年代からの話である），本人の自己決定とその表示・表現はうまくいっていない[40]。

---

(38) 東京地裁判決の事案でも，89歳のAさんは，それまで総体的にみて健康だったかもしれない。しかし，年齢から見ても，脳梗塞で倒れるよりずっと前から，アドバンス・ケア・プランニングにより，かかりつけ医や子どもたちと一緒に話し合う機会があれば，本件のような紛争が起こるのを防止することができたかもしれない。

(39) 前注の意識調査結果報告書50頁によれば，ACP（アドバンス・ケア・プランニング）の解説として，「今後の医療・療養について患者・家族等と医療従事者があらかじめ話し合う自発的なプロセスのことである。患者が同意のもと，話し合いの結果が記述され，定期的に見直され，ケアに関わる人々の間で共有されることが望ましい。そして，ACPの話し合いには次の内容が含まれる。・患者本人の気がかりや意向 ・患者の価値観や目標・病状や予後の理解・医療や療養に関する意向や選好，その提供体制」とある。

　何よりも，自分の死についてあらかじめ考えて，どのような延命治療を拒否するか，あるいは望むかというようなことには，多くの人が消極的だからである。そこで，それに代わる方法として，しかも自己決定の要素を含むものとして，医療代理人が法制化されている[41]。法制化されているという意味は，そのような指名に法的効力をもたせて支援するということである。

　改訂ガイドラインでは，「本人が自らの意思を伝えられない状態になる可能性があることから，その場合に本人の意思を推定しうる者となる家族等の信頼できる者も含めて，事前に繰り返し話し合っておくことが重要である」とされた。

　日本の場合，超高齢化が今後とも進行することが予想され，その中で独居の高齢者が増加することが確実である。本人が倒れた場合，病院に運ばれても，医療措置について相談する家族はいないという状況がいっそう増える。しかしながら，社会の中で暮らしているからには，独居生活であっても隣近所や医療介護の関係者その他とまったく関係をもたずに生活することは難しい。そうであれば，それらの人たちの中から，とりわけ「信頼できる者」は誰かを明らかにしておいてもらえるなら，それは，本人の利益であるばかりでなく，医療や介護の関係者にとっても利益である。

　以上のような内容の改訂を経たガイドラインは，「延命治療について患者本人の自己決定が尊重されるべきだという原則は，どのように実現されているのか？　それが不可能な状況で，それに代わる決定手続はどのようにされているか？」という課題に応えようとするものだと理解することができる。

　残る課題は，「超高齢社会が進行する日本において，延命治療だけでなく，高齢者の医療やケアのあり方をどのように考えるべきか？」という，より大きな課題であり，国民皆保険制度の維持や，介護保険制度の維持，さらにそれらを含めて，高齢時代が長期化するにつれて，どのような医療と介護の体制を日

---

(40)　たとえば参照。カール・E・シュナイダー（土屋裕子訳）『生命倫理はどこで道を間違えたのか』樋口範雄・岩田太編『生命倫理と法Ⅱ』（弘文堂・2007 年）444 頁。最近のアメリカの論文として，Barbara A. Noah, A Better Death in Britain?, 40 Brook. J. Int'l L. 870-915 (2015). Available at: http://brooklynworks.brooklaw.edu/bjil/vol40/iss3/4

(41)　アメリカでは持続的代理権法と呼ばれる。これについては，樋口範雄『アメリカ代理法（第 2 版）』（弘文堂，2017 年）。

本社会が提供できるかが問われる。しかし，その課題に応えることは日本だけの問題ではない。何らかの範（モデル）となるような工夫ができるかが問題であり，その工夫の中に，より積極的で有意義な法と法律家の役割を探求することも，大きな課題となる[42]。

　さらには，日本社会の中に，ブラジルの人を含め実際に永住して終末期を迎える人も今後増加する可能性がある。そのような人もまた，それぞれが望むような終末期を迎えられるよう，それぞれの文化的背景も配慮するような仕組み作りも大切となる。

---

[42]　たとえば，独居の高齢者の中には，「本人の意思を推定しうる者となる家族等の信頼できる者」として指名できる人がいないケースもある。その場合に備えて，高齢の医師や法律家などを含めたボランティアの団体（高齢者とあるのは，高齢者の力を社会的に活用するためである）を設立し，それが「公的医療代理人」となり，患者が死亡した際のさまざまな措置も行う。その費用は，地方自治体が支払う。遺産が残された場合には，自治体へ帰属するとともに，一定の額は，ボランティア団体運営の費用に充てる，という点を軸とした，「独居高齢者支援法」というような法律を制定することなどが考えられる。

9 社会規範のインフォーマルな制裁の効果についての人々の評価

太 田 勝 造

I　はじめに ── ベイズ推計の採用

　本稿では，データ分析において，伝統的な統計学[1]における検定手法である帰無仮説有意性検定（Null Hypothesis Significance Test: NHST）に替えて，ベイズ統計ないしベイズ推定（Bayesian Inference）を主として用い，NHST の結果は《付録》に記すに留める[2]。

　ところで，数理的・確率統計学的に，p 値に依拠する頻度論の帰無仮説有意性検定が不完全でミスリーディングなものであることは明らかであるにもかかわらず[3]，多くの社会科学者は未だにベイズ統計学の採用に踏み切れていない[4]。

　ベイズ統計学の採用に踏み切ろうとしないことの逃げ口上として常套的に使われることが，平均値のような要約統計量などの推計結果が，数値的に見ると，帰無仮説有意性検定とベイズ統計との間で大きな差異が生じないことが多い，という指摘である[5]。言うまでもなく，帰無仮説（Null Hypothesis: NH）が真で

⑴　伝統的な頻度論による統計分析については，ボーンシュテット＆ノーキ(1990)，フィンケルスタイン(2014)，ジャクソン他(2014)，太田(2015)，山内(2010) など参照。

⑵　ベイズ統計学を本稿が採用する理由については，太田(2017)，太田(2018a)，太田(2018b)，太田(2018c)，太田(2018d) など参照。また，松原(2010)，ソーバー(2012) も参照。

⑶　ベイズ統計学（ベイズ推定，ベイズ・モデリング）については，Gill(2015)，Kaplan(2014)，Kruschke(2015)，McElreath(2016)，Ntzoufras(2009)，豊田(編著)(2008)，豊田(2015)，豊田(2016) など参照。

⑷　マグレイン(2013) によれば，ベイズ統計学は，理性によってではなく，非合理な情緒や愚かな無理解によって非難されてきたという歴史を持っている。

⑸　その他よく指摘される点として，事前確率分布が未知であることが多く，その際に無

あるという条件の下で，無限回の標本抽出をしたときの統計量の仮想的な分布である標本抽出分布での相対頻度としての確率である p 値を計算する帰無仮説有意性検定は，所詮は得られた当該データについての評価でしかない。条件付確率で書けば，p（当該データまたはそれ以上に極端なデータが得られる | 帰無仮説が真である）となる。

　これに対し，研究仮説の真である事前確率分布が，得られた当該データによってどのように変更されて事後確率分布になったかを推定するのがベイズ推定である。言い換えれば，当該データが得られたという条件の下で，研究仮説が真である確率を推定する。条件付確率で書けば，p（帰無仮説が真である | 当該データが得られる）となる。したがって，標本抽出分布と事後確率分布とでは，数学的には全く異なる相互に独立なものである[6]。

　このように p（A|B）と p（B|A）が，数学的に無関係なものである点は次の例を想起すれば直感的に理解できる。

　　「ある人がノーベル賞の受賞者であるとき，その人が才能豊かで幸運な努
　　力家である確率」

は非常に大きく，ほとんど 1.0 に近いであろう[7]。これは，

　　p（才能豊かで幸運な努力家である | ノーベル賞の受賞者である）$\fallingdotseq 1.0$

と条件付確率で書くことができる。これに対し，前段と後段を入れ替えた命題，

　　「ある人が才能豊かで幸運な努力家であるとき，その人がノーベル賞の受
　　賞者である確率」

は非常に小さいであろう[8]。これは，

　情報事前確率分布を使うことが難点となる，というものである。しかし，無情報事前確率分布を使うことは得られたデータについて「データをして語らしめること」に他ならない。しかも，翻って帰無仮説有意性検定の場合には，事前確率分布が分かっているか否かに拘わらず，そもそも事前確率分布を考慮すること自体が不可能である。

[6]　初学者の中には，帰無仮説有意性検定における区間推定の結果を事後確率分布と混同して解釈をする者が見受けられる。区間推定の信頼区間（confidence interval）と，事後確率分布の確信区間（credible interval）とは全く異なるものである。

[7]　ノーベル賞受賞に値するような大業績を挙げるには，才能と，幸運と，努力が必要であろう。才能がなければ思いつかず，幸運がなければ他の人が先に思いつくであろうし，努力がなければ思いつきを検証できないであろう。

[8]　ノーベル賞を 2018 年までに受賞した自然人は 935 人しかいない。才能豊かで幸運な努力家は 1000 人に 1 人としても，73 億人以上が地球上にいるとすれば，700 万人以上

　　p(ノーベル賞の受賞者である | 才能豊かで幸運な努力家である) ≒ 0.0

と書くことができる。他方，

　　「ポーカーのディーラーの A さんが，自分の手にストレート・フラッシュ
　　のような非常に強い手札を持っているとき，ディーラーがイカサマをした
　　確率」

は大きいであろう。これは，

　　p(ディーラーがイカサマをした | ディラーが非常に強い手札を持っている) ≒ 1.0

となる。また，前段と後段を入れ替えた命題，

　　「ディーラーがイカサマ師であるとき，自分にストレート・フラッシュの
　　ような非常に強い手札を配る確率」

もやはり大きいであろう。これは，

　　p(ディラーが非常に強い手札を持っている | ディーラーがイカサマをした) ≒ 1.0

となる[9]。このように，p (A|B) と p (B|A) の間には関連はない。

　標本抽出分布と事後確率分布とでは，数学的には全く異なる相互に独立なも
のであり，帰無仮説有意性検定はデータの出現頻度の評価であり，ベイズ推定
は研究仮説が真である確率の推定である。しかし，結果としての数値の量だけ
見るとそれほど大きな相違がないことも多い。この点を捉えて，同じ結果にな
るから，帰無仮説有意性検定による評価もそれほど捨てたものではないと考え
ることも多い。少なくとも，帰無仮説有意性検定を用いることがスタンダード
であった過去の実証研究が無駄となったり，間違いとなってしまうと考えるこ
とには抵抗が大きい。

　実は，確かに帰無仮説有意性検定による評価を用いた過去の研究成果はそれ
ほど捨てたものではないことは事実である。但し，それは，数理的・確率統計
学的な理由ではない。生身の人間である研究者の自然な性向のお蔭によってで
ある。

　ベイズ法則によれば，尤度比が 1 よりも大きければ大きいほど，事後確率は
事前確率よりも大きくなる[10]。p 値は尤度比の分母に対応するので，それが小

さいほど尤度比が1より大きくなる可能性が大きくなるが，尤度比の分子の方
も小さければ，尤度比が1以下ともなりうる[11]。したがって，尤度比の分子の
方の確率値が大きくなるようにリサーチ・デザインを構築する必要があること
になる。

　先に，「生身の人間である研究者の自然な性向」のお蔭によって「帰無仮説
有意性検定による評価を用いた過去の研究成果はそれほど捨てたものではな
い」と述べた理由はまさにこの点にある。研究者を含めて生身の人間には「確
証バイアス（confirmation bias）」がある（カーネマン 2012:120））。自分の信じる
仮説については，それを支持する証拠ばかりを集めてしまい，それを否定する
証拠は無視・軽視してしまう性向である。それゆえ，自然科学的問題であれ，
社会科学的問題であれ，これが正しいと思いついた研究仮説については，実験
や検証の過程で，当該仮説が正しいならある結果が得られるような実験を工夫
するようになる（これは p （ある結果が得られる｜自分の仮説が正しい）となる）。
これは尤度比の分子に相当する。

　帰無仮説有意性検定での p 値が小さくなるような実験を工夫することは，自
分の支持する仮説を否定するデータが得られるような実験を設計することであ
る（これは p （ある結果が得られる｜自分の仮説が偽である）となる）。自分の仮説

尤度比 LR は，
$$LR \equiv \frac{p(D|H)}{p(D|NH)}$$
で計算され，尤度比が0以上1未満で事後確率は事前確率より小さくなり，1で同じ値，
1より大きくて事後確率は事前確率よりも大きくなる。

[11]　尤度比の分母を p 値に対応するものと位置づけることができるとすれば（厳密には，
p 値は p （D かそれ以上に極端なデータが得られる｜NH）である），p 値が小さくなるほ
ど，尤度比が大きくなる可能性が大きくなる。しかし分子は研究仮説が真であるとき当
該結果データが得られる確率 p （D|H）であり，それが分母以上に小さければ尤度比は
1より小さくなりうる。例えば，DNA 型鑑定の場合，被告人は真犯人でないのに（NH），
偶然によって DNA 型が事件現場の真犯人の血痕の DNA 型と一致する確率が，非常に
小さいのは確かであるが（不純物の混入のない十分な量の DNA であれば数兆分の1と
言われる），真犯人であるのに DNA 型が一致する確率の方も非常に小さい場合，事後
確率が上昇するとは限らなくなる。真犯人であるのに一致しなくなる要因としては，血
痕の量が非常に少ない場合，血痕の血が腐敗や燃焼等で大きく劣化している場合，現場
にいた犬・ネズミや昆虫等の動物など，あるいは捜査官など第三者の DNA で汚染され
てしまっている場合，さらには，DNA 型の一致を測る基準が極度に厳密な場合（電気
泳動図のナノ・メートル単位のズレで不一致とするような場合）などが考えられる
（Butler 2009: 第7章）。

が偽であるときに結果が得られるような実験を敢えて工夫する研究者はあまり多くない。むしろ，自分の仮説が真であるなら結果が得られるような実験を工夫するのは人間の自然な性向である。したがって，生身の人間である研究者が実験を計画する場合，人間の自然な性向によって，尤度比の分子が大きなものとなるように工夫することになる。そのときにp値が小さいならば，尤度比は自ずから1.0よりも大きくなって事後確率は事前確率よりも大きくなる。この人間の自然な性向が研究者に当てはまる限り，従来の実験による研究成果は，たとえそれが不完全な帰無仮説有意性検定によって検定していたとしても，結論としての研究仮説の真である確率が大きいという解釈は維持することが可能となる。

　以上から，帰無仮説有意性検定による従来の研究成果と，ベイズ推定によるこれからの研究成果は数理的・統計学的には断絶があっても，研究成果の信頼性の点においては概ね連続的で整合的であると期待できるのである。

Ⅱ　インフォーマルな制裁

　人々の意思決定と行動とを制禦する上では，公式の法よりも社会規範の方が有効であると言われる。これは我々の直感とも合致する。日常生活で，民事訴訟を起こされるとか，警察に逮捕されたり刑事被告人として刑事裁判を受けたり刑務所に入れられたりするかもしれない，ということを慮って日々の自分の行動を制禦している人はあまりいないであろう。社会規範の抑止力は，例えば，「周囲の人から白い眼で睨まれる」，おまわりさんなど関係者に「叱られる」，関係者に「文句を言われる」，「ネットで批判される」などのインフォーマルな制裁によるとされる。

　確かに，日常生活において法やルールを守るとき（例えば，自動車が走っていない道路で，赤信号でも青になるまで待つときとか，タバコのポイ捨てを思いとどまる，などのとき），損害賠償請求を受けるリスクとか，逮捕や刑事訴追を受けるリスクとかを考慮して法やルールを守ろうとしていることはほとんどない。少なくとも主観的にはそのような法的リスク計算をしていることはほとんどない。

　しかし，我々が「法的リスク計算をしていることはほとんどない」と主観的に思う時点は，ほとんどの場合において法やルールを守った後，「なぜ守った

のだろう？」と考えたり，そのように質問されて答えるとき，すなわち事後説明や事後正当化の時点である。法やルールを守る直前やその最中に，その行為選択を導いたものが，事後正当化の時点での主観的な説明と一致する保証は存在しない。我々の行為選択・意思決定の時点での要因と，事後説明・事後正当化での要因とが異なりうることは，日常生活で目の当りにすることであるのみならず，脳科学によって科学的に実証されている(12)。そして，制裁の可能性があろうとなかろうと，どのみち法やルールを守る人のほうが多いとも思われる。

したがって，法やルールを守った人の理由付けとして社会規範のインフォーマルな制裁の可能性が言及されたからと言って，インフォーマルな制裁の可能性が行為時点での行為選択の理由ではない可能性があるということになる。

そして，逆に，法やルールを守らなかった人が，インフォーマルな制裁の可能性を意識し，それを乗り越えた結果として，違反行為をしたとは限らないことにもなる。それまでの違反行為の惰性として，何も考えずにやってしまっただけかもしれないし，規範のインフォーマルな制裁のリスクなど意識に上ることなく，何らかの別の理由で違反したのかもしれない。もちろん，インフォーマルな制裁のリスクがその人にとって怖くなかった場合や，そのようなリスクを過小評価した結果である可能性もある。

法やルールの遵守や違反などの行為選択・意思決定は内面的なものであり，将来的には fMRI などの科学技術の進歩によって脳科学的に解明されうるものかもしれないが，差し当たりはブラックボックスであり，自己申告・内省と言った主観的なものに依拠した研究結果の解釈においては慎重でなければならない。

そこで，本稿では，一歩下がって，「人々は，インフォーマルな制裁が本当

---

(12) リベットの実験での脳波等の測定によれば，自由な意思決定で行為をする場合，行為が始まる 0.15 秒ほど前に主観的に意思決定をしたと認知するが，そのさらに 0.35 秒ほど前に脳は当該行為の命令を発している (Libet et al. 1983)。自覚する前に意思決定は終わっていたのである。ウィルソンとニスベットの実験によれば，全く同じ商品から 1 つ選択しただけなのに，消費者は自分が選んだ理由を確信を持って答えた (Wilson and Nisbett 1978)。終わった意思決定には，根拠の有無にかかわらず，事後説明・事後正当化を確信を持ってすることができるのである。こうしてみると，人がある行為選択・意思決定をしたとして，その本当の理由は他者はもちろん本人にも分からないということになる。

に効果があると信じているのか否か」を探求してみたい。そのための方法として，法やルールに違反した人に現実にインフォーマルな制裁が科された場合に，その違反者がその後には違反をしなくなると人々は期待するのか否かを調査する。刑法理論における特別予防のように，インフォーマルな制裁によって違反者の行動が遵守へと変更されると人々が期待しているなら，インフォーマルな制裁のリスクが遵守行動を誘導していると人々が本当に考えていることになる。逆に，インフォーマルな制裁によっても違反者の行動は是正されないと人々が予測しているなら，インフォーマルな制裁は違反者には実効性がないと人々は本当は信じていることになる。

　もちろん，インフォーマルな制裁の効果には，このような違反者に対する行動是正とともに，インフォーマルな制裁のリスクがなくなったら従前の遵守者も以後は違反をするようになるという効果もありうる。このような意味でのインフォーマルな制裁のルール遵守誘導効果の有無および，そのような効果を人々が信じているか否かについては，本稿の射程外であり[13]，今後の課題とする。

---

[13]　外生的に定立され，行政的ないし司法的な制裁が伴う法規範や判例法は，法の改廃や判例変更などの手続きも，制裁の内容や手続きも制度化されているので，実験計画法や社会実験が，少なくとも理論上は可能である。例えば，違法にアップロードされた動画をダウンロードすることが民事法的に違法とされるのみならず，さらに，刑事罰も科されるようになったら，人々はどの程度そのようなダウンロードを差し控えるようになるかどうか（刑事制裁を科す効果），などについてリサーチ・デザインを考案することはそれほど困難ではなかろう。逆に，刑事制裁の対象とされているという現状に対し，刑事制裁が廃止されたら，人々の行動はどう変化するか否か（刑事制裁を科さない効果），についてもリサーチ・デザインの考案はそれほど困難ではなかろう。

　それに対して，社会規範のインフォーマルな制裁は多くの場合集団現象であるうえ，人々の内面にも深く関わっているので，実験計画法や社会実験は相対的に困難であると思われる。ある行為が社会規範違反であるとして（例えば，部下に酒席でお酌をさせることがパワハラやセクハラの意味で不適切な行為であるとして），インフォーマルな制裁（周囲の人に白い目で見られるとか，注意をされる，被害者に文句を言われるなど）がなくなったとしたら（インフォーマルな制裁を科さない効果），当該行為をするか否か，というリサーチ・デザインでは，インフォーマルな制裁がなくなること自体当該社会規範が社会規範ではなくなったら，ということに繋がり，インフォーマルな制裁の効果の問題と社会規範であることの効果の問題とが区別できなくなる。他面，それまでほぼ完全に人々が「見て見ぬ振り」をしている社会規範違反行為について，インフォーマルな制裁を科そうとする者が一定以上出てきたらどうか，というインフォーマルな制裁を課す効果のほうが研究は容易ではあろう。

Ⅲ　リサーチ・デザイン

本稿では上述のように，「人々は，インフォーマルな制裁が本当に効果があると信じているのか否か」を経験科学的に探求するため，法やルールに違反した人に現実にインフォーマルな制裁が科された場合に，その違反者がその後には違反をしなくなると人々は期待するのか否かを調査する。

研究仮説は，社会規範に違反したに対して，インフォーマルな制裁が科された場合，その違反者はそれ以降当該違反をしなくなるであろうと，人々は予測している，というものである。これに対する対立仮説は，社会規範に違反した者は，インフォーマルな制裁が科されても，その後も当該違反をするであろうと人々は予測している，というものである。

本研究では単純化のために，当該違反をしなくなるか，するかの二者択一で設計しており，当該違反をする確率が小さくなる，同じままである，却って高くなる，というような程度の形では質問していない。そのかわり，回答選択肢の方で，(1)「必ずすると思う」，(2)「たぶんすると思う」，(3)「するかもしれないと思う」，(4)「どちらともいえない」，(5)「しなくなるかもしれないと思う」，(6)「たぶんしなくなると思う」，および(7)「決してしなくなると思う」と7段階リカート尺度で答える形式を採用している。

いうまでもなく，インフォーマルな制裁は多種多様である[14]。本研究では，インフォーマルな制裁の典型的なものとして，(α)白い眼で睨まれる，(β)(責任者に)叱られる，(γ)(被害者に)文句を言われる，(δ)ネットで批判される，という4つに絞って調査をした。

また，インフォーマルな制裁が用いられる場面や社会規範も多種多様である。いわば，人間生活のほとんどあらゆる場面で社会規範は作動しうるものであり，それに伴ってインフォーマルな制裁も多様にかつ重畳的に動員されうる。

本研究では，比較的目の当りにすることが多いと期待される以下の7つの社会規範違反の場面に絞って調査をした。すなわち，(A)駅で待っている人の列に割り込んで電車に乗る(駅の列への割り込み乗車)，(B)ドライブの途中でビ

---

[14]　諸ルールとその強制の類型化については，Ellickson (1991:131) が法も含めて整理している (Table 7.3) ので，参照。

ニール袋に入れたゴミを道端に投げ捨てる（道端へのゴミ捨て），(C)町内会で
お祭りの準備作業を共同で行うことをみんなで決めたのに仕事をしている振り
だけして何も手伝わない（町内会の仕事サボり），(D)小学校のＰＴＡで運動会
の準備を保護者が共同で行うことをみんなで決めたのに，用事も何もなかった
のに急用ができたと嘘をついてサボる（ＰＴＡの運動会準備のサボり），(E)「歩
行中禁煙・吸殻投捨禁止」の表示のある道を歩いているとき，タバコを吸って
吸殻を道端にポイ捨てする（歩行中禁煙道路で喫煙・吸殻ポイ捨て），(F)町でゴ
ミ収集日の朝以外にゴミを出してはならないという条例を制定しているのに，
収集日以外の日にゴミを出す（ゴミ出しルール違反），(G)天候不順で食料品の品
不足が深刻化して，政府が声明を発表して「食品の買いだめはやめましょう」
と呼びかけているのに，食品の買いだめをする（買いだめ行動），である。

　リサーチ・デザイン[15]としては，(A)から(G)の7つの社会規範違反場面に基
づくシナリオを順に読んでもらい，特定のインフォーマルな制裁の実効性を評
価してもらった。(a) から ($δ$) の4つのインフォーマルな制裁について，(A)
から(G)の7つの場面にそれぞれ異なる制裁を割り当て，ローテイトさせて4つ
のヴァージョンを構成した。なお，データ分析の際には，ローテイションを元
に戻して，各ヴァージョンが4つの制裁に対応するように整理して実施した[16]。

　データ蒐集は，インターネット調査の手法で，年代と性別とを層化して無作

---

(15)　この研究は，太田勝造，飯田高（成蹊大学，現・東京大学），および森大輔（熊本大学）
　　の共同研究の一部である。

(16)　調査でのヴァージョンとインフォーマルな制裁のローテイションは下記である。

	1．割り込み	2．道端ゴミ捨て	3．町内会サボり	4．PTAサボり	5．タバコポイ捨て	6．ごみ出し違反	7．買いだめ
V.1	白い目	叱られる	文句	ネット批判	おまわり	白い目	文句
V.2	文句	ネット批判	叱られる	白い目	文句	ネット批判	白い目
V.3	叱られる	白い目	ネット批判	文句	白い目	叱られる	ネット批判
V.4	ネット批判	文句	白い目	叱られる	ネット批判	文句	叱られる

整理後の新ヴァージョンは下記である。

N-Version	1．割り込み	2．道端ゴミ捨て	3．町内会サボり	4．PTAサボり	5．タバコポイ捨て	6．ごみ出し違反	7．買いだめ
Version 1	白い目	白い目	白い目	白い目	白い目	白い目	白い目
Version 2	文句	文句	文句	文句	文句	文句	文句
Version 3	叱られる	叱られる	叱られる	叱られる	叱られる	叱られる	叱られる
Version 4	ネット批判	ネット批判	ネット批判	ネット批判	ネット批判	ネット批判	ネット批判

為抽出による割当法で実施した。各ヴァージョン 300 データの合計 1200 データを蒐集した[17]。

以下では，紙面の制約のために，自己相関関数図（autocorrelation function），トレース図（trace plots）［history］，bgr convergence diagnostic （bgr: Brooks, Gelman, Rubin）などは省略するが，十分に収斂している。また，ヴァージョン間で一方が他方より大きくなる確率も step 関数によって求めた。1 万 1000 回分のチェインを二つ発生させ，最初の各 1000 回をバーン・インとして捨て，1001 回めからのデータ合計 20,000 をサンプルした[18]。

IV 分析結果

1 駅の列への割り込み乗車

第一の社会規範違反の場面は，「A さんは，駅で待っている人の列に割り込んで電車に乗りました。」であり，インフォーマルな制裁は，(1)「その様子を見た周囲の人から白い眼で睨まれました。」，(2)「その様子を見た列の乗客に文句を言われました。」，(3)「その様子を見た駅員さんに叱られました。」，および(4)「その様子を見た人にネットで批判されました。」である。ベイズ推定をし，ヴァージョン間の大小の確率も求めた結果が次の表である[19]。

node	mean	sd	MC error	2.50%	median	97.50%	start	sample
m	2.889	0.03976	2.81E-04	2.811	2.889	2.967	1001	20000
mean[1]	2.561	0.08002	6.13E-04	2.404	2.561	2.718	1001	20000
mean[2]	2.873	0.08014	5.67E-04	2.716	2.873	3.031	1001	20000
mean[3]	3.037	0.07874	5.23E-04	2.884	3.037	3.192	1001	20000
mean[4]	3.086	0.0797	6.13E-04	2.929	3.086	3.242	1001	20000
s	1.382	0.02849	2.00E-04	1.328	1.382	1.44	1001	20000

[17] 実施は，2013 年 2 月に中央調査社に委託して行った。

[18] 統計ソフトとしては WinBUGS を用いた MCMC 法によった。事前確率分布については，「データをして語らしめる」という趣旨で無情報事前確率分布を用いた。プログラム自体は，NTzoufras （2009：169-170）によるプログラムを改定して用いた。係数の事前確率分布については，平均 0.0，標準偏差 100 の十分広くて平たい正規分布とし，標準偏差（s=SQRT（1/tau））については，平均 1.0，標準偏差 100 のガンマ関数からのサンプリングから算出している。以下同様である。

[19] 本稿以下の表の縦軸の m は全体の平均，s は同じく全体の標準偏差，mean[]は各ヴァージョンの平均値である。表の横軸の mean は事後確率分布に基づく真なる平均値

　回答選択肢は，(1)「必ずすると思う」から(4)「どちらともいえない」を経て(7)「決してしなくなると思う」の7段階リカート尺度であるから，どのヴァージョンも4より小さく，割り込み乗車をした社会規範違反者は，インフォーマルな制裁のどれを受けたとしても，今後も割り込み乗車をするであろうと，人々は予測している。インフォーマルな制裁は特別予防としては実効性がないであろうと評価されていることになる。

　ヴァージョン間の差の確率を視覚化したものが，下記の図である。

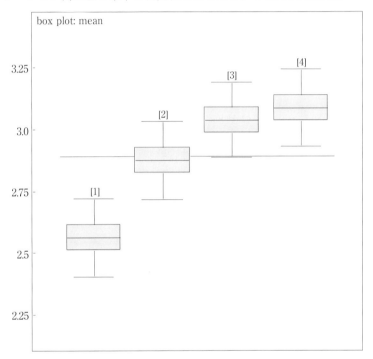

　この図から見て取れるように，V.1 < V.2 < V.3 ≒ V.4 と推測される。これを確かめるために V.1 > V.2，V.1 > V.3，V.2 > V.4，V.2 > V.3，V.2 > V.4，および

の期待値（事後平均値（posterior mean））であるが，混乱の虞れのない限り「平均値」と表記する。sd は事後標準偏差，MC error はモンテ・カルロ・エラーで事後標準偏差の1％以下であれば良いとされており，表から見て取れるようにそうなっている。median は事後中央値，2.50% と 97.50% はそれぞれの値の間の中に真の値が存在する事後確率が95%である確信区間を意味する。start はバーン・イン後のサンプリングの開始点，sample はサンプルの数を意味する。以下同様である。

V.3 ＞ V.4 となる確率を求めたのが次の表である。

node	mean	sd
larger.than[1,2]	0.00305	0.05514
larger.than[1,3]	1.00E-04	0.009999
larger.than[1,4]	5.00E-05	0.007071
larger.than[2,3]	0.0734	0.2608
larger.than[2,4]	0.03	0.1706
larger.than[3,4]	0.3321	0.4709

　この mean が期待事後確率に対応しており，larger.than[X,Y]は「ヴァージョン X ＞ヴァージョン Y」となる事後確率である。その値が 0.1 程度よりも小さいなら，X ＞ Y の確率は小さいので X ＜ Y と評価でき，0.9 程度よりも大きいなら，逆に X ＞ Y と評価できる。それらの値の中間の場合はほぼ同等（≒）と評価できる（本稿，以下同様）[20]。

　このように見ると，まさに V.1 ＜ V.2 ＜ V.3 ≒ V.4 となっていることがわかる。したがって，割り込み乗車をした者に対しては，白い眼で睨むという制裁が一番実効性がないと評価され，それよりも列の乗客に文句を言われるという制裁が実効性が大きく，それらよりも駅員さんに叱られるという制裁とネットで批判されるという制裁は，さらに効果があるという結果となった。但し，先に見たように，いずれのインフォーマルな制裁も値が 4 より小さく，実効性は乏しいと評価されている。

2　道端へのゴミ捨て

　第二の社会規範違反の場面では，「B さんは，ドライブの途中でビニール袋に入れたゴミを道端に投げ捨てしました。」という行動をしている。インフォーマルな制裁は，(1)「その様子を見た周囲の人から白い眼で睨まれました。」，(2)「その様子を見た道端の家の住人に文句を言われました。」，(3)「その様子を見たおまわりさんに叱られました。」，および(4)「その様子を見た人にネットで批判されました。」である。ベイズ推定をし，ヴァージョン間の大

---

[20]　これは事後確率であるので，1 %，5 %，10%などに厳密にこだわらないで素直に解釈する。なお，標本抽出分布に基づく *p* 値の場合は，今回のデータかそれ以上に極端なデータの出現確率に過ぎないので，事後確率については解釈できず，事後確率分布と *p* 値の 1 %，5 %，10%などに特に論理的意味はない。

小の確率も求めた結果が次の表である。

node	mean	sd	MC error	2.50%	median	97.50%	start	sample
m	2.658	0.03802	2.69E-04	2.583	2.657	2.732	1001	20000
mean[1]	2.448	0.07652	5.86E-04	2.297	2.448	2.598	1001	20000
mean[2]	2.756	0.07664	5.42E-04	2.606	2.756	2.907	1001	20000
mean[3]	2.767	0.0753	5.00E-04	2.621	2.767	2.915	1001	20000
mean[4]	2.659	0.07622	5.86E-04	2.509	2.66	2.808	1001	20000
s	1.322	0.02725	1.91E-04	1.269	1.321	1.377	1001	20000

　回答選択肢は，(1)「必ずすると思う」から(4)「どちらともいえない」を経て(7)「決してしなくなると思う」の7段階リカート尺度であるから，どのヴァージョンも4より小さく，道端ゴミ捨てをした社会規範違反者は，インフォーマルな制裁のどれを受けたとしても，今後も道端ゴミ捨てをするであろうと，人々は予測している。インフォーマルな制裁は特別予防としては実効性がないであろうと評価されていることになる。

　ヴァージョン間の差の確率を視覚化したものが，下記の図である。

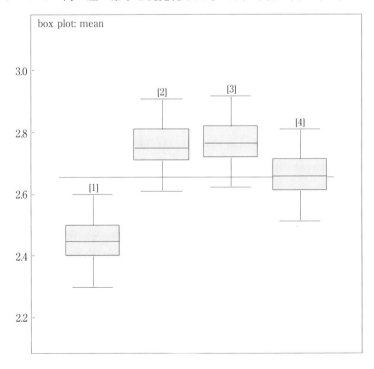

この図から見て取れるように，V.1 < V.4 ≒ V.2 ≒ V.3 と推測される。これを確かめるために V.1 > V.2，V.1 > V.3，V.2 > V.4，V.2 > V.3，V.2 > V.4，および V.3 > V.4 となる確率を求めたのが次の表である。

node	mean	sd
larger.than[1,2]	0.0026	0.05092
larger.than[1,3]	0.0018	0.04239
larger.than[1,4]	0.0236	0.1518
larger.than[2,3]	0.4593	0.4983
larger.than[2,4]	0.8145	0.3887
larger.than[3,4]	0.8409	0.3658

このように，まさに V.1 < V.4 ≒ V.2 ≒ V.3 となっている。したがって，道端にゴミ捨てをした者に対しては，白い眼で睨むという制裁が一番実効性がないと評価され，それより相対的に若干は効果があるとされる点で同等であるのが，ネットで批判される，道端の家の住人に文句を言われる，およびおまわりさんに叱られるという制裁であるという結果となった。但し，先に述べたように，いずれにせよどのインフォーマルな制裁も値が4より小さく，特別予防としては効果がないと評価されている。

3 町内会の仕事サボり

第三の社会規範違反の場面では，「ある町内会では，お祭りの準備作業を共同で行うことをみんなで決めました。ところがCさんは，仕事をしているフリだけして何も手伝いませんでした。」という行動をしている。インフォーマルな制裁は，(1)「その様子を見た周囲の人から白い眼で睨まれました。」，(2)「その様子を見た町内会の役員に文句を言われました。」，(3)「その様子を見たおまわりさんに叱られました。」，および(4)「その様子を見た人にネットで批判されました。」である。ベイズ推定をし，ヴァージョン間の大小の確率も求めた結果が次の表である。

node	mean	sd	MC error	2.50%	median	97.50%	start	sample
m	3.01	0.03776	2.67E-04	2.936	3.01	3.084	1001	20000
mean[1]	2.905	0.07599	5.82E-04	2.755	2.904	3.054	1001	20000
mean[2]	2.986	0.07611	5.39E-04	2.837	2.986	3.136	1001	20000
mean[3]	3.097	0.07478	4.97E-04	2.952	3.097	3.244	1001	20000
mean[4]	3.053	0.07569	5.82E-04	2.904	3.053	3.201	1001	20000
s	1.312	0.02706	1.90E-04	1.261	1.312	1.368	1001	20000

　回答選択肢は，(1)「必ずすると思う」から(4)「どちらともいえない」を経て(7)「決してしなくなると思う」の7段階リカート尺度であるから，どのヴァージョンも4より小さく，町内会の仕事をサボった社会規範違反者は，インフォーマルな制裁のどれを受けたとしても，今後も町内会の仕事をサボるであろうと人々は予測している。インフォーマルな制裁は特別予防としては実効性がないであろうと評価されていることになる。

　ヴァージョン間の差の確率を視覚化したものが，下記の図である。

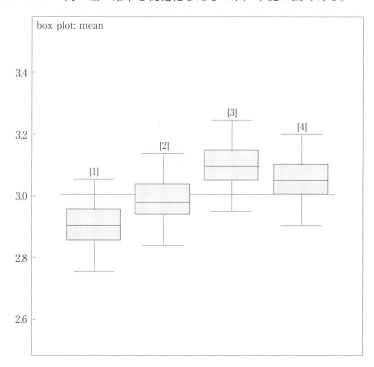

この図から見て取れるように，V.1 ≒ V.2 ≒ V.4 ≒ V.3 と推測される。これを確かめるために V.1 ＞ V.2，V.1 ＞ V.3, V.2 ＞ V.4, V.2 ＞ V.3, V.2 ＞ V.4，および V.3 ＞ V.4 となる確率を求めたのが次の表である。

node	mean	sd
larger.than[1,2]	0.2229	0.4162
larger.than[1,3]	0.0354	0.1848
larger.than[1,4]	0.08295	0.2758
larger.than[2,3]	0.1499	0.3569
larger.than[2,4]	0.2706	0.4443
larger.than[3,4]	0.6588	0.4741

このように，ほぼ V.1 ≒ V.2 ≒ V.4 ≒ V.3 となっているが，V.1 ＜ V.3 と V.1 ≦ V.4 と評価可能であり，その意味では町内会の仕事をサボった者に対しては，白い眼で睨むという制裁が一番実効性がないと評価され，それより相対的に若干は効果があるとされる点で同等であるのが，ネットで批判される，およびおまわりさんに文句を言われる，という結果となった。但し，先に述べたように，いずれにせよどのインフォーマルな制裁も 4 より小さく，特別予防としては効果がないと評価されている。

4　ＰＴＡの運動会準備のサボり

第四の社会規範違反の場面では，「ある小学校のＰＴＡでは，運動会の準備を保護者が共同で行うことをみんなで決めました。ところが，Ｄさんは，用事も何もなかったのに急用ができたと嘘をついてサボりました。」という行動をしている。インフォーマルな制裁は，(1)「それがばれたとき周囲の人から白い眼で睨まれました。」，(2)「それがばれたときＰＴＡの役員さんに文句を言われました。」，(3)「それがばれたとき小学校の校長先生に叱られました。」，および(4)「それがばれたときネットで批判されました。」である。ベイズ推定をし，ヴァージョン間の大小の確率も求めた結果が次の表である。

node	mean	sd	MC error	2.50%	median	97.50%	start	sample
m	3.32	0.4196	0.003066	3.244	3.323	3.403	1001	20000
mean[1]	3.353	0.2217	0.001476	3.195	3.354	3.514	1001	20000
mean[2]	3.511	1.032	0.007251	3.361	3.52	3.68	1001	20000
mean[3]	3.275	0.3382	0.002181	3.121	3.277	3.434	1001	20000
mean[4]	3.141	0.494	0.003706	2.984	3.143	3.301	1001	20000
s	1.406	0.5861	0.004229	1.346	1.4	1.46	1001	20000

　回答選択肢は，(1)「必ずすると思う」から(4)「どちらともいえない」を経て(7)「決してしなくなると思う」の7段階リカート尺度であるから，どのヴァージョンも4より小さく，ＰＴＡの運動会準備をサボった社会規範違反者は，インフォーマルな制裁のどれを受けたとしても，今後もＰＴＡの運動会準備をサボるであろうと人々は予測している。インフォーマルな制裁は特別予防としては実効性がないであろうと評価されていることになる。

　ヴァージョン間の差の確率を視覚化したものが，下記の図である。

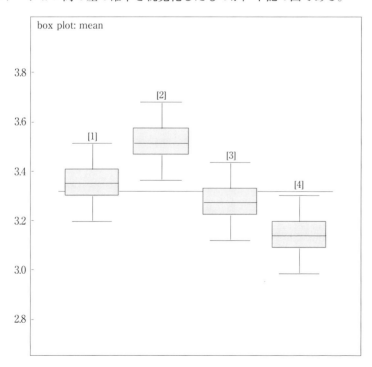

この図から見て取れるように，V.4 < V.3 ≒ V.1 < V.2 と推測される。これを確かめるために V.1 > V.2，V.1 > V.3，V.2 > V.4，V.2 > V.3，V.2 > V.4，および V.3 > V.4 となる確率を求めたのが次の表である。

node	mean	sd
larger.than[1,2]	0.07195	0.2584
larger.than[1,3]	0.7505	0.4327
larger.than[1,4]	0.9689	0.1736
larger.than[2,3]	0.9825	0.1313
larger.than[2,4]	0.9993	0.02696
larger.than[3,4]	0.8815	0.3233

このように，ほぼ V.4 ≦ V.3 ≒ V.1 < V.2 となっている。ＰＴＡの運動会準備をサボった者に対しては，ネットで批判するという制裁が一番実効性がないと評価され，それより相対的に若干は効果があるとされる点で同等であるのが，小学校の校長先生に叱られるという制裁と周囲の人から白い目で睨まれるという制裁である。それらよりさらに少し効果があると評価されているのがＰＴＡの役員さんに文句を言われるという制裁である。但し，先に述べたように，いずれにせよどのインフォーマルな制裁も 4 より小さく，特別予防としては効果がないと評価されている。

5　歩行中禁煙道路で喫煙・吸殻ポイ捨て

　第五の社会規範違反の場面では，「Ｅさんは，『歩行中禁煙・吸殻投捨禁止』の表示のある道を歩いているとき，タバコを吸って吸殻を道端にポイ捨てしました。」という行動をしている。インフォーマルな制裁は，(1)「その様子を見た周囲の人から白い眼で睨まれました。」，(2)「その様子を見た道端の家の住人に文句を言われました。」，(3)「その様子を見たおまわりさんに叱られました。」，および(4)「その様子を見た人にネットで批判されました。」である。ベイズ推定をし，ヴァージョン間の大小の確率も求めた結果が次の表である。

node	mean	sd	MC error	2.50%	median	97.50%	start	sample
m	2.755	0.03975	2.81E-04	2.677	2.755	2.833	1001	20000
mean[1]	2.461	0.08	6.13E-04	2.304	2.461	2.618	1001	20000
mean[2]	2.896	0.08013	5.67E-04	2.74	2.896	3.054	1001	20000
mean[3]	2.96	0.07873	5.23E-04	2.808	2.96	3.115	1001	20000
mean[4]	2.703	0.07968	6.13E-04	2.546	2.703	2.859	1001	20000
s	1.382	0.02848	2.00E-04	1.327	1.381	1.44	1001	20000

　回答選択肢は，(1)「必ずすると思う」から(4)「どちらともいえない」を経て(7)「決してしなくなると思う」の7段階リカート尺度であるから，どのヴァージョンも4より小さく，歩行中禁煙道路で喫煙・吸殻ポイ捨てをした社会規範違反者は，インフォーマルな制裁のどれを受けたとしても，今後も歩行中禁煙道路で喫煙・吸殻ポイ捨てをするであろうと人々は予測している。インフォーマルな制裁は特別予防としては実効性がないであろうと評価されていることになる。

　ヴァージョン間の差の確率を視覚化したものが，下記の図である。

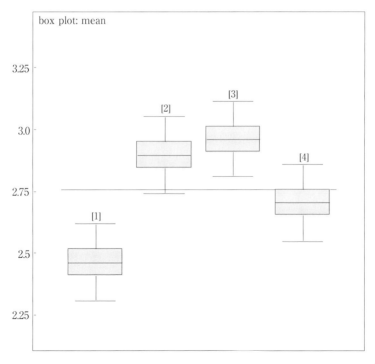

この図から見て取れるように，V.1 < V.4 < V.2 ≒ V.3 と推測される。これを確かめるために V.1 > V.2, V.1 > V3, V.2 > V4, V.2 > V.3, V.2 > V.4, および V.3 > V.4 となる確率を求めたのが次の表である。

node	mean	sd
larger.than[1,2]	1.00E-04	0.009999
larger.than[1,3]	5.00E-05	0.007071
larger.than[1,4]	0.0149	0.1212
larger.than[2,3]	0.2833	0.4506
larger.than[2,4]	0.9563	0.2044
larger.than[3,4]	0.9891	0.1036

このように，V.1 < V.4 < V.2 ≒ V.3 となっている。歩行中禁煙道路で喫煙・吸殻ポイ捨てをした者に対しては，白い目で睨まれるという制裁が一番実効性がないと評価され，それより相対的に効果があるとされるのがネットで批判されるという制裁である。それよりもさらに相対的に効果があると評価される点で同等であるのが，道端の家の住人に文句を言われる，および，おまわりさんに叱られるという制裁である。但し，先に述べたように，いずれにせよどのインフォーマルな制裁も 4 より小さく，特別予防としては効果がないと評価されている。

6　ゴミ出しルール違反

第六の社会規範違反の場面では，「ある町では，ゴミ収集日の朝以外にゴミを出してはならないという条例を制定しています。ところが，Ｆさんは，収集日以外の日にゴミを出しました。」という行動をしている。インフォーマルな制裁は，(1)「その様子を見た周囲の人から白い眼で睨まれました。」，(2)「その様子を見たゴミ収集所のそばの住人に文句を言われました。」，(3)「その様子を見たおまわりさんに叱られました。」，および(4)「その様子を見た人にネットで批判されました。」である。ベイズ推定をし，ヴァージョン間の大小の確率も求めた結果が次の表である。

node	mean	sd	MC error	2.50%	median	97.50%	start	sample
m	3.258	0.04092	2.89E-04	3.178	3.258	3.339	1001	20000
mean[1]	3.001	0.08235	6.31E-04	2.839	3.001	3.163	1001	20000
mean[2]	3.416	0.08248	5.84E-04	3.255	3.416	3.579	1001	20000
mean[3]	3.534	0.08104	5.38E-04	3.377	3.533	3.693	1001	20000
mean[4]	3.083	0.08203	6.31E-04	2.921	3.083	3.243	1001	20000
s	1.422	0.02932	2.06E-04	1.366	1.422	1.482	1001	20000

　回答選択肢は，(1)「必ずすると思う」から(4)「どちらともいえない」を経て(7)「決してしなくなると思う」の7段階リカート尺度であるから，どのヴァージョンも4より小さく，ゴミ出しルール違反をした社会規範違反者は，インフォーマルな制裁のどれを受けたとしても，今後もゴミ出しルール違反をするであろうと人々は予測している。インフォーマルな制裁は特別予防としては実効性がないであろうと評価されていることになる。

　ヴァージョン間の差の確率を視覚化したものが，下記の図である。

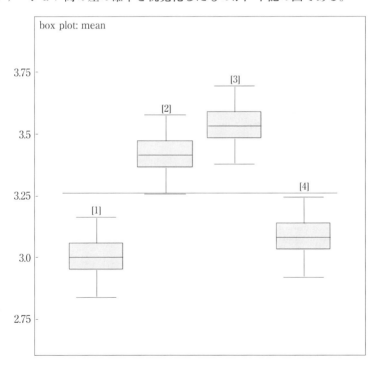

この図から見て取れるように，V.1 ≒ V.4 < V.2 ≦ V.3 と推測される。これを確かめるために V.1 > V.2，V.1 > V3, V.2 > V.4, V.2 > V.3, V.2 > V.4, および V.3 > V.4 となる確率を求めたのが次の表である。

node	mean	sd
larger.than[1,2]	3.50E-04	0.01871
larger.than[1,3]	0	0
larger.than[1,4]	0.2415	0.428
larger.than[2,3]	0.1545	0.3614
larger.than[2,4]	0.9979	0.04578
larger.than[3,4]	1	0

　このように，V.1 ≒ V.4 < V.2 ≦ V.3 となっている。ゴミ出しルール違反をした者に対しては，白い目で睨まれるという制裁とネットで批判されるという制裁が実効性が最低と評価され，それより相対的に効果があるとされるのがゴミ収集所のそばの住人に文句を言われるという制裁である。それよりもさらに若干効果があると評価されているのが，おまわりさんに叱られるという制裁である。但し，先に述べたように，いずれにせよどのインフォーマルな制裁も 4 より小さく，特別予防としては効果がないと評価されている。

7　買いだめ行動

　第七の社会規範違反の場面では，「天候不順で食料品の品不足が深刻化しました。政府は声明を発表して『食品の買いだめはやめましょう』と呼びかけています。ところが，Ｇさんは，食品の買いだめをしました。」という行動をしている。インフォーマルな制裁は，(1)「その様子を見た周囲の人から白い眼で睨まれました。」，(2)「その様子を見た近所の人に文句を言われました。」，(3)「その様子を見たおまわりさんに叱られました。」，および(4)「その様子を見た人にネットで批判されました。」である。ベイズ推定をし，ヴァージョン間の大小の確率も求めた結果が次の表である。

node	mean	sd	MC error	2.50%	median	97.50%	start	sample
m	2.607	0.03391	2.40E-04	2.54	2.607	2.673	1001	20000
mean[1]	2.628	0.06824	5.23E-04	2.494	2.627	2.762	1001	20000
mean[2]	2.523	0.06835	4.84E-04	2.389	2.523	2.657	1001	20000
mean[3]	2.664	0.06715	4.46E-04	2.534	2.663	2.796	1001	20000
mean[4]	2.613	0.06797	5.23E-04	2.479	2.613	2.746	1001	20000
s	1.179	0.0243	1.71E-04	1.132	1.178	1.228	1001	20000

　回答選択肢は，(1)「必ずすると思う」から(4)「どちらともいえない」を経て(7)「決してしなくなると思う」の7段階リカート尺度であるから，どのヴァージョンも4より小さく，買いだめ行動をした社会規範違反者は，インフォーマルな制裁のどれを受けたとしても，今後も買いだめ行動をするであろうと人々は予測している。インフォーマルな制裁は特別予防としては実効性がないであろうと評価されていることになる。

　ヴァージョン間の差の確率を視覚化したものが，下記の図である。

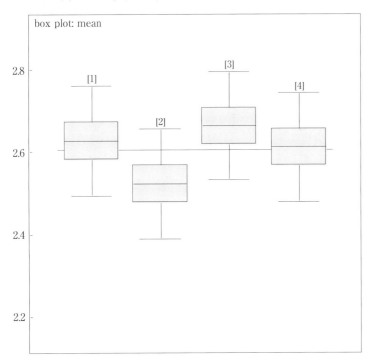

この図から見て取れるように, V.2 ≦ V.4 ≒ V.1 ≒ V.3 と推測される。これを確かめるために V.1 > V.2, V.1 > V3, V.2 > V.4, V.2 > V.3, V.2 > V.4, およびV.3 > V.4 となる確率を求めたのが次の表である。

node	mean	sd
larger.than[1,2]	0.8643	0.3424
larger.than[1,3]	0.3536	0.4781
larger.than[1,4]	0.566	0.4956
larger.than[2,3]	0.0727	0.2596
larger.than[2,4]	0.1762	0.381
larger.than[3,4]	0.6993	0.4586

このように, ほぼ V.2 ≦ V.4 ≒ V.1 ≒ V.3 となっている。買いだめ行動をした者に対しては, 近所の人に文句を言われるという制裁が実効性が最低と評価され, その他の3種類のインフォーマルな制裁は同程度の効果であるという結果である。但し, 先に述べたように, いずれにせよどのインフォーマルな制裁も4より小さく, 特別予防としては効果がないと評価されている。

8 ま と め

ここで, 結果を整理しておくことにする。本稿では, 下の表の7つの社会規範違反行為に対する4種類のインフォーマルな制裁について, それぞれの特別予防的な効果を, 人々がどのように位置づけたかを探求した。インフォーマルな制裁は, 社会規範違反の場の特殊性に応じてモディファイした部分を省略して整理すれば, V.1 は「白い眼で睨まれる」, V.2 は「文句を言われる」, V.3 は「叱られる」, および V.4 は「ネットで批判される」となる。

ベイズ統計分析の結果をまとめると, 下記の表になる。なお, 伝統的な頻度論による分散分析の多重比較の結果は《付録》に示した[21]。

1 駅の列への割り込み乗車　　　　　V.1 < V.2 < V.3 ≒ V.4 < 4.0
2 道端へのゴミ捨て　　　　　　　　V.1 < V.4 ≒ V.2 ≒ V.3 < 4.0
3 町内会の仕事サボり　　　　　　　V.1 ≒ V.2 ≒ V.4 ≒ V.3 < 4.0

---

[21] ベイズ統計分析と概ね同様の結果となっている。紙面の節約のために省略したが, 有意水準10%による多重比較での「その後の検定」の結果をダンカン法で構築した等質グループは, とりわけ本文の表に沿うものであった。

4　ＰＴＡの運動会準備のサボり	$V.4 \leqq V.3 \fallingdotseq V.1 < V.2 < 4.0$
5　歩行中禁煙道路で喫煙・吸殻ポイ捨て	$V.1 < V.4 < V.2 \fallingdotseq V.3 < 4.0$
6　ゴミ出しルール違反	$V.1 \fallingdotseq V.4 < V.2 \leqq V.3 < 4.0$
7　買いだめ行動	$V.2 \leqq V.4 \fallingdotseq V.1 \fallingdotseq V.3 < 4.0$

　第一に言えることは，すべてのインフォーマルな制裁は，違反者が将来違反を繰り返さなくなるという効果を持ってはいないと人々が評価していることである（すべて４より小さい）。特別予防的な意味の実効性はインフォーマルな制裁にはあまりないと人々が評価しているのである。

　第二に，総じて，白い目で睨むというインフォーマルな制裁は実効性が４種類の中で最も薄いと評価されている点である（4.4と4.7以外の５つの社会規範違反で最も値が小さい）。周囲の目を気にするという意識は，我々の日常生活でよく感じられるものであるが，実は社会規範を守っている者には意味があるのかもしれないが，違反をした者に対しては，効果がないと人々は評価していることになる。

　第三に，総じて，叱られるというインフォーマルな制裁が，実効性が他の３つの制裁よりも効果が大きいと人々に評価されている点が挙げられる（4.1と4.4以外の５つの社会規範違反で値が最も４に近い）。叱る主体がおまわりさんや校長先生であるので，他のインフォーマルな制裁よりも相対的に効果が大きいと位置づけるべきかもしれない。他面，値は４よりも小さいので，むしろ意外と実効性がないと人々に評価されていると位置づけるべきかもしれない。

Ｖ　終 わ り に

　本稿では，日常でしばしば目にするような社会規範違反行為を７つ採り上げ，そのような違反行為に対して，やはり日常でしばしば目にするようなインフォーマルな制裁を４つ採り上げ，違反者に対してその後の違反を抑止する効果があると人々が評価しているか否かを実験計画法の手法を用いて調査した。その結果はかなり否定的なものである。インフォーマルな制裁の種類によって程度の差はあるにせよ，社会規範違反者に将来の違反を止めさせるような実効性は基本的にあまりないと人々は評価している。

翻って見ると，大多数の人々は社会規範を遵守しているように見える。それと同時に，路上喫煙やポイ捨て，列への割り込み，サボりなどの社会規範違反者に対して，ほとんどの人はインフォーマルな制裁を科そうとするよりも，むしろ，見て見ぬ振りをするように思われる（Milgram et al. 1986）。つまり，インフォーマルな制裁自体，それが科される確率は小さいと言える。

このように見ると，仮説として，人々が社会規範を遵守するのはインフォーマルな制裁のリスクを慮ってではない，という命題を定立できよう。だからこそ，インフォーマルな制裁の特別予防的な実効性に人々は懐疑的なのかもしれない。もしそうなら，人々はインフォーマルな制裁の可能性がなくなっても社会規範を遵守し続けるか，それとも社会規範に違反するようになるのか，という問題提起もできるであろう[22]。これらの命題の真偽は，社会の事実に開かれたものであり，今後の研究課題である。

さて，トルーマン大統領は「どんな身内のものでも，なぜ大統領がある決定に達したか，その理由のすべてを知るものはいない」と述べた。また，ケネディ大統領は「ある人がなぜそのような決定を最終的にしたのかを知ることは誰にもできない。―― たいていの場合，当の決定者自身にとってもそうである。」と述べた。脳科学の知見はこれらの言葉の正しさを示唆している。社会規範の法社会学的研究は，新たな跳躍を必要としているのかもしれない。

〈文 献〉

ボーンシュテット，ジョージ＆デイヴィド・ノーキ（1990）『社会統計学：社会調査のためのデータ分析入門』（海野道郎＆中村隆監訳，ハーベスト社）[Bohrnstedt, George W. & David Knoke (1988) Statistics for Social Data Analysis, 2nd Ed., F.E. Peacock Publisher]。

Ellickson, Robert C. (1991) *Order without Law: How Neighbors Settle Disputes*, Harvard University Press.

フィンケルスタイン，マイクル・O（2014）『法統計学入門：法律家のための確率統計の初歩』（太田勝造監訳，木鐸社）[Finkelstein, Michael O. (2010) Basic

---

[22] もしも，インフォーマルな制裁の可能性がなくとも，人々は社会規範を遵守し続ける，という仮説命題が真であるなら，それはなぜかが次の問題となる。ナッシュ均衡，進化的安定均衡，シグナリング・モデルなどが考えられる（飯田 2004，ポズナー 2002）。あるいは，単に惰性で遵守しているかもしれないし，単に周囲の人々と同じ行動（模倣）をしようとしているだけなのかもしれない。

Concepts of Probability and Statistics in the Law, Springer].

Gill, Jeff (2015) Bayesian Methods: A Social and Behavioral Sciences Approach (3rd ed.), CRC Press.

ジャクソン，ハウェル他（2014）『数理法務概論』（神田秀樹＆草野耕一訳，有斐閣）。

飯田高（2004）『《法と経済学》の社会規範論』（勁草書房）。

カーネマン，ダニエル（2012）『ファスト＆スロー：あなたの意思はどのように決まるか？（上）』（村井章子訳，早川書房）［Daniel Kahneman, *Thinking Fast and Slow*, 2011］。

Kaplan, David (2014) Bayesian Statistics for the Social Science, Guilford Press.

Kruschke, John K. (2015) Doing Bayesian Data Analysis: A Tutorial with R, JAGS, and Stan (2nd ed.), Elsevier [1st ed. 2011]『ベイズ統計モデリング』（前田和寛・小杉考司監訳，共立出版，2017）。

Libet, B., C. A. Gleason, et al. (1983) "Time of Conscious Intention to Act in Relation to Onset of Cerebral Activity (Readiness-Potential): The Unconscious Initiation of a Freely Voluntary Act," *Brain*, No.106, pp. 623-42.

松原望(2010)『ベイズ統計学概説：フィッシャーからベイズへ』（培風館）。

McElreath, Richard (2016) Statistical Rethinking: A Bayesian Course with Examples in R and Stan, CRC Press.

マグレイン，シャロン・B（2013）『異端の統計学ベイズ』（冨永星訳，草思社）［McGrayne, Sharon Bertsch (2011) The Theory That Would Not Die: How Bayes'Rule Cracked the Enigma Code, Hunted Down.

Milgram, Stanley, Liberty, Hilary J., Toledo, Raymond, Wackenhut, Joyce (1986) "Response to Intrusion into Waiting Lines," *Journal of Personality and Social Psychology*, Vol 51(4), pp. 683-689.

Ntzoufras, Ioannis (2009) Bayesian Modeling Using WinBUGS, Wiley & Sons.

太田勝造（2015）「統計学の考え方と事実認定」高橋宏志他（編）『民事手続の現代的使命［伊藤眞先生古稀祝賀論文集］』（有斐閣）71-95頁。

太田勝造（2017）「経験則と事実推定：ベイズ推論と統計的証拠」上石圭一他（編）『宮澤節生先生古稀記念・現代日本の法過程（下巻）』（信山社）581-611頁。

太田勝造（2018a）「社会科学方法論としてのベイズ推定：帰無仮説反証から研究仮説検証へ」『法と社会研究』3号25-46頁。

太田勝造（2018b）「裁判とＡＤＲ判断のインパクト：要介護高齢者の事故の法的責任の社会的影響」高田裕成他（編）『高橋宏志先生古稀祝賀論文集・民事訴訟法の理論』（有斐閣）29-59頁。

太田勝造（2018c）「統計学の考え方と事実認定の構造：頻度論のｐ値主義からベ

イズ統計学へ」加藤新太郎・太田勝造・大塚直・田高寛貴（編著）『21 世紀民事法学の挑戦：加藤雅信先生古稀記念)』（信山社）127-159 頁。

太田勝造（2018d）「認知症高齢者への介護行動と法的判断：要介護者の遺族の評価と態度への影響」太田勝造＆垣内秀介(編)『利用者からみたＡＤＲの現状と課題』『法と実務』14 号 243-286 頁。

ポズナー，エリク（2002）『法と社会規範：制度と文化の経済分析』（太田勝造監訳，木鐸社）［Eric A. Posner, *Law and Social Norms*, Harvard University Press, 2000]。

ソーバー，エリオット（2012）『科学と証拠：統計の哲学入門』（松王政浩訳，名古屋大学出版会）［Sober, Elliot（2008）Evidence and Evolution: The Logic Behind the Science, Cambridge U.P.]。

豊田秀樹(編著)（2008）『マルコフ連鎖モンテカルロ法』（朝倉書店）。

豊田秀樹（2015）『基礎からのベイズ統計学：ハミルトニアン・モンテカルロ法による実践的入門』（朝倉書店）。

豊田秀樹（2016）『はじめての統計データ分析：ベイズ的＜ポスト p 値時代＞の統計学』（朝倉書店）。

Wilson, T. & R. Nisbett（1978）"The Accuracy of Verbal Reports About the Effects of Stimuli on Evaluations and Behavior," *Social Psychology*, No. 41 （2）, pp. 118-131.

山内光哉（2010）『心理・教育のための統計法』（サイエンス社）。

《付録》伝統的な頻度論による分散分析，多重比較の結果

多重比較 （Scheffe）	比較するヴァージョンの組合せ		有意確率 p 値
4.1.駅の列への 割り込み乗車	V.1.白い目で睨まれる	V.2.文句を言われる	0.053
		V.3.叱られる	0.000
		V.4.ネットで批判される	0.000
	V.2.文句を言われる	V.3.叱られる	0.553
		V.4.ネットで批判される	0.311
	V.3.叱られる	V.4.ネットで批判される	0.978
4.2.道端への ゴミ捨て	V.1.白い目で睨まれる	V.2.文句を言われる	0.041
		V.3.叱られる	0.032
		V.4.ネットで批判される	0.272
	V.2.文句を言われる	V.3.叱られる	1.000
		V.4.ネットで批判される	0.849
	V.3.叱られる	V.4.ネットで批判される	0.806
4.3.町内会の 仕事サボり	V.1.白い目で睨まれる	V.2.文句を言われる	0.895
		V.3.叱られる	0.354
		V.4.ネットで批判される	0.581
	V.2.文句を言われる	V.3.叱られる	0.788
		V.4.ネットで批判される	0.943
	V.3.叱られる	V.4.ネットで批判される	0.983
4.4.PTA の運動会 準備のサボり	V.1.白い目で睨まれる	V.2.文句を言われる	0.547
		V.3.叱られる	0.930
		V.4.ネットで批判される	0.338
	V.2.文句を言われる	V.3.叱られる	0.210
		V.4.ネットで批判される	0.013
	V.3.叱られる	V.4.ネットで批判される	0.715
4.5.歩行中喫 煙・ポイ捨て	V.1.白い目で睨まれる	V.2.文句を言われる	0.002
		V.3.叱られる	0.000
		V.4.ネットで批判される	0.199
	V.2.文句を言われる	V.3.叱られる	0.957
		V.4.ネットで批判される	0.401
	V.3.叱られる	V.4.ネットで批判される	0.160
4.6.ゴミ出し ルール違反	V.1.白い目で睨まれる	V.2.文句を言われる	0.005
		V.3.叱られる	0.000
		V.4.ネットで批判される	0.915
	V.2.文句を言われる	V.3.叱られる	0.799
		V.4.ネットで批判される	0.042
	V.3.叱られる	V.4.ネットで批判される	0.002
4.7.買いだめ 行動	V.1.白い目で睨まれる	V.2.文句を言われる	0.764
		V.3.叱られる	0.986
		V.4.ネットで批判される	0.999
	V.2.文句を言われる	V.3.叱られる	0.548
		V.4.ネットで批判される	0.831
	V.3.叱られる	V.4.ネットで批判される	0.965

10 継続的契約と信頼関係

柏　木　　昇

I　はじめに

　継続的契約の解約に関する裁判例においては，解約にはやむを得ない事由が必要であるとして，その事由の一つとして信頼関係の破壊を述べるものが多い。あるいは「継続的契約は信頼関係を前提とする」[1]と述べる例もある。古い裁判例でも「…右特約店契約関係は継続的な法律関係である上にその契約目的ないし契約効果の点において，特に契約当事者間の信頼関係の存在が重要な前提をなすものであることが明らかであるが，…」と述べる[2]。最一小昭和 37 年12 月 13 日判決[3]も，「本件のような継続的供給契約は，契約の性質に鑑み，当事者相互の信頼関係に基づいて成立するものであり，かつ実行されるべきものであるから，取引の実行に当たっては，互いに相手方の信頼を裏切らないこと

---

[1]　大阪地判昭和 36 年 10 月 12 日，判タ 126 号重要判例紹介 65 頁；東京地判昭和 51 年3 月 29 日，判時 835 号 94 頁；大津地決平成 7 年 9 月 11 日，判時 1611 号 121 頁；東京地判平成 25 年 1 月 21 日，判時 2192 号 53 頁（準委任契約を根拠としている）；大阪地判昭和 47 年 12 月 8 日，判タ 298 号 395 頁（信頼関係破壊を否定）；東京高判昭和 55 年9 月 24 日，判タ 431 号 81 頁（信頼関係破壊が解約理由になるとしたが，信頼関係破壊は認定していない。）；札幌地判平成 63 年 4 月 4 日，判時 1288 号 123 頁（新聞販売店事件，背信的行為はなかった）；東京地判平成 16 年 4 月 15 日，判時 1872 号 69 頁（信頼関係破壊は正当事由になる）；大阪地判昭和 47 年 12 月 8 日，判タ 298 号 395 頁（一般論を述べるが信頼関係破壊はないとしている）；福岡高判平成 19 年 8 月 19 日，判タ1265 号 253 頁（一般論）；東京地判平成 20 年 9 月 18 日，判時 2042 号 20 頁（信頼関係破壊をやむを得ない事由の一例とする）。

[2]　大阪地判昭和 36 年 10 月 12 日，判タ 126 号 300 頁。

[3]　判タ 140 号 127 頁。

が要請される」と判示している。継続的契約関係においては，当事者の信頼関係が最も重要な要素であり，これが破壊された場合催告を要せず，将来に向かって契約関係を解消（告知）しうるとするのが通説判例の立場である，とする裁判例解説もある⁽⁴⁾。しかし，実際に継続的契約の裁判例を調べてみると，信頼関係の破壊を判決理由として継続的契約の解約を認めた例は意外に少ない。私が調べ130件強の継続的契約に関する裁判例の中で，当事者の主張の中ではなく，判決理由の中で「信頼関係の破壊」が当該事件の事実との関係を踏まえながら継続的契約の解約との関係で検討された例は，後述のとおり20数件にすぎない。ただし，この数字は厳密に正確なわけではない。第一に「継続的契約」の定義がはっきりしないからどの裁判例を「継続的契約」に関する裁判例の中に含めるかという点が不明確である。第二に，判決理由が信頼関係に言及しているが，言及しただけで判決の結論に影響を与えていない裁判例も多い。もちろん当事者の主張の中にだけ信頼関係が出てきている裁判例は除いてある。第4に，判決理由中に信頼関係の語が現れても，それが判決の結論に直接の関係がない例も除外してある。このような問題があるにしても，これらの数字はほぼ実態を表していると思われる。いわゆる継続的契約の裁判例の中で信頼関係の破壊が裁判の結論に影響を与えた事例は意外に少ないと言えそうである。

　もう一つの大きな問題は，裁判例や学説でいう「信頼関係」の定義あるいは意味内容が不明であることである⁽⁵⁾。飯村佳夫弁護士は，「客観的な信頼程度を測定するメルクマールとして，代理店契約の類型においては，「一手販売権，被終了当事者による投資，最低取引量の定め，テリトリーの設定，競合製品取扱禁止，役員・従業員の派遣，等の要素が考慮される。その他の継続的取引関係においては，当該取引への専従性，被終了当事者による投資，当該商品に代替性がないこと，取引量の予定，販売ルートの系列化等の要素が考慮される」とする⁽⁶⁾。しかし，裁判例を見てみるとこのような要素を信頼関係の根拠としている例はほとんどない。実際問題としても，私は，供給者が販売店に役員・

⑷　判タ833号，224頁，富士喜対資生堂事件第一審判決の解説箱書きの記述であるが，
　　次の根拠を引用する。（我妻榮『債権各論　上巻』〔岩波書店，1954年〕161頁，田中誠
　　爾「継続的法律関係とその特性」『現代契約法大系1巻』〔有斐閣，1983年〕176頁，等）
⑸　賃貸借関係の「信頼関係破壊」の内容については，中田裕康『契約法』（有斐閣，
　　2017年）424頁以下に分析がされており，継続的契約における信頼関係の内容の解明に
　　たいへん参考になる。

従業員を派遣したという実例を知らないし，少なくとも私が検討した裁判例にはない。

　世界的にも「信頼」（trust）については法律上はもとより社会学や経済学上も確立した定義はない[7]。賃貸借契約に関しては信頼法理がかなり発達しているが，後述のように継続的な契約との関係での「信頼関係」の意味内容は賃貸借の場合とは大きく異なっており，その意味内容は著しく不明確である。継続的契約の解消との関係では，「信頼関係」は単に「良好な関係」あるいは「紛争のない関係」以上の意味をもっていないのではないか，と思われる裁判例もある。また「信頼」が単なる一方当事者の「期待」にすぎないのではないか，と思われる裁判例もある[8]。日本の法律上，「信頼関係」は賃貸借について，その基本的要素であるとされ，分析も進んでいる[9]。しかし，田中誠爾教授はつぎのようにいう。「最高裁は，『継続的契約』という表現を用いて『賃貸借は当事者相互の信頼関係を基礎とする継続的契約であるから，……相手方は民法第541条所定の催告を要せず，賃貸借を将来に向かって，解除することができる

---

(6)　行澤一人「継続的取引関係の終了に関する法的考察⑴」神戸法学雑誌41巻1号（1991年）183頁。

(7)　「今までのところ，信頼（trust）の一般的に認められた学問的な定義はない。」「この特集号で最も頻繁に引用される定義は『よろこんで自分をリスクにさらそうとする態度』（willingness to be vulnerable）である。」Sim B. Rousseau, Sim B. Stkin, Ronald S. Burt and Colin Camerer, Introduction to Special Topic Forum, Not So Different After All: A Cross-Discipline View of Trust, 23-3 Academy of Management Review（1998）393 at 394;「『信頼』は，多数の意味を持つ言葉である。"trust" is a term with many meanings. Oliver Williamson, Calculativeness, Trust, and Economic Organizatin, 36⑴(PT.2) The Journal of Law and Economics（1993）453;「信頼」についての日本での研究には山岸俊男『信頼の構造 — こころと社会の進化ゲーム』（東京大学出版会，1998年）がある。

(8)　名古屋地判昭和46年11月11日，判タ274号280頁：判決の中では「（トラックによる運送契約の解約の事例で，トラック購入について被告会社の指示があったので，そのトラックを引き続き使用してもらえると考えたとしても）原告会社の一方的な予想にすぎないと決めつけることはできない」と述べているが，信頼関係の認定の根拠は薄弱であり，信頼関係を理由とせずとも従来からの信義則の法理で十分に処理できた案件である。

(9)　故星野英一教授による日本人の信頼関係の好みについての興味深い考察の紹介が，中田・前掲注⑸54頁にある。たとえば，交渉術の参考書でも海外の参考書にはtrustの語があまり出てこないのに対し，日本の法学者以外の者が書いた交渉参考書では「信頼」が頻出する。

ものと解すべきである。』と判示したことがある。これは催告を要しないという趣旨で民法541条の適用のないことを意味したものとしても一時的債権関係における解除とは若干異なることを認めるものである。その後，賃貸借契約は，『信頼関係』法理により処理されるにいたっている。このことは，賃貸借契約の趣旨からして契約を継続することができない事由の発生を『信頼関係』に求めたもので，継続的債権契約の本質との関連付けの点は薄いように思われる。我が国の現状においては，判例の民法541条適用説のもとで賃借人の著しい不信行為の場合に催告不要を説いたり，不履行は直ちに解除権を発生させないとしたりしているから，排除説との間に結果的にそれほどの差を生じない。しかし，『信頼関係』と契約の継続性との関連は明らかではなく，継続的契約だから強い信頼関係が要求されるということであれば，右の諸説はすべての継続的契約を視野において説かれているのであろうか，明確ではない。どうもそのようにみれないのである。」[10]と述べている。この指摘のとおり，継続的契約と「信頼関係」の関係は不明確である。賃貸借が濃厚に賃借人の人的要素に依存することが多い[11]のに対し，継続的契約の解消における「信頼関係」の内容は，後述のように契約相手との敵対関係，加害行為などの事実が多く，賃貸借の「信頼関係」とは内容が大きく異なるようである。

　私は，このような確定できない内容の信頼関係概念を用いて定義のできない継続的契約の解約の可否を議論することは不適切ではないか，と考えていた。そこで，継続的契約に関するできるだけ多数の裁判例をあつめて，「信頼関係」がどのように継続的契約の権利義務関係の分析に使われているか，「信頼関係」は，継続的契約の解約に関して基準としてあるいは分析概念として有効に機能しているかを調べて見ることとした。

　第一の問題は，裁判例に現れた「継続的契約」の内容は千差万別であり，「継続的契約」の統一的概念定義ができないことである。したがって，継続的契約に関する裁判例とそうでない裁判例を明確に区別することはとてもできない。単に契約関係が事実上，長期間継続していれば「継続的契約」になるか，というとそうでもない[12]。継続的契約には言及せずに，その解約が信義則に違

---

(10)　田中・前掲注(4) 176頁。

(11)　広中俊雄「『信頼関係破壊』法理と人的要素」内田貴＝大村敦志編『ジュリスト増刊民法の争点』（有斐閣，2007年）246頁。

反していなかったかどうかを検討している例もある。東京地判平成25年10月31日判決[13]は，宴会場を備えた会館での音響・照明・撮影等の業務を行う業務委託契約の事件であるが，継続的契約関係の法理を正面からは論じていない。しかし，契約は26年継続しており一応信義則違反の有無が検討されていて，結局この契約の更新拒絶に信義則違反はないとされている。継続的契約とみても良さそうである。本論では，疑問のある裁判例も，いわゆる継続的契約の範囲を広く取って検討の対象としている。

　ここでの「いわゆる継続的契約」は，継続的売買契約や特約店契約やフランチャイズ契約に限らず，契約関係が長期に継続されており，あるいは長期に継続することが予定されており，その期間中の解約及び更新の拒絶に，やむを得ない事由，正当な事由，契約を継続し難い事由，信頼関係の破壊が要求される種類の契約を意味している。裁判例からは，このような契約には非常に種々雑多な内容が含まれており，統一的理解は不可能である。継続的契約に関する裁判例では，販売店契約あるいはいわゆる代理店契約[14]の他に次のような種類の契約に継続的契約理論が適用されている[15]。

　請負契約（乳製品配送契約[16]，商品ラベル印刷下請契約[17]，冷菓運送委託契約[18]，洋菓子配送契約[19]，洗剤OEM契約[20]，委託給食炊飯契約[21]，ビル管理契約[22]，工場警備請負[23]，トラック点検整備契約[24]，半導体洗浄装置製造委託[25]，害虫害獣駆

[12]　東京地判平成27年4月3日，LEX/DB25525611。
[13]　LEX/DB 25515485。
[14]　本稿では，特約店契約や代理店契約とも呼ばれているが，流通業者（販売店，特約店，代理店）が供給者から動産である商品を買い入れ，これを更に他の商人あるいは消費者に再販売する契約をいうものとする。
[15]　実体は継続的契約としてもよいような事案であるが，判決文では継続的契約とは言っていない事案については除いてある。
[16]　名古屋地判昭和46年3月29日，判時634号50頁。
[17]　東京地判昭和57年10月19日，判時1076号72頁。
[18]　仙台地決平成6年9月30日，判時1553号126頁。
[19]　東京地判平成9年9月26日，判時1639号73頁。
[20]　東京地判平成11年7月6日，判例集未登載。
[21]　東京高判平成11年7月28日，判時1693号73頁。
[22]　東京地判平成19年7月25日，判タ1277号291頁。
[23]　東京地判平成21年12月9日，ウェストロー2009WLJPCA09308027。
[24]　京都地決平成22年3月18日，判タ1337号266頁。

除契約[26]，運送契約[27]），事務あるいは作業の委託契約[28]（輸出コンサルティング契約[29]，税理士顧問契約[30]，無線機委託加工契約[31]，商品販売委託契約[32]，ダイヤル Q2 情報回収代行業務[33]，媒介代理商契約[34]，販促業務委託契約[35]，エレベーター保守管理契約[36]，ATM 払出業務委託契約[37]，ホテル・マッサージ師マッサージ委託契約[38]，クリーニング取次サービス契約[39]，インターネットサイト保守メンテナンス契約[40]，損保生保代理店契約[41]，電力軽減システム販売委託[42]，音響・照明・撮影等の業務を行う業務委託契約[43]，その他の無名契約（ほっかほっか亭に関する一連のフランチャイズ契約[44]，ゴルフクラブ会員権契約[45]，ラケットボールクラブ会員契約[46]，温泉供給契約[47]，歌手芸能人専属契約[48]，結婚式場美容サービス委託契約[49]，競輪場施設賃貸借[50]，ソフト開発とライセンス契約[51]）

---

[25]　東京地判平成 22 年 9 月 15 日，判タ 1346 号 175 頁。

[26]　東京地判平成 25 寧 3 月 1 日，判タ 1413 号 362 頁。

[27]　東京地判平成 24 年 2 月 16 日。

[28]　中田裕康教授は，準委任には当事者間の信頼関係を基礎にするという特徴があるという。中田・前掲注(5) 488 頁，522 頁，526 頁，533 頁。

[29]　東京地判昭和 55 年 5 月 26 日，判タ 455 号 127 頁。

[30]　東京高判昭和 55 年 9 月 24 日，判タ 431 号 81 頁。

[31]　東京地判昭和 62 年 12 月 16 日，判時 1289 号 68 頁。

[32]　東京高判平成 4 年 10 月 20 日（シャンソン化粧品），判タ 811 号 149 頁。

[33]　東京地判平成 7 年 2 月 21 日，判時 1567 号 111 頁。

[34]　東京地判平成 19 年 5 月 15 日ウェストロー・ジャパン 2007WLJPCA05158002。

[35]　東京地判平成 22 年 11 月 19 日，判時 2106 号 64 頁。

[36]　東京地判平成 23 年 4 月 15 日，判時 2120 号 37 頁。

[37]　東京地判平成 23 年 7 月 28 日，判タ 1383 号 284 頁。

[38]　東京地判平成 24 年 11 月 5 日，LEX1DB 25497742。

[39]　東京地判平成 25 年 1 月 21 日，判時 2129 号 53 頁。

[40]　東京地判平成 25 年 7 月 10 日，LEX/DB 25514188。

[41]　東京地判平成 24 年 2 月 14 日；東京地判平成 27 年 1 月 16 日，

[42]　東京地判平成 25 年 9 月 17 日，LEX/DB 25514950。

[43]　東京地判平成 25 年 10 月 31 日，LEX/DB 25515485。

[44]　一例として鹿児島地判平成 4 年 8 月 28 日，LEX/DB 28061025。

[45]　東京地判平成 4 年 12 月 8 日，判時 1471 号 92 頁。

[46]　東京地判平成 4 年 12 月 25 日，判時 1472 号 79 頁。

[47]　東京地判平成 12 年 11 月 8 日，判タ 1073 号 167 頁。

[48]　東京地判平成 13 年 7 月 18 日，判時 1756 号 64 頁；東京地判平成 24 年 3 月 14 日，ウェストロー・ジャパン 2012WLJPCA03148010。

[49]　福岡地判平成 16 年 8 月 2 日，判例集未登載。

　以上のように，継続的契約の対象となる契約の種類に関してコンセンサスが
できあがっておらず，したがっていわゆる継続的契約の法理を適用する場面も
千差万別であり，いわゆる継続的契約の法理を適用して解約権を制限するもの，
適用したが解約権の制限を否定するもの，いわゆる継続的契約の性質を有する
がそのことを理由に解約権を制限するのではなく信義則の適用を具体的に検討
しているもの[52]，と裁判例は混乱している。そこで，とりあえず本稿では，い
わゆる継続的契約に関すると思われる裁判例の中で「信頼関係」が判決理由中
で検討された例について，それがどのように扱われたかということを分析して
みることにした。分析した裁判例は134件であるが，これらを PDF に変換し，
「信頼関係」で検索して調べたものである。OCR 検索が完全ではなく，検索で
きなかったものもあるかもしれない。もちろん，いわゆる継続的契約に関する
裁判例の全部を調べたわけではない。当事者主張の中だけで「信頼関係」主張
されている例は除いた。

Ⅱ　信頼関係の内容の分類

1　継続的契約に関する裁判例では，信頼関係の破壊の原因として(1)故意

⑸　横浜地判平成 22 年 5 月 14 日，判時 2083 号 105 頁。

⑸　大阪地判平成 27 年 6 月 1 日，判例集未登載。

⑸　たとえば，東京地判平成 12 年 11 月 29 日，判タ 1086 号 162 頁の裁判例では，コン
　ピューターグラフィックス事業に関する業務委託契約の例であるが，契約期間は 1 年間
　で 1 年ずつの自動更新条項があり，契約は 2 回更新された事例である。他の裁判例から
　みても，本契約の性質は継続的契約であるとしてもよいように思われるが，判決は，つ
　ぎのように述べて継続的契約の法理の適用をしなかった。「…更新を重ねることによっ
　てある程度の期間にわたって契約関係を継続することもあり得る内容となっていること
　から，その意味で継続的取引関係の面を有するといえないわけではない。……しかしな
　がら，継続的取引関係であることの一事をもって，解約に関する合意が許されないわけ
　ではないのみならず，本件契約は…当事者双方がいずれも 3 ヶ月の予告期間をおいて解
　約を通知することにより契約を解約できる旨を定めるものであって，右解約権の行使を
　制限するような定めはない。……本件契約が継続的契約であることを根拠にやむを得な
　い事由が存在する場合にのみ本件解約権を行使することができるとする原告の主張は採
　用することができない。」筆者は，不明確な継続的契約概念に頼ることなく，直接に信
　義則などの一般条項の適用の可能性を検討すべきだと考えるので，この判決を高く評価
　するものであるが，これを継続的契約に関する裁判例とすべきかどうかについては議論
　があろう。この論文との関係ではいわゆる継続的契約に関する裁判例と考えた。

に供給者を害する行為（貸レコード店へのレコード横流し，外国産の安い製品（シリカゲル）の秘密裏の取扱，契約に違反する化粧品の卸売り販売あるいは安売り店への横流し，競合商品との差別扱い，契約他方当事者の信用を失墜させる情報の開示）(2)契約の一方当事者の社会的評判が重要である場合に他方当事者の社会的信用失墜行為（脱税に関する有罪確定，反社会的勢力との関係維持，賭博開帳図利罪の有罪確定，）(3)　訴訟の提起（一方当事者の主要資産である商標権の無効確認訴訟の提起，八つ当たり的な訴訟の提起，理由のない訴訟，(4)債務不履行と和解の繰り返し，(5)感情的対立，(6)フランチャイジーの不明朗な会計処理，(7)税理士顧問契約に関して相手方法人の経営者の変更による不仲，(8)換金性や流通性に乏しい手形での支払の主張固執。

　逆に，信頼関係の破壊までは至らないとされた事由としては，(9)競合製品取扱禁止条項のない販売店契約で，販売店が供給者の競争相手である外国メーカーの日本生産に協力したこと，(10)商品を安売り店に横流ししないようにという要求に応じなかったこと，(9) 8 年前の脱税事件，(11)訴訟を提起しただけ（ただし，訴訟の相手は地方公共団体であり，私人間の契約と同視はできないだろう。），(12)当事者の一方からの値上げ交渉，(13)供給者が人的・物的担保を要求したのに対し，人的担保提供しか同意しなかったこと，(14)契約一方当事者が，新たな内容の契約内容締結を要求しても，その新たな内容の契約に合理性がない場合。

　さらに，(12)信頼関係破壊の原因を作った当事者からの信頼関係破壊を理由とする継続的契約の解約を認めなかった例（エレベーター保守管理契約）がある。また，大上段から，継続的契約に関しては信頼関係が基礎となるという一般論を宣言しながら，判決主文は信頼関係の破壊とは別の理由から導いている裁判例や信頼関係の破壊はなかったとしている裁判例がある。また継続的契約の特徴を単に列挙し，それを根拠に問題になっている継続的契約は「信頼関係」を基礎としていると宣言した裁判例もいくつかある。いずれの大上段の議論も，説得力のある具体的根拠は示されていない。以下，これらの例を個別に検討することとする。

2　継続的契約の一方当事者が故意に相手方を害する行為をした場合

（1）東京地判昭和 59 年 3 月 29 日[53]は，レコード販売店が貸レコード店にレ

コードを横流しした例である。貸レコード業者の顧客がレコードを無断でダビングするため，レコードの売上が減少し，当時，レコード会社は貸レコード業者の営業に神経をとがらせていた。その貸レコード店にレコードを横流しする行為は，当然にレコード会社の神経を逆なでする行為であり，レコード会社に被害を及ぼす行為であった。裁判所は，これをもって「信頼関係破壊行為」と捉えた。しかし，「信頼関係破壊」という中間項を置かずとも，販売店には契約相手方に対するシカーネに近い加害行為として，信義則違反を問うことはできた筈の事案である。

（2）これに似たメーカーが自己の営業方針を阻害すると考えている相手に製品を供給する行為が問題となった事件に，江川企画対花王事件[54]と富士喜対資生堂事件[55]がある。両方とも，販売店が量販店に製品を横流しした事件である。両方の事件とも，化粧品メーカーは，販売店が対面販売による小売りをすることを契約上要求しており，卸売り販売は禁止している。メーカーが嫌う卸売り販売を自ら行い，あるいは卸売り販売をする者に製品を横流しするという，メーカーの神経を逆なでする行為を販売店が行った事件である。花王事件では，判決は「…本件解約の意図ないし動機が被控訴人（江川企画）に卸売販売の疑いがあったのに，それを解消しないどころか増幅し，江川企画が本件特約契約に違反して量販店の富士喜に対する卸売販売を行っており，その違反事実の継続性，大量性に加え，控訴人（花王）からの度重なる質問に対しても具体的販売方法を明らかにせず，しかも，本件特約店契約におけるカウンセリング販売及び卸売販売禁止の約定の効力を争っていて，控訴人との信頼関係はすでに破壊されていることを考え合わせると…」花王による販売店契約の解約が信義則に反するとは言えない，としている。販売店側に信義則違反があった事件である。また，資生堂事件では，「控訴人（資生堂）はまず被控訴人（富士喜）の行っていた販売方法の改善勧告をし，その後，双方とも代理人である弁護士を通じて折衝を重ね，一旦は被控訴人も控訴人との本件特約契約に沿う販売方法をとることを約束しながら，依然としてそれに反する販売方法を継続し，控訴人の再三にわたる右約束の実行の要求を拒否し，…従前の販売方法を変える意

---

(53)　判タ 525 号 305 頁。
(54)　前掲注(2)，（8）事件。
(55)　東京高判平成 6 年 9 月 14 日，判時 1507 号 43 頁。

思を持たなかったものであることからすれば，被控訴訴人の…販売方法の不履行は決して軽微なものとはいえず，継続的供給契約上の信頼関係を著しく阻害するものであ」ると述べている。「信頼関係を著しく阻害するもの」は信義則違反と置き換えても不都合はない。

大阪地判平成 5 年 8 月 21 日判決[56]はジーンズの販売店契約に関するものである。判決は次のように述べている。「本件継続的供給契約関係の下では，…個々の発注について，…債権者側（販売店）に支払遅延，支払停止等の代金回収についての信用不安があるか，あるいは信頼関係を破壊するような特段の事由がある場合でない限り，原則としてこれを承諾すべき契約上の義務を負って」いる。メーカーからの商品を安売り店に横流ししないようにという要求は，商品の「再販価格を維持するために取った措置であることが明らかである」から，販売店が横流しをしないようにというメーカーの要求に応じなかったことだけでは，到底信頼関係を破壊する事情とは認められないとされた。花王事件，資生堂事件との整合性が問題となる。本件では，取引は約 15 年間継続してきたが，契約書は作成されていない。裁判所は当事者間に期限の定めのない継続的供給（売買）契約が成立していると認定している。裁判所は本件のような継続的供給契約が締結されている場合「出荷を停止することが許されるのは，買主側に，支払遅延，支払停止等代金回収についての不安が存し，あるいは契約当事者間の信頼関係を破壊するような特段の事情がある場合等」に限られるとしている。本件では「信頼関係を破壊するような」は「信義則に反するような」と言いかえることが可能だった。

（3）東京地判昭和 55 年 9 月 26 日判決[57]は，販売店が他社製造の食品香料に契約相手方である供給者のラベルを貼って販売した事件である。裁判所は，このような行為は「重大な背信行為」であるとして，請求を棄却した。供給者側から不法行為で販売店を訴えることもできた事件であり，相当悪質な加害行為といえるだろう。「信頼関係」ではなく「背信行為」を問題にしているが，背信行為と信頼関係破壊は同旨とみることができよう。裁判所は，被告供給者が製品である供給停止をしたのは「もっともなことであ」り，その措置は「相当であ」るという理由で販売店からの債務不履行に基づく損害賠償請求を棄却して

---

(56)　判タ 829 号 232 頁。
(57)　判タ 437 号 139 頁。

いる。販売店の行為はかなり悪質で，むしろ，販売店による供給者に対する加害行為として信義則違反行為が認定できそうな事件である。

（4）競争相手の製品取扱も，信頼関係破壊の理由となり得る。大阪高判平成8年10月25日判決は[58]，化学薬品のシリカゲルの継続的売買に関する事件である。判決は「原告（販売店）またはその関連会社が外国産の安価な商品を購入すること自体はなんら本件契約に違反するものではないとはいうものの，本件契約上の報告義務に違反してそのような事実を秘匿し，それが被告の知るところとなった後もその理由なり事情なりを釈明しようとせず，なおこれを継続しようとするような意向さえ示したことは，右信頼関係を著しく損なうものといわざるをえない。」と述べている。競合品取扱自体は信頼関係を破壊しないが，陰でこそこそやっていたのが悪いという論法である。しかし，東京地判平成5年2月10日のフルート販売業者による相手方競争相手との協力関係に関する事件[59]では，日本のフルートメーカーの販売店であった原告が，秘密裏に台湾のメーカーの日本での生産計画に協力した事件である。契約に競合品取扱禁止条項はなかった。裁判所は「本件では，催告を要せず契約を即時に解除できるほどの信頼関係を破壊する事由が被告のあったとは認められない。」と述べて，違法な契約解除をした原告供給者に損害賠償責任があるとした。契約中に競合品取扱禁止規定がなく，その黙示の合意も認定できない場合には当然の結論であろう。競合品を取り扱う場合，販売店が契約相手方の製品と競合品を平等に扱っているかぎり，契約違反はもとより信義則違反も問えないであろう。しかし，ジレット事件でジレットが主張しているように，販売店において契約相手の製品販売の犠牲において競合品の販売を優先させるような場合には契約相手に対する加害行為があったとして，信義則違反と認定できるように思われる。同様に，外国競争相手の日本進出を援助するということは，単なる競合製品を取り扱う以上に製品メーカーに対するダメージが大きく，フルート事件の販売店の行為方が悪性がより高いとも言えよう。どちらの事件とも，供給者の利益を故意に損なわせるような行為として，信頼関係に言及しなくとも，販売店側に信義則違反があったとして，請求を棄却してもよかった事件である。

東京地判平成25年3月1日事件[60]では，被告が害虫・害獣駆除などについ

---

(58)　判時 1595 号 70 頁。

(59)　判タ 848 号 221 頁。

て，一般顧客からのサービス依頼を受け，これを被告と業務提携契約を締結した加盟店等に回して作業を手配し，被告から作業手配依頼を受けた加盟店が一般顧客に害虫・害獣駆除等のサービスを提供して代金の支払をうけ，加盟店は被告に手数料を支払う契約を締結していた。原告は，被告の加盟店の一つである。原告と被告の間の契約には，競業避止義務が規定されていた。被告は，原告との基本契約を，締結後1年8か月で即時解約した。原告は，被告との競業会社とともに，被告の最大の取引先と業務提携をしようとしたが，これは被告の顧客を奪い，被告の顧客対応力を著しく損なうおそれのある背信性の高い行為であると認定された。その他にも原告は，別の会社とも競業避止義務違反行為をしている。原告には被告に対する取引報告義務に違反し，相当件数のサービス提供について被告に対する手数料の支払いをしていなかった。その他，保険金詐欺を助長しかねない被告の行為などと合わせて，「これらの行為によって原告と被告の間の信頼関係は破壊されていた」と認定された。競業避止義務違反が信頼関係破壊の一つの理由とされている事例であるが，これも容易に信義則違反を認定できた事例である。

3　一方当事者の刑事事件及び反社会的勢力との関係維持

　契約の一方当事者が刑事犯事件起こした場合も，他方当事者との信頼関係を破壊したとする例がある[61]。原告（歌手）の父親と被告（芸能マネジメント会社）とソニーミュージックエンタテインメントとは，平成10年5月頃，原告がソニーミュージックの専属実演家としての実演に関する専属実演家マネジメント契約（本契約）を締結した。その後，マネジメント会社の前代表者は脱税で懲役刑（執行猶予付）の判決をうけ，マネジメント会社自体も罰金刑の有罪判決を受けた。国税庁による脱税告発のニュースは直ちにマスコミに報道された。歌手は，平成12年10月27日に，マネジメント契約の更新拒絶を通告した。判決では，本件契約は，委任契約のほか，雇用又は請負契約としての性質が混合した無名契約であるとしている。そして，マネジメント会社及びその前代表者が東京国税庁により，東京地方検察庁に告発され，それが多数の新聞に報道された時点で，マネジメント委託の「基礎となるべき信頼関係に，明らかな亀

---

(60)　判タ1413号362頁。

(61)　前掲注(2)，(9)事件。

裂が生じ，その後の有罪判決により信頼関係は完全に破壊されるに至っていたと判断された。したがって原告歌手に，継続的契約を解約するやむを得ない事由がある，とされた。本件では，契約が委任の性質を含むものであり，契約相手方の刑事事件告発と有罪判決は歌手という大衆のイメージが重要な要素である解約者に大きなダメージを与えた点をとらえて「信頼関係の破壊」をもたらした，と判断した。芸能人や新聞社のように，社会的評判にセンシティブな当事者が契約相手方である場合，他方当事者の刑事事件は，芸能人や新聞社に大きなダメージを与える。しかし，信頼関係を持ち出さなくとも，委任の性質を持つ契約における民法651条1項の適用あるいは準用で処理できたように思われる[62]。この契約を，継続した契約であるとの一事を以ていわゆる継続的契約として解約が制限されるべき種類の契約に分類することの是非を考えるべきである。

　社会的正義の推進を担うと考えられている新聞社を一方当事者とする新聞販売店契約に関しても同じような考えが当てはまる。札幌地判昭和52年8月30日[63]は，新聞販売店が賭博開帳図利罪により執行猶予付懲役刑の宣告を受けた事案である。「本件販売契約は継続的関係を生ずるものであり，…債権者，債務者間の信頼関係が破壊された場合には当然に解除権が発生するものというべ」きである。そして，賭博開帳図利罪により執行猶予付懲役刑の宣告を受けたことは「道内第一の発行部数を誇り社会的信用に特に敏感であらざるを得ない新聞発行会社」にとっては信頼関係を破壊する行為である，と認定されている。この例も，新聞販売店側に信義則違反を認めてもよいのではなかろうか。

　保険代理店契約の解約に関する事件では，信頼関係の破壊はやむを得ない事由に含まれる，とし，信頼関係の破壊を認定した事件がある[64]。被告は損保ジャパン等の損保及び生保の保険会社であり，原告は被告等の保険代理店をしていた。保険代理店契約は約30年弱継続していた。平成24年被告等は保険代理店契約の更新拒絶を通知した。原告代表者は背中一杯に彫り物をしており，暴力団長と知りながらその自動車保険を引受けた。暴力団長との保険契約を更新しないようにという指示に対し原告代表者は，保険を暴力団長の内縁の妻名

---

[62]　谷口知平・石田喜久夫編『注釈民法（1）総則（1）』（有斐閣，2002年）94頁。

[63]　判時881号134頁。

[64]　LEX/DB25524676。

義にして継続した。裁判所は，やむを得ない理由を必要とする黙示の合意が成立していた[65]と認定し，原告代表者が暴力団関係者の保険契約を 7 件も扱い，親族への名義変更で被告の反社会的勢力との関係遮断方針を蟬脱しようとしたことは，代理店契約の基礎となる信頼関係を失わせるものであり，やむを得ない事由に該当すると判断した。この裁判例でも，代理店が反社会的勢力との取引関係及びその隠蔽行為を行ったことは，「信頼関係」という概念を通さずとも，現在の社会的状況では，ストレートに信義則に反する事由を認定してもよかったように思われる。この場合の信頼関係の具体的意味もよくわからない。反社会的勢力との関係を持たないことを「信頼関係」と言っているならトートロジーである。保険会社は，歌手や新聞社のように社会的名声や評判に特に敏感な業種には属さないであろう。コンプライアンスが重視される現在においては，多くの種類の契約[66]で，反社勢力との関係を持たないことは，契約の条件として明記される例が増えており，刑事犯を犯さないことや反社会的勢力との係わりがないことが契約の前提との「黙示の合意」の成立を認めてもよかったかもしれない。その場合は，代理店側の債務不履行となる。しかし，8 年前の脱税事件が，信頼関係の破壊の原因とは認められないとした裁判例がある[67]。8 年間不問に付していたのに，急にこれを持ち出すこと自体，信義則違反として処理できそうである。

4　重大な債務不履行

　たび重なる債務不履行を信頼関係破壊の理由とした例もある。フランスの化粧品の輸入販売店契約事件[68]では，販売店の商品代金支払い遅延等の債務不履行を理由として，契約が 3 度締結し直されている。当事者はその度に和解をしていた。しかし，3 度目の契約の下でも販売店は商品代金支払い遅延を起こした。重なる債務不履行と何度かの宥恕にも関わらす原告の態度に改善がなかったことが信頼関係を破壊したと認定している。三度目に締結した販売店契約に

---

(65)　継続的契約の裁判例で，このような「黙示の合意」を認定した例は珍しい。しかし，その認定の根拠も薄弱で，理由付けとしては説得力がない。
(66)　たとえば，不動産売買契約や不動産賃貸借契約など。
(67)　学習用教材及び教育基材販売に関する媒介契約の即時解除に関する東京地判平成27年 5 月 19 日判決，判タ 1422 号 335 頁。
(68)　前掲注(2)，(11)事件。

は自動更新条項がなく，裁判所は，それは信頼関係が破壊されていたため，原告に改善が見られないかぎり期間満了により契約を終了させることを可能にするためであった，とした。この事件では，契約条件通りに契約が終了したと認めればよかったのであり，信頼関係に言及する必要はなかった事例である。

5　訴訟の提起

　勝訴すれば相手の息の根を止めるような訴訟の提起は信頼関係破壊行為となる。持ち帰り弁当販売のフランチャイズであるほっかほっか亭に関しては多数の裁判例が報告されている[69]が，この事件は，エリアフランチャイザーがマスターフランチャイザーに対して商標使用差し止めを請求した事件である[70]。判決は次のように述べて信頼関係の破壊があったと認定した。「すなわち，仮に契約の当事者間に債務の不履行やその他の違法性を帯びる行為があれば，契約の更新の当否を検討するに当たって考慮の対象になることは当然であるが，そのような程度にいたらない場合であっても，本件各契約の特質にてらすと当事者間に信頼関係があることは極めて重要は要素と解すべきであり，これを破壊するような事由があれば，これを斟酌するのが相当である。」　本件では，一審被告（マスターフランチャイザー）の役割はほとんど商標管理会社としての機能が中心となっていた状況で，一審原告（エリアフランチャイジー）が一審被告（マスターフランチャイザー）の商標から派生する商標を登録して，多額の商標使用料を一審被告に請求することは，「本件フランチャイズチェーンにおける両者の関係を根本から否定するに等しい行為とも言うべきであり，本件各契約の基本的な枠組みである事業を共同して運営するための信頼関係を破壊しかねない行為であった」。このように，勝訴すれば契約相手の息の根を止めかねない行為でしかもその根拠が相手方の権利から派生した権利であったものを「信頼関係の破壊」行為と捉えている。しかし，ほっかほっか亭のエリアフラン

---

[69]　東京高裁平成 25 年 6 月 27 日，LLI/DB 判例秘書 L06820338；名古屋地判平成元年 10 月 31 日，判時 1377 号 90 頁；名古屋地判平成 2 年 8 月 21 日，判時 1377 号 94 頁；福岡高判平成 8 年 11 月 27 日（判例集不明）；鹿児島地判平成 12 年 10 月 10 日，判タ 1098 号 179 頁；東京地判形成 24 年 1 月 30 日判時 2149 号 74 頁；東京高判平成 24 年 10 月 17 日，LLI/DB 判例秘書 L06720553。

[70]　東京高判平成 26 年 6 月 27 日，LLI/DB 判例秘書 L06820338，最三判平成 26 年 3 月 31 日上告棄却及び上告不受理決定。

チャイザーとマスターフランチャイザー間の闘争は，多数の裁判例から明らか
なとおり，泥沼の闘争となっており，とても契約関係を維持を期待できる状況
にはなかったのだから，信頼関係を持ち出すまでもなく，ストレートに委任に
関する民法 651 条の準用で契約の即時解約を認めてもよかった事案である。フ
ランチャイズ契約に対して，フランチャイズ契約が販売店契約の要素も持つと
して，いわゆる継続的契約の法理を適用することは一般的には是認される場合
が多いだろうが，本件ではマスターフランチャイザーよりマスターフランチャ
イジーの力が強くなってしまった事例で，通常のフランチャイズ契約とは事情
が異なる。

　東京地判平成 25 年 9 月 17 日[71]は，消費電力低減機器の販売委託契約の解約
に関する事件である。判決は，「原告が主張するような，原被告間に信義則上
本件契約を継続しがたいような信頼関係の破壊等のやむを得ない事由の存する
ことを終了要件とすべき理由はない」といいつつも，「原被告間には信義則上
本件契約を継続し難いような信頼関係の破壊等のやむを得ない事由も認められ
る」として，原告が被告に対してほとんど理由のない訴訟を提起したことを挙
げている。

　他方，福岡高判平成 24 年 5 月 25 日の事件[72]は新聞販売店に関する事件であ
るが，原告が被告に対し 9000 万円の損害を求めて別訴訟を提起したことは信
頼関係を破壊するものとは言えないとしている。

6　相手に対する誹謗中傷

　前出の新聞販売店契約に関する福岡高判平成 24 年 5 月 25 日の事件[73]では，
一審原告が，マスコミ等の記事に利用されることを認識，認容しながらマスコ
ミの取材に応じ，販売店に販売用新聞を押しつける押し紙に関する情報や資料
の提供を行ったことは，信頼関係を根底から破壊するものであるという新聞社
の主張に対して，これらの行為は，新聞社の名誉又は信用を害するものという
べきであり，…「正当事由の一事情として考慮し得る。」としている。新聞社
に対する販売店からの故意の加害行為と言えよう。

---

(71)　LEX/DB25514960。

(72)　LEX/DB25481813；原審は，福岡地判平成 23 年 3 月 15 日，LEX/DB25443311。

(73)　LEX/DB 25481813；原審は，福岡地判平成 23 年 3 月 15 日，LEX/DB25443311。

　名古屋高判平成 14 年 5 月 23 日の事件[74]は，はコンビニのフランチャイズ契
約の解除に関する事件である。本件では，フランチャイジーが，その店舗にお
いて，「コンビニ情報」と称する掲示をし，フランチャイズ契約が加盟店に著
しく不利であって，フランチャイザーがフランチャイジーの犠牲の上に利益を
得ているとか，フランチャイザーが虚偽の売上予測を提示してフランチャイ
ジー希望者を勧誘しフランチャイズ契約を締結した後フランチャイジーが騙さ
れたことに気付いて契約を解除したり訴訟を提起しようとしても様々な手段に
よりそれを防止するための裏マニュアルがある，といったフランチャイザーの
経営方針自体を非難した記事も含まれていた。フランチャイジーは，フラン
チャイザーの再三の要請にもかかわらずコンビニ情報の掲示を止めなかった。
判決は，これはフランチャイザーが社会的に問題のある会社であるとの印象を
与えるものであり，フランチャイザーのイメージを毀損すると判断している。
本件フランチャイジーが本件店舗の経営に専従していたことを考えると，単に
1 回限りのフランチャイザーのイメージ毀損行為があっただけでは足りず，一
定の要請や警告をしたにもかかわらずイメージ毀損行為がつづきそれが継続す
る可能性が高いといった当事者間の信頼関係が破壊されたと言える事情が認め
られることが必要であるが，本件ではそのような事情が認められるとしている。
　両事件とも，契約相手方に対する故意の加害行為として，これを理由とする
継続的契約の解約には信義則違反はない，としても良かったと思われる。

7　感情的対立をもって信頼関係の破壊とした例

　東京地判平成 10 年 10 月 30 日の事件[75]は保険代理店と保険会社の紛争であ
る。保険代理店契約は，委任契約の性格を持つ商法上の代理商契約であると認
められ，「委任関係においては委任者と受任者の間の信頼関係がその基礎をな
すものである」。「…原告側と被告代表者との考え方について大きな隔たりが生
じたこと，原告と被告との関係は原告担当者と被告代表者の感情的な対立にま
で発展してしまっていたこと，…を併せ考えると…原告と被告との間の信頼関
係が全く失われたため，…本件代理店委託契約を継続することが極めて困難な
状況となっていた…」と認定している。被告の大口顧客の接待の席上で，原告

(74)　判タ 1121 号 170 頁。
(75)　判時 1690 号 153 頁。

担当者が居眠りをしてしまったというような些細な事件から発展した感情的対立が信頼関係喪失の主な理由とみられる事件である。代理店契約の契約期間は無期限であり，いずれの当事者からも 60 日の予告期間を以ていつでも契約を解除できる規定があった。保険代理店契約は，商法上の代理商に関する契約とされている[76]。　代理商に関する商法 30 条（旧 50 条）は，第 1 項で契約の期間を定めなかったときはいずれの当事者も 2 か月の事前予告で契約を解除することができることを規定し，その第 2 項で「前項の規定にかかわらず，やむを得ない事由があるときは，商人及び代理商は，いつでもその契約を解除することができる。」と規定している。判決は，「委任関係においては，委任者と受任者の間の信頼関係がその基礎をなすものである」から，契約に規定している期間が「無期限」ということは期間の定めのないことを言うと解する，としている。「信頼関係」を持ち出す必要もなく，明らかな結論であろう。また，ここでは信頼関係は，「感情的に良好な関係」と同義に扱われている。そして，解除は権利の濫用に当たるという代理店の主張に関しては「本件解除の時点では，原告と被告との間の信頼関係が全く失われたため，原被告間の本件代理店委託契約を継続することが極めて困難な状況となっていたことは明らかであり」本件解除は権利の濫用に当たらない，と判示している。しかし，信頼関係を持ち出すまでもなく，従来からの裁判例の積み重ねによる権利濫用の要件が具備されていないとしても良かった事件である。

8　販売店（フランチャイジー）側の不明朗会計

　東京地判平成 11 年 5 月 11 日の事件[77]では，フランチャイジーが多額の消耗品代等の計上，230 万円の現金不足及び多額の立替金計上について合理的説明ができず，売上金を家賃に流用したり，私的に費消したり，多額の立替金の計上など不明朗な経理処理があったようである。判決は「…フランチャイザーは，信頼関係にも続きフランチャイジーの経営の指導，援助に当たることが要請されるものである。このように契約当事者間の信頼関係を基礎に置く継続的契約であるフランチャイズ契約においては本件の被告…のような行為は，原告との間の信頼関係を破壊するものとして，本件契約を継続し難い重大な事由である

---

[76]　損害保険代理店について，山下友信『保険法』（有斐閣，2005 年）147 頁。

[77]　判タ 1026 号 211 頁。

といわざるを得ない。」この場合も，「信頼関係」を中間項として使わずとも，フランチャイズ契約におけるフランチャイジーの本件のごとき不明朗会計はフランチャイザーに損害を与える行為であり，フランチャイジー側にこそ信義則違反行為があったのであり，フランチャイザー側からの解約には信義則違反はなかったといっても良かった事案である。

Ⅲ 「信頼関係」を分析概念として利用することの問題点

1 比較法から見た日本のいわゆる継続的契約論と信頼関係論の特殊性

比較法的にみれば，日本のいわゆる継続的契約の法理は特殊である。いわゆる継続的契約法理が適用され，あるいは適用されたように見受けられる裁判例に現れた取引は，前述のように千差万別でごった煮の状況である。外国で継続的な契約の解約が制限されているのは，販売店，代理店，アメリカではそれにフランチャイズ契約だけである。

もう一つ，日本のいわゆる継続的契約の法理に関する議論で特徴的なことは，「信頼関係」の強調の過剰である。世界の販売店代理店法を解説した Dennis Campbell, International Agency and Distribution Law, 2nd ed.[78] を trust と confidence の語で検索を掛けてみると，オーストリア法の説明で次のような説明が出てくる。「作為のみならず，不作為も信頼（trustworthiness）の喪失につながる可能性がある。ここでも問題は，代理人の行為が本人に関係継続を要請することを不合理とするようなものであるかどうかである。単なる法的義務違反は代理人側に帰責事由がなければ HVertrG[79]22 条 2 項 2 号に基づく解約の根拠にはならない。しかし，それが契約上の違反であれば，立証責任は代理

---

(78) Dennis Campbell, general ed., International Agency and Distribution Law, 2nd ed., JURIS (2015) AUT/20; 本書は，次の各国の代理店販売店保護法を解説している。アルゼンチン，オーストリア，ベルギー，ブラジル，ブルガリア，カナダ，中国，コロンビア，コスタリカ，キプロス，チェコ，デンマーク，エクアドル，エジプト，英国，エチオピア，EU，フィンランド，フランス，ドイツ，ギリシャ，ハンガリー，インドネシア，アイルランド，イスラエル，イタリア，ケニア，ラトビア，リトアニア，ルクセンブルグ，マレーシア，メキシコ，オランダ，ニュージーランド，ノルウェー，ペルー，フィリピン，ポルトガル，ルーマニア，スコットランド，シンガポール，スペイン，スェーデン，スイス，タイ，ウクライナ，アメリカ合衆国，ベネズエラ，ベトナム。

(79) 1933 年代理商法（Handelsvertretergezetz 1933）。

人に移転する。したがって，代理人は，免責されるためには，自分に故意過失
がなかったということを立証しなければならない。」

　次にブルガリア法の競争保護法の解説で「信頼」の語が出てくる。「基本的
には虚偽情報拡散と事実を虚偽表示することによって競争者とその製品サービ
スの評判と信頼（trust）を害することは禁じられている。」[80]　次にカナダ法
の説明に関して「特に一般大衆が信頼を置くに至った（has grown to trust）
メーカーに対して，より高度の注意義務を課す裁判所の傾向…」に出てくる。
アイルランド法の説明では「（代理権授与証書の）そのような登録は信頼違反
（breach of trust）や他の権利濫用に保護を与えるものではなく，単なる調査の
便宜のためである。」と説明されている[81]。フィンランドでは，当事者間の信
頼喪失を来すような行為があった場合は契約期間中でも代理契約の即時解除が
認められる[82]。イタリー法の説明では「代理人は公正取引慣行に従わなければ
ならず，本人からの信頼（trust）に違反してはならない。」と説明されてい
る[83]。イスラエル法の解説では「さらに，もう一つの裁判例によると，中間業
者の信頼破壊を理由として契約が解約された場合は，即時解約あるいは非常に
短い予告期間で解約することができる。」と述べている[84]。フィリピン法の解
説では「信頼関係に直接又は間接に基礎を置く地位が，信頼関係の破壊（de-
struction of trust）があった場合は法律上終了する。信頼（confidence）は関係
の根本原理であり，そのような信頼（confidence）が失われたときは，関係も
消滅すべきであるということが導かれる。」スペイン法の解説では「期間の定
めのない契約を法律上の原因なくして解約する可能性は，代理契約が相互の信
頼（confidence）の絆を基礎とし，それが代替性のない個人役務（intuitus per-
sonae）の要素を持つという事実から導かれる。したがって，信頼（confi-
dence）が消滅したときは当事者にその絆を断ち切る機会を与えなければなら
ない。」[85]このように，解約が正当化されるためには，債務不履行を引用する
のではなく，契約の基本的義務の不履行に言及し，契約がよってたつ信頼と協

---

(80)　ditto, at BUL/63.

(81)　ditto, at IRE/14.

(82)　ditto, at FIN/8.

(83)　ditto, at ITA/18.

(84)　ditto, at ISR/12.

(85)　ditto, SPA/15.

働の関係がはなはだしく害されたことが必要である。」[86] ウクライナ法の解
説では「委任契約は，商道徳上，代理人と本人間の人的信頼を前提とする。し
たがって，代理人は彼に与えられた職務を自身で処理する義務を負う。」[87]
「本人と代理人間の関係の主たる特殊性は信頼関係にある。その結果，委任事
項に関する代理人の委任契約の不履行（委任契約からの一部逸脱，指示事項履行
の遅れ，予算超過）は，治癒出来ないもの又は根本的なものとは扱われない。
もし，信頼原則が破られた場合には委任契約の本質が害されたことになり，根
本的な不履行と扱われる。」[88]「本人が（破産により）消滅した場合には，委任
契約も自動的に失効する。この原則は，契約の精神と本人代理人間の関係の信
頼の要素から発生するものである。」[89]

　以上のように50カ国と地域の代理店販売店法の紹介のなかで，信頼関係に
言及した国は8カ国であり，その中でも日本のように信頼関係を代理店・販売
店契約の大前提であるというような趣旨を述べている国は，フィンランド，イ
スラエル，フィリピン，スペイン及びウクライナの5カ国である。さらに，代
理商だけではなく販売店についても信頼関係の重要性を認めている国は，イス
ラエルとフィリピンの2カ国となってしまう。このように，信頼関係を販売店
契約の基本的要素とする法制は絶対少数派に属する。なお，日本では，代理商
契約は保険代理店契約を除いてはほとんど見られず，商品の流通に関する中間
業者のほとんどは売買と再販売を行う販売店である。従属性の高い代理商によ
り強く信頼関係を見出しやすいことにも注意する必要がある。

　2　いわゆる継続的契約論と信頼関係によった雑ぱくな判決理由がまま見ら
れること
これまで述べたように「継続的契約」の定義は確定しておらず，雑多な契約が
「継続的契約」の名のもとに裁判例に現れており，かつ「信頼関係」の定義に
ついてもコンセンサスはない。そこで，一部の裁判例では，紛争対象の契約が
ある期間継続的に続いた，あるいは続くことが予定されているという事実から，
則，これはいわゆる継続的契約の解消も問題であると判断し，そしてまた，則，

(86)　ditto, SPA/37.
(87)　ditto, UKR/15.
(88)　ditto, UKR/24.
(89)　ditto, UKR/27.

したがって契約の解消には信頼関係の破壊などの契約を継続し難い事由あるいはやむを得ない事由あるいは正当な事由が必要である，という結論を導いている。そして，いくつかの裁判例は，信頼関係の破壊があったから，契約の解消が認められるとの結論にジャンプしてしまう例がある。このような判決では，本当の判決理由は曖昧な「継続的契約」概念と曖昧な「信頼関係」というブラックボックスの背後に隠れて分析や批判ができない状況になっている。さらには，このような短絡的思考方法は，平塚競輪場を年間数日他の地方公共団体に貸すという事実が続いた場合に，これをいわゆる継続的契約の一種であると認定し，他の地方公共団体からの競輪施設の賃借停止をもって継続的契約解消に必要な相当な予告期間を置かなかったとするがごとき不合理な結論を生み出すことになっている[90]。同様に，事実の十分な根拠なしに「（曖昧な）信頼関係の破壊」を認定することにより継続的契約の解約の根拠を認定してしまう裁判例を生み出している。これらに裁判例は，判決理由についての第三者からのより具体的な検討を阻止し，さらには，その故に不当な結論を導き出している可能性がある。

Ⅳ　結　論

　いわゆる継続的契約に関する裁判例を調べてみると，信頼関係を判決の結論を導く直接の理由としている例はいわゆる継続的契約に関する裁判例のなかでも，多くはない。その多くはない例ですら，定義のできない信頼関係という概念を使わずとも同じ結論に到達できる事例が多い。もっといえば，いわゆる継続的契約に関する裁判例でも，あいまいな「継続的契約」概念に頼ることなく，直接に信義則を過去の信義則に関し蓄積された裁判例を参照しながら，同じ結論を導くことができそうであるし，その方が具体的で緻密な理由付けができそうである。　金丸和弘弁護士は「個人的には，契約解釈はやはり契約解釈として，少なくともこういう内容の合意をしたでしょうと，そうなんだけれども，この場面でその契約に基づいて解除の主張をするのは信義則に反するとか，権

---

[90]　この裁判例の批判については，柏木昇「継続的契約の解除と契約履行のための投資」柏木昇=杉浦保友他編『国際取引法の現代的課題と法 澤田壽夫先生追悼』（信山社，2018 年）223 頁。

利濫用だとか，具体的場面について一般条項で救っていく。そのように整理する方が，理論的にはすっきりするのではないかという気がします。」と述べ，奈良輝久弁護士がこれに同感の意を表している⑼。私も同感である。

　ただし，信義則や権利濫用だけでは妥当な解決が得られない場面は残ることも事実であろう。たとえば，有名な田植機の販売に関する札幌地決については，私は，決定に示された理由付けはほとんど根拠はないと思うが，結論は是認することができ，その結論をメーカー側の信義則違反あるいは権利濫用からだけで根拠づけることは無理があると思っている。そのような例外的事例の外延を明確にし，その理論的根拠を明確にすることが，今，求められているのではなかろうか⑼。

⑼　清水建成弁護士は「裁判所が，事例を見て解消には何らかの理由が必要と思ったときに，理論的には深く詰めずに，やむを得ない事由を要件に加えているという印象を受けます。」と言っているが，同感であり，この傾向を継続的契約概念と信頼関係概念の曖昧さが助長しているように思われる。加藤新太郎・金丸和弘・清水建成・奈良輝久・日下部真治「座談会　企業間取引における契約の解釈」判タ1401号（2014年）88頁（前記清水発言は91頁）

⑼　試論を述べれば，いわゆる継続的契約の解消を制限する目的は，労働契約の解約制限と同じような目的に出ているのではなかろうか。すなわち，長期間，他人に従属する立場で仕事に従事していると，その関係が解消された場合には簡単に他の仕事に乗り換えることが難しくなる。継続的契約の解消の制限も，そのような契約当事者の転身のための期間と資金を手当てする制度なのではあるまいか。フランスのVRPが独立の商人でありながら労働法の適用を受けるように，労働契約からVRP契約，代理商契約，販売店契約はスペクトラムのように少しずつ強さの変化する同質性を持つ契約とみることができる。もし，労働契約保護の目的といわゆる継続的契約の法理の間に連続性があり，その共通的性格が継続的契約解消制限の理由であるとすれば，解消が制限される継続的契約の範囲は（１）長期に継続したこと，（２）一方当事者が他方当事者に従属していること，（３）一方当事者が他方当事者の組織に組み込まれていること，（４）転身が容易ではないこと，によって画され，この要件を満たす契約が保護を受けるべき継続的契約としてその解消が制限（長期の予告期間と退職金のような補償）されるべきことになる。そのためには立法による解決が最も望ましいことは，すでに論じた（柏木昇「継続的取引契約の解消と代理店・販売店の保護」新堂幸司＝内田貴編『継続的契約と商事法務』〔商事法務，2006年〕59頁。）

◆**II**◆
ブラジル法

11 司法へのアクセスおよび利害対立の合意による解決*

カズオ・ワタナベ（阿部博友 訳）

I 司法へのアクセスの概念とその現代化
(conceito de acesso à Justiça e sua atualização)

　1　1980年代のはじまりと共に，「**司法へのアクセス**」(acesso à Justiça) の概念は，重要な現代化を経験することになった。それは，小規模事件特別裁判所（Juizados Especiais de Pequenas Causas）の創設（1980年）および公共民事訴訟法の制定（1985年），さらにその後の消費者保護法典の制定（1990年。本法は，手続法の分野に大きな変革，特に集団訴訟制度における，より完全な規律と改善をもたらした）によってブラジルの訴訟法が大きな革新的変容を遂げた時期であった。司法へのアクセスは，適正な法的秩序へのアクセスを確立するために，訴訟上の権利を保護することを目的とした裁判へのアクセスのみを意味する概念ではなくなった。司法へのアクセスは，市民の第三者との紛争という状況だけではなく，市民としての完全な権利行使が妨げられるような法的問題，たとえば市民が自らの，またはその家族や親戚のための，そしてそれらの財物についての証明書の取得に支障をきたすといった問題についても，それに対応してもらえるといった意味における，適正な司法秩序へのアクセス（acesso à ordem jurídica justa）を意味するに至った。このように，司法へのアクセスは，

＊原題：ACESSO À JUSTIÇA E MEIOS CONSENSUAIS DE SOLUÇÃO DE CONFLITOS〔訳者注：マウロ・カペレッティと B. ガースの共著 *Access to Justice: the newest wave in the worldwide movement to make rights effective* は，小島武司訳『正義へのアクセス：権利実効化のための法政策と司法改革』（有斐閣，1981年）によって日本に紹介された。本論文における "accesso à justiça" は，幅広く展開されて来た「正義へのアクセス」運動の中でも，特に「司法」へのアクセスに焦点をあてた内容であるため，表題のとおり訳出した。〕

より広範な概念となり，その現代化された局面について言えば，裁判手続きの局面に限定されることなく，裁判外の局面もそれに含まれることになった。良く整備され，適正に機能する私設の調停・仲裁機関は，広い意味における市民にとっての司法へのアクセスを保障している。

II　司法サービスのパラダイムの変容
(transformação do paradigma dos serviços judiciários)

2　**司法の分野**では，**司法へのアクセス**の概念の現代化は，司法サービスの広がりと質についての反響を呼び起こし，利害対立の解決に向けて裁判所が活用する技術と戦略についても影響を与えた。司法の役割とは，利害対立を受動的にかつ判決によって裁定を下すという古典的な手法に限定されるべきではなく，組織と良質なサービスによって，積極的に，特に当事者間の合意による利害対立の解決に向けて，あらゆる適切な方法を活用することと理解されるようになった。**調停とあっせん**（a mediação e a conciliação）は裁判所の権限を行使する手段の一部となるに至った。それはある裁判官による単なる偶発的な活用と言うことではなく，紛争の友好的な解決に向けた使命として，そして司法権の正しい執行に向けた活用のための不可欠な手段として認められるに至った。今日，裁判所は，伝統的な紛争裁定手段だけではなく，紛争解決について，適切なあらゆる手段を提供する**権利**（direito）を国から認められている。そうした裁判官の権利は，紛争の友好的解決の為の代替的手段と称されるサービスを含む，あらゆるサービスを準備して提供しなければならないという国家の**義務**（obrigação）に対応するものである。それは，裁判が開始された後の紛争解決に限定されるものではなく，裁判手続開始前の段階についても妥当するものであり，それによって紛争解決に向けての司法サービスの過剰性もしくは多くの場合における不要性を回避することができる。そうしたサービスについては，質が保証されなければならず，妥当な能力を有し，かつ訓練され，そして不断の研鑽が要求されるあっせん人や調停人などの参加を得て，常に改善されてゆかなければならない。そうした調停人やあっせん人には，市民権の行使が妨げられもしくは困難となるような法的問題の解決に向けて，裁判所の指導や情報提供がなされるべきである。

Ⅲ　全国司法審議会（Conselho Nacional de Justiça‐CNJ）の決議第 125/2010 号

3　2010 年 10 月に公表された全国司法審議会の決議第 125/2010 号は，**現代化された司法へのアクセスの概念**（conceito atualizado de acesso à Justiça）について，その意味するところの総てを包括的に受け入れた。そして利害の対立についての適切な対応に関して重要な国家司法政策を樹立した。その立法趣意書において，司法へのアクセスとは適正な司法秩序へのアクセスであることを認め，そしてその条項において裁判官は利害の対立についてより解決に向けて適切な方法 —— 特に協議的手法（あっせんや調停）—— で解決する権利があることを明確に表明した。ブラジルの裁判所は，そうしたサービスを高い質をもって，そして資質がありかつ訓練を受けた人々を通じて，提供する義務があることを明確にした。そして，ブラジルのすべての司法単位について，3 つの部局（一つは，**訴訟手続前の段階** —— 裁判手続の前段階 —— における紛争解決で，もう一つは**訴訟手続** —— **訴訟開始後** —— における紛争解決で，そして残りの一つは**市民権**に関する紛争解決である）からなる紛争解決と市民のための司法センター（centro judiciário de solução de conflitos e cidadania‐CEJUSCO）を創設することを決定した。これはそれぞれの管轄地域における情報の提供と司法的問題に関してのオリエンテーションの提供を目的としている。

同決議は 2010 年 11 月に公表されたので，すでに 6 年以上が経過したが，ブラジルの多くの司法機関は，嘆かわしいことに，その決議に基づく義務を完全に履行するに至っていない。全国司法審議会は係る状況の下，決議第 125 号を確実に実行するために多くの方策を実施している。CEJUSCO の適正な実施に向けて，特に監査，指揮，そして補助を目的とした恒久的組織の設立についても計画している。もし決議第 125 号の目的が正しく効果的に実施されるのであれば，たとえその実施に時間を要するとしても，私たちは，ブラジルの司法において，利害の対立の適切な対応に関する公共政策を樹立することができる。そして組織的で質の高いサービスが提供され，現代化された司法へのアクセス，もしくは適正な司法秩序へのアクセスを保障できることについて，何らの疑いもない。

Ⅳ　新民事訴訟法（Novo Código de Processo Civil）と調停法（Lei de Mediação）

4　新民事訴訟法（2015 年 3 月 16 日付法律第 13015 号）および最近になって制定された画期的な調停の規定（2015 年 6 月 26 日付法律第 13140 号）は，上述の司法へのアクセスの現代的概念も含めて，基本的な部分で，決議第 125 号（2010 年）で策定された国家司法政策の基盤と調和している。新民事訴訟法の次の規定は，決議第 125 号によって構築された公的政策と一致していることは明らかである。

a）第 3 条 2 項：「国は可能な限りいつでも，紛争の合意による解決を振興しなければならない」と規定し友好的解決の優先政策を確立した。

b）同条 3 項は「裁判官，弁護士，公選弁護士および検察庁の構成員は，あっせん，調停その他利害対立の合意による解決について，裁判手続が進行中であっても，それを振興（奨励）しなければならない。」と規定した。

c）第 165 条は，裁判所は「紛争の合意による解決のための司法センター」（それはあっせんや調停の審理や聴聞を実施し，当事者による和解を補助し振興するためのプログラムを開発する）を創設しなければならないと定めている。

d）第 165 条 1 項は，センターの構成と組織は各裁判所が，「全国司法審議会の規範を遵守しつつ」，決定しなければならないと定めている。

法律第 13140 号は，その裁判所による調停の章において，同第 24 条が明確に規定しているように，上記と同様の方向性を示している。同条は，「裁判所は紛争の合意による解決の為の司法センターを設立しなければならない。それは，当事者による和解を補助し，指導を行い，そして振興することによって，訴訟手続開始前および手続過程におけるあっせんや調停のための審理や聴聞の実施について責任を有する機関である」と規定している。そして同条単項は，「その構成と組織は各裁判所が，全国司法審議会の規範を遵守して，決定しなければならない」と規定している。

V 適正な司法秩序へのアクセスの局面における司法へのアクセス
（o acesso à Justiça, na dimensão de acesso à ordem jurídica justa）

5 適正な司法秩序へのアクセスという局面における正義へのアクセスは，利害関係の解決に向けたすべての適正な解決手段を民衆に提供するために，そして情報提供や法律問題の解決の指針の提供のために，適正な司法機関が要求されるにとどまらない。そのためには，上記のみではなく，争いを適切に解決するための**裁判外**における組織と役務の提供，そしてさらに組織的にオリエンテーションと情報が提供されることが必要となる。ジョゼ・ナリーニ裁判官・博士教授（Dr. José Nalini）が述べられているように，司法とは「共同作業」（obra coletiva）であり，裁判所が純粋に司法的な利害対立の解決に向けた役務を提供するといった意味合いだけではなく，紛争当事者として社会のすべての者の参加が必要であり，さらに国家のみならず解決の当事者としての社会という意味合いにおいて，その組織，機構そして責任者は，利害対立を防止し，それを解決するために，適正なサービスを計画し，準備し，提供しなければならない。

その意味において，法律第 13140 号（2015 年）は**裁判外の調停**（mediação extrajudicial）を規律し，その振興を図るものである。近年（特に，全国司法審議会による決議第 125 号の後）の大きな進展，つまり，あっせん人や調停人の知見を養い修練するという意味合いにおいて，また同様に私的機関によるあっせん，調停そして仲裁に向けた努力（サンパウロ州工業連盟—サンパウロ州工業センターのあっせん，調停および仲裁協定を含む）といった意味合いにおいて，利害対立の合意的解決（合意を通じての解決）手法が幅広く啓発され，そして進歩したにもかかわらず，ブラジル社会は友好的紛争解決の，時間的および金銭面における経済性，スピード，紛争解決の予見可能性，秘密保持，紛争を適正に解決することを模索する当事者の自立性，当事者の関係の保持，その他の利点に気付いていない。

調停やあっせんを広めるためのイベントは，参加した聴衆あるいは議論されたテーマという点からみても，すべて成功を収めている。しかし，参加してい

る大部分の人々は，調停やあっせんを実践し提案しようとする人々であって，それらの人々はサービスの改善を求めて参加している。一方で，利害対立の問題を抱えていて，その問題のより良い解決手段を求めて，そうしたイベントに参加している人はほとんど見られない。

Ⅵ　「判決の文化」(cultura da sentença) の「調停の文化」(cultura da pacificação) への変容

6　そうした構図を前提に，適正な司法へのアクセスという局面において，そして調停・あっせんについて公共的または私的な司法へのアクセスに関するサービスを適切に構築することの重要性に鑑み，我々にとって大きな挑戦は「判決の文化」または「訴訟の文化」を克服することであることを確認した。また法律家やその争いの合意による解決サービスを受ける当事者自身においては，その支配的な心理が国家父権的統制への服従であることを克服することが大きな挑戦であると確認した。人々は，いまだに第三者，特に国家権力による裁定を通じた紛争解決を望んでいて，大多数の人々は，利害関係の合意による解決の利点を理解していない。法律の専門家達は，その利点を良く理解していながら，利害関係の合意による解決が広まる方向に向けて，どのように転換してゆくべきか十分に理解していない。

そうした構図がブラジル社会においてあまねく受け入れられるように，司法関係者総てに対して，また裁判外の関係者総てに対して，利害対立の合意による解決のとても重要で否定することのできない利点を広く周知して，新しい思考様式を形成し，その新しい思考様式を誘導し，紛争の合意による解決にインセンティブを与えるための大きなプロジェクトを実施する時期が到来している。そうした大きなプロジェクトを実施するについて，公権力が，その総てのセグメント —— 裁判に関わるセグメントのみならず，その他のセグメントも含め，特に教育分野のセグメント —— と共に関与してゆかなければならない。そして民間分野，たとえば工業，商業，サービス，金融およびファイナンス機関，教育機関，そして特にすべてのメディア（それは出版，放送，テレビそしてデジタル・メディアを含む）といった重要なすべてのセクターの関与が不可欠である。

Ⅵ 「判決の文化」(cultura da sentença) の「調停の文化」(cultura da pacificação) への変容

　以上のように運動を組織化し，実行し，それをモニターすることによってのみ，紛争解決手法に関する文化について，現在の判決の文化から，調停の文化，つまり紛争の友好的解決の文化に転換してゆくことが可能になる。

12 ブラジルにおける困窮者の司法アクセス
—— 民事法律扶助の受給資格と「資力不足」の推定を中心に

前田美千代

I はじめに

1 民事法律扶助の制度的課題

　当事者の経済的理由から裁判制度の利用が閉ざされることを防止し，裁判を受ける権利の憲法上の保障（日本国憲法 32 条）を実効的なものとするため，わが国では「訴訟上の救助（訴訟救助）」と「法律扶助」という二種類の制度が存在する。

　訴訟上の救助は，訴訟費用のうち，裁判費用の負担を猶予する制度である（民訴法 82 条以下）。受救助者が敗訴して訴訟費用の負担が命じられた場合には，猶予されていた費用を支払わなければならないが，受救助者が無資力の場合には国庫による負担となる。

　これに対し，法律扶助は，法律相談に加えて，民事裁判等の費用等を立て替える裁判援助（代理援助，書類作成援助）を行う制度であり，扶助の対象には弁護士報酬及び当事者費用が含まれる点で訴訟上の救助と異なる。法律扶助による立替金は，訴訟によって経済的利益を得られなかった場合でも償還を要するが，手続締結後も生活保護を受けるなど資力回復が見込まれない等のときには償還が免除される場合もある[1]。しかし，立替金の償還義務が訴訟の利用を断念する原因となる可能性も否定できないことが指摘されている[2]。

2 ブラジルの訴訟費用免除

(1) 概 念

2015年新民事訴訟法典82条本文では,「訴訟費用免除(gratuidade da justi-ça)に関連する諸規定を除き,訴訟において行われ又は必要とする行為の費用を準備するのが当事者の義務であり,(訴訟)開始から終局判決まで,又は,執行においては,(債務)名義に示された権利の完全な満足まで,それらの行為に先立って金銭を予納しなければならない」と定めている。ここから,訴訟費用免除とは,広義において,訴訟費用の予納免除を指し,その目的は,資力の欠如が司法アクセスに対する障害とならないよう防止することである[3]。訴訟費用免除に対する権利は,後述するように連邦憲法に保障された訴訟当事者の基本的権利を構成するものである(5条LXXIV号)。

(2) 訴訟費用に対する暫定的責任と最終的責任

ブラジルも,裁判有償の原則を前提として,訴訟費用の敗訴者負担原則を採用するが,弁護士費用についても敗訴者負担分がある(民訴法85条)[4]。訴

---

(1) 2010年度と2015年度の統計比較によれば,償還実績がほぼ横ばいであるのに対し,償還免除実績が大幅に増加しており,実質的には給付的な部分が増えていると分析されている。ただし,制度的給付制に踏み切るためには,弁護士費用敗訴者負担などの前提条件整備が必要である(山本和彦「わが国における司法アクセスの現状と課題」実践成年後見67号(2017年)54頁)。

(2) 長谷部由起子著『民事訴訟法 新版』(岩波書店,2017年)9頁;大石哲夫「民事法律扶助の受給資格と利用者の負担をめぐって ── 日本型リーガルエイドの特質と改善課題」総合法律支援論叢4号(2014年)106頁以下;大石哲夫「立替金償還制度をめぐって─民事法律扶助の受給主格と利用者の負担」司法アクセス学会編集委員会編『司法アクセスの理念と現状』(三和書籍,2012年)104-108頁;宮﨑誠,小山太士,片山善博,長谷部由起子「鼎談 ── 法テラスの過去・現在・未来」法の支配185号(2017年)26-27頁。

(3) WAMBIER, Teresa Arruda Alvim; DIDIER JR., Fredie; TALAMINI, Eduardo; DANTAS, Bruno, *Breves Comentários ao Novo Código de Processo Civil*, 2ª ed., São Paulo: RT, 2016, p. 375 [ALEXANDRIA DE OLIVEIRA, Rafael].

(4) 訴訟費用を負担する義務は訴訟の原因を作出した者にあるとする結果責任(princípio da causalidade)をその根拠とする。そして,訴訟の原因を作出した者とは,最終的に敗訴した当事者ということになる(ブラジル新民訴法82条2項及び85条本文参照)。
　なお,わが国の敗訴者負担の原則はドイツ法に由来する。この点に関し,坂原正夫「ドイツ民事訴訟法における訴訟費用敗訴者負担の原則に関する結果責任説の歴史的な展開の素描」法学研究82巻1号(2009年)1頁以下;金子宏直著『民事訴訟費用の負担原則』(勁草書房,1998年)236頁以下参照。

訟の終了まで誰が敗訴者か分からず，訴訟費用の最終的責任を負う者が判明しない間は，訴訟費用の暫定的責任として，当事者に立替金を予納（*adiantar*）する義務を課している。訴訟費用を予納した者が最終的に敗訴した場合，同人は，予納金を償還できないばかりか，相手方当事者が予納した額についても支払うことになる。逆に勝訴当事者は，敗訴当事者に対して，予納した全額の支払いを請求することができる[5]。

(3) 訴訟費用免除と訴訟費用の暫定的責任

訴訟費用免除は，訴訟費用に対する暫定的責任（responsabilidade *provisória*）の範囲内でのみ作用し，最終的責任（responsabilidade *definitiva*）の範囲では作用しない。受給者は，訴訟費用の予納（*adiantamento*）を免除されるが，敗訴した場合には，免除対象となった支払いを行う義務があるとともに，勝訴した相手方当事者が訴訟手続中に予納した金銭に関する償還義務を負う[6]（民訴法98条2項[7]）。ただし，「受給者敗訴の場合，敗訴に伴う債務は停止条件付債務となり，同債務を確定した判決の既判力発生から5年以内に，債権者が，費用免除の供与を正当化した資力不足の状況が止んだことを証明する場合にのみ請求し得る」（同99条3項）ことが定められている。

3　本稿の目的

このように見ると，ブラジルの訴訟費用免除は，効果面に着目すれば，わが国の訴訟上の救助と類似する制度である一方で，ブラジルでは当事者費用も訴訟費用として免除対象に含まれるとともに，弁護士費用も敗訴者負担分があるという違いから，わが国の法律扶助の側面も担う制度であることが分かる。

本稿は，これらの点を踏まえ，両国の制度の類似点・相違点を一層明らかにする前提作業として，ブラジルの訴訟費用免除制度の要件面について，法文化の違いに思いを馳せながら若干の分析を加えることを試みるものである。この試みを通じて，ひいてはアクセス・トゥ・ジャスティス思想の世界的拡がりの

---

(5)　WAMBIER, Teresa Arruda Alvim; DIDIER JR., Fredie; TALAMINI, Eduardo; DANTAS, Bruno, *op. cit.*, p. 375 [ALEXANDRIA DE OLIVEIRA, Rafael].

(6)　*Supra. cit.*

(7)　98条2項…費用免除の供与は，敗訴に伴う訴訟費用及び弁護士報酬に対する受給者の責任を排除するものではない。

中で[8]，ブラジルにおける司法アクセスの一翼を担う制度にどのような評価が
与えられるのか考察する機会としたい。

Ⅱ　1950年裁判扶助法から2015年新民事訴訟法典へ

1　憲法上の基本権としての法律扶助

　1988年ブラジル連邦憲法5条 LXXIV 号では，「国家は，資力の不足（insufi-
ciência de recursos）を証明する者に対し完全かつ無償の法律扶助（assistência
jurídica integral e gratuita）を提供する」と定め，無償の総合的な法律扶助を憲
法上の基本権の一つとして保障する。

　元来，司法アクセス（acesso à justiça）は，形式的に保障された権利を実質
化するために国家の積極的行為を必要とするという福祉国家的思想の下で，新
しい社会的権利（社会的な基本権）として展開された[9]。裁判への実効的なアク
セスは，全ての者のために法律上の権利を単に宣言するだけでなくこれを現実
に保障しようとする，現代の平等を基調とする法律制度の最も基本的な礎—最
も基本的な「人権」—である[10]。いわゆる貧困者に対する法律扶助も，全ての
者が法の下の平等にある以上，「慈善」ではなく「権利」であることになる[11]。
このような司法アクセス権は，1969年にコスタリカのサンホセで採択された
米州人権条約8条1項でも保障されており[12]，ブラジルは1992年にデクレト
第678号を通じて同条約を批准している。

2　ブラジルにおける法律扶助の意義

連邦憲法5条 LXXIV 号において保障される憲法上の基本権たる無償の総合的

---

(8)　豊田博昭「ドイツ訴訟費用援助法の改正——2013年改正法の立法資料から」修道法
　　学39巻2号（2017年）425頁以下；Earl Johnson Jr., 池永知樹訳「民事事件とアクセス・
　　トゥ・ジャスティス：さらに斬新かつ広範な焦点」総合法律支援論叢9号（2017年）
　　8頁以下。

(9)　松尾弘「開発プロセスにおける司法アクセスの改善への統合的アプローチ——法の支
　　配および良い統治との関連に焦点を当てて」慶應法学23号（2012年）2頁。

(10)　M・カペレッティ＝B・ガース著，小島武司訳『正義へのアクセス——権利実効化の
　　ための法政策と司法改革』（有斐閣，1981年）3頁。

(11)　池永知樹「司法アクセスの歴史と現況」特定非営利活動法人 司法アクセス推進協会
　　編『法テラスの10年——司法アクセスの歴史と展望』（LABO，2016年）9頁。

な法律扶助（assistência jurídica）には，具体的にいかなる権利が含まれるのか。この点，類似する概念である「訴訟費用免除（justiça gratuita）」や「裁判扶助（assistência judiciária）」といった制度と区別して学説上整理されている[13]。三概念とも，連邦憲法５条LXXⅣ号が扱う無償の総合的な法律扶助に対する基本権に由来するものであるが，全て異なる概念である。

　まず，「訴訟費用免除（justiça gratuita）」とは[14]，訴訟手続に直接的に関連した，あらゆる裁判費用の予納等の全部又は一部免除から成るもので，その受給のためには，訴訟手続の存在，利害関係当事者の申立て及び訴訟係属する裁判所による免除決定が必要となる。

　次に，「裁判扶助（assistência judiciária）」とは，通常は連邦や州の公共弁護庁のメンバーである法律専門家（公共弁護官）により無償で訴訟代理援助を受ける当事者の権利のことであり，裁判所の決定は必要とされない。

　最後に，「法律扶助（assistência jurídica）」とは，訴訟費用免除も裁判扶助も包含するもので，より広範な概念であるが，さらにその先に，社会と公共サービスの接近促進を目的とする（広義の）国家の全イニシアティヴを広く含むものである。例えば，プロコンにより行われる消費者の権利の啓発に関するキャンペーンや，消費者の基本権に関する入門書の配布，資力の乏しい住民への巡回による法的サービスの提供がこれに含まれる[15]。

---

[12]　米州人権条約８条では公正な裁判を受ける権利について定めており，同条１項では「人はすべて，自己に対してなされた刑事上の性質を有するいかなる告訴も決定するにあたって，もしくは，自己の権利および民事上，労働，財務の又は他の性質を有する義務の決定のために，法律により前もって設けられた権限ある，独立の公平な裁判所によって，正当な保障で且つ合理的な期間内に審理を受ける権利を有する」と定めている（佐伯富樹「資料米州人権条約」中京大学教養論叢 12 巻３号（1971 年）164 頁）。

　　また，米州人権条約における司法的保護を受ける権利に関して，米州人権委員会及び裁判所の双方について，実体的権利の違反のみならず手続的権利の観点からの違反認定がなされ，その際に活用されるのが８条及び 25 条であることにつき，渡辺豊「米州人権条約における社会権の保障」法政理論 45 巻２号（2012 年）111 頁参照。

[13]　CANOTILHO, José Joaquim Gomes; MENDES, Gilmar Ferreira; SARLET, Ingo Wolfgang; STRECK, Lênio Luiz (Coord.), *Comentários à Constituição do Brasil*, São Paulo: Saraiva, 2013, p. 1554 [DIDIER JR., Fredie; ZANETTI JR., Hermes].

[14]　費用免除特典（beneficio da gratuidade），裁判費用免除（gratuidade judiciária）とも呼ばれる。

3 訴訟費用免除 (justiça gratuita) を規律する法律

(1) 2015年新民事訴訟法典への取り込みと1950年裁判扶助法の存続

訴訟費用免除は，1973年旧民事訴訟法典には何ら規定がなく，その代わりに困窮者に対する裁判扶助の供与 (concessão de assistência judiciária aos necessitados) に関する1950年2月5日の法律第1.060号 (裁判扶助法) により規律されてきた。ところが，2015年新民事訴訟法典では，同法典中に法律第1.060/1950号の大部分が取り込まれ[16]，制度の改善と充実が図られた。

法律第1.060/1950号の中でその有効性が維持された条文については，存在意義を失っているため，同法の完全廃止に至らなかった理由が見出せないとの意見がある一方で[17]，ブラジル全土で公共弁護庁が完全に設置されるまでの間，官選弁護人制度により提供される法律扶助を補足的に併存させるとともに，新民事訴訟法典に移管・導入された規定と並んで訴訟費用免除制度のより有利な解釈を保障する意義があるとの主張がみられる[18]。

新民事訴訟法典では，第3巻「訴訟当事者」第1編「当事者及び代理人」第2章「当事者及びその代理人の義務」において，第3節「費用，弁護士報酬及

---

[15] PONTES DE MIRANDA, Francisco Cavalcanti, *Comentários à Constituição de 1967 com a emenda n. 1 de 1969*, t. V., 3ª ed., Rio de Janeiro: Forense, 1987, p. 642.

[16] 新民事訴訟法典では，最後に補巻「最終経過規定」(1045条～1072条) が置かれ，この中の1072条III号において，「1950年2月5日の法律第1.060号の2条，3条，4条，6条，7条，11条，12条及び17条」は廃止されることが定められている。

[17] CABRAL, Antonio do Passo; CRAMER, Ronaldo (Org.), *Comentários ao Novo Código de Processo Civil*, 2ª ed., Rio de Janeiro: Forense, 2016, p. 161 [GARCIA DE SOUSA, José Augusto].

[18] 具体的に見ると，法律第1.060/1950号の5条1項～4項，14条，15条及び16条は，ブラジルにおいて採用されたジュディケア制 (官選弁護人制度) の関連規定であるが，公共弁護庁が未設置の地域では国家や弁護士会を通じた官選弁護人の指名が必要となるため，これらの規定は意味があることになる。また，「裁判扶助の費用免除は，全ての審級において，訴訟の終局判決まで訴訟手続の全ての行為を包含する」と定める9条も，新民事訴訟法典に対応条文が存在せず，また，各審級における費用免除の更新は必要ない旨の最近の連邦高等司法裁判所判決 (AgRg nos EAREsp 86.915-SP, Rel. Min. Raul Araújo, j. 26.2.2015, DJe 4.3.2015) も存在するため，解釈上の意義がある (SILVA, Franklyn Roger Alves, *O Novo Código de Processo Civil e a perspectiva da Defensoria Pública*, Salvador: JusPodivm, 2017, p. 100; WAMBIER, Teresa Arruda Alvim; DIDIER JR., Fredie; TALAMINI, Eduardo; DANTAS, Bruno, *op. cit.*, p. 398 [ALEXANDRIA DE OLIVEIRA, Rafael])。

び過料」に続き，第 4 節「訴訟費用免除（Da Gratuidade da Justiça）」（98 条
〜102 条）について定めている。このように，訴訟費用免除に特化した新たな
節を創設して規定したことは，その実務上の重要性にもかかわらず民事訴訟法
学において議論される機会が少なかったことに鑑み[19]，画期的との評価がなさ
れている[20]。

(2) 三用語（訴訟費用免除，裁判扶助，法律扶助）の混同使用の解消

新民事訴訟法典における「訴訟費用免除（Da Gratuidade da Justiça）」という
タイトルについて，法律第 1.060/1950 号における裁判扶助（assistência judi-
ciária），法律扶助（assistência jurídica）及び訴訟費用免除（gratuidade de justi-
ça）という三用語の混同使用を正すものとして評価されている。三用語が長き
にわたり不適切に混同されてきたのは，法律第 1.060/1950 号において用いら
れた文言の誤使用に起因する。法律第 1.060/1950 号では，「裁判扶助（assis-
tência judiciária）」という用語が，不注意に，①裁判所における困窮者扶助の公
的サービス（同法 1 条），②弱者扶助サービスの提供について国家が負う責任
（同法 5 条 1 項，2 項及び 5 項並びに 18 条），及び，③訴訟費用免除（gratuidade
de justiça）と同義の訴訟費用特免受給権（同法 3 条，4 条 2 項，6 条，7 条，9
条，10 条及び 11 条）を指して用いられていた[21]。

先に指摘したように，「裁判扶助（(assistência judiciária)」とは，公共弁護官
や官選弁護人による裁判上の代理援助を指す。これに対し，「法律扶助（assis-
tência jurídica）」は，連邦憲法 5 条 LXXIV 号及び 134 条におけるように，裁判

---

(19)　常設民事訴訟法学者集会（Fórum Permanente de Processualistas Civis: FPPC）や手
続法高等研究所（Centro de Estudos Avançados de Processo: CEAPRO）といったブラ
ジル全土の訴訟法研究者が集う意見交換の場がある。FPPC は各集会を通じて要旨
（Enunciados）を公表しており，訴訟費用免除に関連する要旨は数少ないが，要旨 81「控
訴された判決が次の場合，対審原則を害さないことにより，単独裁判官による控訴認容
前の被控訴人の尋問は省略され得る。(b) 予備判決として訴訟費用免除を却下する判
決」や，要旨 113「労働裁判所において，使用者が訴訟費用免除の受給者であり得る…」
が存在する。いずれの場合も，訴訟費用免除に言及するものの，当該制度自体に焦点を
当てるものではなく，経済的弱者の文脈で言及するに過ぎない。

(20)　TARTUCE, Fernanda; DELLORE, Luiz, "Gratuidade da justiça no novo CPC," Revista
de Processo, vol. 236/2014, p. 308.

(21)　ESTEVES, Diogo; SILVA, Franklyn Roger Alves, *Princípios Institucionais da
Defensoria Pública*, Rio de Janeiro: Forense, 2014, p. 94.

所内外での弱者への（法律的）指導を指す。そして、「訴訟費用免除（justiça gratuita）」とは、訴訟費用徴収特免を指す[22]。これらのうち、新民事訴訟法典は、「訴訟費用免除（gratuidade de justiça）」というタイトルどおり、「訴訟費用免除（justiça gratuita）」のみを規律するものである。

Ⅲ　受給者（beneficiário）とその責任

1　受給資格に関する規律
(1) 受給者の類型と資力不足の推定

98条本文では、「訴訟費用及び弁護士報酬を支払う資力不足（insuficiência de recursos）を伴う、ブラジル国籍又は外国籍の[23]、自然人又は法人は、法律に従い、訴訟費用免除（gratuidade da justiça）に対する権利を有する」と定め、訴訟費用免除の受給者として、自然人と法人に言及するが、コンドミニアムや破産財団といった権利能力なき社団もこれに含まれる[24]。本条において「法人」にも言及したのは、判例・学説の立場を明文化したからに他ならない。

法律第1.060/1950号の下で、訴訟費用及び弁護士費用を支払うことのできない経済的状況にあるあらゆる当事者に裁判扶助を享受する権利が認められたため（旧4条）、自然人のみならず、法人もその対象とされてきた[25]。かつての

---

[22]　MARCACINI, Augusto Tavares Rosa, *Assistência Jurídica, Assistência Judiciária e Justiça Gratuita*, Rio de Janeiro: Forense, 1996, p. 10.

[23]　連邦憲法5条本文では、憲法上の基本権一般の享受に関して、ブラジル国内に住所を有する外国人にのみ言及するが、98条本文ではそのような限定がないため、ブラジル国内に居住しない外国人も対象となると考えられる（NERY JR., Nelson; NERY, Rosa Maria de Andrade, *Comentários ao Código de Processo Civil*, São Paulo: RT, 2015, p. 472）。

[24]　法律第1.060/1950号旧2条において「当人又はその家族の扶養を害することなく」という表現が存在したことから、家族を形成し得るのは自然人のみであるとして文理解釈し、法人を適用除外とする学説もあった（CARVALHO SANTOS, J. M., *Código de Processo Civil interpretado*, 7ª ed., vol. 1, Rio de Janeiro: Freitas Bastos, 1958, p. 254）。しかし、資力を欠く者であれば誰であっても裁判所への道を開くというのが訴訟費用免除の制度趣旨である以上、法律第1.060/1950号下においても、法人への適用を解釈上認める学説が優勢であった（DE ASSIS, Araken, "Garantia de acesso à justiça: benefício da gratuidade," In: *Doutrina e prática do processo civil contemporâneo*, São Paulo: RT, 2001, pp. 85-86）。

判例は，非営利法人のみが訴訟費用免除の受給者たり得るとしていたが[26]，営利性の有無による区別は次第に放棄され，費用免除受給権の認容のための前提要件として，資力不足の証明を要するか否かに議論の土俵が移り変わった。そして，非営利法人及び自然人は，資力不足の証明を要せず，その表明・陳述のみで足り資力不足に関する真実性の推定がなされるのに対して，営利法人は，訴訟費用の支払い能力を有しないことを証明する必要があるとされた[27]。

　新民事訴訟法典では，自然人についてのみ資力不足の表明・陳述で足りその推定規定が置かれた一方で（99条3項）[28]，同99条2項では，「裁判官は，費用免除の法的前提の欠如を認める諸要素が訴訟手続記録中に存在する場合，申立てを却下することができるが，申立ての却下前に，当該前提の充足の証明を当事者に命じなければならない」と定められた。これは，金銭的窮乏が明白な場合には費用免除が直ちに決定される一方で，一切の支払いなしに「リスクなく争う」手段として訴訟費用免除が濫用・悪用されることがないよう配慮するものである。これに関連して，同制度を悪用する場合の過料に関する規定も存在する[29]（100条補項[30]）。

　法人に関しては，2012年8月1日の連邦高等司法裁判所（STJ）重要判例要旨〔スムラ〕（Súmula）481号により，「訴訟費用の責任負担が不可能であることを証明する営利又は非営利の法人は訴訟費用免除に対する権利を有する」とされ，営利・非営利問わず全て，自然人と異なり推定はなされず，常に金銭的窮乏の証明を要することになった。新民事訴訟法典では，当該重要判例要旨を

---

(25)　EREsp 321.997/MG, Corte Especial, Rel. Min. Cesar Asfor Rocha, DJ 16.08.2004.

(26)　AgRg no REsp 392.373/RS, 1ª Turma, Rel. Min. Francisco Falcão, j. 12.11.2002, DJ 03.02.2003.

(27)　EREsp 388.045/RS, Corte Especial, Rel. Min. Gilson Dipp, j. 01.08.2003, DJ 22.09.2003.

(28)　これは法律上の推定（presunção legal *juris tantum*）であり，訴訟費用免除に対する権利を付与するものとなる（98条本文）。資力不足の状態になく受給権を正当化する事由の存しないことの証明責任は反対当事者が負担する。

(29)　訴訟費用免除受給権を不当に利用することにより，裁判所を錯誤に陥れる当事者の意図が完全に証明されなければならない（MEDINA, José Miguel Garcia, *Novo Código de Processo Civil Comentado*, São Paulo: RT, 2015, p. 191）。

(30)　100条補項…費用免除が取り消された場合，当事者は，予納せずに済んでいた訴訟費用の責任を負わなければならず，悪意の場合には，過料としてその価格の10倍までを支払わなければならない。

踏襲し，99条3項で自然人のみ推定規定を置いた。

(2) 資力不足の程度―司法アクセスのためのメカニズム―

98条本文では，「訴訟費用及び弁護士報酬を支払う資力不足」の者に費用免除の受給権があるとする。法文では，制定当時の法律第1.060/1950号旧4条に存在した家計収入及び支出の限界値といった客観的数的基準は設けられていないばかりか，1986年改正後の旧4条における「同人又はその家族を害することなく，訴訟費用及び弁護士費用を支払う条件下にない」という表現も改められ，受給者本人の「資力不足」のみが要件化された。

資力不足とは，極貧状態や窮乏状態を要求するものではないと考えられている。例えば，一定の月収がある者や不動産所有者であっても，当座資金がなければ受給者となり得る。訴訟費用免除は司法アクセスを実現するためのメカニズムであり，司法アクセスのために当事者がその収入の大部分を充当し又は所有財産を売却して得た資金で訴訟費用を賄う必要性は存在しない。

このように，受給者は，いわゆる極貧・貧困に喘ぐ困窮者，弱者であるとは限らないことに注意を要する[31]。一定の月収を得ている者も，収入補足プログラム（programas de complementação de renda）[32]で糊口をしのぐ者も，一様に受給者となり得る。両者の区別はある程度の困難を伴うため，訴訟費用免除の申立てにおいては，月収所得者の方は，自然人であっても，資力不足の証明を通じてその申立てを正当化しなければならない場合があり得ると考えなければならない（後述）。

2 敗訴受給者の責任

(1) 5年の除斥期間

既に見たとおり，訴訟費用免除は，訴訟費用に対する暫定的責任の範囲で作用し，全額に対する申立ての場合は暫定的責任を排除することになり，後述する支払調整を伴う申立ての場合は同責任を軽減することになる。しかしながら，訴訟費用に対する最終的責任については一切排除せず軽減もしない。このことはつまり，受給者が敗訴した場合，同人が敗訴に伴う義務に対して責任を負うということである。98条2項は[33]，法律第1.060/1950号旧11条を引き継い

---

(31) WAMBIER, Teresa Arruda Alvim; DIDIER JR., Fredie; TALAMINI, Eduardo; DANTAS, Bruno, *op. cit.*, p. 380 [ALEXANDRIA DE OLIVEIRA, Rafael].

280

で[34]，この当然の理を注意的に規定するものである。

　しかしながら，敗訴受給者に対する訴訟費用の償還請求は，同人がもはや資力不足の状態にないことの証明が条件となる（98条3項[35]）。債権者は，償還請求にあたり，訴訟費用免除決定を根拠づけた資力不足の状態の不存在を証明しなければならない。そして，当該証明は，訴訟費用を敗訴受給者の負担とした確定判決の既判力発生から起算して5年以内になされる必要がある。当該期間は時効期間ではなく除斥期間とされている。

　このように，確定判決により，訴訟費用及び弁護士費用の支払いが敗訴受給者に義務付けられても，当該支払義務は法定の条件及び除斥期間に従うことに

---

(32)　ブラジルでは，ボウサ・ファミリア（Bolsa Família）と呼ばれる貧困層への生活保護給付金制度が存在する。かつてのルーラ政権の時代に元々あった複数の給付制度をまとめて2003年から導入されたプログラムである。ボウサ・ファミリアは，貧困家庭（As famílias pobres）及び極貧家庭（As famílias extremamente pobres）を対象にしている。極貧家庭とは，月間所得が1人当たり77レアル以下（約2400円）の家庭を指す。また，貧困家庭とは，月間所得が1人当たり77レアル超154レアル（約4700円）の家庭を指す。ボウサ・ファミリアのプログラムに参加するためには，ブラジル連邦政府の社会プログラム制度に登録する必要がある。プログラムに登録すると，即入金されるわけではなく，社会開発飢餓撲滅省（Ministério do Desenvolvimento Social e Combate à Fome）の審査を通過した場合に補助金が入金される仕組みとなっている。給付金として，①基本金…極貧家庭は毎月77レアル（約2400円）を受けることができる。②変動金…貧困家庭及び極貧家庭では，扶養家族の人数に応じて，毎月1人当たり35レアル（約1100円）を支給し，扶養家族は最大5人まで増やすことができる（175レアルまで）。③青年変動金…貧困家庭及び極貧家庭において，16歳～17歳の青年が扶養家族に居る場合には，毎月1人当たり42レアル（約1300円）までを支給し，最大2人まで（84レアルまで）支給する。④極貧脱却援助金…極貧家庭では，所得水準に応じて極貧脱却援助金が支給される。極貧家庭は，①～③の補助金を加算し，月額最大336レアル（約1万円）とすることができ，その他に，④極貧脱却援助金の支給を受けることができる。ボウサ・ファミリアの受給者は約5000万人に上る。ブラジルの人口がおよそ1億8000万人なので，単純計算すると，4人に1人はボウサ・ファミリアの恩恵を受けていることになる。

(33)　98条2項…費用免除の供与は，敗訴に伴う訴訟費用及び弁護士報酬に対する受給者の責任を排除するものではない。

(34)　法律第1.060/1950号旧11条…弁護士報酬，鑑定費用，訴訟費用，裁判所の手数料及び郵便料は，扶助受給者が勝訴当事者であった場合には，敗訴当事者により支払われる。

(35)　98条3項…受給者敗訴の場合，敗訴に伴う債務は停止条件付債務となり，同債務を確定した判決の既判力発生から5年以内に，債権者が，費用免除の供与を正当化した資力不足の状況が止んだことを証明する場合にのみ請求可能となる。

なり，その請求権は，受給者の経済状況の改善が証明されるまで自動的に停止され（停止条件），5年以内にその証明がなされなければ，敗訴受給者の債務は消滅する（解除条件）[36]。

(2) 受給者に対する訴訟費用の償還請求―資力不足の程度と98条3項の適用―

それでは，「費用免除の供与を正当化した資力不足の状況が止んだこと」（98条3項）については，受給者が明白かつ望外の金額を受領したことの証明が存在する場合にのみ，債権者は訴訟費用を償還請求し得るのか。

何らかの手段により受給者において一定の明白な財産増加が見られた場合にのみ，その証明を行った上で償還請求し得るとの考え方は，容易に貧困者と認められる者（o reconhecidamente pobre），すなわち，最低賃金で生活する者やそれすら稼いでいない者のみが訴訟費用免除受給者たり得るとの救貧的理念に根差すものである。しかし，現行法下では，前述のとおり，受給者たり得るために極貧状態は要求されていない。受給権は，訴訟費用を賄うことのできる当座資金を有さない限り認められ得るのであり，この結果，一定の財産を有する者や合理的な収入を得ている者にも供与されることがある。訴訟費用を賄う資力（当座資金）を有しないために，裁判所へのアクセスが妨げられる者を支援することこそ，訴訟費用免除の存在理由だからである。

かつては，費用免除決定のために，法律第1.060/1950号旧4条の下で貧困の証明が要求され（後述），申立時に証明された貧困状態との比較において一定の明白な財産増加があればその証明を行うことは容易であった。しかし，現行法下において，98条3項の適用にあたっては，訴訟費用免除が決定された当時の財産状況と比較した一定の財産増加といった画一的・一般的な図式ではなく，資力や財産を有さないと判断された事情に関する各受給者の個別的特殊性を考慮することが重要となる。

それでは，当座資金を有しないが，担保提供可能な資産を有する場合はどうか。例えば，現実の住居として使用する不動産以外に，別の不動産を3つ所有し，いずれも担保提供可能なものである場合，訴訟費用免除受給者の債権者は，訴訟費用償還のために，なお財産の事後的増加を待ち，かつその証明を要する

---

[36]　MEDINA, José Miguel Garcia, *op. cit.*, pp. 188-189.

ことになるのだろうか。

　また，鑑定費用を除いては訴訟費用を負担し得る経済的条件を有しており，（鑑定費用を除く形で）支払調整を伴う訴訟費用免除を申し立てた者の場合はどうか。この場合も，訴訟費用免除受給者の債権者は，財産増加の証明を要するのだろうか。

　いずれの場合も98条3項の適用を認めることは理に適っていないと考えられる。もし98条3項の適用があり，財産の事後的増加とその証明を要するとすれば，訴訟費用免除はむしろ有害な制度になってしまう。訴訟の原因を作出した敗訴当事者が，訴訟費用を負担し得る担保提供可能な財産を有するにもかかわらず，その支払義務から自由であり，その一方で，訴訟の原因を何ら作出しなかった勝訴当事者が，訴訟費用の償還を受けられずいわば完全勝利を享受し得ないとすれば，司法アクセスを保障する制度であるはずの訴訟費用免除は，軽率な訴訟のための手段となってしまうであろう[37]。

　以上より，訴訟費用免除の供与は，財産関係の法的責任に関する一般原則を何ら変更するものではなく，受給者がその支払債務を履行し得る財産を有する場合，債権者は，98条3項の要件を充足すべく，当該財産の存在を証明すれば良いだけである。

　(3)　受給権の調整

　新民事訴訟法典では，割合的減額（98条5項）や分割払い（98条6項）といった受給内容の柔軟な調整（modulação）に関する新規定を置いた。訴訟費用全体に対する全額の決定又は却下の二択によるオールオアナッシングではなく[38]，例えば裁判所手数料や呼出費用は支払う能力があるが鑑定報酬については支払う能力がない場合，法定の費用の半額であれば支払う能力がある場合，あるいは，分割払いであれば訴訟費用全額を支払うことができる場合などに有益である[39]。

　このようないわば「一部費用免除（justiça gratuita parcial）」は，①訴訟行為

---

(37)　WAMBIER, Teresa Arruda Alvim; DIDIER JR., Fredie; TALAMINI, Eduardo; DANTAS, Bruno, *op. cit.*, p. 391 [ALEXANDRIA DE OLIVEIRA, Rafael].

(38)　しかも，訴訟費用の一部支払いや分割払いが可能である限り，裁判官は，全部免除ではなく，訴訟費用の区分を選択することが優先となり，費用免除決定はあくまで最終手段となる（NERY JR., Nelson; NERY, Rosa Maria de Andrade, *op. cit.*, p. 474）。

のいくつかについての費用免除又は訴訟費用の一部減額（98条5項），②事案による費用の分割払い（98条6項）から成り立っている。しかし，法文では，いかなる具体的場合にこれらの方法による一部費用免除が適用されるのか，その客観的基準を明らかにしていない。どのような場合にいくつかの行為のみに費用免除が制限されるのか，いくつかの行為に関して「ディスカウント」が付与されるのはいかなる場合か，さらに，費用の分割払いに該当するのはどのような事例かが問題となる。割合自体や分割払いの回数についても，事案の集積が待たれることになろう。

いずれにせよ，重要な点として，受給権の決定は常に申立ての存在を前提とするということがある。つまり，支払調整を伴う費用免除の申立てに対して，全額費用免除の決定を行うことはできない。そして，訴訟費用全額に対する受給が申立てられた場合であっても，裁判官は，99条5項及び6項所定の調整方法に従い，部分的な受給を決定する場合があり得るということである。ただし，このためには，後述するとおり，訴訟記録，明白な事実又は公開情報から明らかになった諸状況を基礎として，資力不足を肯定する真実性の推定を退けるのに十分な心証を得た場合でも，裁判官は，まず，申立人が自らの資力不足を証明する機会を与えなければならない（99条2項）。同人がそれを証明することができない場合にのみ，常に根拠を示すことにより申立てを却下し又は一部免除の決定を行うことができる。

IV　訴訟費用免除の申立てと決定及び不服申立て

1　訴訟費用免除の申立てと決定
⑴ 申立て時期・方法の柔軟化

費用免除の申立て時期について，訴え提起時，口頭弁論時，第三者の訴訟参加時及び控訴提起時（99条本文）の他⑷，事後的に申立て事由が生じた場合のため簡易申立ても認められる（99条1項）。法律第1.060/1950号では訴え提起

⑶ 学説では古くから受給権の支払調整が可能であるべきことが唱えられていた（DIDIER JR., Fredie; OLIVEIRA, Rafael, *Benefício da justiça gratuita: aspectos processuais da lei de assistência judiciária*, Salvador: JusPodivm, 2004, pp. 15-16）。
⑷ 簡易申立ても可能であることから，これらは例示列挙である。

時に訴状において原告の側から申し立てる場合のみが定められていた（旧4条本文）。しかし実務では，明文規定のないまま，控訴提起時を含むあらゆる時点における両当事者による訴訟費用免除の申立てが既に運用されており[41]，新民事訴訟法典においてはこのことの明文化がなされたことに意義がある。

　いつの時点で申立てが行われるかは，費用免除が決定された場合にその対象となる予納の内容に影響を与える。最初の訴え提起時から訴状において申立てがなされれば，費用免除の供与はそれ以降必要となる裁判費用の全ての予納金について有効となる。事後の段階で申立てがなされ決定された場合，その効果は遡及せず，将来の予納金について有効となるのみである[42]。

　事後の段階で，簡易申立てにより行う場合は，簡易申立書による他，証拠説明書や控訴状自体に記載することもできる。この点，連邦高等司法裁判所は，本案審理後に費用免除につき別途審理される旨を定めていた法律第1.060/1950号旧6条を根拠として，訴訟手続進行中に訴訟費用免除の申立てを行う場合は，本案訴訟記録とは別扱いの申立てを行い，これは本案審理後に別途審理され，この手続が遵守されない場合は，重大な瑕疵（erro grosseiro）を構成し，申立てに対する判断が行われないとしていた[43]。これに対し学説からは形式主義に過ぎるとの批判が出ていた。

　⑵　訴訟費用免除の要件に関する客観的基準の不在

　訴訟費用免除の要件に関して，法律は何ら客観的基準を定めておらず，具体的事案に従い裁判官にその決定が任されている。

　制定当時の法律第1.060/1950号では，旧4条本文において，「裁判扶助の受給を享受することを企図する当事者は，申立てにおいて，受領する所得若しくは給与又は自身若しくは家族の費用負担を記載して，担当裁判官にその供与を申し立てる」と定め，同条1項で「申立書は，訴訟費用を支払うことができず，

<hr>

[41]　AgRg nos EDcl no Ag 728.657/SP, 3ª Turma, Rel. Min. Nancy Andrighi, DJ 02.05.2006; REsp 723.751/RS, 2ª Turma, Rel. Min. Eliana Calmon, DJ 06.08.07. ただし，費用免除決定の効果は遡及せず，事後の段階で申立てがなされ決定がなされた場合，将来の予納金について費用免除決定が有効となるのみである。

[42]　WAMBIER, Teresa Arruda Alvim; DIDIER JR., Fredie; TALAMINI, Eduardo; DANTAS, Bruno, *op. cit.*, p. 394 [ALEXANDRIA DE OLIVEIRA, Rafael].

[43]　AgRg no AREsp 445.431/SP, 2ª Turma, Rel. Min. Mauro Campbell Marques, j. 20.03.2014, DJe 26.03.2014.

申立人が困窮者であることを記した証明書を付して提出される。この証明書は，郵便料（selos）及び手数料（emolumento）を免除され，警察当局又は市町村長により発行される」と定めていた。その後，1979 年に旧 4 条 1 項が改正され，元の法文に続けて「同人が地域法定最低賃金の 2 倍と同等又はそれ以下の給与を受領することを証明する労働契約書の提出は免除される」との部分が追加された。さらに，簡易化・効率化を目指す行政改革（desburocratização）の理念に指導されて[44]，旧 4 条本文及び同条 1 項とも 1986 年（法律第 7.510/1986 号）に改正され，本文において「当事者は，同人又はその家族を害することなく，訴訟費用及び弁護士費用を支払う条件下にないことの，同一訴状における，簡易表明（simples afirmação）を通じて，裁判扶助の受給を享受する」と定め，同条 1 項において「法律に従い，その条件を主張する者は，反対の証明があるまで，貧困者と推定される。法令違反の場合には，訴訟費用の 10 倍までの支払いを課される」と定められるに至った[45]。新民事訴訟法典では，既に見たとおり，訴え提起時の受給当事者による申立てのみならず，控訴提起時を含むあらゆる時点における両当事者による訴訟費用免除の申立てが可能になるとともに，簡易申立ても可能であることから，法律第 1.060/1950 号よりも申立ての機会が広範に認められている。そして，この広範な申立ての機会は，自然人に限り困窮の推定規定により補完されるものとなっている。

---

(44)　MARCACINI, Augusto Tavares Rosa, *op. cit.*, p. 102.

(45)　連邦高等司法裁判所第四小法廷 1998 年 4 月 16 日判決によっても承認された。判例要旨は次のとおり。「民事訴訟。内縁関係と財産分与の認定。提供された役務に対する賠償の選択的請求。職権による訴状の却下。不可能性。防御の制限（cerceamento de defesa）。裁判扶助及び訴訟費用免除。当事者の主張。弁護士が報酬を得ていないことの証明の不要性。推定。控訴認容。現行法体制により，自身及びその家族を害することなく，訴訟費用及び弁護士報酬を支払う条件下にないことの，同一訴状における，簡易表明を通じて，当事者は裁判扶助の受給に対する権利を有する。訴訟費用免除の決定は，経済的弱者に憲法上の保障であり（連邦憲法 5 条 LXXIV 号），弁護士が当事者により報酬を得ていないことを当事者が証明することを要しない。訴訟費用免除が訴訟費用及び弁護士報酬の支払いを免責する一方で，裁判扶助は，それより広範なもので，資格を有する専門家による支援も可能とする。とりわけ主張された 30 年以上の内縁関係に関しては，何らの証明の提示も当事者に可能とすることなく，提供された役務の賠償の選択的請求により，内縁関係と財産分与の認定を企図した訴訟に関する職権による訴状の却下は，防御の制限を構成する」（REsp 91.609/SP, 4ª Turma, Rel. Min. Sálvio de Figueiredo Teixeira. j. 16.04.98, DJU 08.06.98, p. 113）。

　費用免除を必要とする「困窮」概念においては主観性が大きく作用し，今日
の裁判実務では，各裁判官の理解に従い，両極端な判決を生み出す原因となっ
ているとの批判がある[46]。また，裁判所ごとの地域的差異も指摘されており[47]，
例えば，リオ・デ・ジャネイロ州裁判所は，サンパウロ州裁判所と比べ費用免
除決定に関して厳しいことで有名であり，その理由として，リオ・デ・ジャネ
イロ州では裁判所手数料が全て裁判所の公庫に入金されることが挙げられる[48]。
　訴訟費用免除の客観的基準を設けるべきか否かにつき学説は対立している。
個別的事案により柔軟に解する余地を裁判官に残しておくべき必要性は存在す
るとしても，裁判所ごとに大きな格差が存在する現状は好ましくなく，何らか
の形で最低限度を示す客観的基準が存在する方が適当であるとする見解があ
る[49]。その一方で，困窮者の概念は，数学的に示される柔軟性を欠くルールを
通じて確定されるものではなく，条文で定められた数的限界が用いられる性質
のものではないとの主張がある。これによれば，自分の所得から自身とその家
族の扶養に要する費用を差し引きした結果，訴訟のための十分な資金が残らな
い限り，訴訟費用免除の要件を満たすことになる[50]。この点，ブラジルでしば
しば各種基準として用いられる最低賃金（salário mínimo）を目安にした場合[51]，
例えば，大家族の家計支持者で，家賃を支払い，学齢期の子が複数いる場合に

[46]　TARTUCE, Fernanda; DELLORE, Luiz, "Gratuidade da justiça no novo CPC," Revista
　　de Processo, vol. 236/2014, p. 309.

[47]　わが国でも，法テラスの前身である法律扶助協会の地域的独自性を受け継ぎ，民事法
　　律扶助業務に関して，審査のやり方をはじめ，運用にばらつきがあるのが現状である。
　　法律扶助協会時代は，各地の資金力や職員体制に差があり，それぞれの体制に見合った
　　運用はやむを得なかったが，法テラスになった現在では，一定の基準で予算や職員が割
　　り当てられており，統一的で公平なサービス提供が求められている（廣瀬健二，大川真
　　郎，小津博司，加藤新太郎，佐藤岩夫，村井宏彰「特別座談会　総合法律支援・司法ア
　　クセス拡充の展開と課題」論究ジュリスト 18 号（2016 年）210〜211 頁 ［大川発言］）。

[48]　TARTUCE, Fernanda; DELLORE, Luiz, "Gratuidade da justiça no novo CPC," Revista
　　de Processo, vol. 236/2014, p. 309.

[49]　*Supra. cit.*

[50]　MARCACINI, Augusto Tavares Rosa, *op. cit.*, p. 90.

[51]　ブラジルの最低賃金（salário mínimo）は，例えば，簡易裁判所の管轄権を決定する
　　訴額要件で用いられている（前田美千代「ブラジルの簡易裁判所（Juizado Especial）
　　と消費者被害の救済 —— ポルトアレグレ市及びサンパウロ市における聞き取り調査とと
　　もに」法学研究 91 巻 2 号（2018 年）123 頁以下）。

は，たとえ最低賃金の 10 倍の収入があっても，訴訟費用を支払う条件下にないことがあり得る。これに対して，最低賃金の 2，3 倍の収入しかない者でも，両親と同居する若者で，その生活費や学費を親から得ており，その収入を生計維持に充てていなければ，訴訟費用免除の受給者として考慮されない可能性があり得る。以上より，客観的数的基準を設けるべきでないとの意見に一定の合理性があることは否めない。

(3) 訴訟費用免除の却下における根拠明示義務

法律第 1.060/1950 号 5 条本文と異なり[52]，新民事訴訟法典では，訴訟費用免除の申立てに対し職権による却下の決定が許容されず，裁判官は必ずその根拠を明らかにした上で却下しなければならないこととなった。これを定めるのが 99 条 2 項であり，「裁判官は，費用免除の法的前提の欠如を認める諸要素が訴訟手続記録中に存在する場合，申立てを却下することができるが，申立ての却下前に，当該前提の充足の証明を当事者に命じなければならない」としている。

資力不足の表明・陳述に関してその信憑性を疑う要素が訴訟書類中に存在する場合の他，例えば新聞やソーシャルネットワークの公開プロフィールなど誰でもアクセス可能な公開情報から取得された情報の中に経済状態に関する明白な手がかりが存在する場合，相手方当事者からの異議申立てとは関係なく，裁判官は訴訟費用免除の申立てを却下するか又は状況に従い支払調整を伴う決定を行うことができる（98 条 5 項及び 6 項）。

しかしながら，申立人が自然人の場合には，その弱者性を証明する機会を事前に同人に付与することなく，受給の申立てを却下し又はその支払調整を行うことはできない（99 条 2 項）。自然人に関しては 99 条 3 項の資力不足の推定規定を前提として，当初の費用免除の申立てには，何らの証明的要素も付随していないと解されるからである。まさにこのために，同人に証明の機会を与える必要がある。これに対して，申立人が法人の場合には，法人には推定規定がなく法人自身が証明責任を負うため，当初の申立て自体に証明書が添付されてくるはずである。証明書の添付がなければ，新たな証明の機会が付与されること

---

[52] 法律第 1.060/1950 号 5 条本文…裁判官は，訴えを却下するための根拠のある理由を有しない場合，72 時間以内に免除決定の根拠を明らかにするか又は明らかにせずに，即時に免除を決定しなければならない。

なく，申立ては却下される[53]。

以上より，自然人に関しては，裁判官が費用免除要件の不在を確信する場合でも，申立人により提出された証拠を通じて[54]，裁判官の心証を形成する必要があるため，まず申立ての補正を命じなければならない。99条2項は，旧法下の職権による却下を廃止したことで，困窮者たる訴訟当事者の訴訟の通常進行を一応許容するという意味で評価に値する。しかしながら，自然人について資力不足を推定する99条3項と相反することは否めない。つまり，当該推定が，訴訟記録に記載された内容に関する裁判官の「感覚・感性」に左右されることになるからである。99条2項及び3項の関係性及び両者の適用のあり方として，各裁判官がその心証に従い，3項の推定の方を強調して適用する裁判官もあれば，費用免除の申立ての側の証明を頻繁に命じる裁判官も出てくると考えられる[55]。

2　不服申立て

⑴　費用免除決定に対する異議申立て（impugnação）

決定された費用免除に不服がある場合，費用免除決定に対して直接，上級裁判所に上訴し得るわけではない。既述のとおり法律第1.060/1950号旧4条1項（1986年改正法文）及び新民事訴訟法典99条3項に従い，自然人については資力不足に伴う受給権の存在について法律上の推定が働き費用免除が決定されるという命題から出発すべきことになる。したがって，いったん費用免除が決定されれば，費用免除を決定した裁判官に対し，反対当事者の側のイニシアティヴで，費用免除の是非につき問題提起する必要がある。

裁判官により決定された費用免除に対する異議申立ては，法律第

---

[53]　WAMBIER, Teresa Arruda Alvim; DIDIER JR., Fredie; TALAMINI, Eduardo; DANTAS, Bruno, *op. cit.*, p. 373 [ALEXANDRIA DE OLIVEIRA, Rafael].

[54]　しかし，法律は，費用免除の必要性の証明のためにいかなる書類を提出するのか明らかにしていない。預金残高証明書や当座勘定照合表（extrato bancário），支払証明書（holerite），納税証明書及び／又は申立人の支出を証明する銀行口座といったものが考えられる。

[55]　訴訟費用免除を必要とすることの証明に関して，困窮の推定が断固として優先し，費用免除決定がなされるべきであるとする考え方と，連邦憲法5条LXXIV号の解釈から（法律扶助は，「資力の不足を証明する」者に提供される），原則として，受給者本人が必要性を証明すべきであるとする考え方が対立する。

1.060/1950 号では本案訴訟記録とは別に「費用免除に対する異議申立て」という訴訟記録が作成され別訴として取り扱われたが（旧6条[56]），新民事訴訟法典の下では同一訴訟手続における併合審理が可能となった（100条）。訴訟手続開始時に訴状において申立てが行われ原告に対して費用免除が決定された場合には，被告は答弁書（contestação）において異議申立てを行うことができ，反対に訴訟手続開始時に答弁書において申立てが行われ被告に対して費用免除が決定された場合には，原告は再答弁（réplica）において異議申立てを行うことができる。控訴提起後に費用免除が決定された場合には，控訴答弁書（contrarrazões）において異議申立てが可能である。訴訟手続開始時及び控訴提起時以外の機会に費用免除が決定された場合には，これらの答弁書，再答弁及び控訴答弁書以外においても，免除決定を知った時から起算して 15 日以内に[57]，同一訴訟記録に記載された簡易申立て（petição simples）が可能であり（99条1項），例えば専ら費用免除を取り扱う申立ても，あらゆるその他の申立てに付随した申立ても行うことができる。

　法律第 1.060/1950 号では，費用免除供与の本質的要件の不在やその事後的消滅を異議申立人が証明しなければならなかったが（旧7条[58]），新民事訴訟法典ではかかる規定は存在しなくなった。法律第 1.060/1950 号旧7条については，受給当事者の弱者性の不在につき証明責任を負うのがなぜ異議申立人なのか明らかでないとして批判が存在した[59]。

　とはいえ，新民事訴訟法典 99条3項の解釈により，自然人の受給者については，費用免除の決定事由に関する真実性の推定を考慮して，理屈としては異議申立人がその証明責任を負わざるを得ないと考えられる[60]。また，99条2項の類推解釈により[61]，裁判官は，経済的弱者の状況を証明可能な証拠の提出を

----

[56]　法律第 1.060/1950 号旧6条…申立てが，訴訟手続中に行われる場合，訴訟を中断せず，裁判官は，証拠を前にして，扶助の受給を即時に決定するか又は却下することができる。この場合，申立ては，事案解決後に，本案審理の訴訟記録に各訴訟記録を付属させることにより，別の訴訟記録で行われる。

[57]　100条の法文では，15 日の起算点が明らかとなっていないが，学説では費用免除の決定を認識した時点を起算点とすべきことが主張されている。異議申立人（impugnante）は申立て時に不当な費用免除決定を認識した時点を明らかにすべきことになる。

[58]　法律第 1.060/1950 号旧7条…反対当事者は，訴訟のどの段階においても，扶助供与の本質的要件の不在や消滅を証明する限り，扶助受給権の取消しを請求することができる。

異議申立人に命じることも考えられる[62]。

(2) 上 訴 制 度

新民事訴訟法典では，訴訟費用免除の却下や取消しに際し，上訴が可能な場合について明確にした。法律第 1.060/1950 号及び旧民事訴訟法典下ではこの点が明らかでなく，異議申立てを認める判決が中間判決（decisão interlocutória）であるにもかかわらず[63]，連邦高等司法裁判所判例は，法律第 1.060/1950 号旧 17 条に従い控訴（apelação）が可能であるとしていた[64]。

新民事訴訟法典 101 条では，上訴が可能な場合として次の三つのケースを認

---

[59]　これは簡単な証明ではない。実務では，証明責任が異議申立人（impugnante）に課されているために，多数の異議申立て（impugnações）が認容されないことが指摘されている。異議申立てを受けた者（impugnado）自身であれば自分の銀行残高証明書や課税証明書（又はこれらの未発行）を提出すれば十分である。これに対し，消極的事実の証明や権利推定に対する反証は困難を伴い，悪魔の証明とも呼ばれる。弱者の中には身分証明書さえ持ち合わせない者も多く，収入関係証明書などまず期待できない。あるいはそれがあるとしても，連邦国税庁（Receita Federal）は，2009 年以降，非課税証明登録（Declaração Anual de Isento: DAI）を廃止しており，現行制度では法律第 7.115/83 号に従い利害関係人により署名された書面により非課税証明がなされることになっている。連邦国税庁の公式サイトでは，具体的な証明方法として，文書保管所（cartório）にて登録された自筆証明書や，無借金証明書（Certidão Negativa de Débitos: CND）の発行が指南されている。

[60]　NERY JR., Nelson; NERY, Rosa Maria de Andrade, *op. cit.*, 479.

[61]　99 条 2 項では，「裁判官は，費用免除の法的前提の欠如を認める諸要素が訴訟手続記録中に存在する場合，申立てを却下することができるが，申立ての却下前に，当該前提の充足の証明を当事者に命じなければならない」と定めるところ，裁判官自身が費用免除の法的前提の欠如を認める要素を訴訟手続記録中に認める場合のみならず，相手方当事者からの費用免除決定に対する異議申立ての場合にも類推適用し，当該前提の充足の証明を相手方当事者に命じることができるとするものである。

なお，新民事訴訟法典 373 条 1 項では，「法律に規定された場合，又は，（373 条）本文に従う責任負担が不可能若しくは著しく困難，又は，反対事実の証明取得が非常に容易といったことに関連した事案の特殊性により，裁判官は，根拠が示された決定により行う限り，証明責任を転換して割り当て得る。この場合，裁判官は，当事者に，同人に割り当てられた責任を免れる機会を付与しなければならない」と定められ，証明責任の動態的分配（＝証明責任の転換）が新規に明文化された。これに従い，裁判官は証明責任を負うべき者を職権で特定することも可能となっている（CAMBI, Eduardo, "Teoria das cargas probatórias (distribuição dinâmica do ônus da prova) — Exegese do art. 373, § § 1.º e 2.º do NCPC," Revista do Processo, Vol. 246, 2015, pp. 10-11）。

[62]　法律第 1.060/1950 号におけるように証明責任を負う者について明文で定めるべきであったとの批判が存在する。

めている。①当事者のいずれかにより争われた費用免除を裁判官が却下する場合，（中間判決に対する）抗告（agravo de instrumento）が可能である。②決定された費用免除に対する異議申立て（impugnação）が認容された場合も，同様に抗告が可能である。③裁判官が終局判決（sentença）において費用免除に関する事項（費用免除の決定又は却下，及び，費用免除決定に対する異議申立ての認容又は却下）について決定する場合，控訴（apelação）が可能である。つまり，中間判決の場合には抗告が可能であり，終局判決の場合には控訴が可能ということである[65]。

上記①と②の場合において，受給者が抗告を行わない場合，これについて既判力が生じ，控訴理由書（1009条1項）又は控訴答弁書において再度争うことができなくなる。

費用免除決定に対する異議申立てが却下され，費用免除の維持を認める中間判決に対しては，抗告は認められない（101条本文及び1015条V号）。この場合，即時の既判力は生じないため，受給者の相手方当事者は判決後に控訴理由書（1009条1項）又は控訴答弁書において再度申立てを行うことができる。受給

---

[63] DELLORE, Luiz, "Do recurso cabível das decisões referentes à gratuidade da justiça (L. 1060/50)," In: NERY JR, Nelson; WAMBIER, Teresa Arruda Alvim (Org.), *Aspectos polêmicos e atuais dos recursos cíveis*, São Paulo: Revista dos Tribunais, 2006, v. 9, pp. 316-346.

[64] REsp 7.641/SP, 4ª Turma, Rel. Min. Athos Carneiro, j. 01.10.1991, DJ 11.11.1991, p. 16150. 判決要旨（Ementa）「裁判扶助（Assistência judiciária）。取消し請求拒絶。上訴可能。法律第1.060/1950号17条。原告に決定された裁判扶助取消し請求—法律第1.060/1950号7条—は別に訴訟記録が作成され，第一審の判断につき可能な上訴は控訴（apelação）である—17条—。（中間判決に対する）抗告（agravo de instrumento）なる上訴は，一般上訴体系において，同一訴訟の中で即時に（de plano）示された判決についてのみ認められる—5条本文—。特別上告認容」。

　　当該1991年判決以降，連邦高等司法裁判所（STJ）の理解は，判決が同一訴訟記録に関する場合には抗告（agravo de instrumento）が可能であり，判決が（費用免除の取消しに関する）別の訴訟記録に関して示された場合には控訴（apelação）が可能であるというものであった。しかしながら，事件の訴額に対する異議申立て（impugnação ao valor da causa）や相対的管轄権の抗弁（exceção de incompetência relativa）のような類似の事案において，可能な上訴は抗告であるため混乱を招いていた。

[65] MARCACINI, Augusto Tavares Rosa; RODRIGUES, Walter Piva, "Proposta de Alteração da Lei de Assistência Judiciária," *Revista da Faculdade de Direito, Universidade de São Paulo*, v. 93, 1998, p. 393-413.

権に対する不服申立てが終局判決において拒絶された場合は，同様に控訴が可能である（1009 条本文）。

V　結びに代えて ── 残された課題

1　「資力不足」要件の抽象性・主観性

　1950 年に制定された裁判扶助法が，65 年の長きにわたり構築された判例・学説の理論を踏まえ，「裁判扶助」という文言の誤使用その他の欠陥を埋める形で改良され，2015 年新民事訴訟法典に取り込まれたことは高い評価に値する。新民事訴訟法典によりもたらされた改革として，訴訟手続の簡素化，（不十分ながら）訴訟費用免除の申立人による濫用的な制度利用の抑制，そして，とりわけ，並行的・付随的議論に妨害されることなく，本案審理に集中し得るよう制度を整えた点を挙げることができる[66]。

　しかしながら，訴訟費用免除の要件に関して，客観的基準が定められることなく，新民事訴訟法典 98 条本文の下で「資力不足（insuficiência de recursos）」の表明・陳述で足り，訴訟費用免除に対する権利が付与される。自然人についてはさらに，資力不足の推定規定により補完され（99 条 3 項），訴訟費用免除の申立ての却下に際してのみ資力不足の証明が求められる仕組みになっている（同条 2 項）。

　「資力不足」という抽象的・主観的要件については[67]，各事案の個別的分析を通じて，その認定評価に値するより良い具体的条件を裁判官自ら設定し得ることにより，より妥当な判決を導くことができる利点がある。このことは一方で，司法アクセスという憲法上の要請を最大限実現すべく，裁判官には，訴訟費用を支払うことができない経済的弱者（economicamente hipossuficiente）という不明確な法的概念を，各個別事案を通じて具体化する権限と義務（pod-

---

[66]　DELLORE, Luiz, "Justiça gratuita no novo CPC: Lado A," JOTA, 2015; DELLORE, Luiz, "Justiça gratuita no novo CPC: Lado B," JOTA, 2015.

[67]　法的概念の不確定要素は，その法律が解釈され適用される様々な歴史的時点における社会の要請に対して常に廃れることなく相応しいものであり続けるという目的を有する（ABREU, Frederico do Valle, "Conceito jurídico indeterminado, interpretação da lei, processo e suposto poder discricionário do magistrado," Revista Jus Navigandi, Teresina, ano 9, n. 674, 2005）。

er-dever) が同時に存在することを意味する。言い換えれば，憲法に基づく民事訴訟法理論が求められる中で（新民事訴訟法典 1 条参照[68]），立法者は，訴訟費用免除の規定が，今日の社会要請に真に対応し得るものとなるよう，平等な司法アクセスという規範目的に到達し得る解決を特定し採用することを裁判官の責務としたのである。

抽象的・主観的要件は諸刃の剣で，裁判官の主観的評価が「資力不足」なる概念の法的形成に影響を与えることは必須である。無意識でも，信条，価値観，社会的枠組み（social reference）といった個人的信念が表出し，ある裁判官の目には弱者と映っても，別の裁判官の目にはそのように映らず，そこに存在するのは，事案ごとの妥当な個別的解決ではなく，事案と事案の間に横たわる不公平ということになりかねない。

2 下級審裁判例における要件の客観化と連邦高等司法裁判所による拒絶

法律第 1.060/1950 号旧 4 条の 1986 年改正以降，訴訟費用免除を決定するための客観的数的基準が姿を消したことで，「資力不足」とは何かを特定するため，学説そしてとりわけ判例において採用された様々な基準が重要な位置を占めてきた。法人への訴訟費用免除決定のために要求される資力不足の証明に関する判例の変遷がまさにこれに該当し，見たとおり，新民事訴訟法典にも採用された（99 条 3 項の反対解釈）。

自然人についても実は同様の判例の努力があり，まず，開業弁護士による訴訟代理か否かを基準とする試みがあったが，これは連邦高等司法裁判所により退けられた[69]。次に，第 4 連邦地域裁判所（TRF- 4 ）第 3 小法廷 2013 年 8 月

---

[68] 1 条…民事訴訟は，本法典の規定を遵守することにより，ブラジル連邦憲法に定められた基本的価値及び規範（os valores e as normas fundamentais）に従い，秩序立てられ，規律されまた解釈される。

[69] REsp 679198 PR 2004/0103656-9, 3ª Turma, Rel. Min. Carlos Alberto Menezes Direito, j. 21.11.2006, DJ 16.04.2007, p. 184.
「裁判扶助。公共弁護庁。開業弁護士。法律第 1.060/1950 号の解釈。1. 契約に基づく弁護士の存在は，裁判扶助を退けるために十分ではない。当該特別法が要求するのは，貧困状態の存在，言い換えれば，費用について責任を負担することが不可能であるために裁判扶助を利用する必要性の存在であり，これは反対の証明によって覆滅され得るものである。弁護人の資格が公共弁護官か開業弁護士かということがこれを判断する基準とはならない」。

14 日判決では，月収が最低賃金の 10 倍以下の者を弱者とする形で訴訟費用免除決定のための客観的基準を定めたが[70]，連邦高等司法裁判所第 3 小法廷 2015 年 4 月 28 日判決は[71]，「訴訟費用免除に関する法律により定められた推定の覆滅には，申立人の現在の経済状況が具体的に精査される必要がある」という理由で原審の判断を退けた。また，申立人の困窮状態を評価するため，所得税非課税限度額を用いた下級審裁判例も存在する[72]。

　連邦高等司法裁判所は，訴訟費用免除を決定するにあたり，申立人の月収のみならず，その支出状況についても考慮しなければならないとして，必要性と可能性の二本立ての基準を奨励する[73]。もともと存在した客観的基準が失われた旧法下の主観主義を引き継ぐ現行制度下において，訴訟が，それ自体目的化することなく，権利具体化の手段となるよう，裁判官は根本的任務を負うべき存在となっている[74]。

3　自然人に関する「資力不足」の推定と証明責任

「資力不足」なる概念の不明確性に加えて，その単純な「表明・陳述」がこれに結合し，自然人についてはその推定を伴う点につき，規範目的から逸脱しないように裁判官は細心の注意を払う必要があると考える[75]。推定を受ける申

---

[70]　TRF-4 — AG, 3ª Turma, 5010151-34.2013.404.00000, Rel. Nicolau Konkel Júnior, j. 14.08.2013, D.E. 16.08.2013.
　　「行政法。抗告。無償裁判扶助（AJG）。基準。最低賃金の 10 倍。1. 裁判所は，無償裁判扶助の受給決定のための客観的基準を確定する方向で理解を確立してきている。2. 抗告人が当該限度をはるかに下回る月収を証明した事案においては，法律第 1.060/1950 号及びアクセス可能性の原則（連邦憲法 5 条 XXXV 号）に照らし，その却下の理由は何ら存在しない」。

[71]　AgRg no AREsp, 626487/MG 2014/0315675-3, 3ª Turma, Rel. Min. Ricardo Villas Bôas Cueva, j. 28.04.2015, DJe. 07.05.2015.

[72]　TJ-PR — AI, 16ª Câmara Cível, PR 1452023-5 (Decisão Monocrática), Rel. Paulo Cezar Bellio, j. 27.10.2015, DJ. 1683 05.11.2015.

[73]　REsp 263781/SP 2000/0060786-0, 3ª Turma, Rel. Min. Carlos Alberto Menezes Direito, j. 22.05.2001, DJe 13.08.2001, p. 150.

[74]　KREFTA, Juliane Dziubate; MORELATTO, Aline Fatima, "Inovações e alterações do Código de Processo Civil, e a manutenção do subjetivismo do termo "insuficiência de recursos" para a concessão da gratuidade de justiça," Revista de Processo, Jurisdição e Efetividade da Justiça, v. 2, n. 1, 2016, p. 211.

[75]　*Supra. cit.*, p. 213.

立人の主張を覆すような要素が訴訟手続において存在する場合，弱者性が証明される必要がある。

貧困についての根拠ある疑いが生じた場合，裁判官は，客観的基準を活用して，訴訟費用免除の申立人により提起された訴訟の性質から，同人が訴訟費用を支払う経済力を有するか否かを判断し得る場合もあろう。裁判官による訴訟費用免除決定のために要求される唯一の形式たる，申立人の資力不足に関する単純表明は，申立人の表明内容の疑いようのない証明とは異なる性質のものである。当事者が主張する困窮概念が訴訟費用免除決定を正当化するものではないことがその他の証明や諸状況から明らかとなる場合，申立人の言明にとらわれる必要はない。裁判官は，貧困に関する根拠ある疑いを前に，自由に評価と判断を行うことができ，訴訟費用免除を決定し又は却下することができると考える[76]。

以上より，受給者はボウサ・ファミリア（生活保護給付金）で生計を立てる困窮者，弱者に限定されず[77]，救貧的発想の制度目的とは異なることを強調する以上[78]，ケースバイケースで，自然人に関する資力不足の推定規定（99条3項）の制限運用と，却下の前提として受給者本人に課される資力不足の証明責任規定（99条2項）の柔軟運用は必須となると考える。

4 課題の克服に向けて

弱者が平等に司法アクセスへの権利を有することは誰も否定しない一方で[79]，実務の現場では，悩ましい問題として，とりわけ自然人に関して不適切かつ濫用的な訴訟費用免除の申立てを疑う事案が少なからず存在する[80]。この背後に

---

(76) NERY JR., Nelson; NERY, Rosa Maria de Andrade, *op.cit.*, p. 477.

(77) WAMBIER, Teresa Arruda Alvim; DIDIER JR., Fredie; TALAMINI, Eduardo; DANTAS, Bruno, *op. cit.*, p. 380 [ALEXANDRIA DE OLIVEIRA, Rafael].

(78) 知的財産訴訟や人身損害賠償訴訟のように，非常に高額な損害賠償を求める場合に，当座資金を欠く受給者については，勝訴判決の実現までの間，訴訟のコストを貸し付ける制度の方が，目的と制度が整合的であると見ることもできる（太田勝造「法律扶助の存在理由への一視角」司法アクセス学会編集委員会編『司法アクセスの理念と現状』（三和書籍，2012年）46-48頁）。

(79) 資力を欠く者の裁判上の保護は社会的不平等の撲滅に大きく貢献したことが指摘されている（SCHUBSKY, Cássio, *Escola de justiça: história e memória do Departamento Jurídico XI de Agosto*, São Paulo: Imprensa Oficial do Estado de São Paulo, 2010, p. 12）。

は，クライアント獲得の一環で，根拠の薄い請求でもあわよくば訴訟提起に持
ち込もうとする弁護士の態度と，訴訟費用免除特典の利用に対するブラジル国
民一般の抵抗感の低さが相まって，訴訟費用免除を通じた司法アクセスの行使
における濫用の構図に結び付いているとの指摘もある[81]。そして，ブラジルは
訴訟大国であるが[82]，訴訟費用免除の制度化と訴訟件数の増加との間に因果関
係があるとはいえないとの見解がある一方で[83]，（要件の抽象性にも起因すると
はいえ）棄却されても金銭的リスクを負わないことを後ろ盾とした不要かつ不
適切な訴訟提起を増加させ，労働訴訟や簡易裁判所の例も含め，無償の司法ア
クセスの機会がいわば「勝つか負けるか一か八かの運試し」の場と成り下がっ
ていることが指摘されている[84]。不要かつ不適切な訴訟で裁判所が満杯にな
り[85]，訴訟を遅延させる原因となるばかりか，訴訟を通じて適切な請求を行い
たい当事者の司法アクセスを妨げる結果になっている。適切な請求が妨げられ
れば，請求を受けない債務の不履行が助長され，さらに契約不履行が法文化と
して固定化されることにもつながる。裁判所機能の濫用は，不真面目な債務者
と並んで，斯様な悪循環の源泉となり得る[86]。

---

[80]　ただ客観的な統計データがあるわけではなく，無償法律扶助を提供するサンパウロ大
学法学部付属法律実務班，オンゼ・ヂ・アゴスト所属の弁護士らの主観的印象ではある
が，無償法律扶助に携わる弁護士であれば容易に共有し得るものであるという。

[81]　GALESKI JR., Irineu; RIBEIRO, Marcia Carla Pereira, "Direito e economia: uma
abordagem sobre a assistência judiciária gratuita," Trabalho publicado nos Anais do
XIX Encontro Nacional do Conpedi realizado em Fortaleza-CE de 09 a 12 de Junho de
2010, pp. 2363-2373.

[82]　島村暁代「（連載フィールド・アイ サンパウロから③）訴訟大国ブラジル —— 労働裁
判所を中心に」日本労働研究雑誌 682 号（2017 年）75-76 頁。

[83]　内包的紛争性（litigiosidade contida）から実際の訴訟提起に至る複数要因がある中で，
その抑止力として費用支出の必要性があるにせよ，例えば入院費用の支払が免除される
からといって入院患者が増加するわけではないのと同様，訴訟費用免除と訴訟増加に直
接的因果関係はない（NALINI, José Renato, *O juiz e o acesso à justiça*, 2 ª ed., São Paulo:
RT, 2000, p. 61）。

[84]　GALVÃO, Márcio Pirôpo, "Abuso de direito à gratuidade da Justiça," Revista Jus
Navigandi, Teresina, ano 17, n. 3339, 2012.

[85]　ゴイアス州では，裁判所の家族部（第 1 部），相続部（第 2 部）及び民事部（第 3 部）
について裁判扶助を伴う訴訟が係属する特別部をそれぞれ第 4 部（家族），第 5 部（相続）
及び第 6 部（民事）として設置する。第 1 部〜第 3 部に係属する合計事件数と比較して，
第 4 部〜第 6 部に係属する合計事件数はその 3 倍に上るという。

「資力不足」要件の主観性という重圧に対して，相反する判決と訴訟費用免除制度の陳腐化を避けるための適切な選択肢は，おそらく，資力不足に関する最低限の証明を要求することであろう[87]。この点，公共弁護庁による法律扶助を受けるには，一定の客観的数的基準を伴う経済的要件の充足が必要である[88]。2017年7月に筆者が行った聞き取り調査によれば，サンパウロ州公共弁護庁では，世帯収入が最低賃金の3倍以下の者について法律扶助を行っており，初回面会時に労働年金手帳（Carteira de Trabalho e Previdência Social）や支払証明書（Holerite）により収入状況を確認する。リオ・グランヂ・ド・スール州ポルトアレグレ市にある連邦公共弁護庁（Defensoria Pública da União: DPU）では，書類確認を要さず初回面会時に外見等から判断可能ということであった。結局，訴訟費用免除を真に必要とする者にとって，訴訟費用を支払うための経済的不能を証明することは多くの困難を伴わない。また，制度悪用根絶のために裁判所のイニシアティヴで経済的不能の確認を行う州もある[89]。そして，各種証明書を有しない者は，教育，社会保障，医療サービスから疎外された被抑圧階級（アンダークラス）に属す可能性が高く[90]，この場合は公共弁護官等の目視確認が機能するであろう。いずれにせよ，公共弁護庁というフィルターを通じて選別淘汰されている点が重要である。このようなフィルターを通さない開業弁護士による訴訟代理援助の場合には[91]，規範目的の逸脱がないか裁判官は細心の注意を払うべきであり，ものさしを変えて，申立人本人に資力不足の証明責任

(86)　GALVÃO, Márcio Pirôpo, *op.cit.*

(87)　KREFTA, Juliane Dziubate; MORELATTO, Aline Fatima, *op.cit.*, p. 213.

(88)　連邦憲法の定める困窮者又は経済的弱者（hipossuficientes econômicos）に該当し，公共弁護庁において無料法律扶助を受けられる現行要件は，連邦公共弁護庁最高審議会2016年12月7日決定第134号により定められた基準で，月額給与2000レアル（約6万4000円）以下の者，又は，世帯収入が最低賃金の3倍以下の者となる。2017年の最低賃金は937レアル（約3万円強）であり，その3倍以下とは2811レアル（約10万円弱）以下となる。

(89)　マット・グロッソ州では，裁判所監督事務所（Corregedoria Geral de Justiça）規則第07/2009号により，訴訟費用免除決定にあたっては，申立人の経済的状況を確認するため，税務署のINFORJUD（所得や財産の申告の確認），DETRAN（申立人名義の車両の存在の確認），ブラジルテレコム，及び，商業登記所（申立人が参加する事業体の存在の確認）といった各システムにおける裁判官の照会義務が定められた。

(90)　中川文雄「ラテンアメリカの社会」国本伊代=中川文雄編著『ラテンアメリカ研究への招待〔改訂新版〕』（新評論，2005年）121-123頁。

を課す 99 条 2 項の柔軟活用を正当化し得ると考える。

　同様に，訴訟費用免除受給者による制度悪用（100 条補項）に関する証明責任を相手方に課す点や[92]，訴訟費用免除決定に対する異議申立人の証明責任についても，損得を天秤にかけ得が勝れば，訴訟費用免除の無分別な申立てを助長する契機となり，当該制度に対する決定的打撃となるおそれがある。

　確かに，経済的条件を有しない者の司法アクセスの手段たるべき憲法的要請を果たしていく必要があるとはいえ，訴訟費用免除の悪用に伴う制度不信を増加させることがあってはならず，判例・学説による誰もが納得し得る基準の構築が求められている。

　今一度確認すれば，「資力不足」について，客観的要件の不在は，司法アクセスという法目的に立脚した解釈から出発して，誰が受給者で誰が受給者でないかを具体的に検証するミッションを裁判官に留保する立法者意思を反映するものである。このような要件上の主観主義を採用することで，日々の裁判実務における様々な事案に柔軟に対応することができ，ひいては憲法上の権利である司法アクセスをより実効的なものとすることができる。この立法者の選択が吉と出るか凶と出るかは，自身の経済的状況に関する真実を認識するのは申立人とその弁護人だけであり，両人の意識と自覚，道義心と責任感に大きく依存する以上，裁判実務の集積がその答えを出すことになろう。

　［付記］本稿は，JSPS 科研費基盤研究(C)JP18K01224 及び基盤研究(B)JP16H03574（連携研究者）の助成を受けたものである。

---

(91)　セアラ州では，訴訟費用免除制度の悪用撲滅のため，1994 年 12 月 9 日の州法第 12.381 号により，訴訟費用免除の利用を公共弁護官による代理援助の場合のみに限定し（10 条Ⅵ号），開業弁護士による代理援助は公共弁護庁の業務提供が不可能な地域に限られるとした（同条Ⅶ号）。当該 10 条Ⅶ号については共和国検事総長（Procurador-Geral da República: PGR）による違憲直接訴訟（Ação Direta de Inconstitucionalidade: ADI）が提起されている。

(92)　MEDINA, José Miguel Garcia, *op.cit.*, p. 191.

13 直接共助
―― 伯日間の司法共助制度における新たな可能性*

アウレア・クリスティーネ・タナカ

（田中詩穂 訳）

Ⅰ　序　文

　二宮正人先生を顕彰する本書において，ブラジルと日本の間の司法共助について触れることは，先生の弁護士，大学教員，両国の市民としての仕事を振り返るにあたり最も適切であると思われる。日本で生まれ，ブラジルに移住し，二つの文化を心に持つ先生は，長年にわたり多様な分野で二国間交流に貢献されている。ある時は文化普及の催しや行事の実行の担い手として，またある時は外交，商事，司法，学術分野における橋渡し役も務める先生は，その人柄，伯日関係における働き，ブラジル人と日本人の言動や考え方に関する深い理解と豊富な経験に裏打ちされた賢明な助言で，多くの人から信頼され，尊敬される存在である。

　本稿では，司法共助の新たな方法，すなわち直接共助[1]の活用について論じ，本書へのささやかな貢献としたい。ブラジル・日本間の司法共助制度は，近年刑事分野においてその活用が進んでおり，特に日本でブラジル人が犯罪を犯したケースで，事件に関する情報や証拠の送受が行われ，帰伯逃亡したブラジル人に，犯罪行為に関して司法的に責任を負わせるための補助が行われた。また，以下に述べる通り，直接共助が提唱されたのは，この越境犯罪に対して法的措置を講じるための協力の必要性があったためである。後に，この直接共助は改

＊原題：Auxílio Direto: incremento ao sistema de cooperação jurídica entre Brasil e Japão?

(1)　「直接共助」と称されるのは，この仕組みでは外交機関を経由する必要がないためである。当事国の中央当局間の直接の連絡によって全ての手続きが行われる。

正民事訴訟法典（CPC）に明文化されたが，その適用性の範囲と，外国裁判所への嘱託書等その他の司法共助の方法との差異に関しては明確に規定されていない。

　従って，本稿ではまず，改正民事訴訟法典における司法共助の扱い，直接共助について概観した後，ブラジルと日本の間の司法共助に焦点を当て，その現状と課題，今後適用され得る新たな方法について考察する。二宮正人先生の半生に深く関わる二国間の司法共助について検証することで，先生への感謝と尊敬の表明としたい。

II　国際司法共助と改正民事訴訟法典

　改正民事訴訟法典（2015年法律第13105号，以下「改正CPC」という）に国際司法共助に関する規定が設けられたことは，その活用を推進するための非常に肯定的な出来事であったと言えるだろう。この改正CPCが明示する最初のポイントは，国際司法共助は，基本的にはブラジルが締結する条約に基づくという点である。しかし，特定の条約が無くとも司法共助は可能であり，その場合は，外交上の経路により表明される相互主義[2]に基づいて行われる（CPC第26条1項）。

　また，改正CPC第26条は共助に関する基本規則を定めており，一つ目は，要請国における正当な法的手続きの保証に関するものである。この規則に関して注目すべきは，その国の正当な法的手続きの遵守をどのような基準で評価するかという点で，国際的に認められる複数の基準が存在する。訴訟手続の観点において法的手続きという場合，そこには必ず対審，公平性，法の下の平等，公開性，法的根拠の原則が含まれる。これは，当然ながら特に外国判決の承認，外国裁判所の嘱託書の履行の承認において重要な側面といえる。

　その他の一般規定として，第26条では司法へのアクセスと手続の進行に関する自国民と外国人の扱いの平等を定めている[3]。また，手続の公開の保証も

---

(2)　民事事件における相互主義の要求を批判する説もある。André Roque は，「相互主義が遵守されない場合に，それが不可抗力であり（相互主義の不遵守に対する）責任も無い国民は損害を被る」と指摘している。（Teoria Geral do Processo-Comentários ao CPC de 2015, p. 147).

定められているが，この規定は前述の法的手続きに拠るものである。

　改正 CPC は，"ブラジルの国家を規律する基本原則"に反する行為の実行が関わる事件における国際司法共助の可能性を禁じており（第 26 条 3 項），さらに第 39 条では，「明らかに公の秩序に反する場合，ブラジルは外国当局からの共助要請を拒否する」と定められている[4]。

　また，改正 CPC は，基本原則の一つとして中央当局の設置を定めている。これは，以下に述べる直接共助においては不可欠な側面であり，この中央当局に関する具体的な規定がない場合，中央当局は法務省[5]とみなされる（第 26 条 4 項）。

　さらに，国際司法共助に関する一般規定として，第 27 条では国際司法共助の対象となり得る行為が例示されている。すなわち，裁判上及び裁判外の連絡（Ⅰ号－送達，呼出，裁判上及び裁判外の告知），審理に関する行為（Ⅱ号－証拠収集及び情報の取得），外国判決の有効性を付与する行為（Ⅲ号－判決の承認及び履行），差止めによる救済（Ⅳ号－緊急の司法措置の承認），国際法的支援（Ⅴ号），ブラジル法が禁じていないあらゆる裁判上の又は裁判外の措置（Ⅵ号）である。

　これらのうち幾つかの行為は，明らかに司法共助の特定の方法を指すもので，同法典に明示的に規律される外国判決の承認がそれに該当する。また，差止めによる救済措置の承認は，外国裁判所の嘱託書，外国判決の承認手続を指すものと言える。

　しかし，事件によっては適用される仕組みに関する疑義が生じ得ることが考えられる。例えば，呼出に関する国際司法共助は，直接共助によって行うことが可能であろうか。これについては，呼出は外国裁判所への嘱託書によって行われると明示的に定める条文があった（第 35 条）が，この条文は改正法成立前の大統領裁可により削除された。それは，外国裁判所への嘱託書の使用を送達の唯一の方法とすることは，より迅速な方法である直接共助の適用を妨げる

---

(3)　Ⅱ号では，無資力者に対する法律扶助にも言及されているが，この側面は司法へのアクセスの保証において本質的なものである。

(4)　Fábio Guidi Tabosa Pessoa が「Breves Comentários ao Novo Código de Processo Civil, p. 170」において指摘している。

(5)　より正確には，法務省管轄の資産回収国際司法共助局（DRCI）。

と理解されたためであった。それでは，呼出は直接共助によって行うことが可能なのか。この点に関しては，以下で述べる通り疑問が残る。

Ⅲ　直接共助

Maria Rosa Guimarães Loula によれば，外交機関を経由せず中央当局間で直接連絡をする司法共助のシステムとしての直接共助は，欧州評議会の働きかけで締結された1959年の「刑事関連事項における共助に関する欧州条約」で提唱された概念である[6]。この条約の目的は，国境を越える犯罪の増加を前に，特に刑事事件における，より迅速な形の司法共助を確立することであった[7]。嘱託書による請求事項の履行にかかる，煩雑な事務的手続きや遅延の回避を目的として定められた *mutual legal assistance in criminal matters*（刑事関連事項における共助)" には，捜査段階の情報の交換，証拠収集，証人尋問等の刑事事件の審理に資する法律行為（裁判官が命じる行為を除く）が含まれた。国際司法共助の新たな形式とされたこの概念の重要な特徴は，要請元当局と要請先当局の間（警察，検察官，裁判官等）の直接の連絡が行われ，外交ルートを経由した嘱託書の送受にかかる遅れが回避される可能性であった。

この種の条約や諸外国の学説上では，嘱託書とは異なる新たな共助の方法としての *mutual legal assistance* の活用が言及されているが，Loula は，「使用される言葉は異なるが，本質的な違いが示されていない」と指摘する。つまり，例えばある条約において *mutual legal assistance，letters rogatory* 或いは *letters of request* への言及がある場合でも，実際には，比較学説上ではいずれも司法共助の種類として扱われているに過ぎないことが分かる。しかし，Loula は「ブラジルでは，外国裁判所への嘱託書の手続きと直接共助の手続きは大きく異なる」と主張する[8]。

直接共助により訴訟行為の通知や証拠調べが行われることが前提になっているが，それらは，前述の通り嘱託書の目的と同一である可能性がある。また，

---

(6) Loula, M.R.G., Auxílio Direto, p. 96.
(7) Nádia de Araújo は「直接共助の推進は，刑事事件における国際司法共助の案件の急増に由来するものである」と指摘している。in Direito Internacional Privado, p. 227.
(8) Loula, M. R. G., op. cit., p. 99.

それ以外にも，直接共助により，ブラジル国内の訴訟と同等に本案訴訟手続を
ブラジル司法当局に求め，措置を請求できる可能性があることが示されている。
Loula によれば，ブラジルでは，司法共助制度としての直接共助は 1965 年に
「扶養料の外国における取立てに関する条約」（1956 年ニューヨーク条約）が批
准された時から存在している[9]。この条約は，仲介機関（司法共助要請を受ける
中央当局）が，一定金額の扶養料の支払いまたはその執行の請求を，扶養者に
対して行うことができる可能性を定めている。

　従って，この 1956 年ニューヨーク条約を含む多国間条約，及び米国との間
の「刑事事件に関する司法共助協定」等の二国間協定により，ブラジル法にお
いて直接共助制度が既に導入されていたことが分かる[10]Loula によれば，この
米国との刑事事件に関する司法共助協定では，「特に検察及び警察による起訴
のための証拠収集は，嘱託書よりも効率的且つ迅速な方法である直接共助を介
して行うものとする」と定められている[11]。

　いずれにしても，直接共助制度の適用及び活用は，条約や二国間協定に取決
められる事件に限定されることから，国境を越える犯罪の増加を前に，より効
率的なメカニズムの必要性が民事訴訟法改正時に議論されることとなった。
従って，前述の通り，改正 CPC では，国際司法共助に関するより詳細で広範
な規律がなされ，直接共助にも新たな地位が与えられることとなった。ここか
らは，嘱託書及び直接共助の活用範囲を規定する条項及び法律上の基準を確認
し，この直接共助の新たな地位について見ていくことにする。

　最も重要な基準は，第 28 条の「直接共助は，対象となる行為が，ブラジル
において形式的な審査[12]に処される外国当局の判決に直接的に由来しないとき
に適法となる」という規定であろう。すなわち，対象となる行為が，外国判決
の当否に関するブラジル当局の形式的な審査に依存しない場合に，直接共助の
可能性がある[13]。

　また，第 30 条は，国際条約により直接共助の適用範囲が拡大され，その規
定がされる可能性を定めた上で，直接共助が活用される二つのケース，すなわ
ち「法秩序，及び，終結した又は係争中の行政又は司法手続に関する情報の取

---

(9)　Loula, M. R. G., op. cit., p. 101.

(10)　Loula, M. R. G., op. cit., p. 95.

(11)　Id., ibid.

得及び提供（Ⅰ号)」,「証拠調べ（Ⅱ号), 但し, その措置がブラジル司法当局が排他的管轄権を有する, 外国裁判所で進行する訴訟において採用される場合を除く」を挙げている。また, この二つの場合に加え,「ブラジル法が禁じていないあらゆる裁判上の又は裁判外の措置（Ⅲ号)」という一般的な規定がされている。

法秩序及び手続に関する情報の提供は, 典型的な行政措置であることが分かる。実際には, このような場合においては形式的審査への考慮には当たらず, 情報の提供（共助の要請を受ける側―外国当局がブラジルに情報提供を要請する), 情報の取得（共助の要請をする側―ブラジルが外国当局に情報提供を求める) のいずれにおいても有効である。情報の種類は様々で, 例えば, 日本の保険会社が, 自社の被保険者のブラジル人の死亡保険金を支払うための法的根拠とするため,

---

(12) この点に関して, 連邦高等司法裁判所（STJ) は, 司法共助の措置が嘱託書に基づくか否かが争点となった件で以下の解釈をしている。「嘱託書と直接共助は, 法秩序において, 刑事事件に関する国際司法共助制度として共存している。しかしその方法及び手続きは, 特に適用される規則, 外国の要請が依拠する決定の性質において, 相互に異なるものである。3. 米国の直接共助（mutual legal assistance) は, 米国・ブラジル間で結ばれた刑事事件に関する司法共助協定に基づくもので, 当該協定は我が国の法秩序を適法に構成する。STJ 及び連邦最高裁判所（STF) の判例では, ブラジルの法秩序に組み込まれる, 規範的性質の国際協定及び条約は, 通常の法律の効果及び規範的効力を有すると理解されている。4. 嘱託書の送付を受けるときには, 外国裁判所の判決が存在し, その判決がブラジル国内で執行されるためには, STJ の形式的審査が必要であるが, その外国裁判所の判決の本案の審理は行われない。直接共助においては, 外国当局が捜査活動の遂行において直接的に共助を要請し, 要請を受けた国は求められた情報を提供し, 法的必要性がある場合は, その事案に応じ, 求められる措置（仮処分) に関する判断を連邦裁判所が下す。直接共助は, 共助に関する国際条約又は協定に基づいて行われ, ブラジルはその条約又は協定の締約国でなければならない。5. 本件においては, STJ の形式的審査に処される米国裁判所の判決は不在である。捜査活動の遂行において, 外国当局がブラジルの当局, すなわち連邦検察庁に対して直接共助の要請を行ったのであり, 連邦検察庁は, 国際共助を行う意図において, その外国からの要請を, リオ・デ・ジャネイロ州連邦裁判所の審査に処した。6. 当該外国当局の要請は, 嘱託書の定義に該当しないため, 嘱託書の履行の承認は不要であり, したがって, 当該要請を直接共助として扱うことが可能である。（訴えには）根拠がある。

(13) しかし, このことは, 司法行為に依存する場合は常に直接共助は適用不可であることを意味するものではない。なぜなら, 全ての司法行為が, 外国判決に関する形式的審査にかかるものではないからである。第34条の規定（「裁判上の行為を必要とする直接共助の審査の権限は, 当該措置が履行される地の連邦裁判所に属する」) がその点を明らかにしている。

日本がブラジルに対して相続制度の法令に関する情報を求めるといった場合が考えられる。

　直接共助による証拠調べに関しては，諸説ある。証拠調べは，少なくとも一般的には，外国裁判官の行為の有効性の承認が必要となる状況であることから，証拠調べは嘱託書に基づいて行われるとする説がある[14]。従って，この説を支持する人々の間では，これは合憲性に関する議論とされている。Ricardo Perlingeiro は，「証拠調べのための直接共助は，その法律行為履行のための直接共助を規定していない連邦憲法に違反する」と主張している[15]。ただし，かつて連邦最高裁判所（STF）第一法廷は，同裁の命令により勾留され引渡しを命じられた者の尋問を，直接共助の手続を通じて認めたという事例がある。その尋問記録は外国（ポルトガル）における刑事手続の審理に用いられるものであった[16]。一方，Fabrício Bertini Pasquod Polido[17]が指摘するのは，証拠の収集のための直接共助の一側面として，ブラジルが締約する条約の多くは，証拠調べを目的とする場合として嘱託書を規定しているという点である。Polido は，証拠調べを目的とする嘱託書を特定的に定める条約がない場合に，直接共助が可能になるとしている。

　この議論に関わらず，外国裁判所で係属していても，ブラジルの裁判官に排他的権限（第 23 条が定める「排他的管轄」）がある手続の証拠調べである場合，直接共助は不可能である。そもそも，ブラジル法が外国の司法当局において審理されることを禁じる訴訟手続に協力するというのは合理的ではない。

　「ブラジル法が禁じていないあらゆる裁判上の又は裁判外の措置（Ⅲ号）」という一般規定に関しては，呼出の場合を取り上げないわけにいかない。直接共助によって可能なのか，あるいは嘱託書を通じて行う必要があるのか。José

---

(14)　André Luís Monteiro e Fabiane Verçosa, Breves Comentários ao Novo Código de Processo Civil, p. 148-150.

(15)　同氏の説「しかし，法律上，それが判決であるか否かに拠らず外国裁判所の行為を承認する権限を STF 又は STJ に認めないとする，憲法より下位の法律の改正は，現行の憲法の規定に違反することから，そのすべてが違憲である」（Anteprojeto de Lei de Cooperação Jurídica Internacional に関する注記）

(16)　連邦高等裁判所第 1 法廷。請願第 5946 号／連邦直轄区，元来の報告担当 Marco Aurélio 判事，後に Edson Fachin 判事に移管。2016 年 8 月 16 日付判決

(17)　Comentários ao Código de Processo Civil, p. 92.

Maria Tesheiner は，「直接共助は認められるが[18]，外国裁判所の判決が強圧手段を要求する場合には嘱託書を通じて行うことが義務付けられる」としている。しかし，この点でも意見の相違があり，直接共助による呼出の実行は憲法違反に当たるという説がある[19]。改正 CPC の法案審議の段階からこの点は既に議論の対象となっており，その議論は解釈の違いを反映するものであった。下院で可決された法案には，送達，呼出，告知は直接共助の対象とすると定める条文が含まれていたが，最終的に施行された法律には含まれていない。一方で，嘱託書による送達及び呼出を定めていた条文は，大統領の審査で拒否された。この拒否権発動は，訴訟手続上の連絡は，直接共助により行われる可能性があることを意味するのだろうか。この問いへの答えは，実際に手続きが行われる状況において明らかとなる。実際には，直接共助のより幅広い活用の可能性が存在するということである。

　直接共助の対象について触れた後は，その運用について説明する。まず，第31 条に規定される通り，この仕組みではブラジルと外国の中央当局間の直接の連絡が行われる[20]ブラジルが共助を要請する場合，ブラジルの中央当局が要請状，及び関連文書を，その翻訳文を添付して要請先国の中央当局に送付する（第 38 条）。ブラジルが要請を受ける場合は，第 41 条が定める通り，ブラジルは要請について記述した関連文書と，そのポルトガル語への翻訳文（この場合は宣誓翻訳人による翻訳である必要はない）を受理する[21]。

　なお，法律では明示されていないが，中央当局は受理した要請を審査する権限を有し，必要な場合は修正又は補足を求める[22]。

　直接共助は，裁判所が関与する場合も，しない場合もある。要請される共助

---

(18)　Cooperação Judicial Internacional no Novo Código de Processo Civil.

(19)　Fábio Guidi Tabosa Pessoa は，嘱託書によらない外国の裁判手続における通知の有効性を，STJ が従来から否定している点を強調しているが，改正 CPC（特に第 35 条の削除）により，この点に関する新たな解釈が生まれると理解している。（Breves Comentários ao Novo Código de Processo Civil, p. 161）。いずれにしても，STJ の今後の解釈・判断を待つ必要がある。

(20)　第 31 条では，ブラジルの中央当局が，必要な場合には"ブラジルに対して送付されブラジルが受理した，司法共助の要請の履行とその進行に責任を負う他国の機関に連絡をする"と定めている。

(21)　しかし，同条補項では，その処置の相互主義が要求される可能性，それにより何らかの追加的な制限が課される可能性があると定めている。

が裁判所の役務を必要としない場合は，中央当局が全ての必要な措置を取る（第32条）。

　裁判官による措置が必要である場合，中央当局は連邦総弁護庁に要請状を送付し，連邦総弁護庁が裁判所に必要な措置を要請する（第33条）[23]。前述の通り，直接共助は，要請される措置が形式的審査に関わらない場合に可能となる。第34条が規定する通り，直接共助の要請を審査する権限は連邦裁判所（措置が履行される地の司法区）にある。

　この新たな司法共助の方法が規律されたことで，その適用性の範囲に関する学説上の議論は存在するものの，適用が実際に行われる過程において，その制度は確立していくと思われる。その意味で，直接共助が，いかにブラジル・日本間の司法共助を迅速化する方法となり得るかを検討することは有用である。

Ⅳ　ブラジル・日本間の司法共助

　ブラジル・日本間の司法共助の始まりは，二国の外交代表の間で1940年に口上書として交換された，二国間の司法共助に関する合意覚書にさかのぼる[24]。
　これは簡略な合意であり，民事事件における請求及び証拠調べを外交機関を経由して行うこと，請求に関しては各々の国の法律を適用すること，要請をす

---

[22] 「従って，中央当局は現在，共助の要請に関する国家間の公式的連絡の主な窓口となっており，要請先の司法区における司法又は行政当局が要請の審査を行う。中央当局の主な役割は，共助の要請の受理又は送付であり，その要請への対応の有効性の判断をするのみである。すなわち，中央当局が，司法共助の対象である文書を最初に分析するのである。中央当局は，要請を受ける国の法秩序に従って，手続の遂行に必要な形式的要件を全て満たしているかを確認する。当該要請がそれら要件を満たしていない場合，中央当局は，（中央当局が要請を求める国に属するときは）自国の要請当局に，又は，（中央当局が要請を受ける国に属するときは）他国の要請当局に，要請の補完を求める」（Tatiana de Almeida F. R. Cardoso Squeff, Para Além da Cooperação Tradicional: a positivação do auxílio direto no novo Código de Processo Civil）

[23] 検察が中央当局となる場合は，連邦総弁護庁を介することなく，裁判所に対して直接送付される。（第33条補項）

[24] 1940年9月23日付のリオ・デ・ジャネイロにおける口上書の交換による，ブラジル・日本間で調印された司法共助に関する協定：〈http://www.justica.gov.br/sua-protecao/cooperacao-internacional/cooperacao-juridica-internacional-em-materia-civil-/arquivos/acordo-brasil-japao-1940〉（2018年6月6日閲覧）。

る側がその費用を支出すること，関連書類の翻訳文を添付することが取決められた。これらの規則は当時の需要に対応するためのもので，その多くが，ブラジルに移住した日本人の財産相続上の問題の法的解決を目的とする，日本からブラジルへの要請であった。

　現在は，日本において多くのブラジル人が居住し，二国の住民に関する多くの問題を解決する必要があることから，司法共助の要請件数が著しく増え，日本は，ブラジルに対して最も多く司法共助要請を行う，あるいはブラジルから最も多く司法共助要請を受ける国の上位10ヶ国の一つとなっている[25]。この数の多さは，要請の処理・進行を改善するための別の方法の模索や革新の検討を十分に正当化するものであるが，二国間の司法共助要請の大半が扶養料，離婚，親子関係の認知，未成年者の監護の手続に関するものであることを考えると，数の多さ自体はあくまで枝葉の問題に過ぎない[26]。すなわち，家族の日常にかかわる問題，特に，扶助や世話を必要とする子供に関する問題であるため，緊急を要するということである。従って，そういった要請に関する手続上の所要時間の短縮は重要な課題であると言える。

　二国間の司法共助の要請の履行は，正常且つ許容範囲と考えられる期間内に行われていると言われるが，実際には，その期間は約一年にも及ぶ。各国の行政機構を司る機関であり，全ての連絡や請求に関する中央機関として機能する中央当局の間で直接連絡が行われれば，所要時間はさらに短縮される可能性がある。中央当局を介した手続を定める多国間または二国間の条約や協定が無い場合，外交ルートを経由する方法は，既存の，且つ必要な選択肢ではあるものの，その場合に要する時間を考慮すれば，最終手段として考えるべきであろう。

　例えば，ブラジル・日本間の場合，嘱託書送付をブラジルの裁判官が要請すると，書類が法務省に送付され，法務省は要請先国の要件を満たしているかを審査し，その後外務省に書類を送付し，外務省は書類を在東京ブラジル大使館に送付する。大使館は書類を処理し，日本の外務省に送付し，最終的に，その

[25]　ブラジル法務省の統計：〈http://www.justica.gov.br/sua-protecao/cooperacao-inter-nacional/estatisticas〉（2018 年 6 月 6 日閲覧）。

[26]　在東京ブラジル大使館の統計によれば，2013 年から 2017 年までに，扶養料，離婚又は別居，親子関係の確認，未成年の監護の請求に関する嘱託書が 75％以上を占めた（筆者による集計）。

履行のために最高裁判所に送付する。二国の法務省が，二国間あるいは多国間，または，国内法（ブラジルの場合）により中央当局に指定される場合，この中央当局間で直接の連絡が行われ，その他の種々の機関を経由する必要はなくなる。

　しかし，たとえ中央当局が国内法または国際協定で指定される場合でも，司法共助要請の履行においては，それ以外の様々な問題がある。例えば，呼出を受けている人物の日本における居住地の住所の正確な情報が無いことが，呼出の請求の履行を妨げる主な理由となっている。この場合，日本の外務省の外国人登録原票上で最新の居住地の住所の確認が行われるための直接共助に関する二国間協定があれば，これらの司法共助要請の確実な履行が可能となるであろう。

　別の問題は，日本の法制度に反する場合があること，すなわち，国内法の効力により，要請される法律行為の嘱託書による履行が認められない場合があることで，これはブラジルにおいても起こっている。例えば，ブラジルの裁判所が，扶養義務がある者が勤務する日本の会社に対して通告し，その者の給与からの暫定扶養料の控除を命じる場合で，これはブラジルにおける扶養料請求訴訟では一般的な中間判決である。この判決の日本における履行は可能性としては存在するが，これは日本では外国判決の承認に該当し，そのための手続きを経る必要があり，日本への嘱託書の送付によって行うことができない請求となっている。一方，請求が行われる方法に関する不一致がある場合も多く，ポルトガル語，特に法律文書のポルトガル語の文飾がその例である。すなわち，実際には日本に居住する者の呼出を要請しているにもかかわらず，嘱託書の文章が，呼出の執行（ポルトガル語で execução）を求めているように訳されることがある。日本への嘱託書送付に関する資産回収国際司法共助局（DRCI，ブラジル法務省管轄）の指示書に記載される通り，請求の不履行を回避するため，「executar（執行する）」を意味する日本語は，日本への嘱託書においては使用すべきではない[27]。

　従って，中央当局を指定する司法共助に関する他国間条約の締結や二国間の

---

[27]　日本への要請に関する指示書：〈http://www.justica.gov.br/sua-protecao/cooper-acao-internacional/cooperacao-juridica-internacional-em-materia-civil/orientacoes--por-pais-1/japao〉（2018 年 6 月 6 日閲覧）

交渉は，国際司法共助の要請において求められる所要時間の短縮のために，非常に有用であることが分かる。また，日本との司法共助に関するその他の具体的な問題については，現行のシステムや，電子化が進み瞬時の連絡が一般的となった現代に適応させたシステムを活用できるよう，新たな二国間協定を結ぶか，あるいは既存の協定を補完することで，解決が可能なものである。いずれにしても，改正 CPC において，直接共助の可能性を含む，国際司法共助に関する新たな規定が設けられたことを踏まえ，ブラジル・日本間の司法共助に関して存在する選択肢について検討することは重要である。

V　直接共助と伯日関係

　前述の通り，直接共助は司法共助の新たな方法であり，法律行為の通知において必要とされる所要時間の短縮を可能にするために規定された。ブラジル・日本間の司法共助が直面する課題を考慮すると，直接共助が適用可能かどうか，二国間の協力のより良い方法での実現のためにどのように活用できるかを考えるべきであろう。

　民事事件においては，直接共助の性質と一致する司法共助要請は，改正 CPC で中央当局と指定される法務省によって直接行われる。ブラジル・日本間の司法共助を規律する既存の協定上では，嘱託書の送受等の手続は外交機関を経由して行われるため，司法共助要請状はブラジルの外務省から日本の外務省に送付され，その後に履行のために管轄当局に送付される。既に述べた通り，司法共助要請の手続が二国の中央当局によって行われれば，所要時間が短縮され，必要手続が簡素化されるだけでなく，履行において国内法の定めにより必要となる特定の要件の遵守がより容易となる。従って，両国の中央当局間で手続を行う可能性を含めるための，協定の見直しを行うことは極めて重要である。

　また，直接共助がブラジル・日本間の司法共助の方法として制度化されれば，日本において呼出を行う人物の居住地の住所に関する正確な情報の不在という根本的な問題が解決される可能性がある。日本では，住所変更に関する通知を 14 日以内に法務省に行う必要があり，それを怠った場合には罰金が科されることから，法務省がその人物の最新の住所を提供できる可能性は大きい。従って，ブラジルの法務省が，呼出を受ける人物の居住地の住所に関する情報を日

本の中央当局に請求できれば，特に呼出，搜索，身柄拘束等のケースにおいて，日本における訴訟行為が履行される可能性が高くなるであろう。

　本稿の考察は民事事件に関するものであるが，刑事事件に関する司法共助に関する協定は結ばれていないため，司法共助要請の手続を外交ルートに限定することは，刑事分野における要請においては該当しないと理解される。ブラジル法は直接共助を認めているため，日本の管轄機関がブラジルの中央当局である法務省に直接要請し，その要請の内容（情報提供，告知，証人尋問等）によって，審査され，検察または警察に送付される可能性がある。従って，刑事分野における共助要請はこれまで外交ルートを経由して行われていたが[28]，法務省に対して直接行うことができる可能性がある。

Ⅵ　結　論

　伯日関係の歴史とその重要性を考慮すれば，司法共助制度の多様化・発展は切望されるところである。中央当局の指定など，要請の手続を効率化する仕組みが存在していることを踏まえると，1940 年代に交換された口上書は不十分であることは明らかである。中央当局が指定されれば，要請の手続上の所要時間が短縮され，各国が設ける要件に応じた要請の修正・補完がより容易となる。この点を踏まえ，司法共助の一つの方法として直接共助を考えることは，要請の手続が迅速化が期待されることを意味する。

　前述の通り，瞬時のコミュニケーションが行われる現代のデジタル世界においては，様々な国における法的問題のより効率的な処理が可能となっている。ブラジルにおいては，弁護士の電子証明書，電子裁判手続の可能性など，司法の近代化の流れが起きている。電子裁判手続では，裁判官の命令はより迅速になされ，判決はほぼ瞬時に当事者に通知され，膨大な紙の記録や，弁護士が毎日のように裁判所に出向く必要はなくなり，司法の運営がより持続可能なものとなる。しかし，そのことは法的安定性の喪失や，当事者及びその弁護人の権利や特権の侵害をもたらすものではない。

　ブラジル・日本間の司法共助協定は運用されており，二国間のこれらの問題

---

[28]　Ninomiya, M., Tanaka, A., "Cooperação Civil e Criminal entre Brasil e Japão", p. 459.

の重要性が浮き彫りになっている。しかし，現況と将来を見据え，新たな法的メカニズムや電子手段による連絡の可能性を視野に入れ，中央当局及び直接共助にとどまらない，地理的に相互に反対側に位置する二国を結ぶ方法として，電子手段による連絡を既存の協定に含めるための見直しを行うことが，革新的変化に繋がるであろう。テクノロジーや創造的解決策は，司法を含むあらゆる分野で活用することができ，ブラジルと日本を結ぶもう一つの橋となる可能性がある。電子的手段による司法共助は，両国の国民及びその家族に恩恵をもたらすであろう。

〈参考文献〉

Araújo, Nádia de. Direito Internacional Privado, Teoria e Prática Brasileira, 7ª. ed., São Paulo: Editora Revista dos Tribunais, 2018.Loula, Maria Rosa Guimarães. Auxílio Direto: Novo Instrumento de Cooperação Jurídica Internacional Civil, Belo Horizonte: Fórum, 2010.MONTEIRO, André Luís e VERÇOSA, Fabiane, in Breves Comentários ao Novo Código de Processo Civil, coord. Teresa Arruda Alvim Wambier, Fredie Didier Jr., Eduardo Talamini e Bruno Dantas, São Paulo: RT, 3.ª ed., 2016.

Ninomiya, Masato; Tanaka, Aurea Christine. "Cooperação Civil e Criminal entre Brasil e Japão", in Baptista, Luiz Olavo et. al. (org.), Estudos de Direito: Uma Homenagem ao Prof. José Carlos de Magalhães, São Paulo: Atelier Jurídico, 2018, p. 445-467.

PERLINGEIRO, Ricardo. Anotações sobre o Anteprojeto de Lei de Cooperação Jurídica Internacional, in RePro 129/nov.2005, consultado em RTOnline.

PESSOA, Fábio Guidi Tabosa, in Breves Comentários ao Novo Código de Processo Civil, coord. Teresa Arruda Alvim Wambier, Fredie Didier Jr., Eduardo Talamini e Bruno Dantas, São Paulo: RT, 3.ª ed., 2016.

POLIDO, Fabrício Bertini Pasquod, in Comentários ao Código de Processo Civil. Organiz. Por Lênio Streck, Dierle Nunes e Leonardo Carneiro da Cunha. São Paulo: Saraiva, 2016.

ROQUE, André Vasconcelos, in Teoria Geral do Processo-Comentários ao CPC de 2015, Fernando Gajardoni et alii, São Paulo: Método, 2015.

SQUEFF, Tatiana de Almeida F. R. Cardoso, Para Além da Cooperação Tradicional: a positivação do auxílio direto no novo Código de Processo Civil, Revista de Direito Constitucional e Internacional, vol. 100/2017, consultada em RTOnline.

TESHEINER, José Maria. Cooperação Judicial Internacional no Novo Código de Processo Civil. Repro 234/ago.2014, consultado em RTOnline.

14 ブラジルの労働法制における労働時間制度

大 嶽 達 哉

I　はじめに

　ブラジルの労働法は，労働者保護を重視したものであり，こうした法制度に基づく労働慣習はビジネス面での障害にもなりうることから「ブラジルコスト」の代表的な事例として紹介されることも多い[1]。

　しかし，こうしたブラジルの労働法について，具体的な条文にまで踏み込んで紹介する日本語の文献はほとんどないのが現状である。

　そこで，本小稿では，ブラジルの労働法制度の中から，労働時間（a duração do trabalho）に関する法規定を取り上げ，その概略の紹介を試みたい[2]。

II　CLT の概要

1　ブラジルにおける労働法の法源

　ブラジルにおいて労働法制は，Consolidação das Leis do Trabalho，すなわち，労働法統合法典によって，確立されている（同法典を以下，「CLT」という。）。

　CLT は，一般的な労働者保護規定（CLT 第 2 編）として，職歴確認（a in-

---

[1]　例えば，竹下幸治郎（2015）調査レポート【ブラジル】日本の労働慣習常識を捨てよ！ https://www.jetro.go.jp/ext_images/_Reports/01/a3735401c9891c21/20150039.pdf など。

[2]　本稿の作成には，Patricia Shimano Ikuno 弁護士に多大なる協力をいただいた。ここに感謝を申し上げる。

dentificação profissional。第 1 章），労働時間（a duração do trabalho。第 2 章），遠隔勤務[3]（o teletrabalho。第 2 章のA），最低賃金（o sálario mínimo。第 3 章），年休（as férias anuais。第 4 章），労働安全及び医療（a segurança e a medicina do trabalho。第 5 章）について定めている。このほか，第 3 編において，銀行，通信事業，音楽，映写，鉄道，船舶等に就労する労働者の職種に応じた特別規定を置く。

このほか，労働紛争の専門裁判所である労働裁判所（o tribunal do trabalho）について詳細な手続規定を置く。

また，CLT のほかにも，現行のブラジル憲法（CONSTITUIÇÃO DA REPÚBLICA FEDERATIVA DO BRASIL DE 1988。以下「1988 年憲法」という。）7 条から 11 条までにおいても，労働法制を具体化する規定がある。これらの憲法上の規定は，CLT と一体となって，ブラジルの労働法の骨格をなしている。

このほか，労働省の定める規則や労働大臣の命令も法源となる。また，企業と労働組合との間の，労働協約（convenção coletiva de trabalho）又は労使協定（acordo coletiva de trabalho）[4]も重要な法源となっている。

2　CLT の沿革

CLT の制定[5]は，1943 年 5 月 1 日である。

1930 年に軍事クーデターにより政権を奪取したジェトゥリオ・ヴァルガスは，労働者層の支持により自らの政権の基礎を固めるため，ドイツのワイマール憲法などの影響を受けた，さまざまな労働者優遇政策を採用した。例えば，労働組合の合法化，工場労働者の労働時間の制限，労働裁判所の設置などである。

ヴァルガスは，1934 年に正式に大統領に就任すると，1937 年には全体主義

---

(3)　いわゆる「テレワーク」のことである。必ずしも「在宅勤務」について定めるものではない。

(4)　ここでは「労働協約」，「労使協定」という訳語を使用しているが，「convenção coletiva de trabalho」（CCT）は産業別での労使間の合意を言い，「acordo coletivo de trabalho」（ACT）は企業内での労使間の合意を言う。通常は，いずれも労働組合と企業との合意により，形成される。

(5)　CLT 制定の歴史的経緯について，日本語でまとめたものとしては，二宮正人（2011）。ブラジル労働法について　JCA ジャーナル，58（12），41-。

国家を目指して「新国家」(estado novo) 体制の樹立を図り，憲法を独断で制定し，国会を閉鎖した。国会の閉鎖により，以後は行政府が大統領令 (decreto lei) によって立法を行った。

　CLT は，このような背景において，大統領令により制定された。そのため，CLT は，ファシスト・イタリアやナチス・ドイツの影響が強いものとなった。同時に，労働者は，CLT の優遇政策による保護を受けることとなり，労働組合は，一職種一組合として，行政府の所管に置かれた。

　CLT は，その後，第二次世界大戦，1964 年以降の軍事政権，1985 年の民主制移行を経ても，その基本的な構造を維持してきた。そのため，労働者優遇の構造は現在でも全体としては維持されている。その結果，労働者及び労働組合の強い支持を背景に，2003 年には労働者党 (Partido dos Trabalhadores) が政権を取るに至った。

　しかし，14 年にわたる労働者党政権により，汚職等の政治的な腐敗が進んだことから，2016 年同党は政権を失い，CLT についても，2017 年には労働者優遇政策を相対的に弱める大規模な法改正が行われた[6][7]。この改正は，CLT 制定後，初めての大規模なものであり，これにより，今後ブラジルの労働環境がどのように変化していくか注視する必要がある。

Ⅲ　CLT における労働時間の概念

1　労働時間の原則

労働時間 (duração de trabalho) とは，始業時刻から終業時刻までの時間であって，休憩時間を除いた時間をいう[8]。

⑹　2017 年の大改正は，2017 年 7 月 13 日付法律第 13467 号により定められ，翌 14 日に公布され，公布 120 日後の同年 11 月 11 日施行された。

⑺　2017 年の労働法改正については，日本語でもいくつかその内容が報告されている。例えば，清水誠，古梶順也（2017）ブラジル労働改正法を変更する暫定措置令について https://www.shojihomu-portal.jp/article?articleId=5007156，柏健吾（2018）ブラジル労働法改正，実務上の読み方　ブラジル特報 1644, 14 1645, 14，JETRO（2017）労働改革法が成立，勤務時間や休暇取得に柔軟対応 JETRO ビジネス短信 https://www.jetro.go.jp/biznews/2017/07/74adc725e97d2d03.html，ブラジル日本商工会議所（2017）労働制度改革：法改正で変わる 13 のポイント http://jp.camaradojapao.org.br/brasil-business/oportunidades-de-negocios/?materia=17391 など

通常労働時間（a duração normal do trabalho）については，1日8時間を超えることができないのが原則とされる（CLT58条本文）。この点については，1988憲法7条13号にも同様の定めがある。

1週の通常労働時間については，CLTに明文はないものの，1988年憲法においては44時間を超えることができないとされている（7条13号）。すなわち，平日一日8時間の労働に加え，土曜日4時間の労働というのが，通常労働時間の週の上限となっている[9]。

2　端数時間の処理

出退記録での5分未満の誤差は，労働時間から減算しない（CLT58条補項1）。

したがって，例えば，5分以内の遅刻であれば定時から始業したものとして扱い，また5分以内の早退の場合でも定時に終業したものとして扱うこととなる。

さらに，5分未満の誤差は，時間外労働に加算しない（同項）。

したがって，例えば，終業時刻を過ぎても5分以内であれば定時から終業したものとして扱い，また早出についても5分以内であれば定時に始業したものとして扱うこととなる。

この点，分単位の端数が出ても，時間外労働に集計すべきとされる日本法の扱いとは対照的である。

なお，CLTの上記処理は，1日10分を限度とする。

3　通勤時間の不算入

住居から就労場所での現実の就労（a efetiva ocupação do posto de trabalho）まで及び帰宅のための通勤時間は，労働時間に算入しないものとされている（CLT58条補項2）。これらの時間は，使用者において利用できない時間であることを，その理由とする。この不算入については，通勤に使用する交通手段に

---

(8)　一般的にこのように解釈されている。例えば，Sergio Pinto Martins（2018）．*Comentários á CLT 21ª edição* São Paulo, Saraiva Eduçăo, pp.98.など。

(9)　CLTは週休日について日曜日だけの1日制をとっており（71条），日本のような週休二日制を定めてはいない。ILOの労働時間を1週40時間に短縮することに関する条約についても批准するところではない。しかし，労働協約等により，週休二日制を採用していることはよく見られるところである。

かかわらない。使用者により交通手段が提供される場合も同様である。

　同項は，2017年の改正以前においても，不算入の原則を定めていたものの，通勤に不便な場所又は公共交通による手段がないため，使用者が移動手段を提供する場合は，不算入とはしないとされていた。この規定の適用範囲は拡大され，住居から就労場所までの通勤に要する時間（in itinere）につき，広く賃金を請求できる権利が認められてきた。しかし，この規定は，サンパウロ等の都市圏の拡大により通勤時間の長時間化が進んだことや，製造業における工場の郊外移転等によって労働者の確保のために通勤手段の供給が必要となることが増えたことなどもあって，使用者を中心に，批判が多いものとなっていた。そこで，2017年の改正では，ほぼ例外を認めず，不算入となった。その結果，通勤時間について，賃金を支払うことは必要でなくなった。

4　労働時間表等

　労働時間については，労働大臣が定める形式に従い労働時間表（quadro de horário）を作成し，よく見える場所に掲示しなければならない（CLT74条本文）。事業所外での労働については，当該労働者に，労働時間を記載した労働時間票を保持させる（CLT74条補項3）。

　10名以上の労働者がいる事業所においては，労働省の定めるところに従い，手書き，機械式又は電子式により，出退勤時間の記録をしなければならない（CLT74条補項2）。この記録においてはあらかじめ休憩時間を明示しなければならない。

　労働時間について労働協約又は労使協定による定めがある場合は，その内容を労働者名簿に付記する必要がある（CLT74条補項1）。

Ⅳ　時間外労働

1　時間外労働が許容される場合

(1)　労働者との合意等がある場合

　時間外労働は，個々の労働者との個別の合意（acordo individual），労働協約又は労使協定を要件として，1日2時間を超えない範囲で許容される（CLT59条本文）。

すなわち，時間外労働は，上記の合意等があれば足り，当該合意等の当局への届出等は必要とされていない。ただし，健康上有害な業務（a atividade insalubre）については，原則としてあらかじめ所管当局の承認を得なければならない（CLT60条本文）。

後述する短時間労働制を採る場合にも時間外労働は許容される[10]。

(2) 避けることができない必要性が生じた場合

また，避けることのできない必要性（necessidade imperiosa）が生じた場合も，時間外労働が許容される（CLT61条本文）。この場合，不可抗力（força maior）による事由があるとき，急迫の業務の実施もしくは終了に対応するとき，又はそれを実施しないことが顕著な損害の原因となるおそれがあるときであることが必要となる。この場合の時間外労働には，労働協約又は労使協定は不要である（CLT61条補項1）。

2 割増賃金

時間外労働の割増賃金は，通常の賃金の50％以上でなければならない（CLT59条補項1）。時間外労働として扱われるかどうかが問題となる場合のうち，もっとも実務的に意味を有するのは，この割増賃金を払うべき義務という法的効果を負うかどうかというときであると言えるであろう。

従前は，CLTにおいては20％以上と定められていたものの（改正前同法59条補項1），1988年憲法では50％以上と定められていたため（同法7条16号），CLTの上記定めは空文化していた。そこで，CLT59条補項1は，2017年の改正により，50％以上と改められた。

ただし，不可抗力による時間外労働については，通常の賃金と同等でよく，急迫の業務の実施等の場合，又は実施しないことが顕著な損害の原因となるおそれがある場合は，25％以上であればよい（CLT62条補項2）。

3 累積時間制

ある労働日の時間外に就労した労働時間については，一定の要件の下で，他

---

[10] 従来，短時間労働制を採る労働者については時間外労働が禁止されていたが（旧CLT59条補項4），2017年改正により同項が削除され，短時間労働制においても時間外労働が許容されることになった。

の労働日の労働時間に振り替えることができる。これを「累積時間制」（o banco de horas）という。例えば，1日8時間の労働時間制を採っている場合，ある労働日に2時間の時間外労働をしたときは，他の労働日の労働時間から，その2時間を控除して，6時間の労働として振り替えることができるのである。この場合，日本の労働法制における「振替休日」のように，必ずしも，事前に振替を決めておく必要はない。

　これを採用し，労働時間を振り替えた場合は，対象となった時間外労働に対して，割増賃金を支払う義務を負わない（CLT59条補項2）。振替をしなかった場合は，通常の割増賃金を支払わなければならない。振替をすることなく労働契約が終了した場合も，労働者は割増賃金を請求する権利を失わない（CLT59条補項3）。

　累積時間制による時間外に就労した労働時間の振替（a compensação de jornada）が許容されるのは，下記の場合である。

　⑴　労働者との合意等による場合

　a. 振替は，労働協約又は労使協定により定めることができる（CLT59条補項2）。

　この場合，振替の対象となる日は1年間が期限となる。また，1週の所定労働時間をこえず，かつ一日当たり10時間の限度を超えないことが必要となる。

　b. 労使の個別の合意によっても，振替を定めることができる（CLT59条補項5）。

　この場合，当該合意を書面で定めなければならず，振替の対象となる日は6か月間が期限となる。また，1週の所定労働時間をこえず，かつ一日当たり10時間の限度を超えないことが必要となることは先述の場合と同様であると解される。

　c. さらに，同月内の振替であれば，書面によらず，労使の個別の合意により，振り替えることができる（CLT59条補項6）。

　1週の所定労働時間をこえず，かつ一日当たり10時間の限度を超えないことが必要となることは同様であると解される。

　累積時間制については，従前，120日の範囲内で，労働協約又は労使協定によってのみ許容されていたが，2017年の改正は，振替可能な日の範囲を拡大し，個別の合意によっても適用できるとして，より柔軟に同制度を利用できる

ものとした。

なお，慣習的に時間外労働が行われていた場合であっても，労働時間の振替の合意又は累積時間制の適用が妨げられるものではない（CLT59条のB補項）。

(2) 就労不能があった場合の時間外労働

偶発的な原因や不可抗力により，従事不可能となって就労できなかった場合，失われた時間の回復に不可欠な日数の範囲で，2時間を限度として，必要な時間の時間外労働が許される（CLT61条補項3）。この場合の時間外労働にも労働協約又は労使協定は不要である。

V 深夜労働

1 深夜労働の時間

22時から翌日5時までに行われた労働は，深夜労働（trabalho noturno）として，割増賃金の支払い等の特則の適用を受ける（CLT73条補項2）。深夜労働は，昼間の労働より，身体的な負担が大きいことから特則の適用があることは日本法と同様である。

昼夜にまたがる労働時間については，上記の深夜時間に該当する時間帯についてのみ，深夜労働の特則の適用がある（CLT73条補項4）。

深夜労働については，52分30秒を1時間とみなして，労働時間を計算する（CLT73条補項1）。

2 割増賃金

深夜労働については，少なくとも20％以上の割増賃金を支払う必要がある（CLT73条本文）。ただし，週または15日を周期とする勤務シフトを用いる場合は，上記割増賃金を支払う必要がない。

この割増賃金は，業務の性質上，通常深夜労働を行わない企業については，昼間労働の賃金額に基づいて計算される。業務の性質上，通常深夜労働を行う企業については，最低賃金に基づいて計算される（CLT73条補項3）。

Ⅵ　労働時間の特則

1　短時間労働制

週 30 時間を超えない時間で労働に従事する場合，「短時間労働制」（regime de tempo parcial）の特則の適用を受ける（CLT58 条の A）。この場合，時間外労働等について特則の適用がある。

短時間労働制は，子育てや介護などをしなければならない場合，学資を稼ぎながら教育を受けたい場合，高齢で終日は働くことができない場合に活用されることが期待されている。

短時間労働制については，すでに CLT の 2001 年改正において，制度としては導入されていた。しかし，制度の利用があまり広がらなかったため，2017 年の改正では，大幅に制度の拡充をし，柔軟な労働時間制を採ることを可能にした。

すなわち，2001 年改正においては，週 25 時間を超えない場合に短時間労働制となるとしていたところ，2017 年改正では，原則週 30 時間を超えない場合に短時間労働制となるとした（CLT58 条の A 本文）。さらに，週 26 時間を超えない場合には，短時間労働制の適用の下で，週 6 時間までの追加時間での労働を付加することができる。

労働者が，すでに就労している企業において，短時間労働制に移行する場合は，労働組合との間で事前に定めたところに従い，当該企業に対し，その意思を明示する方法による（CLT58 条の A 補項 2）。新規に採用する労働者においては，当該労働者と企業の合意によれば，短時間労働制を採用できる。

短時間労働制の下では，賃金は，通常労働時間の場合と時間で比例した金額となる（CLT58 条の A 補項 1）。これは，時間給換算で最低賃金を下回る賃金を支払うことが許されない旨を定めたものである。

週 26 時間を超えない場合に付加できる追加時間については，50％以上の割増賃金を支払わなければならない（CLT58 条の A 補項 3）。

2　12 × 36 制

上述の原則的な労働時間の定めとは別に，労使間の合意により，次の労働ま

でに 36 時間の勤務間休息を保障することを条件に，12 時間連続勤務の労働時間制を採ることができる（CLT59 条の A）⑾。この労働時間制を採用する場合，労働時間中において，休憩及び食事の時間を確保し，又は補償しなければならない。

一方，この労働時間制においては，休日手当又は夜間手当については支払いを要しない（CLT59 条の A 補項）。

12 × 36 制は，労使協定又は労働協約によるだけでなく，労使間の個別の合意によることもできる。1 日 8 時間を超える労働については，1988 年憲法 7 条 13 号において，労使協定又は労働協約を経なければならないとされているが，労使間の個別の合意により 12 × 36 制をとることは，この憲法上の規定には反しないものと解されている。

この場合，健康上有害な業務（a atividade insalubre）であっても，所管当局の事前の承認は不要である（CLT60 条補項）。

Ⅶ　休　憩　時　間

1　時間内の休憩

6 時間を超えて継続する労働については，休息及び食事のための休憩（intervalo para repouso ou alimentação）を最低 1 時間確保しなければならない（CLT71 条本文）。これに対して，書面による労働協約又は労使協定⑿がなければ，休憩時間は 2 時間を超えることができない。

6 時間を超えず，4 時間を超える場合は，15 分の休憩を確保しなければならない（CLT71 条補項 2）。

これらの休憩時間は，労働協約又は労使協定に定めることにより，時間の短縮又は細分化しての取得が可能となっている（CLT71 条補項 5）。

これらの休憩時間は，労働時間に参入しないものとされている（CLT71 条補

⑾　同条の 12 時間連続勤務と 36 時間の勤務間休息を組み合わせた制度（o sistema de trabalho de 12 por 36）について，本稿では「12 x 36 制」という略称を用いる。

⑿　ここでは，条文上 acordo ou contrato coletivo という表現が使われているが，これは古い表現が条文上残っているだけであり，他の条文と同様に，労働協約（convenção coletiva de trabalho）又は労使協定（acordo coletivo de trabalho）の意味であると解されている。

項3）。

休憩時間の全部又は一部を取得させなかった場合，通常の賃金に 50%の割
増賃金を加算して，当該時間の賃金を支払わなければならない（CLT71 条補項
4）。

2　勤労間休息

勤労間休息（勤労間インターバル）は，連続した 11 時間を最低限確保しなけ
ればならない（CLT66 条）。これは，CLT 制定当初から定められている[13]。

Ⅷ　結　語

簡単ではあるが，CLT を中心にブラジルの労働法制における労働時間の制
度について紹介をした[14]。

「働き方改革」が提唱されている日本において，長時間労働がほとんど問題
になることがないブラジルの労働時間に関する法制度を参考にすることが，そ
うした「改革」を推進するための一助にならないであろうか。

翻って，ブラジルにおいては，先述したように，2017 年の改正により，そ
の労働慣習が変化していく可能性がある。これについては注視を継続し，今後
の研究の課題としたい。

---

[13]　周知のとおり，勤労間インターバルについては，日本においては，働き方改革を推進
　するための関係法律の整備に関する法律（平成 30 年法律第 71 号）により労働基準法に
　定められた

[14]　ここで紹介した制度は，原則的なものであり，職種等によって，各種の特則があるこ
　とに留意されたい。

15　ブラジルにおける労働時間法制
── 働かない時間の持つ意味

島 村 暁 代

I　はじめに

　ブラジルでは「疑わしきは労働者の利益に」という原則があるほど労働者保護の精神が強い労働法制がかねてより構築されてきたことは，二宮教授による多くのご論稿[1]によって明らかにされている。労働法の基礎を築いたのは 1943 年に制定された「統合労働法典 CLT」(立法府命令 5452 号，以下 CLT という)であり，CLT を制定した当時の大統領バルガスは「労働者の父」とも呼ばれ，現在でも国民的なヒーローとして崇めたてられている。当時は，労働者によるストライキが横行しており，それを主導していたのが過激な思想をもったイタリアからの移民たちであった。そこで，バルガスは，イタリアのムッソリーニ政権下で作られた労働法典をまるごとブラジルに輸入することによって，ストライキを鎮静化することに成功したのである。バルガスは「飴と鞭」政策を進めてきたことで知られているが，CLT は労働者にとってはまさに飴として喜ばれていた。

　1943 年に制定された CLT に対しては，1988 年の憲法制定時をはじめ，多くの改正が施されてきたが，基本的な労働者保護という精神は脈々と受け継がれていた。しかし，この基本的な立ち位置を大きく修正したとも思われる改革が，2017 年にテーメル大統領の主導によって実現したのである。CLT 制定から 50 年以上が経過し，CLT の内容は，現代社会にはそぐわないものになって

---

(1)　二宮正人「ブラジル投資関連法制⑷ブラジル労働法について」JCA ジャーナル 58 巻 12 号 (2011 年) 2 頁，二宮正人編著『海外・人づくりハンドブック㉗ブラジル』(海外職業訓練協会，2006 年) 特に 57 頁以下等。

いることから現代化する必要があるとの問題意識が共有され，改革が進められた。また，労働者ひとりにかかる社会保障負担や税負担等の人件費が高いことは「ブラジルコスト」という名前でも知られているが，これは経済危機が長引く中で決して望ましくはないことが共有された。使用者ら経済界は，長年，生産性の向上を目指したコストの引下げを要求していたのであり，こうした背景を踏まえて，CLT の内容を大幅に変更する法律 13467 号が 2017 年 7 月 13 日に制定された。国会においては，法案の内容について多くの問題点が指摘され，議論されたが，テーメルは一部を除いて法案を修正するという方法ではなく，いったんは法案の内容で議会に可決してもらうことを要求した。その上で，修正すべき点については大統領が制定権限を有する「暫定措置 Medida Provisória」を別途発布することによって対応するとの方針を示し，議員たちを説得した。こうした経緯で 2017 年 7 月 13 日に法律は制定され，同年 11 月 11 日に施行された。施行の 3 日後，テーメルは，議員との約束通りに暫定措置 808 号を公布し，法律の内容に改めて微調整を施した。暫定措置は大統領の制定する命令で即日効力を有するが，一定期間内に国会による承認を得る必要があり，承認が得られない場合には無効となってしまう[2]。2018 年 2 月 20 日には，国会議長によって本暫定措置に対する国会の承認についての投票は 60 日間延長されることが決められたが，その後も，国会による投票が行われることとはならなかった。その結果，2018 年 4 月 23 日に暫定措置 808 号は効力を失った[3]というのが 2018 年 6 月の現状である。つまり，CLT に関しては法律 13467 号[4]のみによる大幅な修正が加えられたという状況である[5]。

---

(2)　暫定措置については佐藤美由紀「ブラジル 1988 年憲法における大統領の立法的暫定措置の制度(1)(2・完)」法学協会雑誌 111 巻 9 号（1994 年）1343 頁，10 号（1994 年）1532 頁が詳しい。

(3)　http://dc.clicrbs.com.br/sc/noticias/noticia/2018/04/mp-que-ajusta-a-reforma-trabalhista-nao-e-votada-no-congresso-e-perde-validade-nesta-segunda-10320779.html（2018 年 5 月 8 日最終閲覧）。

(4)　そのため，本稿では現在でも効力のある 2017 年法律 13467 号の内容を中心的に扱う。

(5)　その後，2018 年 5 月 23 日には労働雇用省が省令 349 号を公布して，部分的に 2017 年暫定措置 808 号に規定されていたルールを改めて制定した。また，2018 年 6 月 21 日には労働高等裁判所 TST が労働法改革についての手続きについてのルール（Instrução Normativa TST41/2018）を定めた。しかし，本稿のテーマとの関係では特に変更はなされなかった。

　こうした最近の労働法改正に関する混乱の状況をも踏まえて，本稿ではブラジルにおける働き方を概観することに取り組んでみたい。特に働く時間に関するルールと働かない時間に関するルールがどうなっているかに着目することによって，ブラジルでは人々がどのように働いているかを明らかにしたい。働く時間だけでなく，働かない時間に関するルールをも視野に入れることによって，働かない時間が有する意味，働く時間に及ぼしうる影響とは何かを改めて検討してみたいと思う。

　時を同じくして日本でも働き方改革が首相主導で進められているところであり[6]，労働時間規制は改革の目玉のひとつと位置づけられる[7]。ブラジルにおける働く時間に関するルールを概観しておくことは日本の制度の特徴を浮き彫りにさせるという意味で意義のある試みであるかと思われる。ブラジルと日本ではそもそもの法体系や基本的な労働に関する考え方が大きく異なるため，安易に参考になるとか，示唆を得られるとかはいえないかもしれない。それでも他国の状況を概観しておくことは思いもよらない新たな発見につながる可能性を秘めるのであり，本稿はそれに挑戦しようとするものである。

Ⅱ　働く時間に関するルール

　上記の問題意識を踏まえ，ここでは本稿が検討の対象とするブラジルの働く時間に関するルールを概観してみたい。その過程において，本稿が有する問題意識をより鮮明にすることにする。

1　概　要

(1)　原　則

　ブラジルの働く時間についてのルールは憲法と統合労働法典 CLT[8]に一定の規定が置かれており，1日8時間，週44時間[9]が原則である[10]（憲法7条ⅩⅢ，

---

[6]　働き方改革を推進するための関係法律の整備に関する法律案が厚労省より 2018 年 4 月 6 日に国会に提出され，2018 年 7 月 6 日に成立した。

[7]　これまでの日本の労働時間法制を歴史的および制度的な視点から総括し，労働時間法制に関する現在の課題を明確にしたものに，島田陽一「働き方改革と労働時間法制の課題」ジュリスト 1517 号（2018 年）56 頁以下がある。

CLT58 条）。非人間的に人々を消耗させる労働時間を課すことによって労働力を過剰に搾取することを予防するためのメカニズムとして，このような労働時間規制は導入されている[11]。労働時間は疲労が生じるという生物学的な理由，別の人間と共存し関係を保ち，家族に奉仕し，レジャーを楽しむという社会的な理由，経済的な理由，そして人間的な理由から規制されると考えられている[12]。労働時間の前後の記録の取扱いについては，1 回 5 分，1 日 10 分までは許容されており，その範囲であれば超過勤務や欠勤の対象からは外されている（CLT 58 条 1 項）。

　労働時間内の休憩については，連続 4 時間までの勤務の場合には不要，連続 4 時間から 6 時間までの勤務の場合には最低 15 分，連続 6 時間以上の勤務では最低 60 分を確保することが義務づけられている（CLT71 条）。従来，休憩時間を削減する内容の労働協約は，労働高裁 TST[13]判例 437 号によって無効と

---

(8)　CLT が制定されるまでは職種によってばらばらの根拠規定によって労働時間が規定されていた（たとえば，1932 年大統領令 21186 号は商業で働く者に対し 8 時間，1932 年大統領令 21364 号は工業で働く者に対して同時間を規定していた。MARTINS, Sergio Pinto. Direito do Trabalho. São Paulo: Editora atlas: 2012. p. 519.).

(9)　労働協約（産業別あるいは企業別）を締結することによって，12 時間の連続勤務の後に 36 時間連続で休息する 12 ／ 36 時間制度を導入することができる。これは守衛等によく使われる仕組みであり，判例で確立したものであるが，2017 年改正によって法定された（CLT59A 条）。

(10)　この原則は，労働時間の算定が困難な外回りの仕事をしている労働者，いわゆる管理監督者，テレワーク制度の労働者には適用されない（CLT62 条 I Ⅱ Ⅲ）。

(11)　Lilian Katiusca, Horas suplementares e Sistema de compensação de jornada, 2017, (https: //www. jota. info/opiniao-e-analise/colunas/reforma-trabalhista/horas-suple-mentares-e-sistema-de-compensacao-de-jornada-23112017)（2018 年 4 月 25 日最終閲覧）。

(12)　MARTINS, Sergio Pinto. Direito do Trabalho. São Paulo: Editora atlas: 2012. p. 523.

(13)　ブラジルには通常の裁判所とは別に連邦が運営する労働裁判所があり，単独の労働裁判官（1 審），合議の労働地域裁判所（2 審），合議の労働高等裁判所 TST（3 審）の 3 審構造になっている。憲法違反が争点となれば，さらに連邦最高裁判所 STF に上告等をすることができる。裁判制度については二宮正人「ブラジルにおける裁判制度について（上）（下）」JCA ジャーナル 58 巻 7 号（2011 年）17 頁，8 号 25 頁，田原睦夫「ブラジル裁判所事情（上）（下）」法曹 710 巻 12 号（2009 年）2 頁以下，711 巻 1 号（2010 年）2 頁，島村暁代「ブラジルの社会保障訴訟 —— 年金の放棄 Desaposentação を題材にして」信州大学法学論集 26 巻（2015 年）17 頁，島村暁代「訴訟大国ブラジル —— 労働裁判所を中心に」日本労働研究雑誌 682 号（2017 年）75 頁参照。

解されていた。しかし，2017年のCLT改正によって最低30分の休憩を確保するのであれば，それを上回る休憩時間については労働協約を締結することによって削減できること，そして，かかる内容の労働協約は法律に優先することが認められた[14]（CLT611A条）。いわゆるデロゲーションである。

(2) 残業ルール

　1日8時間の就労が原則として，それを超えるいわゆる残業は許されるか。CLT59条は個別の書面による合意あるいは労働協約を締結することによって1日の労働時間を増やすことができると認めている。ブラジルの労働組合は基本，産業別であり，労働協約といっても労働組合が締結する相手方が誰かによって，2つの呼称がある。産業別の労働組合が，産業別使用者組合と締結するものを Convenção Coletiva といい，各企業と締結するものを Acordo Coletivo という。文献によっては後者を組合協定と訳するものもあるが[15]，協定というと日本では過半数代表者あるいは過半数組合と締結する労使協定を想起しやすく，やや意味が異なるように思われるため，本稿では前者を労働協約（産業別），後者を労働協約（企業別）と訳すことにして論を進める。いずれの労働協約も残業させるための根拠規定となる。ただし，残業できる場合であっても2時間を超えることはできないと規制される[16]（CLT59条）。1日10時間を超える労働は労働者の集中力を減殺し，労働災害を引き起こしかねないほどの疲労をもたらすとして2時間規制が敷かれている[17]。そして，平日に残業する場合には少なくとも通常の時間給の50%以上の追加支払い（いわゆる残業代）を求めている（憲法7条ⅩⅥ，CLT59条1項）（日曜祝日は100%増し（法律605／1949号9条，TST判例146号））。つまり，残業は1日につき上限2時間，その場合には50%以上の追加的な支払いが必要というのがブラジルにおける原則

---

[14]　休憩に関しては2017年のCLT改正によってもうひとつ変わったことがある。従来は休憩として確保すべき時間が確保されない場合には休憩時間全体について50%の割増をした上で支払う必要があった（60分の休憩が必要なのに50分しか与えられず10分削減された場合には60分分の支払いが必要であった）が，新設の71条4項によって，削減された時間についてのみ割増した支払いをすればよいというように変更された（さきほどの例では削減された10分分だけを支払えばよくなった）。

[15]　たとえばブラジル日本商工会議所編「ブラジル労働法のポイント」（2018年）65頁参照。

[16]　ただし，不可抗力や窮迫時には2時間を超える残業も許される（CLT61条）。

[17]　MARTINS, Sergio Pinto. Direito do Trabalho. São Paulo: Editora atlas: 2012. p. 533.

的な取扱いということができる。

⑶ 例外にあたる制度

こうした原則的な扱いを覆す2つの制度がブラジルにはあり，しかもそれが日系企業の間では頻繁に利用されているとのことである。2つの制度とは労働時間振替制度（Compensação de Jornada）とタイムバンク制度（Banco de Horas）であるが，この2制度については2017年改正においても大きな変更が施された。そこで，以下では2017年改正の内容をも含めて2制度を考察する。さらにこれらの制度の位置づけを考えるために，ブラジルにおける働かない時間に関するルールも検討対象に加えることにする。以下ではまず2つの制度を検討した上で（2以下），それに関連しうる別の制度として働かない時間に関するルール（Ⅲ）を概観してみよう。

2　労働時間振替制度とタイムバンク制度

8時間を超える残業は2時間のみが許され，その場合には50％の割増賃金を支払う必要があるというのが原則的な取扱いであるが，ブラジルには労働時間振替制度（Compensação de Jornada）とタイムバンク制度（Banco de Horas）という2つの制度が用意されている。これらはいずれも残業代の支払いを免除する制度である。以下では，各制度について説明した上で，2017年改正による変更点やそれに関する議論を紹介する。

⑴ 労働時間振替制度

まず労働時間振替制度とは，1988年に制定された現行憲法によって導入されたものであり，同じ週であれば別の日の労働時間を短縮することによって，8時間を超える就労に対しても残業代を支払わなくてよいとしている。たとえば，月曜に8時間の就労が終わった後にさらに2時間働き（合計10時間），その代わりに火曜には通常より2時間早く帰る（合計6時間）という運用である。本来であれば月曜の残業2時間分については50％の割増賃金の支払いが必要になるが，会社としてはこの制度を導入することによって支払いを免除される。

この制度を導入するためには，労働協約（産業別あるいは企業別）の締結が必要である。また労働協約ではなく，労働者個人との書面による合意によってもこの制度を導入できる。

(2) タイムバンク制度

　他方で，タイムバンク制度は憲法ではなく，1998 年の法律 9601 号によって，CLT59 条の 2 項と 3 項に盛り込まれた制度である。導入するには，労働協約（産業別あるいは企業別）の締結が必要であり，ある一日の残業時間分をストックし，別の一日の労働時間としてカウントすることによって，追加的な残業代の支払いを免れる仕組みである。調整については，最大でも 120 日の間に行うこと，ストックする週については週の総労働時間数も増えることになるが，それでも週 44 時間という上限を超えてはいけないこと，また 1 日につき最大でも 10 時間を超えて働かせてはならないことという条件が付されていた。当時，経常赤字と財政赤字が拡大して外国資本の急激な流出が生じたことを主要因とする通貨危機が起きており，多くの労働者は職を失いかねない状況にあった。労働者を雇用することによる企業の労務リスクを抑え，コストを削減するためにこの制度は導入された[18]。

　120 日の期間内での労働時間の調整を認める形でスタートしたタイムバンク制度は，2001 年には調整可能期間が 1 年にまで広げられた（2001 年暫定措置 2164-41 号）。

　タイムバンク制度を導入するためには，労働協約（産業別あるいは企業別）の締結が必要であり，労働者個人との合意では導入できない点が先に述べた労働時間振替制度とは異なっていた。このため，労働組合が制度の導入にそもそも賛成しないケースや，導入は認めても労働時間の管理がずさんで労働者の権利が侵害されていないかを組合が厳しく監視するケースが多かったようである。

(3) 2 つの制度

　2 つの制度は残業代の支払いを免除するという点では共通するが，数名の弁護士[19]にヒアリングをしてみたところ，制度のイニシアティブを有する者が誰かという点で異なるとの印象を得た。すなわち，労働時間振替制度では使用者が，タイムバンク制度では労働者が，イニシアティブを有するようであり，正

---

[18]　当時の労働法制改革については上谷直克「第 2 章ブラジルの雇用と社会政策 —— 労働法制改革の現状と進化の可能性」宇佐見耕一編『新興工業国における雇用と社会保障』（アジア経済研究所，2007 年）特に 115 頁以下が詳しい。

[19]　ジルセウ・サトウ弁護士，ユリ・クロダ・ナベシマ弁護士，レアンドロ・シゲル・サトウ弁護士である。記して感謝申し上げる。誤りがあれば当然のことながらすべて筆者の責任である。

反対とのとらえ方であった。つまり，前者は使用者が繁忙期と閑散期の人員を調整することによって残業代のコストを引き下げる趣旨で利用する一方，後者は逆に労働者の側が時間を貯めこむことによって，別の日を労働者の都合で休めるようにするために機能してきたようである。もっとも，後者についても導入の経緯で触れた通り，残業代コストの削減がひとつの目的であったのであり，使用者側にも大きなインセンティブがあることは否定できず，イニシアティブの違いについては程度の問題といえそうである。

そもそも週44時間という原則的な労働時間は，月曜から金曜が1日8時間，土曜が1日4時間の労働を行うことを想定して組み立てられた。そのため，土曜の就労を免除する場合には土曜に就労するはずの4時間分を，労働時間振替制度やタイムバンク制度を利用することによって，月曜から金曜に振り分け（たとえば1日につき45分ずつ），その分の残業代は支払わないという取扱いをする企業が多いようである。この仕組みをルールに従って導入すれば，企業は4時間分相当の賃金を支払いさえすればよい。月曜から金曜の労働時間は，一日あたり8時間45分と45分のオーバーがあったとしても，その分についての50％の上乗せは不要という点に使用者側の大きなメリットがある（会社によっては月曜から木曜の4日間に1時間ずつ振り分けるところもある）。他方，労働者の側にも土曜の労働から解放されるというメリットがある。

(4) ルール違反の場合（労働高裁の立場）

では，本来必要な法律上の要件を満たさずに制度を導入した場合にはどうなるか。具体的には両制度については労働協約（産業別あるいは企業別）の締結が必要であり，労働時間振替制度についてはその他に書面による個人との合意でも足りるというのがルールであるが，そのいずれもが欠けるとどうなるか。すなわち，本来は許されない口頭での個人との合意によって制度を開始する場合にはどのように整理されるかという問題である。これに関する判断を下したのが，2016年6月に公表された労働高裁 TST 判例85号である。判旨は下記の通りである。

Ⅰ　労働時間振替制度（Compensação de Jornada）は労働者個人との書面による合意，労働協約（企業別あるいは産業別）を通じて調整されるべきである。

Ⅱ　振替に関する労働者個人との合意は，労働協約の内容に反しない限り，有効

である。

Ⅲ　口頭の合意によって始まる場合も含め，労働時間振替制度の法律上の要件にそぐわないということは，日々の通常の労働時間を超える時間についての支払いを二度払いにすることを意図しているわけではなく，週の労働時間の上限を超えていないのであればそれぞれの追加的な部分（50％）を支払いさえすればよい。

Ⅳ　恒常的に残業をするということは労働時間振替の合意の意味を失わせる。その場合には通常の週の労働時間を超える時間については例外的な時間として支払われる必要があり（二度払い：150％），他方で振替対象である時間については残業に対する追加的な分だけを払えばよい（50％）。

Ⅴ　この判例に含まれるルールはタイムバンク制度という種類の振替の仕組みには適用されない。タイムバンク制度は団体交渉によってしか導入できないからである。

Ⅵ　CLT60条に規定される管轄官庁による事前に必要な調査と許可がない限り，集団的な規範があったとしても，危険な業務における労働時間振替の合意は無効である。

　労働高裁 TST 判例 85 号によると，個人による口頭の合意で制度を開始するというような法律上の要件にそぐわない場合には，50％の追加的な支払いをすれば足りるとのことである。さきほどの土曜の 4 時間分を月曜から金曜の各日に 45 分ずつ振り分ける場合を念頭に置くと，4 時間分は通常の賃金の支払いに加えて，月曜から金曜のそれぞれ 45 分について 50％の追加的な支払いが必要になるということである。つまり，法律の要件に従って制度を導入しなかったことの制裁は，残業代の支払いを免除されるという効果が得られないということにとどまる。その上で，週の上限である 44 時間を超えて就労させる場合には，超えた分については二度払い（150％の支払い）が必要となる。こうした制裁を課すことによってそのような事態が生じないように判例は誘導したのである。

　またもうひとつ興味深い点は，判例では，恒常的に 2 時間ずつ残業をさせる場合には制度が無効になることを断言したところである。このような場合には，労働者は日々 10 時間の労働を強いられることになるため，1 日 8 時間という

労働時間の原則に抵触する。そこで，恒常的な残業が行われるような場合には，労働時間振替の合意がたとえあったとしても無効と解され，規定に従って残業代を支払う必要がある。さらに，もうひとつ確認できることは，判決が示したルールが適用されるのは労働時間振替制度だけであり，タイムバンク制度については射程外ということである。

(5) 2017年改正

ここまで2017年改正以前の状況を確認してきたが，2017年改正によってこの2つの制度についても変更が施された。まずこれまでCLTに規定がなかった労働時間振替制度については，CLT59条6項に下記の内容が明文化された。

CLT59条6項

　同じ月に振り替えるために労働時間振替制度を口頭であっても書面であっても個人との合意によって導入することは合法である。

従来の制度と比較すると，週単位の振替から月単位の振替へと調整可能な期間が拡大されたことを確認できる。また，これまで個人との合意を通じて制度を導入する場合には，書面をとる必要があったが，口頭での合意も認める点も目新しい。従前では書面がなければ残業代を支払う必要があったが，今後は書面がなくても口頭の合意を立証できればよいため，使用者側にとってより有利な改正と考えられる。

これに対してタイムバンク制度については，従来から認められていた労働協約（産業別あるいは企業別）による1年単位での振替を基準としつつ（CLT59条2項），新たに次の規定がCLT59条5項として盛り込まれた。

CLT59条5項

　本条2項の規定するタイムバンクについては6カ月を上限とする振替であれば，書面による個人との合意によって締結することができる。

つまり，振替の期間を1年から6カ月に短縮することによって，労働協約によらずとも，個人との書面による合意によって制度を導入できるように変更されたのである。

さらに両制度にも関係する条文として以下の59B条が新設された。

CLT59B 条

　口頭の合意によって始まる場合も含め，労働時間振替制度の法律上の要件にそぐわないということは，日々の通常の労働時間を超える時間についての支払いを二度払いにすることを意図しているわけではなく，週の労働時間の上限を超えていないのであればそれぞれの追加的な部分を支払いさえすればよい。

単項

　恒常的に残業をするということは労働時間振替の合意やタイムバンクの性質を失わせるわけではない。

　CLT59B 条本文と単項はそれぞれ先にみた労働高裁 TST 判例 85 号のⅢとⅣに対応しているといえそうである。まず前者，CLT59B 条本文と判例 85 号Ⅲを比較してみると，言い回し等に若干の違いはみられるものの，基本的に同じ内容と評価することができよう。つまり，労働時間振替制度については週の労働時間の上限である 44 時間を超えない限り二度払いは不要で，50％の追加分だけを支払えばよいということが重要である。もっとも，厳密に考えてみると 2017 年改正によって CLT59 条 6 項が挿入されたことによって，口頭の合意も認められることとなったので，59 条 6 項と 59B 条の整合性については疑問を挟む余地がある。口頭の合意によって制度を導入しても合法であり，週 44 時間という上限を超えないのであれば，追加的な支払いは不要のはずだからである。そうであるとすると，59B 条は，週 44 時間という上限を超えた場合に二度払いが必要であることを改めて定めた点に意味のある規定と解しておくことが穏当であるように思われる。

　これに対して，後者，すなわち CLT59B 条単項と判例 85 号Ⅳの内容を比べてみると，正反対の結論になっていることを確認できる。新法では毎日 2 時間のような恒常的な残業も有効と解されるのに対して，判例では無効と解されていたからである。新法によれば，月曜から木曜まで毎日 2 時間の残業をさせても合法なのであり，この点でこれまでの判例の立場を修正しようとする姿勢がうかがえる。さらに，判例 85 号は労働時間振替制度だけを対象にしていたが，CLT59B 条は明文でタイムバンク制度にも射程を及ぼすという違いも確認することができる。

　新法では恒常的な残業も認められることになったが，月曜から金曜まで毎日

2時間ずつ残業をさせるとどうなるだろうか。この場合は，週の合計労働時間が（8時間＋2時間）×5日で50時間になるので，週44時間という上限を超えることになる。そうすると，労働時間振替制度としても，タイムバンク制度としても，制度は無効となり，残業代の支払いを免除するという効果は得ることができない。他方で二度払い（150％増し）が必要なのは44時間を超えた部分に限られるため，6時間分である。月曜から木曜のそれぞれ2時間の残業については50％増しという追加的な支払いをすれば足りるという結論になると解される[20]。

(6) 裁判官協会の意見

こうして2017年改正によって，労働時間振替制度もタイムバンク制度も，個人との合意も根拠になることが明らかになったが，それを認めたCLT59条5項と6項の条文に関しては違憲であるとの主張が表明されている。すなわち，1988年憲法7条XⅢは，「労働時間の振替と短縮については労働協約（産業別あるいは企業別）を通じて認められる」と規定しているため，個人との合意を根拠にできるとするCLTの規定は違憲というのである。これは，2018年5月4日に労働裁判官が組織する労働裁判官協会ANAMATRAが示した見解である[21]。もっとも，違憲か否かの最終判断を下す権限を有しているのは連邦最高裁判所STFであり，労働裁判官協会の見解が拘束力を有するわけではないが，一定の権威ある組織による見解の表明であり，今後の議論が注目される。

3 小 括

ブラジルでは1日8時間，週に44時間が基本的な労働時間規制であり，8時間を超えて就労させる場合であっても1日ごとに2時間という上限規制が課され，50％の追加的な支払いが必要となるというのが原則である。これを1日8時間，週40時間を基本としつつ，36協定の締結や25％の追加的な支払い等

---

[20] SILVA, Homero Batista Mateus da. Conmentários à Reforma Trabalhista Análise da Lei 13467/2017-Artigo por Artigo 2ª edição. São Paulo: Editora Revista dos Tribunais, 2017. p.49.

[21] 2017年の労働法改革について労働裁判官協会ANAMATRAに属する裁判官達が集まって議論し，111の論点について声明を発表している。その中の30番目のトピックにおいて，労働時間振替制度とタイムバンク制度の違憲性が問題視されている（https://www.anamatra.org.br/conamat/teses-plenaria-final（2018年5月8日最終閲覧））。

の手続きを踏むことによって時間外労働が可能な日本の制度[22]と比較してみよう。周知の通り，日本では長年，時間外労働に対する上限規制がなく，事実上の青天井であったが，昨今の働き方改革によってようやく上限規制が導入されたところである。すなわち，2019 年 4 月に施行された労基法によれば，時間外労働の上限は原則として月 45 時間，年 360 時間（休日労働を含まない）であり，臨時的な特別な事情がなければこれを超えられない（労基法 36 条 2 項 4 号，3 項，4 項）。そして，臨時的な特別の事情がある場合であっても，年 720 時間以内，複数月平均 80 時間以内（休日労働を含む），月 100 時間未満（休日労働を含む）を超えることはできず，また原則である月 45 時間を超えることができるのは年間 6 回と規制される（労基法 36 条 5 項，6 項）。ようやく上限規制が設けられたことは評価できるが，その内容については批判もあり得よう[23]。ブラジルのように 1 日 2 時間という日単位の規制は設けられていないし，週単位の規制の持つ意味はブラジルとは異なるように思われる。というのも，日本では既に述べた通り，週 40 時間を超える就労も大幅に許されているが，ブラジルでは基本的に週 44 時間を超える就労は許されていないからである（週総実労働時間）。労働者の集中力を減殺させて労働災害が生じる危険があるとして，週 44 時間を超えることは原則として許されず，その場合にはサンクションとして使用者に二度払いを課すことによって制度を組み立てているのである。

　上記を原則としつつ，ブラジルでは 1 日 8 時間を超えて就労させたとしても残業代の支払いを免除する仕組みとして労働時間振替制度とタイムバンク制度の 2 つが用意され，広く利用されている。各制度を導入するための手続きとしては，労働時間振替制度については，かねてより労働者個人との書面による合意も認められていたが，2017 年改正によって口頭による合意までもが認められることとなった。また，タイムバンク制度も新たに書面による個人との合意も認められた。個人との合意によって制度を導入できるようになった背景には，産業ごとの違いがあるとはいえ，ブラジルにおいても労働組合の立場が従前に

---

[22]　島田・前掲注(7)論文 57 頁は，これまでの仕組みを「1 日の労働時間の長さの制約として機能せず，むしろ長時間労働を制度的に支えたと評価」している。

[23]　「特例が，月 100 時間未満および年 720 時間未満にとどまっていることは，政労使の苦心の合意であることを考慮しても批判されてやむを得ない」との評価に島田・前掲注(7)論文 59 頁がある。

比べると弱体化していることが関係している。もっとも，個人との合意を認める新法に対しては，労働裁判官協会という権威ある機関が違憲との公式な見解を示したところであり，今後の議論が注目される。

　他方で，労働時間を振り替えるなり，ストックするなりをできる期間についてはどうだろう。労働時間振替制度は週単位から月単位に拡大されたのであり，使用者としては調整しやすくなったと考えられる。タイムバンク制度についても，従来通りの1年単位をベースにしながら，6カ月単位でのストックも認められることになったため，両制度には歩み寄りがみられるといえるであろう。すなわち，制度の創設当初は異なる考え方に基づいていたようであるが，種々の改正を経て，現状としては制度を導入するための手続きや振替ないしストックをできる期間等についての若干の違いがありつつも類似しているといいうる。2つの制度は，残業代の支払いを免除する点で共通するのであり，1日の残業時間の上限は2時間であることや週44時間を超える残業では二度払いが課されること等を踏まえると，両者はずいぶん似通った制度と整理できそうである。このように日ごとの労働時間を調整することによって残業代の支払いを免除するという仕組みは日本には存在しないのであり，ブラジル独自の仕組みといえそうである[24]。

Ⅲ　働かない時間に関するルール

　ブラジルにおける働かない時間に関するルールとしては休憩時間の規制もあるが，それはⅡで既に触れたため，ここでは勤務間インターバルの仕組み，休日と所得保障に関する仕組み，さらには年次有給休暇の仕組みをとりあげてみたい。

1　勤務間インターバル
　ブラジルでは2つの労働時間の間には休息のために最低でも連続して11時

---

[24]　ドイツにも時間外労働の代償を割増賃金ではなく，「労働時間口座」に貯蓄して休日として利用する労働時間貯蓄制度があるようである（詳しくは，飯田恵子「第2章ドイツ」『JILPT資料シリーズ NO.104 労働時間規制に係る諸外国の制度についての調査』（労働政策研究・研修機構，2012年）33-35頁）。

間を空けないといけないと定められている[25]（CLT66条，Intervalo Interjornada と呼ばれる）。これは労働者が休息をとることによってエネルギーを回復できるようにするためのものである。疲労が蓄積すると生産性は下がり，労働者にストレスがたまってしまう。残業続きでは多くの労働災害が生じることが知られているため，残業も含め，実際の労働が終わったときから数えて，11時間のインターバルをあける必要があると規制されている[26]。

2　休日と所得保障

続いて休日に関してはCLT67条が下記のように規定している。

CLT67条

　　すべての労働者には週に一度連続した24時間の休日が保障され，公的な都合や業務上の緊急の必要性の場合を除いて，休日のすべてあるいは一部は日曜でなければならない。

週に一度，原則として日曜日に，24時間分の休日が保障される。また，週の決められた日数を勤務すれば，勤務していない日についても，1日分の手当が週休手当（Repouso Semanal Remunerado）として支払われる（1949年法律605号1条，7条）。つまり，基本的に日曜日は休日のため，就労する必要はないが，残りの曜日に欠勤なく働いたとすれば日曜日についても週休手当が支給される。

さらに，下記の場合には賃金を失うことなく欠勤できることが法律上認められている（CLT473条）。

・　生計を維持してきた配偶者，直系尊属等の死亡の場合（連続2日）
・　結婚の場合（連続3日）
・　大学受験の場合
・　子どもが誕生した場合（1週目に5日まで）
・　6歳までの子どもを医療機関に連れて行かないといけないとき（1年に1日）
・　INSS（国家社会保険機構）が証明する労働災害や疾病によるとき（15日）[27]

---

[25]　11時間という数字はEUと共通する（濱口桂一郎「EU労働時間指令改正の動向」労働法律旬報1687・88号（2009年）71頁）。

[26]　MARTINS, Sergio Pinto. Direito do Trabalho. São Paulo: Editora atlas: 2012. p. 574.

　（CLT131 条）

　上記の通り，病気による場合も証明ができれば，有給による欠勤が可能であるが，会社によっては証明書の提示がない場合でも有給での欠勤を認めている。

3　年次有給休暇
(1)　概　念

　では年次有給休暇についてのルールはどうか。採用日から 12 カ月後に出勤率に応じた年次有給休暇を取得することができ，欠勤日が 5 日以内の場合は 30 日間[28]を取得する（CLT129 条，130 条）。取得した年休権は，12 カ月の消化期間内に行使する必要がある。医学的な研究によると，年休なく働き続けると体の組織に害をもたらすために一定の期間が経った後については休息を与える趣旨で年次有給休暇が与えられる[29]。

　従来，30 日の年休については原則として連続して取得する必要があり，分割は認められていなかった（CLT 旧 134 条 1 項）。しかし，この点については不要なブラジルコストを生むとの批判が企業の側から強くあがっており，また労働者側からの分割に向けた要望も大きかった[30]。そこで，2017 年改正によって年次有給休暇を 3 回までに分割して取得することが可能となった。それでも，そのうちの 1 回は最低 14 日以上連続して取得する必要があるし，残りの 2 回についてもそれぞれ 5 日以上の連続取得が必要である（CLT134 条 2 項）。年休を取得する時期については，使用者が決定し，30 日前までに労働者に書面で通知することになる（CLT135 条，136 条）。

---

(27)　15 日間は企業が負担し，16 日以降は，INSS が負担をすることになる（1991 年法律 8213 号 60 条 3 項，1949 年 605 号 6 条 1 項 f）。

(28)　欠勤日が 6 日から 14 日の場合は 24 日，15 日から 23 日の場合は 18 日，24 日から 32 日の場合は 12 日の年休権が与えられ，32 日以上ある場合には年休権の権利はない（CLT130 条）。

(29)　MARTINS, Sergio Pinto. Direito do Trabalho. São Paulo: Editora atlas: 2012. p. 589.

(30)　ブラジル工業連盟 CNI の調査によると，60％の労働者が休暇の分割を希望するとの結果が出ている（Câmara de Comércio e Indústria Japonesa do Brasil, Comentários aos Principais Pontos da Lei Trabalhista Brasileira. 2018, p. 7）。

(2) 手　当

年休を取得する場合には，通常の賃金（給料＋諸手当の過去 12 カ月間の平均）に加えて，その 3 分の 1 を加算したもの（憲法 7 条ⅩⅦ）が，休暇開始の 2 日前までに使用者から支払われる（CLT145 条）。労働高裁 TST の理解によれば，3 分の 1 は休暇を享受した場合だけでなく，後述する買上げの場合にも支払われる。

(3) 不行使の場合

消化期間内に年休の取得を認めなかった場合には企業はペナルティとして休暇手当の倍額を支払う必要があり（CLT137 条），また休暇開始日の 2 日前までに支払われない場合も倍額での支払い義務が生じる（労働高裁 TST 判例 450号）。

(4) 買　上　げ

労働者が権利取得期間終了の 15 日前までに年休の買上げを申し出ると企業は休暇日数の 3 分の 1 を上限に買い取る義務が生じる（CLT143 条 1 項）。つまり，労働者が 30 日の休暇を取得する場合には，20 日は年休権の行使として休んで手当を得る一方，残りの 10 日については企業に買い上げてもらって働くことができる。その場合には働く分の賃金に加えて，休暇手当（3 分の 1 をプラスしたもの）の支給も受けられるということである。

4　小　括

ブラジルにおける働かない時間に関するルールとしてはまず勤務間インターバルの規制を挙げられる。日本ではいくつかの企業で導入され，働き方改革においても選択肢のひとつとしてようやく位置づけられたばかりであり（労働時間等の設定の改善に関する特別措置法 1 条の 2 第 2 項，2 条 1 項，労基法 41 条の 2第 1 項 5 号イ），休む時間を確保するための先駆的な取り組みと評価することができるであろう。また，日本では労働者が休む場合に賃金を支払うか否かは，基本的に就業規則等で定めるべき個別の契約に関する問題と整理され，たとえ無給であっても法律上の問題は生じないことが多いが，ブラジルでは法律によって賃金の支払いが必須とされる場面が多いことは労働者保護の精神の現れといえるであろう。週休手当など，日本では導入されていない仕組みもみられるし，特に病気等の場合には医師による証明書を持っていけば有給で欠勤でき

ることになっている。病気の場合に年次有給休暇が利用されやすい日本とは対照的であり，両国における年次有給休暇の位置づけには大きな隔たりがあることを確認できそうである。すなわちブラジルではかねてより分割取得が原則として禁止され，2017年の改正後も3回に分割することまでしかできず，しかも1回は14日連続，残りの2回は5日連続での取得が必要とされている。1日単位での取得はもちろん，時間単位での取得（労基法39条4項）までをも認めて本来的な趣旨を没却している日本[31]とは大きく異なるといえる。さらに，ブラジルにおいて年休とは労働から解放であり，バカンスそのものを意味する。バカンスを楽しむにはお金がかかるので，通常の賃金にも増して3分の1を上乗せした手当が支給されるのであり，労働者には非常に手厚い仕組みといえる。労働者本人や家族の病気等という万が一の場合に備えて年休を貯め込み，その結果，万が一の場合は生じないまま，年休の消化率の低さに頭を悩ませる日本[32]とは，年休に対する基本的な考え方や国民の意識の中での年休の位置づけが大きく違うことを確認することができる。

IV　おわりに

本稿ではブラジルにおける働く時間に関するルールと働かない時間に関するルールを，2017年改正をも踏まえて概観した。2017年改正は使用者側の要望に応えて，これまでの労働者保護というスタンスに大きな修正をもたらしたものといわれているが，少なくとも本稿が検討対象とした範囲だけに限定すれば，ブラジルに脈々と受け継がれる労働者保護の精神は薄らいだとはいえるものの，消えていないことを確認することができたであろう。日本の制度と比較するからこそこのような評価になるのかもしれないが，2017年改正の意味については，その他の改正点をも考察対象に入れることによって改めて検討を続ける必要がある。

---

(31)　ILO52号条約（1936年）では分割付与が例外であり，最低6労働日の連続を要求していたが，わが国の労基法は「継続し，又は分割した」と規定して連続取得が原則であることを明確にはしていない（労基法39条1項）。

(32)　島田・前掲注(7)論文57頁は，日本の制度を「連続した長期休暇を有給で保障する仕組みを欠いていた」とし，「国際的に見るならば，極めて奇異な制度であり，その実態に至っては，年休制度と見ることも困難」と述べている。

　本稿を結ぶにあたって特に本稿が注目した労働時間振替制度とタイムバンク制度とは改めてどのような制度であるのかを考えてみたい。もとはといえば異なる制度として始まったが，2017年改正を経て，現在では労働時間を調整して残業代の支払いを免除させるための似通った制度として位置づけられることは既に確認した通りである。その上で，働かない時間に関するルールをも踏まえて考えてみると，労働時間振替制度やタイムバンク制度は新たな意味を有することを確認できそうである。

　すなわち，ブラジルでは年次有給休暇を基本的に分割して取得することはできないし，1日単位ましてや時間単位の取得もできないこととの関係である。日本では労働者の都合で融通の利く休みとして利用される年次有給休暇であるが，ブラジルでは年休は労働者がバカンスを楽しむ権利を保障したものであり，それほど融通の利くものではなさそうである。2017年改正によって分割取得に関する規制が和らいだとはいえ，14日あるいは5日以上の連続取得が必要であり，1日単位や時間単位での利用は認められていない。他方で，病気等の場合には別途所得保障を得たまま，休む権利が保障されるが，原則として証明書の提出が必要となるなど，そこまで融通の利く制度とはいえそうもない。そこで，労働者にとって融通が利いて時間を調整できるようにするために利用されているのが時間外振替制度やタイムバンク制度であると整理できるのではないだろうか。別の日に8時間を超えて就労することによって，他の日を労働者の都合で休むことができるからである。硬直的な労働時間や年休に関するルールに柔軟性を持たせる制度と位置づけることができそうである。もっとも，一見すると労働者側に都合の良い制度は，使用者側にとっても残業代の支払い免除という大きなインセンティブがあることを忘れてはならないであろう。労働者側は本来であればもらえるはずの残業代を，制度を導入することによって放棄することになるのであり，個人による合意によって制度の導入を認めるのは違憲と主張する労働裁判官協会から出された懸念は連邦最高裁判所STFによってどのように判断されるか，注目する必要がある。

　翻って日本の状況をみてみると，日本では労働時間振替制度もタイムバンク制度も認められてはいない。勝手に導入して労働時間と残業代を調整している企業があったとしても，日本法の下では残業代不払いという労基法違反をもたらすにすぎないのであり，賃金債権の放棄はそう簡単には認められないことを

まずは確認すべきであろう[33]。これはブラジル独自の制度であり，ブラジルでもルールの遵守が必要であり，この制度をしっかり運用していくためには，使用者が労働者の労働時間を確実に管理・把握していくことが必要不可欠となる。1カ月，6カ月，あるいは1年の単位で労働時間を振り分けていくには，使用者による労働時間の管理が実効性のあるものといえなければうまく運用されるはずはないのであり，ブラジルにおける労働時間管理に関する履行確保の観点については今後の課題といえそうである。

最後に日本法に対する具体的な示唆を得るまでには至らないものの，本稿の検討から導くことのできる今後の課題を指摘して本稿を結ぶことにしたい。本稿では，ブラジルにおける働く時間に関するルールとそれと表裏一体とも思われる働かない時間に関するルールを概観することを試みた。労働時間振替制度やタイムバンク制度の意味は年次有給休暇等の位置づけをも確認することによって改めて確認することができたように思われる。働かない時間についてのルールを確認することで，働く時間のルールが持つ意味を再確認できたといえるであろう。

日本における働き方改革に目を向けてみると，労働時間に上限規制を導入するか否かがひとつの目玉となった。長年の懸案事項であった上限規制[34]がようやく導入されることは評価されるべきであろうが，規制の水準についてはいまだ批判が残る状況である[35]。加えて改革においてもう少し注目されるべきと思われるのが，勤務間インターバル制度の導入を努力義務とする規定（労働時間等の設定の改善に関する特別措置法2条1項）や使用者に一定日数の年次有給休暇を時季指定しなければならないと課す規定（労基法39条7項）である。前者については野党からの対案に盛り込まれる等，一定の注目が集まったが，後者についてはほぼ等閑視されてきた[36]。しかし，これらは働かない時間に関するルールの内容といえ，重要である。長時間労働を是正するには，上限を設けるという方向からの規制が必要であるが，それだけではなく，いかに働かない時

---

(33) 退職金債権の放棄に関してシンガーソーイングメシーン事件・最二小判昭和48年1月19日民集27巻1号27頁参照。

(34) かねてより上限規制の導入を主張していたものに，島田陽一「労働時間法政策のこれから」日本労働研究雑誌677号（2016年）68頁がある。

(35) 注(23)参照。

間を確保するかという方向からの規制も重要なのであり[37]，2つの方向性が整うことによって労働者の健康確保やワークライフバランスの実現，ひいては働く時間における生産性の向上にもつながるのではないだろうか。2つの方向からの規制が働き方改革で含まれている点は評価したい。もっとも，年休の時季指定に関する具体的な内容をみてみると，使用者に義務づけるのは5日間にとどまり，しかも連続した休暇の取得までもが義務づけられているわけではない[38][39]。働かない時間に関するルールの再構成に向けたはじめの1歩として位置づけ，さらなる前進を期待したい。

　働く時間に関するルールと働かない時間に関するルールが車の両輪のようにバランスよく機能することによって，労働者ひとりひとりは健康を確保し，ワークライフバランスを実現することができるのであり，働かない時間に関するルールを確立し直していくことが今後ますます重要になっていくように思われる。

---

(36)　年次有給休暇の取得促進については，2015年の第189回国会に提出された労基法改正案で既に含まれていた（2015年に提出された法案の意義，課題，展望については桑村裕美子「労働時間法制をめぐる動向と展望」ジュリスト1482号（2015年）50頁以下が詳しい）。

(37)　島田・前掲注(7)論文59頁は，「今後の労働時間法制としては，時間外労働の上限規制にとどまらず，休日労働も併せて規制するためにも，総実労働時間を規制する仕組みを導入する必要がある」と主張する（島田・前掲注(34)論文68頁以下，座談会「いまなぜ生活時間なのか？」（毛塚勝利，浅倉むつ子，浜村彰，龍井葉二）労働法律旬報1849号（2016年）6頁以下も参照）。

(38)　島田・前掲注(7)論文59頁は「日本に本当の意味での年休制度を定着させる大胆な法改正が必要である」と述べている。

(39)　高度プロフェッショナル制度においては使用者が選択しうる健康確保措置のひとつとして2週間の継続した休日の付与が設けられた（労基法41条の2第1項5号ハ）。

◆ Ⅲ ◆

比　較　法

16 *Aequitas, Epieikeia,* Ubuntu
—— 平等と衡平*

葛 西 康 德

I　はじめに

1　男 女 平 等

　丁度いまから 40 年前，筆者は二宮正人先生に東京大学法学部研究室 4 階 411 号室にて初めてお会いした。この時先生は法学政治学研究科の院生として日本語で博士論文を執筆中であり，この博士論文はディフェンスを経て法学博士号が授与された。そして，後に博士論文をもとにして，最初のご著書『国籍法における男女平等 —— 比較法的一考察』は有斐閣より 1983 年に出版された。博士論文は当時の我国の国籍法 2 条 1 項「父系（優先）血統主義」に対して，男女平等の観点から疑問を提起したものであり，その後国籍法は改正され父母両系（血統）主義となった（昭和 59 年法 45）。現在では法律問題として男女平等問題は特に目新しいものではなくなったが，当時我国でこの問題を正面から扱った法学研究はあまりなかったのではないだろうか[1]。その意味で二宮氏の研究は両性平等問題のパイオニア的研究であり，少なくとも我国では，女性を法的に男性と同等に扱わなければならないと法律家（実務家および研究者）が考え始めたのは，日本国憲法 14 条および 24 条があるにもかかわらず，今からわずか 40 年ほど前のことであった。因みに，女性差別撤廃条約（「女子に対す

　本稿は 2018 年 9 月 10 日サンパウロ大学法学部にて，9 月 12 日ペルナンブッコ連邦大学（レシフェ）法学部にて，日本学術振興会学術交流ワークショップ（JSPS Scientific Exchange Workshop）において発表した原稿を基にしている。二宮正人先生をはじめとして，両大学関係者，サンパウロ領事およびレシフェ領事，そしてブラジル訪問を可能にしていただいた日本学術振興会には心より感謝申し上げる。

[1]　後述する Tony Honoré (1978) は，貴重な例外である。

『日本とブラジルからみた比較法』二宮正人先生古稀記念〔信山社，2019 年 7 月〕　　353

るあらゆる形態の差別の撤廃に関する条約」）をわが国が批准したのは，1985 年のことである。また，男女共同参画社会基本法の成立は 1999 年である。

　そもそも民法においては，権利義務の帰属主体は「人」であり男女の区別はない。しかし，「人」を考えるとき，そこで暗黙の前提としていたのは「成年男子」であった。それどころか，西洋の伝統社会において私法上の主体としての人（ヒト）とは，単に「成年男子」であるだけでなく，「政治社会」の担い手である財産と教養を備えた「家長」を意味したのであり，例えば，イェーリンクの『権利のための闘争』に見られるように，少なくとも理念的にはこの伝統は 19 世紀を通じて受け継がれた[2]。従って，いわゆる男性の法的優位に関しては，日本と法的伝統を異にする西洋も同様だったのである。このことは，近代日本法が直接範としたドイツ（西ドイツ）やフランスにおいても同様であり，国籍法において両国が父母平等血統主義に移行するのは 1970 年代に入ってからである[3]。

　ところで，LGBT 問題やさらに人工知能（AI Artificial Intelligence）の法的人格が議論される昨今においては[4]，男女平等問題には，即ち，男性と女性を法的に等しいものとして扱うという点においては，政治的・社会的障碍はあるとしても，法的困難さはない，即ち，法的議論ないし裁判において，男性と女性の両方を念頭において，その法律を適用しても法的には問題は生じないと思われるかもしれない。しかし，本当にそうであろうか。言い換えると，法律を他の諸要件・諸要素から切り離して，法律だけで考える際に，男女の差異を無視して同じものと考えても法的問題は生じない，いや生じると考えるべきでないというのであろうか。あるいはまた，男女平等は憲法も認めているあまりに自

---

(2)　このような西洋法の理解について，まず村上淳一『近代法の形成』（岩波書店，1979 年），同『イェーリンク『権利のための闘争』を読む』（岩波書店，1983 年）を参照されたい。さらに，Otto Brunner, Werner Conze und Reinhart Koselleck (eds. 2004), *Geschichtliche Grundbegriffe-Historisches Lexikon zur politisch-sozialen Sprache in Deutschland*, Stuttgart, Studienausgabe, 2004 (originally 1972-1997); vol 1 'Bürger' 672-725 (Manfred Riedel); Vol. 2 'bürgeriche Gesellshcaft', 719-800 (Manfred Riedel); vol. 5 'Republik', 549-651, esp. 567.「Bürger は個々の人間ではなく，家長（familienoberhäupter）と理解されるべきである（*cives non sunt solitarii homines, sed paterfamilias*）。」(Wolfgang Mager)

(3)　二宮正人 (1983)，3 頁。

(4)　Jacob Turner (2019).

明な前提であるために，何の正当化理由も必要がないのであろうか。

　二宮氏が旧国籍法2条1項の「父系優先血統主義」を批判するための根拠として（日本国憲法の規定以外に）挙げるのは，専ら諸外国の立法例である。これが著書の副題に「比較法的考察」と掲げる所以である。このような方法は法学において，特に立法論，法政策論，そして法解釈論においてもよく用いられるものであり，「比較法の果実」として民法典を編纂した我国においては，その伝統は比較法的に最も強い国の一つではないだろうか。但し，二宮氏の比較法的考察の特徴として，欧米先進国（いわゆる一等国）以外の諸国（二等国）の立法例が考察されている点がある。(旧) 社会主義法の研究を除いて，一等国以外の法を比較の対象に取り上げる研究者が，当時果たして何人いたであろうか[5]。

　正直に告白すると，二宮先生が博士論文を執筆されている当時，筆者はこのようなテーマにも方法論としての比較法にも，あまり学問的興味を抱かなかった。それは，何より男女平等という理念ないし目的の実現という結論が先にあり，議論の説得力を増すために結論にとって都合がよい類例を収集するために比較法という方法論が使われていると思われたからである[6]。換言するならば，この問題にはあまり，いわゆる「法的」な議論は含まれていないと思ったからである。しかし，その後，特に後述するトニー・オノレ（Tony Honoré）の研究に接するにつれて考えが変わり，先生の研究を過小評価したことを現在深く恥じている。

　1950年成立の旧国籍法が憲法の認める両性平等原則に違反することは，当初から誰の目にも明らかなことであった。このような事情はフランスや(西)ドイツも基本的には同様であったであろう。では，なぜ父系優先血統主義は1980年代まで維持され続けたのか。その理由こそ重要である。その理由はいくつかあるが，最大の理由は，法務省によれば，この主義は「二重国籍の防

---

[5]　この点は現在もそれほど変化していない。もちろん，例えばイスラム法研究が最近急速に発展していることは注目される。但し，そこでの関心は日本法との「比較」ではなく，法文化論研究ないし法整備支援という文脈である。混合法（Mixed Legal System）の重要性を指摘した論稿として，例えば葛西康徳（2010），松本（2018）参照。

[6]　但しインターネットが普及し，種々の資料がデータ化された今日と異なり，二宮先生が当時，どれほどの時間と金銭と人脈を使って情報を収集したかということについて，同じ研究室であった筆者は目撃証人である。

止」のための「合理的」差別であるというものである(7)。二宮先生によれば，
出生した子の国籍決定に関して 1950 年国籍法に採用された父系血統主義は，
1899 年国籍法を踏襲したものである。日本国憲法 14 条および 24 条における
いわゆる平等原則と矛盾するのではないかという疑問に対しては，第一に，こ
の主義は子の国籍決定における基準であり，父母相互間の法律上の地位につい
ての差別ではない，第二に，原則的ないし補充的に血統主義をとる諸外国には
原則的に母系主義を採る国はなく，したがって日本が父系主義と母系主義を平
等に採用するならば，母が日本人で父が外国人の場合，常に国籍の積極的抵触
を生じる，というものであった。但し，1950 年国籍法は夫婦国籍同一主義か
ら夫婦国籍独立主義に移行したことは重要である(8)。

　このように，1950 年国籍法が男女「平等」の原則に反するということは，
1984 年改正前にも十分議論されていた（少なくとも日本国憲法の公布以来）。そ
れにもかかわらずなぜ父系血統優先主義を維持し続けたのであろうか(9)。それ
は二重国籍の防止という別の立法目的とのバランス（衡量）をとったためであ
る。すなわち，父母両系平等主義を採用した場合，不可避的に生じる二重国籍
を回避するためには，両系ではなく父系を取らざるを得ないという衡量をした
のであろう。もちろん，両系を回避するとしても論理必然的に父系にする必要
はなく母系優先主義でもいいわけであるが，さすがに当時そのような発想を期
待することはできなかったであろう。女性差別撤廃条約（1979 年 12 月 8 日採択
1981 年 9 月 3 日効力発生）が採択された 1980 年前後から，国籍法における両性
平等問題が議論され始めたのでないかと思われる。因みに，同条約は日本にお
いて 1985 年 7 月 1 日公布，7 月 25 日効力発生である。

　このような状況において二宮先生の博士論文は完成した。その末尾において
先生は次のように結んでいる（下線は葛西による）。
（二宮　287 頁）「―― 以上の種々の点を考慮して，国籍法が重国籍防止のため
に父系優先血統主義を採ることの合理性と，そのもたらす父母＝男女の不平等
とを<u>比較衡量し</u>，これを憲法の定める男女平等の原則の重要性に照らしてみる

---

(7)　二宮（1983），3 頁，270-272 頁。
(8)　二宮（1983），5 頁，236-238 頁，243-245 頁参照。
(9)　フランスの父系血統優先主義から男女平等主義への改正は 1973 年，西ドイツは 1974
　　年である。

と，父系優先血統主義に由来する男女の不平等は，父母両系血統主義のもたら
す重国籍よりも深刻であり，少くとも現在における憲法の男女平等の原則に反
するものといわざるをえない。百歩譲って，仮にこれが違憲とまではいえない
としても，適当でないことは前述したところから明らかであろう。──」

　この引用文で筆者が特に注目するのは，男女の「平等」の問題が，二重国籍
（防止）の問題と同じ秤（天秤，バランス）の上にかけられて，「衡量」されて
いるということである。もう一点は，憲法における男女平等の条文に「違反」
はしない（「違憲」ではない）が，「適当」ではないと二宮氏が述べている点で
ある。

　ここで筆者は視点を転じ，「平等」概念から「比較衡量」すなわちバランス
ないし「衡平」，そして違法ないし違憲から「適当（でない）」という概念に移
る。

2　'ius est ars boni et aequi.'「平等」と「衡平」

　二宮先生が学んだサンパウロ大学法学部[10]では，もちろんローマ法は必修科
目であった（現在でも）。先生が学生時代に受講したローマ法の試験問題は，
古代ローマの法律家ケルスス（Publius Iuventius Celsus）による法の定義，即ち，
「'Ius est ars boni et aequi' について論ぜよ。」であった。この定義は以下のよう
に引用されている。

　『学説彙纂』第一巻第一章「正義と法」ウールピアーヌス『法学提要』第一
巻

　「法の研究をなすには，まずその名称の由来を知ることが肝要である。それ
は，iustitia（正義）によってそう呼ばれている。なぜならば，ケルススが的確
に定義したように，法は善と衡平の術であるからである。

1　いかなる優秀さによって（それにふさわしく），人は我々を思慮ある人と呼ん
　だか。というのも，我々は正義を畏れ，善と衡平の実践的知識（notitia）を
　我々は職業として教え，衡平なること（aequum）を不衡平なること（iniquo）
　から区別し，正当なることを不法からより分け，善き人々を罰による恐怖に

---

(10)　Faculdade de Direito da Universidade São Paulo 1827 年創立。尚，同年にレシフェ大
　　学法学部（Faculdade de Direito do Recife, 現ペルナンブッコ連邦大学法学部 Faculdade
　　de Direito da Universidade Federal de Pernambuco）も設立されている。

よってだけではなく，特典を与えて鼓舞することによって作り出すように希求し，もし私が間違っていなければ，真の，まやかしではない哲学を達成しようとして。」

　さて，ここでいう *aequus, aequitas* とは何であろうか⑾。

Ⅱ　ローマ法における '*aequitas*'（衡平）について

1　小さな巨人トニー・オノレ（Tony Honoré）1921 年 3 月 30 日— 2019 年 2 月 26 日

　トニー・オノレ（Anthony Maurice Honoré）は，1921 年 3 月 30 日ロンドンに生まれ，南アフリカで育つ。第二次世界大戦ではエジプトの El Alamein の戦いで負傷。戦後オックスフォード大学で学び，そのまま研究生活に入る。オックスフォードのクイーンズ・コレッジ，ニュー・コレッジのフェローを経て，1971 年から 1988 年まで欽定ローマ法講座教授およびオール・ソウルズ・コレッジのフェローを歴任。退職後も精力的に研究教育活動を続け，2008 年に継続 60 年間ティーチング記念シンポジウムがオックスフォード大学法学部で開催されている。2019 年 2 月 26 日，98 歳の誕生日を目前にしてオックスフォードにて死去。筆者は，本年 3 月 18 日にオール・ソウルズ・コレッジにて営まれた葬式に出席することができた。

　研究者としてのオノレには少なくとも三つの顔がある。第一に，南アフリカ法研究，特にトラスト研究がある⑿。少年時代を過ごした南アフリカへのオノレの思い入れは尋常ではなく，後述の 1995 年南アフリカ憲法裁判所の設立に尽力する。その功績にたいして南アフリカ大学（UNISA），シュテレンボッシュ大学，そしてケープタウン大学から名誉博士号を授与されている。第二に，法哲学⒀，そして第三にローマ法である⒁。

　筆者は 2000 年初頭，初めてオール・ソウルズ・コレッジの夕食に招かれて

⑾　ケルススについては，Hausmaninger (1976) をさしあたり参照。ハウスマーニンガーによれば，善と衡平（*bonum et aequum*）を用いて論証した最初のかつ古典後期になるまで唯一の法律家はケルススだったのであり，彼のシャープな論理による他の法律家批判は際立っていた。尚，最近の論考として Thomas (2014) 参照。

⑿　代表例だけあげるならば，Honoré (1966, 1ˢᵗed). 尚，現時点で最新版は，Cameron et al. (eds. 2002).

以来，光栄にも二度，バンブリー・ロードにある私宅も訪問させていただいた。一度目は南アフリカトラスト法について話していただくために来日招聘を打診したが，これは叶わなかった。二度目は，ローマ法（学者）がなぜキリスト教（教会）問題に関与しなかったのか（一種の政教分離）という筆者の疑問に対して，懇切丁寧に対応してくださった。残念ながら，オノレの業績は我国では，法哲学的著作[15]を除いてほとんど知られていない。そのこと自体我国の法学研究の一つの特徴を如実に表しているが，これを論ずることは本稿の目的ではない。ここでは彼のローマ法著作のうち，特にウールピアーヌス研究に焦点を当てて紹介したい。その際，彼の研究の意義を把握するために，戦後のローマ法研究，とりわけローマ法学史について若干説明しておくことが有益であろうと思われる。

2　ローマ法学とギリシア哲学

　オノレのウールピアーヌス研究（初版）が公刊されたのは 1982 年であるが，戦後のローマ法学史研究は，フリッツ・シュルツ（Fritz Schulz 1879-1957）によって始まる。ナチズムの台頭によりベルリーンからオックスフォードに避難したシュルツは，結局英国籍を取得し，その地で没した[16]。

　オックスフォード大学には正式のポストを得ることはできなかったが，英語で三冊の著作を残し，それらはローマ法研究を英語圏に普及するために決定的に重要な影響を及ぼした[17]。そのうちの一冊が，『ローマ法学史（History of Roman Legal Science, Oxford 1946）』である。この著作は，本来は「世界比較法学史」の一環として書かれたという制約はあるものの，古代ローマ法学の通史として類書がなく，今日に至るまで基本書として通用している[18]。その記述の枠

---

(13)　代表例として，Hart and Honoré (1985, 2nded) 及び邦訳井上祐司他訳 (1991)，および論文集として，Tony Honoré, (1987)。

(14)　その中で方法論的特徴をよく示している論文と本稿との関連で重要なものだけここでは挙げる。Honoré and Rodger (1970), Honoré and Menner (1980), Honoré (2002), Honoré (2010).

(15)　前掲注(13)参照。

(16)　詳細は Jack Beatson and Reinhard Zimmermann (eds. 2004), 105-203 (by Wolfgang Ernst)

(17)　Fritz Schulz (1936), (1946), (1951).

組みは，時代区分と各時代毎の法学の性格，さらに法学著作をジャンルとして，
そして個別法学者毎に分析するという構成になっている。

　1976 年，「ローマ法学史」に充てられた 'ANRW' (H. Temporini and W. Haase
(eds.), *Aufstieg und Niedergang der Römishcen Welt,* Berlin/New York) シリーズの
一冊が出版された。奇しくもシュルツの『法学史』出版から丁度 30 年後のこ
とである。所収論文をみると，「方法論」ないし古代ローマ法学（者）全般の
法学としての特徴を論じた論文に比して，圧倒的多数を占めるのは個別法学者
の特徴を論じた研究である[19]。個別法学者として取り上げられているのは，ポ
ンポーニウス，ウールピアーヌス，ケルスス，ガーイウス，スカエウォラであ
る。このような，いわゆる prosopographical な研究を最初から一貫して続け
てきたのが，オノレなのである[20]。

　シュルツ『法学史』のもう一つの枠組みは，法学が「学問 (Rechtswissen-
chaft, Legal Science)」として確立するためにはギリシア哲学が必要であったと
いう視点であり，とりわけギリシアのディアレクティケー (*Dialektike*, Dialek-
tik, Dialectic) がローマ法学に及ぼした作用を，「プロメテウスの火」と比喩的
に呼んでいる。シュルツによれば，プラトンが初めて定式化した，区別と分類
により概念を定義し，他と区別するという方法があって初めて，ローマ法学は
「法学」の地位を獲得する。この学問化の可能性は共和末期に開かれ，キケロ
が唱えた市民法の体系化の理想に向かって進むかにみえたが，元首制期に入っ
て個別問題解決を第一とする実務的思考，即ちカズイスティック (Casuistic)
の波に圧倒され，結局体系化 (Systematic) には至らなかった，とシュルツは

⒅　この著作は，元来ヘルマン・カントロヴィッチ (1877-1940) の主導による The Ox-
　　ford History of Legal Science の一項目（ローマ法学）として書かれたものであるが，カ
　　ントロヴィッチの死去にともない，ギリシア法学 (George M. Calhoun, (1944)) 以外は
　　結局未完に終わった。尚，シュルツの英文ローマ法学史は後に，弟子のヴェルナー・フ
　　ルーメによりドイツ語版が刊行された (Schulz (1961))。ところで，シュルツ没後 60
　　年以上を経たいまも，これに代わる体系書は出ていない。Franz Wieacker, Handbuch
　　もシュルツにとって代わるものではない。もし，ローマ法学者の法著作文献に関する現
　　在最も詳細かつ信頼できるものとしてあげるなら，デートレフ・リープスの一連の論稿
　　であろう。Detlef Liebs (1989), (1997), (2002).
⒆　前者（方法論）については，Max Kaser, (1962)，後者については Wolfgang Kunkel,
　　(2001) が研究のきっかけを与えたと思われる。Ulrike Babusiaux, (2011)
⒇　Honoré (1962), (1994, 2nded.), (1998), (2002, 2nded.)

結ぶ。

　ギリシア思想のローマ法学に対する影響を考える時，避けて通れない問題は弁論術（Rhetoric）と法学の関係である。しかし，シュルツは共和制末期におけるキケローの弁論術の法学への影響を論じ，それを否定的に評価するにとどまり，元首制期以降の影響関係については特に立ち入って検討してはいない。ギリシア哲学と言えばプラトンおよびアリストテレスに留まり，キケローの著作でしばしば言及されるヘレニズムの哲学，とりわけストア哲学とローマ法学との関係については，ほとんど述べられていない。元首制期以降のローマ法学の性格を「カズイスティック」と決めつけてしまったことによって，古典法学および古典期以後の法学の学問的・哲学的基盤を問う視点を失ってしまったと言ってよい。

3　ウールピアーヌス（Ulpianus）── ストア哲学とローマ法

　以上のような研究状況において，ローマ法学史研究に対するオノレの貢献は質量ともに際立っており，シュルツ以降では最大の貢献といっても過言ではない。ガイウス研究（1962年）からはじまる一連の業績のなかで代表作を挙げるとすれば，『ウールピアーヌス ── 人権論の先駆者』であろう[21]。これはウールピアーヌス個人の生涯と学問および実務に対して一書を費やした初めての研究である。

　まず，量から述べる。少なくとも『学説彙纂』（*Digesta*）に利用された法学者の著作のうち，総巻数の約40％はウールピアーヌス（紀元後約170-223/4年）の著作である。また，ウールピアーヌスは他の法学者の（著作）引用率が，彼の先輩法律家が自分以外の法律家を引用する率に比べて，5ないし6倍にのぼる。そして彼が引用する他の法学者のうち，ユーリアーヌス，ポンポーニウス，パーピニアーヌス，マルケッルス，そして小ケルススの5人が断然多い。尚この5人のうち，同時代人はポンポーニウスだけで，残りは先輩たちである[22]。

　次に，質である。ウールピアーヌスの法律家としての特徴は何であろうか。

---

(21)　Honoré（2002），尚，オノレ以外では，Crifo（1976）がウールピアーヌスに絞った最も詳しい研究である。ウールビアーヌスの活躍した時代における，文学一般の隆成と法文献の重要性について，さしあたり Whitmarsh（2007）参照。

(22)　Honoré（2002），128-130，Honoré（2010），74-75．

第一に，彼の法文は口語のスタイルであるという点である[23]。即ち，ウールピアーヌスの著作は実質的にほとんど口頭で述べたことを部下ないし弟子に書き取らせたものである[24]。その証拠に，同じ言い回しが何度も登場する。そして，「例えば（*ut puta*）」，「大差ない（*parvi refert*）」「全く妥当である（*aequissimus (um, a)*）」などの表現は口語スタイルであることを物語っている。因みに，最後の *aequus* の最上級形は，ディゲスタの中の全用例 86 のうち 80 がウールピアーヌスのものである[25]。また，「〜恐らく〜でなければ（*nisi forte*），」という留保付き表現も，117 の全用例のうち 95 がウールピアーヌスである。

　第二に，ストア派の影響についてオノレは，ウールピアーヌスの弟子マルキアーヌス（Aelius Marcianus）の次の言葉を引用している。

　マルキアーヌス『法学提要』第一巻（D. 1. 3. 2）「さて，弁論家デーモステネースもまた，それを以下のように定義している。法（*nomos*）とは，全ての人間が多くの理由からそれに従うこと（*peithesthai*）が妥当なものである。多くの理由のうちでもとりわけ，次の理由からである。全ての法は神の発見したものであり，贈物である。と同時に思慮ある人間たちの見解（*dogma*）でもある。意図的であれ意図せざるものであれ，引き起こした損害を補填するものであり，ポリスの中で全ての人間がそれに従って生活しなければならない，ポリスの共通の取り決めである。ストア哲学の最高の知をもつクリューシッポスもまた，『法について』と題する著作の冒頭で次のように述べている。法（*nomos*）は神々に関することと人間に関すること，すべての事柄の王（*basileus*）である。それは善き人であれ悪しき人であれ，彼らの先導者，指導者，そして支配者であらねばならない。このようにして，それは正当なることと不正なることの基準たるべきであり，本性上政治的動物である人間にとっての，為すべきことについてはその指針，為してはならないことについては禁止条項となるべきである。」[26]

　オノレによれば，ウールピアーヌスの哲学的立場を考えるとき，決定的に重

---

[23]　Honore (2002), 38.

[24]　口語スタイルをとる他の唯一の例は，ガイウスの『法学提要』である。Honoré(2002), 44.

[25]　Honoré (2002), 37-40

[26]　Honore (2002) 136-138, Kunkel (2001), 258-259.

要な出来事は212年のいわゆるカラカラ帝の市民権立法（constitutio Antoniniana）である。これにより，ローマ帝国内の全自由民，すなわち奴隷以外の全住民（但し女性の法的地位問題は残る）がローマ市民権を有することになり，従来の市民法と万民法（ius gentium）の区分の意味が失われる。残る問題は，万民法と自然法（ius naturale）との区別ないし関係である。この区別が最も深刻な問題となるのは，奴隷制である。周知のように，奴隷ないし奴隷制は，古典古代の政治的，社会的，経済的，宗教的，そして法的全関係において，自明の前提であり一種の公理である。しかし，この制度は自然ないし自然法によって承認されうるであろうか。オノレがウールピアーヌスの自然法に対する考え方，そしてストア哲学の影響を論ずるとき，その焦点を当てるのが奴隷制なのである[27]。

　ウールピアーヌスによれば，自然によって全ての人間は生まれたときは自由であるが，万民法を通じて奴隷制が成立してくる。但し，「解放」によって自由を回復し，ローマ市民となる。では，奴隷は債務を負うかどうか，これに関する訴訟は奴隷の所有者に対して，あるいは奴隷の所有者によって提起しうるか，奴隷は民事不法（civil wrongs）に対して責任を負うか否か，などの問題についてウールピアーヌスは議論をしている。つまり，人間にとって何が自然か，何が合理的に正当化しうるかについて，市民法とも，そしていまや市民法と同化した，いわば慣習法として受け入れられてきた万民法とも異なる根拠が探求されはじめたのである。ここにストア哲学，特にその「自然」概念が法源として入り込む余地が生じる。

　もちろん，ストア哲学の影響の存否およびその程度は，簡単には論じることはできない。例えば，ストア哲学によれば，全ての人間は共同体を形成し，家族ないし同族として扱われなければならないというが，奴隷もこれに含まれるべきかどうか。答え，特に法的に答えを出すことは容易ではない。オノレはウールピアーヌスがストア哲学の影響を受け，この問題と格闘した最も重要な法律家であるとして，「人権のパイオニア」として高く評価する。ではこの公

---

(27)　奴隷制の問題は決して歴史的過去の問題ではないことは最近の研究関心の高まりが示している。代表的研究 Allain（2012）の中で，法制史学者としてオノレ，ヘルムホルツ（Richard Helmholz），ジョン・ケアンズ（John Cairns）も論じている。Allain（2012），9-16; 17-39; 61-84 参照。

理ともいうべき大原則にウールピアーヌスはどのような法技術ないし法概念を
用いて挑戦したのであろうか。その一つが，衡平 *aequitas* 概念である。次に
これを検討してみたい[28]。

4　ウールピアーヌスと *aequitas*

　ウールピアーヌスが問題解決の際に考慮する要素として，オノレは，第一に，
法律，遺言，契約などの文言（*verba*），次に字句の背後にある意図（*mens*），
第三に，政策ないし効果（*utilitas*），そして最後に，衡平（*aequitas*）を挙げて
いる。この中でウールピアーヌスが政策ないし効果と並んで重要視しているの
が衡平である[29]。ウールピアーヌスは衡平を，直接的ではないが，「平等」と
関連付けて考えている。それは，これらの概念は当事者の各々の利益を考慮し，
双方の利益に同等の重さを与えるからである[30]。衡平の事例を具体的に見てゆ
くと，ウールピアーヌスは，優れたコモン・ロイヤーと同様に，極端に走ると
いうことはしない。彼は，「また私なら～考える（*et putem*）」とか，「私はどち
らかというと～思う（*et magis puto*）」とか，「むしろ～のほうがよい（*et magis
est*）」という表現を用いる。もちろんこれは他の法律家とくらべて程度の差に
すぎないが，彼の文体の一つの特徴である。[31]

　一定の事実関係に法を適用するという方法でひとたび当該事件の結論が導か
れた場合，もし事実がわずかに異なる場合でも同じ結論を導くべきであろうか。
このような事態に対して，ウールピアーヌスはかなり頻繁に，「恐らくもし～
でなければ，但し～でなければ」と述べて，結論に留保をつけている。これに
よって自分の見解を必要以上に拡大して適用しないようにと念をおしているの
である。あるいはまた，「～はあまり重要ではない（*parvi refert*）」とか，「も
し～であったとしても結論は同様であろう（*sed et si - - aeque*）」とか，「だがも
し～ならばどうなるか（*quid tamen si*）」など，のフレーズをよく用いている。

---

[28]　Honoré (2010b), Mistis (1994), Vander Waerdt (1994) 参照

[29]　例えば，D. 2. 2. 1pr; 2. 13. 1pr; 2. 13. 4. 1; 27. 6. 1pr. など。

[30]　Honoré (2002), 93. 以下に Oxford Latin Dictionary の挙げている *aequitas* の意味を列
　　挙する。1 evenness, flatness, smoothness; 2 evenness of temper; 3 balance, symmetry; 4
　　fairness, impartiality, justice, impartial indifference; 5 legally, equity, principle, 6 Equity
　　as a goddess, personified quality of emperors.

[31]　Honoré (2002), 94-95.

　これらの表現はすべて，ある原則の境界がどこにあるかは，試行錯誤の末にわかるものであるという前提に基づいている。ここには，原則には例外がつきものである，したがって，ここでは法律を事実に適応する際には，細心の注意を払って事実を分析しなければならないという姿勢が見てとれる[32]。

　ウールピアーヌスの衡平に対するこのような認識と態度，換言すれば「例外の許容」の姿勢は，ギリシアではどのようになっているであろうか。次章でこれについて検討を加えることにしたい。

Ⅲ　ギリシアにおけるエピエイケイア（*epieikeia*）

1　ギリシア語における「蓋然性（エイコス *eikos*）」

　前章ではローマ法における *aequus*（形容詞）ないし *aequitas*（名詞）について論じてきたが，これらに相当するギリシア語は *epieikes*（形容詞）ないし *epieikeia*（名詞）である。これらの語は，*eikos*（エイコス，形容詞ないし定冠詞をつけて名詞）に接頭語 *epi*（〜の上に，〜に加えて，などの他，〜に対（抗）して，という意味もある）が付け加わったものであり，その意味の核はエイコスにある。ではエイコスとは何であろうか。詳細は別稿[33]に委ねるが，要点のみ述べれば，この語は動詞 *eoika* の分詞形である。*eoika*（完了形）はホメーロス以来，ギリシア文学作品（広義）に非常によく登場し，その基本的意味は「〜のように（〜にとって）思われる/見える」，あるいは「〜が（〜にとって）ふさわしい/適当である」である。つまり，この語は「〜に似ている（likeness）」という意味と「そうらしい（likelihood）」という意味を二重に有している。そこからこの動詞の分詞形の形容詞（*eikōs* エイコース）および名詞（*eikos* エイコス）は，「事実/真実に似ている」，あるいは「事実/真実らしい」という二つの意味を帯びることになる[34]。

　ブライアンは，いわゆるソクラテス以前の哲学者（クセノパネスおよびパルメニデス）と『ティマイオス』におけるプラトンのエイコスの用例の分析を通じて，以下のことを明らかにする。この三者はそれぞれこの語を真実・事実との

---

[32]　Honoré（2002），103.

[33]　葛西（2010），（2013）。

[34]　尚，語形としては，*eoikos/oikos* もある。

関係で説明し，そこに各々の違いが現れている。しかしながら同時に，この三者には重要な類似点もある。即ち，三者とも彼らに先行する哲学者の認識論について考察し，それを是正することを狙っていた。彼らはエイコスを何かに対する比喩として，暗示的に（allusive, allusion）用いて議論している。そして少なくとも，エイコスは真実の代わりになるもの，―それが不確実なことは必然的だとしても―，あるいは，候補者の一つとしての意味を有していた。

　このようにブライアンは，エイコスのもつポジティブな側面に光を当てている。即ち一般的には，「エイコスは真実に似ている。したがって真実らしく見えるが，真実ではない。」として，エイコスのネガティブな側面だけが強調されてきたが，これに疑問を提示しているのである。その論証の中で，本稿にとって注目すべき点を一つ上げるならば，パルメニデスの用いる語彙が（上記の比喩・暗示方法の中で）裁判で用いられる用語である点である[35]。例えば，*dike*（裁判，訴訟），*semata*（証拠），*krisis*（判定），*elenchos*（論駁），*pistis*（論証）など。ここではエイコスは蓋然性の意味を帯びている[36]。では，裁判とエイコスはどのように関わるのであろうか。次に，これを理論と実務の両面から検討してみたい。

2　エイコス ── 理論と実務

　専門家の間ではよく知られているように，エイコスはアリストテレス『弁論術（*ars rhetorica, techne rhetorike*）全三巻』のキーワードの一つであり，第一巻の冒頭部分で詳細に検討されている。アリストテレスによれば，弁論術で用いられる論証（*pistis*）は，結論を必然的に導き出すようなものではなく，「大抵の場合に成りたつ（*hos epi to poly*）」すなわち「蓋然的」な性質を有している。

---

[35]　Bryan (2012), 104-107.

[36]　Bryan (2014) では，プラトンの『パイドロス』を対象にして，エイコスのポジティブな側面をより敷衍して論じている。また Allen (2014) は，アリストテレスの『弁論術』と『トピカ』を中心に，*eikos* (likely), *pithanon* (plausible, persuasive), *endoxon* (reputable) の3語を類義語としてまとめて検討してる。尚，*pithanon*（複数 *pithana*）については，Reinhardt (2019) の最新論文も参照。さらに最近，ジェームズ・フランクリン著南條郁子訳『「蓋然性」の探求』（みすず書房，2018年）なる本が翻訳出版され，弁論術を含む古代哲学，証拠法，そして確率論，果ては賭博まで，非常に網羅的に扱っている。

後者の性質はエイコス（eikos）と呼ばれるが，このような性質を帯びる究極の原因は，人間の行為（praxis）ないしそのような行為によって為されること（pragma）が，「他の様でもありうる，他のやり方もありうる」ことだからである。人間は選択可能な事柄を対象として，その選択肢の一つを選んで生活している。この pragma というものは，例えば，法廷弁論の中のいわゆる「私訴弁論」では，契約，ビジネス取引，遺言などである[37]。ところで，弁論術が用いられる場では，まさにこのような事柄が訴訟の対象とされているために，そこで用いられる論証はその事柄の本性上，蓋然的なもの以上でも以下でもない（後述するように，アリストテレスは『ニコマコス倫理学』でも同様の論理を用いている）。

　しかし，弁論者は法廷において自分の主張に説得力（pithanon）をもたせなければならない。説得の相手方は不特定多数の聴衆，それは通常 201 名から最大 1501 名の裁判人である。このようなアテナイの「民主的」裁判の類例は，歴史上見当たらない。ではいかにしてスピーチに説得力を持たせるか。当事者は，「どちらの主張も成り立つ」などという呑気なことは言っておられない。本人訴訟が原則のアテナイでは，どうしても勝ちたい当事者はプロのスピーチ代作人（logographos）に高額の謝礼を払って，「台本」を依頼する。アリストテレスの『弁論術』は，確かに一般の弁論指南書の類からは一定の距離をとり，「説得力あるものとは何か（to pithanon）」を分析する理論書の体裁を採ってはいる（「説得することが弁論術のなせる業ではなく，説得的なものとして成立していることを見抜くことがそれなのである。」1355b10-11.）。しかし，『弁論術』の第一巻は，明らかに法廷弁論を念頭において書かれており，裁判に勝つためにはどのようにすればよいかという実践的要求に応えて書いたと思われる主張も，注意深く観察すれば見受けられる。

　第一に，アリストテレスは弁論における論証（pistis）の論理構造の要の位置に，上述のエイコス（eikos）を置いている。アリストテレスによれば，弁論術における論証は一つの結論が必然的に導かれるというものではなく，その前提となるもは（必然的なものもあるが），大多数は「大抵の場合（hos epi to poly）」に成り立つという類のものである。必然的ではないという点では一見ネガティ

---

[37]　私訴弁論については，葛西（2019）423-509 頁参照。

ブな印象を与えるが，しかしこれは人間の行為（*pragma*）に対する彼の理解か
らくる当然の帰結であって，決してネガティブではない。むしろ，「大抵の場
合に成立する」という基礎付けを与えることによって，プラトンとは対照的に
弁論術にポジティブな性格を与えているといってよい。さらに，この点に関し
て弁論術特有の論証方法にアリストテレスはエンテュメーマ（*enthymema*）と
いうテクニカルタームを付与しているが，そのエンテュメーマはエイコスある
いは徴表（*semeion*）から成り立っている（『弁論術』1357a29-1357b3）。

　このようなアリストテレスの弁論術理論におけるエイコスに対して，実際の
法廷弁論ないし実務ではどのようにエイコスを用いているであろうか。もちろ
ん，現存の弁論作品が実際なされた弁論を必ずしも再現しているわけではない
が，それでも弁論作品は実務を知るための最良の資料であることは否定できな
い。ギリシア法研究者ガガーリンによれば，法廷弁論においてエイコスを用い
たアーギュメントは必ずしも肯定的には用いられてはいない。例えば，アン
ティポンの弁論において，論者は「私はエイコスからではなく，事実（*ergon*）
によって，私は殺人が行われたときはその場にいなかったということを示そ
う」と主張し，彼の奴隷全員がその証言をしてくれると付け加えている（アン
ティポン，2.4.8）。あるいは，エイコスは事実ないし証人（証言）などと合わ
せて，アーギュメントに用いられている。確かに，ここにはアリストテレスが
区別した，「技術的証明（*entechnos pistis*）」と「非技術的証明（*atechnos pistis*）」
の対置ないし対比が見てとれる。しかし，論証一般が，それがエイコスを含む
場合であれ含まない場合であれ，事実ないし真実に優位すると主張する弁論家
はいない。この点が明瞭に見て取れるのは，遺言（書）の有効性を巡る訴訟で
ある。例えば，イサイオス第9番弁論では，「遺言（書）が偽造であることを
エイコスから次のように論証している。即ち，「遺言書は，通例親族を招集し
て彼らの前で作成するのが普通であるが，この場合（相手は）そうしなかった。
それゆえ，遺言が行われたということはありそうもない。」と。

　紀元前4世紀には次第に書証が重要になっていくが，法廷弁論では一般的に
言って，事実（例えば遺言書）とエイコスは相互に依存ないし関連しあって
アーギュメントを構成しており，一方だけで機能することはない。デモステネ
スでは，エイコスという単語は用いられることなく，代わりに *eikotos*（「恐ら
く」）という副詞が用いられている。ガガーリンは書証の普及によりエイコス

によるアーギュメントは聴衆には単純に映るのに対して，*eikotos* の方が反論
されにくいと思われたのかもしれないと推測している。遺言書の真正さが常に
争われるのに対して，同じ文書であっても法律だけは一度も争われたことがな
い。もちろん，法律が当該事件に適用可能かどうか，あるいは立法者の意思は
どうであったかなどが問題にならないわけではない。しかし，当事者の主張を
根拠付ける証拠として，法律は特別に確実かつ客観的なものとしばしば見做さ
れる[38]。

　このように，アリストテレスが非技術的証明と対置して弁論家の腕の見せ所
とした技術的証明の柱として強調したエイコス（に基づく論証）は，弁論の実
務では，少なくともアリストテレスが理論化したようには用いられなかったし，
その機能も限定されていたと言わざるをえない。では，エイコスの核にある
「大抵の場合に成り立つ」という意味は，どのように受け継がれたのであろう
か。次に，このエイコスの派生語（合成語）であるエピエイケイア（*epieikeia*）
を，エイコスの場合と同様に，理論と実務の双方から検討してみたい。

3　エピエイケイア（*epieikeia*）── 理論

　アリストテレスは法律を非技術的証明の手段の一つと見なしたために，技術
的証明の主要手段であるエイコスと対置し，相互に関連付けて扱わなかったが，
前節で述べたように法廷弁論の実務において両者は無関係ではなかった。では，
エピエイケイアについてはどうであろうか。

　まず『弁論術』において，アリストテレスは「書かれた法が当該事件（事
情）にとって不利な場合は，共通の法とエピエイケイアをより正義に叶ってい
るものとして用いるべきである。」という（1375a27-a29）。『弁論術』における
エピエイケイアの詳細は別稿に委ねるが[39]，ここで注目されるべきは，エピエ
イケイアが書かれた法に対置され，共通の法とは等価とされている点である。
即ち，「最善の判断によりというのは，このことを意味するのであり，書かれ

---

[38]　Gagarin（2014）。また，ギリシア法，特にアテナイ訴訟法の研究者として名高いゲー
　　アハルト・チュールによれば，上記のアリストテレスの区分した「非技術的証明」のう
　　ち，現代証拠法の意味での証拠として意味があるのは，証人による証言のみである。な
　　ぜならば，契約書であれ，遺言であれ，その真正性を証明するのは証人だけだからであ
　　る。詳細は葛西（2019），481-487頁参照。
[39]　葛西（2010）参照。

た法律はあらゆる場合に，無条件で用いるべきものではないということである。なぜなら，エピエイケイアは常に一定しており，決して一度も変化することはない。共通の法も（自然（ピュシス）に従っているので）変化しない。しかし，書かれた法はしばしば変化する。」と弁論で主張すべきであると，アリストテレスは言う。(『弁論術』1375a29-a33)。

　この主張は，書かれた法が事件に不利に働く場合であるという限定付きではあるが，書かれた法の限界を指摘していると思われるが，この点をより明確に述べているのが，『ニコマコス倫理学』である[40]。

　「だが，実際に議論を行き詰らせているのは，<u>真っ当なこと（*to epieikes*）</u>が正しい（*dikaion*）ことだとしても，それは法に基づいたものではなく，むしろ<u>法的な正しさを是正するもの（*epanorthoma nomimou dikaiou*）</u>としてだということである。その原因は，法はすべて普遍的なもの（*katholou*）であるが，ある種の事柄に関しては，法は普遍的に語る（*orthos eipein katholou*）ことができないという点にある[41]。そのために，普遍的に語らざるをえないが，しかしそれでは妥当な語り方にならない事例において，法は<u>大抵の場合（*hos epi to pleon*）</u>に当てはまる事柄を採り入れるが，そこに誤りが含まれていることを知らないわけではない。それでもなお，法は妥当するのである。なぜなら，この場合，誤りは法にも，立法家にもあるわけではなく，事柄の自然本性にあるからである。実際，行為に関わる事柄の素材には，そうした性質がはじめから含まれているのである。

　このように，法は普遍的な語り方をするが，個別の状況において普遍的な原則に反することが起こったとき，立法家が法の規定において個別的な事象を捨象して，無条件的な言い方に陥る不備のあるところについて，当の立法家がその場に居合わせたら[42]，彼自身述べたであろうような，またその状況を立法にあたって，予め知っていたならば立法に盛り込んだであろうような補足によっ

---

(40)　以下引用は神崎繁訳（2014）による。尚，下線は葛西。

(41)　神崎訳はこの箇所に註をつけて，プラトン『ポリティコス』294Bの「単一の基準をあらゆる事柄についてどんな時にも適用することはできない。」を引用している。神崎訳（2014），225頁。

(42)　この箇所の神崎註によれば，プラトン『ポリティコス』295B-E, 300Dでは，常に人に付き添って指導する者がいることが理想だが，それが実現不可能なために，不在の際の指令として書かれた法が必要であると言われている。

て，これを修正するなら，その方がよいのである。したがって，真っ当なこと
は正しいことであり，ある種の正しさよりもいっそう善いものであるが，無条
件的に正しいよりもいっそう善いものではなく，法の一般性に由来する不備よ
りもいっそう善いものであるということである。そして，まさにそのことこそ
真っ当なことの本性なのである。つまり，法がその一般性ゆえに不足する場合
に，法を是正する役目である。実際，あらゆる事柄が法によって規定されうる
ものではなく，ある種の事柄を法に規定することは不可能であり，そのために，
法に定めることのできないものについては，「決議（*psephisma*）」を必要とす
るのもこのことが原因である。まことに，不定の事柄には，不定の基準がある
のである。レスボスの建築に用いられる鉛の物差しがそうであるように。とい
うのも，その物差しは，石の形にそって自在に変形して，定まった形をしてい
ないからである。決議もまた，同じく事柄に応じて下されるのである。」[43]

　ここに見られるエピエイケイアに対するアリストテレスの理解，特に法に対
する関係の分析は，上で確認した『弁論術』における叙述とほぼ対応している
と言ってよい。『ニコマコス倫理学』では法一般について論じているが，文脈
から考えて書かれた法ないし立法者による制定された法律（実定法）を意味し
ていると思われる[44]。そのような法律は一方で特定事件の解決のためだけに制
定されてはいないという意味で一般的な効力を有するが，あらゆる事件に対応
して，正当な（*dikaion*）解決を導き出す力は有していないことをアリストテレ
スは率直に認めている。すなわち，その正しさは，実定法的な正しさ（*nomi-
mos dikaios*）に留まる。この実定法的な正しさを埋め合わせるのはエピエイケ
イアなのである。このような事態が生じる根本原因を，アリストテレスは『弁
論術』の場合と同様に，行為に関わる事柄の本性（*physis pragmatos*）に求めて

---

(43)　『ニコマコス倫理学』1137b11-b32　神崎訳225-226頁。ここで神崎氏によって「真っ
　　当」と訳されているギリシア語が，エピエイケス（*epieikes*）ないしエピエイケイア
　　（*epieikeia*）である。英訳では reasonable（ness）となっている。Broadie and Rowe
　　（2002），174-175.

(44)　但し，立法者（*nomothetes*），神崎訳では「立法家」が，具体的な歴史上の人物を指し，
　　したがってその立法は文字通り個々の法律（実定法）を意味するのかどうかについては，
　　必ずしも明確ではない。実際，法廷弁論では立法者は殆どの場合ソロンを指し，そこ
　　で引用される（弁論作品に（写本上）残存する場合であれ，残存しない場合であれ）法
　　律は当時の法律を反映しているとは必ずしも言えない。尚，この問題については，葛西
　　（2008）参照。

いる。そしてここでもまた，「大抵の場合に」というフレーズが登場している。

　そして次のように結んでいる。「さて以上で，真っ当なこととは何かということ，また真っ当なことは正しいことであるが，ある種の正しさよりもいっそう善いものであることは，明らかである。またこのことから，真っ当な人とはどんな人のことであるかも，明らかである。つまり，そうした真っ当な事柄を選択し，それを実行しうる者であって，また悪い方向に厳正を求める者ではなく，たとえ法が自分の助けになる場合でも，より少なめに取る控え目な人が，真っ当なのである。そして，まさにこうした性向が真っ当さであり，これは一種の正義であるが，正義と何か別の性向ではない。」[45]

4　エピエイケイア ── 実務

　一方，法廷弁論の現場ではエピエイケイアはどのようになっているであろうか。法廷弁論におけるエピエイケイアの用例は９つある[46]。これらの用例を分析してみると，その意味と文脈より判断して，大きく二つのタイプに分けることができる。

　第一は，法律，宣誓など，「厳格な基準」との対比で用いられている例である（①④⑤⑥）。しかも①では「しがらみ（charis）」と同列に扱われてる。④は法律との対比で用いられてはいないが，同情（syngnome）と同列におかれている点でこのタイプに入れることができよう。

　第二は，公的に（ポリス市民として），あるいは私的に，人間のポジティブな性向を表す場合である（②③⑦⑧⑨）。②は倫理的・道徳的に非難される行動はとらないという性向，③と⑦はポリスへの貢献（寄付），⑧は浪費家ではない（②と類似），そして⑨も下心（poneria）がないという倫理的性格を意味している。

　この二つは決して相互排除的な類型ではない。両者に共通する特徴は，総じて倫理的，社会的にポジティブな性向であり，それゆえにこの性向を有する人間を擁護ないし弁明する根拠となる。換言すれば，「やるべきことはやる（一

---

(45)　『ニコマコス倫理学』1137b33-38a3。

(46)　この情報は，2019 年 5 月 12 日に東京大学で行われたギリシア法研究会におけるガガーリン教授の報告原稿（'Law and Justice in Classical Athens'）に基づいている。ガガーリン教授には記して心より感謝する。

種の互酬性）」という原理に従って行動するという性向である。しかし，法廷弁論において，評決の基準として，法律などのいわゆる客観的ないし厳格な基準ではないとして，ネガティブに捉えられる場合もある。

このように，法廷弁論の実務においては，アリストテレスの理論と全面的に矛盾するわけではない。即ち両者とも法律との対比で用いられる場合がある。しかし，実務における用例はアリストテレスの理論よりも，用いられる文脈が広く，ポジティブからネガティブまで，そのニュアンスの幅は広い。

以下に9つの用例を紹介しておく。読者にそのニュアンスを感じてもらうために，あえて翻訳せずエピエイケイアと表記した場合がある。

① イソクラテス弁論18番34節

「これらの事柄について，しがらみ（*charis*），一種のバランス感覚（*epieikeia*），そして宣誓に基づくもの以外のいかなるもの，このようなものに基づいて票決することは正当ではない。」

② リュシアス弁論16番11節

「私的な事柄はそのように取り扱ってきたが，公的な事柄に関しては，私の温厚さ（*epieikeia*）の最大の証拠は以下のようなことだと考える。それはつまり，賽子や酒杯や同種の放埓で時間をつぶしているような若い連中のすべてが，いまにおわかりになることだが，私と不仲であって，何よりもかれらが虚偽に私の悪口を言いふらしているということである。まったくのところ，われわれが同じことに関心を抱いているのであれば，かれらは私に関してそのような評価をしないことは明らかだ。」[47]

③ デモステネス弁論20番155節

「さて，このレプティネースの法律は，アテナイ人諸君，以下のような不法（不正）なことを犯している。すなわち，それはポリスに財政的貢献に対してそれにふさわしい処遇をすることを廃止することによって，その処遇を求めて貢献しようとしている人たちに対して，彼らのエピエイケイアを無益にするばかりでなく，――」

④ デモステネス21番90節

---

[47]　細井敦子・桜井万里子・安部素子訳『西洋古典叢書リュシアス弁論集』京都大学学術出版会2001年（238-239頁）による。尚，特にことわらない限り，以下弁論の引用は私訳による。

—

「――アテナイ人の一人が市民権剥奪されなければならなかったのであり，同情（*syngnome*）を受けることも，申し立て（ロゴス）を行うことも，ふさわしい扱い（*epieikeia*）を受けることも許されなかった。――」

⑤ デモステネス弁論 21 番 207 節

「――もし，あなた（エウブロス）が，法律に従って（*kata tous nomous*）何であれ私を罰しようと欲するならばそうすればいいでしょう。――けれども，もしいま言ったようなやり方では私を困らせる手立てがないというのであれば，それが同時に私の側に分（ぶ）がある（*epieikeia*）ことの証拠となるでしょう。――」

⑥ デモステネス弁論 26 番 16 節『アリストゲイトーン論駁（第二）』

「アリストゲイトーンのエピエイケイアとあなた方にとって彼が有用であるという理由で，法律違反（*paranomounta*）をしていても彼を大目に見るべきだ，と考える人はいない。――」

⑦ デモステネス弁論 34 番 40 節

「しかしたしかにこれらをも証拠にすべきであるならば，みなさんに褒めていただきたい一心でこれほどの額に金を寄付した私たちが，他方でポルミオンを不当告訴してありもしない罪をかぶせて，いまのよい評判（*epieikeia*）をむざと捨てたりすることは，およそありえないことです（*ouk eikos*）。[48]」

⑧ デモステネス弁論 36 番 59；②と⑦と類似

「――もしお前（アポロドロス）が真実を言っているとして，あれだけたくさんの金銭を受け取っておいて，それを全部失ったとお前は言っているが。しかし，お前がバランスのとれた人（*epieikes*）ならば，それを費消してしまうことはけっしてなかったであろう。」[49]

⑨ ヒュペレイデス弁論 1 番 13 節

「――エウフェーモスが彼女に銀 1 タラントンを，明らかに下心（*pomeria*）からではなくエピエイケイアから，持参金として提供したので直ちに彼女は嫁いでいったのだが。――」

---

(48)　木曽明子訳『デモステネス弁論集 5』）（206 頁）による。
(49)　葛西（2019）279 頁註(1)，283 頁註(1)「バランスのとれた」と訳した。

Ⅳ　南アフリカにおけるウブントゥ（Ubuntu）

1　1993 年暫定憲法におけるウブントゥ(Ubuntu)の(再)発見

1993 年，南アフリカ共和国暫定憲法（The Interim Constitution）の結びの部分で，ubuntu なる言葉が初めて法律（文献）に登場した。この言葉は，「深く分断された社会，それは抗争，闘争，語りえない苦難と不正義によって特徴付けられるが，その社会の過去と，人権の承認，デモクラシー，そして平和な共存の上に基礎付けられる未来の間に架けられる歴史的な橋」である。この後成立した共和国憲法の条文にはウブントゥは採用されなかったが，特に 1996 年の死刑廃止に関する憲法裁判所の判決理由の中で引用されたことにより，西洋の領分であった法システムの中に，小さいながらもそれは自分たちのものだという感覚をネイティブなアフリカ人に対して与えることになった。

南アフリカ法におけるウブントゥの意義に対して懐疑的な意見は多いが，ベネット教授[50]はこの語が（アフリカに）特殊な文化的概念であり，それが英単語一語には翻訳不可能な原因であるとする。当初ウブントゥは口頭で用いられていたが，それが文字化することにより，そして法的ディスコースの中で用いられ始めることにより種々の変容を被っている。特に注意すべきことは，西洋法体系の中でその意味の確実性と統一性を，そして西洋法概念との関係を確定させるようにと要求されることである。以下，これまで論じてきた衡平（*aequitas*）やエピエイケイアとの比較の視座を得るために，この概念を紹介したい。

2　伝統アフリカ諸言語におけるウブントゥとその批判

まず，次の言葉から始めたい。

'umuntu ngumuntu ngabantu [isi Xhosa], 'a person is a person through people'
「人間は人間集団を通じて人間になる。」

ウブントゥというのは，アフリカ伝統文化の中で，倫理的価値の一つの特殊なタイプを意味する用語である。それは，南アフリカ土着の言語の中で日常的に使われている言葉である。しかし，民主的憲法新体制が到来して以降，それはいまや英語でもアフリカーンスにおいても完全に確立し，相互に異なり分断

されたこの国の社会を統一する点で，一つの国民的価値として重要な役割を演
ずるに至った。ウブントゥについて最初に書かれた資料が登場するのは，1846
年，聖書の isiXhosa 語への翻訳である。当時，この言葉の基本的な意味は，
人間のある特定の性質であった。それに加えて，抽象的な徳や倫理的意味は，
ウブントゥが政治的諸目的のために使われるようになったとき，後から生じた
ものである。

　後者の意味のウブントゥは 1920 年代に登場し始め，1980 年には，ウブン
トゥに丸々一冊を捧げた研究書が初めて出版された。そして，1990 年代初め，
アフリカ固有の諸価値は，国民的統一の感覚を作るための戦術計画において，
決定的な要素となった。そしていまだにその理由は明かされていないが，この
語は上述のように 1993 年の南アフリカ暫定憲法（The Interim Constitution）へ
の「国民的統一と和解」と題された後書きの中に現れている。すなわち，それ
は以下のように記されている。

　「この憲法の採用は南アフリカ人民が過去の分断と抗争を乗り越えるための

⑸　トーマス・ベネット（Thomas Bennett）教授は 1949 年生まれ。ローズ大学（Rhodes
　University）で法学を修め（LL. B. 1971），1980 年ケープタウン大学より Ph. D.を取得。
　論文タイトルは 'The Legal Status of African Women in Zimbabwe'。1977 年よりケープ
　タウン大学にて，アフリカ慣習法，国際私法・公法，そして「法と言語」などの科目を
　教えてきた。1987 年同大学教授，現在は名誉教授。代表的著書は，*A Sourcebook of
　African Customery Law for Southern Africa*, Juta and Co., 1991; *Human Rights and
　Customery Law under the South African Constitution*, Juta and Co. 1995, *Customery Law
　in South Africa*, Juta and Co., 2004; そして，*Ubuntu — An African Jurisprudence-*, Juta
　and Co., 2018 が昨年公刊された。筆者がベネット教授と初めて会ったのは，2011 年 6
　月，エルサレムのヘブライ大学で開催された第 3 回世界混合法律家協会（World
　Society of Mixed Jurisdiction Jurists）においてである。そこでの報告テーマが，まさに
　このウブントゥであった。尚，南アフリカと同じ混合法国スコットランドのエジンバラ
　大学からジョン・ケアンズ教授（John Cairns）ともに 2018 年 7 月来日し，種々の報告
　を行った。それらは，第 70 回日本法制史学会（於青山学院大学）「シンポジウム：ミク
　ス ト・リ ー ガ ル・シ ス テ ム と 法 制 史」'Loan words and legal transplants: two
　frameworks for the analysis of ubuntu in South Africa' の他，'Ubuntu, and African
　Form of equity in South African law'（於東京大学），'Dispossession of land in South
　Africa: The Interplay of International, Roman-Dutch, English and African Customary
　laws'（於南山大学），' 'South Africa's Legal System: Mixed, Dual, Plural and Hybrid'（於
　九州大学　比較法国際アカデミー）である。尚，法制史学会のシンポジウムでの報告内
　容は松本英実編訳『法制史研究 69』（2019 年）より刊行予定。

確固たる基盤を形成する。この分断と抗争によって，暴力的な闘争において人権の深刻な侵害と人道主義的諸原理の侵犯，そして憎悪，恐怖，罪悪，および復讐の連鎖が引き起こされた。いまやこれらの問題は，次のような基礎に立って取り組むことができる。即ち，必要なものは復讐ではなく理解，報復ではなく修復，そして犠牲者を作ることではなくウブントゥなのである。」

　このように暫定憲法の後書きに登場したウブントゥという言葉は，1996年制定の憲法自体の中には採用されなかった。しかし，口承から文字化され，そして法的議論に入り込む中で，それがいかに困難であろうとも，その意味を定義する必要に迫られざるをえない。

　ウブントゥに対しては様々の批判がなされているが，それらは概ね次の六つに分類できるであろう。第一に，概念があまりに一般的かつ曖昧であること，第二に，内部者と多数者の利益に役立つこと，第三に，現代社会の諸条件に適合しないこと，第四に，政治的，イデオロギー的目的に悪用されること，第五に，少なくとも西洋法システムから理解するかぎり，本当に法的概念として通用するかどうか疑わしいことである。第五点を敷衍すると，ウブントゥの侵害は世俗的な制裁を伴わないし，ウブントゥに暗黙のうちに含まれる義務は，それ自体，明確な権利と義務に還元されず，またウブントゥの遵守は特定の義務の履行を要求しない。最後に，現行の法制度は完備しており，このうえウブントゥを必要とはしない，ということである。但し，ウブントゥに密接に関連する概念である「尊厳（dignity）」は，これとは対照的に，南アフリカ共和国憲法上の基本的価値の一つであるのみならず，その権利章典（Bill of Rights, Section 10）によって認められた権利でもある。

　ベネット教授はウブントゥに対するこのような批判を紹介したあと，結論としては次のように述べる。ウブントゥはたしかに伝統アフリカ社会の芯となる倫理的・宗教的概念である。そのようなものとして，必然的にその意味が一般的になり不確定なものとならざるをえない。しかし，いまやこれは裁判所に採用され，法概念における厳密さと明確さを求める西洋法の一般的要求に沿って，ウブントゥの定義問題が裁判所と法律家の重要な任務となっている。そこで以下，具体的に判例と学説を検討していきたい[51]。

---

(51)　Bennett (2018), 24-59.

3　ウブントゥ判例 —— 名誉毀損と修復的正義（司法）

　1993年暫定憲法の後書きに初めて登場して以来，ウブントゥは少なくとも39回判例集に登場している（そのうち19回は憲法裁判所，2回は最高控訴裁判所（Supreme Court of Appeal）。その用例は概ね以下のように分類することができる。(a) 相互に矛盾する法規の調整，(b) 契約や条項の文言解釈，(c) 権利章典に沿った（南アフリカの）コモン・ローと慣習法の発展，(d) 権利と権力の行使の抑制（刑事事件，財産，表現の自由），(e) 国民的統一と和解の促進，(f) 修復的正義の政策の補完，(g) 行政手続のより衡平で効率的な運用，(h) 平等の担保，(i) 文化的多様性の涵養，(j)（私人および裁判官・弁護士等の）新しい行動諸規範の設定，以上である。この中で，本稿では，ローマ法，ギリシア法との比較のため，(d) の中で表現の自由に関する事件と (f) を取り上げる。そこではいずれも名誉毀損（defamation）が問題となっている。

　（南アフリカ）権利章典 Section 16 では，特に出版社を含む表現の自由を保障している。原告（Robert McBride）は被告である新聞社（'The Citizen'）が原告を殺人者（murderer）と記載して報道したことを名誉毀損で訴えた。その理由は，原告は国民的統一と和解促進法（Promotion of National Unity and Reconciliation Act）によって執行猶予され恩赦を既にうけていたからである。争点は二つある。第一は，政治的動機による犯罪行為に対してこの法律は有罪判決を消し去る効力はあるのかどうか。第二は，新聞社の 'fair comment' の抗弁は成立するか否かである。裁判所は，第一の論点に対して，法律は有罪判決の法的効果に対してだけ影響するのであって，その言語的効果に対しては影響しない，と判断した。換言すれば，この法律は原告が報道で主張された殺人を犯したという事実を真実ではないとする効力はないし，それゆえ，「殺人」に対する公の議論は許されるのである。この議論の文脈において，別の意見はウブントゥについでに触れて，アパルトヘイト以後の南アフリカにおいて，ウブントゥは和解と国家建設過程の基礎であると述べている。これらの目的は過去に何が起こったかについての真実を明るみに出すことによって達せられてきたのであって，その結果，深刻な人権侵害が将来に二度と起きないようにするために過去から学ぶことができるかもしれないのである。この目的を達するため，表現の自由は不可欠なものであった。'fair comment' による新聞社の抗弁は認められ，恩赦があったにもかかわらず過去の行為に言及することが許された。

　一方，反対意見は尊厳（dignity）の権利を支持するためにウブントゥを持ち出して原告の主張を受け入れた。この意見は，人権侵害を制度的に認めてきた南アフリカの恥ずべき歴史，そして，国民的統一と和解という高邁な理想の追求とともにこのような過去と決別することへのユニークな「確約」について述べている。従って，この歴史は憲法上の権利の解釈と実践を伝えるべきであり，名誉毀損（についての）法は「真実と和解のプロセス」とウブントゥを考慮することなく適用することはできない，と反対意見は述べている。

　もう一つの事件は，修復的裁判（司法）（restorative justice）に関するものである。この概念は英米における政策的議論に由来するものであるが，紛争の調和的解決を目指すという点ではウブントゥに通じるものがある。西洋法の伝統では，刑事事件では，原告（国家）と被告人が対審構造において訴訟を遂行し，判決を下す際，原告の主たる目的は被告人に刑罰を科すことである。民事事件においても訴訟は対審構造で行われ，裁判所は両当事者の関係に将来いかなる影響を及ぼすかを考慮することなく，勝訴者の権利を実現する義務がある。これとは対照的に，修復的裁判では刑罰を科すのではなく加害行為によって引き起こされた害悪を修復するために，民事刑事両方の加害行為にアプローチする。ここから，加害者はその行為に対して責任を負わなければならないけれども，潜在的にはコミュニティーを含む利害関係人全てが，審理において自分の利益を述べる機会を与えられる。その目的は，癒し，償い，そして再統合をもたらし，将来の加害行為を防ぐような一つの解決を見出すことである。

　修復的裁判は1970年代に米国で始まったが，2000年に南アフリカの判例に登場し，その後，修復的裁判を紛争解決に対するアフリカの慣習法的アプローチと同一であるとみなした判決が現れた。修復的裁判をウブントゥと同一とした事件 *Dikoko v Mokhata* は，原告が被告による表現を名誉毀損で訴えたものであった。そこでの論争点の一つは賠償額の大きさの問題であったが，憲法裁判所は110,000 Rand とした原審を変更して，和解と社会的調和のためにそれとはまったく異なる形式として，一種の「謝罪（apology）」を命じた。このような謝罪の原理を名誉毀損法の領域に持ち込む根拠の一つは，社会関係の修復を主な目的とする土着の慣習法に求められる。もう一つの根拠は *amende honorable* というローマ＝オランダ法上の救済方法である[52]。一方刑事法においては，ウブントゥと修復的裁判の結びつきは，犯罪者の尊厳（dignity）を顧慮し

て，終身刑の代わりに共同体での矯正による保護観察を命ずる，憲法裁判所の判決の中でも認められたが，より包括的かつ体系的な措置は少年法における立法によって進められた⑸。

4　比較の中のウブントゥ

　本稿では専ら名誉毀損に関する事例に限ってウブントゥを紹介してきたが，ベネット教授は判例分析全体から，次のように結論付ける。第一に，ウブントゥは，それがあまりに一般的で曖昧な概念であるために，法的な基準（legal rule）ではなかったことは明らかである。裁判所は，そうではなくて，公正さ fairness や信義誠実 good faith のような指導的原理や価値とほとんど同様のやり方で，ウブントゥを適用してきた。しかし，このような判例の読み方は，決してウブントゥには法的重要性がないということを意味しないし，他方でまたウブントゥが強制力ある権利や義務を生み出すと推論すべきでもない。ウブントゥは一種の一般化された法的規範とみなした方がよいが，しかし基準としての特定性を欠いている。では，いったいウブントゥはいかなる種類の法的規範なのであろうか。

　まず，平等，プライヴァシー，表現の自由，裁判を受ける権利，財産権などの憲法上の権利とは類似している。中でも人間の尊厳（dignity）は最も親近性がある。またウブントゥは，部族共通の慣習法においては唯一，親族と家族から請求されうる扶助（サポート）の権利とだけ結び付けられてきた。あるいはまた，コモン・ローの一般的原理，すなわち合理性 reasonableness，信義誠実 good faith，衡平 fairness，正義 justice，平等 equality，公共政策 public policy（公共の利益 public interest）などと結び付けられていた。さらに最近は，上に見たようにウブントゥは修復的正義 restorative justice と合わせて理解されてきた。さらに，ウブントゥは，憲法に一種の文化的尊厳を付与することによって憲法を馴化（domesticate）するという，大きな政治的機能を有していた。もう一つの機能は，ウブントゥは既成のルールを適応した場合，結果的にはそれが不正義ないし困難に陥る場合に，それを解決する機能である。後者はコモ

⑸　amende honorable については，Lee, (1953), 334 参照。尚，amende honorable に対置される概念は amende profitable である。
⑸　Bennett (2018), 60-100.

ン・ローにおけるエクイティとの類似性を示唆している。

　このようにして，ベネット教授はウブントゥをコモン・ローにおけるエクイティおよびローマン・ダッチ・ローにおける類似の制度（信託遺贈など）と比較検討する。その結果，ウブントゥを一種のアフリカのエクイティとして捉えられるかどうかの可能性を検討する[54]。

　そして結論として次のように述べる。ウブントゥに対する批判的ないし否定的な見解は確かに強い。しかしそれにもかかわらず，ウブントゥ（および imbizo, indaba）は法律家のみならず哲学，神学そしてビジネスマネジメントの世界の大多数から熱心に受け入れられた。そしてもっと重要なことは，立法機関と裁判官がこれらの用語を援用し，結果としてこの概念が南アフリカ法の中にしっかりと根付いたことである。最後のそして最も深刻な（ウブントゥを無用にする）競争相手は権利章典である。しかし，権利章典でもエクイティ的原理でもなくウブントゥだけができることは，法システムをアフリカ的一連の価値で染めること，それによって南アフリカのユニークな文化的・歴史事情に表現をあたえることである[55]。

V　結びに代えて――「平等」のアイロニー

　これまで二宮先生の男女平等論から出発して，平等と衡平が密接かつ微妙な関係にあることを，ローマ法における *aequitas*，ギリシアにおける *eikos* および *epieikeia*，そして南アフリカにおける Ubuntu を分析することにより，その様々な側面を明らかにしてきた。その分析結果から言えることは，第一に，男女であれ，成年・未成年であれ，あるいは奴隷と自由人であれ，要するに相互に異なるものを，法的に，対等ないし同様に扱うべきかどうかについては，答えは簡単には導き出されない，ということである。第二に，対等ないし同様に

---

[54]　尚，ベネット教授はウブントゥ以外に，Imbizo および Indaba という制度も扱っている。前者は，公の集会で，それは指導者が伝統に従い彼（または彼女）の（裁判）管轄のもとに公共の事柄（common weal=wealth）に影響する重要ないかなる問題でもそれを議論するために召集する。そこで検討されるのは，具体的には国有地の譲渡や新しい指導者の指名などである。後者は裁判所によって，前者の同義語とされている。Bennett (2018), 124-158.

[55]　Bennett (2018), 159-168.

扱うべきかどうかの判断基準として用いられる概念が上記の諸概念であり，そこに貫通する基本的含意は「例外の許容」ということに尽きる。例外を認めるということによってしか（少なくとも最初は）平等を認めることができないというのは，いかにも我々をがっかりさせる人間の自己認識の現実である。異なるものは原則として同じには扱わない，そのためにはいかなる理由でも見つけ出すという，人間性向の再認識でもある。

　しかし，稀にではあるが時として，男女不平等が社会的弱者に有利に働くこともある。最後に，第二章で頻繁に引用したトニー・オノレによる "Sex Law" という奇妙なタイトルの本を要約的に紹介して本稿を終えたい[56]。

　この本の中で，オノレは文字通りセックスに関する法規制の在り方を，婚姻（夫婦）関係の有無，イデオロギーないし宗教（キリスト教，ユダヤ教，マルクス主義），異性か同性か（レズビアン・ゲイ），民事法・刑事法の区別など，あらゆる視点から分析している。

　オノレによれば，イングランドでは 1975 年に性差別（禁止）法（Sex Discrimination Act）を制定した。この法律は女性が男性と同等の権利をもつ（べき）という考えを，雇用およびその他の生活場面において実現することを目的とする。しかし，セックスに関してはこの法律は対象領域としていない。その結果，男性だけが犯罪者（有責）となり，女性だけが被害者となる法律が存在する。もちろん，この差別に '合理的な' 理由はある。しかし，すべて合理的であろうか。

　また，同性間のセックス（homosexuals）については，（当時の）現代社会では男性間は禁止されるか，あるいは同意ある成人間で私的な場合のみ許される。しかし，レズビアンは刑法犯でもなければ，あるいはそうであってもめったに訴追されない。イングランドでは 1967 年以降，21 歳以上男性間で私的な場合は犯罪ではなくなった。女性間では，16 歳以上であれば合法である。なぜであろうか。（ただし男性間，女性間とも例外はある。）

　次に，生計のためのセックスについて。男娼は古代（ギリシア・ローマ）では職業であった。イングランドでは最近（1978 年）まで，売春は女性の職業という考えがあった。1967 年に上述の法改正（男性同士の私的セックスは合法化）

---

[56]　Tony Honoré (1978).

がなされて以降，男娼に関する法規制に関心が注がれるようになった。だがその結果，法規制は女性の売春の場合と異なるものとなっている。尚，売春行為に対する功利主義者，マルクス主義者，そしてプロテスタントなどによる賛否の理由付けとその矛盾について，オノレは非常に冷静に透視している。

　この本は平等原則を貫くことの難しさと（稀に）奇妙さ，この二つの側面を読者に余す所なく提示し，飽きさせることはない。

〈文献表〉
〈資　料〉
Birks, Peter and McLeod, Grant（tr. 1987）, *Justinian's Institutes*, London.
Behrends, Okko et al.（ed. 1997）, *Corpus Iuris Civilis, Text und Übersetzung, I Institutiones*, 2nd ed., Heiderberg.
Behrends, Okko et al（ed. 1995）, *Corpus Iuris Civilis*, Text und *Übersetzung, II Digesten 1-10*, Heiderberg.
Gaurier, Dominique（tr. 2017）, *Les 50 Livres du Digeste de L'Empereur Justinien*, 3 vols, Paris.
Gordon, W. M. and Robinson, O. F.（tr. 1988）, *The Institutes of Gaius*, London.
Knütel, Rolf, et al（ed. 2013）, *Corpus Iuris Civilis, Die Institutionen: Text und Übersetzung*, 4th ed., Heiderberg
Manthe, Ulrich（ed.2010）, *Gaius Institutiones, Die Instututiones des Gaius*, 2nd edition, Darmstadt.
Mommsen, Theodor and Krüger, Paul（eds. 1872）, *Corpus Iuris Civilis, Vol. I, Institutiones et Digesta*, Berlin.
Watson, Alan（ed. and tr. 1998）, T*he Digest of Justinian, revised English edition*, 2 vols Philadelphia.

〈研究論文〉
Allain, Jean（ed., 2012）, *The Legal Understanding of Slavery -From the Historical to the Contemporary-*, Oxford.
Allen, James（2014）, 'Aristotle on the value of "probability," persuasiveness, and verisimilitude in rhetorical argument', in Wohl（ed. 2014）, 47-64.
Babusiaux, Ulrike（2011）, *Papinians Quaestiones, - Zur Rhetorischen Methode eines Spätklassischen Juristen*, München.
Babusiaux, Ulrike and Igimi, Mariko（eds. 2019）, *Messages from Antiquity*, Wien/Köln.
Beatson, Jack and Zimmermann, Reinhard（eds. 2004）, *Jurists Uprooted, -German-Speaking Emigré Lawyers in Twentieth Century Britain-*, Oxford
Bénatuil, Thomas and Ierodiakonou, Katerina（eds. 2019）, *Dialectic After Plato and Aristotle*, Cambridge.

Bennett, Thomas (2011), 'Ubuntu: An African Equity', in Dietrich (ed. 2011), 3-23.
Bennett, Thomas (2018), *Ubuntu -An African Jurisprudence-*, Juta, Claremont.
Birks, Peter (2014), *The Roman Law of Obligation*, ed. by Deschmeemaeker, Eric, Oxford.
Broadie, Sarah and Rowe, Christopher (tr. 2002), *Aristotle Nicomachean Ethics*, Oxford.
Bryan, Jenny (2012), *Likeness and Likelihood in the Presocratics and Plato*, Cambridge.
Bryan, Jenny (2014), '*Eikos* in Plato's Phaedrus', In Wohl (ed. 2014), 30-46.
Calhoun, George M. (1944), *Introduction to Greek Legal Science*, Oxford.
Cameron, E., De Waal, M. J., Kahn, E., Solomon, P.; Wunsch, B.(eds. 2002), *Honoré's South African Law of Trusts*, 5th ed., Juta, Claremont.
Crifo, Giuliano (1976), 'Ulpiano. esperienze e responsibilità del giurista', *ANRW* II-15, 708-789.
Dietrich, Frank (ed. 2011), *Ubuntu, Good Faith & Equity: Flexible Legal Principles in Developing a Contemporary Jurisprudence*, Juta, Claremont.
Ernst, Wolfgang (2004), 'Fritz Schulz' in Beatson and Zimmermann (eds. 2004), 105-203.
Gagarin, Michael, (2014),'*Eikos* arguments in Athenian forensic oratory', in Wohl (ed. 2014), 15-29.
Hart, H. L. A. and Honoré, Tony (1985), *Causation in Law* 2nd ed., Oxford
Hausmaniger, Herbert (1976), 'Publius Iuventius Celsus: Persönalichkeit und juristische Argumentation' in *ANRW* II-15 (eds. 1976), 382-407.
Honoré, Tony (1962), *Gaius, -A Biography*, Oxford.
Honoré, Tony (1966), *The South African Law of Trusts* 1st. ed., 1966; (4th.ed., 1992), Juta, Claremont.
Honoré, Tony and Rodger, Alan (1970), 'How the Digest Commissioners worked', *ZSS* 87, 246-314.
Honoré, Tony (1972), 'The Editing of the Digest Titles', *ZSS* 89, 262-304.
Honoré, Tony and Rodger, Alan (1973), 'The Distribution of Digest Texts into Titles', *ZSS* 90, 351-362.
Honoré, Tony (1978a), *Sex Law in England*, London.
Honoré, Tony (1978b), *Tribonian*, London.
Honoré, Tony and Menner, J. (1980), *Concordance to the Digest Jurists*, Oxford.
Honoré, Tony (1987), *Making Law Bind*, Oxford.
Honoré, Tony (1994), *Emperors and Lawyers*, 2nd ed., Oxford.
Honoré, Tony (1998), *Law in the Crisis of Empire*, Oxford.
Honoré, Tony (2002), *Ulpian, -Pioneer of Human Rights-* 2nd. ed., Oxford.
Honoré, Tony(2010a), *Justinian's Digest, -Character and Compilation-*, Oxford.
Honoré, Tony (2010b), 'Ulpian, Natural Law and Stoic Influence' *Tijdschrift voor Rechtsgeschiedenis / Revue d'Histoire du Droit / The Legal History Review*, Volume 78, Issue 1-2, 199-208, Brill.
Kasai, Yasunori (2010) , 'A Space for *epieikeia* in Greek Law', in *Symposion 2009*, Wien, 117-126.
Kasai, Yasunori (2013), 'In Search of the Origin of the Notion of *aequitas* (*epieikeia*) in

Greek and Roman Law', in *Hiroshima Law Review*, 37-1, 543-564.

Kasai, Yasunori (2019), 'Information in the Ancient and Modern -Hybris and Defamation in Ancient Greek and Roman Law-, in Babusiaux and Igimi (eds. 2019), 159-187.

Kaser, Max (1962), *Zur Methode der römischen Rechtsfindung*, Göttingen

Kunkel, Wolfgang (2001), *Die Römischen Juristen-Herkunft und Sozial Stellung-*, Köln/Weimar/Wien. (Unveränderter Nachdruck der 2 Auflage 1967 mit einem Vorwort von Detlef Leibs)

Lee, Robert, W. (1953), *An Introduction to Roman-Dutch Law*, 5th ed., Oxford.

Liebs, Detlef (1989), Jurisprudenz' in: Herzog, Reinhart und Schmidt, Peter Lebrecht (eds.) *Handbuch der Lateinischen Literatur der Antike* Bd. 5, Herzog Schmidt (ed., 1989), *Restauration und Erneuerung: Die lateinische Literatur von 284 bis 374 n.Chr.*, München, 55-73.

Liebs, Detlef (1997), 'Jurisprudenz', in Herzog, Reinhart und Schmidt, Peter Lebrecht (eds., 1997) *Handbuch der Lateinischen Literatur der Antike*, Bd.4., Sallmann, Klaus (ed. 1997), *Die Literatur des Umbruchs: von der römischen zur christlichen Literatur*, München, 83-217.

Liebs, Detlef (2002), 'Jurisprudenz' in Herzog, Reinhart und Schmidt, Peter Lebrecht (eds., 2002) *Handbuch der Lateinischen Literatur dr Antike* Bd. 1, Suerbaum, Werner (ed., 2002), *Die archaische Literatur: von den Anfängen bis Sullas Tod*, München, 65-79, 560-574.

Mistis, Phillip (1994), 'Natural Law and Natural Right in Post-Aristotelian Philosophy. The Stoics and Their Critics.', In *ANRW* II-36.7, 4812-4845.

Reinhardt, Tobias (2019), 'Pithana and Probabilia', in Bénatuil and Ierodiakonou (eds. 2019), Cambridge, 218-253

Schulz, Fritz (1936), *Principles of Roman Law*, Oxford. (English edition of *Prinzipien des römischen Rechts*, Berlin 1934)

Schulz, Fritz, (1946), *History of Roman Legal Science*, Oxford.

Schulz, Fritz (1951), *Classical Roman Law*, Oxford.

Schulz, Fritz (1961), *Geschchite der römischen Rechtswissenschaft*, ed. by Werner Flume, Weimar.

Temporini, Hildegard and Haase, Wolfgang (eds. 1976), *Aufstieg und Niedergand der römischen Welt*. II-15, Berlin/New York,

Thomas, Philip (2014), 'Ars aequiet boni, legal argumentation and the correct legal solution', in *ZSS* 131,41-59.

Turner, Jacob (2019), *Robot Rules — Regulating Artificial Intelligence—*, Palgrave MacMillan.

Vander Waerdt, P. A (2014) 'Philosophical Influence on Roman Jurisprudence?', in *ANRW* 36.7, 4851-4900.

Whitmarsh (2007), Tim 'Prose literature and the Severan arguments', in Swain, Simon, Harrison, Stephen, Elsner, Jaś (eds.2007), *Severan Culture*, Cambridge. 29-51.

Wieacker, Franz (1988, 2006), *Römische Rechtsgeschichte, Erster Abschnitt* (1988),

Zweiter Abschnitt（2006, ed. Joseph Georg Wolf）in: *Handbuch der Altertumswissenschaft*, München.

Wohl, Victoria（ed. 2014）, *Probabilities, Hypotheticals, and Counterfactuals in Ancient Greek Thought*, Cambridge.

二宮正人（1983）『国籍法における男女平等 —— 比較法的一考察』有斐閣

葛西康徳（2008）「古代ギリシアにおける法の「解凍」について」新田一郎・林信夫（共編）『法の生まれるとき』創文社 11-36 頁

葛西康徳（2010）「法の透明化プロジェクトへの比較法・法制史からのお返し」『ジュリスト』1394 号 29-36 頁

松本英実（2018）「グローバル化と比較法」山元一（他編）『グローバル化と法の変容』日本評論社 24-37 頁

アリストテレス・神崎繁訳（2014）『アリストテレス全集 15 ニコマコス倫理学』岩波書店

デモステネス・葛西康徳他訳・解説（2019）『デモステネス弁論集 5』京都大学学術出版会

H. L. A. ハート，トニー・オノレ著，井上裕司他訳（1991）『法における因果性』九州大学出版会

17 マルティラテラリズムの再定位 ── 序説

最 上 敏 樹

I 座視された概念

　マルティラテラリズム[1]は国際法および国際法学の用語ではない。多国間条約とか多国間投資保証機関（MIGA）などを除けば，国際法辞典の項目や書名・論文題に掲げられることも稀である。散見される場合でも，「マルティラテラル」，すなわち複数国が加盟あるいは加入しているという単純な数的指示であるのが普通で，「イズム」も加えて「マルティラテラリズム」として用いられることはほとんどない[2]。これは国際機構論を加えても同様で，わずかに，国際法学起源ではなく国際政治学起源の国際機構論の書名等に若干の例が見られるにとどまる[3]。

　かくしてマルティラテラリズムという語あるいは概念は，第一に法的な効果を伴う法律用語ではなく，第二に特段に国際法学の用語であるわけでもない。第三に，国際機構論の世界においては若干の学問的関心が見られるが（後述），それすらもおおむね傍流にとどまる。

　それを忘却された概念とまで言っては過言であるが，少なくとも座視された概念であるとは言えるだろう。いくつかの主要な理論あるいは「主義」，たと

---

(1)　筆者はこれまで，この用語を「多国間主義」という訳語に置き換えて用いることが多かった（例：「多国間主義と法の支配─武力不行使規範の定位に関する一考察」『世界法年報』23 号〔2004 年 2 月〕）。ただこの語には「国家間」という含意がつきまとい，非国家主体も視野に入れた議論には不適当である。それゆえ，別の訳語を模索したが適切なものが見つからず，後の著書等においては，国家間に限定される場合を除き，マルティラテラリズムという原語カタカナ表記を用いている（例：『国際機構論講義』〔岩波書店2016 年〕）。

えば自然法論や法実証主義や連帯理論などのように，明確に肯定されたり否定
されたりすることもない。その意味するところは，この概念が疑問の余地なく
〈先験的に存在〉するとされているか，あるいは逆に，実践的・学問的に〈不
在〉であるか，その両極端のいずれかであるだろう。

〈先験的存在観〉は比較的単純である。つまりマルティラテラリズムの語に
「加盟（加入）国が複数」という数量的な意味しか与えず，複数（かつ比較多
数）の国々が条約や国際機構等を構成する事実，特に第二次世界大戦後に一般
化した事実をなぞるだけで，それ以上の意味付与をしないのである。実は歴史
上一貫して存在していたわけではないのだから，「先験的」ではありえないの
だが，さしたる重要性もないから先験的に存在するかのように扱っても支障は
ない，という理論的処理になるのであろう。

これに対し，〈不在観〉は何を意味するか。それはマルティラテラリズムと
称される事実の存在を否定するのではない。多数国が加わる条約や国際機構と
いった制度の存在が単に数量の問題にとどまらず，「イズム」として国際秩序
構築の一方式ともなりうる可能性があるのに，それに目を閉ざす方法論的態度

---

(2) 近年の代表的な国際法主要論題アンソロジーを見ても，その現況は一目瞭然である。
参考までに，主要書籍所収論文表題あるいはインデクスにおける登場箇所数は以下のと
おり（編著者名称略）。
The Oxford Handbook of the History of International Law（2012）= 0
The Oxford Handbook of the Theory of International Law（2016）= 0
The Oxford Handbook of International Organizations（2016）= 4
Routledge History of International Organizations（2009）= 2
Research Handbook on the Law of International Organizations, Edward Elgar（2011）= 0
更に，Sage Library of International Institutions, *International Institutions Vol. IV: Types of Institutions: Environment, Human Rights, International Courts, Multilateralism, Regionalism*（2010）には，その書名にもかかわらず，マルティラテラリズムを主
題とする論稿が1本もない。
(3) 主たる文献として，
James P. Muldoon, Jr., JoAnn F. Avril, Richard Reitano, and Earl Sullivan（eds.），*The New Dynamics of Multilateralism*（Westview Press, 2006）
Edward Newman, Ramesh Thakur and John Tirman（eds.），*Multilateralism under Challenge?*（UNU Press, 2006）
John G. Ruggie（ed.），*Multilateralism Matters*（Columbia U. P., 1993）
Edward Newman, *A Crisis of Global Institutions?: Multilateralism and International Security*（Routledge, 2007）

を指すのである。これこそが〈不在観〉の問題にほかならない。国際法学ある
いは国際機構論は国際法秩序構築に関わる学問であるのに，その中心論題の一
つたりうる現象について語ることがないという現実であり，それはこの分野に
おける方法論的欠落と言うべき傾向である。

　政策原理としてのマルティラテラリズムが国際秩序構築において有用である
かどうかは現実的にも理論的にも不確定であり，なお一層の研究を待たねばな
らない。だが，それがあたかも〈先験的に存在〉しているかのような錯覚を生
むまでに長らく存在してきた以上，そこには何らかの存在意義があり続けたは
ずである。にもかかわらずそれについて理論的な視座を構築しないとすれば，
それは学問的怠慢のそしりを免れない。

　では，マルティラテラリズムの何を，いかに論ずべきか。これに関してはま
ず，研究範囲の画定という意味からも，その概念規定から始めねばならない。
いちおう操作可能な程度に概念規定をしたのちに，(i)それが歴史のどの時点か
ら始まったか，(ii)時間の経過と共にいかなる種類が出現したか，(iii)国際関係の
どのような部分において発現したか，(iv)どのような秩序構築に有効であったか，
あるいはなかったか，等々の議論が可能になる。むろん，そこにおいて一つの
概念が固定される必要はなく，(i)～(iv)の事実展開を踏まえて概念に改変を加え
ることは可能でもあり必要でもある。

　座視されてきたことの結果として，マルティラテラリズムの概念はいまなお
明確ではない。少なくとも，普遍的に用いうるほどに一義的な定義はない。し
たがって，概念の確定自体が大きな学問的課題であるのだが，比較的よく引照
される一例として，ジョン・ラギーの議論では以下のようになっている。

　まず，これを論ずる他の（数少ない）議論同様，彼もマルティラテラリズム
の営みに加わる国の複数性という前提から出発し，「３カ国以上の国々がいく
つかの一般原則に従って相互の関係を調整する制度」という概括的定義を述べ
る(4)。その典型例として挙げられるのは，不確定な国家の侵略から不確定な被
侵略国を防衛する(5)集団安全保障制度である。

　ラギーは更に，この中核概念の連鎖系（コロラリー）として２つの要素をつ

---

(4)　John G. Ruggie, "Multilateralism: The Anatomy of an Institution", in Ruggie (ed.), *op. cit.*（前掲注(3)）, pp. 3-47, at 11.

(5)　*ibid.*, p. 10.

け加える。第一に制度参加国が共有すべき「不可分性」である。それは物理的な紐帯を確保する鉄道のようなものから，より抽象的な，平和は不可分であるという信念にまでわたる[6]。それによりラギーは，参加国の生活や意識が結びつながれることを意識しているのであろう。第二に，マルティラテラリズムが首尾よく機能したときの成果物として，「相互利益の均霑」への期待を挙げている。二国間の物々交換的な各回ごとの恩恵の平等性ではなく，長期間で測った大まかに平等な恩恵であり，それがいずれの成員にも行き渡ることを意味する[7]。

II　なぜマルティラテラリズムを論ずるか

　ラギーによる概念規定は，（絶対数が多くはない）論者の多くが依拠していると言ってよく[8]，本稿でもとりあえずそういう意味合いで議論を進めよう。具体的には国連（国際連合）およびその関連諸機構がその存在形態の例である。ラギーはこの基礎概念をもう少し精緻化し，歴史的実例の考察なども加えているが，それはいったん置き，まずこの小論が何を目的とし，どのような議論構成を意図しているかを概説しておかねばならない。というより，この小論があくまで〈序説〉である以上，そうした趣旨説明自体が小論の目的だとも言える。

　さて，マルティラテラリズムを素材とする研究は単なる数量的事象説明ではない。「多数国が参画する」のが基底事実ではあるが，それが何らかの目標を意図していること，また何らかの成果を生む（と期待されている）ことがより重要であり，それゆえにこそ単なる統計ではない理論的な研究の対象となる。

　マルティラテラリズムは，一方では国際社会をどう組織化するかの政治的方法であるとともに，学問的方法論であり理論でもある。前者は政策的方法であり，これをたんに「マルティラテラリズム」と呼んでおこう。また後者はその政策的実行を評価し批判するための学問的枠組みであり，これを「マルティラ

---

(6)　*ibid.*, p. 11.

(7)　*ibid.*

(8)　Atsushi Tago, "Multilateralism, Bilateralism and Unilateralism in Foreign Policy", William R. Thompson（ed.），*Oxford research encyclopedia of empirical international relations theory*, vol. 2, 2018, pp.198-209 はこれを概念規定の代表例として紹介している。

テラリズム論」と呼んでおこう。

　この後者は，国際社会の現実をどのように理解し認識するかの方法的理論であると同時に，その現実の問題点を剔抉し代案を模索するための処方的理論となる。代案を模索するという次元を含む点において，それは国際法学の主流に沿うものではなく，その傍流あるいは国際思想の理論と言うべきものになりうる。かつ，そこで言われる「理論」は，「いくつかある（正統ではない）諸流派の一つ」という意味での，特定の傾向性を帯びた「主義＝イズム」とされることにもなるだろう。「理論」であるという点は，実は国際法学の主流を形成する法実証主義や現実主義等についても同様なのだが，主流となった「理論」は，たとえ名称に「主義」が冠されていても，「諸流派の一つ」たる「主義」ではなくなる。「正統（Orthodox）理論」は，ただの理論でも主義でもなくなるのである。

　これに対しマルティラテラリズム論は，とくに「正統」とはされず，同時に「非正統」とされるわけでもなかった。ただの事実描写とされ座視されてきたがゆえに，特筆すべき「正統」でも特段の「理論」でもない，と扱われてきたのである。だが，この「方法論」が世界の現状に対して批判的であり，代替を模索するものであるなら，それは「中立的」ではなく，現状批判という意味での「非正統」になりうるだろう。

　そのようなものとしてのマルティラテラリズム論は，国際法学および国際機構論の両方あるいはいずれかの理論である。相対的に言及が多いという意味では（政治学的）国際機構論の理論というべきかもしれないが，その一種である前述のラギーの概念規定も，その基底を国際社会における「諸原則」としており，実は国際法の存在および機能充足が前提になっている。

　そのように法原則や国際制度の変革を模索する理論がなぜ必要であるかは，以上からおおよそ明らかであろう。歴史のこの時点においてもなお，国際社会には解決課題が山積しており，国際法がそれに対して有効な規制力を十分には持ち得ずにいるからであり，国際機構等の諸国際制度もいくつもの点で機能不全を起こしているからである。武力紛争は多数存続し，その多くは開発途上国で生起しているが先進国の関与も稀ではなく，先進国自身の武力行使である場合も絶えない。国際人道法違反の行為も変わることなく続き，そのうちのいくつかは国際刑事裁判所等で裁かれることもあるが，なお少数である。国際通商

紛争も世界貿易機関（WTO）等で実効的に処理される事例も増えているものの，すべての紛争がその枠内に収まるわけではない。国家による人権侵害しかり，諸々の環境破壊に関する国際制度しかりである。現状の法的・政治的変革を模索する理論と，そのための学問的方法論の追求とは，その意味において，まさに学問的要請への応答にほかならない。

　マルティラテラリズムを単に数量的に捉える形式論を超えて，〈より暴力的でなく・より平等で・より持続可能な秩序の構築に通ずる道を指示する原理〉と意味づける理論は，若干だがすでに存在する。筆者自身のマルティラテラリズム概念規定もその一つで，かねてからそれを，法の支配をより完全なものにするための原理と位置づけてきた(9)。直接には，2003 年の米国による対イラク武力行使をめぐる国連安保理の対応をマルティラテラリズムの観点から検討した議論であったが，いよいよ本格的にユニラテラリズム（単独主義あるいは一国主義）と対峙することになったマルティラテラリズムの本質をいかなるものと見るべきか，それを論ずる過程で抽出された概念である。とりわけ，安保理を執行主体とするマルティラテラリズムについて，それが国連憲章第 42 条に定められたような強制行動（あるいはその連鎖系としての武力行使授権）を積極的に行うことではなく，むしろより根本的な憲章原則たる第 2 条 4 項の実現が大前提であることを指摘し，強制行動という強大な権限を付与された多国間的機関の行為はそれ自体が適法であることを（権限の強さに比例して）強く求められると論じた(10)。マルティラテラリズムに法の支配という負荷をかけたのである。その点を筆者はまた，認識をより明瞭にすべく，〈規範的マルティラテラリズム〉と呼んで用いてきた(11)。この概念化により，マルティラテラリズム論は更に，国際立憲主義（global constitutionalism）にも連結されていくが，その点は後に論ずる。

---

(9)　最上・前掲注(1)（2004 年）。前述のようにこの論文では「多国間主義」の語で一貫しているが（その語で何ら問題のない文脈だった），まぎらわしさを避けるため，本稿ではすべて「マルティラテラリズム」の語で置き換える。（その際，多国間の政策的実行を「マルティラテラリズム」とし，それをめぐる研究上の理論および方法論を「マルティラテラリズム論」とすることは，本文で前述したとおりである。）

(10)　同上，113-115 頁。

(11)　最上敏樹「国際立憲主義の新たな地平——ヒエラルキー，ヘテラルキー，脱ヨーロッパ化」『法律時報』85 巻 11 号（2013 年）10 頁。

　類似の規範的な視点は他にも散見される。たとえばロバート・コックスは，「マルティラテラリズムは受動的で従属的な活動なのではない。視点を変えてみるならば，それは世界秩序を形成する積極的な力なのだ」と述べて，秩序構築との連関および有用性について語っている[12]。むろんその「有用性」は現実に起きているという意味ではなく，あくまで潜在的可能性としてである[13]。またオラケラシュヴィリは「マルティラテラリズム文化」という語を用い，それが「共通の価値および利益」に基づき，「集合的行動および集合的決定」を行うことを中核とする，という概念構成をしている[14]。もっともそれは，単純に積極的な評価なのではなく，大国群がみずからの利益のために共同行動を取る場合もあるとする，警鐘も含めた議論であり，その点は別の問題提起として注意しておきたい。

　他方ですべてのマルティラテラリズム論が以上のような意味での規範性を帯びているわけではなく，現実的には国家中心的な世界の産物であるという現実認識を保ちつつ，その中心的制度である国連が挑戦を受け正統性を脅かされている事態を批判することを主眼とするものもある[15]。やや迂回してはいるが，国連という一つの方式を現代における至高の価値とし，それへの（主としてユニラテラリズムからの）挑戦を「危機」と捉える点で，やはり規範的なのだと言ってよい。そこにおける問題はむしろ，いちおう国家中心的な世界構成を受け入れた上で，それに基づく国際機構にいかなる試練がもたらされているかだけを論点化する方法的態度であろう。もっともそれは，多国間主義の問題であってマルティラテラリズム全体の問題ではない。

---

(12)　Robert W. Cox, "Multilateralism and world order", in Cox and Sinclair (eds.), *Approaches to world order*, CUP, 1996, pp. 494-523, at 494.

(13)　Robert W. Cox, "Introduction", in *idem.* (ed.), *The New Realism: Perspectives on Multilateralism and World Order*, UNU Press, 1997, p. xix.

(14)　Alexander Orakhelashvili, "The 19th-Century life of international law", in *idem.* (ed.), *Research Handbook on the Theory and History of International Law*, Edward Elgar, 2011, pp. 441-455, at 454. オラケラシュヴィリのこの概念規定は，共通の規範に基づいて諸国が共同決定し共同行動をとること，としてきた筆者（最上）の基本的概念規定にきわめて近い。この点につき，拙稿・前掲注(1)（2004 年）113-116 頁；同・前掲注(11) 10-11 頁など参照のこと。

(15)　Edward Newman et al., "Introduction", in *idem.* (eds.), *op. cit.*, （前掲注(3)）, esp. pp. 1-3.

こうした主権国家基本主義，それを背景とする国連中心主義は，若干のマルティラテラリズム論者によって批判されている。そういう批判は，非国家主体論に根ざすものでもあり[16]，現代的グローバル・ガヴァナンス論に根ざすものでもあるのだが，たとえばクルックとリットバーガーは，筆者（最上）が「安保理型多国間主義」と呼んで「国連全体の多国間主義」と分けてきた[17]制度を「重役型多国間主義（executive multilateralism）」と呼び，それに市民社会代表（NGO など）やビジネスの代表などを広範に加えて，新しいグローバル・ガヴァナンス（＝マルティラテラリズム）を強化することを提唱している[18]。マルティラテラリズム論は，誰が「国際社会」を構成し，誰がその運営に関わっているか／関わるべきか，という点をも論点化する方法論なのである。

III　国際立憲主義との連関

マルティラテラリズム概念に密接に関連する近年の理論に，国際立憲主義（international or global constitutionalism）がある。筆者も参画して展開されてきた理論であるが，それとマルティラテラリズムとはどのような関係にあると言えるだろうか。その主要論点を網羅的に論じているのはアンネ・ペータースなので，以下ではひとまず，彼女の議論を中心に見ていく。

基本的に国際立憲主義は，いくつかの点においてマルティラテラリズム論と重複する。第一にそれは，国際秩序の構成に関する理論である。たとえばペータースは，現代国際社会にあって「国際法およびグローバル・ガヴァナンスにおける民主主義が不足している」と判断し，それが国際法から正統性を奪っていると批判して，反措定としての「国際立憲主義秩序」を希求する。そしてそ

---

(16)　最上敏樹「非国家主体と国際法 —— 法秩序原理の転換に関する試論」，『国際法外交雑誌』108 巻 2 号（2009 年）1-27 頁，を参照されたい。

(17)　最上・前掲注(1)（2004 年）113-115 頁。

(18)　Andreas Kruck and Volker Rittberger, "Multilateralism Today and Its Contribution to Global Governance", in Muldoon et al. (eds.), *op. cit.* (前掲注(3)), pp. 49-57. 彼らの議論は最後にヘテラルキー論（拙稿，前掲注(11)参照）にまで至るもので，その意味でも興味深いが，そこで構想されるグローバル・ガヴァナンス＝マルティラテラリズムは，参画主体から遵守さるべき規範に至るまで，ありとあらゆる要素を取り込む加法論法で（*ibid.* pp. 58-59），方法論としての収斂性を失ったきらいがある。

こにおける立憲的原則は，民主主義・法の支配・法の適正手続き（デュー・プロセス）・人権保障等である[19]。

　第二にそれは，さきに述べた「国際社会の構成員」についても，国家中心的なパラダイムから脱却し，むしろ個々人の重要性から議論を出発させる。すなわち，立憲的国際社会の構成員は「個人–国家–国際機構–非政府間機構（NGO）–ビジネス行為体」である[20]。国際法における人権保障の客体としてのみ個人に言及するのでもなく，反対にまた，個人が国家に匹敵する国際法主体になっているかどうかという，主権国家中心主義の裏返しでしかない（したがって現実主義によって執拗に覆されやすい）設問を立てるのでもない。むしろ，個人そのものが国際社会の運営（政策決定・立法・執行・監視）にどれほど関わっているかを秩序成熟の目安にする視座である[21]。マルティラテラリズム論もまた，そもそもは（政府間）国際機構についての議論から出発しているが，多国間主義の限定枠を超えたときから，それも国家中心主義には否定的な方法論となる。

　第三にそれは，実現すべき目標を明示する点で価値志向的で規範的でもある。たとえばペータースは，国際立憲主義の基礎には「人間性（humanity）」があり，それが理論のアルファでありオメガなのだと言う[22]。それは実体的には国家主権をどう相対化（あるいは解体）するかの議論でもあり，ペータースの用語で言うならば「主権を人間化すること」である。すなわち，「国家主権は（中略）人権によって制限されているだけではなく，最初から人間性によって性格づけられ限界づけられている」[23]のであって，その認識に沿って国家主権

[19]　Anne Peters, "Dual Democracy", in Jan Klabbers, Anne Peters, and Geir Ulfstein (eds.), *The Constitutionalization of International Law*, OUP, 2009, pp. 263-352, at 263.

[20]　Anne Peters, "Membership in the Global Constitutional Community", in *ibid.*, pp. 153-262.

[21]　国際立憲主義以前の国際法学においても，個人の存在を重視する理論枠組みは着実に育っていたし，いまも育ち続けている。たとえば，Antonio Cassese, *International Law*, 2nd ed., 2005, Part II ("Subjects of the International Legal Community"), 7.6 ("Individuals")。カッセーゼがそこで狭い「国際法主体」をではなく，より広い「国際法共同体の主体」を語っていることに着目したい。カッセーゼは，法実証主義的な国家中心主義では捉えきれない，新しい現実をすくい取ろうとしていたのである。

[22]　Anne Peters, "Humanity as the A and Ω of Sovereignty", *European Journal of International Law*, vol. 20, no. 3, 2009, pp. 513-544.

[23]　*ibid.*, esp. pp. 514-515.

に関わる法原則を再構成しなければならない，と言うのである。その結果どのような「価値」が国際立憲主義の中核に据えられるかというと，── この点は実は多岐にわたっているため代表的な議論を抽出するほかないのだが ──，何よりも民主主義・人権・法の支配の三者である[24]。

　この価値志向性という点は，マルティラテラリズム論には必ずしも常に備わっているとは限らない。価値志向的なマルティラテラリズム論もあればそうではないマルティラテラリズム論もあり，マルティラテラルな国際制度にいかなる役割を期待するかに応じて実現すべき価値が付与されるかどうかも決まるのである。たとえば筆者の理論は前者に属し，そこでは国際的な法の支配という価値が実現さるべきものとして付与されている。同様に，ペータースによる以上のような価値付与も先験的なものではなく，なかばは（現代世界が必要としているという意味で）経験的なものであると同時に，なかばは意思的に選択されたものでもある。あえて言うならば，ある種の信仰告白だと見ることもできる。それも，民主主義・人権・法の支配という「三位一体」に関する限り，基本的にユーロセントリックな価値志向である[25]。

　信仰告白に類するがゆえに，この志向には少なからず批判が加えられた。上記論文と雑誌の同じ号にまとめて掲載された4本の批判論文[26]である。基本的に，ペータースがやや安易に「保護する責任（R2P）」（に基づく軍事介入）を首肯したことへの批判が引き金になっており[27]，それへの批判は妥当であるが，全体としては国家主権制度の不変性という認識に基づくリアリスト的批判であり，したがって価値志向性に対しても批判的になっているのだと言える。たとえば，「この論文は『人間化』という価値へと向かって進むことの恩恵を規範

---

[24]　Anne Peters, "Compensatory Constitutionalism: The Function and Potential of Fundamental International Norms and Structures", 19 *Leiden Journal of International Law*（2006），pp. 579-410, esp. at 601.

[25]　これらの三価値は欧州連合条約第2条に，連合の基礎をなす価値として掲げられているものであり（他に人間の尊厳・自由・平等も加えられている），また欧州審議会（評議会）規程にも，未整理に前文・第1条a・第3条に掲げられている。個々の理念が誤りであるわけではむろんないが，どの理念も世界のあらゆる地域で同じ内容を以て適用されうるかどうか議論になる面があり，その限りにおいてユーロセントリックとされうる点には注意しておいてよい。

[26]　*European Journal of International Law*, vol. 20 no. 3, 2009, pp. 545-567.

[27]　Ex.（Critique by）Emma Dunlop, *ibid.*, p.556.

的に計測しているだけ」であり，その意味でペータースは「進展しつつある事柄を客観的に観察するのではなく，主権の人間化という目標の唱道者になっている」[28]とするのである。

　そうした批判が全面的に誤っているわけではない。だが，もし議論の中に純然たる現実記述でない（あるいは現実と一致しない）部分があるからという理由でその議論を退けるならば，規範的な理論はいっさいありえなくなるだろう。その場合，学問は単なる現実記述に終始して，ついには現実肯定のみで終わるかもしれない。その限りにおいて，これらの批判をすべて受容できるわけではないが，他方で，価値を前面に出す規範的議論は強烈な反発を招きやすい，ということもこの論争は示している。

　では，マルティラテラリズム論，少なくとも筆者の構想するそれと国際立憲主義との違いは何か。一見して明らかな点は，国際立憲主義の多数の議論において，いわゆる国際機構論の要素が基本的に欠如していることである[29]。他の理論ならばいざ知らず，国際的な立憲的秩序の構築を論ずる理論であるのに，その秩序の形態のモデルを提供する現存在（たとえば国連）についての分析がほとんどないのはいささか奇異であるし，国際立憲主義から実証性を大きく奪う結果となる。

　筆者自身は，みずからの国際機構論の理論的基盤の一つとして国際立憲主義を挙げ，国際立憲主義の分析視座や価値志向性から現存国際機構群を分析するとどういうことが言えるか，その一つのモデルを提示した[30]。そうすることによって国際立憲主義は，「国連憲章は世界憲法である」という擬似的世界連邦論に陥ることなく国連の長短を実証的に分析し，国連以外の機構の存在意義や問題点をも分析する枠組みに変換しうることになるだろう。良きにつけ悪しきにつけ，現存国際機構というものは立憲的国際秩序を構築する上で一応の出発点と考えざるを得ない存在である。それを出発点としないのだとすれば，たと

---

(28)　*ibid.*, p. 560.

(29)　その顕著な（これまでのところおそらく唯一の）例外は，「国連憲章＝世界の憲法」論を唱えた，Bardo Fassbender, *The United Nations Charter as the Constitution of the International Community*, Martinus Nijhoff, 2009 だが，これは国連思想論に属するもので国際機構論的な議論は少なく，また国際立憲主義の中でも広く受容された議論ではなかったので，一般性を有する国際立憲主義的国際機構論と見ることはできない。

(30)　最上敏樹『国際機構論講義』（岩波書店，2016 年）特に 9-14 頁および 291-294 頁。

えば国連システムがいかなる意味で非実効的あるいは有害なのか，それを徹底的に明らかにしなければならない。

　ところでそのような修正国際立憲主義は，少なくとも筆者にあっては，マルティラテラリズム論にほかならない。そこでは，国際立憲主義の外延としてマルティラテラリズム論が登場するのではなく，マルティラテラリズム論を追求する過程で国際立憲主義のいくつかの論点や思考をそこに組み込んでいる。その意味で，国際立憲主義はマルティラテラリズム論を補強する。あるいはそれに指標を与える。だが，国際立憲主義が国際機構論を内包せぬ限り，それがマルティラテラリズム論を内包することはない。逆に，マルティラテラリズム論は国際立憲主義を内包できることになるのである。マルティラテラリズム論は国際法および国際機構の双方に関わる理論であるから，単に価値志向的であるのではなく，現存する諸制度についての説明能力も備えなければならない。そうした説明能力を備えてこそ，現状への批判も，したがって現状超克の提言も，実証的な根拠を持つことができる。

　このほか国際立憲主義には，国際安全保障の問題を主要論題として取り上げる議論がほとんどない，という重要な欠落もある。わずかな例外としてエリカ・デ・ヴェットの業績[31]があるが，全体的に見るならば中心的論題になっているとは言いがたい。この欠落もまた，国際社会の立憲的秩序構築という理論の原点に照らすなら，説明のつけにくい理論状況である[32]。もっとも，それがマルティラテラリズム論との質的な相違と言えるかといえば，必ずしもそうではない。マルティラテラリズム論の中に必ず安全保障論（安全保障の国際法および国際機構についての議論）が含まれるわけではなく，たまたま筆者の場合，ユニラテラリズムおよび安保理への権力集中批判のかたちで国際立憲主義論を開始し[33]，それがマルティラテラリズム論に受け継がれたため，国際安全保障

(31)　Erika de Wet, *The Chapter VII Powers of the United Nations Security Council*, Hart Publishing, 2004.
(32)　この点については別稿で論じているのでそれを参照されたい。Toshiki Mogami, "Perpetuum Mobile: Before and After Global Constitutionalism", in T. Suami, A. Peters, D. Vanoverbecke and M. Kumm (eds.), *Global Constitutionalism from European and East Asian Perspectives*, CUP, 2018, pp. 29-57, esp. 37-40.
(33)　最上敏樹「国連の《二〇〇年》── 国際立憲主義についての覚え書き」『法律時報』67巻6号（1995年）44-50頁。

論（とくに武力不行使規範についての議論）が不可避的にマルティラテラリズム論の一環となったという経緯だったのである。

　とはいえ，それは偶発的な展開と片付けることのできない，マルティラテラリズム論としても突き詰めて考えるべき〈理論の包摂範囲〉ではあるまいか。超大国のユニラテラリズムは，軍事分野でも経済分野でも，人権保障や国際人道法裁判等の分野でも，その制御を考えなければならない国際法の立憲的課題であるし，ユニラテラルな逸脱行動の主体たる少数大国群への権力の集中[34]もまた，制御のための理論枠組みの必要な問題だからである。それがマルティラテラリズムをめぐる理論的課題の一つであることは言を俟たない。そして，そのようにマルティラテラリズム論に本質的要素として組み込まれたならば（かつ国際立憲主義がこの問題への沈黙をやめなければ），ここでもまた国際立憲主義とマルティラテラリズム論との間には乖離が生ずることになる。

　筆者自身はそのような乖離を避ける意味もあって，みずからの国際立憲主義論を《批判的立憲主義》と名づけ，主に法の支配の具現化を志向して，ユニラテラリズムおよび国際寡頭制に焦点を当てる議論に限定している。そしてそれは法の支配や国際的公平性を志向するマルティラテラリズム論と同質であり，それを筆者は《規範的マルティラテラリズム》と名づけて論じている[35]。こうする限りにおいて，国際立憲主義論とマルティラテラリズム論とは調和的に扱えることになる。

Ⅳ　グローバル・ヒストリー論との連関

　近年の社会科学諸分野における一大潮流であるグローバル・ヒストリー論もまた，視座においてかつ方法論として，マルティラテラリズム論と密接に関わる。そしてその関わりようは国際立憲主義にあっても近似しているので，この潮流についても若干の言及をしておきたい。

---

(34)　この問題も別稿で「国際寡頭制」の問題として論じたので，それを参照されたい。Toshiki Mogami, "Towards *Jus Contra Oligarchiam* — A Note on Critical Constitutionalism —", *Japanese Yearbook of International Law*, vol. 55, 2012, pp. 371-402.

(35)　この点も随所で論じているが，注(32)前掲拙稿がまとまった議論を展開する最も近時の論考なので，それを参照されたい。

　国際秩序構築（または秩序攪乱）方式の数量的形態に，ユニラテラリズム，バイラテラリズム（二国間主義），マルティラテラリズムの3種があるということは何度も語られてきた。だがそれらは，少なくとも筆者の理論枠組みにおいては，同質異形で同一線上に並べうる3方式なのではない。ユニラテラリズムとの関係で言うならば，マルティラテラリズムは大国の単独支配に対する批判原理であり，それも国際社会（国家・非国家の諸アクター）の多数による批判であるから，国際民主主義の追求でもある。またバイラテラリズムとの関係で言うと，現今の国際社会ではなお二国間で処理される事柄や，そのほうが効率のよい事柄も多いが，国際社会全体に可能な限り均一な規範を及ぼすべき事柄（たとえば環境保全，難民や移民等の人の移動のルール，大量破壊兵器規制など）は非常に広範に存在する。それらの問題の体系的かつ効率的な処理のために，マルティラテラリズムが不可避的に必要となるだろう。それはまた，国々の個別の管轄権での処理に加えて二国間でも種々雑多な法制度を設けることによる，「国際法の断片化」が現出することを回避するためにも必要となる[36]。

　だが相対的により重要なのは，ユニラテラリズムへの反措定という側面であろう。世界秩序の追求は，それを真摯に追求する者たちにとっては常に，より暴力的でなく，より公正な秩序の追求であった[37]。マルティラテラリズムをそのような規範的枠組みの中に位置づけるならば（筆者は明らかにそうである），マルティラテラリズム論は，国際法であれ国際機構であれ，現代の諸制度の中に残存するヨーロッパ中心主義をはじめとして，諸々の歴史的な負の遺産の認識的整序と政策的矯正を構想するものでもなければならない。大国の恣意的な武力行使を規制できない法と機構，先進国の有利に設定されることの多い通商法体制，世界的な課題でありながら（超）大国の設定する基準での規制しかで

---

(36)　この課題は国際立憲主義にとっても同様で，そうした議論もすでにある。See, ex., Anne Peters, "Fragmentation and Constitutionalization", in A. Orford, F. Hoffmann, M. Clark (eds.), *Oxford Handbook of the Theory of International Law* (前掲注(2)), OUP, 2016, pp. 1009-1031.

(37)　これを自覚的に正面に掲げたのが，1960年代から1990年代前半まで活発に展開された国際的知的協働活動，「世界秩序モデル計画」（WOMP）である。多面的に問題を論じたこの共同研究の目的は，何より「公正な世界秩序の構築」であった。その要点の解説として，Mogami, *op. cit.,* (前掲注(32)), esp. pp. 33-41. また，坂本義和『人間と国家──ある政治学徒の回想（下）』（岩波新書，2011年）72-84頁。

きない反テロリズム体制，国連等の世界大機構において 1945 年基準がなおも（おそらく不変的に）有効とされる大国指定制度などなど，諸問題が数多く残存したままなのである。言うまでもなくそれは，歴史の洗い直しと過去の克服を含む作業となる。その意味でもマルティラテラリズム論は，たんなる「現存する諸国際機構の形態論」にとどまらない広がりを持つ。

　この意味においてマルティラテラリズム論は，グローバル・ヒストリー論と必然的に接点を持つことになる。たんに国際機構史を組み立てるだけならば，歴史のある時点（たとえばウィーン会議）以来の国際機構成立の事実を追うだけになるが，グローバル・ヒストリー論と結節するということは，そうしてヨーロッパを起源として誕生し，それゆえの問題も生じ，あるものは今なお残り，その諸問題を克服すべく設置された国際機構も新たな問題を抱える，その現実を分析する枠組みとして機能すべきことを意味する[38]。

　グローバル・ヒストリー論の基礎を提供したゼバスチアン・コンラートは，「世界史（world history）」の語に替えて「グローバルな歴史（global history）」の語が使われるようになった時の含意は，（世界各国・諸人民の）「結びつき」の要素を重視したことにあったと述べ，各国および諸人民が相互に無関係に存在していたのではないことを跡づけようとする[39]。だが「結びつき」を指摘するだけでは十分ではなく，その結びつきの中に「ヒエラルキーや搾取の要素も

---

[38]　国際機構論とグローバル・ヒストリー論の結節に早くから注目していた論考として，Madeleine Herren, "Introduction: Towards a Global History of International Organization", in *idem.* (ed.), *Networking the International System: Global Histories of International Organizations*, Springer, 2014, pp. 1-12. そこでヘレンはマルティラテラリズムの語は用いていないが，同書所収の拙稿 "On the Concept of International Organization: Centralization, Hegemonism, and Constitutionalism" (*ibid.*, pp. 43-52) が同書中で唯一，マルティラテラリズムの語を用いており，いくつかの鍵概念や潮流が合流し始めていることが看取される。

[39]　Sebastian Conrad, *What Is Global History?*, Princeton U. P., 2016, p. 68. 類似の概念として，筆者の国際機構論において初期の頃から中核をなしていた「抗争や交流を背景とした結合」というそれがあり（最上・前掲注[30] 22 頁=初出『国際機構論』〔東京大学出版会, 1996 年〕12 頁など），また，Madeleine Herren の "interconnectedness" 概念（Herren, "International Organizations, 1865-1945", in J. K. Cogan, I. Hurd, I. Johnstone (eds.), *Oxford Handbook of International Organizations*（前掲注 (2)), pp. 91-112, at 92 *et passim.*) がある。ただしコンラートの用法は，さらに「文化的な結びつきもあった」という点を強調する点で少し異なる。

こめられていた」点を看過してはならないと言う[40]。それ自体は格別に新しい
指摘ではなく，国際法に内在するユーロセントリズムあるいは植民地主義への
批判として，国際法学の中でも語られてはいた[41]。だがグローバル・ヒスト
リー論の新味は，そういうユーロセントリックな権力構造を中核として世界の
「統合」が進められた[42]，という観点を導入したことである。それは帝国と植
民地とがたんに対立していたのではない，という歴史認識であろう。

いずれにせよ，こうしてヒエラルキーや搾取をともなう結合に着目する点で，
グローバル・ヒストリー論はマルティラテラリズム論，少なくとも規範的マル
ティラテラリズム論と重なり合うことになる。同時に，一方でそのような共通
性を持ちながら，これまでの主要なグローバル・ヒストリー論の中には国際機
構への言及がほとんど見られない。同じく「結合」を鍵概念としながら，マル
ティラテラリズム論がほぼ例外なく過去および現在の国際機構（＝歴史）を観
察の出発点とするのに対し，グローバル・ヒストリー論はそれと非対称的なの
である。だが，非対称であればこそ，マルティラテラリズム論のほうがグロー
バル・ヒストリー論との共有財産を行かす方向で議論を組み立てるべきことに
なるだろう。

とりわけ，現代の国際機構に関してはそういうことが言える。コンラートら
は「歴史的事象の共時性」を強調する[43]。歴史のある時点で，どの場所でも同
じことが起きていたという意味ではない。それぞれに違うことが起きていたが，
それはいずれ同じになる事柄が一方では早く他方では遅れて起きていたのでは
なく，それぞれの空間に固有の意味を持って，かつ同時に起きていた，という
意味である。ところで，世界的相互依存が進む中で作られた世界大[44]の国際機
構，たとえば国連においては，いま現にさまざまな差異を抱えて存在する多数

---

[40]　Conrad, *op. cit.*, p. 70.

[41]　Ex. Anthony Anghie, *Imperialism, Sovereignty and the Making of International Law*, CUP 2005.

[42]　Conrad, *op. cit.*, pp. 67-72.

[43]　*ibid.*, p. 66.

[44]　国際法や国際機構論の世界ではこれまで，世界の大多数国家を加盟国に擁する機構を普遍的（universal）国際機構と呼ぶのが一般的であったが，この語は普遍的な正統性を有しているかのような含意を感じさせ，あまり適切とは言えない。それゆえ，本稿では「世界大の」という語を用いる。

の文明が同時に一堂に会している。つまり，それ自体が共時的な存在なのであり，グローバル・ヒストリーの実験場とも言えるのである。現代のマルティラテラリズム論もこの事実に目を閉ざすことは許されない。

　これに関連し，国際立憲主義でもグローバル・ヒストリー論に対する関心が高まっていることを指摘しておくべきであろう。「国際法のグローバル・ヒストリー化に向けて」と題する論文[45]でバルド・ファスベンダーとアンネ・ペータースは，ヨーロッパ中心主義の克服，主権国家中心主義の克服などを明確に主張すると同時に，ここでもまた，方法論的に「共時的な比較」の重要性を強く認識している[46]。方法論的に正しい選択であるし，国際立憲主義の理論的基礎を確認し続ける上でも欠かせない作業になるだろう。

　だがここでもやや不可解なのは，そこにマルティラテラリズムをどう位置づけるかの視点がまったく見られないことである。むろん，一つの理論の豊穣化のためにあらゆる事実と理論を取り込まねばならないということはない。しかし，国際法をグローバル・ヒストリー化すると言うのであれば，現代国際法の生成母体としての意味が大きく，しかもその舞台に相互に異なる（時には対立しあう）諸文明が集い，それゆえに国際（法）秩序の成否をも左右している以上，そこにおいてマルティラテラリズムがどのように機能するか（あるいは機能不全を起こすか）を考察対象から外すのは，大きな理論的欠落になりうる。くり返しになるが，筆者の立場は，規範的マルティラテラリズムと批判的立憲主義の結合が理論的に最も有効であり，グローバル・ヒストリーとの結節もそこにおいて初めて有意となる，というものである。

Ⅴ　結びにかえて ── マルティラテラリズム（論），国際機構論，国際法学

　以上で論じてきたように，マルティラテラリズム（政策および理論）はこれまで独自の概念としてはおおむね閑却されてきたが，種々のグローバリゼーションが進み，政府間・非政府間の国際機構のアクター性が高まり，国際社会

---

(45)　Bardo Fassbender and Anne Peters, "Towards a Global History of International Law", in *idem.* (eds.), *Oxford Handbook of the History of International Law*, (前掲注(3)), pp. 1-24.

(46)　*ibid.*, esp. p. 17.

の諸問題の歴史的継続および構造的連結が明らかになりつつあるいま，明晰に
定位すべき不可欠の概念となっている。そしてそれは，何より国際社会の構造
的把握を目標とし，その秩序立った変革のための道程を模索するものして，歴
史と規範に関わる学問を志向するものである。

　第一に歴史の面では，いま見たように，歴史的な起源を有する国際社会の未
解決課題がいよいよ顕在化するなか，国際秩序に関わる社会科学が歴史的な負
荷を負っている，という自覚に端を発している。マルティラテラリズム論もそ
の例外ではない。それどころか，多様に存在する諸主体や諸文明をマルティラ
テラルに結びつけようとする政策をめぐる理論である以上，そういう負荷を
いっそう強く自覚する必要があるだろう。

　政治的現実主義者や一面的な法実証主義者は，そうした学問的営為をユート
ピア志向[47]と批判するかもしれない。しかし，たとえユートピア志向と呼ぶと
しても，それが「起こりえぬことを望む」のではなく，「いずれは解決しなけ
ればならない課題を現時点で課題にする」ことである点は，過たずに認識して
おくべきであろう。歴史が常に何ものかの，あるいは誰かの犠牲において「進
歩」してきたものであることは明らかである。またそうである以上， こののち
の「進歩」が諸国・諸人民にとってより公平なそれになるようにするためには，
可能な限り過去の遺制を払拭する仕組みが，現在の法や制度に組み込まれなけ
ればならない。犠牲を負わされた国や人々においては，「過ぎ去ろうとしない
過去」[48]が少なからずあるのである。国々や人々を結びつなぐ現在の国際制度
は，未来を見すえつつ，過去を清算する仕組みでもあらねばならない。

　むろん，あらゆる国際機構がそうした目的に即したものであるということは
ない。ある範疇の国際機構が秩序構築的であり，別の範疇のものはそうでなく，

---

(47)　国際法（学）の歴史を『アポロジーからユートピアへ』と名づけ，アポロジー（政治
　　の論理擁護の現実主義）とユートピア（現状変革志向の理想主義）との時代的変遷と記
　　述して見せたのがマルティ・コスケニエミである（Martti Koskenniemi, *From Apology
　　to Utopia: The Structure of International Legal Argument*, CUP, 2006）。すぐれた論考で
　　あるが，コスケニエミ自身は「ユートピア」の語を非難をこめて用いてはおらず，また，
　　アポロジーに発してユートピアで国際法論議の歴史が終わったと言っているわけでもな
　　い。あくまで，国際法学の論議がいつもその両端のいずれかを採用するか，その間を揺
　　れ動いてきた事実を浮き彫りにしただけである。

(48)　Ernst Nolte, "Vergangenheit, die nicht vergehen will.", *Frankfurter Allgemeine
　　Zeitung*, 6. Juni 1986.

秩序構築的であっても暴力的・権力的なものとしからざるものがあり，歴史遺
制克服的なものとそうでないもの等々があるのは，言を俟たずに自明のことで
ある。この小論は諸国際機構の議論ではなく，あくまでマルティラテラリズム
論なので，そのような国際機構の分類論はせずにきたが，稿を改めてマルティ
ラテラリズム発現形態の分類論は行うつもりである。

　第二に規範の面では，言うまでもなく，マルティラテラリズムがたんに「有
形の国際機構の形態」の問題ではなく，したがってマルティラテラリズム論も
そうした機構の記述や分類学ではないことに注意しておかねばならない。たし
かにそれは（「国際機構論」として）現存国際機構を素材とし，たとえば国連の
諸機関の存在態様，主要機関の決議や判決，行政的な仕組み，関連諸機構の
ネットワーク等々，記述的な作業を出発点にはする。しかしそういう研究はマ
ルティラテラリズム論の第一段階にすぎず，より本質的な問題は，マルティラ
テラリズムという方式がどういう秩序を生みだして（生みだそうとして）いる
か，という点である。まさにその点において，マルティラテラリズム論は国際
機構論に限局される視座ではなく，規範に関わる視座として国際法学の理論で
もあることになる。

　マルティラテラリズムに関する（数少ない）議論においては，それが国際機
構の形態論に終始するかのように扱われるのが一般的だった。だがその本質は
単なる形態論ではなく，むしろ規範論である。多数国および多数人民を結びつ
なぐ現象の研究であるから，より良い秩序に向かう可能性を探る意味でも「規
範的」（normative）であるし，マルティラテラルに生みだされる規範（国際法）
がいかなるものであるかを解明する点でも「規範の学」（studies of norms）で
ある。

　たしかに国際法には，多国間条約だけでなく二国間条約も存在し，かつ国際
法に関わる一国単独の行為も含まれる。だがそのことは，マルティラテラリズ
ム論が国際法学の学問領域の一部しか包摂しない，ということを意味しない。
事実は逆で，二国間条約であれ一国行為であれ，それが世界全体の（マルティ
ラテラルな）観点から見てどのように評価されるかが，いつでも問われうるの
である。その意味でマルティラテラリズム論は，全包摂的な理論になりうる可
能性を持つ。

　国際法が世界全体の観点から見てどのように機能しているか（機能している

と評価されるか），どのように機能すべきか，という視点はこれまでにも存在した。16世紀のサラマンカ学派に始まり20世紀のローターパクトやフェアドロスらに至る自然法論（の一定の論者たち）や[49]，セルやアルヴァレスらの連帯理論[50]，前述（注[37]）のWOMPにおける国際法論などである。だがそれらは，19世紀以降20世紀に入っても主流として勢力の衰えなかった法実証主義に押され，常に国際法学の傍流であり続けた。国際法が主権国家の政策の手段あるいは表明である以上，国際法学もそれらの国家意思を記述し解説し正当化するという役割を負ったことは，ある面ではやむを得ないことではあっただろう。だがその副産物は，そうして現実に起きること，政府によってなされることの実証が国際法学の一義的な仕事であり，理論はあたかも二義的な仕事であるかのような認識もついて回るようになったことである。あえて更に言うならば，現存の法だけが実在であり，理論は虚構にすぎないかのような認識である。実在法（lex lata）と待望法（lex ferenda）という，実は時間的に・歴史的に見れば相対的でしかない区分があたかも普遍の真理であるかのようになった，という事実がそれを裏付けている。

　しかし，このような《実在と虚構》，《実証と理論》という二分法が，まさにそれ自体が実在であったかどうかは，国際法（学）の歴史に照らすならかなり疑わしい。第一に，国際法（学）の歴史は大幅に理論（学説）の歴史であり，かなり最近に至るまで，高名な神学者・哲学者・法学者の学説を法規範に読み替えていたものが多い。それは自由海論か閉鎖海論かという論争に始まり，核兵器の使用が合法か適法かという論争に至るまで，揺籃期から現在まで根本的に変わっていないのである[51]。そうした対立の中で力を得た学説が次第に法規範になり，あるものは狭い意味で実定的な成文法（条約）になった。その抽出の過程はいずれ稿を改めて書かねばならないが，時代ごとにより大きな力を持

---

[49]　この点の簡潔にして問題提起的な註釈として，Geoff Gordon, "Natural Law in International Legal Theory: Linear and Dialectic Presentations", in *Oxford Handbook of the Theory of International Law*（前掲注[3]），pp. 279-305.

[50]　この点につき，Stephen Neff, *Justice Among Nations: A History of International Law*, Harvard U. P. 2014, pp.424-432.

[51]　これはコスケニエミ前掲書（注[47]）のテーマであるし，また，より実証的に学説史を跡づけたネフの前掲書（注[50]）においても，数個の学説が反復的に対立し合っている状況が記述されている。

つ主体の意向であったことが多い事実は明らかだろう。それゆえにこそ，ある時代の国際法は「合意」などではなく「押しつけ（imposition）」でしかなかった，という回顧[52]も後に生まれることになる。

　そこから言えることは，国際法は基本的に高度の理論性を内包する学問なのだということである。動かしようもなく実在する法規範（判例を含む）だけを対象とする実証的な学問であって理論は副次的な作業に過ぎない，ということでは全くない。そしてそれは，第二の確認事項につながる。つまり，国際法規範というものがしばしば不確定なものだという事実である。学説上の対立も少なからず存在するだけでなく，ある国の主張する境界線と他の国の主張する境界線が全く異なり，それが（国際裁判に付されることもないために）不確定のままに放置されることは，国際法の世界において例外的ではない。その場合，「何が国際法であるか」は，理論の世界を別とすれば，一義的に決定されていないことになる。

　国際法は大いに不確定である。そもそもある行為や事柄が国際法に規定されているかどうかが不明確な場合もある。たとえば核兵器の使用が違法か合法か，など。仮に違法だと仮定して，それが使用された場合に使用国（あるいはテロリズム団体）に対してその規範が適用されるかどうか，状況次第でどうにでも変わりうる。つまり，適用されるかもしれないし適用されないかもしれない。そして国際刑事裁判などに付されて適用されることになっても，それが第二次世界大戦後の国際軍事裁判のように異例な法執行権限を持たぬ限り，現実に適用されるかどうかは分からない。実際に適用されずに終わった場合，国際法規は（効果において）存在しなかったに等しいことになるだろう。

　そのように不確定であるということは，理論の果たす役割が非常に大きい学問分野であるということも意味している。理論の組み立て方次第で今後の国際法の内容も国際法秩序（さらに世界秩序）も大きく変わりうるのである。それゆえ，国際法学において理論は軽視されてはならない。国際機構論においても同様である。それはまた，その両方にまたがる理論たるマルティラテラリズム論を重視し，その探究を強化すべきだという見解の理由でもあり，この小論の結論でもある。

---

[52]　See, *Oxford Handbook of the History of International Law*（前掲注(3)），Part IV: Interaction or Imposition.

18 外国法の適用をめぐる課題と展望
── 比較法的視点から

西 谷 祐 子

I はじめに

　グローバル化が進み，人，物，サービス及び資本の国境を越えた移動が活発
になるにつれて，私人間でも多数の渉外的法律関係が発生している。国際私法
は，抵触法とも呼ばれ，国境を越えた私人間の法律関係について領域法として
の国家法同士が抵触している場合に，それを解決するため，いずれかの法を準
拠法として選択指定する役割を負ってきた。国際私法が外国法を準拠法として
指定するとき，裁判上は，抵触規則及び外国法の解釈適用が裁判官の専権事項
であるか否か，また誰がどのように外国法の内容を確定するかが問題となる。
　外国法については，必ずしも「裁判所は法を知る」(*jura novit curia*) の格言
が妥当せず，国内法と扱いを異にする[1]。大陸法系諸国の多くは，裁判官が職
権で抵触規則及び外国法を解釈適用するとしているが，外国法の探査には特別
の準則が妥当し，外国法の適用違背による上訴を制限する国も少なくない。他
方，英米法系諸国においては，当事者が外国法の適用を主張（訴答）(plead)
又は援用 (invoke) し，その内容を証明する責任を負っており，いずれの当事

　＊　二宮正人先生には，これまで公私にわたって大変お世話になりまして，本当にありが
　　とうございました。この場をお借りして謹んで御礼申し上げるとともに，先生の古稀を
　　心よりお祝い申し上げます。
　＊＊　本稿は，まもなく公表予定の拙稿 "Foreign Law in Domestic Courts — Challenges
　　and Future Developments —", in: Franco Ferrari and Diego Fenández Arroyo (eds.),
　　The Continuing Relevance of Private International Law and its Challenges (forthcoming
　　2019)に基づいている。

(1)　Pierre Mayer/Vincent Heuzé, *Droit international privé*, 11th ed. (Paris 2014), p. 140.

者も行動しなければ，国内事件と同じく端的に法廷地法が適用される。このように手続法上の準則次第で，本来国際私法が準拠法として指定した外国法が適用されないこともあり，国際私法の機能の仕方も大きく左右されうる。そこで，国際私法の現代的意義とその課題を探るためには，外国法の適用をめぐる現状を把握したうえで，将来の発展の方向性を探るのが有益であろう⁽²⁾。

　以下では，国際私法の方法論を踏まえて外国法の性質について論じた後(II)，比較法的視点から，抵触規則及び外国法の適用に関する各国の裁判手続上の準則について検討する。具体的には，各国において抵触規則が職権適用されているか，外国法の解釈適用にあたって裁判所と当事者がどのように役割分担しているか，どのように外国法の探査が行われているかを概観する(III)。そして，比較法的視点から見た現状を踏まえて，立法論として，抵触規則及び外国法の適用をどのように改善し，国際的に調和させうるかについて考察する(IV)。最後に今後への展望を述べたうえで，本稿を閉じることにしたい(V)。

II　国際私法の方法論

1　総　説

　大陸法系諸国における国際私法の方法論は，19世紀のサヴィニーに由来する⁽³⁾。それによれば，国際私法は，国境を越えた私人間の法律関係について，単位法律関係ごとにその「本拠」(Sitz)を探求し，最も密接な関係のある国を選び出すことで準拠法を決定する。つまり，国際私法は，基本的に場所的要素をもつ連結点（国籍，常居所，不法行為地など）を用いて，当該法律関係を特定

(2) 外国法の適用に関する各国レポートを含む比較法研究として，Swiss Institute of Comparative Law (ed.), *The Application of Foreign Law in Civil Matters in the EU Member States and its Perspectives for the Future* (JLS/2009/JCIV/PR/0005/E4), Part I: Legal Analysis; Part II: Empirical Analysis; Synthesis Report with Recommendations (2011) (available at https://publications.europa.eu/en/publication-detail/-/publication/c92e8d95-ac55-4c9c-91b6-36a5a7564838) (last accessed 10 June 2019); Carlos Esplugues/José Luis Iglesias/Guillermo Paolo (eds.), *Application of Foreign Law* (München 2011); Yuko Nishitani (ed.), *Treatment of Foreign Law - Dynamics towards Convergence?* (Springer, 2017)を参照。

(3) Friedrich Carl von Savigny, *System des heutigen römischen Rechts*, vol. 8 (Berlin 1849), pp. 2 ff.

の法域に「場所付ける」ことで (localization)，準拠法を決定する。これは，抵触する内外私法が平等で互換性をもつことを前提として，その中から最も密接な結び付きのある国の法を価値中立的に選択指定する手法であり，双方的抵触規則として構成される。それゆえ，内外法のいずれであっても，同じ条件に従って準拠法として指定されるのが原則となる。

　この普遍主義的な国際私法の方法論は，広く支持され，今日の大陸法系諸国の国際私法の基盤をなしている[4]。この手法によれば，いかなる連結点を選ぶかによって，外国法が頻繁に準拠法となりうる[5]。とりわけ親族・相続関係について本国法主義を採用する場合には，内外人のいずれにもその国籍をもつ国の法を準拠法として適用するため，一般に流入移民及び定住外国人を数多く抱える国では，外国法の適用機会が多くなる[6]。それに対して，常居所地（又は住所地）法主義によれば，人が実質的に社会環境及び家庭環境に組み込まれた法が準拠法となるうえ，管轄原因と準拠法の並行が図られることから，法廷地法の適用が導かれることが多い[7]。また，契約や不法行為等に妥当する当事者自治の原則は，当事者に法廷地法の選択可能性を開くものであるが，基本的には外国法の適用機会を増やすといってよいであろう[8]。

---

[4]　国際私法における一方主義と双方主義の相剋について，Stéphanie Francq, "Unilateralism", *in* Basedow/Ferrari/de Miguel Asensio/Rühl (ed.), *European Encyclopedia of Private International Law* (Elgar, 2017), pp. 1779 ff.参照。

[5]　Maarit Jänterä-Jareborg, "Foreign Law in National Courts: A Comparative Perspective", *Recueil des cours* 304 (2003), pp. 202 ff.参照。

[6]　本国法主義については，拙稿「国際家族法における個人のアイデンティティー（1）」民商 152 巻 3 号 (2015 年) 238 頁以下，Heinz-Peter Mansel, "Nationality", *in* Basedow/Ferrari/de Miguel Asensio/Rühl (ed.), *European Encyclopedia of Private International Law* (Elgar, 2017), pp. 1290 ff.ほか。ただし，本国法主義を維持している国々でも，1970 年代以降は，両性平等のために段階的連結を採用したり，実質法的価値の実現（遺言保護や親子関係の保護など）のために選択的連結を採用したりすることで，外国法の適用機会は減っている。また，欧州各国では，流入移民の増加とともに生地主義を導入して国籍を付与する傾向が強く，重国籍者も増加しているため，本国法主義の下でも内国国籍優先主義が妥当するかぎり，事実上法廷地法が準拠法となることが増えている。佐野寛「法適用通則法における本国法主義の意義」国際 115 巻 3 号 (2016 年) 52 頁以下，拙稿「グローバル化の中での本国法主義の変容と課題――国民国家のメンバーシップの位相」法学セミナー 774 号 (2019 年) 40 頁以下，Shun-ichiro Nakano, "Japan: Proof of and Information About Foreign Law in Japan", *in* Nishitani (ed.), *supra* note 2, at 529 ff.ほか。

ただし，普遍主義的な国際私法体系の下でも，法廷地法の適用を確保するための法理は常に存在する。とりわけ伝統的な反致，公序及び法廷地の絶対的強行法規の適用のほか，対抗立法（blocking statutes）や弱者保護のための優遇原則などがそれに当たる⁽⁹⁾。これらの法理は，国家が自国の主権や公益を守り，国家法秩序を保持することを目的とする。この発想をさらに推し進めると，ストーリー⁽¹⁰⁾，のちにピレー，ニボワイエ及びクワードリ⁽¹¹⁾らが提唱した一方主義的な国際私法体系に行き着く。一方主義的体系の下では，あくまで自国法としての法廷地法の適用が原則であり，国際私法の役割は，立法者意思に従い自国法の場所的適用範囲又は立法管轄権の及ぶ範囲を画定することにある⁽¹²⁾。同様に，1960年代以降の米国におけるいわゆる抵触法革命に属する理論のうち⁽¹³⁾，

(7) 常居所地法主義とその根拠については，Brigitta Lurger, "Die Verortung natürlicher Personen im europäischen IPR und IZVR: Wohnsitz, gewöhnlicher Aufenthalt, Staatsangehörigkeit", *in* von Hein/Rühl (ed.), *Kohärenz im Internationalen Privat- und Verfahrensrecht der Europäischen Union* (Tübingen 2016), pp. 217 f.; Bettina Rentsch, *Der gewöhnliche Aufenthalt im System des Europäischen Kollisionsrechts* (Tübingen 2017), pp. 68 ff.; Marc-Philippe Weller/Bettina Rentsch, "'Habitual Residence': A Plea for 'Settled Intention'", *in* Leible (ed.), *General Principles of European Private International Law* (Aphen aan den Rijn 2016), p. 175.

(8) *See* Eva-Maria Kieninger, "Ascertaining and Applying Foreign Law", *in* Leible (ed.), *General Principles of European Private International Law* (Aphen aan den Rijn 2016), pp. 361 ff.

(9) Jürgen Basedow, "The Application of Foreign Law. Comparative Remarks on the Practical Side of Private International Law", *in* Basedow/Pißler (ed.), *Private International Law in Mainland China, Taiwan and Europe* (Tübingen 2014), p. 91. 対抗立法については，Peter Hay, "The Use and Determination of Foreign Law in Civil Litigation", *Am. J. Comp. L.* 62 (2014), pp. 233 ff.参照。

(10) Joseph Story, *Commentary on the Conflict of Laws*, 8th ed. (Boston 1834), pp. 7 ff.

(11) Antoine Pillet, *Principes de droit international privé*, 2nd ed. (Paris 1903), pp. 40 ff., 249 ff.; Jean-Paul Niboyet, *Cours de droit international privé français*, 2nd ed. (Paris 1949), pp. 332 ff.; Rolando Quadri, *Lezioni di diritto internazionale privato*, 5th ed. (Napoli 1969), pp. 71 ff., 236 ff.

(12) 詳細は，Francq, *supra* note 4, at 1781 ff.参照。

(13) 米国抵触法革命については，松岡博『国際私法における法選択規則構造論』（有斐閣，1987年）2頁以下，丸岡松雄『アメリカ牴触法革命：アメリカ国際私法の基礎理論』（木鐸社，1997年）1頁以下，Symeon C. Symeonides, *The American choice-of-law revolution: past, present and future* (Leiden 2006), pp. 9 ff.; idem, "Private International Law. Idealism, Pragmatism, Eclecticism", *Recueil des cours* 384 (2017), pp. 103 ff.

統治利益理論（カリー）[14]，ベター・ロー理論（レフラー）[15]，及び法廷地法主義（エーレンツヴァイク）[16] なども，一般に自国法の適用を優先する傾向を示す。一方主義的な国際私法体系の下では，裁判官が外国法を適用する機会は例外となる。このような自国法優先主義の傾向は，近時，米国各州において次々に採用されている「反シャリーア法」によっても強まることが予想される[17]。

　もとよりどのような抵触法理論を採用し，どのような連結点を採用するかは，法廷地国の立法政策の問題である。家族関係においては，個人のアイデンティティーの尊重を1つの柱として，本国法主義と常居所地法主義の対立とその超克のあり方が論じられている[18]。欧州連合（EU）においては，当事者自治の拡大が顕著であり，契約債務及び契約外債務だけではなく，離婚，扶養義務，夫婦財産制及びパートナーシップ財産制，並びに相続についても当事者自治が認められている[19]。客観的連結については，これらのEU規則は，ハーグ国際私法会議による諸条約と同じく[20]，常居所地法主義に移行する傾向が見られる[21]。他方，日本や韓国を始めとするアジア諸国の多くは，不統一法国である中国を除いて，基本的には本国法主義を維持している[22]。これは，英米豪などのコモンロー諸国が伝統的に家族関係について住所地法主義又は法廷地法主義をとっており，基本的に自国法を準拠法としているのと対照的である[23]。このように

[14]　Brainerd Currie, "The Constitution and the Choice of Law: Governmental Interests and the Judicial Function", *in Selected Essays on the Conflict of Laws*（Durham/North Carolina 1963), pp. 188 ff.

[15]　Robert Allen Leflar, *American Conflicts Law*, 3rd ed.（Indianapolis/New York *et al.* 1977), pp. 212 ff.

[16]　Albert Armin Ehrenzweig, *Private International Law. A Comparative Treatise on American International Conflicts Law*, vol. 1（Leyden/New York 1967), pp. 91 ff.

[17]　Louise Ellen Teitz, "Children Crossing Borders. Internationalizing the Restatement of the Conflict of Laws", *Duke J. Comp. & Int'l L.* 27（2017), pp. 534 ff.; Hay, *supra* note 9, at 217 ff.; *see* "National Conference of State Legislatures"（available at http://www.ncsl. org/research/civil-and-criminal-justice/2017-legislation-regarding-the-application-of- -foreign-law-by-state-courts.aspx）（last accessed 10 June 2019).

[18]　Heinz-Peter Mansel, "Die kulturelle Identität im Internationalen Privatrecht", *Bericht der deutschen Gesellschaft für Völkerrecht* 43（2008), p. 171; Yuko Nishitani, "Identité culturelle en droit international privé de la famille", *Recueil des cours* 400（*forthcoming 2019*），拙稿・前掲注(6)民商152巻3号231頁以下，同4＝5号370頁以下及び引用文献参照。

各国の国際私法体系及び連結点によって，準拠法として外国法の適用が求めら

---

⑲　ローマ I 規則 3 条（Regulation (EC) No 593/2008 of the European Parliament and of the Council of 17 June 2008 on the law applicable to contractual obligations (Rome I), *O. J.* 2008, L 177/6），ローマ II 規則 14 条（Regulation (EC) No 864/2007 of the European Parliament and of the Council of 11 July 2007 on the law applicable to non-contractual obligations (Rome II), *O.J.* 2007, L 199/40），ローマ III 規則 5 条（Council Regulation (EU) No 1259/2010 of 20 December 2010 implementing enhanced cooperation in the area of the law applicable to divorce and legal separation, *O.J.* 2010, L 343/10），扶養義務規則 15 条（Council Regulation (EC) No 4/2009 of 18 December 2008 on jurisdiction, applicable law, recognition and enforcement of decisions and cooperation in matters relating to maintenance obligations, *O.J.* 2009, L 7/1）（2007 年ハーグ扶養義務議定書 7・8 条援用），相続規則 22 条（Regulation (EU) No 650/2012 of the European Parliament and of the Council of 4 July 2012 on jurisdiction, applicable law, recognition and enforcement of decisions and acceptance and enforcement of authentic instruments in matters of succession and on the creation of a European Certificate of Succession, *O.J.* 2012, L 201/107），夫婦財産制規則 22 条（Council Regulation (EU) 2016/1103 of 24 June 2016 implementing enhanced cooperation in the area of jurisdiction, applicable law and the recognition and enforcement of decisions in matters of matrimonial property regimes, *O.J.* 2016, L 183/1）及びパートナーシップ財産制規則 22 条（Council Regulation (EU) 2016/1104 of 24 June 2016 implementing enhanced cooperation in the area of jurisdiction, applicable law and the recognition and enforcement of decisions in matters of the property consequences of registered partnerships, *O.J.* 2016, L 183/30）。学説の議論として，Jürgen Basedow, *The Law of Open Societies. Private Ordering and Public Regulation in the Conflict of Laws* (Brill/Nijhoff, 2015), pp. 115 ff., 230 ff.; Heinz-Peter Mansel, "Party Autonomy, Legal Doctrine on Choice of Law, and the General Section of the European Conflict of Laws", *in* Leible (ed.), *General Principles of European Private International Law* (Alphen aan den Rijn 2016), pp. 133 ff.; Yves Lequette, "Les mutations du droit international privé : vers un changement de paradigme?", *Recueil des cours* 387 (2015), pp. 406 ff.

⑳　1980 年子奪取条約 3 条，1993 年養子縁組条約 4・5 条，1996 年子の保護条約 15〜17 条，2000 年成年者保護条約 13〜16 条，及び 2007 年扶養義務議定書 3 〜 6 条（ハーグ諸条約については，http://www.hcch.net/参照）。

㉑　ローマ III 規則 8 条，扶養義務規則 15 条（2007 年ハーグ扶養義務議定書 3 〜 6 条援用），相続規則 21 条，夫婦財産制規則 26 条 1 項 a 号，及びパートナーシップ財産制規則 26 条 2 項 a 号。

㉒　拙稿・前掲注(6) 240 頁以下のほか，アジア諸国の動向について，Sai Ramani Garimella/Stellina Jolly (ed.), *Private International Law. South Asian States' Practice* (Springer, 2017), pp. 63 ff.参照。

㉓　Dicey, Morris and Collins, *The Conflict of Laws*, 15th ed. , vol. 1 (London 2012), para. 6-166 ff.

れる場面も相違することには注意が必要である。ただし，日本においても，扶養義務[24]や重国籍者及び無国籍者・難民には常居所地法が適用されるほか[25]，段階的連結や選択的連結などを通じて[26]，日本法が準拠法となる事案も増えていることは注目されよう[27]。

2　外国法の性質

　各国においては，以前から外国法の性質を「法」とみるべきか，あるいは「事実」とみるべきかについて議論がなされてきた。外国法は，固有の立法・司法・行政の権限をもつ外国の主権国家が策定する規範である。当然のことながら，自国の裁判官は，外国法を制定したり，改廃したりする権限をもつわけではなく，具体的事案において外国法を適用するか又は拒否するかを決定することしかできない[28]。

　国際私法体系として，17 世紀オランダ学派の後，19〜20 世紀のフランス及びイタリアを中心に主権理論が隆盛していた時期がある。法が国家主権に由来することを強調するのであれば，法廷地国においては，その立法・司法・行政の権限に基づく内国法だけが「法」としての適格性をもつ。そして，外国の国家管轄権は，その固有の領域内においてしか妥当せず，法廷地国には及ばないため，外国法は法的拘束力のない単なる「事実」に過ぎず，裁判規範となりえない。むしろ外国法を適用すると，外国国家の主権侵害にあたるという[29]。そこで，20 世紀初頭のイタリアのアンツィロッティやモレッリは，外国法が国際私法によって準拠法として指定されると，端的に内国法に変質する又は改変

---

(24)　扶養義務の準拠法に関する法律2条1項本文。

(25)　平成 18(2016)年法の適用に関する通則法（以下，「通則法」という）38 条 1・2 項及び難民条約 12 条 1 項。

(26)　段階的連結として，通則法 25〜27 条及び 32 条，選択的連結として，通則法 10 条 1・2 項，24 条 2・3 項，28〜30 条，34 条 1・2 項，遺言の方式の準拠法に関する法律 2 条。

(27)　前掲注(6)参照。

(28)　Mayer/Heuzé, *supra* note 1, at 140.

(29)　Story, *supra* note 10, at 30 ff.; *see* Alex Mills, *The Confluence of Public and Private International Law. Justice, Pluralism and Subsidiarity in the International Constitutional Ordering of Private Law* (Cambridge 2009), pp. 14 ff.; Horatia Muir Watt, "Discours sur les méthodes du droit international privé (Des formes juridiques de l'inter-altérité)", *Recueil des cours* 389 (2018), pp. 60 ff.

後に内国法に編入されると見ることで，外国国家の主権侵害を避けつつ，外国法の裁判規範性を基礎付けた[30]。同様に，米国においてクックやケイヴァースが提唱したローカル法理論も，外国法秩序に由来する裁判規範は，裁判官によって法廷地法の資格において適用されるとした[31]。

　山口弘一も，主権理論に立脚し，外国法は準拠法として指定された瞬間に内国法に変質するとしている。山口によれば，国際私法自体も実質法と異なる性質をもつものではなく，単に世界中の国々の実質法規を列挙したものであるという。たとえば法例旧3条1項は，「人ノ能力ハ其本国法ニ依リテ之ヲ定ム」と規定していた[32]。この規定は，「日本人は20歳で成年に達する。ドイツ人は21歳で成年に達する。フランス人は21歳で成年に達する。」のように各国実質法上の規定を列挙する代わりに，それを省略して，人の行為能力は本国法によって定める旨を規定したに過ぎないという。それゆえ，外国法上の規範も，日本の実質法の一部を構成するもので，それを適用しても主権侵害には当たらないとした[33]。

　これらの学説は，いずれも外国法を内国法の資格において適用する立場に立つ。しかしながら，国際私法においては，それが唯一の解決策ではない。むしろサヴィニーのように普遍主義的な国際私法体系による場合，又はマンチーニのように国家相互の尊重を基盤とした国際私法体系による場合には[34]，外国法は，内国法と同じく固有の「法」として適用されうる。バティフォールによれば，もとより外国法がその立法者意思に基づいて法的拘束力をもつ範囲は，その領域内に限定される。しかし，およそ法の抽象的命題は，そのままでは妥当

---

(30)　Dionisio Anzilotti, *Corsi di diritto internazionale privato e processuale* (Padova 1996), pp. 101 ff.; Gaetano Morelli, *Elementi di diritto internazionale privato*, 12th ed. (Napoli 1986), pp. 23 ff.; idem, *Lezioni di diritto internazionale privato* (Padova 1941), pp. 42 ff.; *cf.* Edoardo Vitta, *Diritto internazionale privato*, vol. 1 (Torino 1972), pp. 217 ff.

(31)　Walter Wheeler Cook, *The Logical and Legal Bases of the Conflict of Laws* (Harvard University Press, 1942), pp. 20 ff.; David F. Cavers, "The Two 'Local Law' Theories", *Harv. L. R.* 63 (1950), pp. 824 ff.

(32)　明治31(1898)年法例3条1項（通則法4条1項による改正）。

(33)　山口弘一『日本国際私法論〔分冊・第1〕』（巌松堂，1921年）57頁以下。

(34)　マンチーニ理論については，Yuko Nishitani, "Mancini, Pasquale Stanislao", *in* Basedow/Ferrari/de Miguel Asensio/Rühl (ed.), *European Encyclopedia of Private International Law* (Elgar, 2017), pp. 1194 ff. 及び引用文献参照。

せず，特定の時と場所の条件の下に具体化されて初めて適用されうる。そして，準拠外国法上の抽象的命題についても，受訴裁判所がそれを外国の立法者が定めた条件に適合させて法源性を付与すれば，裁判規範となりうるという。それゆえ，バティフォールは，外国法が端的に「法」としての資格で適用されうると結論付けた[35]。このように，国際私法の機能が，主権の抵触の解決から渉外的法律関係の場所付けによる私益の実現へと転換されることで，外国法を「法」として適用するための障碍は取り除かれたといえよう[36]。

　今日でも，多くの大陸法系諸国においては，外国法は「法」であると解されている。そして，外国法も，原則として内国法と同じく，裁判官の職権で裁判において解釈適用される。しかし，外国法は，いくつかの点で内国法とは扱いを異にする[37]。まずフランスやベルギーなどでは，特定の事件類型について抵触規則が任意的性質をもつため，外国法の適用が排除されうる[38]。また，一般に外国法の職権適用による場合にも，裁判官は外国法について十分な知識をもたないため，当事者に情報提供を求めることができる。ドイツやスイスなどは当事者の協力義務を定めており，日本でも少数説として職権調査主義や弁論主義によるとする説もある[39]。スペイン及び中国などでは，当事者が外国法の内容について証明責任を負う一方で，裁判官は，職権で抵触規則及び外国法を適用する権限をもつ[40]。また，大陸法系諸国の多くは，外国法の解釈適用の違背について最上級審への上訴可能性を認めているが，フランス，ドイツ及びオランダでは，最上級審が外国法の有権的解釈を示すのは相当ではなく，その義務もないとして，否定に解している[41]。さらに，外国法が不明である場合に，ほとんどの大陸法系諸国では，補充的に法廷地法を適用することを認めている。それゆえ，外国法については，「裁判所は法を知る」の格言がそのまま妥当す

---

(35)　Henri Batiffol, *Aspects Philosophiques du Droit International Privé* (Paris 1956), pp. 298 ff.

(36)　Horatia Muir Watt, "Hospitality, Tolerance, and Exclusion in Legal Form: Private International Law and the Politics of Difference", *Current Legal Problems 70* (2017), p. 128.

(37)　詳細は，Yuko Nishitani, "Treatment of Foreign Law: Dynamics Towards Convergence? — General Report", *in* Nishitani (ed.), *supra* note 2, at 17. 山本和彦「外国法の適用」櫻田嘉章＝道垣内正人編『注釈国際私法〔第2巻〕』（有斐閣，2011年）351頁以下も参照。

(38)　*See infra* Ⅲ-1.

るわけではない[42]。

それに対して，英米法系諸国は，伝統的に外国法を「事実」であると解してきた。そして，裁判官は，外国法について何ら知識をもたないと推定され，外国法の適用は，原則として弁論主義に従い当事者の主張又は援用及びその証明が要件となるとされてきた。しかし，現実には，外国法の扱いは，「事実」とは異なる部分もある。すなわち，裁判官は，一定の場合には公知の事実として (judicial notice)，外国法を適用する義務を負う又は権限をもつことがある。また，外国法の内容を確定するのに，米国連邦裁判所や豪州などでは，証拠方法

---

(39)　日本において少数説として，職権調査主義によるとするのは，三ケ月章「外国法の適用と裁判所」澤木敬郎＝青山善充編『国際民事訴訟法の理論』（有斐閣，1987 年）255 頁以下，弁論主義によるとするのは，本間靖規・中野俊一郎・酒井一『国際民事手続法（第 2 版）』（有斐閣，2012 年）166 頁である（詳細は，山本・前掲注(37) 352 頁以下参照）。ドイツについて，Jan von Hein, "The Determination and Application of Foreign Law. A Blind Spot of European Private International Law?", *in* Bruns/Suzuki (ed.), *Realization of Substantive Law through Legal Proceedings* (Tübingen 2017), p. 3; Rudolf Hübner, *Ausländisches Recht vor deutschen Gerichten* (Tübingen 2014), pp. 274 ff., スイスについて，Max Keller/Daniel Girsberger, "Art. 16 IPRG", *in Zürcher Kommentar zum IPRG*, 2nd ed. (Zürich 2004), para. 20 ff.; Monica Mächler-Erne/Susanne Wolf-Mettier, "Art. 16 IPRG", *in Basler Kommentar: Internationales Privatrecht*, 3rd ed. (Basel 2013), para. 9 ff.参照。

(40)　スペインについて，José Luis Iglesias et al., "Spain", *in* Esplugues et al. (eds.), *supra* note 2, at 357 f.; Carmen Azcárraga Monzonís, "Spain: The Application of Foreign Laws in Spain. Critical Analysis of the Legal Novelties of 2015", *in* Nishitani (ed.), *supra* note 2, at 331 ff. 同じ原則は，チュニジア及び中国でも妥当している（後述Ⅲ-3参照）。

(41)　フランスについて，Sabine Corneloup, "L'application de la loi étrangère", *Rev. int. dr. comp.* 2014, pp. 384 f., ドイツについて，BGH, 21 January 1991, NJW 1991, 1418; BGH, 4 July 2013, NJW 2013, 3656; BGH, 14 January 2014, NJW 2014, 1244 及び von Hein, *supra* note 39, at 52 ff.（ドイツの判例に対する批判）; Oliver Remien, "Proof of and Information about Foreign Law" ("Foreign Law"), *in* Schmid-Kessel (ed.), *German National Reports on the 19th International Congress of Comparative Law* (Tübingen 2014), pp. 250 ff.; idem, "Die Anwendung und Ermittlung ausländischen Rechts im System des Europäischen Internationalen Privatrechts" ("Ausländisches Recht"), *ZVglRWiss* 115 (2016), pp. 577 f., オランダについて，Art. 10:2 Civil Code 及び A. Teun V. M. Struycken, "The Codification of Dutch Private International Law: A Brief Introduction to Book 10 BW", *RabelsZ* 78 (2014), p. 607; Sofie Geeroms, *Foreign Law in Civil Litigation: A Comparative and Functional Analysis* (Oxford 2004), para. 5.147 ff.

(42)　Nishitani, *supra* note 37, at 17 f.

は専門家証人による証言に限定されず，裁判官は自ら職権で調査を行い，文献やインターネットその他の情報を利用することができる[43]。仮に外国法の証明がなくても，事実の証明とは異なって，必ずしも請求は棄却されず，「内外法類似の推定」（presumption of similarity）又は当事者の黙示の準拠法指定を根拠として，補充的に法廷地法が適用されることが多い。しかも英米及び豪州では，外国法の解釈適用の違背について法律審への上訴が認められており，事実の扱いとは異なる[44]。

　このように各国法制を比較法的に概観すると，外国法を「法」又は「事実」のいずれかに性質決定しても，必ずしも論理的に一貫した帰結が導かれるわけではない。むしろ外国法は，様々な性質を併せもっており，裁判手続上も特殊な扱いが想定されている。米国，スペイン及びオランダにおいて[45]，外国法を法でも事実でもない「第三のカテゴリー」に分類する見解が有力であるのは，外国法の一義的な性質決定が困難であることを示している[46]。

　そこで，以下では，伝統的な外国法の「法」又は「事実」の二分律によることなく，各々の法域ごとに国際私法体系，並びに民事手続及び証拠に関する準則を踏まえながら，外国法の解釈適用のあり方について個別に検討することとする。これは，究極的には，裁判手続における外国法の適用にあたって，裁判

(43)　Rule 44.1. of the U.S. Federal Rules of Civil Procedure. 詳細は，Louise Ellen Teitz, "Determining and Applying Foreign Law. The Increasing Need for Cross-Border Cooperation", *N.Y.U. J. Int'l L. & Pol.* 45 (2013), pp. 1087 ff., 豪州について，Mary Keyes, "Australia: Foreign Law in Australian International Litigation: Developing the Common Law", *in* Nishitani (ed.), *supra* note 2, at 509 ff.

(44)　英国について，Richard Fentiman, *International Commercial Litigation*, 2nd ed. (Oxford 2015), para. 20.131 ff.; Trevor C. Hartley, "Pleading and Proof of Foreign Law: The Major European Systems Compared", *Int'l & Comp. L. Q.* 45 (1996), p. 272, 米国について，Teitz, *supra* note 43, at 1092 ff.; Hay, *supra* note 9, at 229 ff., 豪州について，James Jacob Spigelman, "Proof of Foreign Law by Reference to the Foreign Court", *Law Quarterly Review* 127 (2011), pp. 208 f.; Keyes, *supra* note 43, at 520.

(45)　米国について，Hay, *supra* note 9, at 227, 234, スペインについて，Azcárraga Monzonís, *supra* note 40, at 331. オランダでは，最高裁が外国法の適用違背による上告を受理していないことを理由に，外国法を「第三のカテゴリー」と見ている。Carlos Esplugues, "General Report on the Application of Foreign Law by Judicial and Non-Judicial Authorities in Europe (Project JLS/CJ/2007-1/03)", *in* Esplugues *et al.* (eds.), *supra* note 2, at 17.

(46)　Hartley, *supra* note 44, at 272, 286 ff.

官と当事者がどのように役割分担するかという問題である。

Ⅲ　各国における外国法の適用及び調査

　裁判手続における外国法の適用については，次の３つの段階が区別される。第一に，事案が渉外性をもつことが明らかになった場合に[47]，抵触規則がどのように適用されるか，第二に，準拠法である外国法がどのように適用されるか，第三に，外国法の内容がどのように確定されるか，である。以下では，順に各国法制を比較検討する。

1　抵触規則の適用

　裁判手続における外国法の適用の第一段階として，まず裁判官がどのように抵触規則を適用するかが問題となる。

　多くの大陸法系諸国では，すべての事件類型について抵触規則の職権適用を定めており，「統一アプローチ」（unitary approach）によるのが原則である。これは，特にドイツ，オーストリア，イタリア，スイス，日本及び南米諸国などに当てはまる。それによれば，裁判官は，当事者による主張なしに，いかなる事件類型についても職権で抵触規則を適用する義務を負う。つまり，抵触規則は，国内法の一部を構成しており，当然に法源性をもつことから，裁判官を直接拘束し，その職権適用を定めることに合理性があると解されている[48]。

　他方，大陸法系諸国のうちフランスは，——ベルギー，スウェーデンやフィンランドなどと同様に[49]——「分類アプローチ」（distinctive approach）によっており，「任意処分性のない権利」（droits indisponibles）と「任意処分性のある権

---

[47]　もとより日本においても，連結点を構成する具体的な事実について，どのような原則に基づいて事実資料を収集するかについて争いがある。学説は，弁論主義説，職権探知説及び折衷説に分かれている（詳細は，山本和彦「連結点の主張・立証」櫻田嘉章＝道垣内正人編『注釈国際私法（第２巻）』（有斐閣，2011年）368頁以下）。本稿では，詳細には立ち入らない。

[48]　*See* Nishitani, *supra* note 37, at 12 f.

[49]　ベルギーについて，Patrick Wautelet, "Belgium: Foreign Law in Belgian Courts —— From Theory to Practice", *in* Nishitani (ed.), *supra* note 2, at 65 ff., 北欧諸国について，Jänterä-Jareborg, *supra* note 5, at 277 ff.

利」（droits disponibles）を区別している。フランスでは，家族関係のように任意処分性のない権利が対象となる場合にのみ，裁判官による抵触規則の職権適用を予定しており[50]，契約又は不法行為のように任意処分性のある権利が対象となる場合には，当事者が外国法の適用を主張しないかぎり，裁判官が裁量で抵触規則を適用するか否かを決定できる。ただし，両当事者がいわゆる「訴訟上の合意」（accord procédural）によって抵触規則の適用を除外する旨の合意をした場合には[51]，裁判官はそれに拘束され，必ず法廷地法を適用する義務を負う。この原則は，フランスにおいて，契約債務及び契約外債務の準拠法に関するEU ローマⅠ・Ⅱ規則の適用上も妥当すると解されている[52]。

　それに対して，英米法系諸国においては，抵触規則の適用は裁判官の義務であるが，外国法の適用は通常，当事者の主張又は援用にかかるため，それがないかぎり，抵触規則も適用されない。しかも英国，アイルランド，マルタにおいては，外国法の適用方法は，「証拠及び手続」に関する問題として，EU ローマⅠ・Ⅱ規則の事項的適用範囲外であると解されているため，結果的に同規則が適用されるか否かについても当事者の主張又は援用次第となる[53]。英国のフェンティマンは，裁判官が職権で，EU 規則及び準拠外国法を適用する義務を負うと主張しているが[54]，少数説にとどまっている。

---

[50]　フランスについて，Cour de cassation, 12 May 1959, *Rev. crit. dr. int. pr.* 1960, 62 (*Bisbal*); Cour de cassation, 26 May 1999, *Rev. crit. dr. int. pr.* 1999, 707 (*Société Mutuelle du Mans*). 詳細は，Sabine Corneloup, "Rechtsermittlung im Internationalen Privatrecht der EU. Überlegungen aus Frankreich", *RabelsZ* 78 (2014), pp. 845 ff.; idem, *supra* note 41, at 363 ff.; Bénédicte Fauvarque-Cosson, "Foreign Law before the French Court. The Conflicts of Law Perspective", *in* Cavinet *et al.* (ed.), *Comparative Law before the Courts* (London 2004), pp. 3 ff.; Jean-Pierre Ancel, "L'office du juge dans la recherché du contenu du droit étranger", *in* Société de legislation comparée (ed.), *L'application du droit étranger* (Paris 2018), pp. 13 ff.

[51]　*See* Bénédicte Fauvarque Cosson, *Libre disponibilité des droits et conflits de lois* (Paris 1996), pp. 241 ff.

[52]　Corneloup, *supra* note 41, at 372 f.

[53]　ローマⅠ規則1条3項，ローマⅡ規則1条3項。詳細は，Dicey, Morris & Collins, *supra* note 23, para. 9-011; Hartley, *supra* note 44, at 282 ff.; Nishitani, *supra* note 37, at 16 ff. and 43 ff.参照。

[54]　Richard Fentiman, *Foreign Law in English Courts. Pleading, Proof and Choice of Law* (Oxford 1998), pp. 92 ff.; idem, *supra* note 44, para. 5.07.

2 外国法の適用

裁判手続における外国法の適用の第二段階として，その職権適用の有無が問題となる。

多くの大陸法系諸国においては，裁判官が職権で抵触規則を適用するかぎり，外国法の適用も職権で行うのが原則である。これは，すべての事件類型について同じ準則を適用する統一アプローチをとる国々——ドイツ，オーストリア，イタリア，日本及び南米諸国など——だけではなく，分類アプローチをとる国々——フランス，ベルギーなど——にも当てはまる。実際にも，外国法の職権適用は，法的安定性に資するほか，国際的判決調和の達成を助けるもので，国際私法が機能するために重要な役割を果たすといえよう[55]。

それに対して，英米及び豪州を始めとする英米法系諸国においては，外国法は通常，当事者がその適用を主張又は援用して初めて，訴訟手続において論点となる。そして，当事者は，裁判官が外国法を適用できる程度にその内容を証明する責任も負う[56]。当事者が外国法の適用を争点としなければ，当該事案は国内事件として扱われる。当事者は通常，外国法の適用結果が法廷地法よりも有利であるとき，あるいは外国法が法廷地法にはない請求や抗弁を認めているときに，外国法の適用を主張又は援用すると解される[57]。そして，当事者は，戦略的に外国法の適用の主張又は援用を差し控えることで，外国法の適用を回避することもできる。英米法系諸国の一般原則は，必ずしも国際的判決調和に資するものではないが，当事者の利益にかなう形で，適正かつ迅速な裁判を促

---

[55] 詳細は，. Nishitani, *supra* note 37, at 21 ff. 南米諸国について，1979 年モンテビデオ条約 (Inter-American Convention on General Rules of Private International Law, signed at Montevideo on 8 May 1979) 2 条（同条約は，アルゼンチン，ブラジル，コロンビア，エクアドル，グアテマラ，メキシコ，パラグアイ，ペルー，ウルグアイ，ベネズエラについて発効 (http://www.oas.org/juridico/english/sigs/b-45.html [last accessed 10 June 2019])。同じ原則は，すでに 1928 年ブスタマンテ法典 (Convention on Private International Law (Bustamante Code), signed at Havana on 20 February 1928) 408~411 条でも採用されていた。

[56] 米国について，Hay, *supra* note 9, at 223 ff., 英国について，Dicey, Morris & Collins, *supra* note 23, para. 9-011 ff.; Fentiman, *supra* note 44, para. 20.131 ff.; Trevor Hartley, *International Commercial Litigation*, 2nd ed. (London, 2015), pp. 576 ff., 豪州について，Keyes, *supra* note 43, at 508 ff.を参照。

[57] *See* Fentiman, *supra* note 44, para. 20.01.

す利点があると解されている[58]。

3　外国法の内容確定

　裁判手続における外国法の適用の第三段階では，外国法の内容の確定方法が
問題となる。

　大陸法系諸国は，外国法の適用を裁判官の義務とするため，一般にその内容
の確定も裁判官の職責であるとしている。それによれば，裁判官は，外国法の
内容について職権探知義務を負い，様々な調査手段を用いて職権証拠調べを行
い，内容を確定しなければならない。裁判官は，一般に外国法に関する諸文献
やインターネット情報を利用するほか，フランス及びベルギーでは，当局，弁
護士，公証人又は学者が作成する「法及び慣習に関する宣誓供述書」（certifi-
cats de coutumes）をよく用いている[59]。他方，ドイツ，スイス，オーストリア
及びオランダでは，比較法研究所に鑑定書を委嘱し，事案に即した詳細な質問
票への回答を求めることが多い[60]。内外当局への照会や外交ルートを用いた調
査も可能であるが，時間がかかり，効率的ではない。最終的には，当事者が裁
判官から協力を求められることも多い。前述のように，ドイツ及びスイスでは
当事者の協力義務が定められており，日本でも少数説として職権調査主義や弁
論主義によるとする説もある。スペイン及び中国では，当事者に一定範囲で外
国法の証明責任を課している[61]。当事者は，自ら外国法に関する情報提供を行

---

[58]　*See* Dicey, Morris & Collins, *supra* note 23, para. 9–002.

[59]　*See* Mayer/Heuzé, *supra* note 1, p. 145.

[60]　該当する研究機関は，ドイツ・マックスプランク比較私法及び国際私法研究所（ハン
　　ブルク所在），ケルン大学，ハイデルベルク大学及びミュンヘン大学などの比較法研究所，
　　スイス連邦比較法研究所（ローザンヌ所在），オランダ・アッセル国際法研究所（ハー
　　グ所在），並びにギリシア比較法研究所（アテネ所在）などである。Nishitani, *supra*
　　note 37, at 24 f.

[61]　日本，ドイツ及びスイスについて，前掲注[39]参照。スペインとチュニジアは，一般に
　　当事者に外国法の証明責任を課しており，中国は，当事者が準拠法を選択した場合にの
　　み証明責任を課している。Nishitani, *supra* note 37, at 17 ff.及び前掲注[40]参照。チュニジ
　　アについて，Lotfi Chedly/Béligh Elbalti, "Treatment of Foreign Law in Tunisia", *in*
　　Nishitani (ed.), *supra* note 2, at 591 ff.，中国について，中国国際私法 10 条 1 項（解説と
　　して，黄軔霆『中国国際私法の比較法的研究』（帝塚山大学出版会，2015 年）297 頁及
　　び Yujun Guo, "Legislation and Practice on Proof of Foreign Law in China", *Yearbook of
　　Private International Law* 2012/13, p. 297）を参照。

うことで，訴訟手続を迅速に進め，自己に有利な結論を導く可能性もあるため，一般に高額の訴訟事件では進んで協力する傾向にあるという。しかし，中小規模の商事事件，消費者及び家事事件などでは，当事者の協力に期待するのは難しく，限界がある[62]。

英米法系諸国においては，外国法の証明は，第一義的に当事者の責任である。しかも英国においては，コモンローの原則に従い専門家を証人として召喚し，必ず口頭で証言させなければならない[63]。それに対して，米国及び豪州では，手続法を改正してコモンローの原則を緩和しており，裁判官が書証に基づいて外国法を適用しうるほか，当事者が選任した専門家証人の証言が不十分である又は信頼できない場合には，裁判官が自ら原典を調査したり，第三者の裁定人を選任したりする権限をもつ。特に米国及び豪州では，専門家証人が高額の報酬を得るが，質が低く，一方当事者に肩入れする傾向が強い。それゆえ，各当事者が選任した専門家証人の証言が，相互に矛盾することも多いという。このように米国及び豪州においては，職権調査が可能になったことで，外国法の不明を理由に法廷地法による場合が減っており，肯定的に評価できる[64]。

Ⅳ　外国法の適用及び調査に関する課題

1　調和の欠如

このように各国では，裁判手続における抵触規則及び外国法の適用方法が異なっているため，地域的又は国際的レベルで抵触規則を統一しても，実際に適用される準拠法の一致は必ずしも図られない。

たとえば，次のような例が考えられる[65]。英国会社 A は，同社ロンドン支

---

[62]　*See* Nishitani, *supra* note 37, at 24 f.

[63]　Dicey, Morris & Collins, *supra* note 23, para. 9-013.

[64]　米国について，Hay, *supra* note 9, at 228 ff.; Teitz, *supra* note 43, at 1095 ff.; idem, "From the Courthouse in Tobago to the Internet: The Increasing Need to Prove Foreign Law in US Courts", *J. Mar. L. & Com.* 34 (2003), pp. 107 ff., 豪州について，Keyes, *supra* note 43, at 510 ff.; Spigelman, *supra* note 44, at 209 ff参照。

[65]　Nishitani, *supra* note 37, at 43 f.に掲げた例を若干変更した（Sabine Corneloup, "L'application facultative de la loi étrangère dans les situations de disponibilité du droit et l'application uniforme des règles de conflit d'origine européenne", *in* Société de legislation comparée (ed.), *L'application du droit étranger* (Paris 2018), p. 80 でも引用）。

店を通じて，米国会社Bとの間で同社ニューヨーク支店を通じて契約を締結し，B社から役務提供を受けることに合意した。EUのローマⅠ規則によれば，当事者による契約準拠法の選択がなければ，原則として役務提供者の常居所地法であるニューヨーク州法が適用される[66]。仮に国際裁判管轄が肯定されるとすると，ドイツのベルリン・ラント地方裁判所の裁判官は，職権でニューヨーク州法を適用するであろう。しかし，イングランド・ウェールズ高等法院の裁判官は，当事者がニューヨーク州法の適用を主張立証しないかぎり，法廷地法であるイングランド法を適用するであろう。また，フランスのパリ大審裁判所の裁判官は，契約関係は処分可能性のある権利を対象とするため，当事者がニューヨーク州法を援用しないかぎり，裁量でローマⅠ規則を適用するか否かを決定することができる。しかし，当事者が訴訟上の合意によって抵触規則の適用を除外すれば，裁判官は，法廷地法としてフランス法を適用する義務を負う。

　このように，EUという地域レベルで抵触規則を統一しても，EU構成国ごとに訴訟手続における抵触規則及び外国法の適用方法が異なるかぎり，国際的判決調和は達成されない[67]。このように適用法規が区々に分かれると，EU基本法上の政策目標である市場統合及び民事司法協力の阻害要因となる[68]。そして，EU基本法は，EU抵触規則よりも上位の規範であるうえ，EU抵触規則は構成国を直接拘束することから，外国法の適用方法を一律に構成国法にゆだねるのは矛盾であると思われる[69]。同様に適用法規が区々に分かれるという問題は，ハーグ国際私法会議が国際的レベルで採択した準拠法条約，とりわけ1971年交通事故条約及び1973年生産物責任条約にも当てはまるといえよう[70]。

---

[66]　ローマⅠ規則4条1項b号。

[67]　*See* Corneloup, *supra* note 65, at 75 ff.; Remien, *supra* note 41, *Ausländisches Recht*, at 571 ff.; *see* von Hein, *supra* note 39, at 38; Clemens Trautmann, *Europäisches Kollisionsrecht und ausländisches Recht im nationalen Zivilverfahren* (Tübingen 2011), pp. 17 ff.

[68]　欧州連合運営条約81条。

[69]　Stéphanie Francq, "The Scope of Secondary Community Law in the Light of the Methods of Private International Law – or the Other Way Round?", *Yearbook of Private International Law* 2006, p. 371.

2 抵触法による解決

　地域的又は国際的レベルでの統一抵触規則が実効的に機能するためには，抵触法上の立法論として，外国法の適用方法を調和させることが考えられる。

　各国法制への介入が最も少ない手法として考えられるのは，英米法系諸国において，外国法の適用が当事者の主張又は援用にかかる現状を維持したうえで，裁判官が外国法を公知の事実として適用しうる旨の準則を置くことである[71]。これは，1980年子奪取条約においても採用されており，子の元の常居所地国法上，監護の権利を侵害する不法な子の連れ去り又は留置があったか否かを判断するにあたって，裁判官は，外国法を公知の事実として職権で適用することができる[72]。子奪取条約は，100の締約国をもつ成功した条約であり（2019年5月末現在）[73]，重要な法文書の例として評価できるであろう。もっとも，英米法系諸国の裁判官が外国法を公知の事実として適用しうるとしても，実際に適用するか否かは裁量にゆだねられ，法的安定性は保障されない。英米においても，フェンティマンやテーズのように，外国法の調査及び適用を裁判官の職責とする見解もあることは注目されるが[74]，その実現には長い道のりがあろう。

　立法論として，統一抵触規則に基づく適用法規の一致を図るためには，抵触規則及び外国法の職権適用を明文化するのが理想的であり，最も実効性がある。学者グループによる「マドリッド原則」は，EU規則による統一抵触規則に関するかぎり，抵触規則と外国法の職権適用を提案するもので[75]，同様の立場に立つ学者も多い[76]。もとよりEU構成国の手続法上の準則の独自性は，絶対的な原理ではなく，EU法の実効性（effet utile）を確保するため，相当性の原則にかなうものでなければならない[77]。また，EU法が構成国法よりも上位の規

---

[70] Convention of 4 May 1971 on the Law Applicable to Traffic Accidents; Convention of 2 October 1973 on the Law Applicable to Products Liability (available at http://www.hcch.net/).

[71] Fentiman, *supra* note 44, para. 20.144 ff.

[72] 子奪取条約14条。

[73] https://www.hcch.net/en/instruments/conventions/status-table/?cid=24 (last accessed 10 June 2019).

[74] 英国について，Fentiman, *supra* note 44, para. 5.07; idem, *supra* note 54, at 92 ff., 米国について，Teitz, *supra* note 43, at 1090 ff.; idem, *supra* note 64, at 112 ff.（連邦民事訴訟規則44.1の適切な解釈を根拠とする）。

[75]「マドリッド原則」第4原則（Esplugues *et al.* (eds.), *supra* note 2, at 95）参照。

範であること，EU 法上の消費者保護法規や競争法などの強行法規の潜脱を防ぐ必要があることに鑑みれば，EU 抵触規則及び外国法の職権適用を明文化することも正当化されえよう[76]。もっとも，そのためには，複数の構成国において抜本的に手続法及び証拠法を改正しなければならず，EU 司法裁判所も，現段階では構成国にそこまでの負担を課すことに慎重である[79]。また，一つの構成国内で，EU 抵触規則についてのみ職権適用が義務付けられ，国内法上の抵触規則については任意的適用となると，両者の齟齬のために扱いが複雑になるであろう[80]。

　そこで，EU 構成国の異なる法体系間でゆるやかな調整を図りながら，EU 抵触規則の画一的な職権適用を避けるための第三の道として，当事者による「訴訟上の合意」を導入するという提案もある。それによれば，当事者は一定範囲で抵触規則の適用を除外し，法廷地法の適用を導くことができる[81]。そして，この見解は，国際的判決調和及び裁判の適正・迅速という二つの要請に応えるため，フレッスナーによるかつての「任意的抵触法の理論」のように[82]，すべての類型の法律関係について抵触規則の任意性を認めるのではなく，対象を特定の法律関係に限定している。問題は，訴訟上の合意を認めるべき法律関係の範囲をいかにして画定するかという点である。フランスの判例のように，

---

[76]　von Hein, *supra* note 39, at 38 ff.; Trautmann, *supra* note 67, at 415 ff.; Hans Jürgen Sonnenberger, "Randbemerkungen zum Allgemeinen Teil eines europäisierten IPR", *in Festschrift Jan Kropholler* (Tübingen 2008), pp. 245 ff.; Andreas Spickhoff, "Die Rechtswahl und ihre Grenzen unter der Rom I-VO", *in* Kieninger/Remien (eds.), *Europäische Kollisionsrechtsvereinheitlichung* (Baden-Baden 2012), pp. 119 ff.

[77]　CJEU, 14 December 1995, Case C-430/93 and C-431/93 [*Schijndel et van Veen*]; *see* von Hein, *supra* note 39, at 37 ff. (with further reference).

[78]　Trautmann, *supra* note 67, at 418 ff.

[79]　Corneloup, *supra* note 65, at 81 ff.; *see also* Marc Fallon, "La condition procédurale du droit applicable en matière civile, selon la Cour de justice de l'Union européenne", *in Festschrift für Christian Kohler* (Bielefeld 2018), pp. 51 ff.

[80]　Stefania Bariatti/Étienne Pataut, "Codification et théorie générale du droit international privé", *in* Fallon *et al.* (ed.), *Quelle architecture pour un code européen de droit international privé?* (Bruxelles *et al.* 2011), pp. 343 ff.

[81]　ラギャルドの見解として，欧州国際私法典試案 133 条 2 項 ("Embryon de règlement portant code européen de droit international privé", *in* Fallon *et al.* (ed.), *Quelle architecture pour un code européen de droit international privé?* (Bruxelles *et al.* 2011), p. 373)，また Corneloup, *supra* note 65, at 83 ff.; Kieninger, *supra* note 8, at 369 ff.参照。

任意処分性の有無を基準とした分類アプローチは，判断基準が不明確であり，実質法又は抵触法上のいずれの任意処分性を指すのかも分からない。しかもコルネルーが指摘するように，契約債務又は契約外債務であっても，今日では消費者もしくは労働者の保護，市場規制又は競争秩序の整序などを目的とした強行法規によって規律されることが多く，常に任意処分性をもつわけではない。他方，かつては任意処分性が否定されていた家族関係についても，近時の欧州では，実質法上の私的自治が拡大しているうえ（「家族法の契約化」）[83]，EU 抵触規則上も離婚，夫婦財産制及び扶養義務などに関して当事者自治が認められ，任意処分性が肯定される場面が増えている[84]。それゆえ，権利の任意処分性の有無を分類基準として維持するのは，困難であるといわざるをえない。

そこで，キーニンガーやコルネルーは，別の分類基準を提案している。それによれば，EU 抵触規則が当事者自治を認めており，客観的連結による準拠法に代えて法廷地法の選択を許す場合には，抵触規則の任意性を肯定するという。これは，当事者が裁判上事後的に遡及効をもって準拠実体法として法廷地法を選択しうるかぎり，訴訟上の合意によって抵触規則の適用を除外し，法廷地法

---

(82) Axel Flessner, "Fakultatives Kollisionsrecht", *RabelsZ* 34 (1970), pp. 547 ff.; *also idem*, "Das Parteiinteresse an der Lex Fori nach europäischem Kollisionsrecht", *in* Verbeke *et al.* (ed.), *Liber Amicorum Walter Pintens*, vol. 1 (Cambridge *et al.* 2012), pp. 593 ff.; idem, "Das ausländische Recht im Zivilprozess – die europäischen Anforderungen", *in* Reichelt (ed.), *30 Jahre österreichisches IPR-Gesetz. Europäische Perspektiven* (Wien 2009), pp. 35 ff. 多数説は，フレッスナーによる「任意的抵触法の理論」に異を唱えていた。その理由として，抵触規則の適用の有無が裁判官の裁量にゆだねられ，法的不安定性を招くこと，本来は当事者自治が認められていない法律関係にもそれを事実上導入し，強行法規の潜脱を許す結果となることなどが挙げられていた。Hübner, *supra* note 39, at 190 ff.; Remien, *supra* note 41, *Foreign Law*, at 224; Jänterä-Jareborg, *supra* note 5, at 197 ff. などを参照。

(83) *See* Dominique Fenouillet/Pascal de Vareilles-Sommières (ed.), *La contractualisation de la famille* (Paris 2001), pp. 1 ff.; Sibylle Hofer/Dieter Henrich/Dieter Schwab (ed.), *From Status to Contract? Die Bedeutung des Vertrages im europäischen Familienrecht* (Bielefeld 2005), pp. 1 ff.; Frederik Swennen (ed.), *Contractualisation of Family Law. Global Perspectives* (Springer, 2015), pp. 1 ff.

(84) 前掲注(19)。Corneloup, *supra* note 41, at 365 ff.; idem, *supra* note 50, at 856 f. 参照。任意処分性の有無という基準に代えて，ラギャルドは「財産関係か否か」を基準とすることを提唱しているが（上掲注(81)参照），夫婦財産制や相続などについては，同様に困難な性質決定の問題が生ずるであろう。

によることを認めるものである。もとより当事者自治による準拠実体法の選択と，抵触規則の適用を除外する訴訟上の合意とは性質を異にするが，いずれも法廷地法の適用を導く点では共通する。したがって，EU 抵触規則上，当事者が裁判上事後的に法廷地法を選択しうる法律関係 ―― 現段階では，契約債務及び契約外債務のほか，離婚がそれに該当する[85] ―― については，訴訟上の合意を導入することに合理性があるといえよう。ただし，訴訟上の合意の効力は，当該事件限りとし，第三者の権利も留保すべきであると解される[86]。

　このように EU 域内においては，訴訟上の合意を導入することで，当事者の訴訟行為に着目して柔軟性を確保しながら，外国法の適用方法を平準化する道が開かれるといえよう。また，立法論として，中国国際私法のように[87]，当事者が外国法を準拠法として選択した場合には，併せて外国法の内容について証明責任を負わせることも考えられよう。

　もっとも，これらの準則は，各国の抵触法及び手続法と密接に関係するため，EU のように均質性の高い法秩序間では統一的に採用可能であっても，様々な法体系を含む国際的レベルにおいては困難であろう[88]。また，EU 抵触規則とは異なって，EU 域外の各国国際私法においては，―― ハーグ諸条約を含めて[89] ―― 当事者自治の射程は限定的であり，契約についてすら当事者自治を正面から認めていない法制もある[90]。それゆえ，抵触規則が公益及び公序に関わるために強行的性質をもつと考え，当事者の合意による適用除外という発想自体を拒否する国も多いであろう。このように見ると，外国法の適用方法を世界的に

---

[85]　ローマⅠ～Ⅲ規則（前掲注(19)参照）。

[86]　Kieninger, *supra* note 8, at 370 ff.; Corneloup, *supra* note 65, at 85 ff.; idem, *supra* note 50, at 854 ff.

[87]　中国国際私法 10 条 2 項。契約においては，一般に当事者双方が外国法を証明する義務を負うが，経済的弱者である消費者や生産物責任の被害者には一方的な法選択が認められているため，例外的に証明責任を負わないと解されている。黄・前掲注(61) 39 頁，Mansel, *supra* note19, at 139 も参照。

[88]　コルネルーは，2007 年ハーグ扶養義務議定書が限定的な当事者自治を認めていることに鑑みて，EU 域外の国々にも訴訟上の合意を広げることを提案している（Corneloup, *supra* note 65, at 89 f.）。もっとも，扶養義務について法廷地法主義をとる英米法系諸国にとっては，採用は難しいであろう。

[89]　1978 年夫婦財産制条約 3 及び 6 条，1989 年相続準拠法条約 5・6 条，2007 年扶養義務議定書 7・8 条のほか，2015 年ハーグ契約準拠法原則も参照。ハーグ諸条約については，前掲注(20)参照。

統一することは，コストも大きく，およそ不可能かもしれない。むしろ現段階において，統一抵触規則の機能を確保し，国際的判決調和を促進しうる手段として最も現実的であるのは，外国法に関する情報収集を容易にすることであると解される。

3 外国法へのアクセスの改善

裁判手続において外国法を適用するには，迅速かつ効率的に最新の信頼できる情報を取得し，その内容を確定することが肝要である。外国法の内容が不明であると，ほとんどの国 —— 日本，イタリア及びポルトガルのように主として条理を援用する国以外[91] —— では，端的に法廷地法を適用するため[92]，抵触規則による準拠法の決定が意味をなさなくなる。しかし，裁判官が外国法の調査義務を負う大陸法系諸国においても，当事者が専門家証人によって外国法の内容を証明する英米法系諸国においても，外国法に関する既存の情報収集手段は十分ではない[93]。それゆえ，外国法に関する新しい合理的な情報収集の可能性を模索するのが有益であろう。

---

[90] この点について，Basedow, *supra* note 19, at 116 ff.; Symeon C. Symeonides, *Codifying Choice of Law Around the World. An International Comparative Analysis* (Oxford 2014), pp. 114 ff., 拙稿「当事者自治の現代的意義 ——『国際商事契約の準拠法選択に関するハーグ原則』をめぐって」」国際私法年報 17 号（2015 年）13 頁以下ほか。

[91] イタリア国際私法 14 条 2 項，ポルトガル民法 23 条 2 項及び 348 条 3 号。また，日本について，山本・前掲注[37] 359 頁以下，神前禎「準拠外国法の『不明』をめぐって」法協 107 巻 6 号（1990 年）1000 頁以下，Nakano, *supra* note 6, at 533 f.; Yuko Nishitani, "Treatment of and Access to Foreign Law in Japan", *ZJapanR／J.Japan.L.* 46 (2018), pp. 80 ff.ほか。日本の裁判例は，外国法が不明である場合にも，直ちに法廷地法によるのではなく，条理説又は最近似法説に従って外国法の内容を推定する努力をする傾向にある。たとえば，北朝鮮法が不明であった場合に，ソ連法，チェコスロバキア法及びポーランド法を参照してその内容を推定した例がある（東京地判昭和 51 年 3 月 19 日下民集 27 巻 1 = 4 号 125 頁）。また，中国養子縁組法が不明であった場合に，ソ連法，東ドイツ法，ポーランド法，ルーマニア法及びハンガリー法を参照してその内容を推定した例もある（名古屋家審昭和 58 年 11 月 30 日家月 36 巻 11 号 138 頁）。最近では，ミャンマー法上の不法行為及び不当利得に関する準則が不明であったため，イングランド法が適用された例もある（東京地判平成 27 年 12 月 28 日 LEX/DB No. 25532655）。

[92] Nishitani, *supra* note 37, at 33 f.（上述 II - 2 参照）。

[93] 上述 III - 3 参照。

(1) 行 政 協 力

　外国法に関する情報を取得するために，行政協力の枠組みを構築する方法が
ある。このような行政協力体制は，ヨーロッパ評議会（Council of Europe）の
下で，1968 年ロンドン条約及び 1978 年追加議定書[94]によって構築された。こ
の司法共助の枠組みによれば，締約国は，他の締約国の受託当局にその国の法
の内容を照会することができる。委託当局は，司法機関に限定されているが，
各締約国は仲裁廷を含めてもよい。回答は，受託当局自ら行うか，又はその委
託代理人，民間団体もしくは専門家が行う[95]。外国法に関する情報提供の費用
負担はないが，民間団体もしくは専門家は，委託国の同意を得て，費用償還を
請求しうる。同様の司法共助に基づく外国法に関する情報収集の枠組みは，
1979 年モンテビデオ条約[96]及びミンスク条約[97]によっても構築されている。ま
た，豪州とニュージーランドによるトランス・タスマン協定や[98]，中国と旧社
会主義諸国を中心とした各国による二国間協定のように[99]，近接した法体系相
互間での情報収集においては，二国間協定も有効でありうる。

---

[94]　European Convention of 7 June 1968 on Information on Foreign Law; Additional
Protocol of 15 March 1978 to the European Convention on Information on Foreign Law
（2019 年 6 月 10 日現在，47 の締約国を数える）(http://conventions.coe.int/Trea-
ty/en/Reports/Html/062.htm [last accessed 10 June 2019]).

[95]　Explanatory Report, para. 20 (*see* the link, *supra* note 94).

[96]　Inter-American Convention of 8 May 1979 on Proof of and Information on Foreign
Law adopted by the Organization of American States (OAS) （2019 年 6 月 10 日現在，
12 の締約国を数える）(http://www.oas.org/juridico/english/sigs/b-43.html [last
accessed 10 June 2019]).

[97]　Convention of 22 January 1993 on Legal Aid and Legal Relations in Civil, Family and
Criminal Matters, amended on 28 March 1997. ミンスク条約は，独立国家共同体によっ
て締結されたもので，これまでに 12ヶ国が批准している（HCCH, "The Convention on
Legal Assistance and Legal Relations in Civil, Family and Criminal Matters", submitted
by the Delegation of the Russian Federation: Information Document No 1 of April 2005
for the attention of the 20th Session of June 2005 on Jurisdiction, Recognition and
Enforcement of Foreign Judgments in Civil and Commercial Matters, available at http:
//www.supremecourt.ge/files/upload-file/pdf/act20.pdf [last accessed 10 June 2019]).

[98]　2008 Agreement between the Government of Australia and the Government of New
Zealand on Trans-Tasman Court Proceedings and Regulatory Enforcement; sec. 97 (1)
(2) of the Trans-Tasman Proceedings Act (An Act relating to proceedings in
Australian and New Zealand courts and tribunals, and for related purposes) 2010 (Cth);
see Keyes, *supra* note 43, at 523 f.

ただし，ロンドン条約を始めとする司法共助の枠組みは，あまり利用されていないのが実情である[100]。その理由は，おそらく実務家がよく知らないこと，回答に時間がかかること及び外国法に関する抽象的な情報だけでは不十分なことにあると推測される。また，ロンドン条約上は，委託当局が司法機関に限定されているため，外国法の適用が当事者の主張立証にかかる英国からは情報提供の委託例がない[101]。フェンティマンは，英国訴訟の当事者は，英国裁判所による潜在的な証拠収集の権限を援用することで，ロンドン条約を利用できるというが[102]，実務には浸透していない。

そこで，立法論として，ハーグ国際私法会議による新たな外国法の情報収集のための条約を構想する場合には[103]，外国法に関する情報提供の委託権限をもつ者を弁護士，仲裁人，公証人，及び調停人のほか，場合によっては当事者にも拡大すべきであろう。行政協力を通じて安価で迅速に実際の事件に即した詳細な情報を得られるのであれば，特に大陸法系諸国にとって重要な意義をもつ。もっとも，当局が自ら回答を行うのは負担となるため，研究機関や仲裁人協会，弁護士などの専門家への再委託が必要になると思われるほか，無料でのサービス提供には限界があるため，費用の徴収も検討する必要がある。いずれにしても，外国当局による回答であっても，必ずしも常に質が担保されるわけではないため，委託国の裁判官はその内容には拘束されないと解すべきであろう[104]。

(2) 裁判所同士の連携

外国法に関する情報収集の方法として，裁判所同士の連携もありうる。ハー

---

(99) 中国は，外国法に関する情報収集のための二国間条約を多数の国々と締結しており，特にポーランド，モンゴル，ルーマニア，ロシア，ウクライナ，キューバ，ブルガリア，タイ，北朝鮮，韓国，チュニジア，アラブ首長国連邦，アルゼンチン及びブラジルなどが含まれる。Guo, *supra* note 61, at 302 f.

(100) *See* SICL Report, Part Ⅱ, *supra* note 9, pp. 17 f.; *cf.* Hübner, *supra* note 39, at 250 ff.; Trautmann, *supra* note 67, at 177 f.; Nishitani, *supra* note 37, at 47 ff.

(101) 英国は，ロンドン条約による情報提供の委託例がないが，他の国々からは年間約15件の照会を受けているという。*See* Nishitani, *supra* note 37, at 49.

(102) Fentiman, *supra* note 54, at 239 ff.

(103) ハーグ国際私法会議における外国法へのアクセスのプロジェクト案について，Philippe Lortie/Maja Groff, "The Evolution of Work on Access to Foreign Law at the Hague Conference on Private International Law", *in* Nishitani (ed.), *supra* note 2, at 623 ff.参照。

(104) Nishitani, *supra* note 37, at 47 ff., 55 f.

グ国際私法会議は，子奪取条約の運用上，裁判官同士又は中央当局などの関係部署との直接対話を可能にするため，連携裁判官のネットワークを構築している。現在，84ヶ国から130名あまりの裁判官が参加している[105]。それによれば，子が連れ去られた先の国の連携裁判官は，電子メールや電話，ビデオ会議などを使って子の元の常居所地国の連携裁判官に照会し，返還後の保護措置や逮捕状の取消しは保障されているか，セーフハーバー・オーダー又はミラー・オーダーを取得できるか，などの情報を得ることで，子の安全な返還を確保することができる[106]。この枠組みは，欧州裁判官ネットワークのように連携を強化することで[107]，外国法に関する情報収集にも利用しうるであろう。

端的に外国法に関する情報収集を目的として，英米法系諸国の裁判所同士の協力体制を構築した例として，2010年に豪州ニューサウスウェールズ州最高裁判所が各々米国ニューヨーク州裁判長[108]及びシンガポール最高裁判所[109]と取り交わした覚書（MOU）が注目される。これらの覚書は，相手国の裁判所に

---

[105]　https: //assets. hcch. net/docs/18eb8d6c-593b-4996-9c5c-19e4590ac66d. pdf （last accessed 10 June 2019）（2018年3月現在のデータによる）。

[106]　Philippe Lortie, *Report on Judicial Communications in Relation to International Child Protection* （2006）（https://assets.hcch.net/upload/wop/abd_pd08e2006.pdf [last accessed 10 June 2019]）, at 5 ff., 拙稿「子奪取条約の運用に関する比較法的検討」ケース研究329号（2017年）60頁以下ほか。ただし，日本においては，裁判官の独立性の保障及び法による裁判を保障するため，連携裁判官は具体的事件に関する情報交換を禁じられており，抽象的な情報交換のみ可能である。また，主権への配慮から，外国裁判所と日本の裁判所を直接つないだビデオ会議も認められていない。

[107]　スペイン及び南米司法共助条約（Red Iberoamericana de Cooperación Jurídica Internacional （Iber-RED）, available at https://www.iberred.org/ [last accessed 10 June 2019]）や1997年 UNCITRAL 倒産モデル法25条2項に基づく裁判所同士の連携の可能性もあるが（UNCITRAL Model Law of Cross-Border Insolvency （1997）, available at https://uncitral.un.org/ [last accessed 10 June 2019]），あまり用いられていないという。

[108]　Memorandum of Understanding between the Chief Justice of New South Wales and the Chief Judge of the State of New York on References of Questions of Law 2010; UCPR 2005 （NSW）, r 6.44 （2）. 米国では，外国裁判所からの照会への回答が，憲法上禁止されている法的意見の付与に当たる懸念があったため，覚書は，ニューヨーク州裁判所ではなく，その代表である裁判官の名前で署名された。Hay, *supra* note 9, at 223.

[109]　Memorandum of Understanding between the Supreme Court of Singapore and the Supreme Court of New South Wales on References of Questions of Law 2010; UCPR 2005 （NSW）, r 6.44 （1）.

対してその国又は州の法制について直接照会し，権威のある信頼性の高い情報
を得ることを目的としている。そうすることで，各当事者が選任した専門家証
人の証言に齟齬があり，外国法の内容に疑義がある場合にも，有益な判断材料
を得ることができる。もっとも，これまで覚書が利用された例は1件しかな
い[110]。覚書によれば，外国法に関する照会を行うのに，改めて外国裁判所で裁
判手続を開始することが要件となっており，費用と時間がかかることが問題で
ある。2014年には，ニューサウスウェールズ州控訴裁判所は，ニューヨーク
州法に関する情報提供のためにニューヨーク州裁判所長が鑑定人を選任すると
いう覚書の定めは，外国裁判官への職務委託を禁止するニューサウスウェール
ズ州法に違反するおそれがあると指摘しており，今後も覚書の利用が許される
か否かは定かではない[111]。

　不統一法国である英米においては，一国の内部でも，裁判所同士の協力に
よって情報交換を行い，法の内容を確定する仕組みを発展させてきた。最も古
いのは，1859年の大英帝国による外国法確認法であり，英国植民地の裁判所
への照会を通じた外国法調査を目的としていたが，あまり利用されなかったと
いう[112]。米国においては，1967年に「法的問題の確認に関する統一法」が採
択されており（1995年改正）[113]，連邦裁判所及び州控訴裁判所に対して，他州
の最高裁判所に同州法の内容確認を嘱託する権限を与えている。米国連邦裁判
所は，1938年エリー事件判決以来，州法を適用する義務を負っており[114]，ま
た州裁判所は，「法廷地漁り」（forum shopping）を防ぐために，他州法を知る

---

(110)　*Marshall v Fleming* [2013] NSWSC 566.

(111)　Spigelman, *supra* note 44, at 213; Keyes, *supra* note 43, at 522.

(112)　1859 British Law Ascertainment Act; *see* Dicey, Morris & Collins, *supra* note 23, para.
9–023.

(113)　Uniform Certification of Questions of Law Act [Rule] (1995) (available at https:
//my.uniformlaws.org/ [last accessed 10 June 2019])．また，米国最高裁判所は，裁判
官同士の連携を通じて，州法に関する情報提供を行うよう促している。U.S. Supreme
Court, *Clay v. Sun Insurance Office*, 363 U.S. 207 (1960); *Lehman Bros. v. Schein*, 416 U.
S. 386 (1974); *Bellotti v. Baird*, 428 U.S. 132 (1976); *Houston v. Hill*, 482 U.S. 451
(1987)．詳細は，Rebecca Cochran, "Federal Court Certification of Questions of State
Law to State Courts: A Theoretical and Empirical Study", *Journal of Legislation* 29
(2003), pp. 157 ff. (2003); Verity Winship, "Cooperative Interbranch Federalism:
Certification of State-Law Questions by Federal Agencies", *Vand. L. Rev.* 63 (2010), pp.
185 ff.参照。

必要があることから，この州法の確認制度は有益であるという[115]。

　レミーンは，英米法系諸国のこれらの制度に示唆を得て，EU 域内でも同様の外国法の内容確認制度を導入することを提案している。具体的には，EU 構成国間の同じ審級の裁判所同士で，相手国の法の内容に関する先決的裁定を求める制度を推奨している。それによれば，たとえばドイツのベルリン高等裁判所に事件が係属しており，準拠法がフランス法となる場合には，本案手続を中止し，同じ審級のパリ控訴院にフランス法の内容確認に関する先決的裁定を求め，その回答に従って本案判決を下すことができる。このような EU 構成国の裁判所同士の連携が確立すれば，外国法の内容及び解釈の確定が容易になるといえよう。実際にも，ドイツなどで賛同する学説が出てきている[116]。

　さらに，イェンテラ・ヤーレボルクは，EU 構成国裁判所の間で管轄権を委譲することで，準拠法所属国の裁判所に管轄権の行使をゆだね，法廷地法による判断を導くことを提案している[117]。つまり，「不便宜法廷地」(*forum non conveniens*) の理論によれば，外国法の適用を避けるために訴えが却下又は手続が中止されて終わるが[118]，この提案によれば，適切な法廷地に管轄権が委譲され，適切な判断が期待できるという。既存の EU 規則上は，法的安定性及び予見可能性を確保するため，裁量による管轄権の行使は認められていないが[119]，管轄権の委譲制度は，1996 年ハーグ子の保護条約に範をとって[120]，ブリュッセル

---

(114)　*Erie Railroad. Co. v. Tompkins*, 304 U.S. 64 (1938). また，*Railroad Commission of Texas v. Pullman Co.,* 312 U.S. 496 (1941)によれば，連邦裁判所は，当事者が州裁判所において州法に関する争いの判断を待っている間，州法の適用を差し控えてもよいとされている。

(115)　Winship, *supra* note 113, pp. 434 f.; Nishitani, *supra* note 37, at 53.

(116)　EU 運営条約 267 条。Remien, *supra* note 41, *Ausländisches Recht*, at 582 f.; idem, "Illusion und Realität eines europäischen Privatrechts", *JZ* 1992, at 282; idem, "European Private International Law, the European Community and its Emergng Area of Freedom, Security and Justice", *Common Market L. R.* 38 (2001), pp. 78 f.; idem, "Iura novit curia und die Ermittlung fremden Rechts im europäischen Rechtsraum der Artt. 61 ff. EGV — für ein neues Vorabentscheidungsverfahren bei mitgliedstaatlichen Gerichten", *in Aufbruch nach Europa. 75 Jahre Max-Planck-Institut für Privatrecht* (Tübingen 2001), p. 627. レミーン説を支持する立場として，von Hein, *supra* note 39, at 59; Giesela Rühl/Jan von Hein, "Towards a European Code on Private International Law?", *RabelsZ* 79 (2015), p. 749 参照。

(117)　Jänterä-Jareborg, *supra* note 5, at 323.

II*bis* 規則でも採用されており⑾，外国法の適用についても援用することができる。注目すべきことに，実際にカナダにおいては，1994 年「裁判管轄及び手続の委譲に関する統一法」によって，類似の枠組みが採用されている⑿。それによれば，上級審裁判所は，外国法の内容を確定して適用するのに適した裁判所に，手続の全部又は一部を移送することができるという。しかも，この枠組みは，カナダ国内の裁判所に限定しておらず，外国裁判所が承諾するかぎり，外国裁判所に手続を委譲することまで認めている⒀。斬新な試みであり，立法論として考慮に値するであろう。今後も，外国法に関する証拠収集を円滑化していくには，新しい発想で柔軟に制度設計していくことが望まれよう。

⑶ 小 括

外国法に関する情報収集を促進するのは容易ではないが，国家間での行政協

⑾　不便宜法廷地の理論の適用上，外国法の適用可能性も考慮されうる。英国について，Fentiman, *supra* note 44, para. 20.03 f.（ただし，他の EU 構成国との関係では，不便宜法廷地の理論は適用できない（CJEU, 1 March 2005, Case C-281/02 [*Owusu*], Rep. 2005, I-1383））。米国について，Hay, *supra* note 9, at 232; Teitz, *supra* note 64, at 102. 日本においても，特段の事情（民訴法 3 条の 9）による訴え却下に際して外国法の適用可能性を考慮した例がある（東京地判平成 25 年 2 月 22 日 WLJPCA02226001）。

⑿　ブリュッセル I*bis* 規則 4 条以下（Regulation (EU) No 1215/2012 of the European Parliament and of the Council of 12 December 2012 on jurisdiction and the recognition and enforcement of judgments in civil and commercial matters (recast), *O.J.* 2012, L 351/1），ブリュッセル II *bis* 規則 3 条以下（Council Regulation (EC) No 2201/2003 of 27 November 2003 concerning jurisdiction and the recognition and enforcement of judgments in matrimonial matters and the matters of parental responsibility, repealing Regulation (EC) No 1347/2000, *O.J.* 2003, L 338/1），扶養義務規則 3 条以下，相続規則 5 条以下，夫婦財産制規則 4 条以下，パートナーシップ財産制規則 4 条以下。

⒀　1996 年子の保護条約 8 条。子の保護事件には，原則として法廷地法によって規律されるが（15 条 1 項），例外的に外国法が適用される場合には（15 条 2・3 項及び 16 条），管轄権の移転が有効でありうる。

⒁　ブリュッセル II*bis* 規則 15 条。

⒂　Sec. 13 ff. of the 1994 Uniform Court Jurisdiction and Proceedings Transfer Act (UCJPTA) (available at http://ulcc.ca/en/home-en-gb-1/183-josetta-1-en-gb/uniform-actsa/court-jurisdiction-and-proceedings-transfer-act/1092-court-jurisdiction-proceedings-transfer-act) (last accesst 10 June 2019).

⒃　Introductory Comments to the UCJPTA (*supra* note 122). 詳細は，Vaughan Black/Stephen Pitel/Michael Sobkin, Statutory Jurisdiction: An Analysis of the Court Jurisdiction and Proceedings Transfer Act 214 ff. (Toronto, 2012)参照（この点は，リチャード・オッポング氏にご教示いただいた。記して御礼申し上げる）。

力や裁判所同士の連携のほか，研究機関や専門家などへの鑑定書の委嘱は，有効な調査手段となろう。

　外国法の適用を円滑に行うためには，一国内で渉外事件に関する管轄権を集中させ，専門性の高い裁判官を配置することも考えられる。このような管轄権の集中は，子奪取条約上の返還手続についても用いられており，英国で成功した後，日本やドイツ，フランスなど多数の国でも採用している。これは，裁判官の専門性を高め，手続の迅速化・効率化を図るのに有効である[124]。近時は，国際商事紛争に特化した専門裁判所が各国で設置されていることが特筆される。それによって裁判所間でも専門化が進み，外国法の調査も効率的に行われうる[125]。しかもドイツ，フランス，オランダ，ベルギー，スイスの国際商事裁判所は，国内裁判所として国内裁判官のみが従事しているが，シンガポール国際商事裁判所（SICC）[126]やドバイ国際金融センター（DIFC）裁判所[127]は，外国からも裁判官を任用しており，外国法に関する直接の情報収集を可能にしている。また，2018年に設立された中国国際商事裁判所（CICC）は，その中間形態として，裁判官については中国人に限定しているが，専門家委員会委員として外国人法律家を選任しており，外国法に関する助言を得ることとしている[128]。注目される動向であろう。

---

[124]　*See* Nigel Lowe/Michael Nicholls, *International Movement of Children. Law, Practice and Procedure*, 2nd ed.（Bristol 2016），p. 400; Yuko Nishitani, "Internationale Kindesentführung in Japan. Auf dem Weg zur Ratifikation des HKÜ?", *in Festschrift für Bernd von Hoffmann*（Bielefeld 2011），p. 331.

[125]　von Hein, *supra* note 39, at 85 ff.; Rühl/von Hein, *supra* note 116, at 746 ff.参照。ヨーロッパ諸国の専門商事裁判所及び「EU商事裁判所」の構想については，Giesela Rühl, "Building Competence in Commercial Law in the Member States", *in Study for the JURI Committee (European Parliament)* 2018, at 38 ff., 58 f.（available at http://www.europarl. europa. eu/RegData/etudes/STUD/2018/604980/IPOL_STU（2018）604980_EN.pdf）（last accessed 10 June 2019）を参照。また，チューリッヒ国際商事裁判所の構想については，Martin Bernet *et al.*, "Das Projekt 'Zurich International Commercial Court'"（available at https://www. bratschi. ch/fileadmin/daten/dokumente/aktuel-l/2018/Das_Projekt_Zurich_International_Commercial_Court_-_Zuercher_Anwalt-sverband_Info.pdf）（last accessed 10 June 2019）を参照。

[126]　https://www.sicc.gov.sg/about-the-sicc/judges/（last accessed 10 June 2019）.

[127]　https://www.difccourts.ae/court-structure/judges/（last accessed 10 June 2019）.

V おわりに

　渉外的法律関係について国際的判決調和を達成し，法的安定性を促進することを目的として，地域的及び国際的な国際私法の統一又は平準化が漸進してきた。しかし，本稿で論じてきたように，抵触規則を統一しても，各国ごとに外国法の適用方法が異なっていれば，適用法規の一致は図られない。国際私法が円滑に機能するためには，裁判手続における抵触規則及び外国法の適用のあり方が重要であり，国際私法の準則だけ形式的に統一しても，この点を欠いていれば，国際的判決調和は達成されず，画龍点睛を欠くことになる。

　現在，各国では，裁判手続における抵触規則及び外国法の適用に関する準則が区々に分かれている。EU 内部では，EU 規則による抵触規則の統一が進んでおり，すべての構成国において抵触規則及び外国法の職権適用を定めるのが理想であろうが，そのためには多くの国で訴訟法を抜本的に改正する必要があり，実現は容易ではない。そこで，EU においては，フランスの判例に範をとって訴訟上の合意を導入し，事後的に法廷地法を選択しうる法律関係について，当事者の合意で抵触規則を適用除外し，法廷地法によることを認めるのが相当であると解される。もっとも，世界的レベルでこの準則を導入するのは至難の業であり，現段階ではその可能性も低い。それゆえ，少なくとも外国法に関する情報収集の手法を整備することで，外国法の適用の一助とするのが望ましいといえよう。

　外国法に関する情報収集について，各国間の行政協力及び裁判所同士の連携を利用するのであれば，特に具体的事案に即した個別の情報を取得できることが望ましい。このような制度設計においては，当局による事務負担の可能性，かかる時間及び費用，裁判官その他の関係者の利用可能性など，様々な要素を考慮すべきであろう。ただし，ハーグ国際私法会議が外国法へのアクセスに関

⑿　中国国際商事裁判所は，最高人民法院によって設置された。専門家委員会は，様々な法域の代表者で構成されており，香港，台湾，韓国，米国，豪州，英国，フランス，ドイツ，スイス，オランダ，ギリシア，レバノン，及び南アフリカなどの代表者で構成されている。*See* http://cicc.court.gov.cn/html/1/219/index.html (last accessed 10 June 2019).

するプロジェクトを再開するか否かについては，今後の発展に俟たざるを得ない[129]。

　現代のグローバル化社会においては，国際私法の機能，意義及び方法論を恒常的に検証し直し，新たな道を模索する必要がある。ハーグ諸条約及び EU 抵触規則においては，本国法主義から常居所地法主義へと移行する傾向が顕著であり[130]，それとともに外国法の適用機会が減っている。また，EU の承認原則は，氏に関する EU 司法裁判所の判例を通じて発展し[131]，人権保障のために強化されてきたもので[132]，一構成国で創設された法状態を端的に他の構成国において尊重かつ受容し，承認国では外国法又は抵触規則の適用が不要となる[133]。したがって，EU では，今後も外国法の適用機会が徐々に減少していく可能性があろう。それに対して，日本のように本国法主義を維持する国においては，今後も外国法が適用される機会が相当数あるものと予想される。そもそも渉外的法律関係において外国法を準拠法とし，その内容を確定して適用する利益のほうが，法廷地法を適用する利益よりも上回るか否かは，立法者の政策判断にかかっている。将来，国際私法の方法論をどのように発展させ，どのような抵触規則によって準拠法を決めていくかは重要な課題であり，今後も不断に検討していく必要があろう。

---

(129)　2015 年 3 月にハーグ国際私法会議の一般問題政策評議会は，外国法のアクセスに関するプロジェクトについて，将来立ち返る可能性を残しつつ，一旦活動方針から削除した。Conclusions and Recommendations adopted by the Council on General Affairs and Policy of the HCCH, held from 24 till 26 March 2015 (available at http://www.hcch. net/upload/wop/gap2015concl_en.pdf) (last accessed 10 June 2019).

(130)　*See supra* note 7; *also* Nishitani, *supra* note 18 (*forthcoming 2019*).

(131)　CJEU, 2 October 2003, Case C-148/02 [*Garcia Avello*], Rep. 2003, I-11613; CJEU, 14 October 2008, Case C-353/06 [*Grunkin Paul*], Rep. 2008, I-7639; CJEU, 22 December 2010, Case C-208/09 [*Sayn-Wittgenstein*], Rep. 2010, I-13693; CJEU, 12 May 2011, Case C-391/09 [*Runevič-Vardyn*], Rep. 2011, I-3787; CJEU, 2 June 2016, Case C-438/14 [*Bogendorff von Wolffersdorff*].

(132)　*See* ECtHR, 28 June 2007, *Wagner v Luxemburg* (No 76240/01); ECtHR, 3 May 2011, *Negrepontis-Giannisis v Greece* (No 56759/08); *see* Nishitani, *supra* note 18 (*forthcoming 2019*).

⑴ ミュイール・ワットは，これを「法廷地国が外国法をそのまま受容すること」と表現
しており，承認原則を「一方主義的な条例理論」と位置付けている。Muir Watt, *supra*
note 29, at 136 ff. EU の承認原則の詳細については，Heinz-Peter Mansel, "Anerken-
nung als Grundprinzip des Europäischen Rechtsraums. Zur Herausbildung eines
europäischen Anerkennungs-Kollisionsrechts. Anerkennung statt Verweisung als
neues Strukturprinzip des Europäischen internationalen Privatrechts?", *RabelsZ* 70
(2006), pp. 651 ff., 705 ff.; Stépanie Francq, "Un principe de reconnaissance comme
embryon d'un droit européen de la famille?", *in* Fulchiron/Bidaud-Garon (ed.),*Vers un
statut européen de la famille* (Paris 2014), pp. 111 ff.; Michael Grünberger, "Alles Obsolet?
Anerkennungsprinzip vs. klassisches IPR", *in* Leible/Unberath (ed.), *Brauchen wir eine
Rom 0-Verordnung?* (Sipplingen 2013), pp. 81 ff.; Paul Lagarde (ed.), *La reconnaissance
des situations en droit international privé* (Paris 2013), pp. 19 ff., 邦語文献として，中西
康「EU 法における『相互承認原則』についての考察」論叢 162 巻 1 = 6 号（2008 年）
218 頁以下，北澤安紀「EU 国際私法における承認論」法研 88 巻 1 号（2015 年）147 頁
以下，林貴美「EU 国際私法における承認原則」国際私法年報 18 号（2016 年）2 頁以下。
また，承認原則に関する基礎理論について，加藤紫帆「国際的な身分関係の継続に向け
た抵触法的対応（1）〜（4・完）」名法 262〜266 号（2015/16 年）参照。

19　国連ビジネスと人権に関する指導原則 （第3の柱・救済）の実現方法
── 国際組織法的アプローチ

吾 郷 眞 一

I　はじめに

　原案を作成した，国連事務総長特別代表 J.Ruggie 教授の名を冠した通称「ラギー原則」とも呼ばれる，正確には「保護・尊重・救済（Protect, Respect, Remedy）枠組」を内容とする 2011 年の人権理事会決議[1]（以下では「国連指導原則」）は，国際（組織）法的に興味がある内容を有している。組織法的に言うと国連総会の下部機関による決議であるが，その採択までの過程や，その後のフォローアップを見ていくと，単なる人権理事会の法的拘束力がない勧告的な決議ということだけでは済ませることができない。なぜ，多くの国の政府が，その原則についての行動計画を立て，多くの政府や企業が毎年ジュネーブの人権理事会主催のグローバルフォーラムに参集して，原則に従って行動を取っていることを報告するのか，さらには，企業と人権侵害についての条約案すら起草されようとしているのはなぜかを考えると，企業と人権に関する指導原則を内容とする国連機関の決議が，実質的に国と企業の行動に一定の影響を与えていることがわかる。

　国連および他の政府間国際組織の機関による決定（決議）は，拘束力がない国際文書（non-legally binding international instrument）と呼ばれているが，いくつかの要素が整えば，かなり法的重要性が加わり，その要素の中でも 3 つめの「フォローアップの存在」は最も重要である[2]。本稿で取り上げる指導原則が法的に意味あるものになるかどうかは，まさしくそのフォローアップの存

---

(1)　ビジネスと人権に関する指導原則：国際連合「保護，尊重及び救済」枠組実施のために（人権理事会決議 A/HRC/RES/17/4，2011 年 3 月 21 日）。

在にかかっているということができる。

この決議（国連指導原則）の特徴は，これを実施に移すためのワーキンググループがすぐに設置されるとともに，グローバルフォーラムが毎年開かれ，数千人規模の人が集まることにある。参集する大半が非政府主体（NGO や企業）であることに現れているように，この決議の名宛て人が政府に限られていないということが，もう一つの大きい特徴である。この傾向は 2015 年に国連総会が採択した持続的開発目標（SDGs）でもいえることであり，政府間国際組織であるところの国連が，主要アクターとして非政府主体を積極的に取り込んで行きつつあることが鮮明である。

非政府主体を含むフォローアップ制度が内蔵された決議だったわけであるが，そのフォローアップには非政府主体である国際法協会（ILA）も，学界の立場から一役買っている。国連ワーキンググループの初代代表[3]が，同時並行的に国際法協会の場で同名のスタディーグループを組織し，とりわけ3番目の柱である救済原則を実効的にするためにはどのような方策があるかを，多くの研究者が学問的に研究し，グローバルフォーラムなどで発表もしている[4]。本稿では，国連指導原則がもつ国際法上の意味を確認し，その規定事項（特に第3の柱である「救済」）を実施するためにはどのような方策があり得るかを整理した後，る救済方策の一つとしての国際組織による施策，とりわけ労働に関する原則の実現に資する施策を抽出して検討を加える。

Ⅱ　国連指導原則の法的位置づけ

1　生成過程

多国籍企業の活動を規制しようとする国際法的試みは，移転価格などの経済的問題や，政治社会（極端な場合政府転覆関与というような主権侵害）問題への影響などが一般的になった 1970 年代に，国連や専門機関などで始まった。まず国連貿易開発会議（UNCTAD）の場で行動要綱策定が試みられ，10 年くら

---

(2)　拙稿「Follow-up of United Nations Resolutions」『法政研究』61 巻 3-4 号（1995 年）4-82 頁。

(3)　Michael Addo ノートルダム大学(ロンドン)教授。

(4)　http://www.ila-hq.org/index.php/study-groups（2018 年 1 月 22 日参照）。

い続いたものの頓挫した⑸。その間，OECD と ILO でも同種の試みがなされ，OECD では 1976 年に⑹，ILO では（労働に着目した行動要綱が）1977 年に⑺策定され，いずれも複数回の改訂を経て今日まで有効性を継続している。その後しばらくの間，国際文書策定の動きはなかったが，21 世紀に入ってまもなく企業側に働きかける形（CSR・企業の社会的責任の発想）でいくつかの国際的活動が見られた。また同時に，このあたりから，問題は多国籍企業だけに限らず，企業一般が規制対象になってきた。一つが，国連事務総長の発意で開始され，今日まで発展しながら継続している，グローバルコンパクト⑻であり，もう一つが ISO による国際規格としての ISO26000⑼の策定である。今日では，グローバル企業（多国籍企業だけでなく社会的影響力が大きい企業全般）は，何らかの形で組織の社会的責任（social responsibility）を宣言することが普通になってきており，そのためのツールとしてグローバルコンパクトや ISO26000 が利用されている。同じ流れの中で，国連人権委員会（2006 年から人権理事会）は2004 年に，企業による人権侵害を防ぐ目的で「多国籍企業や他の企業の，人権に関する責任規範」と呼ばれる非拘束的文書の策定に着手し，ワーキンググループが規範案を作成した⑽が，それは親委員会の受け入れるところとはならなかった⑾。しかし，グローバルコンパクトの枠組み作りに成功していたアナ

⑸　拙稿「国連による多国籍企業の規制」国際問題 240 号（1980 年）29-40 頁。

⑹　OECD Council Declaration (Ministerial Level) of June 1976, Annex.

⑺　Tripartite Declaration of Principles concerning Multinational Enterprises and Social Policy, adopted by the ILO Governing Body on 16 November 1977, 204th Session, Geneva.

⑻　1999 年の世界経済フォーラムで発案され，2005 年 8 月 12 日にアナン国連事務総長（当時）によって作られた枠組みであり，いくつかの総会決議により実施の仕組みが作られた（2005 年の A/RES/60/1 で頭出しが行われ 2006 年の A/RES/60/215，2008 年の A/RES/62/211，2012 年の A/RES/66/223，2014年の A/RES/68/234，2016 年の A/RES/70/224 など）。

⑼　ISO はスイスのジュネーブに本部を置く民間の国際機関であるが，世界各国からのステークホルダーの参加を得て，組織の社会的責任に関する包括的ルールとしてこの規格を策定した。ISO/SR 国内委員会監修『ISO26000：2010 に関する手引き』（日本規格協会，2011 年）。

⑽　Norms on the Responsibilities of Transnational Corporations and Other Business Enterprises with Regard to Human Rights, U.N. Doc. E/CN.4/Sub.2/2003/12/Rev.2 (2003).

⑾　経済社会理事会決議 2004/279。

ン事務総長は，人権委員会の堅い対応にひるむことなく，またその人権委員会決議[12]も他の方策を考えるべきことを勧告していたことからも，John Ruggie ハーバード大学教授を事務総長特別代表として迎え，委員会（現・人権理事会）が納得するような代替案を示すこととした。ラギー教授（とそのチーム）が5年以上の年月をかけ，周到な調査と各界の意見聴取を経て作り上げた[13]のが，通称ラギー原則として知られる「保護・尊重・救済（Protect, Respect, Remedy）枠組」であり，それが具体的な付属文書（事務局長特別代表者報告書「国連多国籍企業行動指針」A/HRC/RES/17/31）となって採択されたものが A/HRC/RES/17/4 決議である。

2 決議の性格

決議 17/4 は，その第1項で事務局長特別代表の仕事と成果（Annex として決議の添付）を歓迎（welcome）し，「国連保護・尊重・救済枠組を実施に移す指導原則」（Guiding Principles on Business and Human Rights: Implementing the United Nations "Protect, Respect and Remedy" Framework）を支持（endorse）するとし，第6項で指導原則を実施に移すために作業部会を設置し，第12項で，その指導の下で毎年一度2週間開かれるグローバルフォーラム（Forum on Business and Human Rights）において，指導原則を巡る様々な問題を論議する（discuss trends and challenges in the implementation of the Guiding Principles and promote dialogue and cooperation on issues linked to business and human rights）ことが決定された。

第1項前半は，Annex として添付されたかなり大部の指導原則を決議に読み込む（決議と一体化する）役割を持ち，後半はそれを人権理事会自体の勧告とする働きをしている。Endorse という動詞は，それ自体としては事務総長特別代表という個人の作文に過ぎないものを，人権理事会という国連総会の下部機関の正式な決議として採択し，名宛人に勧告するということを表現する動詞であると考えられる。これによって「国連保護・尊重・救済枠組を実施に移す指導原則」は，国連人権理事会の勧告となった。

---

(12) 同上。

(13) その過程を詳しく描写しているのが，J. G. Ruggie "Just Business", W. W. Norton & Company Ltd. , London, 2013.

　なお，国連人権理事会は組織法的にいうと総会の下部機関であるから，総会決議による勧告と比べると一段階低いレベルということもできる。例えば世界人権宣言が，経済社会理事会の下の人権委員会で作成されたものの，経済社会理事会決議としてではなく，国連全加盟国が参加する全体会としての総会において採択されたことを考えると，本指導原則も権威付けのために総会決議として採択した方が良かったのではないか，また，決議は理事会メンバーだけにしか効果が及ばないのではないかという誤解もありうるが，たとえば安全保障理事会の決議（憲章 25 条に基づく決定はなおさらのこと）は，15 か国だけに対して効果を持つのではないことや，多くの主要機関及びその下の下部機関が行う決定が，国連全加盟国に向けられていることを考えると，法的効果としては総会決議と同じと考えられる。とりわけ，第 6 項以降の組織的決定を見れば，理事会決議と総会決議の法的効果の相違は見いだすことができない。

　本決議（国連指導原則）の法的性質を考える場合，国連諸機関の決議の性質そのものについても確認しておかなければならない。国連総会決議に代表される政府間国際組織の意思決定方法の一つである決議（resolution）の国際法上の意義については古くから多くの議論がなされてきているが[14]，一つのソフトロー的存在として国際法体系の中に位置づけることができるというのが概ね通説的考え方だと思われる。その際，最も大切なことはアプリオリに法的拘束力を論じるのではなく，いくつかの要素を勘案して実質的な法的重要性を判定すべきと思われる[15]。その要素とは，採択された決議における合意の程度，内容の具体性（規範性），及びフォローアップ機構の存在の 3 点であり，そのうちの 3 つめのフォローアップ要件がもっとも重要である[16]。その 3 要件に当てはめて本決議を診断するに，いずれも高得点になる。とりわけ，フォローアップの存在は第 6 項から最後の第 18 項までが概ねフォローアップについてであり，それもかなり具体的な指示がなされている。このことから，それが忠実に実行されたならば，ある段階で決議自体に強い法的重要性が加わることが予想され

---

(14)　拙稿「Follow-up of United Nations Resolutions」『法政研究』61 巻 3-4 号（1995 年）4-82 頁。

(15)　Abi-Saab, Georges. Les résolutions dans la formation du droit international du développement, Geneva, IUHEI, 1971, p. 9.

(16)　拙稿・前掲注(14)51 頁。

る。

3 決議内容を実効的にする手段

　漠然とした，原則宣言的な内容の決議であっても，適切なフォローアップが
なされるならば，その法的価値は後になって増大する。これは，法的拘束力が
ないとされている総会等の決議にとどまらず，正規の条約についても言えるこ
とであり，宣言的内容の条約，いわゆるプログラム規定的な内容を擁する条約
も，適切なフォローアップがなされると，規範性が高まる。例えば，最も内容
的に宣言的であり，具体的な法的義務をほとんどと言ってよいほど規定してい
ないと言われた雇用政策に関する ILO 第 122 号条約も，ILO の監視機構によ
る長年にわたった条約当事者とのやりとり（直接請求や意見の発信とそれに対す
る政労使の回答，ILO 総会での三者論議）の結果，当初はきわめてプログラム規
定的であったといわれた本条約も，法的な処理が可能になった[17]。

　規範性は高いがその内容が原則設定的である国連総会の決議も同様に，フォ
ローアップによってその法的価値が高まる。代表的な例は 1948 年の世界人権
宣言であり，これは経済社会理事会の下の人権委員会が多様なフォローアップ
活動を行い，人権規約という条約作成にまで至っている。1952 年に国連総会
で採択された「天然資源に対する恒久主権に関する決議」（6 /523）も，内容
的には具体性が薄いものであり，先ほどの合意の程度，具体性，フォローアッ
プ 3 テストを当てはめると，規定内容の具体性きわめて低い評価しかできな
いものの，後のフォローアップにより，その脆弱性がかなり治癒されてきたと
いうことができる。1962 年の同名の決議 17/1803 以降何度も繰り返され，最
終的には 1974 年の国連総会決議「国の経済的権利義務憲章」A/Res/
29/3281[18]では恒久主権概念の内容がかなり明確になってきている。また，そ
の経済権利義務憲章の一定の部分も，後のフォローアップにより，ある程度法
規範性を持つに至ったと言うこともできる[19]。

---

(17)　拙著『国際経済社会法』（三省堂，2005 年）187 頁。
(18)　決議の採択は賛成 120 反対 6 棄権 10 という絶対的多数が確保されているかに見える
　　が，決議の名宛人であるところの先進国がこぞって反対か棄権に回っている，という意
　　味でその法的重要性についての疑義はあるが。
(19)　国際経済意思決定過程への平等参加原則の実現としての国際農業開発基金（IFAD）
　　の設立や世銀・IMF における先進国有利な加重投票制の緩和など。

　本指導原則にも，フォローアップ機構が完備された。第6項で設置された作業部会には，a号からj号に至る10項目にわたり，きわめて具体的な任務が委託されている[20]。a号で，「指導原則の総合的で効果的な普及と実施」という包括的な表現で作業部会の任務を述べたあと，そのために，たとえば指導原則実施のためにとられる様々な実行についての情報を政府，多国籍企業，その他の企業，各国における人権機構，市民社会，人権享受主体（rights-holders）から取得すること（b号），要請があった場合に，指導原則実施についての助言・勧告を与えること（c号），フォーラムを運営すること（i号）等を規定している。本稿で注目するのはe号で規定された「企業活動によって人権侵害を受けた人々が有効な救済にアクセスできるかについて明らかにし，選択枝や勧告を検討すること」であり，そこで述べられている救済へのアクセスが何であるかを，その一部を抽出して見ていこうとするものである。

Ⅲ　国連指導原則第3の柱・救済の実現

1　国内法による実現

　国際法上の規則の多くは，国内の機関によって実現されるが，人権侵害救済についても同様で，国際人権規約のような人権の保障を目的とする国際法規は，国内の（立法・行政・司法）機関によって実施されることが予定されている。国際人権規範の国内的実施について一般的には消極的な日本の司法機関も，長らく国際的な人権規範を直接・間接に適用して個人の権利の救済を行ってきている。もちろん，企業と個人との間の人権問題は基本的には不法行為法や労働法規範による規制の対象となり，憲法の人権規定が直接的に私人間の人権紛争に適用されるかどうかについて議論があるのと同様に，国際人権規範が私人による人権侵害を規制するかについては議論がありうる。しかし，国際人権法を間接適用し，不法行為法を媒介に私人間の人権紛争を解決することは一般的に行われている[21]。

---

(20)　なお付言すると，この部分は組織内的決定であり，拘束力を持つ。つまり，作業部会が設けられ，その活動のために国連の経常予算が使われることについて加盟国は，決議の勧告的性質をもって対抗することはできないのである。

(21)　二風谷ダム事件判決：札幌地裁平成9年3月27日判決，判例時報1558号33頁。

　企業と人権に関する国際法規の国内的司法救済制度として有名なのが米国の外国人不法行為法（Alien Tort Claim Act）である。この ATC 法は，最近の Kiobel 判決[22]で若干後退したとはいうものの，国際人権法の実現を国内的に可能にしたものとして特異な重要性を持っている。そこまでラジカルではなくとも，国際人権条約の多くは国内司法機関によって，その実現の一部が担保されていることは間違いない。もちろん，国際法規の国内法体制への受容については，国によって異なった方式がとられているので，国際人権規範は常に国内裁判規範として機能するわけではない。しかし，慣習国際法にまで昇華しているとみなすことができる規範（たとえば奴隷労働・強制労働の禁止）は，コモンローとして援用可能な国もある。国内法への受容を要する国として代表的な英国においては，現代奴隷法という国内法が制定され，強制労働禁止原則については，外国で発生した人権侵害についても，英国国内裁判所が管轄権を有することになっている。

　なお，国連指導原則は条約ではないので，それをそのまま国内裁判所で適用することはできない。あくまでも，国際人権規約その他の人権条約を批准している国において，しかも包括的受容方式がとられているところで，批准された条約を適用する形で，国連指導原則の目的が達成される，というのが一般的な理解である。

2　国際司法による実現

　世界レベルでの国際人権裁判所はないが[23]，地域的には欧州人権裁判所に代表される国際司法機関が存在し，そこにおいては欧州人権条約という国際人権条約を国際的に適用し，国際司法活動が行われる。ただ，そこでは国による人権侵害を個人が司法機関に訴え，救済を求めることが原則であり，私人間（企業と個人との間）の人権侵害事件は扱われず，それは専ら国内司法過程に委ねられることになる。

3　国際行政（人権条約機構など）による実現

　国際人権規約を初めとする多数の人権条約には，実施の監視をするいわゆる

---

(22)　Kiobel v. Royal Dutch Petroleum Co., 133S. Ct. 1659 (2013).

(23)　人道法については，国際刑事裁判所がある。

条約機構（treaty body）が付属している。しばしば忘れられるが，ILO 条約も労働権が人権であるという意味で人権条約であり，条約勧告適用専門家委員会や総会基準適用委員会も ILO 憲章を母法とする条約機構である。これらの委員会は，紛争解決機関ではなく，条約実施を担保するための国際行政機関であり，それらが出す勧告には通常の意味の法的拘束力は付与されていない。しかし，運用の仕方によっては，条約上の義務の実施が完全に履行されるように働くことがあり，中央集権的な司法機関が存在しない国際法体系の中にあっては，準司法的な役割を演じている。ただ，ビジネスと人権というコンテクストの中においては，いかに当該条約（たとえば市民権規約）に個人通報制度（第1選択議定書）が具備されていたとしても，人権侵害を受けた個人（または労働組合などの団体）が，企業自体を訴えることはできず，条約締約国政府を介して権利の救済を求めなくてはいけないという限界がある。

　同じように限界があり，かつそれら個別の機関が活動していく場においてのみ効果があるという限定がさらにつくが，世銀を初めとする多くの国際金融機関のインスペクションパネル[24]などが行っている自己監視機能も，人権侵害を受けた個人・集団が，国際金融機関が自浄機能を行うことによって救済を受けられる機会を提供している。

4　非拘束的な国際文書による実現

　本論考が対象としている国連指導原則自体も非拘束的国際文書であるが，そのような非拘束的なものを，これまた非拘束的な手法で実施していこうとする仕組みが存在する。下記の OECD ガイドラインと ILO 三者宣言がその代表格である。OECD における NCP（National Contact Point）の活動，ILO 理事会（事務局）が行う宣言の解釈活動は，いずれも元となる文書が条約ではないという意味において，法的拘束力がない「規範」を，法的拘束力がない（国際）行政行為によりフォローアップしようとするものである。したがって，それらの出す解決策（たとえば人権侵害や基本的労働権侵害が認定された企業への是正勧告）は，上記（3）で述べた国際行政行為（それが担保しようとしている規範は条約であって，法的拘束力がある）よりもさらに拘束力が弱い，という限界がある。

---

[24]　http://ewebapps.worldbank.org/apps/ip/Pages/AboutUs.aspx（2018 年 3 月 25 日参照）。

しかし，ミャンマーにおける UNOCAL 事件[25]が物語るように，実際には企業は受け入れざるをえないことがある。

　古くは国連人権委員会が行っていた大規模人権侵害に関する通報への対応も，このカテゴリーに属する。人権規約，とりわけ個人通報制度ができる前は，個別の人権侵害に対して個人が救済を求めていくところはどこにもなかったため，人権委員会のイニシアティブの下で，世界人権宣言という非拘束的文書の実施を，経済社会理事会決議（経社理決議 1503 号），すなわち非拘束的な法的文書によってフォローアップしようとしたものである。個人が国連に通報し，侵害された人権の救済を求めるという構図が，すべてソフトローの次元で行われ，人権委員会の是正勧告にも法的拘束力がないが，是正勧告を受けた政府が，人権侵害を行っている企業に行政的な指導をすることが理論的に可能な仕組みである。

　以下では，とりわけ OECD と ILO でのフォローアップ活動に焦点を当てて，どれだけ，その仕組みにより個人が企業による人権侵害の救済を受けることができるかという観点から，分析をしてみたい。

Ⅳ　国際組織策定の行動要綱等による救済

1　OECD

OECD が 1976 年に採択した「国際投資と多国籍企業に関する宣言」[26]は，外国直接投資に対して加盟国が開放政策をとることを支援すると同時に，多国籍企業が事業を展開する国に調和した活動を行うよう訴えかけるものであり，その国際協力のために 4 つの文書が内包されている[27]。そのひとつが多国籍企業ガイドライン（以下「ガイドライン」）であり，その目標は，多国籍企業が経

---

[25]　Organization for Economic Co-operation and Development, 'Recommendations by the French National Contact Point to Companies on the Issue of Forced Labour in Burma', 28 Mar. 2002, Annex I of the OECD "Multinational Enterprises Situations of Violent Conflict and Widespread Human Rights Abuses", *Working Papers on International Investment*, Number 2002/ 1 , 30 May 2002.

[26]　2018 年 3 月現在の行動指針の参加国は，OECD 加盟国である 35 カ国に，アルゼンチンやブラジルなど非加盟国を加えた全 48 カ国：http://mneguidelines.oecd.org/about. htm　（2018 年 3 月 25 日参照）。

済，環境，社会の進展のためになし得る積極的貢献を奨励すること，および多国籍企業の様々な事業により生じる問題点を最小限にとどめることにある。ガイドラインの内容は，人権，情報開示，雇用・労使関係，環境，汚職防止，消費者保護，科学技術，競争，課税という企業倫理の様々な問題に関する原則に及んでいるが，OECD の勧告であるため，ガイドライン自体に法的拘束力はない[28]。しかし，次に述べる各種の手続きを完備したことにより，ガイドラインに明らかに違反する企業に対して圧力となってきた。1979 年，1982 年，1984 年，1991 年，2000 年，2011 年の計 6 回改訂された。なお，2000 年のガイドライン改定は大規模であり，持続可能な開発という課題の中核となる経済面，社会面，環境面の要素を一層強く打ち出している。とくに，児童労働と強制労働の撲滅に関する提言を加えたことにより，ガイドラインは ILO の基本的条約をすべて含みこむことになった。さらに直近の 2011 年の改訂では，企業には人権を尊重する責任があるという内容の人権に関する章[29]が新設されたことが注目される。2011 年は奇しくも本論考の対象である国連指導原則が出された年でもあり，2010 年には国際標準化機構による ISO26000 も発行された。2010-2011 年はビジネスと人権に関する問題の取り扱いに大きなマイルストーンを作ったと言うことができよう。

　ガイドラインの効果的な実施のために，加盟国政府は，個々の多国籍企業との具体的な問題を処理するための国内連絡所を設置することを要求されている。これはナショナル・コンタクト・ポイント（NCP）と呼ばれ，おもに各国の政府機関に設置されている[30]。NCP はガイドラインの遵守を奨励し，自国語への翻訳などガイドラインが国内の実業界やその他の関係者に周知・理解される

---

(27)　「国際投資と多国籍企業に関する宣言」は，「多国籍企業ガイドライン」の他に，「内国民待遇」（自国領土内で事業を行う外国企業に対し国内企業より不利な扱いをしないことの約束），「相反する要求」（多国籍企業に対する各国政府からの要求が相反しないよう，あるいはそれを最小限に抑えることの約束），「国際投資促進策および抑制策」（国際直接投資に影響を及ぼす措置について協力することの約束）に関する文書によって構成されている。

(28)　ガイドライン I 章 1 項。

(29)　Ⅳ節として挿入され，従前のガイドライン Ⅳ にあった，雇用および労使関係が Ⅴ に繰り下がった。

(30)　日本では，外務省，厚生労働省，経済産業省内に設置されている：http://www.mofa.go.jp/mofaj/gaiko/csr/housin.html（2018 年 3 月 10 日参照）。

ようにする責任を負っている。また，具体的なビジネス活動との関連でガイドライン実施に関して問題が発生した場合には，その解決を支援することになっている[31]。さらに，ガイドラインについての自国の慣行に関する情報収集を行い，OECD国際投資・多国籍企業委員会（CIME）に毎年報告することもNCPに要求されている。

CIMEはガイドラインの運用を監督するOECDの機関であり，ガイドラインの実効性を高める措置をとることが期待されている。ガイドラインはまさしく原則を設定しているだけなので，CIMEは求めに応じて具体的な状況におけるガイドラインの適用に関する「説明」を行う。ガイドラインの特定状況への関連性についてはNCPが見解を述べるが，この際にはガイドラインの国際的性格が考慮され，各国間の解釈に相違がないように配慮される。しかし，疑わしい点や相違がある場合には，NCPが最終的な回答を出す前にCIMEが検討したうえで「説明」を行う。このように説明の最終的な責任はCIMEにあるのだが，NCPには可能な限り各国の状況の中でガイドラインの意味を明確にする必要がある。また，CIMEは，ガイドラインや国際投資と多国籍企業に関するその他の問題に関して，OECDの企業および労働関係の諮問委員会[32]と定期的に協議する。このような措置を通じて，CIMEは，ガイドラインを政府と企業だけでなく，労働団体やNGOなど社会全体の間での誤解防止と信頼および予見可能性をもたせるものにしている。

この一連の流れの中で，最も注目されるのがNCPの働きである。上記脚注(28)で述べたように，個人あるいは団体が，ガイドライン実施違反を訴えていけるようになっていることが，本稿で取り扱う国連指導原則違反から生じる人権侵害救済に寄与する可能性があるからである。上記（脚注25）UNOCAL事件のような成功例ばかりがあるとはいえないが，ある程度有効な救済制度となっていることはいくつかの事例が物語っている。たとえば，日本の労働組合が訴え，スイスのNCPが動き，ネスレ本社が日本ネスレに指示をした結果と

---

(31)　ガイドラインの勧告を遵守していないように思われる企業を関係者が通報できるようにすることで，ガイドラインの遵守は強化されている。

(32)　経済産業諮問委員会（BIAC）と労働組合諮問委員会（TUAC）。遵守諸国の経済団体と労働組合によって構成される。ともにパリに事務局を置き，OECDや加盟諸国政府代表部と定期的にコンタクトをとっている。

して，長期間解決できなかった労使紛争が片付いた，という例がある⁽³³⁾。ただし，NCP は国によってまちまちの構成をとっており，また，それぞれの NCP の方針によっては，訴えていく個人・団体の思うような結果が出てこない場合もありうる。日本の NCP を例にとるならば，過去に 5 つの事例が処理されたとされているが⁽³⁴⁾，いずれも，国内の司法手続きで，あるいは当事者間で解決するようにとの勧告で終わってしまっている。

2　ILO 三者宣言

　OECD や国連の活動と並行して，ILO でも労働の側面に焦点を当てた討議が行われ，1977 年に理事会の宣言という形で「多国籍企業及び社会政策に関する原則の三者宣言」が採択された。全 59 項目からなる本宣言は，およそ ILO がその条約と勧告で規定している事柄をほぼ網羅し，それらを多国籍企業が「できる限り」守っていくことを訴えかけている⁽³⁵⁾。これは ILO 条約でも ILO 勧告でもないので，ILO 憲章上に規定がある様々な権利義務（権限ある機関への提出義務，条約・勧告の実施に関する報告義務その他）は発生せず，また一連の監視手続も発動しない。したがって本宣言に反した行動を多国籍企業がとったとしても，通常の意味での ILO 提訴手続きは進行しない。2017 年に改定された際，事務局が広報した文章がいみじくも言うように，本宣言は「企業がディーセントワーク実現のためにどのように貢献できるかを示すガイダンス」（provides guidance on how companies can contribute to the realization of decent work for all）に過ぎないのである⁽³⁶⁾。

　しかし，それが単なる理事会宣言の域を超えて，国際労働基準に近いものとして見られないこともないのは，その中で引用される ILO 条約自体の持つ重

---

(33)　2013 年 OECD 多国籍企業行動指針に関するネスレ日本株式会社における個別事例に係る日本連絡窓口の最終声明：http://www.mofa.go.jp/mofaj/files/000194207.pdf（2018 年 3 月 26 日参照）。
　　　実際は，スイス NCP が動き，本社が日本ネスレに指令をしたことによる解決。
(34)　http://www.mofa.go.jp/mofaj/gaiko/csr/housin.html
(35)　1977 年原版（2000 年改定）http://www.ilo.org/wcmsp5/groups/public/― ed_emp/― emp_ent/documents/publication/wcms_101234.pdf, 第 5 項（2018 年 3 月 25 日参照）。
(36)　2017 年 3 月 17 日：Press release（http://www.ilo.org/global/about-the-ilo/news-room/news/WCMS_547615/lang ― en/index.htm（2018 年 3 月 11 日参照））。

みが無視し得ないものであること，第二に，全体的には間接的ではあったものの宣言採択に際して当事者である多国籍企業が（ILO の主要組成主体である使用者代表として）参加していること，そして，第三に宣言の「解釈」を通して一定程度紛争解決手続きが整っていることなどによると考えられる。この最後の「解釈」手続（厳密に言うと「多国籍企業及び社会政策に関する原則の三者宣言の適用に関する争いを規定の解釈に基づいて審議する手続」）[37]は，1980 年と 1986 年に改定され 2017 年の三者宣言自体の大幅な改定に伴い再度規定されたが，今までは必ずしも利用頻度が高くはない。もちろん，ILO による「解釈」は当該ケースに拘束力ある判断を下すことにはならないが，少なくとも，国内法に合致する措置であっても，三者宣言の趣旨には反することが公に認定されることにはなる。

　以下では，続けて ILO 三者宣言がどこまで人権（労働権）侵害からの救済手段として機能し得るかを，最新改訂を考慮に入れて，多少詳しく見ていくことにする。

V　ILO 三者宣言（の解釈手続き，既存の監視機能を含む）
── ILO 三者宣言の改定が持つ意味

1　改定三者宣言の実体的内容に加えられた変化

　2017 年改定三者宣言は，今までの改定（2000 年と 2006 年の改定は，それまでに採択された新たな ILO 条約・勧告を参照基準として加えることが主たる改定内容だった）と比べると，大幅改定ということができる。それは，条文数が従前の59（1977 年原宣言は 58）から 68 に増加したことや，Annex として Operational Tools という重要項目が追加されたことだけでなく，国連の指導原則をほぼ本宣言の一部として取り込み（第 10 項），国連持続可能発展目標（SDGs）を実施していく姿勢を明確にしたことに表れている。別の言い方をすると，ILO 三者宣言が，ILO 単独のものではなく，国連全体の開発協力活動のひとつとし

---

(37)　http://www.ilo.org/public/japanese/region/asro/tokyo/pdf/multinational_d.pdf. 2017 年改定宣言第 5 項（1977 年宣言の第 4 項）は，本宣言が，多国籍企業の受け入れ国，派遣国両方の政労使，および企業に対して，それらが ILO 憲章で規定した諸原則および関連 ILO 条約・勧告に則り，社会発展のために措置や行動をとる際の指針を提供することを規定している。

ての位置づけがなされたことを意味する。もともと 17 の柱からなる SDG s
は，当然ながら国連加盟国だけでなく，国連の専門機関を中心とした政府間国
際組織によって推進されることが予定されている。ILO が SDG s 実施機関の
ひとつであり，具体的に言うと特にその 8 番目の柱「ディーセントワークと経
済発展」についての執行機関となり，三者宣言もその執行プロセスに貢献する
ということを ILO として宣言したものと評価することができる。

　1977 年の宣言の改定という形をとっているため，表面的基本構造は変わっ
てはいない。最初の 7 項目に，従来の版にはなかった「目標と適用範囲」とい
う表題がつけられた他は，「一般方針」「雇用」「訓練」「労働条件と生活条件」
「労使関係」と続く実体部分の表題，およびその並べ方も同じではある。しか
し，それぞれの内容は大きく変わってきていおり，全面改正，という表現に適
している。「雇用」の部分に，従前にはなかった強制労働禁止原則が 3 項目
しっかりと導入され，以前は労働条件の単元で 1 項目だけ述べられていた児童
労働も，2 項目に増えて「雇用」の中に取り込まれている。それに従来の 3 項
目が 4 項目に増えた非差別原則の項目を加えると，いわゆる基本権条約のうち
の 3 つのグループ（強制労働，差別，児童労働）が，「雇用」というひとつの柱
の中に取り込まれ，それと従来からある「労使関係」の中に規定された結社の
自由原則を総合すると，基本権条約がずいぶんと前面に出できたことを確認す
ることができる。

　これは，内容の質的な変化をものがたり，かつ「目標と適用範囲」のなかに
企業と人権に関する国連指導原則が明記されたことは，従来は経済発展，雇用
促進という側面に重点が置かれていた三者宣言の中身に，人権保障も大きい柱
として導入されるようになってきたことを示している。

　国連指導原則への依拠は，さらに「一般方針」の中に指導原則をそのまま引
用するような形でなされているが，若干起草技術的にはぎこちないところが見
受けられる。すなわち，第 10 項は「三者宣言に定められた原則は，本国及び
受入国の政府，労使団体及び多国籍企業自体に向けて推奨される。その際，諸
原則がそれぞれの主体が各自特定の役割を演じるべきであるということを反映
し」，とした上で「この点に関し，「国連ビジネスと人権指導原則が……人権に
関する国家の義務と企業の責任を概観している」（第 10 項 a 号）と続けるが，
ここで国連指導原則が概観する（outline）ものが，三者宣言と同じだと言って

いるのか，そうだとしたらどうなるのか，ということが明確ではない。さらに
次のb号では，国連指導原則は，国や多国籍企業に限られず，すべての企業
に適用があるとしていることが引用されているが，同趣旨の指摘は三者宣言で
もなされているので（第5項，第6項）これまた，このことで，国連指導原則
での定義と三者宣言での定義がどのようにかかわるといっているのかはっきり
しない。さらに最後のe号（たぶん国連原則の第18項を引用）では，国連指導
原則のほうで用いられている relevant stakeholder という語に「労働者の団
体」という語を加え，国連指導原則を敷衍するとともに，「三者宣言の目的を
達成するため，この関連団体との協議過程で結社の自由と団体交渉及び継続的
なプロセスとしての労使関係と社会対話が果たす中心的な役割に配慮すべきで
ある」と，引用から離れて，唐突に三者宣言としての表記に変わっている[38]。
意味が完全には読み取れないところがあるにせよ，少なくとも三者宣言の改定
に際して，国連指導原則が強く意識され，相乗効果を狙った援用がなされてい
ることには間違いない。

2　手続き規定の変化

　上記のように，三者宣言は大幅改定の結果として，ページ数も多くなったが，
その中で特に増加が目立つのは最後に添付された2つの付属文書である。別添
（Annex）1は，従前羅列されていた関連国際労働基準が，主題別に整理され，
枠の中に入れられて見やすくされただけであるが，別添2は，その中の3つ目
の項目を除き，新規に三者宣言に加わったもので，運用ツール（Operational
Tools）と題され，1.促進，2.企業・労組間対話，3.解釈手続，の3種の運用
（宣言の実施）方法が規定されている。このうち3は正確には「多国籍企業及び
社会政策に関する原則の三者宣言の適用に関する争いを規定の解釈に基づいて
審議するための手続き（解釈手続）」であり，宣言の1980年改正の際に理事会
決定によって，重要な追加項目として採択され[39]，1986年に改定されたもの[40]

---

[38]　そのほかにも，この宣言には法的文書としては不完全とも思われる規定の仕方が散見
　　される。第6項の最初の文で，本宣言にとっては多国籍企業の定義は必要ない，といっ
　　ておきながらすぐその下で定義に近いものを行っていることや，第8項で国内法の尊重
　　に述べていることを第11項で事実上繰り返し，その後また労使関係の部分で詳細に規
　　定していることは，この文書が一定の規範性を持つべきものであるとすれば多少問題が
　　ある。

の継承である。

　国連指導原則のうちの第三の柱「救済」にとって最も重要なのが，この別添 2 である。1.の「促進」は，(a) 地域別フォローアップ，(b) 国レベルでの促進／政労使三者によって任命された各国担当窓口（ナショナル・フォーカルポイント）による促進，(c)国際労働事務局による促進，の３部分に分かれ，そのうち(a)は，４年ごとに行われる ILO 地域会議の際に議題として取り上げられ，地域での促進活動が報告されるというもので，(b)は，各加盟国内の政労使に対し，三者宣言を促進するため，三者構成で（条約第 144 号を指針としつつ）各国担当窓口（national focal point）を任命することを奨励するというものであって，人権侵害を受けた個人（あるいは団体）が救済を求めていく場を設定するという趣旨ではないので，国連指導原則（救済）実施の仕組みとしては生ぬるい感じがする。もちろん，地域的フォローアップがうまく機能し，その過程で個別人権侵害事案を４年に一度の報告書の中で言及してもらい，広く公開することによって侵害をやめさせたり，補償を支払わせる，ということは理論的には不可能ではないが，即効性はなく，救済手段としては迂遠な仕組みと言えよう。

　実は，これは 1980 年改定以降に取り込まれた理事会多国籍企業委員会による宣言実施についての報告書審議，というものの発展的継承であって，その手続の効果については，すでに以前から学者によって消極的な評価がなされていた[41]。今回の改訂の結果も，同じことが言えるのではないかと危惧される。

　それに引き換え，(b)で推奨されている担当窓口（focal point）の設置は，運用しだいでは OECD の National Contact Point（NCP）と似たような働きをすることが考えられ，その場合は国連指導原則（救済）の実施措置として位置づけることが可能になるが，そのためにはこれからの実行を見ていかないといけない。

　次の 2.「企業・労組間対話」は，従前の三者宣言（添付文書）と比べると，興味深い追加である。「ある企業と労働組合が，自発的に，国際労働事務局が

(39)　*Official Bulletin*, (Geneva, ILO) 1981, Vol.LXIV, Series A, No. 1, pp. 89-90.

(40)　*Official Bulletin* (Geneva, ILO) 1986, Vol.LXIX, Series A, No.3, pp.196-197 (to replace Part IV of the Procedures adopted by the Governing Body at its 214th Session (November 1980).

提供する援助を活用して会合を開き，話し合うことに合意した場合，事務局は，他の権利に影響を及ぼすことなく，相互に利害をもつ問題を議論するための中立的な場を提供する。この目的に資するため，事務局は資格のある調整役の一覧表を作成するとともに，必要な場合には，調整役がその機能を効果的に全うできるよう，支援を提供する」[42]と規定するものが何かは，まだよくはわからない。三者宣言に含まれる諸原則の適用上，労使が話し合わなければいけない状況が発生した場合に（たとえば非差別原則違反），ILO 事務局の補佐の下に（また1.の担当窓口や，事務局の関与も示唆されている[43]。）活動する調整役（facilitator）が，いわば仲介・斡旋などを行うことを想定したものと見ることができる。これは，上記1.の国別担当窓口に似た性格を持つが，三者構成ではなく中立の個人が調整役として想定されているようである。この仕組みは，その斡旋・仲介の結果が仲裁のような法的拘束力を持つものでないし，労使関係の枠組みで動くものであるから，労働組合ではない主体が，労働権ではない人権侵害を受けた場合に利用できる制度ではない。その意味で，国連指導原則（救済）の実施措置としては十分なものであるとはいえない。

　やはり，ここで最も注目したいのが3.の解釈手続である。これは，1980 年改定以来，三者宣言に付け加えられたものであって，訴えの発出主体が政府，または産業上の組織（多くの場合は労組）に限定されているということを除けば，三者宣言「違反」の状況が ILO に通報され，それに対して ILO の一部が「宣言の解釈」という作業を通じて紛争解決を図るというものだから，人権条

---

(41)　Jernej Letnar Černič, "Corporate responsibility for human rights: Analyzing the ILO Tripartite Declaration of Principles Concerning Multinational Enterprises and Social Policy" *Miskolc Journal of International Law*, Vol.6 (2009) No.1, pp.29-30.この定期報告制度では，労働権侵害が疑われている企業の名前が伏せられていることが，救済の見地からは弱点であるとの指摘がなされている。

　なお，定期報告手続とその受け皿となる Sub-Committee on MNE は，三者宣言の中には言及がなく，1980 年の理事会で恒常的な下部機関として設置され，2009 年ごろまでは活動報告が確認できるが（http://www.ilo.org/empent/Informationresources/WC-MS_101252/lang-en/index.htm），2009 年の理事会文書に見られるように，報告の提出状況がはかばかしくなく，2017 年改正までの間活動が休止し，別の方策が模索されてきていたようである。Subcommittee の活動についての記述が，理事会文書の中から消えている。

(42)　別添2 2.2 段落目。

(43)　同上，最終段落。

約などにある個人通報手続に似て，国際行政法的人権救済の仕組みとして認識することができる。

　しかしながら，今までに，この手続を利用して「解釈」が求められたケースは5件に限られ，その効果は限定的であった(44)。かつてはILO事務局のホームページ上に，解釈手続の説明と実際の係争事件の概要が掲載されていたが，数年前からそれがなくなっている。しかし，今回の三者宣言改訂でそれが再度記載されたことは，依然として違反事例への対応の一つとして考えられていることがわかる。もっとも，改定前と比べてみると，Subcommitteeという語が理事会という語になった以外は，まったく文章自体は変わっていない。とすると，以前のバージョンが持っていた弱点はそのまま残ることを意味し，この手続の利用増加は期待できないように思われる。

　大きい弱点は，国内法，ILO条約・勧告，結社の自由手続にのせることができる問題をとりあげない，という管轄上の制限（第2項）と，利用すること（訴えること）ができる主体を政府，産業上の団体（ナショナルセンターが望ましい）および産業上の国際組織（たとえばICTU）に限定している（第5項）ことである。国連指導原則（救済）の実現方法として機能するためには，この足かせは厳しい。人権侵害を受けた個人，または集団がこの手続を利用しようとする際に，政府や労働組合を経由しなくてはならない(45)ことは，大きいハードルであるし，ILO条約・勧告は，ほぼすべての事項を網羅しているので，それらに関わらない問題を探すとなると，なかなか見つからないのではないだろうか。

　結論的に言うと，この解釈手続は使い勝手が悪いので，改定宣言は別添2に「促進」と「企業・労組間対話」を新たに付け加え，特にOECDにおけるNCPに似た国内担当窓口という新しい仕組みを設けたと考えることができる。それがどのように活動するかは，三者宣言（特に別添2）には詳細な規定はなく，これからのILOの実行がそれを形作っていくものと思われる。それ次第では，ILO三者宣言は，国連指導原則（救済）の実施装置として，ある程度機能していくことが期待される。

---

(44)　ILO GB.326/POL/8 (24 February 2016), Para. 7.
(45)　救済を求める相手方が企業であるだけに，使用者連盟を経由することはまず不可能である。

Ⅵ おわりに

ビジネスと人権に関する国連指導原則という非拘束的な国際文書にとっては，フォローアップの存在が重要であり，そのための仕組みがいくつか稼働していることが確認された。原則のうちの3番目の柱の救済ということについても，その実現のためいくつかの仕組みがあり得るが，そのうち国際組織が行うもの（国際行政）として，OECD と ILO による仕組みを検討した結果，OECD の国内連絡窓口（NCP）の役割にかなり期待できそうなことが確認された。2017年に大幅な改訂があった ILO 三者宣言は，国連指導原則が求める「人権侵害への救済がなされること」にとって，一定程度の働きをしうることが認められる一方で，その利用価値は限定的であり，人権としての労働権を保障する装置として，既存の ILO 監視手続きのほうがまだ有効ではないかと思わせる弱点を持っていることも確認できた。

ILO 三者宣言 2017 年の全面改定では，国連指導原則を支えていくことが明記されており，また OECD の NCP に似た組織や，地域会議での報告制度など新たな仕組みも考案されており，それが有効に働くかどうかについては，これからの機関の実行を見ていかなければならない。非拘束的な文書の法的価値を高めるためるのは，ひとえに国際行政による事後の慣行（フォローアップ）にかかってくる，ということはビジネスと人権に関する国連指導原則についても言えることである。

20 国際人権法実現システム（とくに米州・アフリカ人権委員会・裁判所）における先住民族の権利保護の状況

吉 田 邦 彦

　本稿は，国際人権法の法実現[1]という見地から，比較法的考察を試みるものである。しかも国際人権法においては，民法との交錯が顕著で，私の専門の民法的な議論も多い。〔2018年8月下旬からの（先住民族研究の拠点である）コロラド大学ロースクールでの客員教授生活は，この点の考察を痛感させた。〕

　その問題意識は以下の如くである。すなわち，アイヌ民族の近時の法政策の議論を見ていても，2005年の国連の補償ガイドライン，2007年の国連の先住民族権利宣言の補償原理からかけ離れた形でわが国では，議論が進行しており，「世界標準」と隔絶した《独りよがり》の――憲法98条2項があっても，先住民族の国際人権法規範群（legal instruments という言葉が屡々使われる）を意識しない――先住民族の法政策論がはびこるのも，国際人権法実現の重みの無さとも関係するであろう（そもそも，先住民族の事例で，そうした国際人権規範が使われたのは，二風谷ダム判決（札幌地判平成9年3月27日判時1598号33頁，判タ938号75頁）が国際人権規約（市民権規約）27条を例外的に引用したくらいという状況も，その存在感の無さを示すものだろう）。そこでここでは，それとは異なる事態が展開している諸外国の状況を示し，わが国の日本特殊の状況への反省の光を投ずることができればと考える。

---

(1)　この表現を用いた古典的文献として，田中英夫＝竹内昭夫『法の実現における私人の役割』（東京大学出版会，1987年）（それ以前に法学協会雑誌に掲載）がある。そこでは私人の役割に注目されており，本稿では国際法システムの機能に焦点を当てる点で相違はあるが。

I　はじめに ── 近時の鮭捕獲阻止事例から(2)

皮切りとして，最近わが国での先住民族（アイヌ民族）の権利保護が実は薄弱だと言うことを示す事件が起きており，それを箇条書き的に記してみよう。

(i) 2018 年 8 月 31 日～9 月 1 日・・・紋別アイヌ協会畠山敏会長（77 歳）は，『カムイチェップノミ』の儀式のための鮭捕獲を，藻別川でやろうとすると，10 人以上の警察官に阻止される。（彼らの論理は，1951 年水産資源保護法，1964 年北海道内水面漁業調整規則，1986 年その運用で，アイヌ民族に特別保護を与えてあるから，その手続に従えとする。その前史として，アイヌ民族の生業であるサケの漁撈を明治政府は禁圧した（1896 年）という負の歴史があり，畠山エカシには，その負の歴史の痕跡として映り，前記国連宣言からも保護されるべき筈の，アイヌ民族の文化と密接な核心部分に何故このような足枷がかけられるのか，という疑問があるわけである。）

(ii) 2018 年 9 月 16 日・・・アイヌ政策検討市民会議緊急集会。

(iii) 2018 年 9 月 29 日・・・同意見書提出(3)。

ここでは，アイヌ民族の先住権が奪われた法制度が今なお継続し，『国連の先住民族の権利宣言』に基づく回復運動もなく（そのようなアイヌ政策の動きもなく），辛うじて，僅かばかりのアイヌ民族からのかすかな抵抗としてみることができる。生業としてのサケ漁のみならず，本件では，アイヌ民族の宗教的・文化的儀式のためのサケ漁にも制約をかけているという点が深刻であり，その意味で「先住民族の権利保護」が，近時の国際人権法の動向に鑑みた追試

---

(2) これについては，北海道新聞 2018 年 10 月 4 日（朝刊）7 面（「アイヌ民族のサケ捕獲先住民族の権利問う」）（小坂洋右執筆）が詳しい。さらに，Kamrul Hosssain, Hiroshi Maruyama & Leni Charbonneau, *Indigenous People's Right to Traditional Fishing: International Human Rights Framework and Domestic Regulations in Japan—A Brief Assessment of Recent "Illegal" Fishing Case by an Ainu in Monbetsu Region in Hokkaido*, 6 CURRENT DEVELOPMENTS IN ARCTIC LAW 56 (2018) は，本事件と国際人権法との関連（とくに国連の人権委員会（その後人権理事会），国際人権規約委員会，人種差別撤廃委員会）を論じ，さらに畠山エカシに対して，警察が事後的にも執拗に国内規制法の実施を迫る後日談にも触れている。
(3) 本意見書は，途中まで丸山博教授が執筆されて，最後のところで，吉田がバトンを受け取り付記する形で完結された。

がなされていない現状を示す象徴的事件であろう(4)。

　国内法（例えば，民法）による先住権保護の動きも弱く，国際人権法で，法的拘束力の強い，国際人権規約（自由権規約）27条の『文化享有権』も画餅のようになっている。同条は，二風谷ダム判決で触れられたが，孤立的存在になっている。それをバックアップする地域的実施の動きもない。意見書では，敢えて，国際人権法の部分を強調してみた。

（資料）

『意見書：藻別川で行われた紋別アイヌ協会のサケマス捕獲は正当なものあると考え，その勇気ある行動を全面的に支持します　アイヌ政策検討市民会議』

　Ⅰ（はじめに）2018年8月31日から9月1日にかけて，紋別アイヌ協会（畠山敏会長）が，アイヌプリの儀式（イチャルパ，カムイチェプノミ）を執りおこなうため，紋別市の藻別川において2度にわたって遡上サケマス捕獲のための漁網を仕掛けようと試みました。しかし，このような畠山敏エカシの行動は「北海道内水面漁業調整規則に基づく事前申請書が紋別アイヌ協会から提出されておらず，河川でのサケマス捕獲は許可されていない」と繰り返して立ちふさがる紋別警察署員らによって阻まれ，同協会は当初の計画を断念せざるを得ませんでした。現地は，かつてのアイヌコタン（モベツコタン）所在地で，紋別アイヌ協会会員の多くはその子孫です。季節ごとに遠洋から沿岸・河川へと回遊してくるマスやサケは，それぞれ「サキペ＝夏の食べ物」「シエペ＝主食」とアイヌ語で名付けられ，

---

(4)　警察側は，許可を得れば内容的に問題はないということで事後的にもエカシに交渉に来たようだが，前記北海道内水面漁業調整規則27条の「試験研究，教育実習または増養殖用の種卵の自給・供給のための水産動植物の採捕」に，「アイヌの伝統的な儀式・漁法の伝統・保存及びこれらに関する知識の普及啓発を目的とした採捕」は該当するというのが，行政解釈である。しかし畠山エカシの方からすれば，第1に，そのような解釈は明示的ではないし，第2に，そもそもそのような国内法の漁業規制スキームにアイヌ民族を服させるに際して，先住民族への事前の同意を得るべく諮問手続をしたかどうかという手続上のデュープロセスの問題もあるし，さらに第3に，アイヌ民族のサケなどの漁撈権は伝統的儀式に留まらない生業としての捕獲権限があってしかるべきとの議論も，アイヌ民族側（先住民族側）にはあるだろう。同エカシの問題提起にも拘わらず，このような議論の形跡は窺えない。〔因みに，2019年に国会に提出される「アイヌ新法」では，特例措置として「アイヌ民族の伝統儀式や伝統漁法の伝承のための鮭捕獲」につき「都道府県知事が配慮する」ことが認められるようだが（北海道新聞2018年12月18日1面，2面参照），あくまでアイヌ文化・儀式に限定する点は，上記「第3」に述べた如く，畠山エカシの趣旨ともアイヌ政策検討市民会議の意見書とも異なるものである。同エカシに直接伺ったところ，これでは，儀式のための鮭7〜8尾ということになり，「生業」と言っても営業ではもちろんないが，生活のための鮭漁は年70〜80尾は必要になるのとは大きく異なるとされる（2018年12月聞き取り）。〕

自然資源であるとともに文化と不可分のものとしてアイヌの人々に大切にされてきました。／歴史を少しさかのぼれば，1869 年の「北海道内国化」の後，アイヌは日本国民とされ，入植者（和人）と等しく日本国漁業法の罰則適用を受けて，各地のコタンは，従来有していた，地元の河川での遡上サケマス利用管理からも排除されました。戦後，アイヌを含む世界の先住民族による権利回復運動の高まりを背景に，北海道は 2005 年，アイヌに一切のサケマスを捕らせないとした内水面漁業調整規則を改正し，北海道知事による特別採捕許可の要件に「伝統的な儀式や漁法の伝承，これらに関する知識の普及啓発」を加えました。つまり，アイヌが伝統的な儀式や漁法の伝承を行う際，事前に申請書を北海道に提出すれば，ある程度の数に限ってサケマスの捕獲を許可するということになったのです。しかし，今回，紋別アイヌ協会がとった行動によって日本の法律のアイヌへの適用および法律そのものに内在する重大な問題点が改めて浮き彫りにされました。以下，その問題点を日本国憲法と国際人権法の二つの観点から明らかにし，先住民族アイヌの権利を保障するために国と道がなすべき緊急行動を三つにまとめ，その実施を求めるものです。

　II（日本国憲法の観点から）1997 年 3 月 27 日，札幌地方裁判所は，いわゆる二風谷ダム裁判において，「国際人権規約自由権規約 27 条と憲法 13 条から先住少数民族であるアイヌの文化享有権を認め，国には過去においてアイヌ独自の文化を衰退させてきた歴史的経緯に対する反省の意を込めてアイヌに対し最大限の配慮をするよう求める」判決を言い渡しました。国際人権規約自由権規約 27 条はマイノリティが自らの文化を享有し，宗教を公言・実践し，言語を使用する権利を保障するものです。憲法 13 条は個人の尊重，幸福追求権の保障など人権保障の基本原則の一つです。原告は平取町二風谷の二人のアイヌのエカシ萱野茂と貝澤耕一であり，被告は北海道土地収用委員会と国でした。原告被告の両者とも上訴せず，そのため判決は確定しました。裁判において，貝澤耕一エカシは父の正エカシの遺志として「アイヌ民族を一つの民族として認めるべきだ」とし，さらに「二風谷ダム建設によってチノミシリなどアイヌ民族の精神文化にとって重要な地形が破壊される」と述べ，萱野茂エカシは沙流川に開花した豊かなアイヌ文化を静かに語り，そのアイヌ文化の根幹ともいうべきサケ漁の権利の剥奪が非人間的で世界的にも稀であるかを訴えました。しかし，判決から 2 か月後の同年 5 月，国はその判決を無視し，アイヌ文化を言語に加えて，音楽，舞踊，工芸などの文化的所産に限定するアイヌ文化振興法を制定しました。したがって，アイヌ文化振興法は，アイヌ文化振興といいながら先住民族文化の特徴である土地や資源と不可分な文化，たとえばサケ漁などをアイヌ文化から排除しており，先住民族アイヌの文化享有権を損なうものです。また，北海道がアイヌのサケマス漁に制限を加える根拠とする北海道内水面漁業調整規則は，2005 年に改正されたとはいえ，アイヌの正当な文化享有権行使を侵害することに違いはなく，この規則を紋別アイヌ協会に適用したことは憲法違反といえます。

　III（国際人権法の観点から）国際人権規約自由権規約 27 条の下で保障されるマイノリティの文化的権利は，一般コメント 23 によって，個人的権利であると同時に集団的権利であると解釈されています。先住民族文化については土地や資源と

不可分の独特の生活様式も狩猟や漁労などの伝統的活動も含まれるとされます。国際人権規約社会権規約 15 条 1（a）項は，先住民族の場合，一般コメント 21 によれば，日本を含む締約国に対し，先住民族文化の特徴に即して先住民族の集団的権利を保障するよう求めるものといえます。上記の二つの一般コメントは先住民族が自らに影響を与える決定に参加する権利を保障するよう締約国に求めています。すなわち，国際人権規約は，締約国に対し，先住民族が文化的権利を行使するために彼ら/彼女らの集団的権利と自己決定権を保障するよう求めているといえます。これらの国際人権規約はまた，国際社会においては，世界人権宣言と合わせて国際人権章典と呼ばれ，国際人権法の基盤として尊重され，法的拘束力を有します。したがって，日本を含む締約国には，それぞれの条項に基づき国内法を整備することが義務づけられているのです。加えて，日本国憲法 98 条 2 項「日本国が締結した条約及び確立された国際法規は，これを誠実に遵守することを必要とする」を踏まえれば，日本政府には国内法を整備しなければならない責務があります。しかし，2018 年 8 月 30 日，人種差別撤廃委員会が日本政府のレポートを審査し，「アイヌ民族の土地や自然資源への権利を保障し，引き続き，彼ら/彼女らの文化や言語への権利の実現に向けてさらに一層の努力をすること」と勧告しているように，日本政府はいまだに先住民族アイヌの一切の権利を認めていないのです。今回の紋別アイヌ協会のサケマス漁を不法にした背景には，こうした日本政府の不作為があったといって過言ではありません。

　Ⅳ（要望提案）私たちアイヌ政策検討市民会議は，したがって，このたびの紋別アイヌ協会の行動を全面的に支持し，日本政府および北海道に対して，以下の 3 項目の速やかな実施を強く求めます。/（1）北海道内水面漁業調整規則を先住民族アイヌに適用することを中止すること。また同規則そのものが 2005 年の改正後もアイヌの正当な文化享有権行使を原則として制限すると考えられることから，規則自体も廃止すること。/（2）それに代わるものとして，民法の入会権（民法 263 条，294 条）を基に，それを共有的に基礎づけるか，利用権的に基礎づけるかいずれにせよ，環境保護に留意した共通資源への先住民族アイヌの権利を保障する規則を制定すること。/（3）過去にアイヌに対して行った歴史的不正義をただすためにも，憲法 98 条 2 項に基づき，国際人権規約自由権規約 27 条と社会権規約 15 条 1（a）項によって保障される先住民族アイヌの文化的権利をアイヌ文化振興法に書き込むこと。

＊因みに付言するが，ここで触れている「文化享有権」，さらには 21 世紀の権利の象徴とされる「先住民族の文化的権利」は，日本のアイヌ政策で通常イメージされているような「非政治的・非法的な権利」ではなく，自由権・社会権をも克服する新たな権利であり，すぐれて，政治的・法的なものであり，2007 年の国連の先住民族の権利宣言の所有権規定（25 条，26 条，27 条，28 条）や民法の入会規定（263 条，294 条）等とも，親和的なものである。巷間喧伝されている特殊日本的な意味での「（非政治的・非法的な）文化面へのアイヌ政策の封じ込め」とは全く異なることを，誤解を避けるために記しておきたい。

＊また，アイヌ文化振興法への付記という形をとっているのは，目下のアイヌ民族に関連する法律としてはこれしかなく，また故萱野茂エカシが，「今後のアイヌ

政策の発展の苗木として育てていきたい」と言われたことを踏まえて，そして，上記の如き「世界標準」に合わせて本法律の「文化」の意味も換骨奪胎されていかなければならないと願うからである。関係諸氏のご賢察をお願いする次第である。

＊　　　＊　　　＊

この事件を離れても，近時のアイヌ政策で浮き出ているのは，例えば第1に，「2020年までの象徴空間の建設」（しかもそれはアイヌ民族の本来の宗教的・文化的実践と乖離する，土建国家的性格が強いことは，少しアイヌ民族のことを調べてみればわかることである）という，アイヌ民族の伝統とは適合しない公園作り（そして盗掘遺骨は北大からそこに移されて歴史的不正義を回避する意味合いもある）であり，更に第2の「地域振興」「産業振興」（アイヌ文化にかこつけたアイヌオリジナル商品開発支援）など，アイヌ民族の補償とは結びつかない政策が目玉とされる[5]。ここでも，アイヌ民族を枕にした同民族とは関係がない地域開発論になる危険性がある。いずれにしても，署名・批准している2007年の国連の先住民族権利宣言（UNDRIP）とも関連性は希薄で，それも（近時のアイヌ政策の出発点となる）2009年の有識者懇談会の報告書が，同宣言の核心とも言える「補償アプローチ」に背を向けているからである。

このような独りよがりの状況が，世界の趨勢から如何に離れているかを，諸外国の状況を示すことで実証しよう[6]。（わが国の状況が何故世界標準に乖離するかは，こうした諸外国の国際人権法の地域的な履行メカニズムが欠落していることが大きいと思われる。）

---

(5) 例えば，これについては，北海道新聞2018年11月19日1面参照。

(6) 諸外国の状況に関する研究のわが国の先行文献として，小坂田裕子『先住民族と国際法 ── 剥奪の歴史から権利の承認へ』（信山社，2017年）がある。

　本稿の経緯は，コロラド大学ロースクールに2018年夏から留学し，国際人権法の拠点とも言える同ロースクールで，いきなり直面したのが，《世界各国での先住民族の権利の法実現の状況》に関するK・カーペンター教授の講義への同席であり，本稿はその所産である。だから，本稿の直接の動機は，同准教授の図書とは全く関係はない（留学中に書いたこともあり，殆どそれを参看できなかった）。しかしかなり交錯もしていて興味深く，本稿との相違としては，(i) 同書が比較的国際（人権）法の概説的な説明を含むのに対して，本稿はヨリ民法的な所有権問題等の具体事例に即した分析であること，(ii) 本稿では米州システムないしアフリカシステムの実践判断をヨリ総合的に収集・分析していること，(iii) また本稿では，この地域的法実現システムに対して，政治的・社会分析的見方もしており，国際人権法実現問題をやや突き放して捉えていることなどであろう。

Ⅱ　米州人権委員会・裁判所による先住民族の権利保護 —— 国際人権法の地域的実現(regional implementation)としての先住権保護の実例（その１）

　次に，わが国とは対照的に，国際人権法の地域的実現(regional implementation)に最も積極的な積み上げの歴史がある米州（南北アメリカ）の状況を見ることにする。南北アメリカでは，第二次大戦後の 1948 年に米州機構（Organization of American States [OAS]）を設立し，同年に『米州人権宣言』（American Declaration of the Rights and Duties of Man）を打ち出し，更に 1969 年には，『米州人権条約』（American Convention on Human Rights）を締結している（同年採択，1978 年発効）（そして更に，それを補うプロトコル，条約を締結している）。

　そして国際人権法の司法的メカニズムとして，第 1 に，『米州人権委員会』(Inter-American Commission on Human Rights) を発足させ（当初 1954 年チリでの外相会議から。その後，1967 年の OAS 憲章改正から恒常的となった。本部は，ワシントン DC にある），人権推進的活動を行い，第 2 に，『米州人権裁判所』(Inter-American Court of Human Rights) がある（1979 年設立。コスタリカのサンホセに所在）。そしてここで出される判断が，先住民族の権利保護に積極的なのである。なお，2016 年 6 月 15 日には，米州機構独自の『米州先住民族の権利宣言』（American Declaration on the Rights of Indigenous Peoples）を採択していることも，見逃せない。

1　諸　事　例[7]

（ニカラグア事例）

① Mayagna (Sumo) Community of Awas Tingni v. Nicaragua, Inter-Am. Ct. H.R., Ser. C No.79（2001）

---

(7)　米州人権委員会，裁判所の資料はスペイン語であるが，著名なものは適宜英語に訳されて，ネット上で見ることができる。本稿に紹介するものは，そういうものを参観した。これらに関するケースブックとして，有用であるのは，S. JAMES ANAYA, INTERNATIONAL HUMAN RIGHTS AND INDIGENOUS PEOPLES（Wolter Kluwer, 2009）116-132, 264-316 である。

（事案）ニカラグアの事例で，先住民族の土地権を認めたリーディングケース。ニカラグアの東側（大西洋側）のマヤグナ族であるアワスティンニ族は，2400人ほどの先住民族であるが，ニカラグアは，それを国有地とし，最初はドミニカ系会社と，その後韓国系の多国籍会社 SOLCARSA とコンセッション契約を結んで，同地の伐木をさせたところ，先住民族側が抗議をした。しかし国内裁判所による行政的救済は期間徒過で，認められなかった。

そこで，1995年10月に米州人権委員会に，米州条約21条（所有権条項）を共同体的に解釈し（こうした解釈への展開には，当時アイオワ大学にいたJ・アナヤ教授などが尽力している[8]），それを根拠に，先住民族の共同体の土地返還を求めた。1998年3月に同委員会は，内部的報告書を出し，アワスティンニ族の構成員の人権侵害（所有権侵害）があり，米州条約違反の責任があるとして，米州人権裁判所に本件を移送・提訴した（同年6月）。委員会は，アワスティンニの共同体土地の確定，承認を求め，その侵害の場合の損害賠償を求めた。

裁判所は，先住民族側の立場を認容し，その際に，米州条約21条（所有権条項）は，本来個人権的規定であるが，その進展的な解釈（evolutionary interpretation）として，先住民族の共同体的所有権（集団的所有権）侵害だとするところも極めて注目されるだろう。今後この種の解釈が米州人権裁判所で確立されてくるリーディングケースとされる所以である。そして同条約63条1項による補償責任として，境界確定，それまでのコンセッションの差止めを命じた。

なお，境界確定が実際になされたのは（その立法が2003年になされたにも拘わらず），この判決の7年後の2008年のことであり，その理由として，隣接のミスキト族の権限交錯の問題があり，境界確定の難しさが指摘された。

（アメリカ合衆国事例）

② Mary and Carrie Dann v. U.S., Inter- Am. C.H.R. Report No.75/02 (2002); U.N. Doc. CERD/ C/ USA/ DEC/ 1(2006)

（事案）伝来の土地を失うアメリカ・インディアンが，米州人権委員会に請

---

(8) この点は，ANAYA, *supra* note 7, at 270-271. See also, S. James Anaya & S. Todd Crider, *Indigenous Peoples, The Environment, and Commercial Forestry in Developing Countries: The Case of Awas Tingni, Nicaragua*, 18 HUM. RTS. Q. 345(1996).

願した事例である。すなわち，西部ショショネ民族であるダン姉妹は，ネバダ州クレシェントバレーの田舎コミュニティで牛馬の牧場を営んでいたが，その土地は伝来の土地であった。ところが，国はそれを連邦の土地とし，生計の手段である家畜（牛馬）までも奪われ金の採掘活動が始められ，罰金も科せられる始末なので，1993年にインディアン法資源センターが姉妹に代わって米州人権委員会に請願したというものである。請求者側は，元々は，1863年の米国と西部ショショネ族との条約（2万4000エーカーの伝来の土地所有を先住民族に認める）に基づき，所有権を主張していたが，国側の論理は，既にインディアン不服委員会が1962年にショショネ族には，土地へのコントロール権はないと判断し，1979年には（本件対象の）西部ショショネ族の土地について2600万ドル余りの補償の和解が成立し，1985年には，米最高裁判所も，ショショネ族の請求は消滅したと判断した（しかしショショネ族側は，この補償金の受け取りを拒否している）。だから国側は，本件姉妹に対しては，トレスパス訴権を行使し，家畜の放牧も違法な（連邦土地への）侵入だと主張した。

　姉妹の米州人権委員会への請願においては，米州人権宣言（1948年）の方を問題とし，その所有権，法の下の平等，公正な裁判への権利（各々23条，2条，18条）侵害があるとする。これに対して，同委員会も2002年12月にその実質的判断の報告をした。それは①の判断の方向で推し進めていると言えて，注目される。

　すなわち，先住民族は権利を個人的にも集団的・共同体的にも有するとし，先住権の集団的側面を強調し，その文化的遺産として，将来的世代への承継の側面を説く。同委員会は，米国司法の先住民族の権利消滅の議論を拒否し，請願者が援用する米州人権宣言2条（平等保護），18条（公平な裁判），23条（所有権）を引きつつ，国内手続における手続的公正さ，平等保護の欠如があるとして，先住民族側の所有権を認めるべきだとする。伝来の土地を誰が所有しているかの判断よりも，先住民族が土地所有権を失ったとする非インディアンの「徐々の土地浸食」（gradual encroachment of non-Indians）は差別的理論であり，この理論についての米司法の検討はなく，インディアン不服委員会の「権限消滅のフィクション」は，西ショショネ民族の所有権，法の下の取扱いの平等の権利に反するとする。また，土地補償も他の人々の修正5条〔米憲法の所有権条項〕による保護との不平等があり，1979年の補償額の判定の仕方も，1872

469

年の時点での価値に基づく 1 エーカーあたり 15 セントというものであり，アイヌ民族の共有財産問題での日本国のノミナリズム的処理[9]を彷彿させるものである。かくして，米国は公正な手続を提供していないとする。

その結果として，同委員会は，米国は効果的な救済の提供を説き，そのための立法その他の措置，情報を受けた参加を求める。そして先住民族と伝統的資源・土地との特別な関係の保護が重要だとし，米州人権宣言に適合する所有権の保障を説いた。しかし米国政府は，この勧告に従わず，その頑迷さが目立っている。（因みに，米州システムではないが，本件では，人種差別撤廃委員会が，2006 年 7 月に早期警告・緊急行為手続上の判断をしており，人種差別撤廃条約（1965 年採択。69 年発効）5 条の締約国の法の下の平等保障義務，さらに同委員会の先住民族の権利に関する一般的勧告 23 号（1997 年）（UN Doc. A/52/18, Annex V(1997)）を受けて，同条約上の義務ないしデュープロセスとして，(i) 西ショショネ族の伝来の土地の私有化，多国籍掘削産業への譲渡計画の凍結，(ii) 西ショショネ族の伝来の土地・資源の民族への諮問なしに同民族の抵抗にも拘わらずなされた活動の中止，(iii) 遊牧費，トレスパス通知，馬などの家畜の封じ込め，狩猟・漁労の制限・逮捕の中止，通告の撤回，そして同条約 9 条 1 項に基づくこの判断に対する履行の報告を求めた。しかしその後の米国の定期報告では，西ショショネ族の文化的権利の尊重に努めているし，同民族の交渉にも努めており，要請に応じており，ほとんどの者は補償を受け取っており，通常の市民には認められない利益・保護を与えていて，問題はないとして，事実上要請を受け流している。）

（ベリーズ事例）

③ Maya Indigenous Communities v. Belize, Inter-Am. C.H.R. Report No. 40/04 (2004); Cal et al. v. Attorney General, Belize S. Ct., Claims nos. 171 & 172 (2007)

（事案）グアテマラ東部に位置するベリーズ南部のトレド地方のマヤ民族は，

---

(9) これについては，さしあたり，吉田邦彦『アイヌ民族の先住補償問題 —— 民法学の見地から』（さっぽろ自由学校「遊」，2012 年）26 頁，29 頁参照。（なおこのブックレットは，加筆修正の上，同「アイヌ民族の先住補償問題（民法学からの見地から）—— 諸外国との比較から」同『東アジア民法学と災害・居住・民族補償（前編）（民法理論研究 5 巻）』（信山社，2015 年）第 6 章として収録されている。）

ベリーズのスペイン植民地，イギリス植民地を経て 1981 年のベリーズ独立の歴史的経緯において，排除されることはなかった。失う係争地では伐木及び石油採掘のためにコンセッションが付与されていたが，マヤ民族側（サンタ・クルーズ村，コネホ村）は，慣行的土地権があるとして，1998 年 8 月に米州人権委員会に請願がなされた。2004 年年 10 月に同委員会は，米州宣言 23 条（所有権条項）により，ヨーロッパによる植民地化以前の領域占有・使用をしているとして，共同体的所有権を認めた。

　そして本件では，ベリーズの国内裁判所も先住民族の方を勝たせている。すなわち，2007 年 10 月にベリーズ最高裁判所は，ベリーズ憲法 3 条(d)項，17 条（所有権条項）により，マヤ民族の慣習法的な共同体の所有も，進展的解釈により，憲法的保護を受けるとし，国際法的義務からもそうなるとしている。そしてマヤ民族の所有者の利益享受を害しないように，係争地の賃貸・コンセッション，土地規制，利益登録を差止める。その後，2010 年に最高裁判決は，この判断を南ベリーズのマヤ民族の村全体に拡充した[10]。ベリーズ政府はその執行を拒否し，2010 年にその中の国立公園の権限から原油採掘コンセッションを米テキサス州の会社に与え，更に上訴し，2013 年，2015 年の上訴審（カリブ海司法裁判所）（Caribbean Court of Justice）は，マヤ民族の土地権を承認し，差止め中止も認められないとする（その間の 2014 年に最高裁は，原油コンセッション賦与について，マヤ共同体の「事前の同意」（FPIC）の取得がなく，不法だとした）。その後，2018 年 10 月の米州人権委員会の公聴会もコロラド大学

---

[10]　ベリーズ南部におけるマヤ民族には，古くは，その集落の長（batab/town chief）に繋がるアルカルディ・システム（alcalde system）（スペイン・イギリス統治時代にも維持された行政・司法・軍事に関わる権限を有する市町村長システム）が維持されて，その自律的統治が保たれていることが特徴である。これについては，2019 年 2 月にトレド州のマヤリーダー連盟事務所訪問時にパブロ・ミス氏及びアドリアノ・マス氏から教えられたが，文献としてはさしあたり，O NIGEL BOLLAND, COLONIALISM AND RESISTENCE IN BELIZE: ESSAYS IN HISTORICAL SOCIOLOGY (Cubola Books, 1988) (6th revised edition 2016)128-参照。これが，南ベリーズにおけるマヤ民族の所有権返還運動を支えている背景にある。
　そして，2007 年，2010 年，2013 年の諸判決を受けた，土地開発に関わる諸問手続の枠組み作り（TOLEDO ALCALDES ASSOCIATION & MAYA LEADERS ALLIANCE, CONSULTATION FRAMEWORK（2014.6.13））が 2014 年には作成されていることもマス氏から教えられてその閲覧も得た。

ロースクールで開かれたが，未だにマヤ民族の所有権の実現はなされていない
状況である。

（パラグアイ事例）

④ Yakye Axa Indigenous Community v. Paraguay, Inter-A. Commission H.
R. Merit Report No.67/02(2002); Inter- A. Ct. H. R., Ser. C No.125(2005)

（事案）ヤクエアクサ族は，レングア・マスコイ先住民族の一部であり，農
業・家畜飼養をしているが，16世紀のスペイン植民地化以前は遊牧民族だっ
た。しかしそのリーダーは1993年には，その伝来の土地（Loma Verdeなど）
の返還を要求し始めたが，国内司法の手続ではずっとそのままで解決がされず，
コロラド水路の道路沿いの地区に追い遣られ，食糧・医療・公衆衛生上も劣悪
な状態であった。国内裁判所は保護請求を認めず，逆に所有者からの刑事手続
に晒される状況だった。

リーダーは，その伝来の土地について，1998年には，INDI（パラグアイ先住
民局）との間では，法的権限を取得し，地方福祉局も共同体の土地としたが，
国側及び国内司法はこれを認めない状況だったところ，2001年12月には大統
領はその法的地位を承認し，2002年1月大統領及び教育・文化省は，係争地
の一部を同民族に留保することとし，裁判所も同年所有者のそこでの開発の差
止命令を出した（しかしその3ヶ月後に撤回している）。他方で，本件は，2000
年1月に米州人権委員会に請願されて，同委員会は，2002年10月に，米州条
約4条（生活権），8条（公正な裁判の権利），21条（所有権），25条（司法的保
護権）の違反を認め，ヤクエアクサ族の伝来の土地の返還を認め，伝統的活動
の共同体能力の保障，緊急事態の解消，共同体の土地保障，補償，類似の侵害
の防止などの判断をして，翌2003年3月に人権裁判所に本件を提出した。

米州人権裁判所は，2005年6月に，全員一致で，条約4条違反を認め，道
路沿いの生活条件は劣悪で肥沃な土地・清浄な水へのアクセスがなく，公衆衛
生も悪化しているとし，19条（共同体の子ども（及び高齢者）を守る義務）にも
違反しているとした。さらに7人の賛成で，8条違反（デュープロセス欠如，
刑事手続での弁護無し），21条違反（共同体的土地使用・享受の否定，補償決定も
一方的で先住民族の同意がない。Loma Verdeの土地はその文化的生活・アイデン
ティティに繋がり，伝来の土地での共同体的実践ができなくなるとする），そして

11年もの遅延は25条違反だとする。なお，死亡した16名について，その4条違反を認めるかについて意見が分かれ（5対3），多数は違反を認めなかった（因果関係の立証ができていないとした）。かくして，伝来の土地返還，それまでの必要物資（水，医療，食糧，トイレ設備，教育）の提供，司法的救済のアクセス保障，国際的責任の肯定，判決の公表，共同体の発展資金・プログラムの樹立などを述べ，補償として，金銭賠償として4万5000ドル，非金銭賠償として，95万ドル（発展基金），費用償還として1万5000ドルを認め，期限として6ヶ月以内とした。

　パラグアイ政府は，2008年2月にその責任を承認し，義務遵守を肯定したが，金銭損害賠償，費用償還だけで，土地返還も一部に留まっている。

⑤ Sawhoyamaxa Indigenous Community v. Paraguay, Inter- A. Ct. H.R. Ser.
　Claim No. 146（2006）

　（事案）④の事例に類似する。サホヤマクサ族は，パラグアイのチャコ地方の先住民族で，英国人の土地取得，その後の1930年代のチャコ戦争で，非先住民族に雇われる地位になった。民族リーダーたちは，1991年8月にはIBR（地域福祉局）に，係争土地の回復を申請したが，当時係争地を所有するCOMPENSAは，1993年2月に返還を拒否し，他方で，同年9月にはINDI（パラグアイ先住民局）は，サホヤマクサ共同体の法的権限承認手続を進め，伐木差止め申請は，翌94年2月，7月には認められている（しかし無視して伐採は続けられている）。そして更に翌95年に係争地は転売され（Roswell & Kansolが転得者），1996年にその売却要請も拒否し，その収用も難しい状況だった（1998年～1999年）。

　同民族の人々は，路上生活をし（Santa Elisa; KM16というところ），貧困状況，医療薬品，上下水道，教育サービスなどもひどく，作物や家畜所有も制約がかかり，民族としての伝統的活動も難しかった。狩猟・漁撈生活もできず，電気も便所もない状況だった。医療施設は40キロも離れていた。子ども，高齢者，妊婦には，とりわけ劣悪で，肺炎，はしか，脱水症状が頻発し，死者も少なくなかった（後述米州人権裁判所の判断までに，20名弱が亡くなっている）。1999年6月には大統領は，緊急事態宣言をし，共同体リーダーは，係争地の土地収用を提案したが，転得者は返事をしない状況であった。しかし2000年11月上院

議会は土地収用を否定し, 2001 年 5 月に米州人権委員会への請願がなされた。

同委員会はこの事件を承認し (2003 年 2 月), 2004 年 10 月にその実質判断として, 米州人権条約 4 条 (生活破壊禁止), 5 条 (人間的取扱いへの権利), 8 条 (公正な裁判への権利), 21 条 (所有権), 25 条 (司法的保護の権利) に違反しているとし, (ⅰ) 伝来の土地の共同体的所有権を肯定し, (ⅱ) 被害からの保護, (ⅲ) 伝来の土地の保護のためのパラグアイ政府の効果的救済, (ⅳ) 共同体の人権侵害, 集団的ないし個人的補償の必要性に関する国際的責任があるとし, (ⅴ) このようなことが起きない対策を求めて, 2005 年 2 月に (パラグアイ国が勧告に従わないので,) 米州人権裁判所に移送した。

同裁判所は, 2006 年 3 月に, 8 条・25 条 (公正な裁判・司法的保護への権利) 侵害を認め, 共同体は, 精神的・物質的関係があれば, 伝来の土地に対する権利があるとし, それは時の経過と関係がないとして, 21 条違反を肯定する。更に 4 条 (恣意的な生命奪取の禁止)・19 条 (子どもの権利) との関係で, 路上生活の危険な物理的労働, 生活状況にあり, 生存権を侵害するとし, 死者も区別しない (1999 年の緊急事態制限による国の救済は不適切だとする)。救済方法として, 特定履行として, (ⅰ) 伝統的土地の回復 (国は, 売却・収用・代替地の土地提供を検討すべきだとする), (ⅱ) 基本的サービスの提供, (ⅲ) 国内法の採用, (ⅳ) 判決の公表を説き, 賠償として, 第 1 に, 金銭的損害につき, 5000 ドル, 第 2 に, 非金銭的損害につき, 100 万ドルのコミュニティ発展基金 (それによる教育, 住宅, 医療, 農業・飲料水, 衛生プロジェクトを進める), 第 3 に, 死者の近親者には各 2 万ドル, 第 4 に費用償還については 5000 ドルとした。実施期限として, 6 ヶ月ないし 3 年を指定した。

2008 年に同人権裁判所が, 生活物資・サービス提供も不充分だとし, パラグアイ政府に緊急実施の要請をし, 国は非金銭損害の賠償を部分的に実施し, 緊急コミュニケーションとしてラジオを使用し, 更に, 2013 年 6 月にサホヤマクサ族は土地の再取得を事実上行い, その政治的地位を高め, これについての国際的連帯も高め, 2014 年 4 月〜5 月には, 係争地 (土地奪取) に関する法制定も行った。実現の面でも, 注目されている事件である。

⑥ Xákmok Kásek Indigenous Community v. Paraguay, Inter-Am. Ct. H.R., Ser. C No. 125 (2010)

（事案）シャクモク・カセク先住民コミュニティは，かつては，パラグアイのチャコ地方に居住していたが，既にスペインの植民地の頃の1885年から87年の間にパラグアイ（植民）政府は，チャコの土地の3分の2をロンドン証券市場で同国の借金に充てるために売却がなされた。その後農業，遊牧，伐木などの関係者（起業家）が進出してきた。とくに20世紀になるとそれは著しく，私有地化が進んだ。同時に野生動物の減少・死滅ということが起こり，狩猟採集民族であるシャクモク・カセク先住民にとっては痛手であったし，私有地への分割により，先住民はそこから閉め出され，安価労働者に従事することになった。

　とくに本件で問題となったのは，同民族コミュニティにとって長年の拠点であるサラザール牧場であるが，その先住民族への考慮のない土地分割・売却は，同コミュニティの生活様式の存続・発展を制限し，パラグアイ政府は，同コミュニティの領域的権利の保障をしていないと先住民族側は主張する。米州システムに至る前に，1990年12月にコミュニティ・リーダーは，行政手続で伝統的な土地権回復を行おうとしたが，成功せず，さらに，1999年6月には，同コミュニティは，パラグアイの議会（国会）に当該107000ヘクタールの土地収用〔現在土地を所有すると称する人からの収用である〕を求めたが，翌2000年11月に上院がそれを拒否した。また2002年には，当該土地の一部は，メノナイト協同組合により購入されている。さらには，2008年1月末に，大統領がサラザール牧場の12450ヘクタールを「野生保護区」に指定し，そこには当該土地の107000ヘクタールの内の4175ヘクタールが該当しており，それについては，同コミュニティが土地購入することは不可能となった。既に本件は，2001年5月に米州人権委員会に請願され，2003年2月に同委員会は受入れ承認をし，2008年7月に報告をし，2009年7月に裁判所に提出した。なお違憲性に関する国内訴訟は2008年に提起されたが，本判断の2010年段階で決着していない。

　米州人権裁判所は，2010年8月にほぼ人権委員会の枠組みに沿いつつ，以下のように判断した。第1に，米州条約21条（所有権条項）との関係では，シャクモク・カセク先住民コミュニティが主張する領域は同民族の伝統的土地だとし，その土地へのコミュニティの権利を認め，伝統的土地と先住民コミュニティの文化的アイデンティティとの関係を説き，そうした伝統的土地の利

用・享受（土地権）及び先住コミュニティの文化的アイデンティティに影響する計画・決定への同コミュニティの関与の保障をしていないとする。このように，公的所有権限に拘わらず，先住民族の所有権に関する米州裁判所の積極的立場を本判断は強化している。

その他第2に，同条約4条1項（生活権）との関係では，土地へのアクセスの欠如，自律的生存及び持続性の達成不能及びパラグアイ国の同民族への水・教育・医療サービス・食糧へのアクセス保障は，尊厳ある生活へのコミュニティ権を侵害しており，第3に，同条約5条1項との関係では，かかる貧困状況・文化喪失の継続・解消の遷延は，個人的人格尊重の侵害であり，さらに第4に，悪栄養などの状況は子ども権利の侵害でもあるとする（同条約19条）。

かくして，その救済方法（補償）として，第1に，本件の当該土地10万7000ヘクタールについて，コミュニティ・リーダーに諮問して確定して，その回復（返還）をして，所有権限の賦与をせよとする。第2に，本判決を公表し，第3に，本件に関わるパラグアイ国家の責任承認の公的行為を求める。第4に，暫定的措置命令として，土地回復までは，コミュニティの経済的・社会的権利の保護として，水・医療サービス・食糧へのアクセスの確保，コミュニティ発展基金の形成（米ドルで70万ドル。土地の引渡後2年以内に完了せよとするが，実施委員会は，6ヶ月以内に計画せよとする）を命じ，さらに26万ドルの慰謝料（非金銭的損害賠償）を1年以内に履行せよとする。

しかしながらパラグアイ政府は，この判断を未だに実施していない。これに関して2014年5月にシャクモク・カセク先住民リーダーは米州裁判所の公聴会で同政府が措置を何ら取らないことを非難し，同裁判所は同年9月までの遵守を求めたが，しかし変わっていない（もっとも，サホヤマクサ族事例（⑤）との関係で，パラグアイ政府は，アメリカ合衆国の牛養育業者からの収用法を制定したことは一歩前進である）。

（スリナム事例）

⑦ Moiwana Community v. Suriname, Inter- Am. Ct. H.R., Ser. C No.124 (2005); Ser. C No.145 (2006)

（事案）以下のスリナム国の事例では，当事者は先住民族と言うよりも，アフリカから奴隷として連れてこられた子孫のことで，それでも長年の同国での

居住により，独特の民族文化を持っていて，先住民族に類比できる「アフリカ系子孫」(Afro-descendants) とも言うべき事例である[11]。

　すなわち，スリナム東部にはマルーンというアフリカから連れてこられた奴隷の中でも抵抗して解放を勝ち取った部族がいて，その一族であるヌジュカ (N'djuka) 族（4万9000人ほど）が，ここモイワナ村にも居住していて，18世紀以来オランダ植民政府とも条約を結んでおり（1837年に改訂されていた），先祖との繋がり，そこに不正義がなされたら，正義（復讐）を行うことは共同体の責任とする教えがあった。ところで，スリナム国は1975年に独立したが，同国軍隊は，1986年11月29日にこの村を襲撃して，少なくとも39人が殺害され，財産は破壊され，生存者は逃亡し，首都のパラマリボ及び仏領ギアナへ逃れ，もはや伝統的な生活実践はできない状態になった。同国は翌87年11月に米州人権条約のメンバーになり，89年からはその民事警察によりその襲撃の調査が始まり，容疑者スウェド氏が捕らえられたが，軍の圧力で解放され，逆に90年8月には，調査官のグディング氏が殺害され，92年8月には同国大統領は，89年の恩赦法を実施し，加害者の免責を図った。93年からは仏領ギアナから難民化した住民が一部帰還し，加害者調査を要請したが（同年8月，96年。議会や司法長官などからも要請された），進捗しなかった。

　そこで，1997年6月に，モイワナ被害者連盟は，米州人権委員会に請願し，2000年3月に同委員会は，これを承認し，2002年8月に米州人権条約8条，25条違反を理由に，公正で効果的な襲撃事件の調査及び条約違反故の補償を要請し，立法的・司法的措置（恩赦法の撤回）を求めた。同年12月には，スリナム国が勧告に従わないので，本件を米州人権裁判所に提出した。

　2004年10月までにスリナム国側は，同国が米州条約に加入する前の事件なので，同条約違反には問えない等の抗弁をしたが，同人権裁判所はこれを退け（違法状態は継続しているとする），2005年6月に実質判断として，米州人権条約5条・22条・21条・18条違反を述べる。すなわち第1に，5条違反（人間

---

(11)　この用語は，Gerald Torres, *Indigenous Peoples, Afro-Indigenous Peoples and Reparations*, in: Federico Lenzerini ed., Reparations for Indigenous Peoples: International and Comparative Perspectives (Oxford U.P., 2009) 119-, esp. 125-. 奴隷補償論一般だとなかなか認められないのに，先住民族論と類比させて米州人権委員会・裁判所が補償を認めている実務に注目してのことである。

的処遇の権利，物理的・精神的・道義的人格保護権）として，スリナムが襲撃事件の調査をしないのは，死者（共同体構成員）の尊重，死者への正義の懈怠，生存者の帰還・埋葬権の不実現だとし，これはヌジュカ族の文化的アイデンティティ，統合への危殆化だとする。第2に，22条（移動・居住の権利）との関係で元来の土地への帰還の権利が妨げられ，第3に，21条（所有権）に関しては，土地は共同体メンバーに帰属し，先例から慣習的実践に沿い伝来の土地を占有すれば，共同体的所有権を公式に承認してよいとの注目すべき法理を展開させ，しかも本件モイワナ・コミュニティは先住民族ではないが，既に19世紀後半にはヌジュカ族として定着しており，コミュニティとしての土地占有で同コミュニティメンバーは，正統な伝統的な土地所有者だとする。そして，効果的調査・補償なく18年間も経過させるのは，8条（合理的な時期の聴聞権），25条（司法的保護権）の違反だとする。なお，補足意見として，クイロガ裁判官は，スリナムは米州機構メンバーとして米州人権宣言の尊重義務があるから，本件事件の当初から調査義務を負うとし，トリンデイド裁判官は，国際法の法主体として，米州条約で保護されるのは個々人だとし，祖国の土地的権利は，文化的アイデンティティの権利及び生存権と密接で，遺族の精神的損害，死者の精神の尊敬（生命後のプロジェクトへの権利）は，生存者の行為によりなされるとする。

　補償の内容としては，特定履行として，(i) 襲撃事件の調査，有責者の問責・処罰，(ii) 遺骨の特定と返還，(iii) モイワナ・コミュニティによる伝統的領域（土地）への集団的権限取得，(iv) 帰還する村民への安全保障，(v) 発展基金設立（120万ドル）による医療・住宅・教育プログラムの展開を被害者，国，そして第三者で6ヶ月以内に合意しないと，本裁判所が介入するとし，(vi) スリナム国による国際的責任の公的承認とモイワナ・コミュニティメンバーへの謝罪，(vii) 記念碑設立を説き，金銭補償としては，(i) 金銭的損害については，モイワナ・コミュニティメンバー130人の各々への3000ドル支払い，(ii) 非金銭的損害として，同上各々への1万ドルの支払い（精神的疾患への道義的損害），(iii) 費用償還として，代表へ4万5000ドルの支払いを説き（合計173万5000ドル），期限としては，公式謝罪は1年以内，基金は5年以内とする。（なお国からの判決解釈要請（不服申請）に関して，土地の境界画定について，補償の明確化として，周辺のコミュニティに諮問の上で，立法的・行政的・その他の必要な手

段を執るべきだとし，そこで被害者の参加，インフォームド・コンセントが必要だとする。）

　その後のこの人権裁判所の判断の実施状況として，2006 年 7 月に判決に従って各種委員会を立ち上げて補償金を部分的に支払い，記念碑を建立し（同年 8 月から 60 日以内），公式謝罪のセレモニーを行い，その後も補償金の支払いを続けているが，まだ部分的に留まっている。2007 年 5 月以降も定期的に（2008 年 10 月，2009 年 5 月，2010 年 3 月など）報告書を国は提出するが，裁判所側は，まだ調査義務情報や遺骨情報は限られ，コミュニティ発展基金の重要性を国は強調するけれども，その支払いはまだ部分的だと批判する。

⑧　Saramaka People v. Suriname, Inter- Am. Ct. H.R. Ser. C No.172（2007）[12]
　（事案）ここでのサラマカ族の人々も，アフリカ奴隷の子孫であるが，スリナム川上流に 18 世紀初めから居住し（2 万 5000 人ないし 3 万 4000 人），祖国の土地との精神的な繋がりがあり（土地は存続以上の生命継続，文化的アイデンティティとの関係で重要である），先住民族と同様であった。男性は狩猟・漁撈をし，女性は果物を取るという性的分業もあった。ところが，1986 年には新たなスリナム憲法が制定され（そこでは，すべての権限のない土地及び自然資源は国家に属するとされた），1990 年代にスリナム国は，サラマカ族への相談・承諾無しに，彼らの居住領域について，伐木・金採掘のためのコンセッションを業者に与えて（自然資源の国有論理から），居住生活を脅かすに至った。

　2000 年 9 月に，サラマカ族には土地権限はないにしても，その文化的・宗教的・経済的活動のために，居住領域の利用・占有の権利があり，スリナム国は，サラマカ族の所有権，文化的統合及びデュープロセスに違反しているとして，米州人権委員会に請願し，2006 年 3 月には，同委員会は，スリナム国は，米州人権条約 21 条（所有権）に反し（サラマカ族が伝統的にその土地を占有・利用してきたことからの共同体的所有権を認めていない），25 条（司法的保護の権利）に違反するとして，サラマカ族の共同体的所有権を阻害する法規定の削除，そしてその保護を図る立法的・行政的措置，コンセッションによる居住領域の環境被害の補償，司法的保護の措置などを求めたが，同国はそうした勧告に従わ

―――――――――

[12]　この事件について詳しくは，RICHARD PRICE, RAIN FOREST WARRIORS: HUMAN RIGHTS ON TRIAL (U. of Penn. P., 2011).

ず，同年 6 月に本件を米州人権裁判所に提出した。

翌 2007 年 11 月に，同裁判所は，サラマカ族は先住民族コミュニティではないが，類似性があり，同様に土地所有のためには権限なくとも占有だけで足るとし（この点は，⑦の踏襲である），米州条約 3 条（司法的主体性），21 条（所有権），25 条（司法的保護）の違反があるとする。所有権との関係では，条約 21 条とともに国際人権規約（市民権規約）27 条も援用して，集団的・共同体的所有権を強調し，もうこの流れは定着したと言ってよい。また伝統的領域に属するすべての自然資源もサラマカ族に帰属すると明言する[13]。民族的コミュニティの伝統的生活の継続が重要で，そのためには文化的アイデンティティ，社会構造，経済システム，慣習，信念，伝統の尊重，保障が必要で，その自然資源は一緒でなければ，領域所有は無意味になるとする。また土地・資源開発には，サラマカ族の効果的参加，利益共有が不可欠である（だから，同民族への「自由な事前のインフォームド・コンセント（free, prior, and informed consent［FPIC]）」及び「諮問（consultation）」が重要となる）とする（国連先住民族の権利宣言 32 条を引用する）。だから本件コンセッション賦与は 21 条違反だとする。

その上で，スリナム国に対して，サラマカ族の慣習に沿って，そして同民族への FPIC 及び「諮問（consultation）」の下での領域の境界設定，及びその集団的権限の賦与を行い，それがなされるまでは，それを妨げる行為を差し控え，既に賦与されたコンセッションの審査を行い，サラマカの人たちにその集団的司法能力を法的に認め，その共同体的所有権及び諮問を受ける権利の承認・保障，そしてその侵害に対しては効果的な保護を受けるための立法的その他の措置を採るべきだとする。そしてサラマカ族のコミュニティに対する補償がなされるべきだとして，この判決の公表も求めた。その後のこの判決の履行は部分的である。最も重要且つ深刻なこととして，スリナムは，本判決後でもコンセッションの賦与を行っているとのことで，2012 年に国連人種差別撤廃委員会は，判決の重要部分についての履行がないことに憂慮を示し，2013 年米州人権裁判所は IAMGOLD へのコンセッションに関する完全な報告書を求め，判決の完全履行の監督に努めている。

---

(13) 原語を紹介すると以下の如くである。「…own everything, "from the very top of trees to the very deepest place that you could go under the ground"」

⑨ Kaliña and Lokono Peoples v. Suriname, Inter- Am. Ct. H.R. Ser. C No.309
(2015)

（事案）東部スリナムに所在するカリナ及びロコノ族の伝来の土地を巡る紛
争である。すなわち，1960年代の蘭領ギアナ時代に両民族の土地について，
自然保護区指定がなされ，70年代には，両部族は屢々その係争地の所有権の
主張をしていたが退けられていた。しかし1986年から92年までは，東スリナ
ムは，市民戦争に呑み込まれ，家屋，学校，医療施設，政府建物は破壊されて，
両部族の人々は，首都パラマリボ及び仏領ギニアに逃れた。リリドルプ平和協
定で戦争終了後，伝来の土地に戻ろうとするが，それは非先住の第三者に分配
されていることを聞いた。東スリナムの伝来の土地としてのカリナ村及びロコ
ノ村は，13万4000ヘクタール弱にも及ぶ広大なものである，自然資源，生物
多様性，考古学上の宝庫であり，両部族の狩猟・漁撈の生計に不可欠であり，
その土地への精神的繋がりは重要で，文化的アイデンティティをなしていた。
しかし，1954年の自然保護法では，大統領が適宜「自然保護区」を指定でき
ることとされており，先住部族の伝統的権限の権利規定はなかった。

　しかし両部族は，土地権を求め，領域の状況悪化，鉱業による環境損害・水
質汚染，伐木，密漁からの保護を訴える。1998年スリナム最高裁は，両部族
の土地返還を否定し，2002年12月にカリナ村民は，政府の鉱業コンセッショ
ン賦与の撤回を求めたが，裁判所は原告適格がないとして却下した。また伝来
土地は，どんどん第三者の別荘建築などに譲渡される始末なので，2003～2005
年にかけて，原住リーダーたちは，大統領に請願して，伝来土地の所有権，自
分たちの法的地位の承認を求めたが，返事はなかった。支持団体が動いても同
様であり，2007年7月に米州人権委員会にこの件が請願された。（同年10月に
大統領に対して，自己の土地にガソリンスタンドやショッピングモールが建てられ
ることの中止を，また2013年1月には飛行場格納庫やカジノの建設の中止を大統領
に求めても，梨の礫であった。）

　同委員会は，2007年2月に請願を受領し，同年10月にはそれを承認し，
2013年7月に，米州人権条約の3条（法人格への権利），21条（所有権），25条
（司法的保護）の違反，1条（差別禁止義務），2条（国内法的権利保護）に触れ
て，スリナム国に対して，(i) カリナ・ロコノ族の集団的法的地位及び所有権
を認め，(ii) その伝来の土地の確定，(iii) 非先住の第三者の土地権限及び鉱業コ

ンセッションの審査，つまりその修正・無効化，及び(iv) 環境損害を救済する，諸立法を行うように求めた。しかし 2014 年 1 月に，同国はその勧告に従わないので，米州人権裁判所に提出した。

同裁判所は，2015 年 11 月に 6 対 1 で，以下の各条の違反を認めた。第 1 に，3 条（法人格権）については，既に⑧の裁判所判断で認められてから 7 年経つのに，同国が両部族の法人格を認めないのは，本条違反とし，第 2 に，所有権限を非先住の第三者に与えて，カリナ・ロコノ族の自然保護区へのアクセスを難しくし，鉱業・伐木のコンセッションを賦与するのは，21 条（所有権条項）違反であるとする（この状況も，明治維新後のアイヌ民族への所有権無視政策・本州からの移住者への優遇策と二重写しになる(14)）。

また第 3 に，（被害者や委員会も問題としなかった）23 条（政府〔公共的問題〕への参加権）を取り上げ，伝来の領域に影響する判断に先立つカリナ・ロコノ族への諮問をしておらず，両民族は，土地確定，所有権の（第三者への）賦与，鉱業コンセッション，自然保護区などの議論に効果的に参加する機会が否定されており，同条に違反すると述べる。そして第 4 に，両部族は土地権の承認の努力は（度重なる要請で）尽くしており，これに対して裁判所及びスリナム国は一切答えておらず，25 条（司法的保護権）に違反するとした。

なお，異論を出したペレズ裁判官は，集団的統一体には，個人主義的な解釈がなされている米州条約 1 条 2 項の拡大適用は認められないとし（しかしその法的承認はなされてよいとする），また情報要請は 23 条ではなく 21 条から認めてよいとするから，実質的結論が異なるわけではない。

結論としての補償は，第 1 に，集団の法人格を認めて，集団的所有権を始め，集団的権利を享受・行使することができるとし，第 2 に，伝来の土地の集団的所有権限の賦与（非先住の第三者に伝来の土地を返還させて，それが難しいならば隣接地の返還を行う），第 3 に，制限ある自然保護区へのアクセスの容認（2033 年まで有効とされる鉱業コンセッションにつき，鉱業活動が両部族への諮問無しに

---

(14) 例えば，吉田・前掲書注(9) 21 頁参照。すなわち，1899 年の北海道旧土人保護法によるアイヌ民族への給与地は 5 町歩（ほぼ 5 ha）であるのに対し，1897 年の北海道国有未開地処分法では，本州からの和人への国有地（アイヌ地は国有地にされた）の払い下げは 100 万 ha で，アイヌ民族とは異なりその《成功》の審査もいい加減であったから，土地配分の不平等性からして，その国際人権法上の問題は，はるかに本件以上と言えよう。

再開されることの中止)，第4に，環境的損害を受けた土地の回復，第5に，コ
ミュニティ発展基金設立（それへの100万ドルの提供）（それは医療，教育，食の
安全，資源管理のプログラムを展開する）等を述べ，判決の公表も求めた（金銭
賠償としては，上記のほかに費用償還を認める）。

　その実施期限として，集団的法人格承認は2年以内，所有権限賦与は3年以
内，損害回復計画は毎年提出，コミュニティ発展基金運営者指定は3ヶ月以内，
両部族の効果的参加，影響評価関与，利益共有は2年以内，賠償支払いのため
の適切な行為の公表，判決公表は6ヶ月以内という，綿密な定め方であったが，
スリナム国はその一切を遵守していない。

（エクアドル事例）

⑩　The Kichwa Indigenous People of Sarayaku v. Ecuador, Inter- A. Ct. H.R.
　　Ser. C No.245（2012）

（事案）請求者となったキチュワ族の人々はサラヤク民族の下部組織である
が，エクアドルのアマゾン流域に居住していた。地理的に他の町からはかなり
離れていて（ボートで2～3日かかる），狩猟採集の伝統的な生活様式を行い，
他からの食料は少なく，ジャングルとの共生の文化・宗教を持っていた。とこ
ろが，1970年代にエクアドルでは油田が見つかり，各地でその資源の掌握に
努めるようになった。本件キチュワ族には，1992年にボボナザ川沿いのパス
タザ地域の土地（13万5000ヘクタール）が賦与された。しかしその際には，地
下資源及び原油の採掘権は国有だ等としていて，1995年にはこの地域でも原
油採掘が検討されるようになり，翌96年7月には，サラヤク族の土地が6割
5分を占める「第23地区」についても，エクアドル国有石油会社（PETROE-
CUADOR）と共同事業体（CGO）が炭化水素の探査と原油掘削の契約が結ばれ
た。99年夏には，原住民側は石油労働者のキャンプを破壊したり，その活動
妨害をしたりしていたが，翌2000年5月には，CGCは，6万ドル提供，500
の雇用創出，医療提供などという賄賂的手段で，サラヤク領域へのアクセスを
取得し，石油開発を支持する原住民を増やしていた。しかし同年6月の決議で
も，キチュワ族はそうした提案を拒否したが，それを取り巻く，（サラヤク族の
下部諸部族である）パカヤク，シャイミ，ハツン・モリノ，キャネロス等の諸
部族は，開発支持の提案になびいていった。そして2001年からは社会学者を

雇って，サラヤク族の更なる分断を導いていった。また同年7月には，エクア
ドル防衛省は，石油会社との間で軍事安全協定が結ばれ，軍事基地が作られ，
軍隊がサラヤク・コミュニティメンバーを調査したりした。

　こうした中でサラヤク族は自己領域への石油会社の侵入への反対活動を続け
ていたが，2002年7月には，エクアドルエネルギー・鉱業省は，CGCの環境
管理計画を承認し，同年10月からは同石油会社はサラヤク領域に入り，467
の掘削井戸及び1433キロの爆発物を持ち込んで埋め込んだ。かくして同年11
月には，サラヤク・キチュワ族は，「緊急事態」宣言を出し，数ヶ月間コミュ
ニティ内の経済，行政，学校活動を中断し，ジャングルの外辺部キャンプを境
界沿いに張った。国内司法に，憲法上の保護措置を申請し，1審は差止命令を
出したが，翌12月には上級審はむしろ平和的解決を求めて，紛争解決委員会
を設立するに留まった。翌2003年1月には，周辺部族（ハツン・モリノ族）か
らサラヤク族の者が発砲され，エクアドル国もサラヤク族の者を逮捕して，警
察に引き渡したり（その後殆ど解放），サラヤク女性が石油労働者に強姦させら
れかかったりした。同年夏には，キチュワ族の人々は周辺部族から通行遮断さ
せられたり，同年末の平和行進にカネロス族を誘おうとすると，逆に行進を攻
撃されたりし，分断も暴力が伴うことが多くなった。

　そこで，2003年12月には，米州人権委員会に請願されたが，翌04年4月
には，サラヤク族側の弁護士が暴行を受ける事件もあり，同委員会は同月に同
弁護士のための予防措置命令を出した。同年10月には同委員会は本件を承認
し（国内手続を尽くしていないとのエクアドル側の抗弁を退けた），ようやく2007
年8月には，エクアドル鉱業・原油相と警察が，サラヤク族の土地からの爆発
物の除去の暫定措置命令を出し，同年10月には，エクアドル憲法57条〔先住
民族共同体の権利保護規定〕が制定され，エクアドル国は原住民の集団的権利
を遵守・保護しなければならないとされた。

　2009年12月には同委員会は実質判断を下し，21条（所有権条項），13条
（表現の自由），23条（政府〔公共問題〕参加権）違反などを問題にして，エクア
ドル国は，サラヤク族の領域の保護，爆発物の除去，先住民族の諸問権保護を
説き，補償及び再発防止にも言及したが，2010年4月に同国が勧告を採用し
ないので，米州人権裁判所に事件を提出した。2011年春・夏には多くのアメ
リカ合衆国ロースクールからの法廷支援意見も出された。そして注目すべき初

めての試みとして，同裁判所メンバーは，サラヤク族の領域の現地調査をし，文化的実践・儀式にも参加し，緊張関係もあった周辺のハツン・モリノ族の村落も訪問した。

　そして同裁判所は，2012 年 6 月全会一致で判断を下し，第 1 に，21 条（所有権条項）との関係で手続参加を論じ，エクアドル国は原油採掘について，サラヤク族の人々と議論しておらず，その「文化的アイデンティティ」「共同体的所有権」への悪影響をもたらし，国内措置も講じておらず，同国は罪を承認し，21 条違反だとする。第 2 に， 4 条（恣意的な生命奪取の禁止）， 5 条 1 項（物理的・精神的・道義的人格尊重）との関係でも爆発物を配備して，サラヤク族の生命を重大な危機に晒しており，暴行への苦情にも対処せず，その違反は重大とする。第 3 に， 8 条 1 項（適時に裁判で聴取される権利）・25 条（司法的保護の権利）との関係でも保護申請（2002 年 11 月）への対処の仕方から違反があるとする（なお，委員会が問題にした 23 条などは上記条文（21 条）の検討でなされているとする）。

　補償としては，まず特定履行として，(i) サラヤク領域での爆発物の除去，(ii) サラヤク族の手続参加，(iii) 立法による諮問権保護，(iv) 国内的・国際的基準の教育プログラム，(v) サラヤク族を償う公共的セレモニー（その公共放送），(vi) 判決刊行等とその豊かさが注目でき，金銭補償として，(i) 金銭損害としては，請願者に 9 万ドル，(ii) 非金銭的損害の賠償として，ライフ・スタイルの変化，爆発物による生活変化，その苦しみに対する賠償として 125 万ドルと破格のものとなっており，(iii) 費用償還として 5 万 8000 ドル，(iv) 犠牲者支援基金として 6344 ドルという具合である。

　なお期限として，爆発物除去は 3 年以内，その計画・報告は 6 ヶ月毎，サラヤク族の情報取得，参加権の保障は合理的期間内，罪承認のセレモニーは 1 年以内，新聞報道は 6 ヶ月以内（ラジオ放送は 4 つの放送局によるとされる），金銭賠償は 1 年以内，基金は 90 日以内などとやはりきめ細かい。そしてエクアドル国の遵守状況としては，2016 年 6 月に公的セレモニーを遂行し，判決も公表し，賠償・費用支払いも行っている。未履行のものについて，更なる実施，報告を同裁判所は求めている。

　（ホンジュラス事例）

⑪ Garifuna Triunfo de la Cruz Community and its Members v. Honduras, Inter- Am. Ct. H. R. Ser. C No. 305 (2015); Garifuna Punta Piedra Community and its Members v. Honduras, Inter- Am. Ct. H.R. Ser. C No. 304 (2015)

（事案）ガリフナ民族ないしガリフナ・コミュニティというのは，ホンジュラスのカリブ海沿岸に居住する先住民族で，元々西アフリカ，中央アフリカ，カリブ海，ヨーロッパ，アラワク人の混合とされ，1950年には，ホンジュラス共和国大統領はガリフナ・コミュニティの土地要求（380ha余り）を認め，翌年にはその登録も行っていた。1960年代になり，貿易会社がその一部土地（126ha余りの後記土地「25地区」）を購入したとして紛争になり，コミュニティ側は，INA（全国農業局）に権限申請し，1979年にはINAは新しい農業改革法の下でのコミュニティの占有保護を認めた。しかし1984年に，同局（INA）は，それは国有地だと言い出したので，1986年11月には，コミュニティ側は，それ（「25地区」）は「El Esfuerzo協同組合」（農地耕作したい貧困女性からなる協同組合）に賦与されたと要求し，翌87年5月には，INAはこの土地の暫定的占有証を出した。

　しかし，1989年4月には，隣接するテラ（Tela）市が都市拡張する際に，ガリフナ・コミュニティの土地も呑み込まれるが，同コミュニティとの関係で公正に補償することの合意もあることをINAは承認した。しかしINAはコミュニティにこのことを通知せず，同都市は同コミュニティの土地を私人に売却して問題となった。1992年11月には，ガリフナ・コミュニティ側は，同年4月には農業改革法で，先住コミュニティは少なくとも3年の占有で所有権を取得させるようになったとして，1950年のコミュニティの権限に基づき，所有権申請をし，翌93年10月には，INAは同コミュニティに所有権を賦与した（但しその条件として，ホンジュラス観光局（IHT）の観光プロジェクトとしての売買はあるとして，テラ市による私人への売却及びその適法性の調査も指示した）。

　しかし，1996年3月には，INAは，「25地区」の同コミュニティへの賦与を，観光局問題の解決まで中断するとし，他方で，1998年1月にはテラ市が，少なくとも42ha余りのコミュニティ土地を第三者（とくにテラ市労働組合）に売却していることを発表し，緊張が高まった。更に2000年12月には，ホンジュラス大統領が，プンタ・イゾポ国立公園の設置に署名し，その面積は1万

8820ha にも及び，ガリフナ・コミュニティの土地のかなりの部分と交錯し，同コミュニティの漁撈地区に隣接していた。設置により厳格な公園管理規則に服するようになり，保護地区の土地売却については，国に拒否権があることになったが，この設置に関して同コミュニティへの事前の諮問はなかった。そこで，2000 年 6 月から 2001 年 3 月にかけて，ガリフナ・コミュニティの方は様々な苦情申立てをしたが，立退きの脅迫を受けたり，暗殺の脅迫も受けたりし（テラ市労組メンバーから），ホンジュラスの刑事調査局にも不服申し立てした。2001 年 1 月には，同コミュニティは，1993 年の権限の拡充を申立て，同月 INA はコミュニティの要求を受け入れ，234ha あまりの 3 つの土地の権限賦与がなされた。しかし，2002 年 2 ～ 3 月には，「25 地区」（前記協同組合）の女性から，第三者によるハラスメント（育てた作物の焼却，牛の窃取など）の苦情が民族集団保護検察所にあり，2003 年 5 月には，同協同組合と第三者との土地分割の合意がなされたりした。

　2003 年 10 月に，ホンジュラスの黒人博愛組織（OFRANEH）から米州人権委員会に請願がなされ，ホンジュラス国は，本件コミュニティその他ガリフナ・コミュニティに対してなされる人権蹂躙に関して責任を持つようにと主張がなされた。（同委員会は，請願を 3 つの事件に分けて受け入れた。）しかし，2005 年 8 月には，ホンジュラス大統領は，行政命令としてコミュニティの土地に，ロスミコス海岸・ゴルフリゾートの観光施設建設を求め，またテラ市の方でもコミュニティ議会を無視してコミュニティの同意なくその土地の売却を認める「ガリフナ・コミュニティ評議会」を設置したりしたので，翌 2006 年 4 月には，同コミュニティメンバーは不服申し立てをしている。また翌月（2006 年 5 月）には，武装した労組員が係争地「22 地区」に入り，コミュニティ集会所を含めた建物を燃やそうとしたりし，2009 年 4 月には，前記協同組合土地（「25 地区」）の合意にも拘わらず，武装したものがやってきて，境界紛争は続いた。コミュニティメンバーは伝来の土地を守ろうとして，威嚇・ハラスメント，暴行を受けて，コミュニティメンバー 4 人が殺害された。

　同委員会は，2006 年 3 月に請願の承認報告をし（米州人権条約の 8 条（公平な裁判を受ける権利），21 条（所有権），25 条（司法的保護権）違反だとする），翌 4 月には，委員会は裁判所に予防的措置を求め，2006 年 5 月には，ホンジュラス国は予防措置を受け入れて，テラ市はコミュニティ土地を侵害する解決を

とらないようにした。同委員会は，2012 年 11 月にホンジュラス国に対して，(i) コミュニティに共同体所有権を与える立法措置，(ii) 原住民の自由な諮問へのアクセスの賦与，(iii) 原住民に伝来の土地の主張，アクセスの効果的方法の形成，(iv) コミュニティメンバーに威嚇・ハラスメントをする者への刑事的調査，処罰手続，(v) 補償，(vi) 類似の問題発生防止を求めた。

　そして 2013 年には，勧告にホンジュラス国が従わないので，本件を米州人権裁判所に提出した。同裁判所は，係争地の訪問も行い（2015 年 8 月），2015 年 10 月に，全会一致で，ホンジュラス国は，21 条（所有権条項），8 項 1 項・25 条（適時の司法聴聞権，司法的保護権），2 条（国内法保護権）に違反しているとした。すなわち，21 条との関係では，ホンジュラスは，本件コミュニティに伝来土地への共同体的権限への効果的アクセス，その境界設定，効果的保護を与えていないとし，原住民にとっては，その領域で自由に生活する権利があり，コミュニティのアイデンティティは，土地と密接であると付言した。また，8 条・25 条との関係で，原住コミュニティの要請への対応の仕方は非効果的で，土地賦与ができないときには補償の検討が必要であり，刑事・行政の手続も適切な解決を与えていない（テラ市の土地売却の適法性調査も 1996 年に中断している）とした。また，2 条との関係では，1974 年以来，伝来の土地についての所有権は国内法上の保護があり，1982 年のホンジュラス憲法 346 条でも原住民族コミュニティの伝来の土地の境界画定義務が定められ，さらに ILO 条約 169 号では，土地利用についての先住民コミュニティへの諮問義務を定め，これは 1996 年にホンジュラスでも発効しているとし，しかるに本件の観光プロジェクトや国立公園設置に関してガリフナ・コミュニティへの諮問がなされておらず，コミュニティの諮問権の国内法採用をしていないのは問題だとする。しかし他方で，4 条（生命権）との関係で，コミュニティメンバーの殺害に関して本条違反の証明はなされていないとする。

　補償内容としては，特定履行に関して，第 1 に，コミュニティの土地の境界画定（同コミュニティの参加・諮問の下に，慣習（法）を考慮して，2 年以内に行う），第 2 に，コミュニティメンバー 4 人の殺害の調査（合理的期間内），第 3 に，判決の公表，責任の公的認識のための公的儀式（国際的責任の承認）（1 年以内），第 4 に，本コミュニティの所有権の使用・享受，自由なアクセスの保障（国立公園と交錯していてもその保障を行う），第 5 に，所有権登録規制の形成

（合理的期間内），第6に，コミュニティ発展基金（農業生産，インフラ整備，森林伐採部分の回復，コミュニティの改善）（150万ドルの提供）（3年以内）とし，金銭賠償として，第1に，金銭的損害は未だ情報が明らかでないとし，第2に，非金銭的損害の賠償も併せて，前記基金への150万ドルの提供になるとし，第3に，費用償還として1万ドル（6ヶ月以内）とした。期限は既に書いたとおりだが，1年以内の報告も義務づけた。これに対して遵守状況は，2016年7月に，法支援基金の償還がなされただけである。

（パナマ事例）

⑫ Kuna of Madungandí and Emberá of Bayano Indigenous Peoples and their Members v. Panama, Inter- Am. Ct. H.R. Ser. C No.284 (2014)

（事案）パナマでの先住民族人口は，41万7500人で全体の12.3%，本件は同国中央やや東部のバヤノ地区に1972年から76年にかけて作られた水力発電ダムで，ダム湖に沈むことになる地域に住んでいたクナ族（マツンガンディ地区）及びエムベラ族（バヤノ地区）が被った損害に関わる事件である。前者（クナ族）は2番目に大きい先住民族で，既に16世紀から居住し，焼き畑農業などを営み，後者（エムベラ族）は19世紀には居住し，3番目に大きい先住民族で，トウモロコシ・オオバコ・米の栽培のほか，狩猟採集を営んでいた。しかし同ダムにより，前者は2000人，後者は500人が，伝来の土地の水没により，強制立退きすることになった。クナ族に関しては，1976年10月には代替地の境界設定がなされ，77年・80年に補償計画も作られたが，実施不履行が出る状態だった。また1984年8月にはエムベラ族の境界画定の合意がなされたが，うまくいかず非先住者が入植してきて伐木なども大規模になされて，環境被害も深刻になった。90年以降は，パナマ政府も入植者除去の必要性を感じ，91年7月にはその旨の約束をし，92年にはその旨の命令を出し，96年にも約束し，98年12月には，228号命令でクナ族の境界認定をし，更なる入植者の侵入の抑止に努めていた。

しかし，2000年5月には，米州人権委員会に請願がなされ，その後も事態は改善せず，クナ族は市長・知事，さらには大統領への侵害者除去の行政手続を行い（2002年〜03年，2005年），更に違法入植者による伐木について，刑事手続・環境苦情申立て等も行っていた（2006年12月以降）。2009年5月に出さ

れた疫学報告書では、ダム建設によりクナ民族等で疾病（マラリア、黄熱など）が増え、狩猟・漁撈、農耕、伝統医療に関わる土地喪失により、その子ども・高齢者に栄養不足の状況は悪化しているとした。

　請願後、2001 年 11 月からは両民族と政府との間の和解委員会での聴聞もなされたが、うまくいかず 2006 年 8 月には、政府が両民族の土地紛争解決を拒否した。2007 年 3 月には、両民族は、違法入植者の伐木を防ぐ予防的措置申請をし、2011 年 3 月も同様の申請がなされ、米州委員会も翌 4 月には、パナマ国に要請している。同委員会は、2009 年 4 月には請願の承認報告をし（これに対し、国側は、両民族は充分な補償を受けており、人権侵害はなく、国内法手続も尽くしていないとしていた）、2012 年 11 月に実質判断をし、パナマ国は、8 条（公正な裁判への権利）、21 条（所有権条項）、24 条（公平な保護への権利）に違反するとし、(i) 両民族の領域の境界画定、(ii) 伝来の領域の水没・移住による損害の正当な補償、(iii) その領域の保護、文化的・物理的生存、健全な文化教育プログラムの確保、(iv) 非先住者の侵入の抑止を勧告した。しかし 2013 年 2 月にはパナマ国がこの勧告に従わないとして、本件を米州人権裁判所に提出した。

　国側は、事前的反論として、国内手続が尽くされていないこと、人権裁判所には管轄がないこと、時効などを述べていたが、2014 年 10 月には、同裁判所は、まず国の管轄に関する反論に対しては、米州裁判所をパナマ国が認める 1990 年 5 月（なお同国は、米州条約には 1978 年に批准している）以降にも本件の違法状態は続いており、その部分について判断するとした。他は退けた（5 対 1 の判断）。そして全会一致で、米州条約 21 条、2 条、8 条 1 項・25 条に違反するとした。

　第 1 に、21 条（所有権条項）に関しては、先住民族と土地との密接な関係を強調し、そのコミュニティ所有概念は、必ずしも古典的な（個人主義的）所有権概念には対応しないが、その伝統的な生活様式の継続（物理的・文化的伝統）、その信念・慣習・文化的アイデンティティの尊重のために、先住民族の土地権保護は決定的だとする。1972 年パナマ憲法からもそのことは義務づけられ、当裁判所の立場としては、そうした先住コミュニティの共同体的土地の境界画定をすべきこととしているとし、しかも本件では、水没して回復不能な本来の土地のみならず、賦与された代替地の確定も必要だとしているところが、注目

される。代替地についても同様の義務をパナマ国は負うとし，同国は繰り返し，代替地への共同体的所有権を承認しているのに，両民族へのその境界画定と賦与（delimit, demarcate, and title them）をしていないのは，21 条違反とするのである。

　その他，第 2 に，21 条との関係で，2 条（国内法保護義務）違反に関しては，1972 年から 2008 年までパナマ国は先住民族の集団的土地の効果的享受の確保・提供をすべき義務，そのための土地確定をすべき義務（国際法的義務）を負うのに，2008 年以前はそのための法的手続もなく，同条に反しているとする。第 3 に，8 条・25 条 1 項（適時の裁判聴聞権）（司法的保護権）に関しては，両民族は合意の遂行，自己の土地の承認要請，侵入者からの保護に関わる行政的・刑事的手続などを行っており，それにも拘らず調査義務を怠り，手続を遷延させていて，違反に当たるとする。

　これに対して，入植者の侵害への対応手続との関係では 2 条違反ではないとし，また 24 条違反（平等保護権）も認められないとして，委員会には異論を呈し，先住コミュニティ以外の者への土地の賦与は速やかで不平等だとする点は，21 条に関連して判断したとする。

　かくして，補償判断としては，まず特定履行としては，第 1 に，判決の公表・流布（6 ヶ月以内），第 2 に，国際法的義務を認める公共的行為を先住民族と相談しつつ行うこと（1 年以内。その時，場所，やり方等伝統に沿いつつ行い，広汎に報道し，言語はスペイン語と原住民族の言葉によるとする），第 3 に，エムベラ族の（最終的な）領域の確定（それを行うまではパナマ国は権限を第三者に賦与しない）を求めた。

　また金銭賠償に関しては，第 1 に，金銭損害に関しては，米州裁判所の管轄をパナマ国が認めるまでの，両民族の転居・水没による損害の賠償は認められないとしつつも，集団的土地所有権の確定違反に関わる損害賠償は認められるとした（クナ族代表者に 100 万ドル，エムベラ族代表者に 25 万ドル）（1 年以内）。第 2 に，非金銭的損害に関して，集団的土地所有権を認めず，生活状況は悪化し，非金銭的損害賠償は適切だとし，取り返しのつかない生活様式，文化遺産への損害賠償として，クナ族代表者に 100 万ドル，エムベラ族代表者に 25 万ドルの支払いが求められた（1 年以内）。費用償還としては，各々の代表者に 6 万ドルずつである（1 年以内。なお，裁判所長による犠牲者法支援金 4500 ドル

余りの償還は，90 日以内とする）。

期限は既に記したが，パナマ国の遵守状況は，2015 年 8 月に支援基金の支払いをし（106 日後），2017 年 5 月には，判決の公表・流布がなされ，2015 年 10 月には公式行事がなされ，同時期に補償への意欲も示されて，補償は完了したと報告されている。

2 分 析

それでは，以上の米州人権委員会・裁判所の判断で，留意すべきことを述べておこう。

(1) 先住民保護の先進性

すなわち，まず挙げられるべきことは，米州人権システムにおいては，先住民族の権利保護の方向での判断が，リーディングケースとも言うべき①（Awas Tingni 事件）以来，相次いでおり，おそらくこの方向での判断が固まったと言ってよい。おそらく，国際人権法の地域的法実現（regional implementation）の法システムとしては，その法規範の整備の点でも，事例ないしその方向での委員会ないし裁判所の判断としても，数多く蓄積されており，最も先進的と言うことができる。

予告的に述べるが，これに続くのが，アフリカ人権システムであり，他方で一番未発達なのは，アイヌ民族に関わる東アジアとか，かなりの先住民族を擁する東南アジアの地域であり，国際人権法規範の展開はあまりないということである[15]。

(2) 共同体的・集団的所有権概念の確立 —— 内容の特質その 1

次に先住民族の権利保護で最も注目されるのはその所有権概念であり，集団的・共同体的所有権が確立したことである。すなわち，そもそも米州条約 21 条の所有権条項の規定は，個人主義的な体裁であったが，先住民族に関わる《進展的》(evolutionary) な解釈として推し進められ（ここにおいてのリーディングケースも，①（Awas Tingni 事件）(2001 年) である），共同体的・集団的な規定として，読み替えられており，極めて注目されると言えよう。

後続のものとして，③（委員会が米州宣言 23 条の解釈として示唆し，国内法裁

---

(15) See, HURST HANNUM, S. JAMES ANAYA ET AL., INTERNATIONAL HUMAN RIGHTS: PROBLEMS OF LAW, POLICY, AND PRACTICE (6th ed.) (Wolter Kluwer, 2018)172.

判所がベリーズ憲法 17 条の進展的解釈として同様に解する），⑤，また⑦（Moiwa-na 事件）が，伝来の土地を占有すれば共同体的所有権を取得するとするのも注目される（この点で，同旨であるのは，⑧(Saramaka 事例)である）。さらに⑥⑩⑪も同様であり，また⑫（Kuna & Emberá 事件）においては，ダム湖に沈む伝来の土地に替わる代替地についても同じように共同体的に考えるところが興味深い。

　そしてその際の指標とされたのは，当該先住民族の構成員とその伝来の領域（伝来の土地所有権）との精神的・文化的・物質的繋がりであり，その民族の文化的アイデンティティを構成するくらいに中核をなすもので，その文化的生活，慣習に沿いつつ，その所有権の利用・享受の内容を決めていく必要があるとされる。なお，ここでの《文化的》とは，世界標準では，先住民族文化に即した法的・政治的要求を導くものであり，それを回避する《非政治的・非法的なもの》として捉える特殊日本的なものとは全く異なることは冒頭でも説明しているがここでも改めて確認しておきたい。

　そしてこの点に関連しては，2016 年に採択された『米州先住民族権利宣言』の 6 条（先住民族の権利の集団性。その存在・福利・統合的発展のために不可欠で，国は，先住民族の集団的行動，法的・社会的・経済的システム，文化，精神的信条，言語，土地・領域，資源への権利を尊重する義務があるとする），13 条（文化的アイデンティティ，文化的統合への権利），16 条（先住民族の精神性・信念への権利。その伝統・慣習・儀式（セレモニー）の実践，発展，伝達の権利）等でこういう特質は余す所なく規定されている。

⑶　紛争類型及び「事前の自由な情報を得た同意」(prior, free, informed con-sent [pfic])原則の析出 —— 内容の特質その 2

　紛争は屢々先住民族の土地の開発（伐木，鉱業的採掘）という形で現れ，中には，観光との鬩ぎ合いという事例もある（⑪（Garifuna 事例）である。後述のアフリカ事例にも多い）。

　そしてそこでの土地所有権の表れとして，開発プロジェクトへの先住民族の参加，手続的な事前の情報を尽くした同意の重要性として現れる。この局面が詳しくクローズアップされたのは，⑧事例（2007 年）である。この法理は，2007 年の UNDRIP〔国連・先住民族の権利宣言〕32 条にも体現されているが，同事例は，それをも引用しつつ，土地・資源の開発における参加，利益共有と

いう原理として，共同体所有の効果の一面を捉えている。そうして事前の自由な情報ある同意（FPIC）ないし事前の諮問権を強調する。その後の事例でもこの法理は定着した観があり，例えば，⑨（カリナ・ロコノ事例）では，これまでそれほど注目されなかった米州条約 23 条（政府〔公共的問題〕への参加権）に着目して，この法理が説かれたし，⑩（Sarayaku 事例）は，23 条的なものを 21 条で判断したし，⑪も事前の諮問権を強調する。

(4) 補償内容，とくにその特定履行の豊かさ —— 特質その 3

更に米州システムの判断で注目されるのは，その効果面として，『補償』とされるものの豊かさ（それは単に金銭補償（金銭賠償）だけではなく，様々な特定履行を含む広汎なものであるという点で，私が日頃強調している用法と一致しており，その内容の豊富さに注目したい（日本の通常の法律家が，『金銭賠償中心主義』に凌駕されているのに比べると対蹠的である）。

とりわけその中でも注目されるのは，コミュニティ発展基金なるものであり，これによりその構成員（住民）の医療，教育，住宅などの各方面での充実を目指すというものである。例えばその嚆矢として，強制立退き事例である④（Yakye Axa 事例）（2005 年）や⑤（Sowhoyamaxa 事例）（2006 年）があり（非金銭損害の賠償として，各々 95 万ドル，100 万ドルのコミュニティ発展基金），同様に⑥（Xákmok Kásek 事例（2010 年）が 70 万ドルのそれ），⑦が 120 万ドルの基金設立を特定履行として明示する。その他，⑨⑪では，各々 100 万ドル，150 万ドルの基金設立を説く。これなどは，後に別途考察する集団的アプローチ（しかも効果面のそれ）の最たるものであろう。

(5) 国内司法の消極性

しかしこうした国際人権司法が動員されるのだから当然とは言えるが，国内司法が消極的ないし機能不全を起こしている。例えば，②（Dann 事例）では，アメリカ合衆国の司法の消極性が目立つ（しかし，③（Maya Community 事例）のベリーズ国などは，国内司法それ自体は積極的であることが特質である）。その他，概して国内司法が機能していないところが多く，軍事政権のところも多い（例えば，④⑤⑥，⑦⑧⑨，⑩⑪など）。

(6) 執行の難しさ

また殆どの事例で，執行に手間取っていることが多い。リーディングケース①のニカラグアでも，先住民族への権限の配分に 7 年かかっており，他方で，

スリナムなどはもっと状況は悪く，部分的に従ったものはあるが（⑦），多くは不履行である（⑧⑨）。更にベリーズなども国内判決で，積極的な判断が相次いでも，同国は今のところ履行の兆しはない。

他方で，米州人権裁判所の方でも，履行期限について，きめ細かな書き方を近時は行うことが多く，それに従う場合もでている（⑩のエクアドル，⑫のパナマなど）。今後の帰趨が注目されるところである。

3　中米などにおける国際人権法実現の難しさの背景

上記の現実の法実現の難しさをどう考えたらよいのだろうか。本稿では，国際人権法システムの実現に向けた『地域的実現システム』，とくにその比較法的な最先端の米州人権委員会・裁判所システムに注目しているのであるが，それは一つのファクターに過ぎず，決め手となるのは，もっとドロドロした『現実政治（レアル・ポリティーク）』と言うことなのか。このような見地から，①でアワスティンニ民族が土地返還を（長期間かかりながらも）実現できた現実的背景をリアルに分析するのは，Ｊ・ブライアン准教授（コロラド大学・地理学部）である[16]。

すなわち，物事そう簡単ではなく，ニカラグアの土地紛争でも経済的利権が絡んでおり，アワスティンニ民族は同国東部に位置する先住民族だが，そのエリアは周辺に別民族のミスキト（Miskito）民族との相克を抱えていることを指摘する。同国では，国内戦争（1980 年代の市民戦争）を通じて，サンディニスタ政権と闘った（その過程で，90 村以上の東北ニカラグアは破壊された）ミスキト族の戦争兵士には，戦争を通じての権限取得感覚があり，これは，アワスティンニ族の慣行的土地権の取得とは相容れないものがあるとし，同国が権限賦与に動いたのは，融資元の世界銀行の圧力があったとするのである。だからアワスティンニ族の権限の再構築は困難な課題であり，賦与された今でも決して安定的なものではなく，不平等の状況でも現実政治の中で生きるしかないとする[17]（そして同国は，サンディニスタ政権のオルテガ大統領が，2000 年代半ばに

---

[16]　Joe Bryan, *Dilemmas of Indigenous Land in Awas Tingni v. Nicaragua*, ANTHROPOLO-GY NEWS, September 2006（2006）. See also, JOE BRYAN AND DENIS WOOD, WEAPONIZING MAPS: INDIGENOUS PEOPLES AND COUNTERINSURGENCY IN THE AMERICAS（The Guilford Press, 2015）96-.

再選され，目下独裁化して反対勢力を抑圧し米州委員会など人道派グループも排撃し，コスタリカへの難民・庇護請求者も続出する有様である）[18]。

　現実的な分析として，すぐれたものであろうが，国際人権法規範に対する悲観主義的な見方ということで，異論もあり得るだろう。類似の分析は，ブラジルの政治変動との関係でも見ることができる。すなわち，リベラルなルセフ大統領の失脚と，トランプ類似の新自由主義のボルソナロ大統領の台頭で，先住民族への補償政策，環境保護政策もひっくり返されて，アマゾン流域のムンズルク民族は，違法な侵入者による金採掘活動，森林伐採行動に甘んじて座視するしかなく，急激にその地域の熱帯雨林の破壊が進んでいる（更に，2019 年が明けてボルソナロ大統領に代わって早々に，従来の先住民族政策を逆行させて，アマゾン領域の先住民族の権利抑圧的土地政策を展開する）との，深刻な事態の近時の新聞記事[19]に接しており，ここのところラテンアメリカの進歩政治の牽引役だったはずのブラジルの近時の急変ぶりには，切歯扼腕せざるを得ない。さらには，先住民族の騎手ともされたボリビアのモラレス大統領も最近は，開発の方になびき，原油・ガスの採掘や水力発電の計画を進めて先住民族の反発を呼んでいることも報ぜられている[20]。これは，本稿で問題にしている先住民族の権利保護は，深刻な環境破壊に対する抵抗運動としての『国際人権法実現のシ

---

(17)　Bryan, *supra* note 16（2006）, at 22. See also, BRYAN AND WOOD, *id.*（2015）, at 121（世界銀行が，米州開発銀行に協力し，南メキシコから中央アメリカを統合し，エネルギー生産，輸送，電気通信に裨益するために，所有権問題を人権問題とし，先住民族の主張を取り込んで，所有権改革，地域統合の制度改革を行うこととしたとする）。

(18)　Frances Robles, *In Nicaragua, Protests Lead To Life on Run*, THE NEW YORK TIMES, December 25th, 2018, A1, A9〔ニカラグアでは，2018 年 4 月の抵抗運動から，この 8 ヶ月の間に，322 人が殺され，565 人が収監されている。益々権威主義的になるオルテガ大統領（73 歳），及ぶその妻のロザリオ・ムリジョ副大統領（67 歳）が，抵抗勢力を押さえつけている。ニカラグアの最高裁判所の調査官をしていたロベルト・カルロス・メンブレニョ・ブリセニョさん（31 歳）は，「奴らは，われわれを鹿のように撃ってくる」と言い，今はコスタリカの牧場で 50 名の他の亡命者と暮らしている。この春に，ニカラグア中の諸都市で，オルテガ大統領の排斥を求めてデモ行進した際には，同大統領は残り僅かだと皆考えていた。しかしオルテガ大統領は，暴力的且抑圧的戦略でそれに答えた。40 年前に，サンディニスタ勢力を組織した彼は，1979 年にソモサ政権を排斥し，自ら大統領になり（1985 年から。さらに 2007 年からチャモロ政権（1990 年以降）を倒して再選），今度は自分が独裁者となっている。政府のあらゆる機関である，国会，最高裁，軍隊，司法，警察，検察等すべてを事実上コントロールしている。抵抗運動に関

係した市民は，今やテロリスト犯罪を問責されている。テレビ局は封鎖され，報道官を収監し，国際的な人権団体も排除され，人権団体を警察が襲撃し，そのコンピュータを接収した。米州人権委員会の執行理事のパウロ・アブラオさんは，「人道に反する罪が現に行われているのをわれわれは目撃している」と述べるが，彼も 12 月 20 日にニカラグアから排除された。先週トランプ大統領は，ニカラグア投資条件法に署名し，国際開発銀行から同国への融資を制限して，同大統領に経済制裁を加えることとした。反対派は，これでオルテガ大統領は，益々自分の政治勢力をかけて自暴自棄的になるのではないかと憂慮する。抵抗運動は 2018 年 4 月に始まり，同年 5 月 30 日の母の日行進では，10 数名がスナイパーに殺された。ニカラグア人権センター（その代表のビルマ・ムニェス氏）によると，4 月の抵抗から，322 人が殺され，その内 22 名は警官，50 人くらいは政府関係者で，20 数名の犠牲者は未成年で生存者の 14 名は失明しているとする。元サンディニスタ勢力のムニェスさん（80 歳）によると，今なされていることはソモサ政権より悪いという。現政権のやり方は，第 1 に，反対勢力を襲い，第 2 に，その周囲の掃討，第 3 に，恣意的な交流，そして第 4 に，反対派の刑事問責である。集会には今や許可証が必要で，政府反対勢力はそれをもらえない。6 万人が逃亡し，2 万 3000 人以上がコスタリカに難民申請していると言われる。12 月 21 日には，米州機構の学際グループは，抑圧が広汎になされているとの調査報告をした。その前の 20 日に政府は彼らを排斥している。逆にニカラグアの外務大臣のデニス・モンカダ・コリンドレス氏は，「平和的抗議の暴力的性格の多くの証拠があるのに，米州人権裁判所は，それを平和的だと判定した」と述べる。米州機構の関係者のまとめでは，抵抗以来の 109 人の殺害の内，95 名が頭・首・胸を狙撃されて死んでいるとした。少なくとも 1400 人が受傷し，その数はもっと多いとも言われる。というのは，そうしたものは病院には行かず，抵抗者を治療した医師も撃たれているとされるからだ。検察官も不在の状況である）。ニカラグアの穏やかならざる現況である。See also, Kirk Semple, *Nicaraguans Fleeing a Crisis Create One for Costa Rica: Migrant Flow Is Testing a Country's Good Will*, THE NEW YORK TIMES, September 23rd, 2018, International Sunday, p. 8（多くの人がニカラグアを逃れて，その南のコスタリカに流れている。来た人は「われわれは完全に恐怖の中に生きている」という。去る 4 月中旬に同国は，暴力的な政治的な危機があり，そこで何百という人が死に，経済も麻痺している。そこで大量のニカラグア人が祖国を離れようとしているのだ。D・オルテガ大統領による反対派の弾圧を受けて，失業者たちは，何千人という規模でコスタリカに向かっている。適法に来る人もいるが，多くは隠れて移動する。そしてコスタリカに庇護申請する。こうしたニカラグア人の流入現象は，コスタリカのカルロス・アルバラド・クエサダ大統領の政権に試練をもたらしている。ただでさえ，経済危機や麻薬密輸入の問題もあるのに。ここでは，従来のコスタリカ人のもてなし倫理や積極性が試されている。先月後半には，反ニカラグア人のデモもなされるようになった。大統領は，健全さ，慎重さ，知性，連帯を呼びかける。コスタリカの外務大臣（副大統領）のエプシ・キャンベル・バア氏は，今後ともニカラグアの政治状況は悪くなり，多くの難民が自国に来るだろうと述べた。しかし同国の危機の問題は，コスタリカには大きすぎるとも言う。中央アメリカのエルサルバドル，ホンデュラス，グアテマラなどは近年大量流出現象で，とくにアメリカ合衆国に移民している。ベネズ

エラからも，200万人以上が流出している。それに比べれば，ニカラグアからの移民規模はまだ小さいが，それでもコスタリカへの移動は約50万で，同国の10分の1を占める。2018年は2万4000人以上が庇護申請しており，2017年の6300人をはるかに上回る。滞貨のために，庇護対応も遅れている。コスタリカは，他の諸国（国際的コミュニティ）にも対応を依頼した。コスタリカ申請は国境検査も厳しくしている。しかし今のところ穴だらけである。そして移住者はこれまで宗教関係者やコミュニティ組織者に助けられてきた。近時はしかし流入者が多く，サンホセ近くのラ・カルピオでは，多くのニカラグア人を抱える地区になっている。しかもどんどん流入者が増えていて，パンクしそうである）。

⑲ Ernesto Londoño, *Deep in Amazon, a Lopsided Battle for Its Riches*, THE NEW YORK TIMES, November 11ᵗʰ, 2018, International Sunday, p.1, 14-15（アマゾンの奥地のムンヅルク民族の土地に違法な金採掘業者が入り込んでいる。そこではブルドーザー，浚渫機，高圧のホースが川沿いの村に運び込まれて，水を汚染し，魚類を有毒にし，過去何千ものアマゾンでの先住民族の生活様式が破壊されている。2018年3月には，先住民族と鉱業者との対立は高まった。しかし近時ブラジル政府は，先住民族コミュニティへの予算を大きく削減し，憲法で保護されているアマゾンに産業界が入り込むことに最近の立法関係者は好意的である。ブラジルの新大統領となったボルゾナロ氏は，先住民族の領域の保護の廃止，環境法の規制緩和等に意欲を燃やしており，彼は，《先住民の土地の下には富がある》と述べた。もはやアマゾンの世界の最大の熱帯雨林は，鉱業者や伐木業者が入り込んで，環境学者が《持続可能でない》と言うまでに荒れている。2006年から2017年までにブラジルのアマゾンでは，約9万1890平方マイル（それはニューヨーク州，バーモント州，ニューハンプシャー州，ニュージャージー州，コネチカット州全体よりも広い）の森林が失われた。それだけのところの先住民の領域が破壊された。《彼は先住民族の文化的虐殺を狙っている》とブラジル先住民族組合のツーサさんは言う。ブラジルは自ら気候温暖化の緩和措置として設定していたものを自ら反故にすることになりそうだ。これは，現代版のダビデ・ゴリアテの闘いのようなもので，2014年の経済不況で，政治家や産業界は，環境保護の基準を緩めだしたのだ。1988年の憲法の保護基準を低めることになっているのだ。これにより景観も変貌してくる。しかし先住民族への予算も減らされて，違法な鉱山採掘業者に頼らなければならなくなっていることも確かである。しかしその付けとして，先住民族の分断は進み，また環境の汚染で，子供たちの下痢や水銀中毒が深刻になっている。ブラジルには，89万6000人以上の先住民族がいて，それは人口としては，0.5％なのだが，300部族に分かれ，270以上もの言語が話される。それはボリビアやペルーの何百万もの先住民族に比べたら少ない。ブラジルで最初にポルトガル人が植民してきた1500年頃には，先住民族は300万ないし500万はいたとされる。しかし，天然痘などで多くが死に，奴隷制により，さとうきびやゴムのプランテーションに使われた。1960年代頃には軍事独裁制でその数は10万人未満まで落ち込んだ。当時の専政者は，先住民族は開発を妨げると考えたのだ。ようやく1988年になり，この政策は廃棄され，過去の先住民族の搾取への反省がなされて，先住民族の領域の保護が掲げられた。そうした領域は600以上はあり，ブラジル国土の13％以上を占め，伐木者や鉱山活動者には，足かせとなった。しかし今や上記の事情か

ら多くの違法鉱山活動者が入り込んでいる。彼らはプロセス食品とか，アルコール，麻薬，売春を持ち込み，悪が跋扈するようになる。ムンヅルク民族の食生活，生活様式も大きく代わり，回復しがたいまでになった。違法採掘者立ちも，これしか皆生きられないとして，新たな生活物資を持ってきて，コミュニティは変貌してくる。幾つかの先住コミュティにとっては，文化的ジェノサイドだという。生活様式の変化により，どんどん先住民族のコミュニティは失われていくのだ。ボルソナロ大統領はそれで良いと考えているようである）。なかなか深刻なブラジル・アマゾンの先住民族の実態を活写している良い記事だ。これに類する先住民族は，世界に数多くあるのだろう。

　See also, *id, Brazil's New Leader Undermines Indigenous Land Rights: He Likened People to Animals in Zoos,* THE NEW YORK TIMES, January 3rd, 2019, A5（ブラジルのボルソナロ大統領は，保護区に居住する先住民族コミュニティを動物園の動物に喩えたが，先住民族の権利を削減する施策を彼が執務する 2019 年の新年（1 月 1 日）早々から展開している。その一つとして，同日から，先住民族の領域を証明する責任を負う担当部署をかつての「国立インディアン基金」（先住民族コミュニティの権利・福祉を擁護するための政府機関）から，「農業省」に移行させた。同省は，伝統的に先住民族の土地に入り込む業者の利益を優先させてきた部署である。同大統領は，極右の立法者であり，軍隊のリーダーであり，左翼の労働者党（そこでは，貧困で権利も剥奪されたコミュニティの推進に重きを置いていた）とは対蹠的な存在だった。しかし労働者党のルセフ大統領は，弾劾手続を受けブラジル経済は落ち込む中で，暴行事件や腐敗スキャンダルに見舞われて失脚した。ボルソナロ氏は，強力な農業界のロビイスト，軍隊，福音派教会などの保守勢力に訴えかけて，規制緩和，環境保護規制の制限による経済成長を約束して大統領となった。彼は，翌 1 月 2 日には，かつては奴隷にさせられていた黒人ブラジル人である先住民族グループやその子孫には，今や国土の 15% 以上も非政府の組織で支配させている。しかし 100 万人未満の彼らに独立的に統治させるのではなく，今や彼らを統合してブラジル人全体を見ていかなければいけないと同大統領は，発信して新たな行政措置を擁護する。更に，従来の教育政策 —— すなわちそれは，人権を重視して，かつて歴史的に不利益を与えてきた先住民族コミュニティ，黒人ブラジル人の高等教育へのアクセスの保障を重視するものだったが —— を見直そうとする。公共教育システムを使ってかつての不正義を教育するという左翼的やり方（従来の教育省のやり方）をボルソナロ氏は攻撃する。「われわれのやらなければならないことは，市民の形成であり，（左翼）政治的軍団の育成ではない」と。1988 年のブラジル憲法は，21 年間の専政者支配への反省として，ブラジルで歴史的に周縁化されてきた人々への強い保護，長年の制度的差別と暴行の修復を強く打ち出している。その最も具体的な施策が先住民族コミュニティの権利の伝統的土地権の承認である。それまでの軍事政権では，先住民族コミュニティを鉱山資源ないし農業地開拓の障壁として捉えてきた。先住民族コミュニティの自治・自律ではなく，ヨリ広い社会への統合を目標としてきた。国立インディアン基金で最近まで勤めてきた人類学者のレイラ・シルヴィア・バーガーさんは，「新たな行政命令は，ブラジル憲法の侮辱だとする。ただでさえ，この 8 年間先住民族保護の予算をカットし，他方で，アマゾン領域に食い込む業者の利益を優先させてきた。それ以前の先住民族への人権侵害・濫用に鑑みた補償のアプローチを憲法の基盤としてきたのに，

ボルソナロ大統領の新たな政策は決定的・致命的なそれへの攻撃である」と述べる。彼女たちは心を取り乱し，「これは恐怖である」と言う。ブラジルには，先住民族領域として指摘されているところが 436 あり，その半数で自律的な先住民族領域とされ，その他のところでは政府はまだ非先住者を追い出すことができていない。更に，120 以上もの先住民族の領域だと主張されたところがあり，検討中になっていた。しかしボルソナロ大統領は，もう一ミリたりとて，先住民族の保護地は増やさないと述べている。政府が先住民族領域の保護を削ると，その分，鉱山・農業関係者が何百もの場所で法を無視してはびこるようになる。先住民族のリーダーたちは，脅威にさらされることも屡々だ。かつての大統領候補者のマリナ・シルヴァさん（元環境省大臣）は，彼女の任期の2003 年から 2008 年までアマゾン領域の伐採抑止のために頑張ったが，近時の措置をグロテスクなその移し替えと説く。「ボルソナロ政権は，今や屠殺者（殺戮者）に，かねての歴史的な犠牲者である先住民族に対して，益々暴力的になれというようなものだ」とする。新たにボルソナロ政権の農業大臣となるテレザ・クリスティナ・コレア女史は，2014 年に，（2003 年に先住民族リーダー殺害の容疑者である）土地所有者から献金を受けていたとして嫌疑をかけられているものなのである）。なかなか深刻な事態のブラジルであり，国連の先住民族の権利宣言実現の関係者は心中穏やかではないだろう。しかしこうした保守的な国内政治体制の大変動に対して，国際的警告もどれだけ効果的なのだろうかと思わざるを得ない。しかし国際的掣肘は加え続けなければならないだろう。

(20) Nicholas Casey, *In Bolivia, Morales's Desire to Extend Power Alienates Indigenous Base*, The New York Times, December 9th, 2018, International Sunday, p. 8（ボリビアのアマゾン地区のタカナ原住民族のコミュニティのカルメン・デル・エメロのリーダーのネロ・ヤラリさんは，エヴォ・モラレス大統領の変身にショックを隠せない。彼は2005 年に最初に大統領に選出されたときには，原住民リーダーとして，それまでの長年の人種差別を撃退し，西洋の洋服よりも原住民デザインの服を好むとして，原住民志向の政策を打ち出して，原住民の支持を集めて当選した。ところが，長年大統領を続ける内に，今や原住民の保護地区に原油やガスの採掘作業を進め，また水力発電を計画して原住民（下流のサンミゲルの居住原住民）を立ち退かせようとしている。さらには，ボリビアのガソリンを補うものとしてバイオエタノールに注目し，この農家が増えることにより，森林枯渇に拍車をかけている。そうして自らの任期を憲法の枠を越えて延長するために，自己を支持する憲法裁判所の判断を引き出した。指導者の任期の延長，その独裁化はラテンアメリカ諸国の抱える課題であり，ベネズエラのニコラス・マヅロ大統領，ニカラグアのダニエル・オルテガ大統領（それに抗議する 300 人以上もの人が殺された）がそうであり，モラレス大統領にもそれと共通のものがみられるのである。彼の前任のゴンザロ・サンチェス・デ・ロザラ大統領は，アメリカ合衆国育ちで，貧困者への課税や原住民のアユマラ民族の殺害を行い，2003 年にワシントンに亡命した。それに対する対抗勢力として，モラレス大統領は出てきたはずだったが，執務して 12 年間が経ち，原住民族は，今や彼が本当に原住民族のためになっているかを疑っている。2014 年の水害に遭ったときにも支援に来るのは赤十字で，大統領ではなかったと振り返る。彼の支持政党の立法者のアドリアナ・サルバチエラさんは，「モラレス大統領こそが，ブラジルその他が，経済的に苦しむ中で，経済成長，安定を保証する大統領だ。」

ステム』という位置づけができるわけで，本章に考察している中央アメリカの
諸事例においては，大なり小なり，類似の構造問題があるだろう。

　そしてこうした開発ないし環境破壊問題の背景としては，多国籍会社の経済
権力などのグローバルな資本主義勢力の跳梁跋扈との対峙という現実があり，
こういう現実政治，現実経済に押しつぶされそうになる各地の先住民族への法
支援をせずに座視してよいのかという先程のスタンスが問われることになろう。

Ⅲ　アフリカ人権保護委員会・裁判所システムの場合 —— 国際人権法の地域的実現(regional implementation)としての先住権保護の実例（その２）[21]

　アフリカにおける国際人権法規範の地域的実現のシステムは，米州システム
を追いかけているところがある。すなわち，第１に，アフリカの国際人権法規
範としては，1981 年の「アフリカ人権憲章（African Charter on Human and
Peoples' Rights）」がある。（これが米州人権宣言ないし米州人権条約に対応する。）
もっとも，アフリカ地域での組織体である，「アフリカ統一組織（Organization
of African Unity［OAU］）」は，既に 1963 年に設立され，これが，2001 年以降は，
「アフリカ連合（African Union［AU］）」に承継されている。

　第２に，人権規範の監視システムとして，(1) まず，1986 年に「アフリカ人
権委員会（African Commission on Human and Peoples' Rights［ACHPR］）」が発足
し，これが先住民族の権利保護に積極的且つ中心的で，2000 年には，同委員
会に「アフリカ先住民族の権利ワーキンググループ」が設立された。(2) 他方
で，1998 年採択のプロトコルで，「アフリカ人権裁判所（African Court on Hu-
man and Peoples' Rights）」が設置されることになり，2004 年にそれは発効した。

　と力説するが。ボリビアの法律家のイェルコ・イリジックさんは，「原住民族は数が限
　られ，票にはならないとなると，それほど優先順位は高くない」と論評する)。原住民
　族寄りの政策を展開すると知られたボリビアでも，原住民族は今後劣位におかれるのか
　と思うと，暗い思いにならざるを得ない。

(21)　これに関する決定打とも言える文献が，Albert Kwokuo Barume, Land Rights of
　Indigenous Peoples in Africa: With Special Focus on Central, Eastern and
　Southern Africa (Int'l Work Group for Indigenous Affairs, 2010 (1st ed.); 2014 (2nd
　ed.))esp. 10-15, 88-132, 173-199, 200-218 である。

なおアフリカ諸国のその他の先住民族の権利保護に関する条約の批准状況としては，ILO 条約 169 号（1989 年）（発効 1991 年）（先住民族条約）（Indigenous and Tribal Peoples Convention）に関しては，殆どの国は批准していない（例外は，2010 年に中央アフリカ共和国が批准したくらいである）（中南米中心である）（もっとも，ILO107 号（1957 年）は，アフリカの主要国が当事者であったが，同条約は同化思想が前提としてあり，今ではやや時代錯誤的なところがある）。

また，国連の先住民族権利宣言（UNDRIP）（2007 年）に関しても，それほど積極的ではなく，躊躇している。もっとも，前記アフリカ人権憲章では，平等権（3条），所有権（14条），自己決定権（20条1項），経済的・社会的・文化的発展の権利（22条）があり，実質的に他の国際条約と比べて遜色のないものとなっている。

1　ケニアの場合の諸事例

それでは，アフリカ独立後，アフリカ諸国の中でも最もその近代化・脱植民地化の先頭と考えられているケニアの状況を見ることにする。総じて言うと，ここでは国内裁判所は，先住民族の権利保護に消極的だが，他方で，上記アフリカ人権委員会・裁判所が，その権利保護に積極的になってきていると言える。もっとも諸事例と言っても，網羅的に見るわけではなく，このテーマで従来議論が多いものに焦点を絞る。

またケニアの先住民族としては，第1に，2000 年ほど前あたりからスーダンの方から来た「ナイロート語（Nilote）」系（ナイル諸語を話す長身の黒人）で，マサイ（Maasai）族，ルオ（Luo）族，サンブル（Samburu）族，ツルカナ（Turkana）族などがそれにあたり，とくにマサイ族が動物と共生する特性から，もっとも著名になっている。当初高地地方にいた民族（Highland Nilote）が平地民族（Plain Nilote）として広がったとされる。こうした遊牧民系の民族は，南アフリカなどのコイコイ族，サン族とも共通要素を持っている。また第2に，それに遅れて 1000 年前頃に，ナイジェリアの方から来たバンツー（Bantu）語系で，今日の最大勢力をなしており，スワヒリ語を話すことも特徴である。キクユ（Kikuyu）族，グシ（Gussi）族，アカンバ（Akamba）族，メル（Meru）族などがそうである[22]。

(1) マサイ族事例

⑬ Ol le Njogo et al. v. The Honorable Attorney General, 5 E.A.L.R. 70 (1912)

（事例）　マサイ族は，ケニア・タンザニア領域に，現在居住する人口 129 万人ほどの先住民族で（ケニアには，84 万人がいる），本件は，ケニアが未だイギリスの植民地当時の 20 世紀前半（1912 年）の保護領裁判所のものであるが，それなりに有名である。当時の背景として，1904 年にはイギリスとマサイ族との間で条約（Anglo-Maasai Treaty）が結ばれている。大地溝帯（Rift Valley）からマサイ族が立退き，新たな土地（居留地）に移るというもので，これに基づき 1 万 1200 人のマサイ族が移住した。そしてさらに 1911 年の合意により北部マサイ族の移住が取り決められ，2 万人以上のマサイ族が 250 万頭以上の家畜を伴った形で移住した（なお，この背後には，ケニアの近代化（農耕重視）により，遊牧民族のマサイ族は，宗教的にもその神（Enkai）は農耕の回避を要請し，農耕に親しんでいったバンツー族との関係でも劣位におかれ周縁化され，更に遊牧が集約化されるにつれて，水の要望も高まり，野生生活保護の要請との拮抗関係も先鋭化してきたという事情もある[22]）。

　しかし，この第 2 の条約に不満で，提訴がなされた。すなわち，1911 年の条約にはマサイ族側は署名しておらず，また同年の合意は強迫によるもので拘束力はないとした（更に，代表権がない者が契約しており，1904 年条約にも抵触するとする）。これに対して，保護領裁判所では，本件における条約は「国家行為」であり，この裁判所では扱えないとした（それは被告側の国（司法長官）の主張であった）（請求棄却）。ところで，この「国家行為」論は，いわゆる統治行為論のようなものだろう。そしてこの判断は，上級審（東アフリカ上訴裁判所（Eastern African Court of Appeal）（E.A.C.A.））でも支持された。マサイ族側は，財政問題から枢密院への再上訴はせずこの立場で確定した。

　なお，2004 年 8 月に，上記条約から 100 周年になるとして，99 年間のマサイ族からの貸借は期間満了で消滅したとして，ナクル高等裁判所に祖先伝来の土地の返還請求がなされた。しかし翌 2005 年に同裁判所は，50 年以上前の植

⑿　See, e.g., ANTHONY HAM ET AL., KENYA （10th ed.）（Lonely Planet Global Ltd., 2018) 299, 310-.

⒀　See, e.g., MOHAMED AMIN, DUNCAN WILLETTS AND JOHN EAMES, THE LAST OF THE MAASAI（Camerapix Pub. Int'l, 1987）（5th ed. 2010) 178-182.

民地時代のことであるとして請求を棄却した。さらに別事件で，2010年1月からケニア最高裁に対して係属中であるが，同年9月にケニア政府は，2246エーカーの土地を購入して，強制立退きの犠牲者に再配分措置を採ったが，マサイ族コミュニティ側はこれを拒否しており，マサイ族の土地紛争は，未だ暫定的状況が続いている。

⑵ エンドロイ族事例

⑭ Centre for Minority Rights and Development (Kenya) (CEMIRIDE) and Minority Rights Group (on behalf of Endorois Welfare Council) v. Kenya, Afr. Com. H.P. (2010), No. 276/03

（事案）エンドロイ族は，牛・羊・山羊を飼育する遊牧民であり，ボゴリア湖（かつては，ハミングトン湖と言われた）（ナクル湖の北方）付近に居住する先住民族で，人口は4万3000人ないし6万人ほどであるが，1970年代から土地紛争が続いている。

すなわち，1978年には「ボゴリア湖動物保護区」の指定で，400人ものエンドロイ族の強制立退きがなされ，その補償も不充分だった。そこで，1997年8月に提訴がなされ（1998年に実質的な提訴。エンドロイ共同体4万人以上を代表してとされる），2000年8月には，ナクルのケニア高等裁判所が扱うことになった。しかし，2002年4月の判決では，請求棄却した。原告は，本件係争地の慣行的利用の居住者と認めつつ，対象土地は信託土地管理メカニズムによっており，「鳥獣保護区」と言ってよい。関連法律である野生生活保護・管理法及び憲法114条，115条，117条によると，アフリカ慣習法による権利・利益賦与はない。係争地は法的には被告ケニア国の管理にあるとし，慣習法により，「書かれた法」は覆らないとし，自然資源近くに生まれたからといって，原告個々人が自然資源の利益を享受することを認めていないとする。また補償への苦情申立ても遅すぎるとした。

そこで，2003年にCEMIRIDE（ケニア・マイノリティの権利と発展センター）の支援を受けて，アフリカ人権委員会に請願し，権利侵害の宣言を求め，土地回復・補償請求を行った。アフリカ人権憲章8条（宗教的権利），14条（所有権），17条（文化的権利），21条（自然資源への権利，その侵害の場合の適法な所有権補償権（適切な補償への権利）），22条（発展への権利）に違反しているとする。同委員会は，2004年にケニア政府に緊急要請をし（問題の行為の中止を求

めた），2006 年に本件請願を承認し，2010 年 2 月に，ケニア政府はアフリカ人権憲章の各条文に違反しているとの判断を下した。すなわち，エンドロイ民族は先住コミュニティとして，アフリカ人権憲章の集団的権利保護規定からの利益を受けるとし，所有権回復（14 条）を認め，3 ヶ月以内の土地返還，補償支払いを求めたが，数年経っても「蜃気楼」状態である。（他方で，ケニア国側は，2002 年以来本件伝来の土地は，境界画定されて売却され，また同年にコンセッションが賦与されて，ルビーの採掘がなされている。また，2011 年 6 月には，ボゴリア湖を含めてケニアの湖は UNESCO の世界遺産リストに加えられた。）実際にエンドロイ族の強制立退きをさせられた人々の集住生活は実にみすぼらしいものであり（その集落へ行くには，橋の架かっていない川を渡っていく），想像を絶するものである（2019 年 3 月に現地訪問した）。しかも 1970 年代にボゴリア湖沿岸から排除させられ，こうした仮住まい生活を 40 年間以上も余儀なくされていることも信じられないことである。

　さらに別のエンドロイ族からの請願がなされたこともあり，2011 年 10 月には，アフリカ人権委員会は，先住民族の権利保護を説き，ボゴリア湖の世界遺産登録は，同人権委員会の判断に反し，アフリカ人権憲章 22 条（発展の権利）にも違反するとし，同民族の参加を求めた。これを受けて，2014 年 5 月には，その実現の MOU 策定もなされた。そして同年 7 月には，世界遺産委員会への報告でも，エンドロイ族の本件世界遺産の管理・利益への参加を求めた。そして同月には，EWC（エンドロイ族福祉議会）は，200 万ケニア・シリングを，ケニア野生生活サービスから取得することになった。そして，同委員会は，2016 年 3 月，2017 年 5 月に，国連・経済・社会・文化権委員会，同人種差別撤廃委員会で，同委員会の判断の実現を促した。

⑶　オギエク族事例
⑮　African Commission on Human and Peoples' Rights v. The Republic of Kenya (The Ogiek case), Afr. Ct. H.P.R., (2017); Letuya, Kuresoy et al. v. The Attorney General, The Provincial Commissioner of the Rift Valley Province, Rift Valley Provincial Forest Officer, District Commissioner Nakuru et al., Miscellaneous Civil Application No. 635 (1997); Kemei, Sitienei et al. v. The Attorney General, The PC of the Rift Valley Province et al., Miscellaneous Civil Application No. 128 (1999)[24]

（事案）オギエク族は，2万ないし7万8000人の先住民族であるが，本件で問題とされた東マオ林野（East Mau Forest）（大地溝渓谷（Rift Valley）の西側で，それを含むマオ森林地帯（Mae Forest Complex）は，オギエク族にとっての伝来の土地40万ヘクタールが含まれており，ケニアの水供給の4割以上をまかなっている）には，約6000人が居住している。

ケニア政府が次々自分たちの伝来の土地を非先住者に配分していくので，1997年6月に提訴。ケニア憲法71条（生存への権利），78条・82条（文化的生活権）に違反するとして，土地配分の合意は無効であると主張した。これを受けて，1997年10月の判決（ケニア高等裁判所）も，更なる土地配分を否定した。しかし，2001年2月のケニア政府の通知では，係争地は3万5000haに限るとの場所的限定をしたが，しかしこれは1997年判決に反すると原告側は争った（同年7月に通知破棄を求めて争った）。ケニア政府は，強制立退きを継続し，さらに，2009年にケニア首相が設置した「マオ森林地帯保護タスクフォース報告書」では，立退き勧告を出し，同年9月には，ケニア議会もこれを採用していた。

本件は，1999年6月に上訴され，狩猟採集，遊牧，蜂養育などは森林に深く依存し，伝来の土地でもあり，その民族文化と森との繋がりが強調された。しかし2000年3月にケニア高等裁判所は上訴棄却。オギエク先住民族の権利は古く，狩猟採集のために，森林「所有」の必要はなく，所有権を導くことはできないとして，オーストラリアのマーボ判決（先住民族の権利を認めた事例）は，定住民族の事例だとし区別する。また他方で，オギエク民族の人たちは，伝統的生活を脱して，現代生活になじんでいることも付言する。そうして2001年10月には，係争地は官報から外された。2005年3月に再度本件は，ケニア高裁に提訴されて，係争地についての権限授受の禁止・差止めを求めた。しかしこの間に（2000年以来），10万ヘクタールの森林が喪失され，重要な集水地も民族の手を離れて，環境は悪化した。2009年の森林保護タスクフォースの報告書の結論も，民族の立退きを求めるものであったことは前述の通りである。

---

(24) See also, Albert Barume, *Indigenous Battling for Land Rights: The Case of the Ogiek of Kenya*, in: JOSHUA CASTELLINO ED., INTERNATIONAL LAW AND INDIGENOUS PEOPLES (Nijhott Pub., 2005).

　そこで，2009 年に（CEMIRIDE〔ケニア・マイノリティの権利・発展センター〕
や MRI（Minority Rights Group International）〔マイノリティの権利国際グループ〕
などにより）アフリカ人権委員会に請願がなされ，同委員会は，緊急命令（暫
定的命令）として，2010 年まで，ケニア政府は，オギエク族を排除しないよう
に命じた。そしてタスクフォース報告書は，補償の手続の複雑さ故にその実施
はストップしている（2013 年の選挙対策として，森林立退きの件の補償工作も，
土地省・財務省との間でなされている（2011 年 6 月））。

　他方で，本件は，2012 年 3 月に，アフリカ人権裁判所に移送されることと
なった。そして，2013 年 3 月に同裁判所は，オギエク民族の強制立退きを止
めるように命じた（15 日以内の執行の報告を命ずる）。しかし，命令違反は継続
されて，約 1000 人の立退きが続き，2016 年 3 月には，国連人権理事会では，
ケニア政府は，マオ森林地区は政府の土地になり，居住者には転居を勧めてい
ると報告し，2017 年 5 月国連の人権差別撤廃委員会は憂慮を示している。

　そしてついに，2017 年 5 月 26 日にアフリカ人権裁判所は画期的な判断を下
した。本件の事態は，アフリカ人権憲章の 7 箇条に違反しているとして（土地
権侵害，宗教的・文化的狩猟実践の侵害など），強制立退きを止めるように命ずる
のである。すなわち，同憲章 1 条（憲章遵守義務），3 条（平等権），8 条（良心
の自由・宗教の自由），14 条（所有権），17 条 2 項，3 項（コミュニティの文化的
生活，伝統の価値の保護），21 条（民族の富及び自然資源への権利，その侵害の場
合の補償の権利），22 条（経済的・社会的・文化的発展の権利）の違反があるとし
て，これまでの違反行為に対する補償を合理的な期間内に行うこと，そしてそ
のための具体的方策を 6 ヶ月以内に裁判所に報告するように命じている。その
上で，裁判所は 2018 年には，最終的な補償の判断を下すとしている。

　今後の帰趨は未だ不透明だが，いずれにしても，アフリカの先住民族の権利
を積極的に捉えて検討した初めてのアフリカ人権裁判所の判断であり，極めて
注目されることは間違いないであろう。また当面は数十名の訴訟関係者だが，
同様の境遇のオギエク族はマウ森林地区だけでも 4000 ヘクタール，そこに居
住するものは 3 万 5000 人おり，その影響力の大きさが窺える。

2　南部アフリカの事例
　次に，南部アフリカの事例として，近時注目を集めている南アフリカ共和国

のリヒターズベルトの事例及びボツワナのサン民族の事例を取り上げる。ケニアの場合と比較して注意すべきであるのは，これらの二カ国においては，国内司法で先住民族の権利を保護する動きが出ていると言うことである（もちろん，その道のりはそう簡単なことではないが）。それゆえに，アフリカ人権委員会及び裁判所の介入の前提を欠くのである。もとより執行が容易でない場合には，国連ないしアフリカ人権委員会などが監視しているということは言えるが。

(1) 南アフリカ共和国事例（リヒターズベルトの事例）

⑯ Richtersveld Community and others v. Alexkor Ltd. and another, 2001
(3) SA 1293(LCC); 2003(6) BCLR 583(SCA); Alexor Ltd. and Gov't of
South Africa v. Richtersveld Community and others, 2003(12) BCLR
1301(CC)

（事案）リヒターズベルトとは，南アフリカ共和国北部ケープ地方（Namaqualand）の 50 万 ha の領域である，ここには，4 つの村が散在し，そこにはナマ族（ナミビアにもいる先住民族。コエ・コエ族及びサン族から分岐した）が独自の言語，宗教，社会・政治構造，習慣，生活様式で生活していた。しかし，1920 年代のダイヤモンドの発見で，当時の南アフリカ連合（大英帝国の一部）は，係争地を「国王の土地」だとして取り上げた。そして 1957 年には，侵入を防止するフェンスが設置され，1994 年にその土地所有権は，ダイヤモンド鉱山会社のアレクスコア（その唯一の株主は南アフリカ国であった）に譲渡された。

しかしリヒターズベルトのコミュニティ側は，2001 年に 1994 年の土地回復権法 2 条 1 項（この法律は，1993 年の暫定憲法に依拠して制定されたものである）に基づいて，本件係争地の返還が求められた。その根拠として，係争地は伝来の土地であるのに，1913 年 6 月以降には，人種差別的な法実践による土地奪取がなされた。しかし土地権は先住権限に基づく権限であり，収奪がなされる前の 10 年以上の占有で土地所有権を取得したとする。またその侵害に対する正当な補償を受け取っていないとする。これに対する被告側の主張はこうである。すなわち，原住民の土地権は，1847 年の英王国の土地との併合で消滅し（1860 年，1887 年の英国王土地法によっても消滅したとする），自分たちの鉱業権は，1927 年の貴重鉱石法で賦与されていたとする。

これに対して，2001 年 3 月に第 1 審（土地請求裁判所）は，10 年以上の継続

的占有によるリヒターズベルトのコミュニティの係争地の土地権取得を認めつつも，英国法による 1847 年の本件土地の併合により，先住民族の権利は消滅したとし，土地回復の請求を棄却した。民族側は上訴し，第 2 審（南アフリカ上訴最高裁判所）は 2003 年 3 月に，原告を勝たせる判断を下した。つまり，1847 年の英国王による土地併合以前は，リヒターズベルト・コミュニティの排他的な占有がなされていたのであり，これは慣習法の利益であり，併合によってもこの利益は存続するとする。また，1920 年代のダイヤモンド発見の際にも，同コミュニティのこの権利を無視しているとする。人種差別的な土地奪取であり，土地回復はできるとする。再上訴は，南アフリカ憲法裁判所に南ア政府側から出されたが，同年に棄却。

　まず南アフリカ共和国憲法（とくにその 39 条 2 項）との関係で，先住民族法を見ると，憲法は先住法の独自性を認めているとし，まず，1847 年の併合以前のリヒターズベルト共同体の土地権限は，共同体的所有権（communal property）だとし，それは排他的占有・使用を内容とし，水の使用権，放牧・狩猟のための土地使用，自然資源の利用であり，先住法上の所有権があったことになり，そこには鉱物・鉱石についての共同体的な所有も含むとする。そしてそれは前記併合（合併）によっては消滅しないとする。従って，1913 年以降，さらにダイヤモンド発見後に，土地収奪が続いたが，これに対して土地回復法（1994 年）2 条 1 項による回復請求ができるとする。なお，原審では，遊牧民族のノマド的生活様式でも土地権を認めて良いとし，本審でも，先住法を，書かれたコモンローよりも重視するという立場を打ち出し，共同体的な土地・資源所有権として，アフリカ大陸で打ち出したのは，極めて注目されるだろう。

　なおその後，2004 年 4 月に，土地回復の範囲，補償，その性質に関する判決が出され（Richtersveld Community v. Alexkor Ltd. and Gov't of South Africa, Case No.151198(LCC)），過去の採掘活動による土地損害の賠償だとし，法廷外での交渉がなされたが，その評価について意見の不一致があった。続いて，法支援に関する応酬があり，2007 年 4 月に和解がなされた（その内容は，(ⅰ) 8 万 4000ha の土地・鉱業権のコミュニティへの返還，(ⅱ) 採掘されたダイヤモンドに関する補償として，1 億 9000 万ランドの支払い，(ⅲ) アレクスコアの株の 49% の譲渡（信託的保有），(ⅳ) 農業・海洋牧場企業の資本再編構成に 5000 万ランドの支払いなどである）。南ア政府（内閣）も同年 8 月，10 月にこれを支持したが，反対派

からはこれは妥協だとして，見解の対立がある。

(2) ボツワナの事例（サン民族の中央カラハリ鳥獣保護区事例）

⑰ Sesana and others v. The Attorney General（52/2002）[2006] BWHC 1
（The Central Kalahari Game Reserve (CKGR) case）

（事案）サン（San）民族（かつては，ブッシュマンと言われたが，侮蔑的な意味合いがあるので，ここでは用いない）の人口は 10 万 7000 人で，多数（半分以上）は，ボツワナに居住する。カラハリ砂漠は，サン民族の伝来の土地であるが，既に 1961 年イギリス植民政府の頃に，中央カラハリ鳥獣保護区（CKGR）の設置がなされた。自然保護とともに，そこに居住する 500 人ほどの人々（殆どサン民族）の権利保護を図ると言うことであった。ところが，1997 年にボツワナ政府は，サン民族を CKGR から別の地域（New !Xado/ Kaudwane）に移住させようとして問題となった（しかし同民族は 2002 年まで保護区域内に何百人のサン民族は留まった）。しかし，2002 年 1 月末にボツワナ政府は保護区域内の居住者（サン民族，バクガラディ民族）に，基本的サービス供給（例えば，飲料水の提供，掘り抜き井戸の提供，貧困者や孤児への食糧提供，学校への往復移動，医療提供）をストップしたので，問題は深刻化した。

そこで，2002 年 2 月に保護区に居住するサン民族ら 243 名が，高等法廷に提訴し，2 月末からの基本サービス提供の中止は不法で違憲であり，ボツワナ政府はサービス回復，及び CKGR の土地回復を求めた。技術的理由から却下されたので，同年 7 月に上訴。裁判所は問題に関して当事者は合意すべきだとの命令を出した。しかし折り合いはつかず，被告側（ボツワナ政府側）は，本件自然保護区は，国有地で，請求者には所有権も賃借権もなく，2002 年からの転居要請以前の請求者の保護区での占有・居住は不法であり，人間の居住は自然保護政策と矛盾すると述べた。

同裁判所は，2006 年 12 月に，基本サービス提供中止の是非，サン民族の保護区での居住・強制立退きの是非，保護区への同民族の立ち入りの是非について判断したが，裁判官により立場は分かれている（概して，ディボテロ裁判長が一番伝統的且保守的で政府の立場を支持するし，他方で，ダウ裁判官は，現代的で先住民族の居住に一番同情的である。この間に，プーマフィ裁判官が位置するがどちらかと言えば現代的である）。すなわち第 1 に，サービス中断及びその回復に関して，中断は不法でも違憲でもなく，回復義務もないとした（ダウ裁判官反

対。彼女は有機的に問題を捉え，サービス提供の拒否は，強制立退きに繋がるとする。生命への権利の侵害という意味でも，違憲だとする）。第2に，2001年1月末までサン民族らは保護区域内に適法に居住していたとする（全員一致。ダウ，プーマフィ両裁判官は，これは先住民族としての権利だとする）。だから請求者は，強制的に不法に，同意無しにその占有を奪われたとする（反対，ディボテロ裁判長）。第3に，政府による請求者の鳥獣狩猟ライセンス拒否は不法であり（全員一致），違憲である（ディボテロ裁判長反対）。また請求者への保護区立ち入りを認めないのは不法・違憲である（後者につき，ディボテロ裁判長反対）。

　なお，本件では，何故かサン民族側は，所有権ではなく土地の使用・占有する権利を説いている。しかし永続的占有は，慣習法上は所有である。また国の所有としつつ先住民族の使用・占有を認める余地を残していて，所有者は先住コミュニティを排除・強制立退きできないということになる。

　その後の近時の展開として，本判決の実現はあまりなされていないが，500人以上のサン民族が保護区に戻っており，6つのコミュニティを形成している。判決では，保護区へのアクセス禁止・制限は許可制度も含めて違憲としているのに，ボツワナ政府は，本件原告（189人）以外には許可を求めている。また同判決は，鳥獣狩猟ライセンス拒否も不法・違憲とするが，ボツワナ政府は拒み続けている[25]。そして他方で，保護区の住民は，不法な狩猟をしているとの非難を受けて，ボツワナ警察の支持グループは，2012年春までに20人以上を（子どもも含めて）逮捕し，不当な待遇・暴力・拷問を加えている。

　また，水へのアクセスも国側は拒んでおり，2011年までモソメロ掘り井戸（Mothomelo borehole）の再開を拒んでいたが，2009年に掘り井戸再開許可を求めて提訴し，高等裁判所は請求棄却。2010年8月には，アフリカ人権委員会は，水へのアクセスは，生命権（アフリカ人権憲章4条）に関わるとして，緊急声明を出した。それを受けてか，2011年1月には，上訴裁判所（Botswana's Court of Appeals）は，サン民族は，かつての井戸（モソメロ掘り井戸）の使用及び新たな掘り井戸の掘削ができるとし（Matsipane Mobetlhanyane, Gakenyatsipane and others v. The Attorney General of Botswana, Ct. of Appeal Civil

---

[25]　このあたりは冒頭に紹介した畠山エカシの近時の事件，アイヌ民族の先住権としてのサケ狩猟権と日本の国内秩序としての許可制度との関係がクローズアップされているのと，二重写しになる。

Appeal No. CACLB-074-10(2011)），その再開には 1 年近くかかった。

　これに対して，国側は，保護区に人間の居住を認めることは野生再活に邪魔になるとの主張を繰り返した。他方でボツワナ国は，2007 年にはダイヤモンド宝石（Gem Diamond）社に対して，この保護区の東 45 キロのゴープ・ガゴー（Gope/Ghaghoo）地区のダイヤモンド探査権を売却し，その探査をさせており（これに対して，当時国連先住民族の権利宣言の実施責任者のアナヤ教授は批判論文を書き，これは自然保護目的と矛盾するとしている[26]），また同年には野生サファリによる観光ロッジを開設し，非市民でサファリ会社から来る観光客の狩猟ライセンスは賦与していて，サン民族に対する禁止措置と対蹠的な状況となっている。2011 年，2012 年にも政府関係者は同民族に転居措置を促し，また 2014 年からもボツワナ観光の見地から公共土地での狩猟禁止要請を行い，必ずしも，本判決（2006 年判決）を真摯に受け止めているとも言えない状況で，先行き不透明である。

3　分析 ── ケニアの国内状況の保守性の背景

(1)　小括 ── 南アフリカ共和国の進歩性

　網羅的な分析ではないが，ここからも，南アフリカの先住民族の土地問題解決の革新的・進歩的立場がわかる。自国の国内裁判所で，先住民族の権利に沿った解決がなされているわけである。これは同国のポスト・アパルトヘイト期における法政策の進歩性（世界で最も進歩的な財産再配分的な政策展開がなされているといわれる），それに沿う司法の状況の表れ[27]と理解することができる。しかし，そうした進歩的な政策がその後のズマ政権期の腐敗も相俟って，財産

---

[26]　James Anaya, *Report of the Special Rapporteur on the Situation of Human Rights and Fundamental Freedoms of Indigenous People: The Situation of Indigenous Peoples in Botswana*, A/HRC/15/37/Add. 2 (2010) p. 21-22, at http://unsr.jamesanaya.org/docs/countries/2010_report_botswana_en.pdf

[27]　これについての詳細は，ANDRE VAN DER WALT, CONSTITUTIONAL PROPERTY LAW (3rd ed.) (Juta & Co., 2011) 12-; Andre van der Walt, *Property, Social Justice and Citizenship: Property Law in Post-Apartheid South Africa*, 19 STELLENBOSCH L. REV. 325, at 328-(2008)参照。また，吉田邦彦「南アフリカ法学見聞記 ──（アパルトヘイト廃止後の）非所有者の所有法・知的所有法の展開」法学教室 380 号，381 号（2012 年）〔同『東アジア民法学と災害・居住・民族補償（前編）（民法理論研究 5 巻）』（信山社，2015 年）に所収〕も参照。

関係（所有権関係）の不安定化に対する危惧として，それが経済の不安定か要因となり，グローバル経済との関係で批判が出されている[28]のも事実である。

　なお，南アフリカの北部に位置するボツワナの事例も著名だが，そこでも国内司法それ自体は，先住民族の権利保護に積極的である点では，南アフリカ共和国と同様だが，その法実現が進まず，ボツワナ国政府それ自体が，あまり司法を尊重する気配がないところは南アと異なり，この点ではベリーズなどと類似する。

　ところが，この点で，ケニア共和国は，国内司法が先住民族の権利保護に積極的ではない「消極司法」であることは，対照的であり，それゆえに，アフリ

---

[28]　See, e.g., WSJ Editorials, *How to Stop a South African land Grab*, THE WALL STREET JOURNAL, November 24th-25th, 2018, A12（グローバル経済は，発展途上国経済が，悪い土地経済政策を展開しようとしているのはまずいのではないかと見守っている。南アフリカ共和国において，今月（2018 年 11 月）展開されている私有地の土地収用計画がこれである。救いは，これが実現するまでに投票者が介入できる選挙があるということである。議会の委員会は，去る 11 月 15 日に憲法改正をして，南ア政府が補償なく土地収用をできることを可能にすることを勧告した。こうした考え方は，南アフリカ共和国では何年も定着しており，これは，植民地支配のルールが，白人に大多数の農地を支配させていたから，その改革で貧困者経済の成長が起きるという信念に基づいている。しかし近時の南アフリカ共和国の病理現象は，もっと別の面を見るべきことを示唆している。農業は，GDP の 3 ％未満しか説明できず，非白人ないし政府が有する農地は，1994 年から 2016 年にかけて倍増している。これは N・マンデラ元大統領の《購入意欲と，売却意欲》による土地政策によるものだ。しかしズマ前大統領の 9 年間の左翼政権による法の支配の衰退と悪い政策がこの国の病理を作り出している。土地収用政策は投資家の所有権懸念から —— しかもそれが憲法に書き入れられるならば —— その投資意欲は弱まるばかりだろう。ラマフォサ新大統領は，今年，失業率 27％にもなる縮小経済からの転換を目指して執務を開始した。彼は事業家として土地収用問題がもたらす経済的帰結を理解できるだろう。しかし彼はアフリカ民族会議（African National Congress（ANS））の左翼の政治的圧力に屈して，この土地収用政策を支持している。これが経済安定化を図る事業に親和的な政策との彼の説明を誰も信じないだろう。ジンバブエの経験を見るべきである。すなわち，ムガベ大統領は，2000 年代前半に何百万エーカーもの商業土地を収用し，農家たちは逃亡し，食糧生産は 6 割低下した。輸出による利益と外国為替留保も海外からの投資も喪失した。銀行は土地権限が無価値となり，負債に苦しんだ。同国が負債を支払おうとし，膨大なインフレが起きた。そして経済は萎縮した。今回の南アフリカの収用政策戦略の良い面は，近い将来の選挙からその立法化はすぐには起こらないことである。野党がこうした収用に反対しているのである。南アフリカ共和国国民も充分にこの問題を議論すべきである）。最も進歩的な政策を展開している南アフリカ共和国の土地政策の新たな展開に対する批判的な意見の表明である。

カ人権委員会・裁判所がその掣肘に動かなければならなくなったことは既に見たとおりである。果たして，ケニアの先住民族問題に関する保守性は，どのように理解したら良いのか。それがここでの課題である。

(2) ヌグーギ（グーギとも聞こえる）論文からの示唆

ところで，「法と開発」（law and development）は，目下（とくに開発途上国の南側世界から）最も注目を集めている法分野だが，それは「開発」のイデオロギー的意味合いに関する批判分析でもあり，また「法の支配」（rule of law）が開発途上国で何を意味するのかも批判的に検討する分野でもある。

J・ヌグーギ教授（かつてワシントン大学）・裁判官（ケニアの高等裁判所判事）は，ナイロビ大学法学部を卒業（1996 年）後，ハーバード・ロースクールの批判法学（ダンカン・ケネディ教授，デイヴィド・ケネディ教授）の薫陶を受けて，ケニアのこうした国内状況に示唆を与える「脱植民地主義」に関するすぐれた論文（2002 年）[29]を発表している。

すなわち，それによれば，ケニアにおいてはその独立後も，植民地体制はアフリカ・リーダーに承継される。その理屈はこうである。(i)「統治権」「進歩」「開発」「現代化」等の諸概念は，統一的な国家的開発を志向し，文化的多様性とは対蹠的で，「開発」から遠い先住民族は周縁的な存在となり（先住民族は国際法レジームの外の存在），支配集団の土地取得，民族間の対立，マイノリティの同質化，支配者による国家維持のイデオロギーとして作用して「内的植民地化」（internal colonialism）が進められた[30]。(ii) 植民政策は，土地奪取による資本の原始的蓄積と選抜的な資本主義システム化として，アフリカ社会の農耕化（その意味での「現代化」）がなされたが，それは「現代化」したアフリカ人が，ポスト植民地化国家の植民者の役割を承継した。そして原住民族はそうした市場経済には，包摂されず，植民者の現代化パラダイムから外れ，その構造は脱植民地化後にも維持された[31]。(iii) そしてこのような原住民族と現代化国家との対立図式の温存は，近代化（現代化）のトップバッターとも言えるケニアに

---

(29) Joel Ngugi, *The Decolonization-Modernization Interface and the Plight of Indigenous Peoples in Post-Colonial Development Discourse in Africa*, 20 WIS. INTER'L L. J. 297 (2002).

(30) See, Ngugi, *supra* note 29, at 304-305, 315-316, 320, 323.

(31) Ngugi, *supra* note 29, at 315, 324-325.

おいて，最も特徴的に指摘できるのである(32)。

　ケニアにおける「対内的植民主義」の進め方は，農耕者の権力的優位（先住民族たるマサイ族の孤立化）として行われた。すなわち，まず植民地期の土地法制として，1915 年ないし 1923 年のケニア土地国王令（Kenyan Crown Lands Ordinance）というものがあり，そこではアフリカ人の土地権を剥奪すべく，「国王の土地」とし，先住民（原住民族）の使用・支援のために知事に留保されるとした（このあたりはアイヌ民族の法制と類似する）。そして，アフリカ人には土地譲渡権はなく（54条），原住民の使用のために留保された土地は，入植者はいつでも返還を要求できた。つまり，原住民族は，「いつでも解約される賃借人」に留まった（56条）。ここに特徴的なのは，先住民族の土地権限の欠落ないし弱体さ（その慣行的・伝統的な土地権限の軽視）ということである(33)。

　そしてこうした土地政策への不満が背景にあり，先住民（原住民）の土地権限の強化への要求への対応として，既に 1934 年ケニア土地委員会報告書があったが（そして 1949 年植民地行政もこれを支持した），それでは収まらず，1952 年からのマオ・マオ（Mau Mau）蜂起を生起させ，59 年まで緊急体制が続いた。とくにキクユ地区の土地喪失問題が深刻であった。そしてこれへの対策として採られたのが，1955 年のスワイナートン計画（Swynnerton Plan）であり，これは個人主義的な土地施策であり，一見先住民族的な土地制度だとしながら，その個人主義化がもたらされ，真の狙いは，大規模農業に対処できる大型のアフリカ人の形成であり，安定的で保守的な中流階層の構築であり，ここにあるのは，国民国家主義的な，ポスト植民地化国家のヨーロッパ志向的な

---

(32)　Ngugi, *supra* note 29, at 334-335, 339. 後継の国家は植民政府よりも悪かったりもするとも言う（335）。

(33)　BARUME, *supra* note 21, at 111-. ヨリ詳しくは，KRISHAN MAINI, LAND LAW IN EASTERN AFRICA (Oxford U.P., 1967) 27-; SMOKIN WANJALA, LAND LAW AND DISPUTES IN KENYA (Oxford U.P., 1990); HASTINGS OKOTH-OGENDO, TENANTS OF THE CROWN: EVOLUTION OF AGRARIAN LAW AND INSTITUTIONS IN KENYA (ACTS [African Centre for Technology Studies] Press, 1991)58-; do et al., AFRICAN PERSPECTIVES ON GOVERNANCE (Africa World Press, 2000); M.M. RUTTEN, SELLING WEALTH TO BUY POVERTY: THE PROCESS OF INDIVIDUALIZATION OF LANDOWNERSHIP AMONG THE MAASAI PASTORALISTS OF KAJIADO DISTRICT, KENYA, 1890-1990 (Verlag breitenbach Publishers, 1992)176-; KARUTI KANYINGA, REDISTRIBUTION FROM ABOVE: THE POLITICS OF LAND RIGHTS AND SQUATTERS IN COASTAL KENYA (Nordic Africa Institute, 2000)28-, 41-.

国家形成だった。つまり，植民地経済の再構成であり，土地改革・再分配ではない，賃貸借改革であり，同計画はマウマウ地区の農民だけを対象とする「進歩的・現代的」生産性ある農民の形成で，ローカル・エリートの形成であった。そしてそこからは，マサイ族の土地への絶え間ない侵入がなされた（「キクユ族拡大主義」）とされる（ヌグーギ論文）[34]（「遊牧経済」は国家経済を妨げ，それは懐古主義で土地・資源の用い方として非合理だとされた）（ムネイ論文）[35]。ここにおいて，ケニアにおける土地政策が，南アフリカのそれとは対照的なまでに異なることがわかるであろう。かくしてマサイ族などのケニアの先住民族はポスト植民国家にも組み込まれずに放置されたままということがわかるであろう（この点で，アイヌ民族が北海道旧土人保護法で農耕民族化しようとしたが，多くは成功せずに，それにも漏れ落ちたままという日本の状況とも一脈通ずるものがある）。

また，植民地主義からの脱却に際しては，通常ならば，植民地化していた欧州諸国との国際的財産収奪があるから，国際的な補償問題に展開してもおかしくはない（そのことはカリブ海諸国での補償の動きが強いことからも窺える[36]）が，ケニアでそうした動きが見られないのは，ここで見るような保守的な権力承継のプロセスが同日の談ではないからではないか。なお，近時「思考実験的」であるが，一つの脱植民地化のあり方として，その個人レベルでの権力関係の再分配的な考案から，《第三世界から第一世界への移民》を認めるような議論が出ている（アチユミ論文）[37]ことは，興味深く，一種の補償の表れのように思われる（まだ現実化の域に至らず，先住民族論とも直接関係しないが，移民の現場要請が高いことは近時のデータが示すことである）（2014 年以来で 180 万人以上がアフリカ大陸から地中海を越えてヨーロッパに渡ろうとし，1 万 5000 人が死亡してい

---

(34) Ngugi, *supra* note 29, at 336-338, 341〜342. ここにユーロセントリックな，ポスト植民地化ケニアの誕生がなされ，植民国家は継承され，自国民にはエリートへの「恭順」が求められたとされる（319）。

(35) Kipmei Munei, *Grazing Schemes and Group Ranches as Morals for Developing Pastoral Lands in Kenya*, in: BAXTER & HOGG EDS., PROPERTY, POVERTY AND PEOPLE: CHANGING RIGHTS IN PROPERTY AND PROBLEMS OF PASTORAL DEVELOPMENT (Univ. of Manchester, 1987).

(36) この点は，吉田邦彦「カリブ海諸国の奴隷補償（国際補償）問題——ジャマイカ・ハイチを中心として」『インド・南アフリカ財産的情報研究Ⅱ（関大法学研究所研究叢書 51 冊）』（関西大学法学研究所，2014 年）63-99 頁〔同・前掲書注(27)に所収〕参照。

(37) Tendayi Achiyume, *Migration as Decolonization*, STAF. L. REV. (2019) (forthcoming).

る）。

＊　　　　＊　　　　＊

　こうした背景との関係で見ると，ケニアの国内司法が未だ先住民族保護に消極的に凝り固まり，他方で，それを矯正しようとするアフリカ人権委員会・裁判所の営みが，如何に「挑戦的か」と言うことがわかろうし，その前途は多難であることも予想されることであり，固唾を呑んで見守りたい。そしてこうした国際人権制度による先住民族の権利保護のバックアップの活路を抵抗勢力の中でどう見いだすかの努力を怠ってはならないだろう。

　ところで，近時の 21 世紀的課題としての自然環境保護の動き，そしてサファリ国立公園におけるようなその観光資源としての強調も，先住民族にとっては不利な要素となることは，既に見たケニア事例（⑭⑮），さらにはボツワナ事例（⑰）からも知れられることである。とくに近時は，国立公園などの財政難の問題が，動物保護もままならない状況であることも報告されており[38]，こうした困難を克服して，自然保護と先住民保護とをどう両立していくかはなかなかの隘路である。しかし同時に，アフリカ諸国が抱える課題として，開発・鉱山採掘による環境保護の低下であり，その場合には先住民族は，「環境保護の監督管理者的存在（stewardship）」として積極的に見ていかなければならないだろう。

Ⅳ　まとめの考察 —— アイヌ民族の所有政策との関連で

　以上にかなり詳しく，世界各地の先住民族の権利保護（とくにその所有権保護）の紛争事例を見てきたが，ここでまとめて，アイヌ民族の同様の問題を考える契機としたい。

(1)　先住民族の所有権紛争の解決の難しさ

　第 1 に，先住民族の権利保護（とくに所有権保護）の解決・決着は容易ではないことがわかる。しかし歴史的事実として，先住民族の権利侵害の歴史的不正義がある以上，放置することは許されず，だからこそこれだけ各地での動きがあるわけである。

　この点でやはり，国連の先住民族の権利宣言（UNDRIP）（2007 年）を署名した後でも，アイヌ民族からの所有権奪取・侵害の問題を明示的に語ろうとしな

⑶ E.g., Rachel Nuwer, *The Decline of Lions: It's a Question of Cost: Researchers Say Conservation Funding Is Short at Least a Billion Dollars*, THE NEW YORK TIMES, October 23rd, 2018, D4（違法な鉱業採掘，伐採，乱獲だけではなく，アフリカ国立公園が抱える問題として，保存資金不足がある。アフリカの自然保護資金の包括的分析によると，約300もの保護地区の9割が資金不足を抱えている。額にして合計10億ドルほどである。10月22日発表の国立科学アカデミーの報告書によると，この不足をカバーすることができていないために，代表的な動物のライオンが，継続的かつ深刻に減少しているとのことである。15の保護地区を管理する非営利法人の《アフリカ公園》の代表理事のP・ファーンヘッドさんは，本報告書の良いのは，問題が数値化して表されていることだとする。この報告書の著者でもあり，野生生活保護のライオン保護基金の代表のP・リンゼイさんは，ライオンは，食物連鎖の頂点であり，エコーシステムの動向の指標となり，アフリカの殆どでうまく行っておらず，ライオンの数はこの20年で43％減っていて，数にして2万頭ほどになっているとする。国立公園の3分の2以上で，ライオンの数はあり得べきそれの半分未満となっており，それはライオンを支える餌となる動物が減っているからとされ，もし適切に管理されるならば，そうした公園では，野生ライオンの数を4倍にすることができるという。その数を倍にするにするための資金額もはじき出している。効果的な保護のために必要な予算の2割未満しか投下していない公園が全体の88〜94％になるとする。額にして，必要な額は，1平方マイルあたり，377〜783ドル必要なのに，平均77ドルしか投下されていない。アフリカの公園を再生させるためには，年間12億ドルないし24億ドル必要なのに，この資金不足が続くならば，近い将来危機的な事態となると推測する。そして適切に管理されていないと，必然的に乱獲や不法な家禽被害，土地の違法鉱業採掘，不法伐採ということになるとする。「これではまさにコモンズの悲劇だ」と結論する。野生保護協会のアフリカプログラム責任者のT・ティヤーさんは，「野生生活は既に如実に低下しており，事態が変わらない限り，この傾向は止まらない」と指摘する。「アフリカの代表的な動物が，今も将来も維持されていくためには，費用投下の仕方を変えなければならないとこの報告書ははっきりと訴えている」とする。健全なエコーシステムは，多くの利益をもたらす。アフリカの多くの公園では，それは雇用開発に繋がるし，観光を通じた経済発展・地域開発にもなる。このことを理解し，南アフリカ共和国とケニアでは，他のアフリカ諸国以上に，自然保護に予算を割いており，両国では公園に予算不足はあまりない。しかし，モザンビークなど他の諸国では，多くのライオンや息を呑む景色はあるのだが，観光産業は未発達で，そこから利益をもたらすに至っていない。ティヤー博士は，「充分に自然保護に予算投下しないと，こうした利益授受も，近い将来にはなくなる」という。リンゼイ博士も，「自然保護に投資すれば，国の利益も膨らむ。観光業はグローバルに発展しており，他方で自然は開発で失われており，野生生活を維持した数少ないところが，その価値は飛躍的に膨らむ」という。アフリカ大陸の自然保護に責任を持つのは，アフリカ諸国だけではなく，グローバルコミュニティもコミットすべきである。更に篤志家・人道主義者個人も貢献しうる。目下アフリカ諸国は年間510億ドルのファンドを受領している。その2％でも自然保護のためにでも回せると，差し迫った危機を回避することはできるとリンゼイ医師は言う）。自然保護に関する差し迫った課題である。しかしここには先住

い，今のアイヌ法政策の比較法的特殊性・異様性[39]はまず指摘されなければい

けないであろう。

(2) 地域的な国際人権法擁護の高まり（その地域的実現のメカニズム）

しかし第2に，それにしても，国際人権法の地域的な法実現メカニズムで最

も目立っていて，それなりに事例も蓄積している（その意味で最も先進的であ

る），米州人権システムの場合には，先住民族の伝統的・慣習的権利実現に向

けてのその積極的な姿勢には目を見張るものがある。

そしてこの点で，アフリカシステムがこれを追いかけ，とくにケニアの事例

で同国の国内司法が先住民族の権利保護に鈍重なのに対して，近時はかなりの

掣肘をかけていて目立っている。これに対して，東南アジアなどでは，先住民

族保護の国際的保護の必要性があるにも拘らず（例えば，フィリピンにおけるネ

グリト族やママヌア族の場合には，開発や鉱山採掘の進行による環境的悪化から崩

壊の危機にあることが指摘される[40]），国内司法が法支援の欠如や先住民族への配

慮の無さから機能不全を起こしていても，国際人権法規範作りの動きは比較法

的に弱いことが指摘されている（アナヤ教授）（注15参照）。

日本のアイヌ民族の状況も他人事ではないことに留意すべきであろう。地域

的国際人権法実現のメカニズムがないから，所有権法上（また本稿で焦点を当

てた土地紛争でも）どんなにおかしなことがあっても，殆ど司法問題とならな

いし（二風谷ダムと同じ事態が，平取ダム建設で起きていても，原告がいなければ

司法問題にならない），アイヌ法政策問題を議論しようとする（2007年の国連の

先住民族権利宣言を一つの契機に）設置された「有識者懇談会」は，同宣言に背

を向けて，補償理論の中核をなす所有権問題を議論しようとしない。これを問

民族保護も密接不可分に関わるという視点から環境とともに彼ら・彼女らを守っていく
全世界的関心の高まりが必要だろう。

[39]　この点で，国連の先住民族の権利宣言の補償アプローチを回避した，2009年の有識
者懇談会報告書の立場の責任は重いと思う。これについては，吉田・前掲書（注9）9頁
以下，73頁以下など。See also, Kunihiko Yoshida, *Property Law Policy for the Ainu
Indigenous People and the Unresolved Issue of Reparations in Japan*, NAM-KOOK KIM ED.,
MULTICULTURAL CHALLENGES AND SUSTAINABLE DEMOCRACY IN EUROPE AND EAST ASIA
(Palgrave MacMillan, 2012) 59-, esp. 62-.

[40]　例えば，尾本恵市『ヒトと文明（ちくま新書）』（筑摩書房，2016年）207頁以下，山
際寿一=尾本恵市『日本の人類学（ちくま新書）』（筑摩書房，2017年）155頁，158頁
以下（人類の絶滅危惧種とされる）（尾本発言）。

題にする先住民族サイドは，国連があるジュネーブまで行かなければいけない。

素材は，（これまでところどころで言及したように）アイヌ史を辿るといくらでもある。土地所有権に限ってみても，(i) アイヌの先住土地の無視（日本版 terra nullius 法理），(ii) アイヌへの給与地賦与の—他の日本人に比しての—あまりの不平等取扱い，(iii) 近文アイヌなどの共有地の杜撰な扱い（その財産横領），(iv) そしてその代金を返還する際（1997 年のアイヌ文化振興法制定の際）のノミナリズム（増額評価の否定）という非常識な扱い，(v) 伝統的狩猟・採集権の黙殺・禁止法制，(vi) 紋別アイヌに対する鴻之舞鉱山の有毒液による駆逐，産廃処理場による環境的不正義等がすぐに思い当たり，これらが UNDRIP との関係で問題であることは明らかであろう。しかも冒頭に触れたように，これらは昨今のアイヌ政策には何ら反映されていない。

確かに，中央アメリカ諸国のような近時の内戦，他の諸民族との確執，所有権秩序の不安定さの無さ，深刻な環境問題の欠如という点で，違いがあるかも知れないが，かつての歴史的不正義として，諸外国の先住民族で本稿に扱った諸事例と類似のことがなされてきたということは閑却されるべきではないだろう。

さらに近時の喫緊なこととして，盗掘遺骨の所有物返還の問題については，北大等は，集団的所有権概念を拒み，アイヌ民族には元来無縁な「近代的」「個人主義的所有権」が民法の判例だとして振り回し，それを根拠に窮屈な個人主義的識別を求め，その各地のコタンへの返還を拒み，かつての 1000 以上もの遺骨盗掘について，謝罪・補償をしようとしない有識者の立場を，ここで見た各地域の国際人権委員会，裁判所のメンバーにはどう映るであろうか。考えてみて欲しい。

なお，ヨーロッパにおいては，1953 年の欧州人権条約を前提として，1959 年にストラスブールに設置された欧州人権裁判所（Cour européenne des droits de l'homme）も理論的に同様の機能を果たしておかしくないが，先住民族の占める割合と他の案件の多さから，本稿に見た他の地域的国際人権実現システムほど目立ってはいない。例えば，サーミ民族のトナカイ飼育規制を巡る法的紛争でも，国内裁判所か国連（人権理事会）という構図となっており，地域的規制はまだこれからである[41]（関連の北欧諸国での取り組みがようやく始まっている）。（さらに，欧州司法裁判所（European Court of Justice）（ルクセンブルクに所

⑷　例えば，以下の記事を参照。Nadia Shira Cohen, *The Hinterlands Where Reindeer
Are a Way of Life*, THE NEW YORK TIMES, December 17th, 2018, A6（スウェーデン，ノ
ルウェー，フィンランド，ロシアの北極圏には，14 万人未満のサーミ民族の人たちが，
トナカイの飼育をしながら生きているが，それは職業というよりも，彼ら彼女らの生活
様式である。そしてノルウェーでは，約 5 万 5000 人のサーミの人たちがいるが，その
10％が直接的にトナカイ飼育に関わっている。そしてノルウェー法では，10 年余り前
〔2007 年のトナカイ法（Reindriftsloven）（1978 年法律）の改正を転機とする〕から，
過剰な放牧を避けるためとして，飼育のトナカイの数を制限し始めており，深刻な法的
闘争になっている。サラさん（26 歳）は，この法律によれば，飼育してよいのは 75 頭
だけということになるが，今飼育する 350～400 頭からどのように選り分けたらよいの
かと，この法律を拒否している。彼はこうしたわれわれの文化を死滅させる法律を受け
入れるわけにはいかないと言い，裁判闘争に持ち込み，最高裁でも敗北し，6 万ドルの
罰金を払わなければならない。ノルウェーには，飼育されるトナカイは 22 万頭いると
推測され，それは肉や毛皮のために売却されて生計を助けるが，その際にはトナカイの
すべてを使う。毛皮は手袋や靴に，肉はノルウェーや他国にも輸出される。その角は粉
末にして，中国などでは性欲促進剤として販売される。舞台となっているカウトケイノ
はノルウェー北端のフィンマルク県の都市だが，サーミ民族の中心都市とされてきた。
イースターになるとサーミの若者たちは，太鼓をたたきサーミの唄を歌う。ガクティと
いわれる民族衣装を着る。同化主義の強かったかつては禁じられていたが，今やサーミ
民族は，自身の大学や学校があり，言語教育もされ，サーミ議会もある。しかし政府は
産業開発との関係でサーミの生活を制約しようとする。ペルヘンドリック・エイラさん
（56 歳）は，国有の電力会社スタトネットの電力開発計画に反対して，提訴する。それ
では夏のトナカイの放牧地が奪われるとして。電力会社側は，サーミ民族文化を侵害し
ないと主張し，訴訟では敗れてしまった。しかしエイラさんは，そんなことはなく，土
地を奪われれば，トナカイの分娩地を他に探さねばならず，他者との衝突が起きるとす
る。フィンマルク県の 95％は国有地とされ，トナカイ飼育のライセンスをサーミ民族
は有するだけである。その土地の殆どで，適法に飼育する法的権利はあった。しかし
2007 年の規制法で，トナカイの規模を 30％削減するということにされた。これでは収
入は年 4700～6000 ドルになり，生活できないし，飼育がペイしないならば，ライセン
スを取り上げるともされており，これはわれわれの伝来の土地を失うことになるとして，
彼の姉のアンさんは，裁判所の周囲に殺されたトナカイの骨を積み上げた。昨年の秋に
は，最高裁の周囲を 400 頭のトナカイの骨のカーテンで取り巻いた。サラさんは，国内
法では敗訴して，ジュネーブの国連の人権理事会に問題を持ち込む予定だ）。畠山エカ
シの事件に劣らないほどの北欧のトナカイ事情である。私もスウェーデンでこうしたト
ナカイ飼育のサーミの人からの聞き取りをしただけに，他人事には思えない。トナカイ
の解体の様子は，田辺陽子「先住民族サーミと言語文化復興への取組み──北ノルウェー
便り」Arctic Circle 108 号（2018）17 頁にも記されている。なお，田辺氏によれば，上
記記事で，フィンマルク県の土地が国有とするのは間違いで，その 96％が住民に委譲
され，土地公社が管理し住民が共同所有しているとのことである。同氏のご教示に感謝
する。

在）は，沿革的に 1952 年の欧州（石炭・鉄鋼）共同体司法裁判所に由来することからもわかるように，ヨリ経済的問題に対処するものである。）

(3) 共同体主義的所有権の前面化

しかも本稿での分析からもわかるように，そうした国際人権の地域的実現委員会・裁判所においては，先住民族の立場に寄り添い，集団的所有権や事前の同意法理（参加，利益共有という所有からのコロラリーの原理から来ている）などを，UNDRIP（2007 年）に先取りする形で，権利実現に努めてきたのである。

前者の先例は，①（ニカラグアの Awas Tingnis 事例）だが，そこでは関連条文である米州人権条約 21 条の進展的解釈として，先住民族保護に適合的にした（本来は，個人主義的な所有権規定で，それを先住民族の集団的所有権として拡充させた）というところも，極めて注目すべきことだろう。

「日本は集団的・共同体的所有権を認めない」と突っぱねている日本政府の立場，またそれが「憲法の立場」だとの普遍的装いを持たせつつ，政府に追随する立場を強弁する（しかも先住民法の専門家だと称する）研究者（有識者懇談会報告者）は，比較法的に国際人権法関係者にはどう映ることであろうか。（しかもこの点で，民法の入会法理に通じていれば，民法学上は集団的所有権（いわゆる総有）を認めることに何らの異論は出されていないことも一言しておく。）

(4) 先住民族からの更なる民族的マイノリティへの拡大適用

ここでも米州システムにおいては，単なる先住民族から，さらにそれに類比する形で，黒人コミュニティに対しても，法理拡充をして補償の効果を導き出そうとしていることも注目すべきである（奴隷制一般であると，補償の是非は甲論乙駁して収拾がつかない現状であるが[42]（もちろん私は積極論者であり，その議論はアイヌ民族補償においても参考になるところは少なくない），そうした中で，効果面で実を取る「経験的知恵」が，実践例から生まれていることが貴重である。この点を Torres 論文（注 11 参照）も，「アフリカ子孫（Afro-Descendants）事例」として命名し先住民族への類比事例として着目する）。

(5) 補償内容の豊かさ

地域的法実現システムの下での，「補償内容の豊かさ」にも驚かされ，実は，それは近時補償問題の学際的・多角的考察とも歩調を合わせるところである

---

[42]　文献は数多いが，さしあたりこの点は，ALFRED BROPHY, REPARATIONS: PRO & CON (Oxford U.P., 2006) 参照。

（私自身も補償（reparations）を説く際には，このような広義で捉えている）。すなわち，所有権回復，その境界画定等の土地紛争の主眼をなす「特定履行（specific performance）」はもちろん，「コミュニティ再生基金」構築に多額の支払いを求めるのもこの一環で認めたり，「謝罪や過去の不正義の事実を認める公的行事」を求めたり，その旨のマスコミの頻回の報道や，「記念碑建設」を求めたりするのも，この「特定履行」枠組みで認めている（それを広義の「補償」に包摂している）。そしてそれとは別に，金銭損害，非金銭損害の賠償や，費用償還を認めている。しかも，その実現に向けての期限設定などもきめ細かくなされることも多くなっていることも既に何度も述べたことである。

　これは，日本に限らず，多くの法律家が，「損害賠償中心主義」の固定観念で覆い尽くされ，補償に嫌悪感を示す日本の政治家の前提としても，思考回路は「金目の問題」に帰着させるという思考様式がある。しかし，それは広義の補償は過去の不正義との関係で，何を目的とするのかを意識しながらの判断枠組の転回に際しても，ここでの実務はマッチしていると言える。

　⑹　実現困難さの背景の分析

　しかし最後にまたはじめの問題に戻るが，何故先住民族の権利保護実現が，殆どすべてのところで簡単ではないことの意味を考えておく必要があろう。すなわちそれは，ケニアの事例に即して分析したように，⒤近代国家論理においては，ずっと閑却されてきた課題の21世紀になってのようやくの着手というタイムラグの長さ，先住民族の抑圧の長さ故に抵抗勢力の大きさ（従来の国際法とて，国家主義的見方であり，植民地主義的色彩が強かったのであり，16世紀からの近世・近代の国際法理論において先住民族がまともに扱われることはなかった（というよりも時代が下るにつれて，状況は悪化した）[43]）は予想されるところである。⒤⒤さらに，それとオーバーラップするが，これまでの利権に依存する場合には，国家主義的に流れやすい。既存の権力，経済基盤，所有秩序に依存し，歴史的不正義から伝統的土地，慣習的利用権を奪われた「所有喪失者」を支援する動きは作りにくいということがある。それが「矯正的正義」という不法行為法理から理に叶うことであっても。「世界標準」（UNDRIP）とは対蹠的に，補償アプローチを避け，歴史的不正義を隠蔽し，封印する方向性が強いアイヌ政策（象徴空間作りには，盗掘遺骨との関係でそういう意味があり，教科書問題でも過去のことを葬るベクトルが常にある）は，これを示す。

そして，(iii) 本稿で見た先住民族の土地紛争には，環境破壊に対する先住民族コミュニティの側からの対抗・抵抗という意味があり，近視眼的な人間のアクラシア問題故に，その声は弱くなる。(iv) さらに，真の意味での植民地的法制度の脱構築的営為だとすると，その権力基盤が安定しているほど，脱構築は困難な作業となろう。

しかし困難だが，放置しておいて良いものではない「未完の作業」であり，われわれに課せられた課題である。しかしそれゆえに，国際人権法実現の角度から，果敢に挑戦しようとする地域的権利実現メカニズムの営為は，未完ながらも貴重であり，ここに比較法的に紹介して，今後の課題として供した次第である。

(7) 国内法の自己満足への不断の反省・刷新の必要性（そのための国際人道法）

アメリカ合衆国事例（②（Mary and Carrie Dann 事例））で見られたような，国内法への妙な自信があるのか（？）米州人権委員会や国連差別撤廃委員会からの度重なる意見に聴く耳を持たない同国の態度には，同国が国際社会の中心

---

(43) S. JAMES ANAYA, INDIGENOUS PEOPLES IN INTERNATIONAL LAW (2nd ed.) (Oxford U.P., 2004) 15-23, 26-48. すなわち，第 1 に，自然法学者のビトリア（Vitoria）(1486～1547)（ON THE INDIANS LATELY DISCOVERED (1532)) は，インディアンも合理的存在と認めて，ローマ教皇（アレクサンダー 6 世）がスペイン君主にインディアン支配をすることを正当化するのに反対したが，インディアンの利益のためのその土地を保有するというその後の「信託理論」の嚆矢となり，インディアン布教のための「正戦」「征服」を正当化しており，アメリカ・インディアンに対しても同様で，ヨーロッパの価値システムを正当化した。そして第 2 に，1648 年のウェストファーリア条約後の近代国家体制となると，T・ホッブズ（1588～1679），S・プーフェンドルフ（1632～1694），Ch・ボルフ（1679～1754）をはじめとして，国際法は国家間の法となり，先住民族は国家と市民の二分法から漏れ落ちることになった。それを受容したバッテル（Vattel）(1714～1769)（THE LAW OF NATIONS, OR THE PRINCIPLES OF NATURAL LAW (1758)) は，自然法は国家に適用するとした。そして土地の耕作からのロック的な自然法を受容し，北アメリカ侵略の正当化を図った。第 3 に，その後の実証主義的な国際法（19 世紀後半ないし 20 世紀前半）においては，自然法的側面は払拭されて，先住民族を政治体として考慮することはなくなり，それは文明の外に置かれ，国家だけが国際法の主体であり，植民地化ないし帝国化の道具として国際法は使われた。例えば，ウェストレイク（John Westlake）(CHAPTERS ON THE PRINCIPLES OF INTERNATIONAL LAW (1894)) ないしリンドレー（Mark Lendley）(THE ACQUISITION AND THE GOVERNMENT OF BACKWARD TERRITORY IN INTERNATIONAL LAW (1926)) がそうである。せいぜい信託理論が，その啓蒙化のために使われた。

的地位を占めるだけに，失望感があり，このようなものが先例となってはならないし，同様の立場を採る日本政府も，妙な仲間意識を持ってはならない。

　しかしアメリカ国内法問題としても批判的動きはある。アメリカ・インディアン法の中心論客（S・クラコフ教授（コロラド大学）ら）は，「補償」という観点から，第1に，アメリカ合衆国の従来の法制（とくに，②でも問題とされた，1946年の「インディアン不服委員会法（Indian Claims Commission Act[ICCA]）」の問題として，そのプロセスとしても，救済内容としても，原住民族側には不利益があり，また金銭賠償に限定するのも，アメリカ・インディアン側が最も求めているものを封じていて問題であるとし，更に第2に，それを克服すべく出された土地紛争訴訟（1793年の「インディアン通商（取引）禁止法（Indian Nonintercourse Act）」（連邦政府以外の者からインディアンの土地購入を禁止する）を根拠とする。ここから損害賠償に限られない土地返還の効果まで及ぶ）でも，エクイティ上の救済が先細りしていて問題があるとして，批判的なアメリカ法評価を加えている[44]ことの方が重要であり，――国際人権法的非難がある以上――むしろそれを謙虚に受け止めるべきものであろう。

　日本法とて同様である。私の専門は民法という国内法であり，その彫琢の必要性を説くことには人後に落ちないつもりであるし，国際人権法を孤立的に論じていても，駄目だとも思う。しかし同時に，国際法（国際人権法）からの批判的意見には耳を傾け，国内法に反映させる努力が必要である。国際人権法動向として，例えば，集団的権利が枢要ならば，わが国はそういう立場ではないといって突っぱねるのではなく，それと整合的な「入会理論の先住民族的展開」に関心を寄せるべきであろうと考える。そう対処しておくと，意外に国内

---

(44)　Sarah Krakoff & Kristen Carpenter, *Repairing Reparations in the American Indian Nation Context*, in: LENZERINI ED., *supra* note 11（2008）, at 256-262, esp.268-269.「第1」に関して最も顕著なのは，1億2200万ドルの賠償を認めても，それを拒否したスー族の事例であり（see, Sioux Nation of Indians v. U.S., 601 F.2d 1157（Ct. Cl., 1979）; U.S. v. Sioux Nation of Indians, 488 U.S. 371（1981）），「第2」に関してインディアン側に有利に判断されて注目されたのは，オナイダ族の事例であったが（see, Oneida Indian Nation v. County of Oneida, 414 U.S. 661（1974）（Oneida Ⅰ）; County of Oneida v. Oneida Indian Nation of New York State, 470 U.S. 226（1985）（Oneida Ⅱ）），その後こうしたエクイティ的救済も後退しているのは，シェリル市の事例である（City of Sherrill v. Oneida Indian Nation, 544 U.S. 197（2005)）（時効や承認や不可能性などの様々の法理を展開して，救済を否定する）。

法も国際人権法と歩調を合わせて法解釈を進めていけることは，ベリーズや南アフリカなどの事例（③⑮⑯）が実証するところで，むしろこちらを範とすべきであろう。何度も検討した国際人権法による先住民族の権利保護を最初から無理なものだと決めつけずに，それが困難な歴史的・社会的・政治的背景を考察し，むしろ周縁化された歴史的社会弱者たる先住民族が，実は 21 世紀的価値の環境保護の執務者的地位に立つことにも留意して，その保護を（困難な中で）進めていくように努力すべきものであろう。

V　終わりに──集団的（共同体的）扱い（所有・補償）の根拠付け

最後に，先住民族の権利主張が，集団的・共同体的であることは，UNDRIPが採るところだし，それに先行して米州人権委員会・裁判所が示していることは先に見た。しかしこのことは考えてみると自明のことではなく，アイヌ民族に関する法政策として，日本政府及びそれに横並ぶ有識者懇談会報告者は，その立場に反対する。集団的な扱いをする根拠はどこにあるのか。

この点で，アナヤ教授は，自らそういう構成に尽力したが，そのスタンスは，記述的（descriptive）で[45]，「先住民族の捉え方がそうだから」という立論に終始されている観がある。もとより歴史叙述として，先住民族の《狩猟採集の生業》には集団的所有権が適合的であり，それを《個人的所有権化》することは機能不全を引き起こすという議論はあり（例えば，K・ボブロフ教授）[46]，21 世紀における集団的資源管理の重要性に鑑みて，聞くべきものがあろう。しかし更に，理論的にそれは何故なのかを考える必要がある。

(1) 補償実務ないし手続志向的な根拠付け

そこでその第 1 として近時注目されるのは，R・ウェストレー教授（チューレーン大学）による，集団的補償の必要性の議論である。同教授は，奴隷補償との関係で，個人主義的なアファーマティブ・アクションのアプローチでは，

---

(45) See, ANAYA, *supra* note 7 (2009) at, 270, 283（Awas Tingni case）. 因みに, ANAYA, *supra* note 43.（2004), at 56-, 61-でも，「現代的な国際法システム」においては，非国家アクターの存在が大きくなり，慣習的権利が前面に出たとして，集団的権利が卒然と出されるに留まる。

(46) E.g., Kenneth Bobroff, *Retelling Allotment: Indian Property Rights and the Myth of Common Ownership*, 54 VAND. L.REV. 1559, at 1594-(2001).

線引きの問題とか逆差別の議論とかが出やすく，それよりも集団の自己決定権
を中軸に据えた集団的補償請求の必要性を説き，その際には，アフリカ系アメ
リカ人のための私的信託基金などの設立も有用だとするが[47]，同様の議論は，
先住民族についても言えるであろう。

　そして既に見たように，地域的権利実現の司法実務において，「コミュニ
ティ発展基金」などという形で，かなり定着してきていることは実務先行的で
興味深いことである。

　(2)　先住民族の文化的・宗教的特性からの集団的所有権の根拠付け

　第2に，アメリカン・インディアン（原住アメリカ人）の文脈で有力に説か
れているのは，カーペンター教授（コロラド大学）の所有の民族的・執務者的
モデル（peopleship/stewardship model）であり，従来主流の個人主義的な所有
権モデルでは，（彼女自身影響を受けている，レイディン教授の「人格モデル」[48]も
含めて）先住民族の超越的で，先住民族的な文化的・宗教的・共同体的実践に
即したものとして再構成する必要があるというもので[49]，環境保護の所有モデ
ルとも通ずるものである。

　そしてこれは，トレス教授（コーネル大学。かつてはミネソタ大学など）が米
州システムの実務から機能する形で構築されたモデル[50]とも通ずるものである
ことは興味深い。

　(3)　市民権・公民権志向的なアプローチ

　第3は，市民権・公民権（citizenship）志向的なアプローチで，一般市民に
おいて国籍なり市民権（公民権）があり，それが共同体主義的なアプローチの
よりどころとなり，まさに近時議論が多い移民法の最大のディレンマは，市民
権・公民権ないし統治権と個人主義との鬩ぎ合いということである[51]。そして

---

(47)　Robert Westley, *Many Billions Gone: Is it Time to Reconsider the Case for Black Reparations?*, 40 B.C. L. REV. 429, at 467-476 (1998).

(48)　これについては，吉田邦彦『民法解釈と揺れ動く所有論（民法理論研究1巻）』（有斐閣，2000年）7章参照。

(49)　Kristen Carpenter, *Real Property and Peoplehood*, 27 STANF. ENV. L. J. 313, at 340-351, 355-359 (2008); do., *In Defense of Property*, 118 YALE L.J. 1022, at 1051- (2009).

(50)　Torres, *supra* note 11 (2009), at 123-.

(51)　この点は，別稿（吉田邦彦「市民権・公民権と所有理論──移民法の理論的ディレンマ」）で分析予定である。

ヘンダーソン教授（サスカチワン大学）が，先住民族についても，これに類する形で説かれていることが，この種のアプローチとみることができるであろう。すなわち，先住民族の市民権類似の構成員に類比させつつ，今後の人間性回復の軸はポスト・コロニアルな《先住民族の自己決定的な精神》だとして，そのアイデンティティ基底的な統治権（自治権）・自己統治・自己認定，そして集団的権利を志向する共同体的・集団的処理が求められる[52]ということになる。

その他，G・クリスティ准教授（ブリティッシュ・コロンビア大学）も，法理論家ないし社会理論家として，原住民族の集団的権利，とりわけ統治権的権利は，カナダ政府によるリベラリズム的制限を受けているとして（1982年憲法35条により先住民族の権利の憲法的保障が謳われているが，カナダの判例では，リベラル（個人主義的）理論による介入を認めている），それを批判し，原住民族の法理論・社会理論的課題として，市民権的な原住民族の統治権的権利によるコミュニティの利益重視，社会善の優先，非リベラルなレジームをどう位置づけていくかにあるとされて[53]，ヘンダーソン教授と同様の問題意識にあるように思われる（そうした見地からのキムリカ教授の理論[54]をリベラリズム擁護だとして批判するのも興味深い）。アメリカに比べて，その歴史的経緯から英国の国王の持つ権限が強く，その分原住民族の統治権保護が弱いカナダならではの理論的展開として注目したい。

ともあれ，補償問題において，「集団的処理」をすることは理論的にも故ないことではないということである。ところが，国連の先住民族権利宣言（UN-DRIP）に署名したはずの日本政府が，それを前提にして進めるべきはずの日本政府（ないしその意を受けて報告書を作成している「有識者懇談会」）が，アプリオリに「個人主義的処理」を振り回すことは，「独りよがり」というほかは

---

(52) JAMES YOUNGBLOOD HENDERSON, INDGENOUS DIPLOMACY AND THE RIGHTS OF PEOPLES: ACHIEVING UN RECOGNITION（Purich Pub. Ltd., 2008）75-77, 79-80, 87-88.

(53) Gordon Christie, *Law, Theory and Aboriginal Peoples*, 2 INDIGENOUS L.J. 67, at 86-90, 92-（2003）.

(54) とくに，WILL KYMLICKA, LIBERALISM, COMMUNITY AND CULTURE（Clarendon, 1989）162-164, 165-171 では，リベラルの側からの文化保護を図っている（「文化」は道具的価値を有するにすぎず，非リベラルな社会をリベラル化しても，基本的な文化は残るとする）。なお，do, MULTICULTURAL CITIZENSHIP: A LIBERAL THEORY OF MINORITY RIGHTS（Clarendon, 1995）はこれより後退する。

ない（こうしたことがまかり通るわが国の事態は，諸外国に比すると地域的な国際
人権法からの掣肘がない，日本特殊の状況であろう）。集団的処理こそ，「世界標
準」として，UNDRIP に先行して国際人権法の地域的法実現システムの諸事
例の実務で定着してきたこと（しかも各事例で法実現が容易ではないのはそのこ
とが理由ではないこと）を，本稿では実証的に検証したことだけでもささやか
な成果であろうことを，最後に確認して擱筆する。

21 社会的排除の抑制と公私協働
── 福祉施策の前提に関する日米の比較可能性をめぐって

竹　中　　浩

I　は　じ　め　に

　従来，日本では，社会保険が整った職場における正規雇用と，夫婦及び子ど
もを単位とした標準的な家族の存在が福祉政策の前提であった。政府は生活の
基本的な保障を家族と企業に任せ，個人の不運を可能な限りそれらが救済する
ことを期待するという，既存の紐帯を前提とした制度設計である。正規雇用や
自営業における就労と，相互に依存し合う家族とはまた，社会参加の条件でも
あった。条件に合わない人は社会的ネットワークからこぼれがちであったが，
そのような人の数は相対的に少ないと考えられていた。

　現在ではその前提が大きく揺らいでいる。厳しい経済状況のなかで，非正規
雇用の比重が顕著な高まりを見せ，企業によって生活を保障される人の比率が
低下するとともに，家族の機能不全が目立つようになり，収入と居場所の両方
を失う人が増えている[1]。こうした事情を背景とし，また高齢化の進行とも深
く関わりながら，1990 年代後半から，貧困指標の顕著な悪化が見られるよう
になっていく。2008 年のリーマン・ショックはさらにその傾向を強めた[2]。そ
の結果，最後のセーフティネットとしての公的扶助への依存度が高まり，1995
年以降増加を続けた生活保護費の受給者は，2011 年 7 月に 200 万人を超え，

---

(1)　2010 年に放送された NHK のテレビ番組をきっかけに，「無縁社会」という言葉が人
　　口に膾炙するようになった。NHK スペシャル取材班『無縁社会』（文春文庫，2012 年）
　　4-5 頁を参照。
(2)　これを受けて厚生労働省は，2009 年 10 月，初めて相対的貧困率を公表した。阿部彩
　　『子どもの貧困II ── 解決策を考える』（岩波新書，2014 年） 6 頁。

2017 年 3 月のピーク時には 217 万 4,331 人に達した。これに伴って生じた保護費の不正受給や貧困ビジネスが大きな問題となり，制度に対する批判や受給者一般に対する攻撃も頻繁に見られるようになる。こうした事態を受けて，2013 年 12 月 6 日に生活保護法が改正され，13 日には生活困窮者自立支援法が成立した。貧困対策や生活困窮者への支援は，政策の面でも，それを支える思想の面でも，今日最も差し迫った問題のひとつである。

　人間としての尊厳を脅かされている生活困窮者の救済という問題は，どこの国にも存在する。とりうる施策にも，それほど大きな違いがあるわけではない⑶。しかし，それを実施する方法はさまざまである。この問題について考えるとき，アメリカ合衆国（以下アメリカと呼ぶ）との比較は重要である。日米の間には一定の近似性がある。例えば自己責任論の強さは日米両国に共通する⑷。この裏返しとして，日米では，福祉受給者には比較的強いスティグマが付与されることになる。また，家族という制度を守るべきであるという意識の強さも，保守層を中心に，日米に共通しており，どちらにおいてもしばしば家族的価値の危機が説かれ，その回復が主張される。日本の場合，東アジアに特徴的な家族主義イデオロギーも根強い。もとよりこれに対しては批判も強く，政府が家族支援の政策を促進することについては両国ともに少なからず反対がある⑸。その場合でも，相互に配慮し，助け合うといった，従来家族に期待されてきた役割の必要自体が否定されているわけではないため⑹，家族の問題は日米において，他の先進国以上に複雑な様相を呈する。

　そのような共通点がある一方で，アメリカと日本の間には，貧困対策に対する考え方において，少なからぬ違いがある。第一は公権力の行使についてであ

⑶　福祉の制度設計に関する基本的な考え方について，後藤玲子「ニーズ基底的相互提供システムの構想 —— 政治的リベラリズムのパースペクティブ」齋藤純一編『福祉国家/社会的連帯の理由』（ミネルヴァ書房，2004 年）187-218 頁は示唆に富む。

⑷　Pew Global Attitudes Project が 2007 年に行ったアンケート調査で，「政府は自力で生活できない人の対応をする責任があるか」という質問に対し，そう思わないと答えた人の比率は，日本 38%，アメリカ 28% と，ヨーロッパの先進国に比して高い。この数字は，湯浅誠『ヒーローを待っていても世界は変わらない』（朝日文庫，2015 年）95 頁に紹介されている。

⑸　白波瀬佐和子「社会的支援」内閣府政策統括官（共生社会政策担当）「少子化社会に関する国際意識調査報告書」（2006 年）160 頁。水無田気流『シングルマザーの貧困』（光文社新書，2014 年）48-50 頁。

る。貧困対策は，政策である以上，何らかの形で公権力の行使を伴う。公権力
を行使するということは，市民の権利や義務に変更を加えるということである。
それに対して生じる反作用の程度には，市民の政治意識や文化的特殊性によっ
て差が出てくる。政府も反作用に無関心であることはできず，それへの対応を
予想しつつ施策を進めなければならない。また，本来，公権力の行使は，公益
（公益であるという社会的合意のできた目的）を根拠としてのみ行われうる。何を
公益とみなすかは，すべての社会において同じではありえない。その結果，貧
困問題への対応において公権力が果たす役割には，国によって違いが生じるこ
とになる。日米の間にある違いは決して小さくない。

　さらに，注目されるのが社会的排除の問題である。生活に困窮した人々が社
会から排除されやすいというのは一般的な現象であるが，この問題については，
逆に社会的に排除されやすい人々が貧困に陥りやすいという面も併せて見なけ
ればならない。社会的排除のリスクが高い集団をどう遇するかは，行政として
も扱いの難しい問題である。それらに属する人々に対して社会の抱く感情が複
雑で，扱い方によっては事態をいっそうこじらせるからである。社会的排除の
あり方についても，日本にはアメリカとは違った特徴がある。

　アメリカと対比しつつ，日本の公的扶助や生活困窮者支援のための制度と，
そこでの公権力の行使にみられる特徴を掬い上げ，ヨーロッパで生まれた社会
的排除という概念を念頭に置きつつ[7]，今後日本の行政と社会のあり方につい
て考えるうえで前提となる問題点を整理することが本稿の目的である。

Ⅱ　生活保護受給とその条件

1　申請による保護と抑制への圧力

アメリカには，全国民を対象とした一般的な公的扶助の制度は存在しない。

---

(6)　岡野八代「家族の時間・家族のことば —— 政治学から／政治学への接近の可能性」『現
　　代思想』37 巻 2 号（2009 年）183-184 頁。特定の家族観や家族制度の押し付けでない，
　　真の家族政策の不在を説く議論として，伊藤公雄「イデオロギーとしての『家族』と本
　　格的な『家族政策』の不在」本田由紀・伊藤公雄編『国家がなぜ家族に干渉するのか
　　—— 法案・政策の背後にあるもの』（青弓社，2017 年）163-165 頁。
(7)　この概念を用いることの意義について，岩田正美『社会的排除 —— 参加の欠如・不確
　　かな帰属』（有斐閣，2008 年）48-52 頁を参照。

州によっては，扶養親族のいない成人を対象とした公的扶助制度を，補足性の原則を徹底させた上で実施しているところもあるが，連邦全体で共通化されているのは，メディケイドや補助的栄養支援プログラム（いわゆる「フードスタンプ」）など，目的と対象が限定された扶助の制度のみである（それらについても運用の仕方は州によってかなり異なっている）。他方で，負の所得税の考え方に立った，給付付き税額控除の制度が導入され，低所得者に対する現金給付がなされている。

　日本では，給付付き税額控除の制度は，長く議論されているにも拘わらず，なお導入されていない。その代わりに，生活困窮者一般を対象とした全国的な公的扶助の仕組みとして生活保護制度がある。これは最後のセーフティネットとされ，申請による扶助が原則である。日本では，1997 年に始まる社会福祉基礎構造改革によって，行政の判断で実施されるサービスが縮小され，任意で購入されるべきサービスが拡大された。市場経済に適合した効率的な福祉の形として，措置型から利用契約型への移行が進められたのである。申請主義はこの契約型福祉との親和性が高い。行政が主体的に福祉ニーズを判断しなければならない措置制度と異なり，申請に基づく扶助の場合，それが自分の利益になるという判断をするのは本人である。

　生活困窮者の側に立ったとき，保護費の受給には一定の「コスト」が伴う。たとえば，申請すれば私生活への干渉を受けることになり，また，社会においてスティグマを付与されることがないとはいえない。特に重要なのが個人情報の開示を求められることである。社会保険は標準的な評価に基づく損失の部分的回復を目的としており，個々の保険事故については，定型的処理のための最小限の情報開示ですむ。これに対して公的扶助は，多くの個別の事情を斟酌しなければならない。それだけに，申請者には資産や収入の申告義務があるだけでなく，さまざまな証明書類の提出，多くの補足的な情報の開示を求められる[8]。開示を忌避する場合には申請そのものを断念せざるを得ない。多くの福祉事務所は，保護の申請があったとき，戸籍調査によって判明した扶養義務者に対して，一律に扶養照会文書を送付しているが，これも，血族との関わりを絶ちたい人，配偶者等による暴力を逃れてきた人などに，生活保護申請をため

[8]　赤石壽美「生活保護における補足性追求の法的展開 —— 適正化の推移と『指導指示』の変容」静岡県立大学国際関係学部研究紀要 14 号（2001 年）124 頁。

らわせることがありうるであろう⑼。総じて，個人情報を知られることへの警戒は福祉ニーズの顕在化を妨げる⑽。

　行政においては，財政負担の軽減，給付の総額抑制が常に深刻な課題となっている。福祉事務所は常に国から要否判定の厳格化，補足性の徹底を求められる。もともと，障害基礎年金などと同様，行政が窓口で積極的に生活保護を勧めることはまれであるが，財政状況が逼迫すればするほど，申請件数を抑制しようという動機が強く働き，新規の受付けに対して消極的になる。生活保護制度について積極的な広報がなされているわけではなく，事情に通じた支援者がそばにいない人には，保護の実施機関である福祉事務所の敷居は高い。貧困ビジネスでさえも，それがなければ路上にいた生活困窮者に生活保護をとらせ，少なくとも寝る場所は提供しているという意味において，全く本人の役に立っていないわけではないという現実がある⑾。

　申請に先立ち，福祉事務所は受給希望者と面談して，扶養義務者の存在，就労の可能性等について事情を聴き，申請が適当かどうかについて相談にのる⑿。1963 年 4 月 1 日の局長通知「生活保護法による保護の実施要領について」では，生活保護の相談があった場合には，他法他施策の活用等についての助言を適切に行ったうえで，保護申請の意思を確認することとされている⒀。福祉事務所としては，一旦受理した申請を却下したり，一旦決定した保護費の支給を停止したりすることには，不服申立や処分取消訴訟のリスクがある。できればこれらを避け，問題を表面化させないですませたいという意識が働くために，申請しても保護が受けられそうもないことを匂わせたり，申請の後でも取り下げを勧めたりすることがありうる。いわゆる水際作戦である⒁。

⑼　近畿弁護士会連合会編『生活保護と扶養義務』（民事法研究会，2014 年）35-36 頁。
⑽　鈴木大介『最貧困シングルマザー』（朝日文庫，2015 年）95-96 頁。
⑾　貧困ビジネスと非営利団体との境界が常に明確であるとは限らない。日本弁護士連合会貧困問題対策本部編『貧困ビジネス被害の実態と法的対応策』（民事法研究会，2011 年）110 頁。
⑿　赤石・前掲注⑻11-14 頁。
⒀　昭和 38 年 4 月 1 日社発第 246 号。
⒁　畠山弘文『官僚制支配の日常構造 —— 善意による支配とは何か』（三一書房，1989 年）330-335 頁。

2　稼働能力の活用と就労支援

　2000 年の地方自治法改正において「保護の決定及び実施等に関する事務」は法定受託事務とされ，生活保護法 84 条の 5 により，同 27 条 1 項に定められた指導指示はこれに属するものとされている[15]。受給者は 62 条によってこれに従う義務があり，従わない場合には保護の打切りにいたることがある。生活保護費支給の継続要件として稼働能力の活用があり，被保護者は，保護を受給するために，稼働能力がないと認められた場合を除き，就労するか，職探し等，就労のための努力をしなければならない。稼働能力活用要件を充足していないことを理由とする保護の停止や廃止に対し，裁判所は概して厳しい態度をとっているが，指導指示の中では就労のための努力義務が厳格化されている[16]。日本では就労が社会参加の主要な形態とされ，公的扶助に関して社会を納得させるためにも，就労による経済的自立という理想を掲げる必要があると考えられる[17]。

　しかし，稼働能力の有無の判断，「働かない」人たちと「働けない」人たちの間の線引きは難しいことが少なくない。2004 年 12 月の厚労省社会保障審議会「生活保護制度の在り方に関する専門委員会報告書」では，稼働能力の活用状況については年齢等のみでなくその他の個人的状況の把握による総合的評価が必要であるとされ，その後アセスメントの重要性が指摘されるようになったが，アセスメントの方法等はなお具体化されていない[18]。高齢者や比較的重度の障害者の場合と異なり，就労を困難にするある種の行動上の偏りをもった人たちについての判断は特に難しい。そうした偏りは発達障害のような新しい概念が広まることによってはじめて認識される場合もあり，判定にはしばしば専門的知識が必要になる。生育歴等により就労への意欲が欠けた人たちの扱いも簡単ではない。福祉事務所には，社会福祉法 18 条によって社会福祉主事を置

(15)　柴田純一「生活保護制度における保護の受給要件の認定の在り方に関する研究 ── 受給要件確認の客観化に資するアセスメント開発の前提作業として」中部学院大学・中部学院大学短期大学部研究紀要 17 号（2016 年）46 頁。

(16)　布川日佐史「就労支援と稼働能力活用要件」静岡大学経済研究 15 巻 4 号（2011 年）3-4 頁。

(17)　その問題点について，岩田・前掲注(7) 172-174 頁を参照。

(18)　黒田有志弥「生活保護給付と稼働力の活用」季刊・社会保障研究 50 巻 4 号（2015 年）412 頁。

くことが求められてはいるものの，「3科目主事」という言葉の示すように，社会福祉主事は必ずしも福祉の専門家というわけではない。稼働能力の判断にはしばしば医師や療育の専門家，福祉専門職の協力が必要になる。

　これとは別に，生活保護法27条の2に基づき，生活の維持向上のための助言の一環として就労の奨励がなされることもある。この場合，それは保護継続要件充足のため稼働能力の活用を求める指導指示とは異なり，ギャンブルや過度の喫煙・飲酒を避けるなどといったことと同様，被保護者の自立助長のためのケースワークに属するものである[19]。助言には強制力はなく，違反に対して不利益処分を行うこともできない。しかし，指導指示も，保護の変更，停止又は廃止を前提とする場合でない限り，不服申立，取消訴訟の対象となるおそれのある書面でなく口頭で行われることが多く，形式上，助言との区別は曖昧である。それゆえ，助言についても，これに従わないときにはペナルティとして支給打切りが行われるのではないかとの不安を受給者に与える可能性がある。本来福祉の観点から本人の利益のために行われるべき助言が，指導指示と同様，行政指導という事実行為による義務付与とみなされ，行政処分に結びつくものとして観念されることがありうるのである[20]。

　雇用機会の制約が就労を妨げている場合には，指導指示も助言も有効でない。特に，犯罪歴，障害，勤務時間の制約等により，労働市場で不利な立場に置かれた人には，条件の悪い雇用の機会しか開かれておらず，持続的な就労を難しくしている。これを改善する一つの方法は，安定した雇用を維持・促進するために，行政が企業等に一定の義務を課することである。たとえば障害者の場合には，障害者雇用促進法によって法定雇用率が定められ，1976年以来，これを超えて障害者を雇用している企業に報奨金が支払われている。もともと身体障害者のためだけの制度であったが，1987年には知的障害者が加えられた。その主たる財源となっているのは，雇用率を達成していない企業から不足1人につき月5万円ずつ徴収される障害者雇用納付金である。現在，雇用納付金が

---

[19]　従来事実行為として行われていた相談助言を自治事務として法定化したものである。柴田・前掲注[15] 46頁。根本久仁子「生活保護の業務における行政処分性・行政指導性に関する考察」山崎美貴子ほか編『社会福祉援助活動のパラダイム ── 転換期の実践理論』（相川書房，2003年）176-178頁。

[20]　根本・前掲注[19] 181頁。

課せられることに対して，表立って強い反対は見られないことから，企業等に対する障害者雇用の義務化については，一応の社会的合意ができていると考えられる[21]。

　矯正施設出所者についてはこのような合意が存在しておらず，矯正施設出所者が求職に際して不利な取扱いを受けることは，社会の中で事実上容認されていると言ってよい[22]。安定した就労は再犯防止にとってきわめて重要であり，矯正施設出所者の就労を促進することは公益に適うと考えられるが，そのことは，協力雇用主に対する就労奨励金の給付のように，矯正施設出所者に対する支援のための財政支出は正当化しても，この人たちに対する不利な取扱いを止めさせることや，それに伴う負担を雇用主に求めるための十分な理由とはみなされていない。2016 年 12 月に公布・施行された再犯防止推進法も，民間に新たな負担を課するものとはなっていない。

　就労しても，社会的な評価を得られないこともある。その一例が性風俗産業への従事である。売春そのものは売春防止法 3 条によって「禁止」されており，「性交類似行為」によって対価を得るような仕事とともに，職業安定法 63 条 2 号にいう「有害業務（公衆道徳上有害な業務）」とされて，そのためのリクルートを行った者は処罰される。性風俗産業に対しては社会の中に強い差別意識があり，そこで働くことはスティグマの付与を伴う。また性風俗産業での就労はしばしば表に出ない収入を求めてなされ，通常秘密にされる。生活保護費の不正受給を伴うことも少なくないであろう[23]。

　いうまでもなく，性風俗産業での就労はさまざまな身体的・精神的リスクを伴う。警察が行うのは業界を一定の枠に収めることのみであり，人身売買などでない限り，彼女たちを日常的な搾取や暴力の危険から守ることはできない。取締りの強化は店舗型から無店舗型への移行を促し，従事する女性の保護をいっそう難しくする。売春防止法に基づいて設けられている婦人相談所や婦人相談員への相談も，現在は配偶者等の暴力や家族親族の問題に関するものが大

(21)　中島隆信『障害者の経済学』（東洋経済新報社，2006 年）156-157 頁。

(22)　水野有香編著『地域で支える出所者の住まいと仕事（URP 先端的都市研究シリーズ 6）』（法律文化社，2016 年）22 頁。古川隆司「スティグマ，社会的排除からみた課題」加藤幸雄・前田忠弘監修『司法福祉 —— 罪を犯した人への支援の理論と実践』（法律文化社，2013 年）204-205 頁。

(23)　鈴木・前掲注(10) 133-137 頁。

部分を占めており，性風俗産業に従事している人の社会的包摂のために有効に
機能しているとは言い難い。収入は不安定であり，30代後半に入ると半減す
る。「40歳の壁」である。その前に「セカンドキャリア」に踏み出そうとする
当事者の努力への支援は，民間においてさえ，ようやく緒についたところであ
る[24]。

3　私的扶養と養育費徴収

　民法877条1項は一定の範囲の親族に扶養の義務を負わせている。扶養義務
が課せられる範囲はアメリカよりも広い。また，私的扶養が公的扶養に優先す
る。私的扶養が困難な場合のみ公的扶養が開始され，公的扶養の開始後も，国
庫等は支弁した費用を扶養義務者に求償することができる。生活保護費につい
ても，補足性原則のもと，生活保護法77条により，福祉事務所は協議によっ
て扶養義務者から回収することができ，負担すべき額についての協議が調わな
いとき，またはできないときは，家庭裁判所に申し立てて決定してもらうこと
ができる。保護は世帯単位でなされているが，世帯分離しても直系血族に対す
る扶養義務を免れることはできない。
　しかし，日本では直接的強制を嫌う傾向があり，行政は私的領域への介入を
できる限り抑制する。法的に扶養義務がある場合でも，不履行に対する罰則は
なく，常に扶養が強制されるわけではない。生活保護に関しても同様であり，
1961年4月1日の次官通知は「民法上の扶養義務の履行を期待できる扶養義
務者のあるときは，その扶養を保護に優先させること」としながら，「これを
直ちに法律に訴えて法律上の問題として取り運ぶことは扶養義務の性質上なる
べく避けることが望ましいので，努めて当事者間における話合いによって解決
し，円満裡に履行させることを本旨として取り扱うこと」と，腰の引けた言い
方をしている[25]。改正生活保護法は，扶養義務者への通知（24条8項）や報告
徴収（28条2項）を新設したが，これらが実施されるのは福祉事務所が家事審
判手続を用いてでも費用徴収を行う蓋然性が高いと認めた場合に限られる[26]。

---

(24)　たとえば一般社団法人 GrowAsPeople による取り組みがある。同法人の『夜の世界
　　白書』（2017年）5，8-9頁を参照。
(25)　「生活保護法による保護の実施要領について」（昭和36年4月1日 厚生省発社第123
　　号）。

　1963年の局長通知は，生活保持義務関係にある者など「重点的扶養能力調査対象者」については，扶養能力の調査を念入りに行うよう，保護の実施機関に求めている[27]。厚生労働省や都道府県による監査に際しては，しばしばこの調査が不徹底であるとの指摘がなされる。しかし，調査の結果生活保持義務者の存在が判明した場合，福祉事務所は，申請を辞退するように仕向けることはあっても，保護を決定した上で自ら保護費を回収するようなことはしない。

　日本の顕著な特徴である扶養に対する強制力（及びそれを強めよという議論）の弱さは[28]，非監護親の子に対する養育費支払義務についても当てはまる。裁判所は養育費徴収にそれほど役に立っていない。そもそも日本では大部分が協議離婚であり，明確な養育費支払義務の取決めが存在しない場合が多い。裁判所の決定がある調停離婚の場合でも，家事債務の履行確保制度は実効的とはいえない。給与の差押え等の強制執行手続も現実的でない。養育費の有効な徴収手段は事実上存在しないのである[29]。アメリカのように，行政が本人に代わって裁判所に強制認知を求めたり，裁判所の命令に基づく養育費支払義務を履行させるために公権力を行使したりしようとすれば，日本では強い反撥が生じるであろう[30]。

　日本ではむしろ社会からの圧力が働く。著名人である裕福な扶養義務者が義務を回避し，その結果直系血族が生活保護を受けていることが公になると，裕福な義務者が義務の不履行に対して激しい社会的批判を受けるだけでなく，被保護者も不正受給をしているかのような非難を浴びることになる[31]。メディアで取り上げられるのは著名人の場合に限られるが，社会的排除をもたらす「近所の噂」はそうではない。

---

(26)　生活保護法施行規則2条1項1号及び3条1号。

(27)　「生活保護法による保護の実施要領について」（昭和38年4月1日 社発第246号）。

(28)　樋口範雄『親子と法 —— 日米比較の試み』（弘文堂，2004年）199-201頁。

(29)　下夷美幸『養育費政策にみる国家と家族 —— 母子世帯の社会学』（勁草書房，2008年）45，55-57頁。日本では母子世帯が家族政策の対象になっていないとされる。

(30)　近畿弁護士会連合会編・前掲注(9)98頁。

(31)　2012年4月に発売された女性雑誌の記事を発端として，人気タレントに対する激しいバッシングが起こった。近畿弁護士会連合会編・前掲注(9)10頁。

Ⅲ　母子家庭への扶助

1　「新しいパターナリズム」

　今日，少なくとも先進国においては，本人自身の幸福は公権力行使のための十分な理由になり得ないという，J・S・ミルの危害原理が広く受け入れられている。対象者の意思に反する公権力の行使は，たとえそれが当人の幸福を目的とするものであっても，最小限に留められるべきであるとされる。先進国の政治思想の基調をなすリベラリズムは，リバタリアン的なものと福祉国家型のものに大別され，両者の間には，政府の役割と責任をめぐって考え方の違いがあるが，人間が自己決定すべき自律的存在であり，それを前提とした制度設計がなされるべきであると考える点では共通している。また，このような広義のリベラリズムが，際立って自立と自助を重視するアメリカの社会で特に力をもっていることについても，おそらく異論はないであろう。

　ところが，そのアメリカにおいて，1990 年代に「新しいパターナリズム」とよばれる思想が現れた。代表的な論客はローレンス・ミードである。「新しいパターナリズム」は，人間が常に自律できる存在であるとは考えず，合理的に行動できない人間の存在を認める。このような人々は，自らの利益について認識はしているが，自力でそれを実現することはできない。貧困を避けるために，解雇や家庭崩壊の原因になる行動の修正，心理的傾向の矯正が必要であることはわかっていても，自分ではそれができないのである。「新しいパターナリズム」は，それを補うために政府が一定の役割を果たすべきであるとする。具体的には，公的扶助を受けるための条件として，貧困の克服に資するとみなされる行動（特に就労のための努力）を提示し，選択するよう，強く促すことが必要である。これは功利的動機によって道徳的行動をとらせることであるが，そこにはそれが教育的効果をもち，本人を変えるはずであるという期待がある。このような考え方が出てきた背景には，過度の福祉依存を問題視し，政策の変更を促すとともに，福祉受給者に適切な行動を求める世論があった[32]。

　このような「新しいパターナリズム」の考え方については，多くの議論があ

---

[32]　Lawrence M. Mead, "The Rise of Paternalism," in Lawrence M. Mead (ed.), *The New Paternalism* (Washington, D.C., 1997), p. 13.

りうるであろう。厳しい義務を伴う福祉受給を本人の選択に委ねてはいるが，他の選択肢を採ることが事実上不可能であれば，「ホブソンの選択」として事実上の強制になる。仮にそれがやむを得ないとして，強制される行動の内容，その妥当性についてはどうであろうか。問題行動として社会的合意のある過度の飲酒や薬物依存，ギャンブルに対する抑制などを促すことについては比較的異論が少ないかもしれない。それでは，結婚の奨励や婚姻の継続（離婚の抑制）といったことはどうであろうか。それによって家族による生活保持がなされ，それだけ財政的負担が軽減されるとすれば，それは公益という面からは正当化される可能性がある。しかし，それが本人の幸福に資するという理由で推進することは，自由の本質に関わる問題である。公権力の行使は，それが前提とする価値を公認し規範化することにつながりがちである。制度としての家族に対しては社会の中に異なった評価がある。特定の家族観に基づく行動を公権力によって推進することは，その正当性について，少なからず議論を呼ぶであろう。

2　「個人責任と就労機会調整法」

「新しいパターナリズム」の考え方が注目されるのは，それが当時有力であったコミュニタリアニズムと結びついて，1996 年にアメリカで実施された大規模な福祉改革に影響を与えたからである[33]。クリントン政権下の 1996 年 8 月 22 日，困窮した家族に対する扶助の改革を目的として連邦法「個人責任と就労機会調整法（以下，1996 年法）」が制定され，これに基づく新たな貧困家庭扶助の制度が導入された[34]。この法律が定められた背景には，黒人の貧困女性の間で未成年かつ未婚の母が増えており，彼女たちの多くが福祉の受給を希望するため，財政への負担が著しく増加しているという認識があった。

新法のもとで，各州は福祉への依存を減少させるために，1996 年法の目的に沿った低所得家庭に対する独自の扶助プログラムを新たに設計・実施することになった。財源には，州の一般財源からの支出とともに，連邦の「貧困家庭に対する一時的扶助」包括補助金（以下，TANF 補助金）が充てられる。この

---

(33)　橋本努「クリントン政権の『福祉から就労へ』」理戦 84 号（2006 年）106-108 頁。
(34)　アメリカの公的扶助制度の概要及び 1996 年法にいたる経緯について，黒田有志弥「アメリカ合衆国における個人の責任と福祉の理念——1996 年個人責任及び就労機会再調整法の分析・評価を中心として」本郷法政紀要 10 号（2001 年）195-197 頁。

補助金を全額受けるためには，その福祉プログラムにおいて，各州は，扶助を受けられる期間を生涯で5年までとし，従来のような任意参加の教育・訓練プログラムに代えて，就労準備のためのプログラムへの参加を，扶助の条件として受給者に要求しなければならない[35]。扶助を受ける母子家庭では，母親が家で子どもを見ながら働くことは許されないのである。

　総じて1996年法は，貧困の主たる原因を，社会経済的な要因よりもむしろ当事者の逸脱行動に見ており，それを行政的手段によって矯正しようとするものであるということができる。さらにこの法律は，結婚が繁栄する社会の基礎であり，かつ子どもの利益を増進させるための基礎的な制度であるという前提に立っている。各州には，婚外妊娠の発生防止のための目標を設定し，そのための措置をとることが求められる。

　1996年法はまた，父親が親としての責任を果たすことが子の福祉に不可欠であるという考え方に立つ。もともとアメリカには非監護親（通常は父親）に対して養育費支払いを強制する制度，養育費強制徴収プログラム Child Support Enforcement Program があった。1975年に導入されて以来，このプログラムは，1984年の法改正，1988年10月の家族援護法 Family Support Act の制定を通じて，非監護親の居所探索，法的父子関係の確定，養育費支払命令の確定，養育費の徴収という4つの面で拡充されてきた[36]。法的父子関係の確定については，連邦は18歳までの子について父子関係確定の促進を州に求め，父を定める争いにおいて，一方の要求で他方に遺伝子検査を受けさせることができるようにした。養育費の徴収については，当局は，裁判所の養育費支払命令を受け，その台帳を整備・管理し，それに基づいて養育費を徴収する。

　未払者はさまざまな手段で追跡される。雇用主は新規採用者を州に報告しなければならない。支払いを逃れて他州に移動する場合に備えて，全州が自動車登録，税金，失業，その他法的強制が及ぶ記録を共有する。支払義務者の給与から養育費を天引きする制度が設けられており，未払者に対しては，納税還付金や失業手当の支給停止，資産差押え，信用調査機関への通告等の措置がとら

---

[35]　黒田・前掲注[34] 199頁。

[36]　Ronald B. Mincy and Hillard Pouncy, "Paternalism, Child Support Enforcement, and Fragile Families," in Lawrence M. Mead (ed.), *The New Paternalism* (Washington, D.C., 1997), p. 139. 樋口・前掲注[28] 197頁。

れ，運転免許の取消，パスポートの失効等の制裁が科せられ，それでも支払わなければ裁判所侮辱罪で収監され，さらには刑事罰を受けることもある[37]。徴収された養育費からは，徴収のための経費が差し引かれる。養育義務を負う非監護親の負担で制度が維持されているということである。

1996 年法は，TANF 補助金交付の要件として，各州に強制的養育費徴収の徹底を求めた。同法により，扶助を受ける場合には養育費強制徴収プログラムが自動的に適用されることになった。米国では州が認知請求訴訟の原告適格を有する。扶助を受けようとする母親は，州当局が訴訟によって父を定めるのに協力する義務を負う。協力を福祉受給の要件とすることは，扶助を必要とする母親にとっては事実上の強制であり，子の父親を隠す権利の否定にほかならない。当局は父親と目される男性に対して認知請求訴訟を提起する。父子関係が確定されれば，州当局は裁判所の養育費支払命令に基づいて養育費を徴収し，そこから交付した扶助費を回収する。

州が 1996 年法の定める制度化の要請に従わなかった場合には TANF 補助金が減額される。連邦は州への補助金を通じて受給者に対する州の対応をコントロールしているのである[38]。1996 年法施行後，福祉受給に伴うコストが高くなったことによる申請の自己抑制が働き，受給者は激減した。その結果，たしかに財政負担の軽減にはつながった。もとよりこれは彼女たちが困窮状態を離脱したことを意味せず，多くの福祉ニーズが放置されている可能性は否定できない[39]。

3 日本の母子家庭と市町村

近年，日本では，少子化の問題との関連もあり，母子世帯に関心が向けられている。子どもをもつか否かは個人の選好であると考えれば，母子世帯が生活の困難を抱えるのは本人の責任であるが，子どもの数が増えることが公益に適

---

(37) Carmen Solomon-Fears, "Child Support Enforcement: Program Basics," *CRS Report for Congress*, September 12, 2013.

(38) 黒田・前掲注(34) 199 頁。これを受けた各州の政策選択について，大杉覚「1996 年福祉改革とアメリカ連邦主義の新展開 ――『権限移譲革命』の政府間政策マネジメント」季刊行政管理研究 107 号（2004 年）6-10 頁。

(39) 尾澤恵「米国における 96 年福祉改革とその後」レファレンス 635 号（2003 年）81-83 頁。

うとみなされるようになれば，母子世帯支援の，政策上の優先度が高まることになる[40]。

　日本ではひとり親の相対的貧困率が高い。これはアメリカにおいて問題とされたように就労しないからではなく，子どもを抱えた母親の就労環境が厳しいからである[41]。非正規雇用が多く，所得が最低生活費を下回ることも少なくない。保育費用など就労に伴って発生する経費を賄うことも容易でない。そのため，就労している場合であっても，年金や社会手当などによる補塡が重要になる。しかし，同じく生活に困難を抱える母子世帯でも，母子世帯になった原因が死別による場合と生別による場合では，制度的な扱いは明確に異なる。死別の場合は，亡くなった夫によって生計を維持されていた妻には遺族年金を受け取る資格があるのに対して，生別の場合に受け取ることができるのは社会手当のみである。

　ひとり親世帯に対しては，所得が制限を超えない限り，社会手当としての児童扶養手当が支給される。ただしワークフェアの影響のもと，2002 年の児童扶養手当法改正により，就労へのインセンティヴを与えるため，就労等によって収入が増えた場合，総収入は逓増するが手当そのものは逓減するよう，一部支給の手当額が所得に応じてきめ細かく定められた。また，1961 年の制度創設以来，国が全額を負担していたが，1985 年の制度改正に際して都道府県が 4 分の 1 を負担するようになった。さらにその後の三位一体改革によって負担割合が見直され，現在は，支給に要する額の 3 分の 1 を国が，残りの 3 分の 2 を都道府県が負担している（児童扶養手当法 21 条）。

　一貫して変わらないのが，母親に配偶者がいれば支給されないことである（同 4 条 2 項 4 号）。配偶者の所得の多寡は問題にならない。また，事実婚であっても支給されない（同 3 条 3 項）。1980 年 6 月 23 日の課長通知により，民法上婚姻が認められていない男女の間のものも「当事者間に社会通念上夫婦としての共同生活と認められる事実関係が存在しておれば，それ以外の要素については一切考慮することなく，事実婚が成立しているものとして取り扱う」と

(40)　2016 年 5 月 2 日，参議院本会議では全会一致で児童扶養手当の増額が認められた。特に 2 人目以上の加算額はそれまでの月 5000 円が 1 万円に，3 人目以降はそれまでの 3000 円が 6000 円に倍増された。

(41)　阿部・前掲注(2)12-13 頁。下夷・前掲注(29)41-42 頁。

され[42]，事実婚という言葉はきわめて広い意味に解されることになった。その背景には，増加する未婚の母に対する社会の厳しい眼差しがあり，1985年に児童扶養手当法の改正が審議されたさいには，未婚の母への支給は「お妾手当」であるとして，一旦はその打切りが閣議決定された[43]。

　婚姻関係の有無は本人の主張と関係なく判定される。1985年10月9日の課長通知は，「事実婚が存在することが想定される場合は，その事実関係については十分な調査を行うよう努め」ることを都道府県及び市町村に求めていたが[44]，地方分権一括法の施行に伴い，2002年8月1日から，それまでの都道府県に代わって市町村（福祉事務所を設置していない町村を除く）が受給資格認定事務を行うことになったため，受給者の婚姻関係は基本的に市町村が把握すべき事柄となった。

　2013年7月8日，厚労省社会保障審議会児童部会の専門委員会で80年通知の見直しの必要性が指摘され，さらに2014年11月，国立市のシェアハウスに住む女性が，男性と居住していることを理由に手当の支給を停止されたことから，事実婚の有無をどのように判断するかが問題になった。2015年4月17日の課長通知は，「形式要件により機械的に判断するのではなく，受給資格者の生活実態を確認した上で判断」するよう求めているが[45]，生活実態の把握は必ずしも容易でない。また，それを実行することの否定的側面を見ないわけにはいかない。

　もう一つの難問が母子関係である。貧困と虐待の間には深い関係があり，子に対して虐待を行う母親は貧困の問題を抱えていることが少なくない[46]。虐待を含め，親が適切な養育をなしえない場合，都道府県及び政令指定都市等に置

---

(42)　「児童扶養手当及び特別児童扶養手当関係法令上の疑義について」（昭和55年6月23日児企第26号）。

(43)　東野充成「児童扶養手当政策における母子家庭の差異化」九州工業大学研究報告（人文・社会科学）64号（2016年）5-6頁。所得税や住民税の寡婦控除については，現在でも，婚姻歴のないひとり親は対象外となっている。

(44)　「児童扶養手当の業務運営上留意すべき事項について」（昭和60年10月9日 児企第34号）。

(45)　「児童扶養手当の取扱いに関する留意事項について」（平成27年4月17日 雇児福発0417第1号）。

(46)　西田芳正編『児童養護施設と社会的排除 ── 家族依存社会の臨界』（解放出版社，2011年）34頁。

かれた児童相談所長による行政処分として緊急介入が行われることがある。児童福祉法 33 条に基づく一時保護である。通常関係者の意思に反する公権力の行使は裁判所の判断に基づいてなされるが，一時保護についてはこれを必要としない。親の意思はもとより，子どもの意思に反してでも児相所長の職権で実施できる。これは，虐待が疑われたときに直ちに裁判所の判断を求めるアメリカとの大きな違いである[47]。また，日本ではアメリカのように養子縁組が定着していないため，一時保護の後，親子関係の維持が困難と判断されれば，多くの場合，措置によって児童養護施設への入所が行われることになる。

　一時保護は強力な行政権限の行使を認めた制度であり，実施に際しては，保護者の大きな反撥を引き起こし，法的な争いを招く可能性がある[48]。子どもの権利保護という公益と，私的領域への公権力の介入はできる限り抑制されるべきであるという原則とが，ここでは深刻に矛盾する。保護者との摩擦を恐れて，児童相談所は一時保護を控える傾向があり，それが虐待の放置につながるとの批判を招くこともあった。一時保護の必要について適切に判断するためには，日常的な見守りが必要になる。これは広域自治体である都道府県や政令指定市には難しい。そこで 2016 年 6 月 3 日に成立した「児童福祉法等の一部を改正する法律」では，翌年 4 月 1 日からの改正事項として，児相から市町村への事案送致が定められ，児相と市町村の共通リスクアセスメントツールが作成された。

　しかし，市町村にも，常に虐待についての情報が入ってくるわけではない。アメリカのような，教師や医師に通報義務を負わせ，それを罰則や損害賠償によって強制するというやり方は[49]，おそらく日本にはなじまないであろう。まして一般の住民に隣家の虐待について通報を促すのは容易でない。また，虐待は，親の子に対する愛情の欠如によって起こるとは限らない。困窮した母親が心ならずも子どもを虐待する例は少なくない[50]。そのような場合，行政と関わ

(47)　樋口・前掲注(28) 109 頁。もちろん親権の制限のためには家庭裁判所の承認を必要とする。

(48)　久保健二『児童相談所における子ども虐待事案への法的対応 —— 常勤弁護士の視点から』(日本加除出版，2016 年) 321 頁を参照。2016 年 10 月から，児童相談所に原則として弁護士を配置することになった。

(49)　樋口・前掲注(28) 99-103 頁。

(50)　鈴木・前掲注(10) 166-167 頁。

ることによって虐待の事実が明るみに出，その結果子どもと引き離されること
を恐れて，母親が生活保護費の受給をためらうこともありうるであろう。

　事実婚にせよ児童虐待にせよ，確認された場合には重大な不利益処分が課せ
られることになるが，その根拠となる実態把握の具体的な方法については市町
村に任されている。市町村は，住民の生活に対して，介入を避けつつ注視しな
ければならない。難しい課題である。

Ⅳ　公私協働と個人情報保護

1　公 私 協 働

　クリントン政権下でのアメリカの福祉改革においては，それに続いてブレア
政権下のイギリスで進められた「第三の道」と同様，下位の政府に権限が委譲
され，さらにコミュニティに重要な役割が割り当てられている[51]。アミタイ・
エツィオーニに代表される「政府的コミュニタリアニズム」の考え方に基づく
やり方である[52]。この考え方は日本にも及んでいる。生活保護受給にまでい
たっていない人を主たる対象とした生活困窮者自立支援法の施行に際し，厚労
省は制度の理念として「生活困窮者自立支援を通じた地域づくり」を目標に掲
げているが，地域コミュニティは既に生活保護を受けている人にとっても同様
に重要である。保護の目的を真に達成しようとするならば，被保護者の社会的
孤立や近隣との摩擦を防ぐことが重要になる。しかし，社会福祉法 16 条 2 号
では，ケースワーカー配置の標準は一人当たり 80 件とされている。実際には
それ以上のケースを抱えることもめずらしくなく[53]，被保護者を日常的に支援
する行政の能力には限界がある。生活保護にまでいたっていない生活困窮者に
は，そもそも行政との日常的な接触さえもない。支援のためには地域コミュニ
ティの協力が欠かせない。

　しかし，地域コミュニティを生活困窮者への支援や被保護者の包摂に関わら

---

[51]　Michele E. Gilman, "Poverty and Communitarianism: Toward a Community-Based
　　Welfare System," *University of Pittsburg Law Review*, vol. 66 (2005), pp. 739-740.

[52]　ジェラード・デランティ著，山之内靖・伊藤茂訳『コミュニティ —— グローバル化と
　　社会理論の変容』（NTT 出版，2006 年）123-124 頁。

[53]　白波瀬達也『貧困と地域 —— あいりん地区から見る高齢化と孤立死』（中公新書，
　　2017 年）86-87 頁。近畿弁護士会連合会編・前掲注(9) 36 頁。

せることは容易でない。今日，地域のコミュニティは，構成単位であった標準的な家族＝世帯と同様に脆弱化し，生活が困難になった人を受け入れるだけの力を失いつつある。それに加えて，アメリカと異なり，日本では，低所得層が特定の地域に集中して居住し，その結果地域コミュニティが同質的になることは比較的少ない。そこには多様な人々が属しており，内部での差別や排除，プライバシーの侵害やスティグマ付与のおそれが少なからず存在する。生活保護費の受給者は，地域コミュニティに関わることを避け，日常の接触を，守秘義務のあるケースワーカーに限定しがちである。

　生活に困難を抱えた人々の社会的孤立を防ぐために，特別職の公務員である，全国約23万の民生委員が，日常的な「見守り活動」や「友愛訪問」を行うことになっている。任期3年の民生委員は特別な専門的知識をもつ人々ではなく地域の代表であり，行政と地域コミュニティの媒介者として，町内会役員などと連携しつつその職務を担っている[54]。保護観察官と無給の保護司の官民連携に基づく保護観察制度と同様，常勤の公務員と民間のボランティアが協力して公務を担う制度のひとつであり，日本に特徴的な公私協働の形とみることができるであろう。隣人性を強みとする民生委員は，地域福祉のネットワークに加わることにより，生活困窮者支援を可能にする地域づくりのために，一定の役割を果たす可能性がある[55]。

　しかし，民生委員は，何と言っても無給のボランティアであり，この職にある人々を理想化することも，民生委員制度の持続可能性に過度の期待をかけることも適当ではない。民生委員の活動を組み込んださまざまな制度が新たに作られたことによって，その仕事は増える一方であるにも拘わらず，なり手不足と高齢化が顕著になっており，民生委員制度そのものが曲がり角に来ていることは否みがたい。それゆえ，生活困窮者に関する情報を収集する行政の能力は，決して高いとはいえない。今日では警察による巡回連絡もかつてほど行われて

---

[54]　民生委員は自治会・町内会からの推薦に基づいて市町村の民生委員推薦会が選出する。民生委員になるのは，PTAや老人クラブなど，地域の役職を経験した，20年以上居住する50代後半以上の無職の女性が多いとされる。大村美保「民生委員の感じる困難さとその要因 —— 民生委員活動との関係を中心として」福祉社会開発研究（東洋大学）3号（2010年）80-81頁を参照。

[55]　鶴岡和幸・大藤文夫「民生委員の媒介機能についての一考察 —— 生活保護率の都道府県格差を手がかりに」社会情報学研究（呉大学社会情報学部）12号（2006年）31-33頁。

いない。生活困窮者は低家賃の集合住宅に住むことが多く，持ち家に住む住民とは交流が乏しい。また，多くは町内会に入会しない。会費の負担に加えて，町内会に加入すれば匿名性が許されないからである。特に矯正施設出所者の場合，前歴を知られることについて極度に神経質になっていることがめずらしくない。

　このような状態を改善するためにも，行政が非営利法人などの支援組織と連携し，民間に蓄積された情報を活用する仕組みを作ることが必要になる。介護保険法や障害者総合支援法に基づき，行政の委託を受けて，高齢者のための地域包括支援センターや障害児者のための相談支援事業所を運営している非営利法人には，福祉サービスを必要とする人々についての情報が蓄積されており，それは困窮度測定のために有用である。また福祉専門職の人々が数多く雇用されており，医療機関や教育機関とのネットワークも構築されて，稼働能力を判断するための専門知識が備わっていることも多い。こうした情報や知識を活用することができれば，行政は省力化を図れるだけでなく，よりきめ細かで適切な対処をすることができる。

　しかし，いかに措置制度の比重が小さくなったとはいえ，行政が関わるべき福祉ニーズの認定は行政の責任でなされねばならない。生活保護費の支給決定は法律に基づく行政処分であり，それを行うのは行政固有の仕事であって，これを業務委託によって民間に委ねることはできない。1996 年法によって福祉給付に関する業務の大幅な民間委託を可能にしたアメリカに比べ，この点での日本の公私の区別は厳格である[56]。また，相談支援を実施している非営利法人には，本人の同意がない限り，相談に際して当事者が自発的に提供した情報を外に出すことはできない。加えて，福祉サービスも提供している相談支援事業者には，サービス利用者への現金給付拡大に対する強い関心がある。それゆえ，扶養義務の不履行はおろか，隠し財産など，利用者による生活保護費の不正受給が発見されても報告しない可能性がありうる。逆に，行政の側には，福祉サービスに自動的に生活保護を結びつけることに対する抵抗が強い。その結果，しばしば行政と事業者の連携が難しくなる[57]。

　その際，媒介者としての役割を担えるものがあるとすれば，アメリカから輸

---

[56]　2018 年 7 月から，労働基準監督署の監督業務の一部が民間に委託されることになったが，これに対しては政府の内外で強い反対がある。

入されたコミュニティ・オーガニゼーション理論に基礎を置く市区町村社会福祉協議会（社会福祉法109条）であろう[58]。介護保険法の施行以来，介護保険事業者としての活動に多くのエネルギーを割かざるを得なくなっている市区町村社協が，本来の特性である民間性を喪失することなく，営利企業を含む関係諸機関・諸団体をコーディネートし，社会資源の有効活用を実現できるか否かは，福祉分野の公私協働を考える上で重要な点である[59]。

2　個人情報保護

　行政機関が保有している個人情報のなかには，生活困窮者となりやすい人たちを選び出し，見守りや支援の効率を上げるうえで役立つものがある。措置の時代と異なり，契約に基づくサービス利用の時代には，民生委員が福祉に関わることが少なくなり，福祉サービスを利用している住民についての情報が入りにくくなっているだけに[60]，行政機関から民生委員等への情報提供がなされれば好都合な場合もありうる。しかし，行政機関から第三者への個人情報の提供は，国家機関の場合には個人情報保護法，地方公共団体の場合にはそれに準じて制定された条例による制約を受けており，行政機関がもつ情報を民間に提供し，社会的包摂のために活用することはきわめて難しい。特に，行政機関の保有する情報の中には，いわゆるセンシティブ情報（機微情報）や「要配慮個人情報」（特に犯罪の経歴や健康歴・障害等）が含まれている。もともと市町村の

---

[57]　支援組織に社会運動としての性格が強いときには，行政との間に不信と対立が生まれがちである。北九州市のホームレス支援の場合，支援団体がNPOとして法人格を獲得したのをきっかけに，両者の関係は徐々に協力的になっていった。藤村修「北九州市における行政とNPOとの協働の過程」山﨑克明ほか『ホームレス自立支援——NPO・市民・行政協働による「ホームの回復」』（明石書店，2006年）221-223頁を参照。

[58]　社会福祉協議会については，橋本宏子「中間媒介組織としての社会福祉協議会へ——研究の視角と方向性」橋本宏子・飯村史恵・井上匡子編『社会福祉協議会の実態と展望——法学・社会福祉学の観点から（神奈川大学法学研究所叢書30）』（日本評論社，2015年）11頁。

[59]　飯村史恵「『地域福祉の時代』における市区町村社会福祉協議会の展望——住民会員制度と住民参加に関する試論」橋本ほか編・前掲注[58]138頁。塚口伍喜夫「序章」塚口ほか編『社協再生——社会福祉協議会の現状分析と新たな活路』（中央法規，2010年）19-20頁。

[60]　山村史子「小地域福祉活動における民生委員の役割に関する考察——情報収集の困難性をめぐって」桜花学園大学人文学部研究紀要11号（2009年）106頁。

中には，民生委員に個人情報を提供していないところもあった[61]。特別職の公務員として，民生委員法 15 条により守秘義務を課されているとはいえ，地域の代表という以上の資格をもたず，漏洩の場合の罰則も定められていない民生委員にどこまで個人情報を提供してよいかは，市町村にとって悩ましい問題であろう。

　自立と個人情報保護の間には密接な関係がある。本人の利益を理由として，本人の同意を得ることなく，個人情報を関係者間で共有することは，ある程度までパターナリズムを認めることである。本人の判断力が不十分であるとみなしうる場合には，相対的にハードルが低い。たとえば配慮を要する児童については，学校を中心とした「ケース会議」が設けられ，関係機関の連絡が図られている。これは未成年であるがゆえに，その利益を守ることがプライバシーの尊重よりも優先され，そのための個人情報の共有について社会的合意が存在しているからであろう[62]。

　高齢者や知的障害者についても理解は比較的得やすいと考えられる。個人情報保護法でも「人の生命，身体又は財産の保護に必要」あるいは「公衆衛生・児童の健全育成に特に必要」で，かつ本人の同意を得ることが困難な場合は例外とされており，個人情報保護条例にも，明らかに本人の利益になるときの第三者への情報提供を認めた例外規定を置くことが少なくない。障害者や高齢者など，比較的生活保護がとりやすく，スティグマの弱い人々については，災害時要援護者への避難支援における関係機関共有方式，さらにはそれを前提とした，2013 年 6 月に成立した改正災害対策基本法に定める避難行動要支援者名簿のように，関係諸機関で情報を共有し，さらに市町村と地域コミュニティとの連携を制度化して，一定の範囲で民間と情報を共有することは可能であろう。

　これに対して，貧困に陥るリスクの高いグループのなかでも，精神障害者や矯正施設出所者，性風俗産業に携わる女性など，特にスティグマの付与と社会的排除のおそれがある人たちについては，個人情報の取扱いにいっそうの慎重さが求められる[63]。この場合には情報の共有や第三者への開示について当事者

---

(61)　厚生労働省社会・援護局地域福祉課「自治体から民生委員・児童委員への個人情報の提供に関する事例集」（平成 24 年 7 月）2 頁。

(62)　厚生労働省「福祉分野における個人情報保護に関するガイドライン」（平成 25 年 3 月）27，30 頁。

の同意が必要になるが，それを促すための条件整備は検討に値する施策であろう。平成 28 年 4 月には新しい障害者雇用促進法（平成 25 年改正）が施行された。改正前には第 1 条で「身体障害者または知的障害者の雇用義務等に基づく」とされていたのが，改正後は単に「障害者」となり，身体・知的障害者に精神障害者が追加されている。このことは，精神障害者に「カミングアウト」を促すきっかけにもなりうるであろう。最近では当事者による自助グループも徐々に広がりを見せている。それは従来排除されがちであった人たちの社会的包摂のための核となりうるものである[64]。排除されがちな人たちが自らの意思で作った組織を社会が認知し，その活用と育成に対して行政が支援する仕組みづくりが期待される。

V　おわりに

　社会全体に広がった希望のなさや閉塞感を背景として，公的扶助をめぐる殺伐とした状況が生まれている。生活保護受給者に対する世間の風当たりは強く，不正受給等が報道されると世論は厳しく反応し，社会の中にとげとげしい雰囲気を作り出す。弱者に対する攻撃的心理のストレートな噴出がもたらす対立の深刻化は好ましくない事態である。社会のバッシングに煽られて，工夫なしに蛇口を閉めれば，狡猾な不正受給者以上に，正直な要保護者の何割かが直ちに困窮し，セーフティネットからこぼれ落ちて，路上や刑務所，ときには不本意ながら性労働に追いやられる。それを強いる社会が健全とは言い難いだけでなく，対応にかかるコストも小さくないであろう。

　アメリカにおいては，自立が前提とされる成人と，そうでない未成年の間に

---

[63]　この点について，アメリカ合衆国は日本以上に厳格である。たとえば精神障害者について，日本のように関係者が集まってカンファレンスを開くようなことは，「医療保険の携行性と責任に関する法律 HIPAA」や「家庭教育の権利とプライバシーに関する法律 FERPA」に反し，違法とされるとのことである。中村かれん著，石原孝二訳『クレイジー・イン・ジャパン : べてるの家のエスノグラフィ（シリーズ ケアをひらく）』（医学書院，2014 年）123，264 頁。

[64]　古川・前掲注[22] 207 頁。大阪・あいりん地区における新たな地縁の創造について，白波瀬達也「多死社会化する寄せ場のエスノグラフィー —— 身寄りなき単身高齢者の暮らしと弔い」現代思想 45 巻 20 号（2017 年）214-216 頁。しばしば自助グループのモデルとされるのは 1935 年にアメリカで始まった AA（Alcoholics Anonymous）である。

は厳格な区別があり，前者に対してはその行動に対して厳しく責任が問われ，後者の保護と育成は重要な公益とされる。加えて，未成年者の保護のために司法が下した命令は，司法の威信を守るためにも，確実な履行が求められる。行政もそれに協力し，責任を負うべき成人に対する，個人情報の第三者への提供をも含めた公権力の行使を厭わないのである。これに対して，日本の司法や行政は，私的領域に介入するための強い権限行使を避ける傾向がある。そのような傾向が一朝一夕に変わるとは思われない。行政の消極的対応に対する，人権の名における批判だけでは（それがいくら理念において正当であっても），問題の解決には役立たないであろう。

日本においてこれまで公権力の消極的な行使を補ってきたのは，行政と社会，とりわけ地域コミュニティの協力関係である[65]。しかし，地域コミュニティは両義的な存在であり，住民の間に共感関係を育て，その参加欲求を満たすと同時に，個人に干渉し，事情を詮索して，スティグマを付与する。それが日本の地域コミュニティの現実であり，公的扶助や生活困窮者支援のための制度構築は，そのような既存の条件を前提として行うほかはない。その上で，さまざまなスティグマが未分離のままで強め合うことを防ぎ，人の目につかないところで排除されがちな人たちの福祉ニーズを顕在化させ，包摂を促していくことが望ましい。それが多くの人によって公益とみなされ，新たな立法によって後押しされるとき，行政が積極的に関わっていくことが可能になるであろう。

立法や法の運用は市民の規範意識に左右される。それから完全に解放されることはありえない。公的扶助が生活困窮者のための社会の負担による給付である限り，長期的にそれを可能にするためには，社会の理解と支持，納税者を説得する論理が必要になる。また，社会が許容できない公権力の行使は，どのような理念のもとに行われようとも，行政そのものを機能不全に陥らせ，長期的な生活困窮者支援を困難にする。この国の社会に適した効果的な支援を実現するためには，社会の想像力の射程を伸ばし，コミュニケーションの可能性を広げつつ，排除する側をも含めた絆の再構築のために，社会に対して説得力をも

---

(65) 2013年3月，兵庫県小野市では，生活保護費の不正受給や好ましくない費消をしている疑いのある受給者がいるとき，あるいは生活に困窮している者がいるときに，市に情報提供することを「市民の責務」と規定する「福祉給付制度適正化条例」が成立し，議論を呼んだ。

つ言葉と論理を作り出す必要がある。それは，正しい立場の存在を前提とした，いわゆる啓発とは異なる性質の，社会全体で取り組むべき課題であろう。

　通常想定されている生活を送ることのできない人々を，社会全体としてどう処遇するか。この人たちに公的扶助を受けさせるにあたって，どのような代償を求め，それを人としての尊厳とどう両立させるか。そこで公権力はどのような役割を担い，社会との間にどのような協力関係を作り出していくのか。こうした問いに原理的な正解があるわけではない。所得の再分配を律する正義の普遍的な原則に留意しつつ，規範と現実とのすり合わせを行い，社会的合意の所在をも踏まえて，暫定的であれ依拠することのできる，新しい基盤を見出していくほかはないのである。

22 日本版集合訴訟制度の課題
—— ブラジルのクラスアクションとの比較から見えるもの

長谷部由起子

I 本稿の目的

1 消費者被害を集団的に回復するための訴訟制度

　消費者が事業者との取引に関して財産的被害を受けたとしても，その被害が少額であれば，民事訴訟制度を利用して被害回復を図ろうとはしないであろう。被害を受けた消費者が法律に関する知識の不足などから被害に遭っていることを認識しておらず，なんらの行動も起こさないということもあろう。その結果，同一の事業者が多数の消費者に対して違法な行為を繰り返すとすれば，消費者集団が被る損害は相当な額にのぼるにもかかわらず，その原因を作った事業者は責任を問われないまま，市場にとどまることになる。こうした事態は，被害を受けた消費者と事業者との間に利益の不均衡を生じさせるだけでなく，消費者と適正な取引を行っている事業者に対する関係でも不公平である。事業者が不当な取引によって得た利益を剥奪して被害消費者に還元する法的な仕組みを構築することは，事業者による違法行為を抑止し，健全な市場を実現するためにも必要であろう。

　そのような仕組みとしては，アメリカ合衆国，カナダ，オーストラリアにおけるオプトアウト型のクラスアクションが知られている。これは，被害を受けた個人または法人が被害者集団を代表して事業者に対して民事訴訟手続を開始し，そこで得られた判決の効力は，有利不利を問わず集団を構成する個々の被害者（以下，「メンバー」という）に及ぶというものである。代表原告による訴訟追行に委ねず，自ら訴えを提起したいと考えるメンバーや，民事訴訟手続の利用を望まないメンバーは，除外の申出（オプトアウト）をして集団から離脱

することができる。オプトアウトをしないメンバーは集団にとどまったものと扱われ、代表原告による訴訟追行の結果に服さなければならない。

オプトアウト型クラスアクションにおいては、個々のメンバーの請求について代表原告が個々のメンバーからの授権に基づかずに訴えを提起し、訴訟追行することができる。これを、代表原告に授権したメンバーの請求のみが手続の対象となるオプトイン型クラスアクションと比較すると、より多くの請求について効率的に手続を開始し、進行させることができるという利点がある。メンバーが不特定多数であり、個々の請求が少額である場合には、オプトアウト型でなければ訴訟手続による権利の実現は不可能であるといってよい。

こうした理由から、わが国でもかつて、アメリカ合衆国連邦民事訴訟規則23条(b)項(3)号に基づくクラスアクションを参考にして、オプトアウト型クラスアクションを導入する立法提案がされたことがある[1]。しかし、オプトアウト型クラスアクションは、消費者の財産的被害の集団的な回復のための民事の裁判手続の特例に関する法律（平成25年法律96号。以下、「特例法」という。条文の引用に際しては「法」と表記する）の採用するところとはならなかった。特例法が採用したのは、ブラジルおよびフランスの集合訴訟制度を参考にした二段階型と呼ばれる裁判手続であった[2]。

2　二段階型の裁判手続の特徴

二段階型の特徴は、手続が、被告の責任の存否を確定する一段階目の手続と個々のメンバーの請求権の存否および額を確定する二段階目の手続に分かれている点、および一段階目の手続で被告の責任が否定されても、そのことは個々のメンバーの請求権の存否には影響しない点にある。たとえば、特例法は二段

---

[1]　公明党による「集団代表訴訟に関する法律案」自正26巻9号（1975年）64頁以下、クラス・アクション立法研究会（代表・竹内昭夫）による「代表当事者訴訟法試案」ジュリ672号（1978年）17頁以下、および第一東京弁護士会による「集団代表訴訟法案」ジュリ759号（1982年）127頁以下はいずれも、代表原告が受けた判決の効力が除外の申出をしなかったメンバーに及ぶオプトアウト型クラスアクションの立法提案であった。

[2]　「二段階型」という呼称は、三木浩一教授の提唱によるものである。三木浩一「消費者集合訴訟制度の理論と課題」三木『民事訴訟による集合的権利保護の立法と理論』（以下、「立法と理論」として引用する）（有斐閣、2017年、初出2014年）264頁以下、268頁。

階型を以下のように規律している。

　一段階目の手続は「共通義務確認訴訟」であり，確認の対象は共通義務の存否，すなわち，「消費者契約に関して相当多数の消費者に生じた財産的被害について，事業者が，これらの消費者に対し，これらの消費者に共通する事実上及び法律上の原因に基づき，個々の消費者の事情によりその金銭の支払請求に理由がない場合を除いて，金銭を支払う義務」の存否である（法2条4号）。共通義務確認訴訟は，特定適格消費者団体が個々の被害消費者（対象消費者。法2条6号）からの授権に基づかずに追行し，この訴訟において請求を認容する判決が確定した場合，被告が請求を認諾した場合または共通義務が存することを認める旨の訴訟上の和解が成立した場合には，二段階目の手続である「簡易確定手続」が開始される（法12条）。

　簡易確定手続は，共通義務確認訴訟において請求認容判決が確定したこと，または共通義務確認訴訟が請求の認諾もしくは共通義務が存することを認める旨の訴訟上の和解により終了したことを前提として，対象消費者が事業者に対して有する金銭支払請求権（対象債権。法2条5号）の存否および内容を確定する裁判手続である（法2条7号）。簡易確定手続は非訟手続であり，対象債権の存否および内容を確定する裁判所の決定（簡易確定決定。法2条8号・44条）に対して適法な異議の申立てがあった場合には，対象債権の存否および内容は，訴訟手続（異議後の訴訟。法2条8号）によって確定されることになる（法52条1項）。

　他方，共通義務確認訴訟において請求を棄却する判決が確定した場合には，手続は二段階目まで至らずに終了する。当該判決の既判力は，当事者である事業者と特定適格消費者団体のほか，当事者以外の特定適格消費者団体にも及ぶが，対象消費者には及ばない（法9条）[3]。

　特例法の規律のいま一つの特徴は，二段階目の手続についてオプトイン型を

[3]　法9条は，共通義務確認訴訟の確定判決の既判力が及ぶ対象消費者を届出消費者に限定している（その意義については，次注を参照）。「届出消費者」とは，共通義務確認訴訟の当事者であった特定適格消費者団体の申立てにより開始された簡易確定手続において，当該特定適格消費者団体（簡易確定手続申立団体。法21条）が届け出た対象債権を有する消費者である（法30条2項1号括弧書き）。共通義務確認訴訟において請求棄却判決がされ確定した場合には，簡易確定手続は開始されず，判決効が及ぶ「届出消費者」は存在しないので，法9条の適用範囲外ということになる。

採用している点にある。すなわち，簡易確定手続は，共通義務確認訴訟を追行した特定適格消費者団体が対象消費者からの授権に基づいて追行する（法31条1項）。対象消費者が自ら簡易確定手続を追行することはできないため（法30条1項），簡易確定手続を通じて確定されるのは，特定適格消費者団体に授権した対象消費者の対象債権のみである。特定適格消費者団体に授権しなかった対象消費者も，事業者に対して訴えを提起し，対象債権の存在および内容を確定することはできるが，そうした対象消費者には共通義務確認訴訟における請求認容判決の効力が及ばない（法9条）⁽⁴⁾。くわえて，共通義務確認の訴えの提起によって生じた対象債権についての時効の中断（完成猶予）の効果も，特定適格消費者団体に債権届出の授権をしなかった対象消費者には及ばない（法38条）。事業者は，対象消費者が提起した訴えにおいて共通義務の存在を争ったり，対象債権についての消滅時効を援用したりすることができるため，対象消費者が事業者に対して訴えを提起することは適切な方法ではない。対象債権の実現のためには，対象消費者は，特定適格消費者団体に簡易確定手続の追行を授権する必要がある。そして，多数の対象消費者がそうした授権をしてこそ，消費者被害の実効的な回復を図ることができる。

3 ブラジルのクラスアクションから学ぶもの

　一段階目で審理・判断される共通義務の存否は，二段階目で確定される個々の対象債権の存否の前提となるものである。それゆえ，二つの手続を分けて，共通義務の存在が確定してから対象債権の確定手続を開始することには，合理性がある。同様の方式は，オプトアウト型に属するカナダのクラスアクションにおいても採用されている。もっとも，カナダにおいては，ほとんどの事件は一段階目で和解により終了するといわれている⁽⁵⁾。

　一段階目の手続で和解が成立し，事業者が支払うべき和解金の額とその被害

---

(4) 法9条が，共通義務確認訴訟における請求認容判決の既判力が及ぶ対象消費者を「届出消費者」に限定していることについては，同条による判決効拡張は「一種の手続内的な効力」であり，中間判決の効力に類似するものであるという説明がされている。山本和彦『解説消費者裁判手続特例法（第2版）』（弘文堂，2016年）188頁。

(5) 大村雅彦「カナダ（オンタリオ州）のクラスアクション制度の概要（上）」NBL911号（2009年）39頁，同「カナダ（ブリティッシュ・コロンビア州）のクラスアクションの概要（上）」NBL966号（2011年）77頁。

消費者への分配の方法が合意されたならば，二段階目の手続をまたずに消費者
被害の回復を図ることができる。それが可能なのは，カナダでは，一段階目の
和解が効力を生じるためには裁判所の許可を必要とし，許可を得た和解の効力
はクラスのメンバー全員に及ぶという規律が採用されているためである(6)。こ
れとは対照的に，特例法は，共通義務確認訴訟における訴訟上の和解の効力を
対象消費者全員に及ぼすための規律を欠いている(7)。そのため，特定適格消費
者団体が事業者から一定額の和解金を受領し，これを対象消費者に分配するこ
とと引換えに，共通義務の全部が存在しないことを認める旨の訴訟上の和解が
成立したとしても，その効力を対象消費者全員に及ぼすことができない。訴訟
上の和解が成立しても対象消費者との紛争は終結しないとすれば，事業者に和
解金を支払うインセンティブは乏しく，簡易確定手続を経ずに迅速に被害回復
を図るという目的は達せられないことになろう。

　以上を前提とする限り，特例法の下で特定適格消費者団体が対象消費者の利
益のために取り得る方法は，共通義務確認訴訟において共通義務の存在を認め
る請求認容判決，請求の認諾または訴訟上の和解を得た上で，対象消費者から
の授権に基づき簡易確定手続を追行して，対象債権についての債務名義を獲得
することだといえる。その後に開始される強制執行手続についても，特定適格
消費者団体が個々の対象消費者に代わって追行することが対象消費者の利益に
適うであろう。しかし，特例法の下ではこれらの手続はオプトイン型とされて
おり，手続を利用するために特定適格消費者団体に授権をするか否かは対象消
費者の判断に委ねられている。被害に遭っていることに気付いていない対象消
費者は，どのようにして授権をするのだろうか。対象消費者に授権を促すため
に，特例法はどのような規律を採用しているだろうか。特例法の解釈で対応す

(6)　オンタリオ州クラス訴訟法29条(2)項(3)項，ブリティッシュ・コロンビア州クラス訴
　訟法35条。なお，アメリカ合衆国連邦民事訴訟規則23条(e)項は，二段階型ではないオ
　プトアウト型クラスアクションの和解について，裁判所の許可を要するものとした上で，
　和解の効力に拘束されたくないメンバーには，オプトアウトの機会を与えるものとして
　いる。これと同様の規律は，オランダの集合的和解制度においても採用されている。オ
　ランダ民法第7編第908条2項，3項1文。長谷部由起子「オランダの集合的和解制度
　の概要（下）」NBL914号（2009年）56頁。
(7)　共通義務確認訴訟における和解に関する規定は10条のみであり，同条は，共通義務
　の存否について訴訟上の和解をすることができる旨を定めるにとどまる。

ることに限界があるとすれば，どのような立法論が考えられるだろうか。

　以下では，二段階型が成功しているといわれるブラジルのクラスアクション⑻の規律を参考にしながら，これらの問題に検討をくわえる。叙述の順序としては，まず，特例法の簡易確定手続の規律を検討し，課題を明らかにする（Ⅱ）。その後に，ブラジルにおける二段階目の手続の規律と日本法への示唆について考察する⑼（Ⅲ）。

Ⅱ　簡易確定手続の規律

1　対象消費者に対する情報提供の必要性

　共通義務確認訴訟における請求認容判決，請求の認諾または訴訟上の和解（以下，「請求認容判決等」という）によって事業者の共通義務の存在が認められ，簡易確定手続が開始されても，個々の対象消費者が特定適格消費者団体（共通義務確認訴訟の当事者であり，簡易確定手続開始の申立てをした特定適格消費者団体。以下，「簡易確定手続申立団体」という）に手続の追行を授権しない限り，特例法の下で消費者被害の回復を図ることはできない。しかし，簡易確定手続が開始された時点では，対象消費者は簡易確定手続申立団体に授権をするかどうかの判断に必要な情報をほとんど有していないように思われる。

　まず，特例法には，共通義務確認訴訟が係属したことを対象消費者に通知・公告する旨を定めた規定がない⑽。また，裁判所が簡易確定手続開始決定をしたときに公告しなければならない事項に，共通義務確認訴訟における請求認容

⑻　三木浩一「ブラジルにおけるクラスアクション（集団訴訟制度）の概要」立法と理論147頁（初出2011年）147頁は，ブラジルのクラスアクションについて「現実の事件数や紛争解決に果たしている役割などを考えると，相当程度，成功していると評してよい」とする。

⑼　ブラジルのクラスアクションについては，主に三木・前掲注⑻およびアントニオ・ジディ（訳）三木浩一・工藤敏隆・浦西洋行「ブラジルにおけるクラス・アクション──大陸法諸国のためのモデル［1］-［9・完］際商34巻8〜12号, 35巻1〜4号（2006-2007年）（原文 Antonio Gidi, *Class Actions in Brazil—A Model for Civil Law Countries,* 51 Am. J. Comp. L. 311（2003））を参照した。

⑽　共通義務確認訴訟の係属についての通知・公告が規定されていない理由としては，共通義務確認訴訟で勝訴できるかどうかが明らかではない段階で多額の費用をかけて通知・公告することは困難である，ということが考えられる。山本・前掲注⑷313頁参照。

判決等の内容は含まれていない（法22条1項）。かりに，これらの情報がマス・メディアの報道等によって一般に周知されていたとしても，それだけでは，対象消費者が簡易確定手続申立団体への授権を決断するのに十分ではないであろう。簡易確定手続申立団体に授権をすることによってどのような便益が得られ，授権をしなければどのような不利益を被るのか，授権をした場合には簡易確定手続申立団体に対して手数料の支払等の義務を負担することになるのか，授権はどのような方法で，いつまでにすればよいのか等々に関する情報がなければ，対象消費者が授権を決断するまでに対象債権の届出期間が経過してしまうおそれもある。これらの情報を対象消費者に効果的に伝えることができるかどうかが，簡易確定手続の実効性を左右するといってよいであろう。

2 簡易確定手続申立団体による通知・公告

　対象消費者が簡易確定手続申立団体に授権をするために必要な情報は，だれがどのような方法で提供するべきか。

　この問題について，特例法は，簡易確定手続申立団体が通知・公告の方法で対象消費者に情報を提供すべきものとしている。すなわち，簡易確定手続申立団体は，対象債権の届出期間の末日の一月前までに，①被害回復裁判手続の概要および事案の内容，②共通義務確認訴訟の確定判決，請求の認諾，または共通義務が存することを認める旨の和解の内容，③対象債権および対象消費者の範囲，④簡易確定手続申立団体の名称および住所，⑤簡易確定手続申立団体が支払を受ける報酬または費用がある場合には，その額または算定方法，支払方法その他必要な事項，⑥対象消費者が簡易確定手続申立団体に対して簡易確定手続の追行を授権する方法および期間ならびに⑦その他内閣府令で定める事項を通知しなければならない（法25条1項）。①の「被害回復裁判手続の概要」は，2015年に消費者庁が公表した特定適格消費者団体の認定，監督等に関するガイドライン（以下，「ガイドライン」という）によれば，被害回復裁判手続（法2条9号）の一般的な制度の説明をすることであり，届出期間内に対象債権の届出をしなければ被害回復裁判手続を利用することはできないこと，債権届出をしなくても他の手続等により請求することは妨げられないことなどを含んでいなければならない[11]。⑦の「内閣府令で定める事項」は，対象消費者からの問合わせを受けるための簡易確定手続申立団体の連絡先や問合わせに対応す

る時間帯，簡易確定手続申立団体が簡易確定手続授権契約の締結を拒絶する場合の理由などである[12]。通知は，書面または内閣府令で定める電磁的方法でしなければならず（法25条1項），後者は，電子メールの送信とされている[13]。

通知の対象は，「知れている対象消費者」であり，これは，立案担当者によれば，共通義務確認訴訟の判決で示された対象消費者に該当する者であると合理的に認められる消費者であって，簡易確定手続申立団体が通知をする時点において，通知をするために必要な事実（氏名および通知を送付すべき住所または電子メールアドレス等の連絡先）が判明している者である[14]。簡易確定手続申立団体は，「知れている対象消費者」に該当しない者を含むすべての対象消費者に対して，通知の対象事項を相当な方法で公告しなければならない（法26条1項）。簡易確定手続申立団体がとった公告の方法が「相当な方法」に該当するか否かは，情報提供の実効性と効率性の観点を総合的に考慮して判断される。たとえば，簡易確定手続申立団体のウェブサイトに掲載する方法は，不特定多数の者による閲覧が可能であり，情報が文字化される点で対象消費者による内容把握が容易であるうえに，その費用も過大になるものではないという点で，一般的には「相当な方法」に該当するとされている[15]。

正当な理由がある場合には，簡易確定手続申立団体は通知・公告をする義務を免除される（法25条1項・26条1項）。「正当な理由がある場合」とは，通知・公告により対象消費者に簡易確定手続を周知させ，簡易確定手続申立団体への授権を促す意味を失わせる事由が発生した場合をいい，たとえば，相手方である事業者についての破産手続の開始がこれにあたるとされている[16]。なお，簡易確定手続申立団体が知れている対象消費者の全員から授権を受けている場

---

(11) ガイドライン4.(1)エ(ア)。

(12) 消費者の財産的被害の集団的な回復のための民事の裁判手続の特例に関する法律施行規則（以下，「施行規則」という）3条1項。ガイドライン4.(1)エ(キ)も参照。

(13) 施行規則2条。なお，ガイドライン4.(1)ウによれば，これには携帯電話のテキストメッセージも含まれるものの，通知すべき事項の分量からして，望ましい方法ではないとされている。

(14) 消費者庁消費者制度課『一問一答 消費者裁判手続特例法』（商事法務，2014年）（以下，「一問一答」として引用する）69頁。ガイドライン4.(1)イも参照。

(15) 一問一答70頁，ガイドライン4.(2)イ。

(16) 一問一答68頁，ガイドライン4.(1)ア，(2)ア，伊藤眞『消費者裁判手続特例法』（商事法務，2016年）108頁，山本・前掲注(4)219頁。

合には，通知義務のみが免除される[17]。

3　相手方事業者による情報提供

　以上のとおり，対象消費者が簡易確定手続申立団体に授権をするために必要な情報については，簡易確定手続申立団体が通知・公告によって対象消費者に提供する義務を負っている。しかしそれは，特例法の下で相手方事業者がなんらの情報提供義務も負わないことを意味するものではない。

　まず，相手方事業者は対象消費者と消費者契約を締結しており，共通義務確認訴訟が係属するよりも前から，対象消費者に消費者契約に関する情報を提供する立場にあった。契約をめぐる紛争が発生した後は，対象消費者からの問合わせに応じたり，ウェブサイトを通じて情報発信をすることもあったであろう。そうした関係から，対象消費者に対して簡易確定手続の開始を知らせ，あわせて，対象消費者が授権をすべき簡易確定手続申立団体の名称や連絡先，債権届出の期間について周知することは，簡易確定手続申立団体よりも事業者のほうが容易になしうると考えられる。そのため事業者は，簡易確定手続申立団体から求めがあったときは，遅滞なく，簡易確定手続開始決定の主文，対象債権および対象消費者の範囲，簡易確定手続申立団体の名称および住所ならびに届出期間および認否期間を公表しなければならない（法27条・22条1項各号）。公表の方法は，「インターネットの利用，営業所その他の場所において公衆に見やすいように掲示する方法その他これらに類する方法」の中から事業者が選択する[18]。公表の期間は，対象債権の届出期間の間である（法27条）。

　次に，事業者は，届出期間中に簡易確定手続申立団体から求めがあったときは，原則として，その所持する文書で対象消費者の氏名および住所または連絡先が記載されたものを当該簡易確定手続申立団体に開示することを拒むことができない（法28条1項本文）。これは，簡易確定手続申立団体は法25条1項に基づく通知をするために必要な情報（対象消費者の氏名および住所または電子メールアドレス等の連絡先）を通常有しておらず，他方で，対象消費者と契約関

---

[17]　一問一答68頁，伊藤・前掲注[16]108頁，山本・前掲注[4]219頁注72）。

[18]　「その他これらに類する方法」の例として，立案担当者は，相手方が予備校であり，受講生が対象消費者である事案において，相手方が普段，授業に必要な配布物を置く場所に，公表事項を記載した文書を置く方法を挙げている。一問一答74頁。

係などの接点がある事業者はそうした情報が記載された文書を所持している可能性が高いという前提の下に，「相手方[＝事業者]が開示すべき文書の範囲を特定するために不相当な費用又は時間を要するとき」（法 28 条 1 項ただし書）を除き，そうした情報が記載された文書の開示義務を事業者に課したものである[19]。事業者が任意に文書を開示しない場合には，簡易確定手続申立団体は，裁判所に対し，情報開示命令（事業者が簡易確定手続申立団体に開示しなければならない文書について，その写しの交付による開示を事業者に命ずる旨の決定）の申立てをすることができる（法 29 条 1 項）。

4 事業者の情報提供義務の根拠

特例法は，簡易確定手続申立団体が行う通知・公告の費用を事業者に負担させる旨の規定を設けていない。そのため，通知・公告の費用は，簡易確定手続申立団体が負担することとなる[20]。簡易確定手続に加入するか否かは対象消費者が決定すべきことであり，事業者に対象消費者に加入を促すべき義務はない，と考えれば，こうした規律は合理的であろう。他方で，3で述べたように，特例法は，簡易確定手続申立団体の求めがあることを要件として，事業者に対し，簡易確定手続が開始されたこと等を公表する義務および通知に必要な情報を簡易確定手続申立団体に開示する義務を課している。その趣旨について，立案担当者は次のように説明している。

相手方事業者は，共通義務確認訴訟の結果，対象消費者に対して共通義務を負うことが確認されており，個々の対象消費者の対象債権についても法的責任を負うことになる蓋然性があることから，事業者の負担が合理的な範囲内であるならば，事業者にも，簡易確定手続申立団体による通知・公告を補うべく，対象消費者に対する情報提供のための一定の義務を負わせることが合理的であ

---

(19) 一問一答 73 頁。

(20) 通知・公告の費用を簡易確定手続申立団体が負担する理由について，立案担当者は，①通知・公告は，簡易確定手続への加入を対象消費者に促すための準備行為であるため，通知・公告に要する費用は裁判の準備費用であって，敗訴者が負担すべき訴訟費用には含まれないこと，②通知・公告の方法については簡易確定手続申立団体が一定の範囲内で適切に判断して行うことができるようになっているため，その金額は定型的ではなく，事業者に負担させるべき金額についてあらかじめ法律で一定額に定めることは難しいこと，などを挙げている。一問一答 72 頁。

る[21]。

　学説は，法 27 条の規定に基づく事業者の公表義務については，法律上の義務ではあるものの，その不履行に対する制裁はないとする[22]。法 28 条 1 項の規定に基づく事業者の情報開示義務については，原告となるべき者が特定できない場合に，被告に対して原告に関する情報の開示を求めることは異例の措置であるとしつつ[23]，その理論的根拠は，共通義務確認訴訟の結果として共通義務の存在が確定されていることに求められるとしている。すなわち，対象消費者に対して共通義務を負うことが確定されている事業者は，共通義務に基づく対象消費者の金銭支払請求権の存否および内容の確定について協力すべき義務を負っているという説明[24]のほか，そうした事業者は，本来であれば自ら対象消費者に積極的に連絡し，支払うべき金銭を支払うよう努めるべきものであり，それを自らしないとしても，簡易確定手続申立団体に協力して必要な情報を開示することは当然に認められてよいという説明[25]がされている。

5　検討課題
(1)　法 28 条・29 条の立法論的課題

　以上から明らかになったように，特例法の下で，簡易確定手続申立団体は，通知をするために必要な事実が判明している対象消費者には公告のほか通知をしなければならず，そうした事実が判明していない対象消費者には公告のみで足りる（法 25 条 1 項・26 条 1 項）。しかし，対象消費者に授権を促すという目的のためには公告だけでは十分ではない。そのため特例法は，簡易確定手続申立団体が通知をなしうるように，通知をするために必要な事実（対象消費者の氏名および住所または連絡先）が記載された文書を所持する相手方に当該文書の開示義務を課し（法 28 条），これを実現する方法として情報開示命令を定めている（法 29 条）。こうした規律が，特例法の独創によるものなのか，それとも，対象消費者と相手方事業者の間の実体的な関係に根拠を有するものなのかにつ

(21)　一問一答 73 頁。
(22)　山本・前掲注(4) 224 頁。伊藤・前掲注(16) 110 頁も同旨であるが，不履行の結果，事業者に損害賠償義務が発生する可能性はあるとする。
(23)　山本・前掲注(4) 224 頁。
(24)　伊藤・前掲注(16) 111 頁。
(25)　山本・前掲注(4) 225 頁。

いては議論の余地があるが，その点はひとまず措いて，以下では，簡易確定手続申立団体が対象消費者に対する通知を行う上で，法 28 条・29 条の規律は適切か，改善すべき点はないかを検討しよう。

まず問題となるのは，法 28 条・29 条が適用される場面が，簡易確定手続が開始された後，対象債権の届出期間中だという点である。この時点までに対象消費者の住所や連絡先が変更していることも考えられるため，もっと早い段階で事業者に情報開示を要求しうるようにすることは検討に値しよう。たとえば，共通義務確認訴訟における両当事者の主張立証から共通義務の存在が十分理由づけられる場合には，事業者が個々の対象消費者に対して金銭支払義務を負う蓋然性があるものとして，共通義務確認訴訟の係属中であっても事業者に情報開示義務を課すことは考えられるように思われる。

次の問題は，法 28 条・29 条が，情報開示義務者を簡易確定手続の相手方，すなわち，共通義務確認訴訟の被告であった事業者（法 12 条）に限定している点である。第三者が情報開示義務を負わない理由について，立案担当者は以下のような説明を行っている。

情報開示義務は，共通義務確認訴訟の結果，事業者が対象消費者に対して共通義務を負うことが認められたことを根拠とするものであるから，相手方以外の第三者に情報開示義務が課されることはない。相手方が第三者に顧客管理を委託している場合であっても，文書を所持するのは相手方であるため，情報開示義務を負うのは相手方である[26]。

それでは，対象債権が不法行為に基づく損害賠償の請求であり，対象消費者とは直接の契約関係にない事業者が共通義務確認訴訟の被告とされた場合（法 3 条 3 項 2 号）はどうか[27]。この場合に，対象消費者の氏名・住所等が記載さ

---

[26] 一問一答 79 頁。

[27] 法 3 条 3 項 2 号によれば，不法行為に基づく損害賠償請求が対象債権である場合には，「消費者契約の相手方である事業者」のほか，「債務の履行をする事業者」（例，請負契約における下請事業者），消費者契約の締結について「勧誘をする事業者」（例，保険の代理店，不動産仲介業者），「勧誘をさせる事業者」（例，マルチ商法において当該商法を実質的に統括する事業者），「勧誘を助長する事業者」（例，未公開株式の販売事案において，客観的には財産的価値の乏しい自社の株が事情を知らない不特定多数の消費者に高額で販売されることを知りながら，販売業者に株式を譲渡した事業者）も共通義務確認訴訟の被告となる。一問一答 32-33 頁。

れた文書を所持しているのは被告ではなく，対象消費者と契約関係にある事業者であるとすれば，第三者である当該事業者に情報開示義務を課すことはできないか。

　立案担当者の考え方にしたがえば，この問題は消極に解されよう。対象消費者と契約関係にない事業者の共通義務の存在が認められたとしても，そのことは，第三者の情報開示義務の根拠にはならない。第三者である事業者も共通義務を負うことが認められ，当該事業者を相手方として簡易確定手続が開始された後でなければ，当該事業者に情報開示義務を課すことはできない，とされるであろう。しかし，当該事業者の共通義務の存在を主張立証することに困難がある場合や，当該事業者の資産が乏しいため，簡易確定手続を開始しても対象消費者の被害を回復できないような場合にも，情報開示のためには当該事業者を共通義務確認訴訟の被告としなければならないという規律は，特定適格消費者団体に過大な負担を課すように思われる。共通義務確認訴訟の当事者以外の者が情報開示義務を負う場合について，その要件と根拠の検討が必要であろう。

　このほか，情報開示命令に執行力がなく（法29条6項），正当な理由のない相手方の不服従に対する制裁が30万円以下の過料であること（同条7項）についても，情報開示義務の実効性を確保する上での問題があるように思われる[28]。

(2) オプトアウト型とオプトイン型の接合の可能性

　相手方が情報開示義務を任意に履行するか，または情報開示命令にしたがったため，簡易確定手続申立団体が相当な数の対象消費者に通知を行うことができたとしても，簡易確定手続申立団体に授権をするかどうかは対象消費者の意思に委ねられている。どの程度の対象消費者が授権をするかは，簡易確定手続申立団体が定めて通知した授権をする期間（法25条1項6号）が経過するまでは不確定である[29]。

---

[28]　山本・前掲注(4)230-231頁は，情報開示命令に執行力がないことについては，文書提出命令と同じ考え方であるとする一方で，不服従に対する制裁が30万円の過料である点については，経済合理的な観点からは，30万円を支払っても相手方が開示命令に応じない可能性は十分にあり，制裁として機能するかには疑問があるとする。

[29]　簡易確定手続申立団体に授権をする対象消費者の数は，授権をする期間の経過後も実は不確定である。この期間内に授権をした対象消費者が期間の経過後に授権を取り消す可能性はあるからである。法31条3項参照。

他方で，簡易確定手続申立団体は，簡易確定手続が開始されるよりも前の共通義務確認訴訟の係属前または係属中に，対象債権の実現を保全するために仮差押命令を得ていることがある。仮差押命令の申立ては，対象消費者からの授権に基づかずに行われ，被保全債権は，「特定適格消費者団体が取得する可能性のある債務名義に係る対象債権」である（法56条1項）[30]。申立ての際には，被保全債権について，①対象債権および対象消費者の範囲ならびに②特定適格消費者団体が取得する可能性のある債務名義に係る対象債権の総額を明らかにする必要があり（法56条3項），②については，対象消費者の数×授権見込み等を考慮した割合×各対象債権の額によって算定するといわれている[31]。立案担当者によれば，実際に授権をした対象消費者の数が当初の見込みよりも少なく，簡易確定手続を経て債務名義が作成される対象債権の総額が②の額を下回った場合には，相手方は，事情の変更による仮差押命令の一部取消し（民保38条1項）を申し立てることができる。また，被保全債権が過大であったために損害を被ったとしてその賠償を求め，簡易確定手続申立団体が提供した担保に対して権利行使をすることもできる[32]。

以上は，共通義務確認訴訟およびそれに付随する仮差押えの手続が，対象消費者の意思にかかわらず，全員のために行われるという意味でオプトアウト型であるのに対し，簡易確定手続は，加入の意思を明らかにした対象消費者のために行われるオプトイン型であることによるものである。異なる手続を接合するために採用された規律は，共通義務確認訴訟については，その有利な効果（訴え提起に伴う時効中断効および請求認容判決等により共通義務の存在が認められたこと）を援用できる者を簡易確定手続に加入した対象消費者に限定するというものであった（Ⅰ2参照）。これに対して，特定適格消費者団体のする仮差押えについては，申立ての時点で簡易確定手続に加入する可能性のある対象消費者数を明らかにした上で，実際に加入した対象消費者数がこれを下回った場合には仮差押えの効力を縮減するという規律が採用された。具体的には，特定

---

(30) 特定適格消費者団体のする仮差押え（法56条）は，他人に帰属する権利を被保全権利としながら，その他人の授権に基づかずに行われる法定保全担当であるといわれている。伊藤・前掲注(16)194-195頁，山本・前掲注(4)294頁，三木浩一「消費者集合訴訟制度の構造と理論」立法と理論316頁（初出2015年）。

(31) 一問一答125頁，山本・前掲注(4)298頁。

(32) 一問一答127頁。

適格消費者団体が仮差押命令の申立ての一部を取り下げるか，または相手方が保全取消しを申し立てることになるが，いずれにしても，仮差押命令の発令の時点で特定適格消費者団体が提供した担保は過大であったことになる。他方，これとは逆に，実際に加入した対象消費者数が当初の予測を上回った場合には，特定適格消費者団体は，被保全債権額を超える対象債権額についてはその後に開始された強制執行手続において仮差押債権者としての配当（民執 87 条 1 項 3号・91 条 1 項 2 号・92 条 1 項）を受けられない。仮差押命令の申立ての時点で簡易確定手続に加入する対象消費者の数を正確に予測することは困難であり，特定適格消費者団体は判断に苦慮することとなろう。

こうした事態は，被保全債権である「特定適格消費者団体が取得する可能性のある債務名義に係る対象債権」を「対象消費者全員の対象債権」と解して仮差押命令を発令した上で，共通義務確認訴訟において存在が認められた共通義務に係る対象債権に関しては，たとえ簡易確定手続に届出がされなかったとしてもその存在は否定されていないのだから，事情の変更による保全取消しは認めないという運用をすれば改善される。しかし，特定適格消費者団体が債務名義を取得する可能性がなくなった対象債権についてなお，仮差押えの効力を維持する扱いを法 56 条 1 項の文言と整合的に説明することは困難であろう。

Ⅲ　ブラジルのクラスアクション制度

1　概　要

ブラジルのクラスアクションの根拠法令は，1985 年に制定された公共民事訴訟法[33]および 1990 年に制定された消費者保護法[34]である。これらの法律は，クラスアクションの対象となる権利，原告適格を有する主体，被告の責任の存否に関する確定判決の既判力が及ぶ主体などについて，民事訴訟法の特例を定めている。

---

[33]　1985 年は，ブラジルの政治体制が軍事政権から文民政権に移行した年である。公共民事訴訟法の全文については，三木・前掲注(8) 164 頁以下を参照。

[34]　クラスアクションに関する消費者保護法の条文については，三木・前掲注(8) 169 頁以下を参照。クラスアクション制度を含む消費者保護法の概要を把握するには，カズオ　ワタナベ（訳）森征一・ナオミ　オガサワラ・リミ　ハラダ「ブラジル消費者保護法の制定について」法学研究 65 巻 1 号（1992 年）341 頁以下およびカズオ　ワタナベ（訳）前

　まず，クラスアクションの対象となる権利については，消費者保護法 81 条が，拡散的権利，集合的権利および同種個別的権利の 3 種類を定めている⑶。

　拡散的権利は，特定の事件によって結びつけられてはいるが，事前には関係のなかった不特定の人々の集団に帰属する超個人的かつ不可分の権利である。たとえば，ある湾の汚染された水質の清廉性を求める権利は，地域社会全体に帰属し，特定のメンバーに帰属するものではない点で，超個人的権利であり，水質の浄化は集団全体に利益を与える点で不可分であるため，拡散的権利にあたる。

　集合的権利は，超個人的かつ不可分の権利である点は拡散的権利と共通であるものの，それが帰属する集団のメンバーの間または相手方との間に法律関係による連結がある点が異なる。集合的権利の例としては，特定の学校に所属する生徒たちが学校に対して良質な教育を求める権利が挙げられている。

　同種個別的権利は，共通の原因から生じた個別的権利であり，その典型例は，飛行機の墜落やビルの倒壊によって被害を受けた人々の損害賠償請求権である。ただし，「共通の原因」は，特定の時期に発生した 1 つの出来事に限定されるわけではなく，たとえば，誤解を招く広告のように，行われた時間帯や地域は分散していても事実が密接に関連しているために，法的には同一のものと評価しうるものを含む。それゆえ，わが国の特例法が対象とする事業者と多数の消費者の間の消費者契約に関する請求も，同種個別的権利に該当する。

　クラスアクションの原告適格は，消費者保護法 82 条によれば，検察庁，連邦，州，市郡，連邦区，官公庁，準官公庁，設立後 1 年以上を経過した法人格のある団体に認められる⑶。公共民事訴訟法 5 条も，検察庁，公共弁護局，連邦，州，連邦区，市郡，独立行政法人，公社，財団，官民混合会社，設立後 1

田美千代「ブラジル消費者法の概要」法学研究 86 巻 9 号（2013 年）5 頁以下が有益である。なお，消費者保護法全文の英訳は，David Jaffe & Robert Vaughn, South American Consumer Protection Laws, Kluwer Law International, 1996, at 89-147 に掲載されているほか，リオデジャネイロ州の PROCON（州法に基づく消費者保護機関）のウェブサイト〈http://www.procon.rj.gov.br/procon/assets/arquivos/arquivos/CDC_Novembro_2014_Ingles.pdf〉からも入手することができる。

⑶　これらの 3 種類の権利の区別については，三木・前掲注⑻150-151 頁およびジディ［5］・前掲注⑼際商 34 巻 12 号（2006 年）1656-1659 頁を参照。

⑶　三木・前掲注⑻149，169-170 頁。

年以上を経過した法人格のある団体に原告適格を認めている[37]。

　実際に多数のクラスアクションを提起しているのは，連邦管轄の事件については連邦検察庁および連邦公共弁護局であり，州管轄の事件については州検察庁，州公共弁護局，PROCON（州法に基づく消費者保護機関）および IDEC（全国規模の消費者保護団体）である。たとえば，サンパウロ州検察庁が提起するクラスアクションは，同州のクラスアクションの約 80％を占める[38]。検察庁は，1988 年憲法 127 条の下で国民の社会的利益・個人的利益を擁護する機能を付与され，行政権から独立した機関とされている[39]。公共弁護局は，困窮者の法律扶助を任務とし，1988 年憲法 134 条の下で国の司法機能に不可欠な機関とされている。

　クラスアクションにおける確定判決の既判力についても，ブラジル独自の規律が採用されている。すなわち，拡散的権利を対象とするクラスアクションにおいては，既判力は対世効を有し（消費者保護法 103 条Ⅰ号），集団的権利を対象とするクラスアクションにおいても，既判力はクラスのメンバーに拡張される（同条Ⅱ号）。ただし，いずれにおいても，既判力はクラスのメンバーの個人的利益および権利に対して不利な影響を及ぼさない（同条補項 1）。このことの具体的な帰結は，以下のとおりである。

　たとえば，誤解を招く広告の差止めを求めるクラスアクションは，拡散的権利の保護のための差止請求クラスアクションであり，請求を認容する判決が確定すれば，広告が誤解を招くものであったことについて既判力が生じる[40]。それがクラスのメンバーにも拡張される結果，メンバーは，損害賠償を求める個別の訴えにおいて広告が誤解を招くものであったことを立証する必要がなくなる。他方，請求を棄却する判決が確定した場合には，広告が誤解を招くもので

⑶7　三木・前掲注⑻ 149，165 頁。

⑶8　三木・前掲注⑻ 149 頁。

⑶9　軍事政権の下では，検察庁は行政権を構成する行政執行機関とされていた。矢谷通朗編訳『ブラジル連邦共和国憲法 1988 年』（アジア経済研究所，1991 年）27 頁は，1988年憲法が検察庁を司法行政に不可欠な機関と位置づけたことを，司法行政に関する同憲法の大きな特色だとしている。1988 年憲法については，同書 39 頁以下に訳文が掲載されている。

⑷0　ジディ［8］・前掲注⑼際商 35 巻 3 号（2007 年）405 頁。この既判力は，アメリカ法における争点遮断効（issue preclusion）に対応する。同 412 頁注 253。

なかったことが確定し，同一の請求原因に基づく差止請求クラスアクションを
再度提起することはできなくなるが，クラスのメンバーが損害賠償を求める個
別の訴えにおいて広告が誤解を招くものであったと主張することは，妨げられ
ない(41)。

　同種個別的権利を対象とするクラスアクションにおける確定判決の既判力も，
有利な場合に限り，クラスのメンバーに拡張される（消費者保護法 103 条Ⅲ号）。
請求棄却判決が確定しても，メンバーはその既判力を受けず，クラスアクショ
ンに共同訴訟人として参加していない限り，損害賠償を求める個別の訴えを提
起することができる（同条補項 2 ）。

2　二段階型クラスアクション

　特例法が採用した二段階型の集合訴訟に相当するのは，同種個別的権利を対
象とするクラスアクションである。その手続の概要は，以下のとおりである。
　まず，一段階目の手続は，原告適格を有する者が個別の権利者のために包括
的な損害賠償を求める訴えを提起することによって，開始される。原告の請求
を認容するときは，民事訴訟法 286 条に根拠を有する「概括給付判決（sentença
condenatória genérica）」がされ，これによって，損害を発生させたことについ
ての被告の責任が認定される（消費者保護法 95 条）。訴えが提起されたことは
官報に公告され，これによって，利害関係人に共同訴訟人として訴訟参加する
機会が与えられる（消費者保護法 94 条）。

　この概括給付判決は，被告が支払うべき金額も支払うべき相手も特定せずに，
被告に対して給付を命じる判決であるため，これを債務名義として強制執行を
することはできない。債務名義を作成するためには，二段階目の手続として
「判決清算（liquidação de sentença）」を開始する必要がある。

　判決清算は，権利者の特定と損害額の計算のためにどのような資料を必要と
するかによって，手続の内容が異なる。すなわち，一段階目では提出されてい
ない事実または証拠を必要とする場合には，通常訴訟の手続による（民事訴訟
法 475 条 E，475 条 F）。ただし，一段階目の手続では問題とならなかった争点
について審理をすることやすでになされた判決を変更することはできない（民

---

(41)　ジディ・前掲注(40) 405 頁。

事訴訟法 475 条 G）。これに対して，新たな事実または証拠を必要とせず，単純計算で判決清算を行うことができる場合には，権利者が提出した計算明細書に基づいて損害額が計算される（民事訴訟法 475 条 B）。また，裁判所が任命した鑑定人の提出した鑑定書に基づいて計算が行われることもある（民事訴訟法 475 条 C，475 条 D）[42]。

　判決清算の申立てをすることができる者は，権利者，その相続人のほか，検察庁等の一段階目の手続について原告適格を有する者である（消費者保護法 97 条）。これらの者は，判決清算後に強制執行をすることもできるが，一段階目の手続について原告適格を有する検察庁等は，集団的な強制執行[43]をすることができる（消費者保護法 98 条）。また，検察庁等は，１年を過ぎても被害の重大さに見合う数の利害関係人が明らかにならない場合には，判決清算および賠償責任についての強制執行を行うことができる（消費者保護法 100 条）。

3　特例法の二段階型手続との比較
⑴　共　通　点
　ブラジルの同種個別的権利を対象とするクラスアクションは，一段階目の手続で被告の責任の存否を確定し，二段階目の手続でメンバーの権利について債務名義を作成する点で特例法の二段階型手続と類似している。一段階目における判決の既判力が個々のメンバーに片面的に拡張される点は，その理由も含めて特例法と同様である。すなわち，わが国では，クラスアクションの判決の効力を有利にも不利にもメンバーに拡張するためには，メンバーに対する通知を確実に行って除外の申出をする機会を保障する必要があるとする見解が有力であり，特例法の制定に際しても，通知をするうえでの実務的課題が指摘された結果，判決効の片面的拡張が採用されるにいたった[44]。ブラジルの同種個別的権利を対象とするクラスアクションについても，これと同様の議論があった。

---

[42]　三木・前掲注⑻ 155-156 頁。

[43]　集団的な執行の具体的な方法は明らかではないが，消費者保護法 98 条は，この執行の効力は，判決清算によってその損害賠償請求権が確定された者に対しても及ぶとしている。

[44]　通知に関する実務的課題として指摘されたのは，通知の対象者を手続の早い段階でどのように特定するのか，通知の費用をだれがどのように負担するのかといった問題であった。集団的消費者被害救済制度専門調査会報告書（2011 年 8 月）10 頁参照。

たとえば，消費者保護法の起草者の一人であるアダ・ペレグリーニ・グリノー
ベルは，判決効の片面的拡張（*res judicata secundum eventum litis*）を採用した
理由について，次のように述べている。

アメリカ合衆国で採用されているオプトアウト型クラスアクションのように，
代表原告が追行した訴訟の判決の効力は，有利不利を問わず，除外の申出をし
ていないクラスのメンバーに拡張されるものとした場合には，メンバーに除外
の機会を与えるために通知をする必要がある。その場合に，メンバーに対する
個別の通知を要求すればクラスアクションが機能しなくなることは，著名なア
イゼン事件において明らかにされている[45]。他方で，通知の要件を緩和した場
合には，メンバー全員に訴訟係属が知らされる保障はなく，憲法上の権利であ
る裁判を受ける権利が損なわれるおそれがある。また，ブラジルにおいては，
そのほかにもオプトアウト型を採用することについての障害があるため，有利
な判決効のみをメンバーに及ぼす方法を採らざるをえなかった[46]。

---

[45]　アイゼン事件に関する連邦最高裁判決（Eisen v. Carlisle & Jacquelin, 417 U. S. 156
（1974））は，合理的な努力によって氏名および住所を確認することのできる 225 万人の
メンバーに対して個別の通知を送らなければならないとした。そのために要する膨大な
費用はすべて代表原告が負担すべきものとされたため，少額請求に関するクラスアク
ションは事実上不可能になった。長谷部由起子「集合訴訟制度の課題」長谷部『民事手
続原則の限界』（有斐閣，2016 年，初出 2012 年）313-314 頁参照。

[46]　Ada Pellegrini Grinover, *The Defense of the Transindividual Interests: Brazil and
Ibero-America*（Paper presented to the Globalization of Class Actions Conference in
Oxford, 13-14 December, 2007）available at website〈http://globalclassactions.stanford.
edu/sites/default/files/documents/Brazil_National_Report.pdf〉 para 12. 最後に指摘
されている「ブラジルにおける障害」としては，不十分な情報，国民の社会的レベル，
裁判手続を利用することの困難などがあるとされている。
　　グリノーベルよりも下の世代に属するジディも，ブラジルが判決効の片面的拡張を採
用した政策的理由について，アメリカ合衆国の状況と対比しつつ述べている。彼によれ
ば，最も重要なのは，アメリカ合衆国のような効果的なディスカヴァリー制度がないた
めに，判決が限られた証拠および情報に基づくものになりがちだということである。そ
のほかにも，裁判官に代表原告の適切性を精査する権限や職業的能力が欠けていること，
およびメンバーに対して適切な通知をするにあたっての実際上の困難や経済的負担の問
題があるとされる。後者に関しては，ブラジルの国土が広大で経済的に未発展であり，
市民の大多数は十分な政治意識を欠き，貧しく，教育水準が低い（成人の約 6 分の 1 は
文盲だとされる）ことを挙げ，このような状況下で，適切かつ効率的な通知の方法を創
設するのは不可能であるとしている。ジディ［8］・前掲注(9)際商 35 巻 3 号（2007 年）
408 頁; Gidi, supra note 9 , at 394-395.

(2) 相 違 点

　一段階目の手続を追行した検察官等が二段階目の手続を追行し，強制執行を行うことができる点は，特例法と共通である。特例法と異なるのは，以下の点である。

　まず，権利者またはその相続人（以下，「権利者等」という）は，自ら判決清算を行うことができる（消費者保法 97 条）。特例法と異なり，債務名義の作成を検察官等に授権する必要はない。

　次に，検察官等が判決清算または強制執行を行う場合にも，権利者等からの授権は必要ではない。検察官等がこれらの手続を行う権限は，法律の規定（消費者保護法 97 条・98 条）に基づくものである。

　以上のとおり，消費者保護法の下では，判決清算についても強制執行についても，権利者等および検察官等が競合的に手続を追行することができる。権利者等の多くがこれらの手続を追行するならば，検察官等が手続を追行する必要はないであろう。そうではない場合にこれを放置していては，消費者被害の実効的回復を図ることはできない。そのため消費者保護法 100 条は，一段階目の概括給付判決が確定した後 1 年が経過してもなお，多くの権利が行使される状態にない場合には，検察官等が判決清算および強制執行を行いうるものとしている。これによって回収された損害金は，個々の権利者には配分されず，消費者保護のために使用する目的で特別な基金に組み入れられる[47]。この仕組みは，アメリカ合衆国のクラスアクションにおける流動的回復措置（fluid recovery）に類似したものといわれている[48]。

4　日本法への示唆

　多数の消費者が特定の事業者との取引により損害を被った場合，その原因は共通ではあるものの，損害の賠償を求める権利は個々の消費者に帰属し，当該権利を行使するかどうかの判断は各人に委ねられる。以上を前提とする限り，

---

[47]　三木・前掲注(8)159 頁によれば，拡散的権利についてこれを保護するための特別な基金が設けられており，同種個別的権利について検察官等が獲得した金銭も，この基金に組み入れられるとのことである。

[48]　Grinover, supra note 46, para 8；Gidi, supra note 9, at 340；ジディ［3］・前掲注(9)際商 34 巻 10 号（2006 年）1317 頁。

二段階目の手続をオプトイン型とし，手続に加入しうるのは，特定適格消費者団体に手続追行を授権した消費者のみとする特例法の考え方が合理的であるようにみえる。

しかし，海外の事例からは，オプトイン型の下では被害総額に見合う規模の加入者が得られない傾向があることが明らかになっている[49]。この点に関して特例法の立案担当者は，消費者が手続に加入しやすくなるように，二段階型を採用したとしている。すなわち，訴訟の帰趨が不明な段階で消費者が授権をすることは困難であるため，特定適格消費者団体に授権をする時期を一段階目の手続で被告の責任が確定した後にしたと説明している[50]。

すでに述べたように，多くの消費者が二段階目の手続に加入できるようにするためには，特定適格消費者団体に二段階目の手続追行を授権することのメリットを個々の消費者に伝える必要がある。その方法として最も確実なのは，個別の通知をすることであろう。しかし，個別の通知を実施するうえで必要な個々の消費者の氏名・住所等に関する情報開示命令（法29条）に十分な強制力はなく，相手方事業者の協力がない限り，個別の通知を行うことは困難である。特例法がオプトアウト型を採用しなかった理由が個別の通知を実施することの困難にあるとすれば，授権を促すために個別の通知を利用することにも多くを期待することはできない。また，二段階型手続を通じて自己の権利を実現することに関心がない消費者や相手方事業者との関係に配慮して権利行使をしない消費者は，たとえ個別の通知がされたとしても，授権をすることはないであろう。

ブラジルの消費者保護法の下では，以上の問題は生じない。検察官等は，被害消費者からの授権がなくても二段階目の手続を開始し，強制執行を行うこと

---

[49] その一例は，2003年8月に英国の公正取引庁（Office of Fair Trading）により違法な価格協定が認定されたサッカーシャツの販売について，消費者団体（Which?）が2007年3月に開始した競争上訴審判所（Competition Appeal Tribunal）におけるオプトイン型の損害賠償請求手続である。当該団体の試算では被害消費者は200万人に及ぶとされたにもかかわらず，手続に加入した消費者は130名ほどにすぎなかったとされている。Christopher Hodges, The Reform of Class and Representative Actions in European Legal Systems-A New Framework for Collective Redress in Europe, Hart Publishing, 2008, at 24-26.

[50] 一問一答4-5頁。

ができるからである。相手方事業者から獲得した金銭については，基金に組み入れて消費者保護のために使用するという近似的分配（cy-près distribution）が行われるため，損害金を受領しない消費者のために長期間にわたって金銭を保管し続ける必要もない。権利行使の意思を明らかにしない者のためにも損害を回復することができる点では，アメリカ合衆国のオプトアウト型クラスアクションと同様の仕組みが採用されている。これと同様の制度をわが国にも導入するかどうかは，被害回復の実効性を追求するか，それとも，個々の消費者の手続を利用しない自由，権利行使をしない自由を尊重するかの判断にかかっているように思われる。

　なお，ブラジルにおいても，二段階目の判決清算を行うためには個々の消費者を特定し，その損害額を確定しなければならない。それに必要な情報をどのようにして収集するかが問題となるが，この点について参考になるのは，公共民事訴訟法 10 条が公共民事訴訟の提起に不可欠な専門的資料の提出を求める権限を検察庁に認め，これに従わない場合には犯罪を構成するものとみなし，禁固刑や科料の制裁を科していることである。特例法の下で，同様の権限を特定適格消費者団体に付与しうるかどうかはともかく，その情報収集権限の拡大強化は，今後も検討課題となろう。

23 ペルーのスピード離婚
——『ペルー市役所及び公証人役場による別居および
その後の離婚に対する非訟事件の手続きを規制する法』
(2008年施行)

アルベルト松本

I ペルーの離婚と再婚に関する法制

　現在，日本在住のペルー国籍者は 47,800 人[1]でほとんどが定住化しており，日本で生まれ育った子弟も増えている。そして厚生労働省の人口動態調査データによると[2]，ペルー人男女（どちらかがペルー国籍である）の婚姻が 1996 年なら 2002 年までの間 200 件から 400 件に増え，その間に離婚件数が年間 30 件から 50 件になっている。2003 年から 2010 年の間は婚姻件数が年間 500 件前後であったが，リーマンショック後は数年で全体の 2 割（約 12,000 人）が本国に戻ったことや困難な経済状況等の影響もあって 2009 年以降は 350 件前後になり，2016 年には 233 件である。その間の離婚件数は 50 件超で，2009 年と 2010 年はそれぞれ 120 件と 90 件に増加し，2016 年は 55 件になっている[3]。また，この 15 年間で毎年 600 人前後が出生していたが現役世代の高齢化（40

---

(1) 法務省「在留外国人統計-2017 年 6 月」法務省〈http://www.moj.go.jp/housei/toukei/toukei_ichiran_touroku.html〉（2018 年 2 月 7 日閲覧）。

(2) 厚生労働省「人口動態調査統計」厚生労働省〈http://www.mhlw.go.jp/toukei/list/81-1a.html〉（2017 年 12 月 28 日閲覧）。

(3) これらの統計を完全に照合することが難しいのだが，在京ペルー総領事館で行ったヒヤリングだと，2013 年の婚姻登録が 97 件，2014 年が 95 件，そして 2015 年が 98 件とある。名古屋にも総領事館があり，そちらのデータは今回入手できなかったが，対応してくれた副領事によると，名古屋もほぼ同数の婚姻件数があるという。離婚に関しては，領事館での離婚公正証書登記という手続きがあるが（これはペルーでの離婚手続きの委任状作成件数とは異なる），東京では，2013 年に 61 件，2014 年に 43 件，2015 年に 63 件とある。名古屋でも，平均 20 件から毎年 30 件はあるというので，厚労省のものと近い統計になる（在京ペルー総領事館にてのヒヤリング，2016 年 3 月 14 日）。

代から 50 代の就業人口が主である）によって 2016 年には 464 人にまで減少した。そして，死亡者数は年間平均 40 人~50 人である。

　これだけ身元関係上の移動や変化が発生すると，駐日ペルー総領事館（東京と名古屋）は業務的にも，本人確認証明書（DNI という ID 書類）や旅券の発行に留まらず様々な身元関係の記録や証明書の発行，受理，修正，関連の公正証書の作成等，広範囲な渉外法務事務に追われている。領事館は，個人の民事上の諸手続きを管轄するペルー内務省，外務省，市役所，公証人役場等の役割を担っており，婚姻（初婚）や出生証明，死亡証明等の記載登記だけではなく，離婚の記録，再婚に伴う前の婚姻解消の確認，事実婚（ペルーでは事実婚制度がある）や婚外子の出生届等を行う。混乱を招かないために多くの手続きはウェブサイトから予約制になっているが(4)，こうした渉外事務手続きにはペルー人だけではなく，国際結婚に関しては日本人や他の南米諸国の出身者，フィリピン人やイラン人等も関係していることがある。

　本稿では，主にこの離婚と再婚についての考察だが，日本ではあまり紹介されていない 2008 年に施行された通称「スピード離婚（ペルー市役所及び公証人役場による別居およびその後の離婚に対する非訟事件の手続きを規制する法(5)）に焦点を当てる。

II　ペルーの婚姻・離婚法制 —— 民法上の規定

　ペルーも多くの南米諸国と同様に今は離婚を認めているが，それまでは裁判離婚しかなかったのである。日本特有の行政（協議）離婚というのはなく，一定の条件を満たしている場合のみ市役所か公証人役場でかなり簡易的な手続き方法で別居を認定してもらい，2 ヶ月間経過した後に離婚申立ができる制度が 2008 年に法制化したのである。離婚するには，当然ながら法的に婚姻してい

---

(4)　在京ペルー総領事館サイト〈http://www.consulado.pe/es/Tokio/tramite/Paginas/Tramite.aspx〉（2018 年 3 月 12 日閲覧）。

(5)　法律第 29227 号"Ley que regula el procedimiento no contencioso de la separación convencional y divorcio ulterior en las municipalidades y notarías (16/05/2008)". この法律の法規則が司法省政令第 009-2008-JUS（Decreto Supremo N°009-2008-JUS (13/06/2008)）である。ペルーでは，この制度を，divorcio express, divorcio rápido スピード離婚という。

なければならないが，ペルーを含む南米諸国では非正規婚（事実婚）や非嫡出子の比率が非常に高く，そうした夫婦や親子は法的に不安定な状況にある[6]。近年，一部の国や自治体では非正規婚を規制する法律や条例を制定しているが，もっとも一般的なのは市役所での非正規婚登録簿の設置であり，同棲婚の成立も解消も簡単な届出一つで済むという行政上の仕組みである。

　ペルーの婚姻は民法 248 条に規定されており，日本のように当日戸籍謄本や住民票等をもって市役所で婚姻届を提出するだけでは成立しない。ペルーでは，婚姻は口頭又は書面で配偶者もしくは自分の居住地の市長に対して申請を行う。準備しなければならない書類もかなり多く，そのうえすべて 30 日以内に発行されたものでなくてはならず，書類を発行した上部管轄機関に証明された出生証明書，居住証明書，医師の診断書等が必要である。居住証明は，最近多くの市町村では簡易的な宣誓供述書という書類に自分たちの住所を記載し署名・拇印するだけでよいとされているが，以前は地元警察署でしかできない手続きだった（その住所に住んでいることを立証するため，ときには公共料金か電話の請求書等の提出が求められる）。婚姻不適年齢の場合は，親の承認または裁判所の許可，婚姻申請者には血縁関係がないという証明書，再婚の場合は前配偶者の死亡証明書もしくは離婚判決事項記載の婚姻証明書又は婚姻無効判決，領事館発行の独身もしくは寡婦・寡夫証明書，その他その都度必要とされる書類を提出しなければならない。死亡証明証も離婚判決も，実務上は亡くなった人の出生証明書，または前婚姻証明書に住民登録局（RENIEC という全住民の身元関係を管理及び登記している機関）によってその事項が記載され発行されたものでなくてはならない。単なる前配偶者の死亡証明書もしくは離婚証明（判決文もしくは日本の市役所が発行した離婚受理証明書）の提出だけでは不十分である。日本で市役所（協議離婚）もしくは家庭裁判所（調停・仲裁離婚）で離婚している

(6)　国連の機関であるラテンアメリカ経済委員会の「変化する家族状況の報告」では，2000-2005 年の非正規婚平均統計では，ペルーが 47.7%（15 歳から 24 歳は 82.6%，25 歳から 34 歳が 55.6%），ブラジルが 33.3%（55.5%，35.3%，22.3%），アルゼンチンが 30.6%（62.9%，35.1%，21.2%）である。同棲婚ともいうが，低年齢ほど比率が高い。婚外子は，アルゼンチンが 57.6%，チリが 50.5%，メキシコが 39.6%，パラグアイが 51% とある。出所：Cerrutti, Marcela y Binstock, Georgina, CEPAL, Familias latinoamericanas en transformación: desafíos y demandas para la acción pública, Serie Políticas Sociales Nº 147, pág. 22, 2009.

場合もペルー国籍の男女が再婚したい場合は，本国の裁判所がそれを承認し住民登録局に登記していなければ再婚手続きはできない。

　この一般的な婚姻手続きには日本には存在しない事前周知義務があり，婚姻が挙行される市役所は8日間婚姻者の氏名を公示し，地元新聞にそのことを掲載しなければならない(7)。これは，その婚姻に対して異議申立ての機会を与えるためだが，なんの法的根拠もなく不服を申立てた者は，処罰される（257条）。また，婚姻者がその異議を否定した場合は，市長は直ちに裁判所にその旨通知し（253条），裁判所も検察庁も期限内に審議する（256条）。しかし8日間経っても異議の申立てがないと，市長は4ヶ月以内に婚姻することができることを両者に通知する（258条前段）。婚姻挙行方式は，市役所にて，公の場で，婚姻者と証人2人が出頭して，行政上の儀式を行う。その際市長は，民法287条，288条，289条，290条，418条及び419条を朗読し，婚姻する意思を確認し，それに対して賛成が伝えられると，婚姻証明書を作成し(8)，市長，婚姻者及び証人がその原本に署名する（259条）。この民事的な婚姻挙行手続きは，ペルーの地理的特徴等を考慮して農村や山岳地帯では，地元の神父（教会の宗教婚とは別に），市長代理，村長もしくはその村で認定された有力者（学校の校長もしくは上級職の教員），そして住民登録局の地方支部長又はその権限を有する職員が行う（260条，262条，263条）。こうした規定が反映してか，日本でみかけるペルー人の出生証明書や婚姻証明書は，特に随分昔のもので地方の村役場で発行されたものは最低限の記載事項しかないことがある。

　他方離婚は婚姻関係の解消（348条）だが，離婚するには民法333条の1から12のどちらかの理由によって提訴しなければならないとある（349条）。しかし，不貞，暴力，犯罪行為，家庭放棄等を理由に訴訟を起こすとなると実際はかなりの年月と費用がかかり，立証する労力も大変なものになる(9)。別居判

---

(7)　新聞がない場合は，婚姻者居住のまたその一番近い地区のラジオ局に，婚姻者の氏名，国籍，年齢，職業，住所，婚姻登記場所を周知し，婚姻に異議がある者はその期間中に申し立てることができる（250条）。婚姻者の住所が異なった自治体である場合は，各市役所がこの周知手続きを行わなければならない（251条）。合理的な理由があり，そのことを立証できるだけの書類や証拠がある場合は，市長はこの周知を免除することができる（252条）。
(8)　以前はすべて手書きであったが，近年ひな形の用紙に必要事項を記載し，署名するという書類もある。

決がないと離婚できないというわけではないが，婚姻してから２年間経過している場合，配偶者双方が合意していればこの別居申立ができ（333 条の 13），比較的スムーズに離婚できるのである。法的な別居判決で配偶者の同居義務は解消し，ペルー民法では通常別居（separación convencional 又は separación de cuerpos）というが，この裁判決定によってはじめて，夫婦としての義務，扶養及び共有財産制度などが停止状態になる（332 条）。また，別居申立の理由として，不貞行為，身体的・精神的暴力，配偶者の殺害未遂行為，夫婦生活が困難な侮辱または名誉毀損行為，二年以上の理由もない家庭放棄，麻薬依存または幻覚を発生させる日常的薬物使用，婚姻後の性病感染，婚姻後の２年以上の実刑判決，２年間の別居（子がいる場合は，４年）等が挙げられる（333 条 1 から 12）が，配偶者のどちらでも別居申立はできる。多くの場合，婚姻して２年経過後の別居申立（333 条ノ 13）というのが最も理由として多いのである[10]。ただ他の離婚事由については（不貞，暴力，麻薬依存，犯罪），２年待たなくても婚姻後いつでも申立てることができるが，その立証に伴う諸費用はとても大きいのである。別居理由の受理と承諾をする判事は，申し立てた配偶者の教育水準や習慣，社会環境や価値観，日常行動によって行う（337 条）。

　子の親権は非有責配偶者に与えることが多いのだが，子の福祉のために判事はもう片方の配偶者または重大な理由がある場合は第三者（近い親族）に与えることもある。いずれにしても判事は別居判決で子に対するまたは夫から妻へもしくは妻から夫への養育費を定める（342 条及び 345 条）。そしてこの養育費の支払いを怠ったときは判事は損害賠償を命じることができるが，ただ別居によって経済的な損害を最も受けた配偶者の救済も想定している（345-A 条）。実際財力がなければこうした養育費の支払いはなかなか履行できず，この養育費（生活費または生活支援）は子に対するものだけではない。日本在住のペルー人の間でも，よく有責女性配偶者が経済的に不利になったことを理由に別れた夫に生活費を要求することがあるが，家庭裁判所の離婚調停でなかなか折

---

(9)　リマのディノ・アニヤ大城弁護士によると，始めから離婚訴訟を起こすと４—５年の時間はかかり，費用もかなり高額になるという。多くの者は，合意がなくとも双方合意（por mutuo acuerdo）による別居申立をし（この訴訟だと１年ぐらいで終決する），その判決から２ヶ月後に離婚するという選択である。しかし，ペルーでは裁判所の職員ストや１月の司法休暇（feria judicial）によって年間２ヶ月間も機能していないことがある。

(10)　この条文は，2001 年 7 月 7 日の法律第 27495 号の 2 条によって改訂されている。

り合いがつかないのもこうした考えの違いが影響しているのかも知れない(11)。

　いずれにしても，離婚に関しては多くの場合双方が妥協して別居判決を得るための裁判手続きを優先し，その2か月後に離婚を申立るのである（349条，354条）。

　離婚によって配偶者間の扶養義務は終了するが，有責配偶者と認定された者はもう片方の配偶者に十分な資産や収入がなく又は仕事に就くことができない場合は，判事の命令によって収入の3分1を超えない範囲内で養育費を支払う義務を負う。

　別居でも同じような規定があり，離婚の原因をつくった配偶者でも生活ができない場合は，救済されることになっている。また，慰謝料は判事がその金額や支払い条件を設定するが，当然ながら非有責配偶者に支払われる（351条）。そして有責配偶者は，夫婦として築いた共有財産の半分を失うという制裁を受ける（352条）。とはいえ，中には有責配偶者であるにも関わらず財産の一部を要求する(12)。

　ペルー裁判所の別居判決もしくは市役所・公証人役場の別居決定の公正証書作成日から2ヶ月経過すると，どの配偶者も判事，市長，もしくは公証人に対して婚姻関係の解消を申立てることができる。別居もその後の離婚手続きも当事者が直接申立てるのが基本だが，代理人（弁護士でなくてもいいのだが，その代理人が弁護人を契約することが多い）を任命する場合はその目的を明記した委任状を提出しなければならない（民事訴訟法第75条）。別居を規定している334条から342条は，妥当な場合は離婚にも適用するとさている（355条）。別居判決がないと離婚できないというわけではないが，双方合意にもとづく別居申立は比較的判決が得られやすいことで，多くの離婚希望者はこの方法で離婚する。

　離婚裁判中に配偶者間で和解が成立した場合は，判事は即訴訟を停止する。

----

(11) 非があっても，それを中々認めないし，認めてもこの親権やその養育費についても激しいやり取りがある。特に有責女性配偶者の場合は，経済的に不利になると相手方に何らかの経済的支援を求める。それを協議離婚調書に明文化することも要求する。子の面会やその頻度等，履行を遵守しなかったときの制裁も掲載するよう求めることもある（筆者の，法廷通訳人としての経験上の感想）。

(12) 南米では実際よく指摘されるのは，妻に非があっても，夫にある程度資産や収入がある場合は有責でなくとも資産の半分近くを失うこともある。そして妻に不貞行為があっても，離婚後の生活状況等を鑑みて多くの判決は別れた夫に生活援助を課している。

別居判決後の離婚訴訟中に和解が成立した場合も，同様に離婚申立人は離婚を撤回しなければならない（356条）。また原告は離婚訴訟のどの段階であっても，後の裁判手続きを考慮して途中から別居裁判に移行することができるのである（357条）。他方，離婚訴訟であっても配偶者の諸状況によって判事が和解の可能性があると判断した場合は，離婚ではなく別居判決を下すこともできる[13]（358条）。こうした措置はカトリック教会の影響もあってできるだけ安易に離婚しないためだとされているが，別居手続きというワンステップを置くことでスムーズに離婚へ進むためである。

Ⅲ　ペルーのスピード離婚法制 ── 法律第 29227 号の規定[14]

ペルー民法では離婚より別居規定の要件の条文が多く，離婚は別居判決の結果であるという解釈になる。別居判決から 2 ヶ月経過すると，離婚申立すなわち婚姻関係の消滅を申立ることができる（354条）。

南米諸国には，日本に存在する協議離婚それも市役所にて行う離婚届というものはない。しかし，近年スピード離婚制度（divorcio express または divorcio rápido）というのがスペインやメキシコ，ペルー等で法制化され，市役所や公証人役場で法が定めている諸条件を満たしていれば，これまでとは比較にならないほどスピーディーかつ低費用で離婚するこができる。海外居住の同国人もしくは国際結婚で配偶者のどちらかが別の国籍であっても，この方法で離婚することができる。

2017 年には 6500 件の離婚がペルーで登記されているが，近年そのかなりの部分がスピード離婚によるものである[15]。

---

[13]　ペルー判例時報 Cas.N° 85-96-Lima, El Peruano, 03-05-1998, p. 859。

[14]　Ley N°29227, Ley que regula el procedimiento no contencioso de la separación convencional y divorcio ulterior en las municipalidades y notarías. 16/05/2008.

[15]　2017 年 1 月～ 9 月の SUNARP（ペルー登記局個人登記簿）統計によると，6325 件の離婚が登記されており，その前の年の同じ時期と比べても 27% 増である。リマ，ラ・リベルター，アレキパ，ランバヤケ，ピウラ，イカ，クスコ，アンカッシュ，カハマルカが最も離婚の多い地区（自治体）である。近年，このスピード離婚と事実上の別居によってその後離婚を申し立てることが多いとされている。徐々にだが，裁判離婚が少なくなっている。¿En cuánto han aumentado los divorcios en el Perú?, El Comercio 新聞，（2017 年 10 月 25 日）。

このスピード離婚の前提として，市役所か公証人役場で先に別居宣告（決定）を手続きしなければならない。これを規定しているのが 2008 年に制定・施行された法律第 29227 号で 8 条で構成されており，もっとも重要なのがこの法規則である司法省政令第 009-2008 号である（Decreto Supremo N°009-2008-JUS）。

すべての自治体でこの手続きができるわけではなく，ペルー司法省が認定した市役所でなければならない[16]。法が施行された 2008 年にはこの簡易方法で離婚したのが 800 件，2009 年に 2000 件，そして 2010 年は 4000 件を超えたと報道されている。また市役所によって手数料が異なり，市議会がその設置準備費用や人件費，地区の経済情勢や住民の平均所得等によって決める権限を持っている（リマ県内では，120 ソル（4,000 円相当）から 400 ソル（13,000 円）である）。公証人役場に関しては自身の業界団体と司法省が協定を締結しているが，すべての公証人事務所でできるわけではない。ただ，実務的には市役所より更に早くできるので時間の節約ができるというメリットがある。関係書類の提出や形式要件は同じであっても，一人の公証人がすべての書類を確認するので不備がなければ非常にスピーディーに決済する。その分費用も割高で 2,500 ソル（83,000 円）である。弁護士を雇う場合はその費用も嵩むのだが（1000 ドルを目安として），海外在住者にはその選択以外はないと言える。公証人役場としてかなり効率のいい稼ぎなので，ネットでもかなり積極的に広告を出している。

日本在住のペルー人は，婚姻してから 2 年経過していれば離婚という目的とその手続きを明確にした特別委任状（poder especial）を提出することによって，申請することができる（同法 2 条及び同規則法 3 条）[17]。条文では，この申立はその夫婦の最終住所又は婚姻登録を行った役所の市長もしくは公証人で

---

[16] 2010 年現在，124 の市役所及び 10 数カ所の公証人役場がこのスピード離婚を受理し，別居決定及びその後の離婚を認定することができることになっている。

[17] このような場合は，任命した弁護士にその委任状案をメールかファックスで送ってもらい，それに必要事項を記載して，駐日ペルー総領事館（東京か名古屋）で公正証書にした委任状を作成し，本国に送付する。領事館でなかなか予約が取れない場合は，その委任状を日本の公証人役場に持参し，公証人の面前で署名し，アポスティーユ証明（ハーグ条約）が付与されていれば，ペルーでも使用できるとされている。日本の公証人はスペインが理解できないので，その委任状の用途，目的，委譲する権限，どの国で使用するか等を記述した和訳（要約でいいのだが）を参考資料として提出すると，公証人役場での手続きがスムーズである。

ある（同法3条）と定めているが，まだ認定市役所と公証人役場が多くないので特に地方出身者はどこが管轄しているのか事前に確認しなくてはならない。

　スピード離婚の要件として配偶者に未成年の子がいないこと，また成人であっても子が無能力者でないことである。また夫婦共有財産がないことだが，ある場合はその資産の清算が明確にされた公証人役場で作成された公正証書が必要であり，その旨登記所に登記されていなければならない（同法4条のb，同規則法4条の3））。 日本在住者の場合，配偶者等がいくら日本の家庭裁判所で和解調書を作成しても，また財産に関してその清算が明記された証書が日本の公証人役場で作成されたものであっても，ペルーの市役所もしくは公証人役場ではこのスピード離婚は申請できないとされている。このようなケースになると，日本の家庭裁判所で離婚調停を行いその決定内容をペルー法にもとづいて判決承認をしてもらう（exequatur）裁判手続きしかない。また，はじめから代理人を任命して全ての手続きをペルーで行う方が望ましい。過去には様々な矛盾した事例があり日本の離婚関係の法律や仕組みを把握していなかったこともあって統一された見解がなかったが，法律第29227号の適用に関しては日本の和解調書や資産清算証書はペルーの市役所や公証人役場ではこのスピード離婚のためには受理されないということになっている。

　別居及びその後の離婚申請書には，配偶者の氏名，身元に関する証明書，夫婦の最終住所，通知用の各配偶者の住所を記載し，両者とも署名及び拇印しなければならない。この申請書の提出が，完全に別れるという意思表示になる。

　添付書類として：

　1）両配偶者の身元に関する証明書（DNIというID）の写し，

　2）3ヶ月以内に発行された婚姻証明書の写し，

　3）未成年の子がいない，又は成人で無能力者の子がいない，という宣誓供述書に署名，拇印したもの，

　4）3ヶ月以内に発行された両配偶者の出生証明書，未成年の子もしくは成人で無能力者の子がいる場合は，親権，養育費，面会の規定を定めた判決文もしくは和解調書の証明された写し，

　5）財産が分離されているという夫婦共有財産制度にあることを記した供述調書（両者が署名及び拇印）もしくは登記所に登記した公正証書，

　6）共有財産が清算された場合は，そのことが記載された公正証書で，いず

れにしても登記所に登記されていなければならない。

これらの書類以外に，その市役所が定めている申請手数料の領収書を添付する[18]（同法5条，同規則法6条）。提出されたすべての書類は真正で供述内容も真実であることを想定しており，そうでない場合は，民事的，刑事的，行政的処罰の対象になる（同規則法7条）。

市長もしくは公証人は，提出されたすべての書類が第5条の規定を遵守しているか否かを5日以内に確認し（同規則法10条前段），その後15日以内に一回限りの審議日時を両配偶者に通知する。別居申請が市長宛である場合は，市役所の法務部もしくは市が任命している弁護人が，提出書類を確認する。審議日では，両配偶者が再度別居するという意思を伝えることになっているが，それが確認されると市長もしくは公証人は，別居を認め決定する[19]。どちらかの配偶者もしくは両者が正当な理由によって出頭できなかった場合は，改めて15日以内に再審議日を定めることができるが，二回目も欠席した場合はいかなる理由でも手続きは終了する（同法6条）。審議は個室でなくてはならずそこで話された内容はすべて記録に残し，別居する意思があるか否かを確認した旨記載する。配偶者の出欠状況も明記される。公証人役場では，この審議は形式的なもので，法律第26662号にもとづいて別居調書を作成し，登記する。市役所の手続きでは，審議後5日以内に別居決定調書が発行されることになっている（同規則法12条）。

そしてその二ヶ月後に，配偶者のどちらも別居手続きをした市役所もしくは公証人役場で，婚姻関係の解消（離婚 divorcio vincular）を申請することができる。この申立から，公証人は5日以内に婚姻解消となる公正証書を作成しそれを非訟事件登記所（Registro Notarial de Asuntos No Contenciosos）に提出する。市役所の場合も，同じく5日以内に婚姻関係解消を決定しその事項を住民登録

---

[18] 司法省が認定市役所でしか申請できないが，各市役所の市議会がこの手数料を定めるので，金額が異なる（120ソルから400ソル）。公証人役場では極端な違いはないが，その書類の量等によって異なるとされている。千ドルを目安としているが，事前に見積もりを頼むのが懸命である。

[19] この段階で，別居を撤回することは非常に少なく，地元メディアによると全体の0.5%以下である。Elizabeth S. Vega, Hay 26 municipios acreditados para tramitar divorcios rápidos, El Comercio, 30.07.2010 http://elcomercio.pe/lima/sucesos/hay-26-municipios-acreditados-tramitar-divorcios-rapidos_1-noticia-615982.

局（RENIEC）等に記載申請しなければならない（同法 7 条，同法規則法 13 条）。これで，別居及びその後の離婚手続きが完了する。

　この手続きは，上記で記載したように両当事者は目的と権限を明記した公正証書の委任状によって代理人が行うこともできる。日本在住のペルー人たちは，こうした方法で諸条件を満たしていれば本国でこのスピード離婚ができる。在京総領事館で作成され証明された委任状でも，日本の公証人役場で作成された委任状でも良いとされている。本国の受任者は配偶者の親戚でも良いのだが，弁護士か公証人を任命した方がよりスムーズである。

　費用の節約のため両配偶者が同じ弁護士を任命し一つの離婚委任状に 2 人が署名してペルーに送ることもときどきみられるが，このような方法ではその委任状は各当事者の十分な防御を保証しないという理由で無効になることもあると現地の弁護士が指摘しており，やはり各位それぞれの弁護士を任命してこの手続きに当たる方が懸命である。

　離婚が決定されてもそれだけでは手続きは終わらず重要なのはその事項が住民登録局（RENIEC）に登記され，そこに登記及び保管されている婚姻証明書に離婚事項が記載されなければならない。この証明書がないと再婚はできず日本でもその書類を市役所に提出しなければペルーの法律にもとづいて離婚したとは認められず，再婚もできないのである。

Ⅳ　日本での離婚と，その後のペルーでの手続き

　日本に在住しているペルー人やその他の中南米諸国出身者は，多くは 1990年の入管法改正で日系人として来日し滞在している。在留資格も血縁関係によるもので，日系二世は「日本人配偶者等」，三世は「定住者」を取得している。現在，70％が永住ビザを持っている[20]。また，在京ペルー総領事館の記録によると年間 20-30 人のペルー人が国籍離脱宣誓証明を申請している（名古屋総領

---

[20]　法務省「在留外国人統計」（2017 年 12 月）。この時点でペルー国籍の在留者は 47,972人で永住者が 33,891 人，日本人の配偶者等が 1,691 人，定住者が 10,406 人，永住者の配偶者が 1,607 人である。この 4 つの在留資格で 98％を占めている。http://www.e-stat.go.jp/SG1/estat/List.do?lid=000001139146（2016 年 3 月 26 日閲覧）。

事館のは含まれていない)。この全員が帰化して日本人になっているわけではないようだが,近年確実に増えているという(21)。

駐日総領事館(東京と名古屋)と厚生労働省の人口動態調査によると,ペルー人だけでも年間200件の婚姻と100件近くの離婚が発生している。これは,定住しているペルー人配偶者が日本で離婚しているのと,本国で成立した離婚を日本の市役所に届けている件数である。

日本における外国人夫婦の離婚の準拠法は,第一に共通本国法,第二に共通常居所地法,そして第三に密接関連地法である(通則法27条・25条)。配偶者のどちらかが日本人で日本に居住している場合は,準拠法は婚姻の場所なので日本法であり,ペルー人・日本人夫婦の場合は市役所に提出する協議離婚(日本民法763条)の届出は受理される。両配偶者がペルー人の場合で長年日本に居住している場合も受理されていることがあるが,本来本国にこのような行政離婚方式がない場合は受理されないはずである(22)。ペルーの諸学説も指摘していることだが,このような届出方式では双方の離婚意思の確認や子の親権と養育費,財産分与等についてその合意が十分に担保されていないという疑問がでてくる。実務上は,市役所が発行する離婚受理証明書を外務省でアポスティーユ証明し,それをペルーに送付し,認定翻訳者に翻訳してもらっても(23),ペルーの市役所も住民登録局(RENIEC)もそして裁判所も,この書類の法的効力は認めないのである。仮に日本人・ペルー人夫婦の協議離婚でも,離婚事項記載の日本人配偶者の戸籍謄本を添付しても,基本的にそのまま離婚登記は認められない。ペルーだけではなく,アルゼンチン,チリ等の行政当局は地元裁判所の判断を求めるので日本の離婚関係書類の効力をその担当判事が吟味し,判決することになる。結局,少なくとも1年から2年ぐらいは時間がかかり,

---

(21) 基本的に家族単位で子供たちが中学か高校に在学している段階で帰化していることが多く,これも各世帯ごとにそれぞれの事情に左右される。しかし,総領事館でのヒヤリングでは,ここ数年この手続きをする件数はこの推移で維持されており,今後増えるのではないかと指摘している。帰化を手続きする地方法務局が,ときにはその国籍離脱宣誓書を求めないときもあるので,実態はもっと多いのではないかと推測できる。ペルー国籍法では,外国の国籍を選択した場合ペルーのを離脱することになるが,その手続きをしなければそのまま重国籍状態になる。

(22) ペルー人夫婦だけではなく,他の国籍でも協議離婚をしているケースは今まで数々の離婚受理証明書の翻訳依頼で,筆者も確認している。

弁護士や翻訳費用等を含めると相当嵩むことになる。日本の協議離婚が余りにも特集なのでかなり慎重に審査又は検証され，日本の民法等の関係条文を提出するよう求められることが多い。

　日本在住ペルー人の渉外家事事件をよく扱うリマの弁護士は，日本の市役所にて離婚している両配偶者のペルー人に関しては，離婚の意思がはっきりして，未成年の子がいなく財産分与もない場合は，再度リマで「スピード離婚」手続きを行うことも選択の一つであるとアドバイスしている。日本の婚姻受理証明書等は一切提出せず，法律第 29227 号及び省政令第 009-2008-JUS にもとづいて，はじめから手続きをするよう勧めている。その方が，時間的にも費用の観点からもスムーズに別居およびその後の離婚が成立しやすく，ペルーの住民登録局にも離婚事項が掲載され，再婚する場合には問題なく婚姻手続きができると言うのである。

　そしてペルー人夫婦が，日本の家庭裁判所で調停もしくは審判離婚をした場合[24]，または民法 770 条による裁判離婚をした場合は[25]，その離婚判決等をペルーの裁判所で承認してもらう手続き（exequatur）が必要である。そのため

---

[23]　ペルーでは，公認翻訳者（traductor público matriculado）というものがなく，外務省認定翻訳者（traductor público juramentado）というのが存在する。公文書に関しては，こうした翻訳者が書類を翻訳し，署名する。ペルー外務省のサイトには，政府が認めている日本語翻訳者のリストが掲載されており現在 6 名である。http://www.rree.gob.pe/servicioalciudadano/Paginas/Directorio-de-Traductores.aspx（2016 年 3 月 2 日閲覧）。

　　アルゼンチンでは，国家資格を有した公認翻訳者が存在し，手続きによってはその者の翻訳でないと法廷や売買契約では認められないことも多い。国によって認定制度が異なるが，ときには，日本で翻訳したものでも，公証人役場でそれが誠実かつ性格に翻訳した旨宣誓したものであれば認める国もあるが，その場合は，翻訳者が公証人の面前でそのことを宣誓し，宣誓書を添付し，証明してもらう必要がある（外国文認証手続きという）。

[24]　日本の家庭裁判所での調停・審判離婚でも，その判決をリマの裁判所で承認する際，家裁の調停及び審判のしくみ，手続きの諸要件や決定の効力等が課題になる。以前は，調停であっても審判扱いにして旧家事審判法第 21 条にもとづいて，その条文の文言を記載してもらうことで南米での承認手続きをスムーズにしているケースも見かけた（同法 21 条：調停において当事者間に合意が成立し，これを調書に記載したときは，調停が成立したものとし，その記載は，確定判決と同一の効力を有する）。その後，法改正があって 2013 年には家事事件手続法が制定され，73 条から 76 条には，審判の告知や，執行力，審判書等について規定している。

にはその目的を明確にした委任状を駐日ペルー総領事館で作成し送付しなければならない[26]。住所証明書に関しては，市役所が発行する住民票を外務省で証明したものが求められる。

　もし，ペルーで日本と同じような協議離婚（行政離婚）が認められていれば，ペルー人同士の離婚もほぼ自動的に受理されるのだが，前述した「スピード離婚」は日本の協議離婚とは，手続きの要件等をみる限り，合致しないのである。

　そして逆にペルーの市役所もしくは公証人役場のスピード離婚の離婚（宣言）決定は，その後適正な手続きを行えば日本ではほぼ間違いなく認められる。そのためには，前婚姻証明書にその離婚事項が住民登録局（RENIEC）によって記載されていなければならない。単なる離婚決定の証明書だけでは，日本の役所では離婚は認められないはずである。

　ペルー民法にも国際私法の項目があり，要約するとそこには次のように記載されている："自然人において始めから終わり（出生から死亡）まで常居所地法が適用する（2068条前段）。自然人の身分及び法的能力も，同様である。居住地の変更は，その前の居住地で得た身分及び能力を左右又は制限するものではない。婚姻する能力及びそれに関する基本的な条件は，婚姻者それぞれの常居所地の法律が適用する（2075条）。また，その形式的要件もその成立場所の法にもとづく（2076条）。夫婦関係に関する権利と義務についても，夫婦の常居所地法であるが，異なった住所に住んでいる場合は，双方が一緒に住んでいた最終住所の法が適用する（2077条）。しかし，夫婦の財産制度すなわち夫婦の資産関係については，夫婦の最初の居住地の法が適用する。居住地を変更またはその前後に所有した資産に関しても，この規定を適用する（2078条）"，と定めている。そして，別居及び離婚に関する権利については，夫婦の常居所地法

(25)　ペルー人夫婦で双方が日本に居住している場合は，日本の裁判所に国際裁判管轄権が認められているので，中には日本の家裁で離婚調停を申立てるケースもあるが，結局その後に本国で判決の承認手続き（exequatur）をしなければならないので，可能な限り委任状や関係書類を整えて始めから本国で離婚するよう，ペルー総領事館は勧めている。

(26)　委任状に関しては，ペルーの弁護士から送られたものを委任者の身元情報を記載して，日本の公証人役場で署名し，証明（法務省印，外務省印を押印）してもらったものであれば，ペルーでも有効とされている。ここでは，アポスティーユ証明も必要になる。この「認証不要条約」の証明があれば，領事館の認証は必要ない。領事館が遠慮裏の場合，ペルー人はそうした証明をしてくれる公証人役場でこの手続きを行う。http://www.mofa.go.jp/mofaj/toko/page22_000548.html（2018年2月7日閲覧）。

が適用すると規定している（2081 条）。

　とはいえ，ペルー民法は様々な別居・離婚事由を定めているが，日本の協議離婚や家裁の調停・審判離婚でよく記述される「性格の不一致」というのは認められておらず，外国の判決でそうした理由は認められていない[27]。しかし別居・離婚の事由も，夫婦の常居所地法に従うとある。また，離婚・別居の民事的効力についても常居所地法が適応するが，夫婦の財産に関してはその夫婦の国の法律であるということになっている（2082 条）。

　ペルー民法では，海外の裁判所で下された判決は条約によってその効力をペルー共和国でも有するとあるが，条約がなくともその国でペルーの判決が同様に扱われたときは同じ効力を持つとされている（2102 条）。他方，その国でペルーの判決が履行されない場合は，ペルーでも効力をもたない。そして外国判決の承認（exequatur）と執行については，海外の裁判所がその事件について確かに国際私法上管轄権を有していることは重要だが，ペルーに管轄権があるもののまだそれを裁いていないこと，そしてその国の法にもとづいて被告人に出廷の機会及び弁明に必要な合理的な時間，すなわち防御の機会を与えていること，判決の即判力，両当事者が同じ目的でペルーで係争していないこと，そして公序良俗に反していないことが求められている（2104 条）。これらの諸条件を遵守している海外の判決は，ペルーでも執行できるのだが（2106 条），判決承認の手続きには判決全文の認証されたコピー及びその訳文（西訳）[28]等を添付しなければならない（2107 条）。判決の執行は，ペルーの民事訴訟法の規定にもとづいて行われ，国内の判決と同様の効力を有することになる。

Ｖ　スピード離婚の検討課題

　南米では離婚という法規制が制定されるまではかなりの年月が必要だったのだが，その後こうした簡易手続きによる市役所や公証人役場でのスピード離婚法制は比較的スムーズに制定されてきている。それだけ社会要求があり，ここ20 年は進歩派の政権誕生でかなり前進したといえる。

---

[27]　Apelación Nº 59-58, Lima, 21-12-98（Revista Peruana de Jurisprudencia, Trujillo, 2000, Nº 3, p.155）.

[28]　前述した通り，ペルー外務省認定翻訳者の翻訳でなければならない。

本稿ではペルーのスピード離婚を取り上げたが，この法律が制定されてから約10年になる。当初から問題視されているのは，市役所での適性手続きの不備である。一つは，市長が実際どこまでその手続きに関わっているのかである。この方法で別居及びその後の離婚申立をするのは，基本的に未成年の子がいなくて財産分与の必要がない夫婦でなくてはならないが，法とその法規則が定めている諸条件（提出書類）を満たしていればあまり問題なく別居決定ができる。しかし公職である市長は多忙なあまり，市の総務局長または民事部長等に委任して決済したという案件が明るみに出たことで，それらの決定は無効とされているケースもある(29)。法律第29227号の第3条は，市長及び公証人のみがこの手続きの権能をもっていると明確にしている。市長しか受理できないし，市長がそれらの書類を確認し，期限内に一回限りの審議を行い，別居の意思を確認し，別居決定を下すことになっている。そして二ヶ月間経過した後には，当事者のどちらかの申立があれば離婚を認めるという仕組みである。しかし，市長自身がすべての業務は執行できないし，実際市役所法務部の職員が書類審査をしていることが多いのである。この市長に対する排他的権限の授与は結果的に迅速かつ適切な手続きを妨げており，婚姻手続きでは認められている市役所内の権限委譲(30)をこのスピード離婚でも認めるべきだという議論が初期の段階からでている。このような権限委譲は，市長の責任回避には当たらず監督責任によって委譲された職員の違法行為等の責任を追及することで担保できるという(31)。

　もう一つの課題は，このスピード離婚で規定している各手続きの期限である。この法律の規則である政令009-2008-JUSには，別居決定から2ヶ月後どちらの配偶者も離婚申立ができると規定しているが，ここで指摘されているのはそ

---

(29)　ペルー司法省法務局，2010年5月24日回答（N°17-2010-JUS）。これはリマ県ビクトリア市役所からの問い合わせで，サンタアニタ市役所発行の離婚証明書がその市長から委譲された上級職員によって署名されているものは有効であるのかという内容だったが，司法省はそれは無効であると回答している。

(30)　ペルー民法260条は，婚姻の挙行は，地元（村や農村地帯）の神父（教会の宗教婚とは別に），市長代理，村長もしくはその村で認定された有力者（学校の校長もしくは上級職の教員），そして住民登録局の地方支部長又はその権限を有する職員でも，行うことができる，と規定している。

(31)　行政手続法である法律第27444号第68条（Ley N° 27444, artículo 68 — Deber de vigilancia del delegante.）。

の別居決定日（別居調書が発行される日）から２ヶ月後ではなく，別居が確実に通知されてから２ヶ月以内にしなければならないという指摘である。現場では，ほぼ無意識にその決定した日から２ヶ月後という計算をしているようだが，専門家は，民事訴訟法第147条，行政手続法である法律第27444号の第16条の１，そして市役所組織法である法律第27972号の第19条は，行政手続きの期限はその当事者に通知してから効力を有すると定めている。

　実際，現場では通知日から２ヶ月といっても当事者の一人にしか通知していなかったり，また何らかの不備または予期しない事情で通知が一人にしか届いていなかったり，適切に確認ができていない事例も，報告されている。別居手続きなので当然ながら両配偶者に確かに通知されていることが重要であり，それを確認していないのは大きな規則違反になる。ペルー司法省からは，この手続きのために認定されている市役所に改善通達が出ているが，人的にも事務的にも法律が定めているように遵守できないのが現状である。法施行当初はかなりこうした事例があったようだが，最近はあまり聞かれなくなりしかし法改正の要請はあるようだ。

　日本在住のペルー人からは，こうした問題はあまり指摘されていないが，基本的に代理人（弁護士もしくは公証人）がすべての手続きを行っている。日本の協議離婚との整合性だが，いくら市役所で手続きができるとしてもペルーのは先に別居が認定されなければならず一回限りとはいえ審議もある。ただ，これらのプロセスをすべて代理人が「特別委任状（Poder especial）」をもってできるというのも海外在住の同胞の要求を反映しているのかも知れない。

　日本の協議離婚は判決ではないが，いくつかの離婚事件でリマ高等裁判所がそれを認めたという前例もある。筆者も，その事件に関わった判事や裁判所職員と意見交換したことがある[32]。現在は，様々な事例の積み重ねで配偶者双方が合意している場合はたとえ日本で協議離婚していても，ペルーでスピード離婚法を活用してペルーでも離婚することが一つの傾向になっている。矛盾を感じ得ないわけではないが，実用的かつ経済的なので，その判断に合理性がある。日本のもペルーのも行政離婚とはいえなくもないが，ペルーの方が手続的には

---

(32)　2007年９月８日，リマにて，裁判所で司法関係者（カプニャイリマ高等裁判事等），外務省領事局，検察庁，女性省の局長及び職員，国際私法のカトリック大学の教授との意見交換会・懇談会。

日本のより手順が多く提出する書類も多い。それに，別居決定なしには離婚はできないし，2ヶ月間離婚を回避するための熟慮期間がある。

中南米諸国では，民法上の離婚は手続きが非常に複雑で長期裁判であるがため，非正規婚率や婚外子比率が日本では想像もできないほど高くなっている。こうした現実に対応するため，非訟家事事件をもっと柔軟かつ迅速な手続きで市役所や公証人役場で別居や離婚ができるようになったのは，ここ10年ぐらいの流れである。

ペルーの指定市役所が予算上や人員上の問題で十分に法が定めている義務に対応しきれていない側面はまだ少なからずあるようだが，公証人役場で同じ手続きを行う場合は，費用がかなり異なるとはいえ不備の指摘はない。ブラジルでは，2007年の法律第11441号によって，配偶者双方が合意していれば別居もしくははじめから離婚を公証人役場で行うことも認められており，未成年の子がいない又は存在する場合は事前に裁判決定によって未成年の親権や面会，養育費に関して合意していればという条件を満たしていれば，以前とは比較にならないほど迅速に離婚できるようになっている[33]。

日本に在住するペルー人もブラジル人もそうした観点からはかなり民事的な手続きがスムーズになり，その分総領事館の業務が増えているのかも知れない。また，この日本ではこのような法改正はあまり紹介されておらず，この機会にペルーのスピード離婚について記述した次第である。今後は，他の南米諸国でもこうした法制定が行われる可能性は否定できずペルー等の事例は少なからず参考になると期待する。

---

[33] Lei 11.441/07 この法律によって，公証人役場で別居もしくは離婚できるようになり，裁判離婚より簡素化され，費用も軽減されている。日本在住のブラジル人も，総領事館で委任状を作成し，代理人によって申請できる。また，ペルーの制度と異なり，合意がある場合両配偶者が一人の弁護士を任命し，二人の利益を代弁することができる。出所：1 °Cartório de Notas Sao José dos Campos 公証人役場サイト http://www.1cartoriosjc.com.br/?pG=X19wYWdpbmFz&idPagina=65（2018年10月28日閲覧）

〈文　献〉

CODIGO CIVIL-Decreto Legislativo N° 295 (25/07/1984), Jurista Editores, Lima-Perú, Agosto 2009.（ペルー民法典，ここにスピード離婚法及びその法規則も含まれている）

César Delgado Barreto/Delgado Menéndez/Candela Sánchez, Introducción al Derecho Internacional Privado-Tomo II, Fondo Editorial, Agosto 2007.

Jorge ANDUJAR, Informe Práctico Procesal Civil-Actualidad Jurídica, Tomo N° 201, pág. 92-95, Editorial El Buho EIRL, Lima-Perú, Agosto 2010.

小出邦夫『逐条解説・法の適用に関する通則法（増補版）』（商事法務，2015年）

梶村太市『新版実務講座 —— 家事事件法』（日本加除出版，2013年）

大谷美紀子・榊原富士子・中村多美子，『渉外離婚の実務 —— 離婚事件の基礎からハーグ条約まで』（日本加除出版，2012年）

長瀬二三男・関口晃治『国際私法の解説（3訂版）』（一橋出版，2008年）

東京都外国人相談研究会『最新 外国人よろず相談 —— 事例と回答120』（日本加除出版，2009年）

有地亨監修『口語親族相続法（補訂版）』（自由国民社，2005年）

［付記］

　　民法関連法の改正で，ペルー民法の条文の一部も削除，付記，追加事項が発生しており，この改正は2015年のものである。今年も改正案が議会で審議されたが，まだ官報に掲載されておらず施行されていない。但し，大幅な民法改正ではないとされている。最終バージョンは2015年のもので，ペルー司法省のサイトに掲載されている。http:/splj.minjus.gob.pe/publicaciones_oficiales.html

24 岐路に立つロシア民法典

小 田　　博

I　は じ め に

　かつて穂積陳重博士は，当時制定されたばかりの日本民法典を「比較法学の精華」であると評された[1]。現行のロシア連邦民法典も，フランス民法典に淵源をもちながら，広くフランス以外の諸国の制度も取り入れた法典である。2008 年からこの法典の改正作業が開始されたが，この過程で，経済発展省や法律実務家から民法典が現代的ビジネスに対応しない，時代遅れの法典であるという批判が高まり，主としてイギリス法の諸制度の導入が提案された。その背景には，ロシア法を外国投資家にとって魅力的なものとし，外国投資を誘引しようとする政府の意図がみられる。裁判官や民法学者を中心にこれに対する反発もあり，対立の結果，民法典全体の改正案の採択は断念され，「合意が達成された部分から」随時改正法が制定された。しかし，こうした外国投資誘因のための法改正は，とかく無原則な cherry-picking になりがちであり，既存の制度との整合性を欠くために，裁判所によって実効的に運用できるかは疑問である。

　本稿では，ロシア民法典の債権法の部分の 2015 年 3 月 18 日改正を中心にこの点を検討することにしたい[2]。

---

[1]　N.Hozumi, *Lectures on the New Japanese Civil Code as Materials for the Study of Comparative Jurisprudence*, Tokyo 1904, pp. 21-22.

[2]　ロシア連邦民法典全体については，小田博『ロシア法』（東京大学出版会，2014 年），134 頁以下参照。

II　ロシア民法典の歴史

　ロシア民法は，19世紀初頭までは慣習法の集成である「会議法典」に収められていた。ロシアにおける最初の近代的な民法典の制定は，19世紀初頭にM. スペランスキーによって試みられた。スペランスキーの民法典草案は，伝統的なロシア法ではなく，フランス民法典を基礎としていた。彼は，下級官僚であり，海外留学の経験はなかったが，フランス法に通暁していた。ちなみに，当時は法律家の地位は低く，法律関係の仕事は，下級官僚に委ねられていたのであった。草案は，1810年に政府に提出されたが，政治的な対立から受け入れられなかった[3]。スペランスキーは，一時，皇帝の不興をかって辺境に追放されたが，その後中央に復帰してロシア法全体の法典化作業に専念し，1830年に編年体の法令大全，1832年に法分野別に現行法令を体系化した法令全書15巻を完成させた。

　法令全書第X巻第一部は，17世紀の会議法典以来のロシアの民事関係の諸規定をフランス民法典にしたがって配列したものであった。法令全書第X巻は，体裁としては既存の民事法令の集成という形をとったが，実際にはスペランスキーによって「編集」され，随所にフランス民法典の影響がみられた。法令全書は，1842年，1857年，1906年と三回改訂されたが，基礎がロシアの旧い法令にあるだけに，近代化が進む19世紀ロシアには，もはや適合しなかった。この点は，すでに法令大全・法令全書編纂時にスペランスキーが認識していたことであるが，ようやく1882年の勅令により，民法の全面的な見直しと新法典の制定作業が開始された。新法典草案は，1906年に完成し，1910年に公刊された。

　法典編纂委員会は，ロシアの法令，判例，慣習の他に，当時ロシア領であったポーランドやバルト諸国の法令を参照した。フランス民法典の影響は，ポーランドを介してのことと思われる。この他，ドイツ法や英米法も参照された。

　しかし，草案は，第一次大戦の開始により，結局，採択されずに終わった。なお，帝国民法典草案は，ドイツでは早くから紹介されていたが，最近ロシア

---

(3)　A.L.Makovskii, *O kodifikatsii grazhdanskogo prava*, Moscow 2010, pp. 403-407.

でも，その後のソビエト民法典や，現行民法典にも影響を与えた資料として評価され，復刻された(4)。

　ボリシェビキ革命の後，宥和策がとられたいわゆる新経済政策の時代（1922-1928）に，新たに民法典が制定された。1960 年代まで効力を保ったこの民法典は，「その 80 - 85% がロシア帝国民法典草案のコピーであることは，公然の秘密であった」(5)。もっとも，草案と比較して，この民法典は著しく簡略化されていた。これは起草者ゴイフバルクがマルクス主義の法の死滅論に忠実であったことによる。

　社会主義時代のその後の民法典も，基本的には 1922 年民法典と同様に革命前の民法の様式や概念に忠実であった。「法律行為」の概念がその好例である。帝政ロシアの法令全書では，*akt* という言葉が用いられたが，その後パンデクテン法学の影響で，法律行為（*Rechtsgeschäft*）の訳として *sdelka* という言葉も用いられるようになった。当時の民法学の権威的著作によれば，*akt* と *sdelka* とは同義であった(6)。法令全書の民法編には，法律行為の形式，瑕疵，条件などの規定が置かれていた。1906 年の帝国民法典草案は *sdelka* を用いた。これは社会主義時代を経て，現在に至るまで受け継がれている。

　社会主義が崩壊し，市場経済への移行が現実のものとなったとき，まず所有制度に関する改革が行われた。所有権法が新たに制定され，「私的所有」の概念が復活した。国家的所有の優越の原則は廃棄され，国家的所有と，私的所有（そして外国投資家の所有）とは対等に保護されることになった。私的所有の範囲は拡大され，生産手段である企業にも及んだ。個人が出資する企業の存在は，1988 年の共同組合法で初めて公認され，直ちに多数の企業が設立された。また，既存の国営企業もその多くが民営化を予定され，実際にも国家セクターから民間セクターへの資産の事実上の移行が進んだ。そのために，国営企業ではない，私的企業の法律関係を定める企業法が必要となり，原初的な会社法である「企業，および企業活動に関する法律」が制定された。また，1991 年には「民法の基本原理」という法律が制定された。これは社会主義時代末期に起草

(4)　A. L. Saatchian ed., *Grazhdanskoe ulozhenie, proekt*, Moscow 2007.

(5)　Makowskii, *supra*, p. 336.

(6)　G. F. Shershenevitch, *Uchebnik russkago grazhdanskago prava*, 7th edition St. Petersburg 1909, p. 155.

された連邦法草案を発展させたものであり，市場経済に適合するように改められてはいたが，きわめて概括的なものであった。

　しかし，社会主義の末期から 1990 年代初めに制定されたこれらの法律は，いまだ未熟な移行期の法律であって，本格的な市場経済の基本的な枠組みとなるものではなかった[7]。たとえば，企業，および企業活動に関する法律では，閉鎖型株式会社と有限会社が混同されていた。1992 年に制定された担保法も，資金需要が高まる中で，実効的な担保を提供するものではなかった。こうした中で，市場経済の要となる包括的な民法典の制定が日程に上がったのである[8]。

III　ロシア連邦民法典の制定

　新しい民法典を起草するにあたってどこに範を求めるかは困難な問題であった。70 年を超える社会主義時代に，外国の民法典研究の蓄積があろうはずもない。そこで，ロシア帝国民法典草案が，重要な基礎を提供した。

　19 世紀末から 20 世紀にかけて欧州は，民法典の法典化の時代であった[9]。ドイツ民法典に先立って 1881 年に，スイス債務法が制定され，その後スイス民法典も 1912 年に発効した。1811 年にフランス民法典をもとに制定されたオーストリア一般民法典も 1910 年代に大幅な改正をみた。ロシア帝国民法典草案は，これらの法典に大きな影響を受けた。その内容は，編別構成はフランス民法典にしたがっているが，ドイツ法，スイス法の影響も至るとこにみられる。草案では，各条項に関連する当時のロシア帝国法令全書の関連条項とともに，参照された外国の法典があげられている。たとえば草案の法律行為の部分には，ドイツ法の信義誠実（*Treu und Glauben*）の原則が反映されていた。また，法人の規定では，スイス法（チューリッヒ・カントン法）の引用が多い。

　いずれにしても，このロシア帝国民法典草案は，当時のヨーロッパの諸法典と比較しても遜色のないものであったとされ，社会主義崩壊後のロシア連邦民法典編纂の際にも参照されるに足るものであった。もとより，20 世紀初頭の

---

(7)　Makovskii, *supra*, p. 316 ff.

(8)　*Ibid.*

(9)　H. Schosser, *Grundzüge der Neueron Privat rechtsgeschichto*, 10 Afulage Guflage, Heidelberg, 2005, S. 207 ff.

民法典だけを範にして現代の民法典を起草することはできない。そこで，まず
参照されたのは，1992年に制定された，ヨーロッパでは最新のオランダ民法
典であった(10)。オランダ民法典がロシアの新民法典に大きな影響を与えたのは，
それが新しい法典であったためだけではない。ロシアにおける体制転換の初期
に，欧米諸国は，様々な支援を行ったが，いわゆる法制支援も大きな位置を占
めた。この分野では，社会主義時代からロシアの法律家との交流の拠点であっ
たライデン大学の社会主義法研究所を中心に，オランダ政府の支援を得て民法
制定支援のプロジェクトが策定され，ロシア民法典の方向性を定める結果と
なった。

　1990年代初頭に，サンクト・ペテルスブルグ大学のA. Makowski教授を中
核として大統領府に民法典起草委員会が設置された。数年間の作業の後に，
1994年12月にまずロシア連邦民法典第一部の制定をみた。ついで1996年に
同第二部，2002年に第三部，2008年に第四部が制定された。

　ロシア民法典の大きな特色は，それが民法典と商法典とを一体化した，民商
一元形式をとっていることである。すなわち，現在，ロシアには商法典はなく，
民法典が商事関係をも規律するのである。これは直接には，同様の方式をとる
オランダ民法典の影響である。帝政ロシア時代には，法令全書第Ⅹ巻は，そ
の第一部が民法で，第二部が商法であり，二元主義に立っていた。一方，帝国
民法典草案は，スイス債務法の影響の下に，民商一元主義を採用した。新たな
民法典と商法典を別個に制定することには，社会主義体制下の「経済法典」支
持者に対する反発からの抵抗もあった。民商一元主義は，現代ロシアの民法典
起草者にとっては好ましい選択であった。かくしてロシア連邦民法典は，新生
ロシア私法の要として制定されたのである。

　ロシア民法典の制定過程においては，S. Alekseev教授，A. Makowski教授
など，民法学者が中心的な役割を果たした。計画経済を基礎とする社会主義体
制の下では，私的企業は存在を許されず，したがって「商法」も商法学者も存
在しなかった。ロシア民法典は民商一元主義をとるが，その起草過程に参加で
きる商事法の専門家は存在しなかったのである。弁護士など，実務法曹は，社
会主義時代にも存在を認められていたが，弁護士が扱う民事事件は個人が関わ

----

(10)　オランダ民法典は1970年に家族法の部分，1976年に法人の部分が発効したが，1992
　　年に残る財産法総則，物権法，債権総則，契約各則などが施行された。

る少額の民事紛争に限られ，彼らが国営企業間の紛争に関わることはなかった。わずかに，各企業に置かれた法律顧問（*iuriskonsult*）が企業の法律問題を処理していたのみである。1990 年初頭からロシアでは多くの法律事務所が設立され，これらの事務所が商事事件を扱うようになった。しかし，弁護士の多くは社会主義時代の弁護士や，企業法律顧問，学者であり，商事事件の知識と経験がある弁護士が育つには，欧米で法学教育を受けた若手弁護士がロシアに戻るのを待つ他はなかった[11]。ロシアの商事法専門家が広く実務で活躍するようになるのは，2000 年代になってからのことである。

　新たに登場した商事事件を専門とする弁護士や学者からみると，ロシア民法典は，商法を包含するにもかかわらず，民法学者や裁判官によって起草されたもので，実際のビジネスには十分に対応できないと考えられた。たとえば債権法や担保法は，金融実務に十分に対応できなかった。このような批判は，2008 年に始まる民法典改正の過程で，実務家の間で広く支持されるようになった。

Ⅳ　ロシア連邦民法典の改正

　民法典は，総則，物権法，債権法，国際私法，相続法，知的財産権法など，広い領域を対象とする一般法であり，各領域での特別法の制定を予定していた。民法典第一部が制定された後，会社法に止まらず，抵当法，不動産登記法，法人登記法，倒産法など，様々な法律が制定された。しかし，これらの法律と民法典との整合性は，現実には保証されておらず，抵触の例が後を絶たなかった。民法典自体にも様々な不統一，矛盾，そして不明確な規定が随所にみられた。

　民法典改正の必要性はつとに指摘され，すでに 1999 年秋には大統領府に民事立法法典化および改革委員会が設立されていた[12]。2006 年に民法典第四部が制定され，民法典全体が完成するのを保って，改正作業は本格化した。当時の D. Medvedev 大統領は，すでに就任前から「新しいロシアの経済的・民主的発展の黎明期に制定された」民法典改正の必要性を指摘していたが，就任後，

---

[11]　もっともロシアの渉外弁護士の長老によれば，彼らが外国のロースクールで勉強し，外国の法律事務所で仕事をしても，ロシア弁護士の「遺伝子」は如何ともしがたいということである。

[12]　5 October, 1999, Decree of the President, No.1338. SZ RF 1999-41-4904.

2008 年 7 月 18 日の大統領令で，「市場経済の法的基礎の改善と国際経済関係の法的保障の必要性」にもとづいて，民法典改正作業の開始を指示した。まず前記委員会が提案した「民法改正綱領 (*kontseptsiia*)」と民法典改正法案の起草が承認され，起草作業は，大統領直属の民事立法法典化および改革委員会と大統領府直属の私法研究所に委ねられた[13]。

　民法典改正の目的としては，以下の事項が挙げられた。

- ・　民法典にこれまでの裁判所による民法典の適用と解釈とを反映させる
- ・　民法典の規定を，対応する EU 法の規定に近づける
- ・　ヨーロッパ諸国における民法典近代化の最新の成果を利用する
- ・　ロシア民事立法の安定性を確保する

　このように，民法典の改正は，当初は，10 年以上前に制定された民法典の不備や欠陥を是正し，これをその後の裁判実務の発展や欧州諸国の立法の発展に照らして現代化することにあった。しかし，起草作業が進むにつれて，民法典をめぐる基本的な対立が露わになった。金融関係の実務家や，渉外事件を扱うロシアの弁護士は，民法典が市場経済への転換の基礎として重要な役割を果たしたことは認めつつも，民法典は 1990 年代前半の議論を前提とし，すでに時代遅れであると主張した。これらの実務家は，民法典が，各種金融取引や M&A など，現代のビジネス社会の要請に対応できない，硬直した時代遅れの法典であると批判した。民法典は，旧い民法学者が起草した法典であり，そこには社会主義時代の「残滓」すらあるというのである。民法典の批判者がとくに問題にしたのは，民法典の硬直性であった。彼らの批判によれば，新しい手法の取引を考案しても，裁判所が，民法典の「強行規定」を根拠にその効力を認めないことが少なくない。契約の自由が認められているにもかかわらず，本来，任意規定が中心であるはずの債権法でも，多くの規定が強行規定とされ，企業の自由な行動が制約されているというのが批判の焦点であった[14]。

　これに対して，起草委員の中心の一人である A. E. Sukhanov 教授は，以下のようにのべた。

---

[13]　http://privlaw.ru/sovet-po-kodifikacii/sostav/

[14]　D. I. Stepanov, "Proekt GK: ot paternalizma po-sovetski k istinnomu chastnomu pravu", *Korporativnyi iurist*, 2012, No.5, pp. 98-100.

法典改正の過程で，我々は自己の利益のために公然とロビー活動をする大企業の圧力に遭遇している。我々はビジネスに反対するのではない。しかし，民法典は，株式会社法ではない。(中略) 民法典は，私人，中小企業，大企業，そして国家が当事者である関係を規律する一般法であり，すべての者に関わる法である[15]。

同教授によれば，大企業は，経済発展省の主導の下に，「ビジネスのための好適な環境を創出することを目的とし，とくに大企業の利益を代表している」のであった[16]。

ここには民商一元主義の問題が表われている。すなわち，商法は，商事関係における当事者の対等を前提とするのに対して，民法には，経済的弱者である債務者の保護などの社会政策的配慮も反映される。民法典では，事業活動にかかわる者に適用される規定は，その旨明示されているが，商事取引でも，民法典の原則的な規定の適用を避けることはできない。そこにさまざまな摩擦が生じるのは，民商一元主義をとる以上，やむを得ないことであった。

一つの例は，裁判所による約定損害賠償額の減額である（第333条1項）。

約定損害賠償額の支払いが，債務不履行の結果と明らかに均衡を欠くときは，裁判所は損害賠償額を減額することができる。債務不履行の当事者が事業活動を行う者であるときは，裁判所は，債務者の減額申請がある場合に，損害賠償額を減額することができる。

この規定では，民事契約，商事契約の別なく，裁判所が約定損害賠償額を減額できることになっている。この点に関しては，経済的弱者の保護は必要であるが，商事契約の場合にもこうした考慮が妥当であるか，疑問が呈されていた。

2008年以降の民法典改正をめぐる対立は，このように，大陸法に根ざした民法典を支持する民法学者や裁判官と，自由度が高いイギリス法などの制度の導入を支持する金融関係者や渉外弁護士との対立であった。折から経済発展省を中心に，ロシアを国際金融センターにしようとする動きが現れ，「ロシア連邦における国際金融センター創設のための計画」と題する政府決定が2009年

---

[15]　E. A. Sukhanov, "Interv"iu", *Arbitrazhnaia praktika*, 2013, No. 5, p. 17.

[16]　E. A. Sukhanov, *Problemy reformirovania GK Rossii*, Moscow 2013, p. 35.

608

7月11日に出された。同省には，計画実施のためのワーキンググループが設置された。この立場からは，金融取引に広範に用いられるイギリス法の諸制度の導入が望ましいとされた[17]。

この背景には，諸企業のロシア法からの「逃避」に対する危機感もあった。民法典を中心とするロシアの私法は，裁判所の法適用の姿勢もあって，硬直的であり，そのために外国企業を含む諸企業は，渉外取引において準拠法をイギリス法やスエーデン法とし，紛争は，ロシア国外での仲裁を定めることが多い。またロシア企業は，キプロスやルクセンブルグなどオフショアに設立した子会社，孫会社を介して外国企業と取引する。このような off-shorisation により，ロシア法の適用の範囲は狭まるばかりであった。これはロシアの弁護士にとって死活問題であるばかりではなく，ロシア政府にとっても，ロシア企業の渉外取引にロシア法の規制が及ばないことが懸念された。

民法改正綱領は大統領府の民事立法法典化および改革委員会が中心となって起草され，2009年10月に Medvedev 大統領が議長を務めた委員会会合において最終案が承認された[18]。改正綱領は総則，法人法，物権法，債権法，有価証券法，知的財産権法，国際私法の各編から構成されている。法人法は，一般会社法の制定を想定している。しかし，たとえば土地法典を廃止して民法典に取り込むか否かという問題や，Putin 大統領（第二期政権）時代に乱立気味であった国家企業（特殊法人-*goskorporatsiia*）を会社法で規律すべきかなど，政治的な問題もあり，綱領を草案に具体化することは，容易ではなかった。

綱領は，

民事法の規律の安定性と経済関係とビジネス上の取引の一貫性の利益は，将来において民事立法の領域における民法典の基本的な役割を維持し，民法典の大多数の規定を保持することを要請する

とのべ，

本綱領は，ロシア民法典の新たな法典化や，民法典の新訂版の起草を予定し

---

(17)　A. A. Goltsblat, "Rossiia kak mezhdunarodnyi finansovoi tsentr: sostavliaiushchie uspekha", *Zakon*, 2011, No. 12, p. 53 ff.

(18)　*Kontseptsiia razviitiia grazhdanskogo zakonodatel'stva RF*, Moscow 2009.

たものではない

と明言した。

　2008 年の大統領令は，単一の民法典改正草案の採択を前提としていた。こ
れは改正綱領にもとづいて，民法典の第一部から第四部草案と関連法の改正案
から構成される予定であった。しかし，民法典を巡る基本的な対立の結果，包
括的な草案に合意を得ることは困難であった。最初の草案は 2012 年 4 月 2 日
に連邦下院に提出され，ほどなく第一読会を通過した。しかし，その後数多く
の修正提案が提出され（総計 5,000 ページに及ぶ 2,000 以上の修正案），審議は混
迷に陥った[19]。

　改正手続に参加した V. V. Vitrianskii 教授は以下のようにのべた。

　起草過程における多くの会合において，連邦省庁からの提案は，あるいは採
　用され，あるいはその省庁の代表により撤回された。例外は経済発展省と大
　統領府付属金融市場発展委員会の「ロシア連邦において金融センターを創設
　するためのワーキンググループ」であった。彼らは改正綱領に拘束されずに，
　財産関係の発展に関する彼らの見解に沿った新たな規定を，それが綱領に適
　合しないにもかかわらず，草案に入れることに固執した[20]。

　結局，連邦下院法典委員会は，草案の一括した採択を断念して法案を分割し，
合意ができた順に随時採択することにした。こうして改正民法典は，前例のな
いことであるが，部分ごとに，ときには条文ごとに別個の法律として採択され
たのである。2014 年 9 月までに 13 の草案が審議され，そのうち民法典部分改
正法として，7 本採択された。2015 年にはその数は 9 本に増加した。総則の
法律行為に関する部分が 2013 年 5 月に，国際私法に関する民法典第三部が同
年 9 月に改正され，同年 12 月に担保法の部分の改正が実現し，さらに 2014 年
5 月には，法人に関する総則規定の大幅な改正をみた。この間，2012 年 12 月
には，信義誠実の原則が総則に導入された。直近の改正は，2015 年 3 月 18 日
に採択された[21]。これは債権法の改正である。現在は物権法草案が審議されて

---

[19]　V. V. Vitrianskii, *Reforma rossiiskogo grazhdanskogo zakonodatel'stva*, 2nd edition, Moscow 2018.

[20]　*Ibid.*, p. 16

いる[22]。

　民法典改正の過程で，民事立法法典化および改革委員会の権威は次第に低下
した。会社法の部分の改正の遅れに不満をもった経済発展省が，独自に商業
パートナーシップに関する法案を起草し，専門家コミュニティーの反対にもか
かわらず，議会を通過させるという事態も見られた[23]。民法改正草案起草の主
体は，2009年の大統領令に指定された大統領直属の私法研究所から，2011年
に司法省に移行した。2014年には，民事立法法典化および改革委員会の構成
員も変更された。しかし，何よりも委員会の権威の低下をあらわにしたのは，
委員会によって起草された民法典改正綱領が，その後の改正過程で「必ずしも
顧みられなかった」ことであった。

　以下にみるように，イギリス法の制度の導入は，民法典改正綱領では想定さ
れていなかった。Vitrianskii教授が述懐したように，経済発展省と金融市場
ワーキンググループが改正過程に強い影響力を行使するようになった結果，こ
うした方向で改正が行われたのである[24]。

Ｖ　2015年３月18日民法典改正

　2015年３月18日に採択された改正法は，「民法典第一部改正法」と題され
ていたが，民法典第一部の包括的な改正ではない。すでに民法典総則の会社法
に関する部分などは2012年に改正され，2013年にも総則規定が改正された。
2015年３月の改正法は，債権法に関する改正であり，以下の事項を含む。

・　債権法総則
・　債務の履行

---

[21]　Vitrainskii, *supra*, pp. 18-72. V. A. Belov, *Shto izmenilos' v grazhdanskom kodekse*, 2nd
　　edition, Moscow 2016.

[22]　Belov, *supra*. p. 16.

[23]　E. A. Sukhanov, "O chatsnykh i publichnykh interesakh v razvitii korporativnogo
　　prava", *Zhurnal rossiiskogo parva*, 2013, No. 1, p. 5. Sukhanov教授によれば，現在，会社
　　法改正の作業が進められているが，これは完全に経済発展省の主導のもとにあり，アメ
　　リカ会社法がモデルとされているという。本来，会社法改正は，民事法の一部として，
　　大統領府の民事法法典化，および改革委員会の管轄である。

[24]　Vitrianskii, *supra*.

- ・　債務履行の担保
- ・　債務不履行責任
- ・　債務の消滅
- ・　契約の概念と類型
- ・　契約の締結
- ・　契約の変更と消滅

　この改正は，随所にイギリス法の制度が反映されているために，「イギリス法のアクセントをもつ改正」とも称される⑵。ここに導入された諸規定は，主にイギリス法に由来するものであるが，オプションのようにその起源のいかんにかかわらず，国際金融取引で広く用いられているものもある。また，一方では，これに対抗して，イギリス法では認められない，信義誠実の原則が総則に止まらず，債権法の部分にも規定された。2015年民法典債権法改正は，民法典改正をめぐる前記対立を反映して，このように異質な規定が混在し，一貫した方向性，原則が欠けているように思われる。

　以下にこの改正の中で，比較法的に興味深い，いくつかの論点をとりあげて検討したい。

1　オプション

　大陸法に属するロシア民法典とは異質の，イギリス法などの制度を導入することが提案されたのは，ロシア民法典が硬直的であり，ビジネスの実務に対応できていないという理由による。

　予てからロシア民法の硬直性が指摘されていたのは，金融取引等に広く用いられるオプションのロシア民法上の有効性の問題である。オプションは，イギリス法に固有の制度ではないが，イギリスはもとより，欧州諸国でも，民法典における明文の規定の有無にかかわらず，広く用いられている。ロシアでもオプション取引は行われてはいるが，それがロシア法上適法か否かについては疑問があり，明文の根拠がないだけに，このような契約を裁判所が有効と認めるか否か定かではないという不安定性が伴った。

　これは民法典総則の法律行為の条件に関する規定の解釈にかかっている。民

⑵　A. Zanina and A.Raiskii, "Repatriatsiia po dogovoru", *Kommersant*, 3 July 2015.

法典総則は法律行為の部分で以下のように定める（第157条）。

　条件付き法律行為

1．当事者が，権利と義務の発生を，それが発生するか否かが知られていない事実にかからしめたとき，これを停止条件付法律行為という。
2．当事者が，権利と義務の消滅を，それが発生するか否かが知られていない事実にかからしめたとき，これを解除条件付法律行為という。
3．その条件の成就が不利益である当事者によって，条件の成就が非良心的に妨げられた場合は，その条件は成就したものとみなされる。その条件の成就が利益である当事者によって条件の成就が促進されたときは，条件は成就しなかったものとみなされる。

　当事者がその権利，または義務の発生，または消滅をその発生するか否かが知られていない事実にかからしめることが条件を構成するということは，当事者の意思によって条件を成就させることは認められないことになる。事実，民法典のコンメンタールは，「条件は法律行為の当事者の行為（意思）にかかわるものであってはならない」とのべる[26]。ロシア国外の理解でも，「call optionや put option はその基本的な要素がロシア法では認められていない。オプション契約においては，一方当事者（オプション権利者）のみがオプションの行使を決定することができるが，これもロシア法に適合しない」[27]とされる。条件付き法律行為は，M&A その他の投資契約においても多用されるため，民法典総則のこの規定の緩和は，緊要の課題とされた。

　もっとも，民法典が，実際にオプションを認めない趣旨であるか否かは，明らかではない。民法典が明文で定める契約の自由の下で，このような契約を違法とする根拠はないとも言える。しかし，ロシアでは，以下のような事情がある。

　ロシアの裁判官は，非典型的な契約が適法であるか否かを理解することが難

---

[26]　O. N. Sadikov, *Kommentarii k grazhdanskomu kodekusu RF chasti pervoi*, second edition, Moscow 2005, p. 459.

[27]　Thomson Reuters, *Practical Law*, Put Option and Call Option: A Russian and English Law Comparison.

しい場合に，その自然の反応として，これらの契約を無効とする傾向がある。このような事なかれ主義は，最大限に契約の自由を制約し，強行法規に依存することを意味する⒇。

2015 年改正では，民法総則第 157 条はそのまま維持された。しかし，契約の条件については，債権総則の部分に，「債務の条件付履行」が新たに定められた（第 327.1 条）。これはオプションとの関係で，民法総則の規定を修正するものである。

債務の履行，および契約上の債務に関する特定の権利の行使，変更，および消滅は，それが一方当事者の意思に完全に依存する場合でも，債務の一方当事者による特定の行為の実行，または不実行，その他の事実の到来にかからしめることができる。

さらに，契約総則には契約の締結のためのオプションに関する規定とオプション契約に関する具体的な規定が新たに導入された。もともと契約総則のこの規定は，「予備的契約」，すなわち，将来，定められた条件により，契約を締結することを約する契約に関する規定であった（第 492 条）。この規定に第 429.2，および 429.3 条が加わったのである。

まず契約締結のためのオプションでは，一方当事者が，撤回不能の申し込みにより，相手方当事者に，オプションに定められた条件にしたがって，一，または複数の契約を締結する権利を供与する。契約締結のためのオプションは，合意（商事組織間で締結された合意を含む—ここでは契約という言葉は用いられていない）に別段の定めがないときは，有償，またはその他の反対給付と引き換えに供与される。相手方当事者は，オプションに定められた手続，期間，および条件にしたがって，申し込みを受諾し，契約を締結することができる（第 429.2 条）。

一方，オプション契約においては，一方当事者は相手方に対して，契約に定められた条件にしたがって，契約に定められた期限内にオプション契約に定められた行為（金銭の支払い，財産の移転，または受領）をなすことを求める権利

⒇　A. G. Karapetov, "Zavisimost' usloviia ot voli storn uslovnoi sdelki v kontekste grazhdanskogo prava", *Vestnik vyshego arbitrazhnogo suda RF*, 2009 No.7, p.29.

をもつ。その場合に，権利者が，期限内に請求を行わなかったときは，オプション契約は消滅する。オプション契約においては，契約に定められた事実が発生したときに，オプション契約による請求がなされたものと定めることができる（第429.3条）。

　2015年の改正は，民法総則の規定（第157条）に触れることなく，契約総則の部分に民法総則を修正する規定とオプションに関する具体的な規定を定めることによって，オプションに法律上の根拠を与えたのである。

　民法上の根拠が不明なままに広く行われている制度に，後から根拠規定を導入した事例はオプションに限られない。株主間協定（shareholders' agreement）についても同様の問題があった。株主間協定は，ロシア法に明文の規定がないものの，1990年代から広範に用いられてきた。外国投資家は，ロシア会社法の適用を回避するために，あるいはロシア会社法の空白を補充するために，株主間協定を多用した。株主間協定のロシア法上の適法性については，その多くがロシア国外における仲裁を定めているため，その有効性がロシアの裁判所の審理の対象となることは稀であったが，ロシアの裁判所のこの点に関する数少ない判断は分かれていた。このような法的不安定性を避けるために，株主間協定に関する基本規定を定めることが2006年以降，提唱され，2008年以降，有限会社法，株式会社法，そして民法典にそれぞれ規定が導入された。なお，この改正の際にも，株主間協定の濫用を懸念する意見がみられた。株主間協定の有用性は否定しないが，ロシアの土壌では，その濫用の可能性が多大にあるというのである。すでにこの時点で，ビジネスの需要に即した新制度を導入しようとする実務家とそれに慎重な裁判官や学者との対立があったことは指摘するに値する[29]。

2　表明保証

Representations and warranties（表明保証）は，英米法を準拠法とする契約には広くみられる条項である。2015年民法典改正では，これに相当する規定が導入された（第431.2条）。

---

[29]　H. Oda, "Shareholders' Agreement in Russia" *Journal of Corporate Law* 2010 No. 11, pp. 359-369. also *Vestnik grazhdanskogo prava*, 2010 No. 2, pp. 9-77.

事実の表明（*zaverenie ob obstoiatelstvakh*）

　1．契約締結の際，または契約締結前，ないしは締結後に相手方に対し，契
　　約の締結，履行，または消滅に意味をもつ事実（契約の目的物，契約締結の
　　権限，ライセンスや許可の有無，契約の法律適合性，自己の財務状況など）に
　　ついて不実の表明を行った当事者は，相手方の請求にもとづいて，不実の
　　表明によって生じた損害を賠償し，または契約に定められた約定損害賠償
　　額を支払う義務を負う。

（中略）

　2．その当事者にとって本質的な意義をもつ，相手方の不実の表明を信頼し
　　た当事者は，当事者間に別段の合意がないときは，損害賠償請求，または
　　約定損害賠償請求の権利の他に，契約を解除する権利をもつ。

　この規定は，「事実の表明」と題されているが，表明保証（representation
and warranties）の制度を導入したものとロシアでは理解されている⑶。しか
し，イギリス法では，representation は契約の締結のための事実の表明であっ
て，「契約締結後の表明」にもこの規定が及ぶのはおかしい。その意味で，こ
こでは representation とともに warranty の要素が含まれていると思われる。
イギリス法では，不実表明（misrepresentation）は，損害賠償義務をもたら
すが，契約解除は限定的にしか認められない。ロシア民法典では，不実の表明
が「本質的な意義」をもつ場合に契約解除を認めている。

　ところで，イギリス法上の misrepresentation は，錯誤（mistake）の規定
と相関的である。イギリスでは，錯誤が認められる場合が制限的であるために
misrepresentation の制度が意味をもつのである。ロシア法では，民法典総則
に錯誤や詐欺の規定がある。そこではイギリス法上の不実表示にあたるものは，
一般的な錯誤の問題として考えられてきた。これらの規定と表明保証との整合
性をどのようにとるかが問題である。一方，warranty は，イギリス法では，
拘束力ある promise であるか，単なる warranty であるかによって効力が異な
る。それが拘束力ある契約の条項と認められれば，解除と損害賠償請求が認め
られる。しかし，ロシア法では，この区別は想定されていない。

⑶　A. Moiseenko, "Est' li zhizn' v angliiskom prave", *Korporativnyi iurist*, 2018 No.6, p.28.

そもそも，なぜ新たにこの規定が必要なのか，それ自体が不明である。もっとも，近時の仲裁判断で，representations and warranties は，“法律上の根拠を欠くため”，“単なる宣言的意味をもつに止まる”としたものがある[31]。この点では，明文の規定をいれる必要が認められたのかもしれない。しかし，ロシアの法律家も指摘するように，大陸法の枠組みの中に突如イギリス法の規定が導入されて，ロシアの裁判官がこれをどのように適用するのか，懸念されるところである。この論者によれば，新制度は，“当事者が期待するようにも，また外国の裁判所，とりわけイギリスの裁判所のようにも解釈適用されないであろう”[32]。

3　損失補償

新たに導入されたこの制度は，イギリス法の indemnity に由来する（第406.1条）。

契約に定められた一定の事実が発生した場合の損失の補填

1．事業活動を遂行する際に，債務の当事者は，その合意により，合意に定められ，その当事者による義務違反に関係しない事実（債務の履行不能による損失，契約に定められた第三者による請求等）から発生した損失を一方当事者が補償する義務を定めることができる。
2．当事者の合意においては，損失補償の額，またはその額の決定手続が定められなければならない。
3．裁判所は，当事者が故意に損失の拡大を助長したことが証明された場合を除き，本条に定める損失補償額を減額することはできない。
4．本条に定める損失は，契約が不成立であったこと，あるいは無効であることが認められた場合でも，当事者の別段の合意がないときは，補償される。
5．損失が，第三者の違法な行為により生じたときは，損失を補償した当事者には，その第三者に対する債権者の請求権が移転する。

---

[31]　Information Letter of the Supreme Commercial Court, 26 February 2013 No. 156.
[32]　Moiseev. *supra.*

これは債務不履行による損害賠償責任ではなく，当事者に帰責事由がない場合に，予め損失の補填義務を定めるものである。イギリス法における indemnity と異なり，この規定では，賠償額に予め合意するか，あるいは算定の方法を定めておくことが要件である。しかし，たとえば一方当事者に，第三者から損害賠償請求がなされた場合に，相手方当事者が損失を補填するとすれば，賠償額は第三者の請求額にかかるのであり，予め定めることはできない。

なお，約定された賠償額は，原則として裁判所によって減額されることはない。これは約定損害賠償に関する民法典の規定とは異なる。

4　信義誠実の原則

こうしたイギリス法の制度の導入の一方で，イギリス法が認めない，ローマ法に起源をもつ大陸法固有の概念が債権法に導入された。信義誠実の原則である[33]。イギリス法では，信義誠実の原則（good faith doctrine）は消費者契約や保険契約の場合を除いては認められない。これはイギリス法が，契約の安定性，当事者の予見可能性に第一義的な意味を認めるためである。その基本には，契約当事者の利益は本来対立するもの（adversarial）であるという考え方がある。

信義誠実の原則は，ロシア語では，*printsip dobrosovestnosti*（良心性の原則）と称される。この原則自体は 2013 年の民法総則改正の際に第 1 条に基本原則として定められた。もともとこの原則は，1990 年代初めの民法典起草時にその導入が検討されたが，裁判官がこうした一般原則を適用できるか否かが危ぶまれたために，その導入が見送られたという経緯がある。もっとも「良心的」という用語は，法人の機関の責任に関する規定（第 53 条 3 項）に「法人の機関は，法人の利益のために，良心的，かつ合理的に職務を遂行しなければならない」として用いられていた。なお，信義誠実の原則は，ロシアの専門家も参加して作成された Unidroit Principles of International Commercial Contracts にも定められている（Art.1.7）[34]。2013 年改正後の民法総則は，この原則を民法典冒頭の第一条に基本原則として定めた。

---

[33]　原田慶吉『ローマ法（改訂版）』（有斐閣，1955 年）151 頁。

[34]　https://www.unidroit.org/english/principles/contracts/principles2016/principles2016-e.pdf

３．民法上の権利の発生，行使，および擁護，ならびに民法上の義務の履行
に際して，民法上の関係の当事者は，良心的に行動しなければならない。

2015年改正は，信義誠実の原則をさらに債権法の部分にも規定した（第307
条）。

債務の概念

債務の設定，履行，およびその消滅においては，当事者は，相互の権利と
法的利益を考慮し，相互に必要な共助を行い，また相互に必要な情報を提
供し，良心的に行動する義務を負う。

この規定の内容は，イギリス法における契約当事者の関係とは大きく異なる。
イギリス法では当事者の関係は adversarial であるのに対して，ここでは，情
報開示を含む当事者の協力義務が定められている。後述の契約締結上の過失に
関する新規定でも，契約締結のための交渉を開始したときは，その遂行と終結
に際して当事者は，良心的に行動する義務を負うとされるのである。

なお，2013年の改正では，estoppel（禁反言）の法理が民法総則の法律行為
の部分に加えられた。無効および取消し可能な法律行為に関する規定では以下
のように定められた（第166条２項）。

その行動から法律行為の効力を保持する意思が明らかである当事者は，意思
表示の際にその当事者が知り，または知りうべかりし根拠にもとづいてその
法律行為の効力を争うことはできない。

Estoppel は，イギリス法上の原則であるが，これは大陸法でも，信義誠実
の原則から導き出されよう。

5　契約締結上の過失（*culpa in contrahendo*）

これはローマ法に起源をもつが，2015年３月の改正でロシア連邦民法典に
も規定が導入された（第434.1条）。

契約締結交渉

２．契約締結のための交渉を開始したときは，その遂行と終結に際して当事

者は，良心的に行動する義務，とりわけ相手方当事者と合意を達成する意図なくして契約締結交渉を開始し，または継続しない義務を負う。以下の行為は非良心的と推定される。

　1）相手方当事者に契約の性質上提供されるべき情報について沈黙する場合を含む，相手方への不完全，または不実の情報の提供
　2）交渉の相手方当事者が合理的に予期できない状況において突然，正当な理由なくして交渉を打ち切ること

3．契約締結交渉を非良心的に行い，または打ち切った当事者は，それによって惹起された損害を相手方に賠償する義務を負う。非良心的な当事者による賠償に服する損害は，交渉の遂行に伴う費用，および第三者との契約を締結する機会を失った損害を含む。

ここでは，契約締結交渉における信義誠実義務が明瞭に定められている。2項2）などはイギリス法とは相いれない規定である。もっとも，この規定が裁判所によってどのように運用されるかは予測しがたい。

Ⅵ　結　語

　2015年3月のロシア連邦民法典債権法改正には，ビジネス取引のオフショア化（offshorisation）・脱ロシア化への危機感から，民法典を金融取引など，広く実務の要請に適合させようとする意図が反映されている。オプション取引の明文化などはその例である。この改正では，この他にも起源を異にする諸規定が導入された。表明保証や損失補償の規定などである。これら英米法に由来する規定は，いずれも外国法の概念を多かれ少なかれそのまま移植したもので，これが大陸法のフレームワークにおいてどのように機能するのか，既存の民法典の規定との整合性が問題となろう。その一方で，イギリス法起源の規定に対抗するかのように，イギリス法が忌避する信義誠実の原則が，民法典第一条に明定されたのに続き，債権法にも具体的に定められた。ロシアのビジネスに広範にみられる様々な逸脱行為や脱法行為を前に，信義誠実の原則の必要性は理解できるものの，ロシアの裁判官がこのような一般条項を適切に運用できるか

は疑問である。

　これは 2015 年 3 月 18 日改正に止まらず，一連の民法典改正に言えることであるが，民法典改正により，新たな制度，それも外国の制度が導入されるとともに，裁判実務の指針の定立，統一が重要になる。2014 年までは，最高商事裁判所により，民法典適用の判例が形成されてきた。これは個々の判例に止まらず，裁判所による様々な指針の形で具体化された。これに対して，最高商事裁判所の廃止後，その機能を引き継いだ最高裁判所商事合議部は，このような役割を十分に果たしていない。

　そして，根本的な問題として，民法典改正が de-offshorisation にどれほどの貢献ができるかという問題がある。そもそも大陸法に由来する民法典では金融ビジネスをはじめ，現代的ビジネスに対応できないというのであれば，欧州諸国の法はおしなべてビジネスには適合しないということになる。しかし，これらの諸国では，仮に自国の法がその取引に不適切と思われるときは，契約の自由の原則にしたがって，当事者は，イギリス法でも，他の国の法でも準拠法として選択できる。ロシアでは，民法典の明文の規定にもかかわらず，契約の自由が裁判所による「強行法規」の適用を通じて制限されることに問題がある。

　ある論者は，次のように指摘した。

　民法典の力だけでロシアに投資の流入のための好適な環境を確保できると考えるのはナイーヴである[35]。

　ロシア企業や外国企業がロシア法の適用を回避し，offshore に逃れるのは，ロシア法に欠陥があるからばかりではない。それはロシアの裁判所の問題でもある。裁判所の中立性・公正さに対する懸念，裁判官の資質や能力への不信が，企業が外国法を準拠法とし，外国における仲裁を選択することを余儀なくさせるのである。その意味では，2014 年の最高商事裁判所のほとんど根拠がない廃止は，大きな損失であった。「脱オフショア化」が実現されてビジネスがロシアに戻るためには，何よりも裁判制度の抜本的改革が必要であろう。

　　＊本稿は，2018 年 6 月 10 日にミュンヘンで開催されたドイツ・ロシア法律家協会 30 周年記念シンポジウムにおける基調講演を改訂したものである。

---

[35] *Korporativnyi iurist*, 2011 No. 7, p. 6.

＊＊二宮正人教授には，東京大学法学部研究室でご一緒したとき以来，お付き合いいただいている。教授には今後一層のご活躍を祈念してやまない。

25　国際紛争を解決する手段としての戦争の放棄

長谷部恭男

I　はじめに

日本国憲法第9条第1項は，次のように規定する。

日本国民は，正義と秩序を基調とする国際平和を誠実に希求し，国権の発動たる戦争と，武力による威嚇又は武力の行使は，国際紛争を解決する手段としては，永久にこれを放棄する。

「国際紛争を解決する手段」としての戦争，武力による威嚇，そして武力の行使を日本国民は放棄するというわけである。国際紛争を解決する手段として，戦争を否定するという文言は，周知の通り，1928年に日本も含めて締結された不戦条約（ケロッグ＝ブリアン協定）の第1条にも現れる。

締約国ハ国際紛争解決ノ為戦争ニ訴フルコトヲ非トシ且其ノ相互関係ニ於テ国家ノ政策ノ手段トシテノ戦争ヲ抛棄スルコトヲ其ノ各自ノ人民ノ名ニ於テ厳粛ニ宣言ス[1]

この条約が締結されるまでは，国際紛争，つまり国家間の紛争を解決する手段として戦争に訴えること，武力を行使したり武力によって威嚇することは，違法ではなかった。1853年，ペリー提督が黒船を率いて来航し，武力の威嚇によって江戸幕府に開国を迫ったことも，当時の国際法の通念からすれば違法

---

[1]　英語の正文は次の通りである。The High Contracting Parties solemnly declare in the names of their respective peoples that they condemn recourse to war for the solution of international controversies, and renounce it as an instrument of national policy in their relations with one another.

ではない。同様に 1875 年，明治政府が雲揚号を江華島水域に派遣して測量を行ない，朝鮮側から砲撃を受けたことを機に応戦して付近を占領した末，日朝修好条規の締結を迫ったことも，違法ではない。ペリーとよく似たことをしただけである。ペリーも江戸湾の測量をしている。

　1846 年，アメリカが債務の不払い等を理由としてメキシコに対して宣戦を布告し，結果としてカリフォルニア等，太平洋にいたる広大な領域を獲得したことも，やはり違法ではない。ペリー来航は，アメリカが対メキシコ戦争を経て太平洋に進出した，その帰結である。

　不戦条約が否定しようとしたのは，当時のこうした国際法の「常識」であった。この「常識」の基礎を作ったのは，国際法の父と言われるグロティウスである。グロティウスは，スペインに対する独立戦争を遂行しつつ，ポルトガルに対抗して東方交易に参入しようとしたオランダで活躍した法律家である。クライエントの利益に反する議論を提示したとは考えない方が賢明であろう。

II　サンタ・カタリーナ号の捕獲とグロティウスの弁護

　1603 年，シンガポールでポルトガルの交易船サンタ・カタリーナがオランダの商船団による攻撃を受け，戦利品としてアムステルダムまで曳航された（帰国は翌年である）[2]。商船団を率いたヤコブ・ファン・ヘームスケルクと雇い主の東インド会社は海事審判所に，交易船と積荷の所有権を確定するための手続開始を申し立てた。所有権を争う者は届け出るようにとの公告が 3 度にわたってなされたが，当然ながら届出をする者はなかった。サンタ・カタリーナ号の乗員はすべてシンガポールで下船させられていた。海事審判所は，所有権は申立人にある旨を宣告し，船と積荷を競売手続に附して，売却代金を申立人間で分配するよう決定した[3]。

---

(2)　サンタ・カタリーナ号の捕獲とグロティウスの関与については，Marine Julia van Ittersum, 'Introduction' to Hugo Grotius, *Commentary on the Law of Prize and Booty*, ed. Martine Julia van Ittersum（Liberty Fund, 2006）および Oona Hathaway and Scott Shapiro, *The Internationalists: And Their Plan to Outlaw War*（Allen Lane, 2107），chapter 1 参照。

(3)　'Verdict of the Amsterdam Admiralty Board, September 9, 1604' in Grotius, *Commentary on the Law of Prize and Booty*, pp. 510-14 [Appendix I.II].

　莫大な利益を東インド会社にもたらした事件ではあったが，法的根拠に懸念を抱いた会社は，天才として名高い若きグロティウスに意見書の作成を依頼した[4]。同様の事件がその後も発生することが予想されたからである。ファン・ヘームスケルクのしたことが，海賊行為ではなく正当な戦闘を通じた捕獲行為であり，捕獲品に確たる所有権のあることを論証することが，グロティウスの課題であった。

　これは難題である。ファン・ヘームスケルクは商船団の長ではあったが，兵士ではない。自衛のため以外の武器の使用は禁じられていた。国の命令ではなく，会社の命を受けて東アジアに向かった。オランダはスペイン国王とは戦争状態にあったが，それも独立戦争で内戦である。ちなみに，ファン・ヘームスケルクは，グロティウスの母方のいとこであった。

　グロティウスは，ものごとの基礎から話をはじめる。神が万物を創造したとき，まずは創造した個々の存在が保存されることを望んだはずである。そうであれば，人間各自も自己保存につとめること，生き長らえていくために必要なものがあれば，それを自分のものとすることが認められるはずである[5]。また神は，創造したものが自己保存につとめるだけでなく，同類を互いに配慮し合うべきだと考えたであろう[6]。自己保存の権利は相互の安全保障の配慮によって限定されるべきである[7]。

　自己保存の権利と他者危害の禁止がこうして，他の問題についてどれほど見解を異にする人々であろうと共通して受け入れるであろう原則として導かれる。この普遍原則（自然法）によって認められる権利は，誰であれ，実力を行使して守ることができる。ただし，自己保存の原則は他者危害禁止原則に，辞書編集的順序で優越する。自身の利益は他者の利益に優越するからである[8]。「神

---

　[4]　グロティウスは，1583年，オランダのデルフトの名門の家に生まれた。宗派間の深刻な対立に巻き込まれた彼は，1619年終身刑を宣告されて収監されたが，1621年に脱獄し，はじめはフランスの，後にスウェーデンの王室の庇護を受ける。バルティック海での難破事故の後，1645年にロシュトックで逝去。主著『戦争と平和の法』（1625年刊行）は，収監中に執筆が開始されたが，彼の以前の著作である『捕獲法論』を基にしている部分が大きい。

　[5]　Grotius, *Commentary on the Law of Prize and Booty*, pp. 21-23.

　[6]　Grotius, *Commentary on the Law of Prize and Booty*, p. 24.

　[7]　Grotius, *Commentary on the Law of Prize and Booty*, p. 27.

　[8]　Grotius, *Commentary on the Law of Prize and Booty*, p. 38.

は人を『自由で独自』のものとして創造された。したがって，各人の行動とその所有物の使用は，他人ではなく，彼自身の意思に服する」[9]。

とはいえ，人々に共通するこうした利益は，個々人がそれぞれ追求するより，共同体を結成することでよりよく実現できる[10]。各自がその自然権を自分の判断で行使する世界（自然状態）は剣吞至極であるし，各自の自然権が確実に守られる保証もない。共同体が設立されると，その内部では，個人の私的利益は，全体の利益に従う必要がある。グロティウスがトマス・アクィナスやペリクレスを引用しつつ述べるように，「積荷を守るためにはまず船を守る必要がある」。共同体が守られてこそ，個人の利益も守られる。各人は共同体の利益のために各自の利益を犠牲にする必要がある[11]。

しかしながら，国家への服従義務には前提条件がある。共同体（国）の統治者の権限はすべて国から与えられたものだが，国の権限は，それを結成した個々人から与えられたものに尽きる。もし統治者が法と正義を破壊し，国民の利益に反する行動をとるときは，国民は統治者を交代させることができる[12]。オランダのスペインに対する独立戦争がこうして正当化される。

各国内では，紛争が起これば公平な裁判所に訴えが提起され，裁決が下される。それが共同体を結成する際の条件である。しかし，訴えるべき裁判所が存在しない場合もある。シンガポールにおけるファン・ヘームスケルクがまさにそうした状態にあった。そうした場合，各人の自然権が再び機能しはじめる。共通の裁判所が存在しない相手に対し，犯された害悪に釣り合うべく正義を回

---

(9)　Grotius, *Commentary on the Law of Prize and Booty*, p. 33.

(10)　Grotius, *Commentary on the Law of Prize and Booty*, pp. 35-38. グロティウスは，『戦争と平和の法』の序言では，人には他の動物と異なり，集住して共同体を結成し，平和に生活しようとする独特の性向があることを指摘する（Hugo Grotius, *The Rights of War and Peace*, ed. Richard Tuck（Liberty Fund, 2005）, pp. 79-81 [Prolegomena, V]）。もっとも 1625 年に刊行された同書の初版では，こうした人間独特の性向は，自己利益を求める性向に優越するものではないとしていた。この点での，初版と第 2 版の変化とその背景については，Richard Tuck, *The Rights of War and Peace: Political Thought and the International Order from Grotius to Kant*（Oxford University Press, 1999）, pp. 97-100 参照。タックによれば，人の生来の社交性をより強調する第 2 版の記述は，グロティウスの母国オランダへの帰国の願望を反映したものである。

(11)　Grotius, *Commentary on the Law of Prize and Booty*, p. 38.

(12)　Grotius, *Commentary on the Law of Prize and Booty*, p. 140.

復するために，私的な実力行使が許される[13]。ポルトガル人がオランダ人に対し，東アジアで犯した身の毛もよだつような数々の蛮行は，東インド会社とファン・ヘームスケルクによる実力行使を正当化する。彼による戦闘と捕獲には，正当な理由がある。

Ⅲ　『戦争と平和の法』── 裁判に代替する紛争解決手段としての戦争

　東インド会社の依頼を受けてグロティウスが執筆した『捕獲法論 *De Jure Praedae Commentarius*』の概要は，前節で描いたようなものである。しかし，この書物は彼の生前，公表されることはなかった[14]。その理由が何故かは争われている。ハサウェイとシャピロの共著 *The Internationalists* は，その理由を次のように推測する[15]。グロティウスの議論は，ファン・ヘームスケルクの捕獲行為に正当な理由があったというものである。しかし，何が正当で何が正当でないか，それは誰がどのように判定すればよいのだろうか。共通の裁判所が存在しないのに。正当な捕獲行為でなければ所有権を取得できないのだとすると，積荷を買い取った競落人は，あとになってやはり正当ではなかったとして捕獲物を取り戻されるリスクを否定できないことになる。善意の第三者による即時取得の観念は，当時の大陸諸国では行きわたってはおらず，むしろ「無権

---

[13]　Grotius, *Commentary on the Law of Prize and Booty*, pp. 142 and 302.

[14]　もっとも，一部は海洋の自由を提唱する著作 *Mare Liberum* として 1609 年に公表されている。グロティウスによると，人が私有財産権を主張し得るのは，個人的に消費したり加工したりすることのできるもののみであり，したがって漁師は釣り上げた魚について私有財産権を主張することはできるが，海自体について私有財産権を主張することはできない。そして，私有財産権の対象となり得ないものは，国家による独占的支配の対象ともなり得ない（Hugo Grotius, *The Free Sea*, ed. David Armitage （Liberty Fund, 2004), pp. 26-28)。国家の権限はすべて，その国民から委譲された権限でしかないからである （cf. Tuck, *The Rights of War and Peace*, p. 92)。

　　　他方，『捕獲法論』自体は，1868 年になってはじめラテン語版が刊行された。本稿の引用する英訳（前掲注(2)）は，1950 年に Clarendon Press から刊行された Gwladys Williams による英訳の復刻版である。

[15]　Hathaway and Shapiro, *The Internationalists*, pp. 14-17. 他方，1609 年のスペインおよびポルトガルとの休戦協定を前にして，グロティウスは公表を差し控えたとの推測もある（van Ittersum, 'Introduction' to Grotius, *Commentary on the Law of Prize and Booty*, p. XX)。

利者は権利を移転し得ず」というローマ法の法原則が支配していた[16]。

　第Ⅱ節で述べたように，各国内では，紛争が起これば公平な裁判所に訴えが提起され，裁決が下される。しかし，国と国との間に紛争が発生したとき，両者に共通する公平な裁判所は存在しない。国の枠外での私人間の紛争についてもそうである。裁判手続を利用できないとき，紛争解決の手段は，戦争である。訴訟における請求原因の数に応じて，戦争の正当原因がある。訴訟の切れ目から戦争が始まる[17]。

　グロティウスは正戦論者であるとしばしば言われる。国際法の教科書にもそう書いてあることが多い[18]。彼が主張したのは，戦争をするには，正当な理由が必要だということである[19]。訴訟を提起する際，請求の原因（cause of action）を示す必要があるように。戦争をする正当な理由は宣戦布告の文書に示される[20]。請求の原因が訴状で明らかにされるように。布告を受けた側も，やはり宣戦を布告して自国の正当性を主張する。訴訟の被告が答弁書や反訴の訴状で自身の正当性を明らかにするように。

　シェイクスピア『リチャードⅡ世』の冒頭に，ボリングブルックとモーブレイが決闘しようとする場面が出てくる（第1幕第3場）。互いに相手の罪状を宣言し，いずれの主張が正しいかは決闘で決着をつけるというわけである。決闘の当事者が大怪我をしようが命を落とそうが，罪に問われることはない。ただ，卑怯な振る舞いをすることは許されない。正々堂々と戦う必要がある。戦争と決闘は，紛争解決の手段という意味で，よく似ている[21]。

　戦争が裁判に代わる紛争解決の手段なのであれば，そこで言う「正当な理由」は実体的にではなく，手続的に理解する必要がある[22]。裁判においても請

---

(16)　ウルピアヌス「何人も自己の有する以上の権利を他人に移転することを得ず」*Digesta*, 〔50. 17. 54〕。

(17)　Grotius, *The Rights of War and Peace*, p. 393〔Ⅱ. Ⅰ. Ⅱ. 1〕。

(18)　酒井啓亘ほか『国際法』（有斐閣，2011年）509頁〔酒井啓亘〕。

(19)　グロティウスによると，戦争の正当な理由としては，自衛，原状回復，懲罰，債務履行請求の4種類がある（Grotius, *Commentary on the Law of Prize and Booty*, p. 105; *The Rights of War and Peace*, pp. 1186-87〔Ⅲ. Ⅰ. Ⅱ〕）。

(20)　Emer de Vattel, *The Law of Nations*（Liberty Fund, 2008），p. 507〔Ⅲ. Ⅳ. 66〕は，合法的な戦争は，各国の主権者によって決定され，かつ，宣戦布告を伴う一定の手続を踏む必要があるとする。ただし，自衛戦争については宣戦布告は不要である。See also Grotius, *The Rights of War and Peace*, pp. 250-51〔Ⅰ. Ⅲ. Ⅳ〕。

求に正当な原因があるか否かは，最終的には，裁判所がそう判断するか否かにかかっている。「客観的」に見れば不当な請求をした原告が，腕利きの弁護士の力を借りて，あるいはおかしな裁判官の変な判断の結果で勝訴してしまい，その判決が確定することもあるだろう。民事訴訟法学における「既判力 res judicata」の法理によれば，確定した判決は当事者の間では，蒸し返しのきかない結論を示す。物事が法に基づいて正しく確定するより，とにかく確定していること自体に意味があるという調整問題（co-ordination problems）状況の一種として，訴訟は扱われる⒇。敗訴した側としては，判決の内容が正しいと信ずる必要はない。しかし，あたかも正しい判決であるかのように行動することは要求される。

　戦争もそうである。常識的に考えるなら，戦争は強い方が勝つのであって，正しい方が勝つわけではない。しかし，戦争が裁判に代わる紛争解決の手段であれば，その結果は，やはり「正当な結論」として受け入れる必要がある。結局のところ，正しいか否かは，勝つか否かで決まることになる。グロティウスが 1625 年に刊行した主著『戦争と平和の法 De Jure Belli ac Pacis』で示したのは，こうした割り切った議論であった⒇。彼は端的に次のように述べる⒇。

⑵１　決闘は神に訴える裁判の一種である。中世ヨーロッパの決闘については，村上淳一『近代法の形成』（岩波書店，1979 年）196-209 頁およびロバート・バートレット『中世の神判 —— 火審・水審・決闘』竜嵜喜助訳（尚学社，1993）第 6 章参照。もっともグロティウスは，戦争の神判としての性格を額面通りに受け取り，神が正当原因のある側を必ず勝利させると信じていたわけではない。彼が前提とする宗教観はきわめて希薄なものであり，人事に関心を抱く神（々）の存在を信ずる人々に対して，その信仰が誤っていることを理由として戦争を仕掛けることは正当化され得ないとする（Grotius, *The Rights of War and Peace*, pp. 1041-44 [Ⅱ. XX. XLVⅢ]）。唯一神の信仰が要請されるわけでもない。「正しい信仰」が何かは国によって異なり得ることになる。

⑵２　柳瀬良幹の言う実体法の世界と手続法の世界の区別である。柳瀬良幹「實體法の世界と手續法の世界」同『憲法と地方自治』（有信堂，1954 年）参照。

⑵３　Timothy Endicott, *Vagueness in Law*（Oxford University Press, 2000），p. 199. ジョゼフ・ラズが指摘するように，裁判所の判決はたとえそれが誤った内容のものであっても，拘束力を有する（Joseph Raz, *Practical Reason and Norms*（Princeton University Press, 1990），p. 135）。

⑵４　ハサウェイとシャピロは，このグロティウスの主張を「力は正義」原理（"Might is Right" Principle）と呼ぶ（Hathaway and Schapiro, *The Internationalists*, p. 23）。

⑵５　Grotius, *The Rights of War and Peace*, p. 1386 [Ⅲ. Ⅸ. Ⅳ. 2]。

戦争を遂行する諸王や諸国民は，彼らには戦争する正当な理由があると信じてもらいたいと考えるし，敵対する側は悪行を遂行していると信じてもらいたいと考える。双方がそう信じてもらいたいと考えるのであり，平和を保ちたいと考える第三者が戦争に干渉することは危険である以上，第三者としては，戦争の結果を正しいものとして受け入れるしかない。

ただし，こうした特権が認められるのは，今や国家とその主権者だけである。主権者が宣戦布告をすることで開始された戦争だけが，裁判の代替物として機能する。手続的に限定して理解された正式の戦争だけが特別の扱いを受ける。国家の命を受けたわけではないファン・ヘームスケルクの行動については，はなはだ怪しげな根拠しかないことになる。

『戦争と平和の法』で展開された，このグロティウスの新たな議論からすると，国同士の間で宣戦布告を経て正式な戦争が始まった以上，第三国はいずれの側に正当な理由があるかを判断すべきではない。非交戦国は，いずれにも偏しない厳正な中立を維持する必要がある。戦争を遂行するに際しては，交戦国が遵守すべきルールは守る必要があるものの[26]，敵兵を殺傷したり，敵国の軍事目標を破壊する等，平時においては犯罪とされる行為も違法ではない。そして，戦争の結果として手に入れた領土や住民は，戦勝国の正当な獲得物となる。征服も正当である。

> 敵の人員や財産を合法的に攻撃することができるのは，正当な理由に基づいて戦争する側だけではない。自然法の枠内でなされる限り，双方の側にそうする権利がある［…］戦争の法によれば，征服者にとっては，すべては合法である。なぜならば，二つの国家が戦争するとき，彼らの原因の正当性について第三者が判断することは危険だからである。そうすることで，たちまち戦争に巻き込まれることになる[27]。

---

[26] グロティウスは，暗殺，毒殺，婦女子の強姦は違法であるとする（Grotius, *The Rights of War and Peace*, pp. 1295-1302 [Ⅲ. Ⅳ. ⅩⅢ]）。他方ヴァッテルは，無抵抗の女性，子ども，老人，病人に対する暴力の行使が禁止されることは，あらゆる国家における正義と人道の原則であるとする（Emer de Vattel, *The Law of Nations* (Liberty Fund, 2008), p. 549 [Ⅲ. Ⅷ. 145]）。戦闘員と非戦闘員を区別し，軍事行動の対象を前者に限定する原則は，18世紀半ばにようやく認められるようになった（Hathaway and Shapiro, *The Internationalists*, p. 75）。

[27] Grotius, *The Rights of War and Peace*, pp. 1275-76 [Ⅲ. Ⅳ. Ⅲ-Ⅳ].

　侵略目的の戦争は怪しからんという意見は，昔からあった。しかし，侵略目的なのかそうでないのかも，結局は，誰が戦争に勝つかで判断されることになる。ペリー来航によって日本が無理やり引きずり込まれたのは，そうした「力は正義なり」という世界である。カントが『永遠平和のために』の中で，「フーゴー・グロティウス，プーフェンドルフ，ヴァッテル，その他の人々が…まだ相変わらず忠実に戦争の開始を正当化するために引用されている」と述べることに[28]，根拠がなかったわけではない。

Ⅳ　戦争の違法化とその帰結

　1928 年の不戦条約が覆そうとしたのは，こうしたグロティウス的戦争観である。国際紛争解決の手段として，戦争，武力の行使，武力による威嚇に訴えることは，もはや違法であると宣言された。あらゆる武力の行使が否定されたわけではない。条約の提案者の一人であるアメリカの国務長官ケロッグも，もともとの発案者の一人であったサーモン・レヴィンソンも，不戦条約が自衛権の行使を妨げるものではないと考えていた[29]。1931 年に勃発した満州事変に関して，日本がその軍事行動を自衛のための措置として正当化しようとしたのも，同様の理解を背景とするものである。

　しかし今や，国際紛争の解決のためには平和的手段のみが認められる。不戦条約第 2 条は次のように規定する。

---

[28]　カント「永遠平和のために」遠山義孝訳『カント全集 14　歴史哲学論集』（岩波書店，2000 年）270 頁［A355］。

[29]　Cf. Hathaway and Shapiro, *The Internationalists*, pp. 126-27. 立作太郎も，不戦条約は自衛権（現在で言う個別的自衛権）を否定するものではないと理解していた（立作太郎「不戦条約の国際法観」国際法外交雑誌 28 巻 10 号 8 -10 頁（1928 年）。立の不戦条約観については，篠原初枝『戦争の法から平和の法へ —— 戦間期のアメリカ国際法学者』（東京大学出版会，2003 年）122-23 頁参照。さらに，『祖川武夫論文集　国際法と戦争違法化 —— その論理構造と歴史性』小田滋＝石本泰雄編（信山社，2004 年）130 頁での，祖川武夫の指摘を参照。もっとも，不戦条約批准にあたって田中義一内閣は，民政党による党派的な攻撃に対応するため「人民の名に於て」とする条約の文言と国体との瑣末な整合性にこだわっておきながら，満蒙の権益を守るために日本が出兵することが自衛権行使にあたるか否かという枢要な問題を各国間で詰めようとしなかったことが指摘されている（加藤陽子『昭和天皇と戦争の世紀』（講談社，2018 年）207-11 頁）。

締約国ハ相互間ニ起ルコトアルベキ一切ノ紛争又ハ紛議ハ其ノ性質又ハ起因ノ如何ヲ問ハズ平和的手段ニ依ルノ外之ガ処理又ハ解決ヲ求メザルコトヲ約ス⑶⓪

　国家間の条約の定める義務の履行を求めるために武力に訴えることも許されず，武力による威嚇を背景として条約を締結することもできない。非交戦国にも厳正中立な行動がつねに期待されるわけではない。明白な侵略国家に対しては，経済制裁を下すことも認められる。戦争に訴えることに「正当な理由」があるか否かは，戦争の結果から逆算して判断されるわけではない（ことになる）。他国の領土への侵略は戦争犯罪とされ，侵略行為の指導者は「平和に対する罪」の責任を国際軍事法廷で追及される。いずれも，ドイツや日本がその後，思い知らされることとなった国際法の根本的な変容である。日本国憲法第9条第1項は，そのことを改めて確認している⑶⑴。

　こうした変容は，国際連合の樹立によってさらに前進した。現代においても武力衝突や実力による領土の占有や現状（status quo）の変更がゼロになったわけではない（クリミアやシリアや南シナ海を見よ）。しかし，それは全体から見れば，そして不戦条約以前の世界と比較して見れば，きわめて稀な例外である。

　すべての国家の主権が尊重される世界は，そうでない世界に比べれば，善い世界である。いきなり戦いを挑まれ，敗北するとその結果を飲み込まされる世界よりも，せいぜい経済制裁を受けたり，国際機構から仲間外れにされて，反省を促される世界の方が善い世界であろう（北朝鮮の例から分かるように，反省を促すためには，予め国際的な経済システムに巻き込んでおく必要があるが）。いつ起こるか分からない戦争に備えて徴兵制を組織し，常に軍備を怠らず愛国心を高めなければならない世界よりも，貿易の利益を互いに享受し，軍備よりは人々の暮らしに投資し，多様な価値観が公平に共存できる世界の方が善い世界

⑶⓪　英語の正文は次の通りである。 The High Contracting Parties agree that the settlement or solution of all disputes or conflicts of whatever nature or of whatever origin they may be, which may arise among them, shall never be sought except by pacific means.

⑶⑴　祖川武夫の表現を借りるならば，「国際法上，戦争の禁止は，非差別的戦争から差別的戦争への，戦争観念の構造転換の問題として捉えられなければならない」（『祖川武夫論文集　国際法と戦争違法化』137 頁）。なお，中立国の義務の変容については，同書131-34 頁参照。

である。

　すべての国家の主権が尊重される世界は，弱々しい政府や破綻した政府の統治する国家の主権も尊重される世界である。グロティウス的な世界秩序では，弱小国家や破綻国家はたちまち征服されていた。今はそうではない。そして国際的に活動するテロ組織は，弱小国家や破綻国家に根を張る。両方同時には，無理であろう[32]。どちらを選ぶかとなれば，すべての国家の主権を尊重する事態の方が lesser evil ではなかろうか。

　ところで，国際紛争を解決する手段としての戦争が違法化された結果として生起した国際法秩序の変化は，その理論的な把握にも変化をもたらすこととなるであろうか。次節では，ケルゼンの純粋法学を素材として，この問題を取り扱う。

V　『純粋法学〔第 2 版〕』の純粋性

1　『純粋法学〔第 2 版〕』における国際法の法的性質論

　ハンス・ケルゼンの『純粋法学〔第 2 版〕』第 42 節(a) は，国際法の法的性質を論ずる。ケルゼンによれば，法と呼ばれるものに共通する性格は，それが強制秩序であることである。つまり「社会的に有害で望ましからぬものと看做された事態，特にそのような人間行動に，害悪をもって報いることである」[33]。つまり，法に反する行動をした者に制裁としての強制行為を加えること（それを授権すること）が，法の特質である。

　国際法も法であるとすれば，違法な行動をした者に制裁を加えることをその性質として備える必要がある。ケルゼンによれば，国際法特有の制裁は復仇と戦争である[34]。いずれも，相手国の国際法上保護された利益に対する侵害行為であり，復仇は相手国の特定の利害に対する侵害，戦争はそうした限定のない侵害であって，両者の違いは程度の違いである[35]。

　ケルゼンは，戦争については，それが国際法上の不法行為に対する制裁であ

---

(32)　Hathaway and Shapiro, *The Internationalists*, p. 369.

(33)　『純粋法学〔第 2 版〕』長尾龍一訳（岩波書店，2014 年）33 頁［第 1 章第 6 節 (b)］。

(34)　『純粋法学〔第 2 版〕』309 頁［第 7 章第 42 節(a)］。

(35)　『純粋法学〔第 2 版〕』309 頁。

るとする見方と，そうではなく，いずれも国も国際法に違反することなくいかなる理由であれ，戦争に訴えることができるとする見方とに分かれているとする。戦争は制裁であるとする見方が，正戦原則である[36]。

ケルゼンによると，戦争は制裁であるとする正戦原則は，ケロッグ＝ブリアン協定と国連憲章の明確な内容となり，現在では——つまり第2版が刊行された1960年時点では——「正戦原則の一般的拘束力を否定することは，殆ど不可能である」とする[37]。

ケルゼンのここでの立論は，①ケロッグ＝ブリアン協定は，戦争が制裁であるとの原則をその内容としており，②そのことが，国際法が法であることを基礎づけている，というものである。

この立論は，その主張する内容が明快であるとは言いにくい。不戦条約は，国際紛争解決の手段として国家が戦争に訴えることを禁止している。たしかに同条約の前文には，「今後戦争ニ訴ヘテ国家ノ利益ヲ増進セントスル署名国ハ本条約ノ供与スル利益ヲ拒否セラルベキモノナルコトヲ確信シ」との文言がある。不戦条約の締結国であるにもかかわらず，国際紛争解決の手段として戦争に訴えた国家に対しては，戦争がその制裁として加えられることが含意されていると見ることも可能ではある[38]。

しかしながら，正戦原則はすでに見た通り，不戦条約以前のグロティウス的世界秩序においても妥当していた。相手国が不法行為を行ったと考える国家は戦争に訴えることができ，その結果は当事者すべてが「正しい結果」として受け入れることが求められていた。それは実体的な正戦原則とは言えないかも知れないが，手続的には十分，正戦原則と言い得るものである。「力は正義なり」原則ではないかとの批判は可能だが，「客観的」に正しい結論が得られる保証はないという意味では，平和的手段たる裁判も結局は同じことである。

ケルゼンはしかし，グロティウス的世界における正戦原則が，「力は正義なり」原則ではないかとの批判を深刻に受け止めていた。1945年に刊行された

---

(36) 『純粋法学（第2版）』309-10頁。

(37) 『純粋法学（第2版）』310頁。

(38) ケルゼンは，1952年に刊行された『国際法原理』では，不戦条約について，同条約に違反する武力の行使のみが，「国家の政策の手段としての戦争」として禁止されており，そうした武力行使への対抗措置としての武力行使は禁止されていないとする（Hans Kelsen, *Principles of International Law* (Rinehart & Company, 1952), p. 29）。

『法と国家の一般理論』では,「国際法の法的性格」と題された節がこの問題を論じる。そこでは,戦争で勝利するのは「正しい者」ではなく「最強の者」である以上,制裁としての戦争と違法行為としての戦争とを区別することはできない,との正戦論への批判を紹介している[39]。もっとも,第Ⅲ節で述べた通り,グロティウス自身はそのことを承知の上で手続的正戦論を展開したのではあるが。

『法と国家の一般理論』におけるケルゼンによれば,こうした正戦論とそれへの批判との対立が収束しないのは,国際社会がなお原始的共同体と同様の状態にあり,集権化された法の適用・執行機関を備えていないことに起因する。つまり,国際法 —— それが法であるとしても —— の執行は共同体のメンバー各自に委ねられており,その点で違法行為に対する制裁が自救行為としての血讐に任されていた未開社会と同様の状態にある[40]。

『法と国家の一般理論』におけるケルゼンによれば,正戦論をとるか否かは,科学的な決定ではなく,政治的な決定である。正戦論をとってはじめて,国際法は法であり,いずれは集権的な機関にその適用と執行を委ねる法秩序へと進化していくことができる[41]。

2 グロティウスとケルゼンの間

『法と国家の一般理論』と『純粋法学〔第2版〕』との間には,明らかな変化があるかに見える。『法と国家の一般理論』でも,国際連合憲章はとり上げら

---

[39] 『法と国家の一般理論』尾吹善人訳(木鐸社,1991 年)497 頁。

[40] 『法と国家の一般理論』500-01 頁。この点で,ケルゼンの国際法観は,ハートのそれと似通っている。H. L. A. ハート『法の概念(第3版)』長谷部恭男訳(ちくま学芸文庫,2014)第 X 章参照。ハートによれば,国際法は一次ルールのみからなり,認定のルールをはじめとする二次ルールを欠いている。したがって,それは法「秩序」とは言いにくいものである。

[41] 『法と国家の一般理論』502-03 頁。厳密に言えば,あくまで認識者の立場から,正戦論が正当であり国際法秩序を観念することができるとの前提を,その正当性にコミットすることなく「前提」することは可能であろう。ジョゼフ・ラズの言う「超然とした観点 detached point of view」に立つことである(Joseph Raz, *The Authority of Law*, 2nd ed. (Oxford University Press, 2009), p. 305)。もっとも,「国際法の主体」とされる者は,少なくとも,いずれかの立場にコミットするかのように装いながら行動するものであろうが。

れていないが，ケロッグ＝ブリアン協定への言及は —— 正戦論との関連で ——
ある[42]。1945 年 10 月の国際連合の発足によって，法の適用・執行の集権化が
進んだとの理解を前提としているのであろうか[43]。しかし，繰り返しになるが，
法の適用・執行が集権化しているか否かは，戦争が制裁の手段であるか否か，
国際法秩序と言われているものが本当に法秩序であるか否かとは，論理的には
関連しない。法の適用・執行が集権化している組織が，法秩序と言い得るもの
であるか否かも，「科学的」ではなく，「政治的」に決まる話である。ギャング
の組織には階層秩序があり，集権的組織の頂点の命令によって内部の掟が適
用・執行されるが，それが法秩序であると考える人 —— ギャングの組織に関し
て根本規範を思惟の上で前提する人 —— は，ギャングのメンバーを除けば，そ
れほど多くはないであろう[44]。

　また，不戦条約が正戦論を補強したとの結論も，見方によるとしか言いよう
がない。裁判所の下す判決の多くが正しい判決であるとの確信が行き渡ってい
なければ，その社会に健全な法秩序があるとは言いにくいように，違法行為と
しての武力の行使と制裁としての武力の行使を峻別し得るとの確信が世界に行
き渡っていない限り，国際社会で法が機能しているとは言いにくいことは確か
であろうが，その判断を純粋法学が「科学的」になし得るものであろうか。

　ケルゼンが『純粋法学（第 2 版）』で描く「正戦原則」は，不戦条約への違
反であるか否かを戦争の結果とは独立に「客観的に」判断し得ることを前提と
した「正戦原則」である[45]。つまり，正戦を遂行する側とそうでない側とを実
体的に区別（差別）することが可能であることを前提としており，その点が，
グロティウス的世界秩序における「正戦原則」と異なっている。ケルゼンが軍
務総監の指揮下でアメリカ合衆国政府によるニュルンベルク裁判の準備に関与

----

(42)　『法と国家の一般理論』492 頁。

(43)　『純粋法学（第 2 版）』311 頁［第 7 章第 42 節(b)］でも，国際法には，未開社会の法
　　に似た特徴がある旨が指摘されている。同旨の記述として，Kelsen, *Principles of Inter-*
　　national Law, p. 22 参照。

(44)　『純粋法学（第 2 版）』43-45 頁［第 1 章第 6 節(c)］参照。ギャングの組織を客観的に
　　認識する立場の研究者が，根本規範をそれにコミットすることなく前提することはあり
　　得る。

(45)　しかし，ケルゼンはその論点を明示してはいない。祖川・前掲注(29) 127 頁もその点を
　　指摘しているように思われる。

し，論点の整理に協力することができたのも，第二次大戦に関する限りは，不戦条約に違反した国と違反国に制裁を加えた国とを，結果とは独立に，区別し得るとの判断を前提としているからであろう[46]。

　ケルゼンによれば，国際法廷によって指導者の戦争犯罪を処罰する裁判は，個人の責任を問う点で，国民全体の団体責任を問うことを原則とする国際法の例外をなす[47]。個人とその所属集団との区別が不分明な未開社会と共通する思考様式が，国際法における団体責任論の背景にある[48]。戦争開始の決定も，個々の戦闘行為も，その法的責任は国に帰せられるのであって，個々の指導者や兵士に帰せられるわけではない。国際法違背に対する制裁としての武力の行使も，国家のメンバーとしての国民が団体責任として害悪を被るのであって，個々人が責任を問われ，害悪を受けるわけではない。したがって，ニュルンベルク国際軍事裁判所憲章は，指導者個人について戦争犯罪（平和に対する罪）責任を問う規定を設けた点では，事後法の性格を有している。しかし，それは予測可能性を裏切る不当な不意打ちにはならないと，ケルゼンは考える。枢軸国の指導者は，自分たちの戦争遂行が不戦条約に違背する違法な行動であることを承知していたはずだからである[49]。

　ところで，こうしたケルゼンの正戦論は，彼が同じ『純粋法学〔第2版〕』で提示している規範の衝突に関する理論とどのように関連するであろうか。規範衝突に関する彼の理論によれば，上位の規範に反する下位の規範なるものは存在しない。一見したところ，上位の規範と衝突するかに見える下位の規範も，実は上位の規範の黙示の授権を受けている。だからこそ，有効な法規範であり得る。憲法に違背するかに見える法律も，違憲審査機関によって最終的に違憲と判断されない限りは，有効な法律である[50]。

[46]　Cf. Hathaway and Shapiro, *The Internationalists*, pp. 269-71.

[47]　『純粋法学（第2版）』315 頁［第7章第42節(d)］。See also Hans Kelsen, 'Collective and Individual Responsibility in International Law with Particular Regard to the Punishment of War Criminals', 31 Calif. L. Rev. 530（1943）.

[48]　Kelsen, *Principles of International Law*, pp. 9-11.

[49]　Hathaway and Shapiro, *The Internationalists*, pp. 269-71. この点でケルゼンの議論は，当初から内国法人の機関の刑事責任との類比で指導者個人の刑事責任追及を正当化する横田喜三郎の議論とは異なっている（横田喜三郎『戦争犯罪論』（有斐閣，1947 年）117-20 頁参照）。

[50]　『純粋法学（第2版）』256-66 頁［第5章第35節(k)］。

こうした説明は，戦争についても妥当するはずである。不戦条約に照らして条約違反であるはずの武力行使の結果が，その違法性を主張する他の多くの国々による対抗措置や経済制裁や国際機構からの除名処分等にもかかわらず永続化し，結局，多くの国々によって適法な状態として承認されるに至る可能性もゼロではない。また，武力による威嚇や武力の行使をより広い範囲で禁ずる国連憲章に反する武力による威嚇や武力の行使が現に行われ，その結果が多くの国々によって承認されることもあるであろう。そのとき，そうした結果をもたらした武力行使も不戦条約による黙示の授権を受けていたと，ケルゼンは認めることとならざるを得ないのではなかろうか。

そうであれば，彼の言う正戦論とグロティウス流の手続的正戦論との間の距離は，さほど大きなものとは言えないように思われる。ケルゼンの正戦論も，結局は手続的に把握され，説明されることになる。そうであれば，適法な武力行使と違法な武力行使との区別が不可能であるとするグロティウス流の戦争観が，正戦論を掘りくずすとの『法と国家の一般理論』におけるケルゼンの観察は，『純粋法学〔第2版〕』における彼自身の正戦論についても当てはまる。『純粋法学〔第2版〕』で展開された正戦論をとるか否かは，やはり，科学的ではなく，政治的な決定である[51]。そうであれば，戦争を制裁として把握することができるか否かも政治的な決断であり，したがって，国際法を法秩序として受け止めることができるか否かも，科学的ではなく，政治的な決断である。それが純粋法学の帰結であろう。

突き詰めて言えば，『法と国家と一般理論』と『純粋法学〔第2版〕』との間で，国際法の法的性質に関するケルゼンの見解は，実は変化していないことになる。一見したところ，それに反する彼の言明にもかかわらず。

VI　むすび

不戦条約は，裁判に代替する国際紛争解決の手段としての戦争，祖川武夫のことばを借りるならば「決闘観念に立つ」[52]戦争を禁止するものであった。現

---

(51)　前掲注(41)でも述べた通り，認識者の立場から政治的にコミットすることなく，正戦論の正当性を単に前提とすることは可能のはずである。しかし，ケルゼンは，政治的にコミットしているように思われる。

在で言う個別的自衛目的での武力の行使までをも禁止することは想定されていなかった。不戦条約の文言を受けた日本国憲法第9条第1項も同じ趣旨のものとして，そして禁止の対象を武力による威嚇と武力の行使へと拡大したものとして，受け取るのが素直である。第1項は侵略目的の戦争等を禁止するものであると，しばしば説かれる[53]。侵略目的の戦争等が禁止されることは疑いがないが，それに限定されるわけではない。

「戦力 war potential」の保持を禁ずる第2項前段も，不戦条約の趣旨を受けたものとすれば，裁判に代替する「決闘」としての戦争を遂行する能力の保持を禁ずるものと理解するのが，素直だということになる。さらに，「国の交戦権 the right of belligerency of the state」を認めないとする第2項後段も，交戦国に認められる諸権利の否定と考えるよりは[54]，紛争解決の手段として戦争に訴える権利（正当原因）はおよそ存在しない，という趣旨に受け取る方が筋が通る。

もとより，不戦条約のみに基づいて日本国憲法の条文の意味を確定することには危険が伴う。現時点における有権解釈変更の提案と直結するわけでもない。本稿の意義は，その意味で限定されている。とはいえ，不戦条約の文言と意義に照らして憲法第9条を読み直すことで，日本語として意味が読み取りにくく，また文言相互の関連性が明らかでないこの条文を，全体として整合的に理解する途が拓かれることも，確かなように思われる。

現在，第9条に関する解釈論の多くは，1項は前文（preamble）としての意味しか持たないとして，本来の法規範である2項の意義と分断し，しかも，「戦力」「交戦権」など，個別の概念へとさらに分解し，それぞれの釈義を経た後に，それを寄せ集めて9条の意義を導き出しているかに見える。しかし，かりに前文であろうとも，1項には2項の規定の趣旨・目的を明らかにし，その意義を限定する肝要な役割を見るべきであろう[55]。

(52)　『祖川武夫論文集　国際法と戦争違法化』112頁。

(53)　横田『戦争犯罪論』81頁は，不戦条約の理解に関連して，「紛争の解決のための戦争も，国家的政策の手段としての戦争も，実質的にいえば，結局において，侵略的戦争のことにほかならない。言葉が異なるのみで，実体は同一である」とする。同『戦争の放棄』（国立書院，1947）129頁以下でも，同様の説明がなされている。

(54)　政府は，第9条2項にいう「交戦権」は，「交戦国が国際法上有する種々の権利の総称」であるとしてきた。昭和55年12月5日衆議院提出の答弁書および昭和56年4月1日衆議院提出の答弁書参照。

　本稿は，9条の趣旨・目的を明らかにすることによって，条文全体としての整合的な意味の理解に寄与する試みである。

---

(55)　ウィリアム・ブラクストンは『イングランド法釈義』において，「立法者意思を理解する最も公正で合理的な方法は，立法時における立法者意思を記号（signs）を通じて探求することである。記号は［規定の］文言，主題，効果と帰結，そして趣旨と根拠である・・・もし文言では疑いが残るのであれば，規定の意義は文脈（context）を通じて確定することができる。かくして，前文（preamble）が法律の釈義においてしばしば呼び出される」と述べる（William Blackstone, Commentaries on the Laws of England, vol. 1（University of Chicago Press, 1979（1765）），pp. 59-60）。

国籍法研究とブラジル・日本

二宮正人

　日本に生を受け，幼少時に両親とともにブラジルへ移住した。ブラジルにおいて小学校から大学まで学ぶことができたのはブラジルの教育制度が中学，高校，大学に夜間部を設けており，多くの移住者の子女と同様に働きながら通学することが可能だったからであった。また，公立学校は小学校から大学まで無償で，私も公立学校に通った。現在の私があるのはこのような制度のおかげである。また，サンパウロ大学を卒業後，文部省国費留学生として東京大学大学院に在籍したが，十年にわたった留学期間の半分以上に日本政府から奨学金を支給していただいた。日伯両国に感謝している。

　留学中には自らの生い立ちにも関係する国籍を研究のテーマとして選んだ。修士課程においては，高野雄一教授の指導の下で国籍法における帰化の制度を比較法的見地から調査して論文を執筆した。帰化が行政の裁量権の行使であることは各国に共通しつつも，移民受け入れ国であるブラジルでは法律が定める客観的要件を満たせばよほどの問題がない限り帰化が許可されるが，日本では素行，独立生計等の客観的要件を満たすことも困難で，また仮に要件を充足していても，許可が行われないことがありうる，という差異を確認した。ただ，私が留学から帰国した1990年代以降，在日外国人の数は大幅に増加した。日本政府は現在も移民受け入れ政策を採用しないと明言しているが，昨今の労働市場における人手不足や人口減少も著しく，日本人や永住権を有する外国人との婚姻等による在留資格の変更等によって帰化を希望する者も増加し，政策変更が必要となってくるのではないかと思われる。

　修士課程を終了後，高野教授の定年退官に伴い，博士課程においては池原季雄教授の指導を仰いだ。しかし，同教授の定年退官までに論文を完成することができず，最後は星野英一教授の指導の下で国籍法における両性平等に関する研究を行った。第二次世界大戦後の日本の国際化に伴い，外国人と日本人女性

641

との婚姻は著しく増加した。しかし，当時の国籍法が採用していた父系優先血統主義の下では，日本人女性が産んだ外国人男性を父とする子どもは日本国籍を取得できなかった。この著しい不平等に対し，1970 年代から 80 年代初頭にかけて複数の国籍確認訴訟が提起されていた。日本政府は父系優先血統主義を支持しつつも，法務大臣の諮問機関である法制審議会に国籍法部会を設け，両性平等血統主義を採用した場合についての議論を始めていた。

同部会の委員を務めておられた名古屋大学山田鐐一，立教大学澤木敬朗両教授が本件についての意見書をまとめる際に，指導教官池原教授のお口添えにより，ドイツの憲法判例をはじめとする各国の制度についての調査のお手伝いをした。これが論文執筆にあたって大いに役立ったことも，今は懐かしい思い出となっている。

国籍法改正にあたって父系優先血統主義を廃止し，両性平等血統主義を採用した場合，父系と母系の両方から国籍を受け継ぐことになり，当然に二重国籍者が生じる。しかし，日本を含めた若干の国は二重国籍を認めていなかったことから，それをいかにして解決するか，ということが問題となった。比較法的に検討すると，二重国籍を容認する国が増加の傾向にあったものの，日本では受け入れが困難であったため，論文においては若干の選択制度を提案することによって結論とした。

池原教授から，そのまま日本に残ってしかるべき大学に就職する可能性について打診いただいたが，かねてから留学生は本国に戻って留学先で得た知識を後進に伝える義務があると考えていたことから，帰国の道を選んだ。そして希望通り弁護士事務所を開設し，母校の教壇に立つことができた。それから間もなくして東京大学法学部にイベロアメリカ法の講座が開設され，寄付講座の客員教授として招かれた。このことを池原先生に報告すると，とても喜んでいただくことができた。

帰国後間もない 1984 年に国籍法の改正が実現し，国際結婚をした多くの日本人女性にとって念願の両性平等血統主義が採用された。また，これまでは生地主義国で出生した日本人の子どもは一定の期間以内に国籍を留保すれば二重国籍となっていたが，新たな制度の下では母親の血統に基づく日本国籍と父親

の血統に基づく外国国籍とを取得し，幼少時には二重国籍が容認され，留保の場合も含め成年に達してから2年以内に国籍の選択を行うことが義務付けられた。法改正から35年が経過したが，数年前にあるきっかけから国籍選択がどの程度行われているかを調査したところ，圧倒的多数の二重国籍者が選択を行っておらず，また行政側も選択を促すような通知，その他の措置を一切取っていないことが判明した。また，少数の選択者にどちらを選択したかを聞いてみたところ，全員が日本国籍を選択したとのことであったが，他の外国籍の離脱手続きの履行は担保されておらず，客観的には二重国籍者となっている。

　私事で恐縮であるが，両親の移住後にブラジルで生まれた妹は日本留学中に縁あってシンガポール国籍者と結婚し，同国に在住している。夫の米国留学中に長女が出生したが，この子は父系血統によるシンガポール国籍，母系血統によるブラジル国籍，そして生地主義国である米国で生まれたことによる米国籍の三か国の国籍を取得した。米国やシンガポールは二重国籍に対する規制が厳しく，一旦は米国籍を選択したものの，成人後は課税の問題もあり，またシンガポールに居住している場合，外国籍のままだと何かと不便なため，最近米国籍を離脱してシンガポール国籍を復活したとのことである。なお，母系によって取得したブラジル国籍については，これまでにパスポートを取得する等，積極的に国籍を主張したことはないが，潜在的に国籍を有しているため，将来いつでもブラジル国籍者としての権利を主張することができると考える。

　上記のようにブラジルは移民受け入れ国ではあるが，現在では国内の失業問題等によって，かつてのように積極的な移民受け入れ政策は採用していない。しかし，難民条約に基づいてハイチやベネズエラからの難民を継続して受け入れている。彼らも永住権取得後に一定の客観的要件を充足して帰化が許可された場合，ブラジル国籍者となる旨の宣誓を行う。その際に元の国籍を離脱する旨明言するが，それを証明する書類の提出を求められることはなく，二重国籍となっている場合も多い。

　また，血統主義を採用する国籍を有する母親がブラジル国内において子を出産した場合，その子は生地主義によってブラジル国籍を取得して二重国籍者となるが，これまで生来のブラジル国籍者が国籍を離脱することは不可能である

とされてきた。

　ここで職業上知りえた2件の同内容の事例があったことを紹介したい。それぞれのタイミングは異なっていたが，両者ともブラジルで出生し，日本国籍を留保した二重国籍者で，乳幼児のころに帰国し，本人はもとより両親もブラジル国籍を取得したことを失念し，以後日本人として育ち，大学卒業後，外交官を目指して外務省の入省試験を受けて合格したケースである。合格後の入省手続きの際に戸籍を提出したところ，ブラジルで出生して日本国籍を留保した二重国籍者であることが判明した。二重国籍者は国家公務員に採用されないことから，外務省はブラジル国籍の離脱を条件として採用手続きを保留した。本人や両親は在京ブラジル大使館，総領事館へ行き，ブラジル国籍の離脱を申請したが，本国マターであるとして受け付けられなかった。

　ブラジルでは憲法に国籍得喪の原則が示されており，外国に帰化した者でなければ生来のブラジル国籍の離脱はできず，その手続きは在外公館ではなく，当該資料を添付して本国の法務大臣に申請しなければならない。日本では前例がなかったため，本件手続きについては知られていなかった。しかし，一旦日本国籍喪失届を出し，関係当局の理解の下に速やかに帰化，または国籍の回復が許可されたのち，ブラジルにおいて国籍の離脱を申請した。手続きに数か月を費やしたものの，両者とも連邦官報において，外国に帰化したことを理由にブラジル国籍の離脱が認められ，日本国籍者として希望通り外務省に採用された。

＊　　　　　＊　　　　　＊

　さて，最後になりましたが，この度の古稀記念論文集の出版は身に余る光栄です。編纂委員会の皆さまにおかれましては，本件企画のご発意と何度にもわたる編集会議に参加していただき，厚く御礼申し上げます。ご多忙中にも係わらず玉稿をお寄せくださった先輩や畏友諸兄姉の皆さまには感謝を表す言葉が見つかりません。また信山社におかれては厳しい出版事情のなかで本書の刊行を引き受けていただき，衷心より御礼申し上げます。

　日本においては，かつては還暦，現在では古稀が大学や研究機関における一

応の定年の目安になっているようです。ブラジルの場合は数年前に最高裁判事の定年が75歳に延長され，これが職にとどまることを希望するすべての文民公務員に適用されることになりました。その一方で男性35年，女性30年という年金受給に必要な就労期間は変わりありません。日本と異なる点は，一旦退職して年金を受け取りつつ新たな職に就けることです。ま公務員も一旦退官して新たな任用試験を受けて新たな職に就くことが可能です。社会福祉はブラジル政府にとって大きな負担ですから，2019年にスタートした新政権は，より平等な状況を目指した社会福祉改革を行おうとしています。しかし，政府与党は国会では少数派で，他の政党の協力を得なければ法案を通すことはできません。現在これがどうなるのか，今後の進展を見守っている状況です。しかしながら，私自身は75歳の定年にも，社会福祉改革の行く末にも左右されることなく，この度の皆さまの温かいご配慮に改めて感謝しつつ，これまでお世話になったご恩返しのつもりで日本とブラジルのために生涯現役で頑張る所存です。どうぞ今後も末永くよろしくお願いします。

　2019(令和元)年7月20日

二宮正人先生 略歴

1948 年 11 月 17 日　長野県上田市生まれ

〈国籍取得〉
1970 年 12 月 18 日　ブラジル連邦共和国国籍取得

〈学　歴〉
1971 年 12 月　サンパウロ大学法学部卒業(法学士)
1972 年 12 月　サンパウロ大学哲学・文学・人文科学部日本語・ポルトガル語学科
　　　　　　　卒業(文学士)
1976 年 3 月　東京大学大学院法学政治学研究科公法課程修了(法学修士)
1981 年 3 月　東京大学大学院法学政治学研究科民刑事法博士課程修了(法学博士)

〈職　歴〉
1972 年 7 月　ブラジル弁護士会サンパウロ支部登録弁護士（登録番号第 26,565 号）
　　　　　　　（現在に至る）
1983 年 10 月　二宮正人法律事務所代表弁護士（現在に至る）
1986 年 3 月　サンパウロ大学法学部助教授（～1989 年 3 月）
1986 年 10 月　ブラジル連邦共和国大統領府経済企画大臣補佐官（～1987 年 4 月）
1989 年 3 月　サンパウロ大学法学部博士教授（現在に至る）
1990 年　ウジミナス製鉄会社監事（～2018 年）
1992 年　東京大学法学部比較法政国際センター客員教授（～2014 年）
1995 年　慶應義塾大学法学部客員教授（～2003 年）
1999 年　新潟大学法学部客員教授（～2005 年）
2000 年　サンパウロ州公証宣誓翻訳人兼商業通訳人（現在に至る）
2003 年　ヴァーレ・ド・リオ・ドス・シノス大学法学部客員教授（～2003 年）
2009 年　サンパウロ大学哲学・文学・人文科学部日本語・ポルトガル語学科博士
　　　　　教授（現在に至る）
2013 年 4 月 1 日　明治大学法学部客員教授（～2016 年 3 月 31 日）
2013 年 7 月　広島大学法学部客員教授（現在に至る）
2013 年 12 月　立教大学ラテンアメリカ研究所客員教授（～2014 年 1 月）
2015 年 4 月　明治大学学長特任補佐（現在に至る）
2016 年 4 月　武蔵野大学法学部客員教授（現在に至る）
2018 年　ウジミナス製鉄会社監事補（現在に至る）

二宮正人先生　略歴

〈団体歴〉

1987 年　伯日比較法学会研究・渉外担当理事（〜2014 年）

　　　　伯日比較法学会評議員（現在に至る）

1988 年 3 月　社会福祉法人救済会顧問（現在に至る）

1990 年 3 月　サンパウロ大学法学部国際法・比較法学科評議員（現在に至る）

1991 年　社団法人日本ブラジル交流協会顧問（〜2005 年）

　　　　ブラジル日本文化協会（現ブラジル日本文化福祉協会。以下「文協」）副
　　　　会長（〜2002 年）

　　　　ブラジル日本移民史料館運営委員長（〜2002 年）

1992 年 4 月　文協デカセギ情報オリエンテーション及び援護センター長（〜1992
　　　　年 9 月）

1992 年 10 月　国外就労者情報援護センター(CIATE)理事長（現在に至る）

1993 年　文協日本語講座校長（〜2012 年）

1997 年 1 月　ブラジル日本商工会議所補欠監事（〜2000 年 12 月）

1999 年　在日ブラジル商工会議所理事（〜2001 年）

2003 年 1 月　ブラジル日本商工会議所監事（〜2003 年 12 月）

2003 年　サンタクルス病院副理事長（〜2006 年）

2006 年　サンタクルス病院理事（〜2012 年）

2007 年　ブラジル日本交流協会会長（〜2017 年）

2008 年　サンパウロ大学日本国皇太子殿下大学訪問歓迎委員長（〜2008 年）

2012 年　サンタクルス病院評議員会議長（〜2018 年）

　　　　サンパウロ大学法学部国際法・比較法学科副学科長（〜2014 年）

　　　　文協評議員会副会長（〜2018 年）

2013 年　サンパウロ大学学長国際担当補佐（〜2014 年）

2015 年 1 月　ブラジル日本商工会議所監事（〜2016 年 12 月）

2015 年　日本学術振興会中南米アドバイザー（現在に至る）

2016 年 4 月　国際協力機構インターナショナルアドバイザー委員会委員（現在に
　　　　至る）

　　　　4 月　あしなが育英会賢人・達人会メンバー（現在に至る）

2018 年　文協支援及び指導高等審議委員（現在に至る）

2019 年 1 月　ブラジル日本商工会議所監事会議長（現在に至る）

〈賞　罰〉

1989 年　ブラジル連邦共和国リオ・ブランコ国家勲章カバレイロ位（通訳として
　　　　の功績）

1992 年　兵庫県教職員組合感謝状（兵庫県教職員組合の国際交流）

愛知県蒲郡市立三谷小学校感謝状（ブラジル国教科書寄贈）

1995 年　京都ブラジル文化協会感謝状（日伯友好の架け橋として両国交流促進に努力）

1996 年　日本国労働大臣感謝状（国外就労者情報援護センター設立及び運営）

1997 年　兵庫県教職員組合感謝状（兵庫県教職員組合の国際交流に対する貢献）

　　　　ブラジル日本青年会議所感謝状（コナ・コーヒー展の実現）

1998 年　ブラジル連邦共和国リオ・ブランコ国家勲章オフィシアル位（国際法及び比較法の教授としての功績）

　　　　日本国外務大臣表彰（ブラジル国発展，在伯邦人の地位向上及び両国親善）

1999 年　サンパウロ大学法学部，インターナショナル・ロー・アソシエーション感謝状（第 1 回ラテンアメリカ国際法学会開催）

2000 年　文協表彰状（移民史料館増床・戦後 50 年史展示場落成）

2001 年　サンパウロ州バンデランテス章（チエテ川護岸浚渫工事）

2002 年　財団法人産業雇用安定センター感謝状（日系人就労環境改善事業）

2005 年　社団法人日本ブラジル交流協会感謝状（ブラジル留学研修事業の発展に寄与）

2008 年　ブラジル連邦共和国日本人ブラジル移民 100 年勲章（ブラジル国の発展及び日本人ブラジル移民の地位向上）

　　　　ブラジル弁護士会日本人ブラジル移民 100 年記念表彰（ブラジル日系コミュニティの発展とブラジル社会への統合）

2012 年　日系三団体感謝状（就労援護活動を通した日伯両国の交流促進）

　　　　日本国厚生労働大臣表彰（日系人の就労適正化等厚生労働行政推進）

2014 年　慶應義塾大学，サンパウロ大学表彰（両大学学術提携締結及び発展への寄与）

　　　　サンパウロ市名誉市民章

2015 年　慶應義塾大学，サンパウロ大学表彰状（日伯修好 120 周年記念シンポジウム開催）

2016 年　広島大学表彰状（両大学協定締結及び親善活動）

　　　　文協感謝状（さくら祭り拡大及び国士館大学スポーツセンターの広報）

2017 年　ブラジル日本交流協会名誉会長（日伯人材交流に対する寄与）

2018 年　サンパウロ大学法学部，信州大学法学部表彰（日伯の法学分野の交流・発展に尽力）

　　　　日本人ブラジル移民 100 周年記念委員会，笠戸丸章（日系社会及びブラジル国の発展並びに日伯友好親善）

二宮正人先生 主要業績一覧

〈単 著〉

1983 年　二宮正人著『国籍法における男女平等 —— 比較法的一考察』（有斐閣）

2006 年　二宮正人編著『ブラジル』（海外職業訓練協会）

〈共 著〉

1993 年　二宮正人，矢谷通朗編『ブラジル法要説』（アジア経済研究所）

1994 年　矢谷通朗，カズオ・ワタナベ，二宮正人編『ブラジル開発法の諸相』（ア
　　　　　ジア経済研究所）

　　　　　二宮正人，労働省職業安定局業務調整課編著『日本・ブラジル両国にお
　　　　　ける日系人の労働と生活』（日刊労働通信社）

1997 年　横田パウロ，二宮正人編訳『戦後の日伯経済関係』（カレイドス社）

　　　　　大橋昌弘監修，二宮正人ほか編著『ブラジル』（海外職業訓練協会）

1998 年　森征一，二宮正人著『ポ日法律用語集』（有斐閣）

2011 年　土肥セルジオ隆三，二宮正人著『ポ日英医学用語辞典』（インテルクル
　　　　　トゥラル）

　　　　　二宮正人，養老猛，三木卓，伊藤玄二郎編『JAPÃO MINI ENCICLOPÉ-
　　　　　DIA DO JAPÃO（ポルトガル語版日本小百科）』（かまくら春秋社）

2015 年　ヒサオ・アリタ，二宮正人著『ブラジル知的財産法概説』（信山社）

〈執筆担当〉

1995 年　二宮正人著「日伯修好通商条約締結の経緯」日本ブラジル 100 周年記念
　　　　　事業組織委員会編『日本ブラジル交流史』（日本ブラジル修好 100 周年
　　　　　記念事業組織委員会）

1999 年　二宮正人，アウレア・クリスティーネ・タナカ著「Arbitragem comer-
　　　　　cial internacional no Japão（日本における国際商事仲裁）」アラミン・
　　　　　セヴェド・メルカダンテ編『Solução e prevenção de litígios internacio-
　　　　　nais（国際紛争の予防と解決）』（ポルトアレグレ）

2000 年　二宮正人著「A imigração japonesa: passado, presente e futuro.（日本移民
　　　　　の過去，現在及び未来）」パウロ・レイス編『República das Etnias（人
　　　　　種の共和国）』（ブラジル共和国博物館）

2001 年　二宮正人著「日本における日系ブラジル人の就労に関する歴史・社会的
　　　　　背景について」KOBE 外国人支援ネットワーク編『在日マイノリティ

　　　　　スタディーズⅠ　日系南米人の子どもの母語教育』（神戸定住外国人支援
　　　　　センター）

2002 年　二宮正人著「The dekasegi phenomenon and the education of Japanese
　　　　　Brasilian Children in Japanese Schools（在日ブラジル人子弟の教育）」
　　　　　レーン・リョウ・ヒラバヤシほか編『New Worlds, New Lives: Globali-
　　　　　zation and People of Japanese descent in the Americas and from Latin
　　　　　America in Japan（日本人とグローバリゼーション —— 北米，南米，日
　　　　　本）』（スタンフォード大学出版）
　　　　　二宮正人著「日伯関係における日系人の役割 —— 移民 100 周年への展望」
　　　　　拓殖大学編『世界の中の日本 21』（拓殖大学）
　　　　　二宮正人，尚美・保木・モニーツ，甲斐裕信著「ブラジルの日系移民と
　　　　　その子孫」アケミ・キクムラ・ヤノ編『アメリカ大陸日系人百科事典』
　　　　　（明石書店）

2004 年　二宮正人・佐藤美由紀著「ブラジル法」北村一郎編『アクセスガイド外
　　　　　国法』（東京大学出版会）
　　　　　二宮正人著「Os trabalhadores brasileiros no Japão（日本におけるブラジ
　　　　　ル人労働者）」アルベルト・ド・アマラル・ジュニオールほか編『Re-
　　　　　lação Sul-Sul - Países da Asia e o Brasil.（南南関係 —— アジア諸国とブ
　　　　　ラジル）』（アドゥアネイラス出版会）

2005 年　二宮正人著「As remessas dos trabalhadores brasileiros no Japão（在日ブ
　　　　　ラジル人からの送金）」チアゴ・ロドリゲス編『Olhares ao leste: O
　　　　　desafio da Asia nas Relações Internacionais（東方への視点 —— 国際関
　　　　　係におけるアジア諸国のチャレンジ）』（デザチーノ出版）

2006 年　二宮正人著「在日ブラジル人子弟の教育」レーン・リョウ・ヒラバヤシ
　　　　　ほか編『日本人とグローバリゼーション —— 北米，南米，日本』（人文
　　　　　書院），前掲 2002 年日本語版

2008 年　二宮正人著「Tradição e modernidade na educação dos filhos de
　　　　　imigrantes japoneses（日本移民子女の教育における伝統と現在）」セ
　　　　　リア・サクライ，マグダ・コエリョ・プラテス編著『Resistência & in-
　　　　　tegração: 100 anos de imigração japonesa no Brasil（抵抗と統合 —— ブ
　　　　　ラジルにおける日本移民の 100 年）』（ブラジル地理統計院）
　　　　　二宮正人著「Tradition and modernity in education of Japanese immi-
　　　　　grants children（日本移民子女の教育における伝統と現在）」セリア・
　　　　　サクライ，マグダ・コエリョ・プラテス編著『Resistance and Integra-
　　　　　tion - 100 years of Japanese immigration to Brasil, São Paulo, Brazil』

（ブラジル地理統計院），前掲 2008 年英語版

二宮正人著「0 fenômemo decasségui: passado, presente e futuro.（デカセギ現象：過去，現在と未来）」原田清編『O nikkei no Brasil.（ブラジルの日系人）』（アトラス出版社）

2009 年　二宮正人著「デカセギ現象：過去，現在と未来」二宮正人監訳，原田清編『ブラジルの日系人』（トッパンプレス），前掲 2008 年日本語版

二宮正人著「O reinício da imigração japonesa para o Brasil após o Tratado de Paz de São Francisco: a chegada das empresas japonesas e o recente fenômemo decasségui.（サンフランシスコ平和条約締結後のブラジル日本移民の再開，日本企業のブラジル進出及び最近のデカセギ現象）」『Migração após Segunda Guerra Mundial.（第二次世界大戦後の移住）』（デウルソ出版社）

二宮正人著「Documentos encontrados no Arquivo Histórico do Ministério de Negócios Estrangeiros do Japão acerca do Hospital Santa Cruz（外交史料館におけるサンタクルス病院に関する資料）」『サンタクルス病院 70 年 —— 日伯交流の礎』（サンタクルス病院）

二宮正人著「ブラジルにおける多文化共生政策について —— 比較法的側面を手掛かりとして」浅香幸枝編著『グローバル化時代における多文化共生』（行路社）

2012 年　二宮正人，真田エレーナ恵子編 『DO JAPÃO AO BRASIL... RETORNANDO Á ORIGEM — CIATE VINTE ANOS DE HISTÓRIA（日本からブラジルへ —— 原点への回帰 CIATE20 年の歴史）』（国外就労者情報援護センター）

二宮正人著「ソフト・パワーとしての CIATE 国外就労者情報援護センターの 20 年」浅香幸枝編『地球化時代のソフト・パワー』（行路社）

2015 年　二宮正人著「国籍法における特別帰化に関する比較法的考察 —— 大武和三郎の国籍を手がかりとして」高翔龍ほか編『日本民法学の新たな時代（星野英一先生追悼）』（有斐閣）

2016 年　二宮正人著「ブラジル社会における日系人」ブラジル日本商工会議所編『新版現代ブラジル事典』（新評論）

二宮正人，永井康之著「Sistema jurídico japonês（日本の法制度）」原田清編『INTERCÂMBIO CULTURAL BRASIL-JAPÃO（伯日文化交流）』（カダリス）

2018 年　二宮正人，永井康之著「ブラジル連邦共和国」畑博之，小森田秋夫『世界の憲法集〔第 5 版〕』（有信堂）

二宮正人先生 主要業績一覧

〈雑 誌〉

1977 年 二宮正人著「ポルトガル民法中の婚姻に関する規定の改正」比較法研究
　　　　38 号

1979 年 二宮正人著「ブラジルの司法制度」国際商事法務 7 巻 6 号
　　　　小田博，二宮正人著「ソヴィエト連邦新国籍法」ジュリスト 698 号
　　　　藤井孝四郎，二宮正人著「ブラジル離婚法（1977 年 12 月 26 日法律第
　　　　6515 号）の翻訳」法学協会雑誌 96 巻 9 号

1983 年 二宮正人著「両性平等と国籍抵触の防止」ジュリスト 788 号

1992 年 二宮正人著「ブラジルから見た日本 —— 真の国際化を考える」兵庫の教
　　　　育 41 号

1994 年 二宮正人著「Eighty-five Years of Japanese Emigration to Brazil and
　　　　Recent "Dekasegi" Phenomenon（ブラジル日本移民の 85 年と最近のデ
　　　　カセギ現象）」東海大学行動科学研究 199 号
　　　　二宮正人著「ブラジルにおける法律出版社の役割」書斎の窓 437 号

1997 年 森征一，二宮正人著「ブラジル臓器移植法」法学研究 70 巻 10 号

1999 年 二宮正人，アウレア・クリスティーネ・タナカ著「Uma visão do Direito
　　　　do Trabalho no Japão（日本における労働法に関する一考察）」サンパ
　　　　ウロ大学法学部紀要 94 巻

2004 年 二宮正人著「O Fenômeno dekassegui e a questão da educação das
　　　　crianças brasileiras no Japão（デカセギ現象と在日ブラジル人子女の教
　　　　育）」在リオデジャネイロ日本国総領事館文化情報センター報告現在の
　　　　日本 1 巻
　　　　二宮正人，アウレア・クリスティーネ・タナカ著「Brazilian workers in
　　　　Japan（日本のブラジル人労働者）」UNIVERSITY OF TOKYO JOUR-
　　　　NAL OF LAW AND POLITICS（東京大学法政雑誌）1 巻
　　　　二宮正人著「在日ブラジル人児童の教育課題」解放教育 434 号
　　　　二宮正人著「在日ブラジル人少年の非行問題を憂慮する」ラテンアメリ
　　　　カ時報 1348 号
　　　　二宮正人著「最近の日本・ブラジル間の人的交流について」月刊経済ト
　　　　レンド平成 16 年 8 月号
　　　　二宮正人著「地球の対蹠地からみた今日の日本」国際問題 536 号

2005 年 二宮正人著「Remittances of Brazilian Workers in Japan（日本のブラジ
　　　　ル人労働者の送金）」UNIVERSITY OF TOKYO JOURNAL OF LAW
　　　　AND POLITICS（東京大学法政雑誌）2 巻
　　　　二宮正人著「ブラジル連邦共和国憲法および普通立法における社会保障

制度の変遷」海外社会保障研究 153 号

2006 年 二宮正人，アウレア・クリスティーネ・タナカ，カルロス・アウグスト・デ・アシス著「Letters regatory in civil matters between Brazil and Japa（日伯間の民事に関する質問状：あるブラジル人の視点）」UNIVERSITY OF TOKYO JOURNAL OF LAW AND POLITICS（東京大学法政雑誌）3 巻

二宮正人著「ブラジルの労働事情」世界の労働 56 巻 10 号

2007 年 二宮正人，アウレア・クリティーネ・タナカ著「Mutual legal assistance in criminal matters between Brazil and Japan（日伯間の刑事に関する法律支援マニュアル）」UNIVERSITY OF TOKYO JOURNAL OF LAW AND POLITICS（東京大学法政雑誌）4 巻

二宮正人著「ブラジルの労働法と在日ブラジル人について」日本労働研究雑誌 561 号

二宮正人著「ブラジルにおける労働訴訟」日本労働研究雑誌 563 号

二宮正人著「O centenário da imigração japonesa para o Brasil e as perspectivas para o futuro（日本人ブラジル移住 100 周年と将来の展望）」PERSPECTIVAS LATINOAMERICANAS（ラテンアメリカ展望）平成 19 年 4 号，南山大学ラテンアメリカ研究センター発行

2008 年 二宮正人著「Os trabalhadores brasileiros e cooperação judiciária o Brasil e o Japão（ブラジル人労働者と伯日司法協力）」ESTUDOS JAPONESES（日本研究）28 巻

二宮正人著「日系コロニア社会 —— 他国と異なる人的関係」新たな交流に向けて　日本ブラジル交流年・日本人ブラジル移住 100 周年記念特集誌

二宮正人著「ブラジル日本移民百周年と日伯関係の将来」時評 542 号

二宮正人著「ブラジル労働訴訟の実態と労働法制」月刊グローバル経営 316 号

二宮正人著「ブラジルにおける日本のプレゼンスと未来に向けて」日本貿易会月報 662 号

2009 年 二宮正人著「100 周年を迎えた日伯関係の将来への展望」学士会会報 876 号

2010 年 二宮正人著「ブラジルへの企業進出にあたっての法律問題 —— ビジネス関係における若干の事例とともに」ラテンアメリカ時報 1390 号

2011 年 二宮正人著「ブラジル国憲法」JCA ジャーナル 648 号

二宮正人著「ブラジルにおける裁判制度について（上）」JCA ジャーナル 649 号

二宮正人著「ブラジルにおける裁判制度について（下）」JCA ジャーナル 650 号

二宮正人著「ブラジルの知的財産法について（上）」JCA ジャーナル 651 号

二宮正人著「ブラジルの知的財産法について（下）」JCA ジャーナル 652 号

二宮正人著「外国法紹介　ブラジル法（1）」法学教室 373 号

二宮正人著「外国法紹介　ブラジル法（2）」法学教室 374 号

二宮正人著「外国法紹介　ブラジル法（3）」法学教室 375 号

2012 年　二宮正人著「ブラジル民法典について（上）」JCA ジャーナル 659 号

二宮正人著「ブラジル民法典について（中）」JCA ジャーナル 661 号

二宮正人著「ブラジル民法典について（下）」JCA ジャーナル 664 号

2013 年　二宮正人著「在日ブラジル人の離婚問題に関する一考察」ケース研究 315 号

二宮正人，アウレア・クリスティーネ・タナカ著「Reaffirming equal treatment in Japanese society?（日本社会において平等が再び主張されている？）」UNIVERSITY OF TOKYO JOURNAL OF LAW AND POLITICS（東京大学法政雑誌）10 巻

2014 年　二宮正人著「19 世紀におけるブラジルの独立および共和制移行後の法典化」国際哲学研究別冊 4

2017 年　二宮正人著「最近のブラジルの裁判事情について思うこと」ラテンアメリカ時報 1418 号

〈シンポジウム報告書〉

1993 年　二宮正人編「『出稼ぎ』現象に関するシンポジウム報告書」（ブラジル日本文化協会）

1995 年　二宮正人編訳「日系コミュニティの将来：シンポジウム報告書」（ブラジル日本文化協会）

2002 年　二宮正人編訳「DECLARAÇÃO de São Paulo e Londrina e DECLARAÇÃO de Hamamatsu（サンパウロ及びロンドリーナ宣言と浜松宣言）」（国外就労者情報援護センター）

二宮正人編訳「ANAIS DO SIMPÓSIO INTERNACIONAL CIATE 10 ANOS（CIATE 設立十周年記念シンポジウム報告書）」（国外就労者情報援護センター）

2003 年　二宮正人編訳「Anais do seminário de Capacitação Humana para DECASSÉGUIS（国外就労者情報援護センター地域コラボラドーレス研修セミナー報告書）」（国外就労者情報援護センター）

2004 年　二宮正人編訳「Relatório do Encontro dos Colaboradores Regionais do CIATE 2004（地域コラボラドーレス研修セミナー報告書)」（国外就労者情報援護センター）

2005 年　二宮正人編訳「Relatório do Encontro dos Colaboradores Regionais do CIATE 2005（地域コラボラドーレス研修セミナー報告書)」（国外就労者情報援護センター）

2006 年　二宮正人編訳 「RELATÓRIO DO ENCONTRO DOS COLABORA-DORES REGIONAIS DO CIATE 2006（地域コラボラドーレス研修セミナー報告書)」（国外就労者情報援護センター）

2007 年　二宮正人編訳「Anais do Simpósio Internacional Comemorativo do 15 Aniversário da Constituição do CIATE Centro de Informação e Apoio ao Trabalhador no Exgterior（国外就労者情報援護センター CIATE 設立 15 周年記念国際シンポジウム報告書)」（国外就労者情報援護センター）

2008 年　二宮正人編訳「Relatório do Encontro dos Colaboradores Regionais do CIATE 2008（地域コラボラドーレス研修セミナー報告書)」（国外就労者情報援護センター）

2009 年　二宮正人編訳「Fórum Sobre Brasileiros no Japão Março 2009 / Encontro dos Colaboradores Regionais do CIATE Outubro 2009（2009 年 3 月在日ブラジル人に関するフォーラム　2009 年 10 月地域コラボラドーレスセミナー)」（国外就労者情報援護センター）

2010 年　二宮正人編訳「Relatório do Encontro dos Colaboradores Regionais do CIATE 2010（地域コラボラドーレス研修セミナー報告書)」（国外就労者情報援護センター）

2011 年　二宮正人編訳「Relatório do Encontro dos Colaboradores Regionais do CIATE 2011（地域コラボラドーレス研修セミナー報告書)」（国外就労者情報援護センター）

2012 年　二宮正人編訳「CIATE, Vinte Anos Participando das Realidade dos Trabalhadores Brasileiros no Japão（CIATE20 年，日本におけるブラジル人労働者の現状)」（国外就労者情報援護センター）

2013 年　二宮正人編訳「Perspectivas Futuras da Migração Brasil-Japão, 25 Anos Após o Início do Movimento Decasségui（デカセギ現象の湧起から 25 年 ── ブラジル日本間の移住のこれからの潮流)」（国外就労者情報援護センター）

2014 年　二宮正人編訳「SIMPÓSIO INTERNACIONAL DO CIATE "Trabalhar

no Japão. Trabalhar no Brasil. – Oportunidade de repensar sobre o trabalho no Japão"（2014 年度 CIATE コラボラドーレス会議・国際フォーラム「日本で働く。ブラジルで働く。改めて日本で働く意味を考える」）」（国外就労者情報援護センター）

2015 年　二宮正人編訳「Brasil e Japão: Convivência Multicultural Emergente Através de 120 Anos de Relações Diplomáticas e 30 Anos de Fenômeno Decasségui（日本とブラジル —— 120 年の外交関係と 30 年のデカセギ現象がもたらした日伯両国における文化の多様性）」（国外就労者情報援護センター）

2016 年　二宮正人編訳「A Ida dos Trabalhadores Brasileiros Para o Japão: Novas Perspectivas?（日本で働く日系ブラジル人労働者のこれから）」（国外就労者情報援護センター）

2017 年　二宮正人編訳「CIATE 25 Anos Trajetórias e o Futuro da Empregabili-dade no Japão（CIATE 設立 25 周年 —— 日系人就労の軌跡と未来）」（国外就労者情報援護センター）

〈訳　書〉

1987 年　クララ・サクライ，クリスティーナ・ケイコトミタ，二宮正人ほか訳，半田知雄著『O IMIGRANTE JAPONÊS HISTÓRIA DE SUA VIDA NO BRASIL（移民の生活の歴史 —— ブラジル日系人の歩んだ道）』（サンパウロ人文科学研究所）

1988 年　二宮正人編・訳，ルッチ・コレア・レイテ・カルドーゾ著『家族構造と社会的移動性 —— サンパウロ州に在住する日本人に関する研究』（カレイドス社）

1992 年　二宮正人訳，大口信夫著『O seqüestro do diplomata（外交官誘拐さる）』（カレイドス社）

二宮正人，ソニア・レジナ・ロンギ・ニノミヤ訳，美智子皇后陛下著『Subindo a montanha pela primeira vez（はじめてのやまのぼり）』（至光社）

1993 年　二宮正人訳，三好武文著『MANUAL DA LEI DE IMIGRAÇÃO JAPO-NESA Conhecimento básicos sobre a entrada e a permanência no Japão（日本入国・在留 "虎の巻"：判り易い Q&A 方式）』（リベルダーデ駅出版）

1994 年　二宮正人訳，兵庫県教職員組合編「日本における教育に関する現代的課題と将来」（兵庫県教職員組合）

1996 年　矢谷通朗，二宮正人編訳『ブラジル工業所有権法』（二宮正人法律事務所）

1997 年　二宮正人訳，PHP 出版編『Sua Majestade, a Imperatriz Michiko（美智子皇后陛下還暦記念写真集）』（PHP 出版）

1998 年　二宮正人，藤井幸四郎編訳『ブラジル民事訴訟法』（カレイドス社）

　　　　二宮正人訳，桐山靖雄著「Quais os carmas que as pessoas possuem?（人の持つカルマはどれか？）」（阿含宗仏教協会）

　　　　二宮正人訳，桐山靖雄著「Quais os tipos de IN-NEN que as pessoas possuem?（人の持つ因縁はどの種のものか？）」（阿含宗仏教協会）

1999 年　二宮正人訳東京大学大学院法学政治学研究科附属比較法政国際センター編「日伯比較法シンポジウム報告書」（東京大学大学院法学政治学研究科附属比較法政国際センター）

2000 年　二宮正人，ソニア・レジナ・ロンギ・ニノミヤ訳，美智子皇后陛下著『CONSTRUINDO PONTES Reminiscências das leituras da infância（橋をかける ── 子どものころの読書の思い出）』（すえもり出版）

　　　　二宮正人訳，池田大作・アウストレジェジロ・デ・アタイデ対談『DIREITOS HUMANOS NO SÉCULO XXI（21 世紀における人権）』（レコルデ社）

　　　　二宮正人訳，桐山靖雄著『O Amor de Cristo e a Sabedoria de Buda（キリストの愛と仏陀の知性）』（カレイドス社）

2001 年　二宮正人訳，マリア・エジレウザ・フォンテネレ・レイス『在日ブラジル人 ── 二国間関係の人的絆』（カレイドス社）

2004 年　二宮正人訳，池田宗吉著『Renascimento a partir de ETAJIMA Vivência nos "Dois Japão"（江田島からの転生 ── 二つの日本に生かされて）』（トッパンプレス）

2005 年　二宮正人訳，橋田寿賀子著『HARU e NATSU As cartas que não chegaram（ハルとナツ 届かなかった手紙）』（カレイドス社）

　　　　二宮正人，ソニア・レジナ・ロンギ・ニノミヤ訳，美智子皇后陛下著『Da Basiléia（バーゼルより）』（すえもり出版）

　　　　二宮正人訳，醍醐雅夫著「Pequena História da Imigração Japonesa no Brasil（ブラジル移民小史）」

2006 年　二宮正人訳，高橋佳子著『新いのりのみち ── 至高の対話のために（O Caminho da Oração ─ Para o Supremo Diálogo）』（三宝出版）

2008 年　二宮正人，ソニア・レジナ・ロンギ・ニノミヤ，アウレア・クリスティーネ・タナカ訳，皇太子徳仁親王殿下著『Junto ao Rio Tâmisa（テムズのほとりにて）』（カレイドス社）

アウレア・クリスティーネ・タナカ編，二宮正人，エウニセ・スエナガ，アウレア・クリスティーネ・タナカ訳『夢と感謝 Sonho e Gratidão』（美術年鑑社）

2009 年　二宮正人訳，小柳陽太郎，石井広一郎監修『UM FAROL NO MEIO DA TEMPESTADE Hstórias comoventes para leitura de três gerações（嵐の中の灯台 親子三代で読める感動の物語）』（トッパンプレス）

2011 年　二宮正人訳，海外日系人協会，国外就労者情報援護センター編「Noções de Direito Trabalhista no Japão Conhecimentos Básicos Úteis e Necessários（日本の労働法の考え方 役に立ち必要な基礎知識）」

二宮正人訳，高橋佳子著『はてなき荒野を越えて（Para além da Terra desolada sem fim）』（三宝出版）

2012 年　二宮正人訳，高橋佳子著『彼の地へ― 3.11 からのメッセージ（Rumo à Terra Almejada ― mensagens poéticas ao 11do março）』（三宝出版）

2013 年　二宮正人訳，PwC ブラジル編『ビジネス用語集』（PwC）

2015 年　二宮正人，大嶽達哉訳，PwC ブラジル編『法律用語集』（PwC）

二宮正人訳，秋篠宮殿下著『Domesticação e "Criação de Variedades" em Galinhas（鶏における家禽化と『品種の創造』）』（インテルクルトゥラル）

二宮正人，ソニア・レジナ・ロンギ・ニノミヤ訳『Coletânea de Poemas Tanka de Suas Majestades Imperiais（天皇皇后両陛下御歌集）』（インテルクルトゥラル）

二宮正人訳，阿南惟正著『VÍNCULO de AÇO Minha mocidasde dedicada à Usiminas（鉄の絆 ―― ウジミナスにかけた青春）』（インテルクルトゥラル）

二宮正人，ソニア・レジナ・ロンギ・ニノミヤ訳，ゴンサーロ・ルイス・デ・メロ編著『黄昏乃稔り = Em tarde ser : 物語写真俳諧』（ゴンサーロ・ルイス・デ・メロ）

2017 年　二宮正人，パウロ・カゼーラ監訳，大沼保昭著『Direito Internacional em Perspectiva Transcivilizacional（文際的観点における国際法）』（アラエス出版）

二宮正人，永井康之訳，モニカ・ムサッチ・シトリノウイッツ，ロネイ・シトリノウイッツ著『サンタクルス病院の歴史』（ナラティヴァ・ウン社）

2018 年　二宮正人，ソニア・レジナ・ロンギ・ニノミヤ訳『Coletânea de Poemas Tanka da Família Imperial do Japão（皇室御歌集）』（インテルクル

トゥラル）

2019 年　二宮正人，ソニア・レジナ・ロンギ・ニノミヤ共著『絆 —— 皇室とブラ
　　　　ジル（Laços ; A familia imperial e o Brasil)』（インテルクルトゥラ ル）

〈編 者〉

柏 木 　 昇　東京大学名誉教授

池 田 真 朗　武蔵野大学法学部教授

北 村 一 郎　東京大学名誉教授

道垣内正人　早稲田大学大学院法務研究科教授

阿 部 博 友　一橋大学大学院法学研究科教授

大 嶽 達 哉　弁護士

日本とブラジルからみた比較法
―― 二宮正人先生古稀記念 ――

2019（令和元年）年 7 月20日　第 1 版第 1 刷発行

編 集　柏木　昇・池田真朗
　　　北村一郎・道垣内正人
　　　阿部博友・大嶽達哉
発行者　今井　貴　今井　守
発行所　株式会社 信 山 社
〒113-0033　東京都文京区本郷6-2-9-102
Tel 03-3818-1019　Fax 03-3818-0344
info@shinzansha.co.jp
出版契約 2019-8215-3-01010　Printed in Japan

ブラジル知的財産法概説
ヒサオ・アリタ, 二宮正人 著（大嶽達哉 日本語訳監修）

国際私法年報　国際私法学会 編

JSB 英文六法　第1巻【I 会社法・商法編】　柏木 昇 監修
Japanese Statute Book, Vol.1 Part1:Companies Act;Commercial Law　日本の法律を、英文へ翻訳

国際取引の現代的課題と法 ― 澤田壽夫先生追悼
柏木昇・杉浦保友・森下哲朗・平野温郎・河村寛治・阿部博友 編

法学六法　池田真朗・宮島司・安冨潔・三上威彦・三木浩一・小山剛・北澤安紀 編

民法研究 第2集　大村敦志 責任編集

法と社会研究　太田勝造・佐藤岩夫 責任編集

社会保障法研究　岩村正彦・菊池馨実 編集

ブラジルの同性婚法 ― 判例による法生成と家族概念の転換
マシャド・ダニエル 著

信山社